GESCHICHTE DES ERZBISTUMS MÜNCHEN UND FREISING

ERSTER BAND
JOSEF MASS
DAS BISTUM FREISING IM MITTELALTER

HERAUSGEGEBEN VOM VEREIN FÜR DIÖZESANGESCHICHTE
VON MÜNCHEN UND FREISING

Die Freisinger Dompatrone Maria, Korbinian und Sigismund.
Holzschnitt aus dem Missale des Bischofs Sixtus von 1487.

Josef Maß

Das Bistum Freising im Mittelalter

ERICH WEWEL VERLAG MÜNCHEN

1. AUFLAGE 1986

©

COPYRIGHT 1986
BY ERICH WEWEL VERLAG, MÜNCHEN
UMSCHLAGGESTALTUNG UND LAYOUT: SIEGBERT SEITZ
HERGESTELLT IN DEN WERKSTÄTTEN DER
VERLAG UND DRUCKEREI G. J. MANZ AG, DILLINGEN/DONAU
ALLE RECHTE VORBEHALTEN · PRINTED IN GERMANY
ISBN 3-87904-153-9

Geleitwort

Neun Jahre nach dem Tod des heiligen Bischofs Korbinian errichtete Bonifatius in päpstlichem Auftrag das Bistum Freising und weihte Ermbert, einen Schüler Korbinians, zum ersten Bischof von Freising. Durch die gleichzeitige Errichtung der Diözesen Passau, Regensburg und Salzburg gab Bonifatius der Kirche in Altbayern erstmals eine feste Ordnung. Aus dem in der Säkularisation aufgehobenen Bistum Freising ist im Rahmen der kirchlichen Neuordnung 1817 das Erzbistum München und Freising hervorgegangen.

Im Jahre 1989 werden seit der Gründung des Bistums Freising 1250 Jahre vergangen sein. Ich danke unserem Verein für Diözesangeschichte, daß er meine Anregung aufgegriffen hat und dem Erzbistum als Gabe zum 1250. Geburtstag eine zusammenfassende Darstellung seiner Geschichte überreicht. Der erste Band des auf drei Bände berechneten Werkes liegt nun aus der Feder von Pfarrer Dr. Josef Maß vor. Er stellt die Geschichte des Bistums Freising von den Anfängen bis zum Ausgang des Mittelalters dar. Der zweite Band wird die Zeit vom 16. Jahrhundert bis zur Aufhebung durch die Säkularisation beschreiben, während der dritte Band die Geschichte des Erzbistums München und Freising umfassen wird.

Um einen Menschen zu verstehen, müssen wir seine Lebensgeschichte kennen. Dasselbe gilt auch für die Kirche. Die Geschichte beschäftigt sich zwar mit der Vergangenheit. Aber sie wirft Licht auf die Gegenwart und weist uns Wege in die Zukunft. So hilft sie uns, den Anforderungen unserer Zeit zu entsprechen. Die Diözesangeschichte beschreibt, wie die von Jesus Christus gegründete Kirche im Bereich unseres Bistums Fuß gefaßt hat und wie sie durch die Jahrhunderte hindurch ihren Pilgerweg gegangen ist. Dabei wird offenbar, wie auch in unserem Bistum das Geheimnis des Gottesreiches am Werk ist, das Jesus in vielen Gleichnissen veranschaulicht hat. Es zeigt sich, daß auf dem Ackerboden des Bistums unter dem Weizen auch Unkraut gewachsen ist; daß die Botschaft vom Gottesreich wie ein Same auf felsigen Boden und unter die Dornen, vor allem aber auch auf guten Boden gefallen ist und dreißig-, sechzig- und hundertfältige Frucht hervorgebracht hat (Mt 13, 1–30). Das vorliegende Werk wird eine sich über Jahrhunderte erstreckende Geschichte beschreiben, die das Ergebnis eines geheimnisvollen Miteinander, aber auch Gegeneinander von göttlichem und menschlichem Handeln ist.

Das Beglückende dieser Geschichte ist, daß bei aller menschlichen Schwachheit der christliche Glaube in der Kraft des Geistes, den der Herr seiner Kirche eingesenkt hat, durch 1250 Jahre von einer Generation der anderen bis heute weitergegeben wurde. So wird die Darstellung der Geschichte unseres Bistums

letztlich ein dankbarer Lobpreis Gottes. Was Augustinus über die wechselhafte Geschichte seines eigenen Lebens schrieb, dürfen auch wir über die Geschichte unseres Bistums schreiben: „Groß bist du, Herr, und hoch zu preisen, und groß ist deine Macht und deine Weisheit unermeßlich" (Confessiones 1, 1).
Es sind über 250 Jahre her, daß Pater Carl Meichelbeck aus Benediktbeuern mit seiner „Historia Frisingensis" (1724/1729) im Geist der französischen Mauriner eine für die damalige Zeit sehr moderne Geschichte unseres Bistums geschrieben hat. Viele warten seit langem auf ein Werk aus unserer Zeit. So wünsche ich dieser neuen und umfassenden Darstellung der Geschichte unseres Bistums eine weite Verbreitung. Sie möge uns helfen, die Gegenwart besser zu verstehen, unseren Auftrag in dieser Stunde der Kirche mutig und zuversichtlich zu erfüllen und kraftvoll den Glauben an die kommende Generation weiterzugeben.

München, am Hochfest der Apostel Petrus und Paulus 1986

+ Friedrich Card. Wetter

Erzbischof von München und Freising

Inhaltsverzeichnis

I. Kapitel

VOR DER BISTUMSGRÜNDUNG

Spuren einer Missionsgeschichte

Ziemlich genau im Jahr der Geburt Christi, das ist etwa 7/6 vor Beginn unserer Zeitrechnung, errichteten Senat und Volk von Rom ihrem Kaiser Augustus hoch über dem Ligurischen Meer ein gewaltiges Siegesdenkmal. Als imposante Ruine ist es noch heute bei La Turbie in der Nähe des kleinen Fürstentums Monaco zu sehen. Das Denkmal galt einem erfolgreichen Feldzug, mit dem die Stiefsöhne des Kaisers, Drusus und Tiberius, im Jahr 15 v. Chr. das gesamte Alpengebiet und das Voralpenland bis zur Donau hin erobert hatten. Damit war auch das später bayerische Land dem gewaltigen Römischen Imperium eingegliedert. Ein Netz von gut ausgebauten Straßen sollte bald eine rasche Verbindung nach Rom und über die Hauptstadt hinaus zum ganzen Imperium sichern. Zu diesem Weltreich gehörte seit 63 v. Chr. auch jenes Land, in dem Christus gelebt und gewirkt hat, von dem aus die Apostel seine Botschaft in alle Welt getragen haben. Ohne es zu wollen, haben die römischen Kaiser nicht nur Militärstraßen, sondern auch Straßen für das Evangelium gebaut.

1. Die alten Götter

Als Drusus und Tiberius 15 v. Chr. das Land eroberten, wohnten zwischen Donau und Alpen seit 400 Jahren keltische Stämme, im Gebirge die überwiegend nichtkeltischen Räter. Den Raum der schwäbisch-bayerischen Hochebene beherrschte der große Keltenstamm der Vindeliker. Er setzte sich zusammen aus mehreren Teilstämmen. Einer davon waren die Kattenaten, die zwischen Isar und Inn siedelten. Im Chiemgau wohnten die Alaunen, die schon zu den Norikern zählen. Hauptort der Kelten war Manching bei Ingolstadt, das vermutlich von den Römern zerstört worden ist. Eine stadtähnliche und befestigte Anlage konnte auch im Landkreis Miesbach bei Fentbach am Mangfallknie ausgemacht werden[1].

Weit häufiger als solche „oppida" ist heute noch eine andere Spur der Kelten anzutreffen. Im bayerischen Raum gibt es etwa 150 „Keltenschanzen", in auffallender Dichte z. B. im Umkreis von Wolfratshausen und Erding. Man hat lange gerätselt, welchem Zweck die von einem Wall umgebenen Vierecksanlagen einmal gedient haben. Grabungen an der Keltenschanze von Holzhausen bei Dingharting haben mittlerweile Klarheit geschaffen. Die Wälle sind weder für Befestigungs- noch für Verteidigungszwecke angelegt worden. In der Schanze von Holzhausen ist man auf einen kleinen tempelartigen Holzbau und auf drei Schächte gestoßen, von denen einer bis in eine Tiefe von 35 Metern reichte. In allen drei Schächten fand man Reste von Opfergaben und hölzernen Kultpfählen. Die geheimnisvollen Keltenwälle haben also einmal einen heiligen Kultbezirk umgrenzt, in denen den alten Göttern geopfert wurde[2].

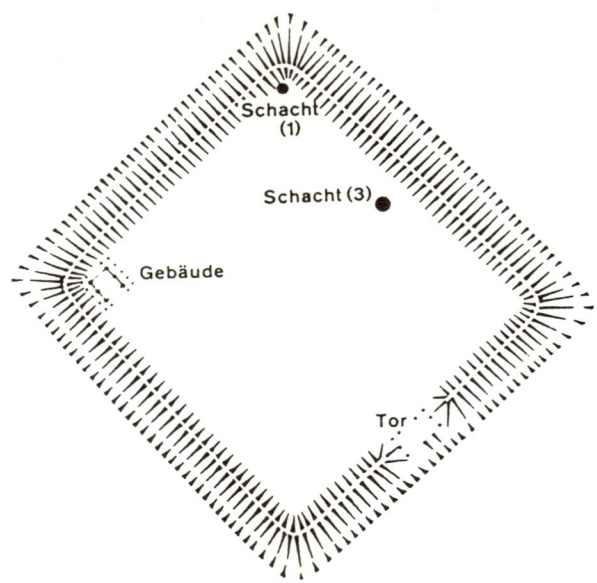

Grundriß einer keltischen Viereckschanze in Holzhausen bei
Kleindingharting (nach K. Schwarz)

Sehr viel ist über die von den Kelten verehrten Gottheiten nicht auszumachen. Sie scheinen häufig mit Tieren in Verbindung gebracht oder direkt in Tiergestalt verehrt worden zu sein. Der Widder von Sempt bei Fortsinning ist ein Beispiel dafür. Auch Sonne und Mond kamen kultische Verehrung zu, wie ein Schwert aus München Allach beweist[3]. Namen von keltischen Göttern erfahren wir erst aus der Zeit, da die Römer ihre Göttergestalten mit denen des besetzten Landes identifizierten. Da erscheint etwa der Himmelsgott Taranis, die Quellgöttin Sirona, die Pferdegottheit Epona oder der Flußgott Danuvius. Aus der Chiemseegegend kennen wir eine ganze Reihe von Götternamen: Bedaius, den

Gott des Sees; Arubianus, den Gott des Landes um den See; die Alounae, Stammesgöttinnen der dort wohnenden Alaunen; den Heilgott Grannus, der auf einem Weihestein bei Baumburg bezeugt ist[4].

Die Römer waren in Fragen der Religionsübung außerordentlich großzügig, so daß es in diesem Punkt nicht zu Konfrontationen mit den unterworfenen Völkern kommen mußte. Die Götter der besiegten Stämme wurden in den römischen Götterhimmel integriert, teilweise mit römischen Gottheiten gleichgesetzt. Der Kaiserkult war in erster Linie ein politischer Faktor. Er sollte ein Mindestmaß an Einheit im großen Reich sichern. Zum offiziellen Kult gehörte weiter die Verehrung der kapitolinischen Trias Jupiter, Juno und Minerva.

Eine Bronzestatuette der Göttin Minerva wurde in der Putzmühle bei Fürstenfeldbruck gefunden, ein Bild des Gottes Bacchus bei der Römerstraße im Ebersberger Forst. Die geringe Größe der Figuren (15–22 cm) läßt auf Gebrauch im häuslichen Bereich schließen. Wer sich die teuren Bronzeplastiken nicht leisten konnte, kaufte eines der Massenerzeugnisse aus Ton. In Gauting hat man einen römischen Keramikladen ausgegraben, der eine ganze Reihe von schematischen Statuetten der Liebesgöttin Venus vorrätig hielt[5].

Im 2. Jahrhundert nach Christus traten dann die alten römischen Götter zugunsten von orientalisch-hellenistischen Mysterienkulten zurück. Diese geheimnisvollen Riten mit verheißungsvollen Vorstellungen vom Jenseits fanden rasch auch in der Provinz Anhänger. Von den Mysterien der kleinasiatischen Göttermutter Kybele zeugt ein außerordentlich schönes Kultbild der Göttin, das in Gauting gefunden wurde[6]. Noch größere Bedeutung gewann das Mysterium des persischen Lichtgottes Mithras. In Mühlthal (Gemeinde Prutting) hat man die Reste eines Mithrastempels mit vielen Votivgaben ausgegraben, ganz nahe der Stelle, wo die alte Römerstraße bei Pons Aeni den Inn überquerte. Bei Teisendorf fand man einen Weihestein, der dem Gott Mithras gewidmet ist. An beiden Fundstellen begegnet die charakteristische Inschrift: „Deo Invicto Mithrae" – „Dem unbesiegten Gott Mithras"[7].

2. Römische Organisationen und frühes Christentum

Unter Kaiser Claudius (41–54) wurde das rätisch-vindelikische Gebiet zur Provinz Raetia erklärt. Hauptstadt dieser Provinz war Augsburg mit Sitz des kaiserlichen Prokurators. Der große Markomannensturm im Jahr 166 n. Chr. erforderte den Einsatz der III. Römischen Legion in Rätien, die ihr Standlager in Regensburg einrichtete. Um 300 wurde die große Provinz geteilt in ein Raetia prima und Raetia secunda. Das später altbayerische Gebiet gehörte zur Provinz Raetia secunda.

Der Raum des nachmaligen Bistums Freising lag zwischen den beiden Zentren Augsburg und Regensburg. Eigene Stadtgründungen in diesem Bereich sind in römischer Zeit nicht erfolgt. Kleinere Militärposten befanden sich im Gebiet Pons Aeni (nördlich von Rosenheim) und in Gauting bei München, später bei der Grünwalder Römerschanze. Im Lauf der Zeit entstand ein verhältnismäßig dichtes Netz von Römerstraßen. Im Raum des späteren Bistums Freising bestand es im wesentlichen aus den Teilstrecken, die in den Linien Augsburg-Salzburg, Augsburg-Wels und Augsburg-Passau bzw. Regensburg lagen. Dazu kamen noch einige Querverbindungen.

Die römischen Siedlungen beschränken sich auf Straßenstationen wie Scharnitz-Klais, Partenkirchen, Schöngeising, Gauting, Grünwald, Pons Aeni bei Rosenheim, Valley, Helfendorf, Langenpreising, München-Denning und Oberföhring. Die romanische Besiedlung wird in diesem Raum nicht sehr dicht gewesen sein, doch gibt es immerhin in Gauting einen Warenumschlagplatz und in Westerndorf bei Rosenheim einen stattlichen Töpfereibetrieb.

Leider fehlen bisher für den späteren Freisinger Bistumssprengel literarische oder archäologische Zeugnisse für ein Christentum in römischer Zeit völlig. Es dürfen aber vielleicht doch die Verhältnisse benachbarter Gebiete mit der nötigen Vorsicht auf diesen Raum übertragen werden. Dann waren es wohl Soldaten, Beamte, Kaufleute, Kolonisten oder Sklaven, die zum erstenmal das Kreuz in die Landschaft zwischen Amper und Inn gebracht haben. Dabei ist freilich zu bedenken, daß in diesem Bereich nie größere Garnisonen stationiert waren. Darum kann ein frühes Christentum in der Besatzungszeit der Römer bestenfalls bescheiden gewesen sein, bescheidener jedenfalls als in Augsburg oder Regensburg, wo unter Diokletian schon Martyrien und christliche Gemeinden bezeugt sind.

Unter Kaiser Galerius (305–311) zeichnet sich im Römischen Reich eine neue Situation in der Beurteilung des Christentums ab. Das Toleranzedikt des Kaisers Konstantin vom Jahr 313 brachte den Christen Gleichberechtigung neben anderen religiösen Bekenntnissen. Seit aber gar die Kaiser Theodosius und Gratian 380 für alle Untertanen den katholischen Glauben forderten, haben sich bestimmt auch in Rätien an römischen Siedlungen christliche Gemeinden entwickelt. Wie im Tätigkeitsfeld des heiligen Severin, so dürfte wohl in ganz Rätien am Ende des 5. Jahrhunderts die Christianisierung wenigstens der romanischen Bevölkerung ziemlich weit vorgedrungen sein.

In Regensburg, Passau, Augsburg, Kempten und Epfach bei Schongau hat der Spaten Reste spätantiker Kirchenbauten zu Tage gefördert. Sichere Zeugnisse dieser Art aus dem Freisinger Bistumsgebiet gibt es nicht. Man hat dafür geglaubt, mit Hilfe der Patroziniumskunde einen Schritt weiterzukommen. So wurden spätantike Kirchen überall dort vermutet, wo an nachweisbaren

Römerorten oder deren Umgebung die Patrozinien der heiligen Laurentius, Georg, Johannes oder Petrus begegnen. Die Zuverlässigkeit solcher Konstruktionen ist aber sehr fraglich und ungewiß.

Auch zwei in München-Denning gefundene römische Münzen aus dem 4. Jahrhundert, die das Zeichen Christi im konstantinischen Labarum tragen, können nicht als Dokumente des christlichen Bekenntnisses in unserem Raum gelten. Das wäre höchstens dann möglich, wenn es sich um Grabbeigaben handelte. Da diese Münzen aus der Zeit der Kaiser Konstantius II. (337–361) und Valens (364–378) aber Siedlungsfunde sind, bekunden sie lediglich die christliche Gesinnung der römischen Herrscher, unter denen sie geprägt wurden[8].

So bleibt für den Raum des Freisinger Bistums nur die begründete Vermutung, daß im 5. Jahrhundert hier Christen gelebt haben, denn das Gratianische Edikt von 380 wird auch in den romanisch dünner besiedelten Gegenden der Provinz nicht ohne Auswirkungen geblieben sein. Literarische oder archäologische Zeugnisse dafür gibt es jedoch bisher nicht. Ob es in römischer Zeit bereits Kirchenbauten gegeben hat, bleibt fraglich.

3. Der bajuwarische Stamm

Die bisher ältesten sicheren Zeugnisse aus dem Bereich der Archäologie für ein christliches Bekenntnis im Raum des späteren Bistums Freising stammen aus dem 6. Jahrhundert. Es handelt sich dabei um zwei werkstattgleiche Fingerringe aus Frauengräbern in München-Aubing. Ein ähnliches Exemplar wurde in Chieming gefunden[9]. Das Kreuz auf der Monogrammplatte des Ringes weist die Bestatteten als Christen aus. Die beiden Frauen von Aubing, in deren Gräbern die Ringe entdeckt wurden, gehören aber vermutlich schon nicht mehr der romanischen Bevölkerung an, obwohl die Sitte, solche Ringe zu tragen, von den romanischen Christen übernommen sein dürfte. Das Reihengräberfeld von München-Aubing gehört zu einer bajuwarischen Siedlung.

Damit befinden wir uns schon mitten in der Geschichte eines „neuen Stammes", der nunmehr den Raum zwischen Donau und Alpen mit dem Lech als Westgrenze beherrscht, dessen Herkunft und Konsolidierung aber völlig im Dunkeln liegt. Im Lauf des 5. Jahrhunderts ist die Herrschaft der Römer Stück für Stück zusammengebrochen. Erst verzichtete man auf die Sicherung des Flachlandes, gegen 480 verließen dann die letzten Truppen das Land. Vermutlich waren es aber großenteils eben doch nur Soldaten und Beamte, die sich in Richtung Süden absetzten. Das Land war nach ihrem Abzug nicht menschenleer. In der Zeit der langen römischen Besatzung sind Kelten und

Römer zu einer keltoromanischen Mischbevölkerung zusammengewachsen. Das Nebeneinander der beiden Völker hat immerhin 500 Jahre gedauert. Dabei läßt sich feststellen, daß die Kelten mehr und mehr bereit waren, sich in den Bannkreis römischer Zivilisation ziehen zu lassen. Die Kinder erhielten oft römische Namen, auch wenn beide Eltern noch Kelten waren. Soweit die keltoromanische Bevölkerung nicht der Beamten- oder Soldatenschicht angehörte, blieb sie zu einem guten Teil im Land. Noch bis tief ins 8. Jahrhundert hinein begegnen beispielsweise römische Namen in den Salzburger Urkunden. Weiter ist nach dem Abzug der römischen Truppen mit einer ganzen Reihe von kleineren Stammesgruppen wie Sueben, Markomannen, Thüringern oder Juthungen zu rechnen, die sich namentlich seit der ungeschützten Lage des Flachlandes vor den Alpen zwischen die keltoromanischen Siedlungen eingenistet haben.

Zu ihnen kommen dann auch die Einwanderer aus dem Lande Baia oder Baiaheim, die Bajuwaren im ursprünglichen Sinn des Wortes. Wie stark diese Gruppe zahlenmäßig war, ist kaum auszumachen. Man wird sie nicht zu gering ansetzen dürfen, da es ihr immerhin gelungen ist, dem ganzen reichlich bunten Völkergemisch den Namen zu geben. Eine förmliche Einwanderung in großen Scharen, sei es nun kriegerisch oder friedlich, hat es freilich nicht gegeben. Eher könnte man von einem Einsickern in mehreren Phasen und Gruppen sprechen. Genau ist auch ihr Herkunftsland nicht zu bestimmen, aber es wird mit guten Gründen im böhmischen Raum vermutet. In die Straubinger Gegend sind die Bajuwaren noch im 4. Jahrhundert gelangt. Im 5. und 6. Jahrhundert sind einzelne Gruppen dieses Stammes dann immer weiter westlich vorgedrungen[10]. Was dann geschehen ist, entzieht sich völlig unserer Kenntnis. Um die Mitte des 6. Jahrhunderts erscheinen die Bayern plötzlich als großer festgefügter Stamm mit Grenzposten am Lech und einem Herzog an der Spitze, wobei nun nach außen hin nicht mehr unterschieden wird zwischen den Leuten, die aus dem Lande Baia gekommen sind und der Vorbevölkerung, die ihren Namen angenommen hat. Spuren von kriegerischer Unterwerfung sind jedenfalls nicht zu entdecken. Mit gutem Recht spricht man daher heute lieber von einer Stammeswerdung als von einer Einwanderung der Bayern.

Aber es muß eine Macht im Spiele gewesen sein, die diese Stammesbildung wünschte und garantierte. Vielleicht war es Theoderich, der zwischen Italien und den verbündeten Thüringern nicht gerne ein unkontrollierbares Völkergemisch sah. Eher ist aber doch an die Franken zu denken. Sie haben auch das alamannische Gebiet unter ihre Oberherrschaft gebracht und in der Folgezeit diesen Anspruch mit wechselndem Erfolg auch auf Bayern erhoben.

Wer es nun auch gewesen sein mag, der an einer festen Stammesbildung der Bayern interessiert war, er mußte in erster Linie auf eine wirkungsvolle Führung des Landes bedacht sein. Als solche begegnet uns seit der Mitte des 6. Jahrhunderts das Herzogsgeschlecht der Agilolfinger, das bis 788 die Herzöge Bayerns stellte. Wahrscheinlich sind die Agilolfinger selbst nicht von bajuwarischer Abkunft, sondern von außen her, von eben jener oben genannten fremden Macht als Herzöge in Bayern eingesetzt worden[11]. Sind sie selbst nun Burgunder, Franken, Langobarden oder gar Thüringer? In dieser Frage gehen die Meinungen weit auseinander. Jedenfalls aber sind sie nicht die einzigen, die Macht und Ansehen im Lande besitzen. Da sind noch jene fünf höheren Adelsgeschlechter, von denen in der Lex Baiuvariorum die Rede ist:

„Von den Geschlechtern und ihrer Buße: Von den Geschlechtern, die genannt werden Huosi, Drozza, Fagana, Hahilinga, Anniona. Diese sind sozusagen die vornehmsten nach den Agilolfingern, welch letztere von herzoglichem Geschlecht sind. Jenen Geschlechtern gewähren wir daher doppelte Ehre und so sollen sie auch das doppelte Bußgeld empfangen; die Agilolfinger aber sollen bis zum Herzog hin vierfaches Bußgeld erhalten, weil sie die höchsten Fürsten sind."

Die Vermutung liegt nahe, in diesen fünf bayerischen Adelsgeschlechtern bodenständige Familiensippen zu sehen, die schon vor dem Eintreffen der Agilolfinger über einzelne Stammesgruppen Macht ausgeübt hatten. Sie wären dann durch das neue Herzogshaus mehr oder minder freiwillig in die zweite Rolle gedrängt worden. Aber vieles spricht dafür, daß auch diese fünf Genealogien aus dem Westen kommen. Zumindest in dem Augenblick, da wenigstens die Huosi und Fagana im Freisinger Bistumsbereich urkundlich einigermaßen faßbar werden, weisen besitztumsmäßige und verwandtschaftliche Beziehungen deutlich in den fränkischen Westen. Die zweite Führungsschicht in Bayern zeigt keineswegs das Bild eines abgesunkenen Provinzadels, sondern gehört zur Reichsaristokratie und ist durch zielgerichtete Heiratspolitik eng mit dem karolingischen Herrscherhaus verknüpft. Die fränkische Führung sah in ihren bayerischen Exponenten offenbar ein geeignetes Instrument, etwaige Unabhängigkeitstendenzen der Agilolfinger zu kontrollieren. Wann diese Tendenz begonnen hat, ob sie vielleicht von Anfang an bestanden hat, läßt sich nicht mehr feststellen[12].

Auf jeden Fall aber hatte eine solche westlich orientierte Blickrichtung auch Einfluß auf die Christianisierung des neuen bayerischen Stammes; denn die Franken bekannten sich seit der Taufe Chlodwigs im Jahr 496 und die Burgunder seit dem Regierungsantritt Sigismunds im Jahr 516 geschlossen zum christlichen Glauben im katholischen Bekenntnis. Ein ähnlich markantes Datum für die Übernahme des Christentums in geschlossener Stammeseinheit gibt es bei den Bayern nicht. Dazu waren sie aus zu vielen Stammesgruppen und Volkssplittern zusammengewachsen und die politische Einheit noch zu jung, als daß sie bekenntnismäßig einem Herzog mit einem Schlag hätten folgen können. Trotzdem dürfte das christliche Bekenntnis der bayerischen Führungsschicht im ersten und zweiten Rang letztlich der wichtigste Faktor für den Weg der Bayern zum christlichen Glauben gewesen sein.

4. Der Weg zum christlichen Glauben

Im 6. Jahrhundert hat sich der bayerische Stamm aus vielfältigen Elementen unter Führung des agilolfingischen Herzogshauses zu einer politischen Einheit konsolidiert. Aber sichere Nachrichten aus den ersten beiden Jahrhunderten nach der Stammeswerdung sind spärlich und damit auch unser Wissen über den Weg der Bayern zum christlichen Glauben. Da gibt es eigentlich nur den Reisebericht des Venantius Fortunatus, der für das Jahr 565 den Kult der heiligen Afra in Augsburg bezeugt, und eine Stelle in der Vita des heiligen Kolumban, die von einer Missionsarbeit des Klosters Luxeuil in Richtung Bayern spricht. Erst für die Zeit um und nach 700 setzen bessere literarische Zeugnisse ein, die sämtlich vom Freisinger Bischof Arbeo stammen. Aber zu diesem Zeitpunkt erscheint die Missionsarbeit im strengen Sinn schon abgeschlossen zu sein. Korbinian ist kein Missionar, der Heiden bekehrt; noch weniger Bonifatius, zumindest nicht für Bayern. Ihr Verdienst liegt in der vorbereitenden und tatsächlichen Kirchenorganisation eines Landes, das sich bereits zum christlichen Glauben bekennt.
Es bleibt die Frage: Wer hat eigentlich die Bayern zu Christen gemacht? Waren sie vielleicht schon Christen, als sie in das Land kamen, wenn auch möglicherweise arianischer Prägung? Haben die bodenständigen Keltoromanen sie von der seit 380 geltenden römischen Staatsreligion überzeugt? Oder haben die iroschottischen Wandermönche von der grünen Insel die Hauptarbeit geleistet? Weiter ist mit der Möglichkeit zu rechnen, daß die Franken nicht nur ein Herzogsgeschlecht und adelige Familien infiltriert haben, sondern parallel dazu auch katholische Priester, wenngleich ihre Namen größtenteils in Vergessenheit gerieten. Die christliche Religion war vom Frankenreich her gesehen ja auch ein eminent politischer Einheitsfaktor.
All diese Elemente haben sicher eine Rolle gespielt, aber ebenso sicher wurden sie in der historischen Forschung auch je überbewertet. Darum ist eine genaue Analyse der Quellen und sonstigen Anhaltspunkte geboten.

Frühe Kontakte der Bajuwaren mit dem Christentum

Da einige Ausdrücke in der bayerischen Mundart und eine ganze Schicht in der deutschen Kirchensprache auf griechische Wurzeln verweist, wurde von der sprachgeschichtlichen Forschung her die Vermutung geäußert, die Bajuwaren müßten schon vor ihrem Eintreffen im Raum zwischen Donau und Alpen mit dem Christentum griechisch-östlicher Prägung in Berührung gekommen sein. Wochentagsnamen wie Erchtag oder Pfinztag werden hier angeführt, weiterhin Worte wie Kirche, Bischof, Pfaffe, Pfingsten oder Teufel. Auszuschließen ist es nicht, daß ein Teil der Bajuwaren im engeren Sinn, der tatsächlich zugewanderten also, in Kontakt mit der griechischen Kirche gekommen ist. Ein Urteil darüber wäre überzeugender, wenn wir das Herkunftsland genauer umschreiben könnten. Immerhin wird auch die These vertreten, daß es einwandernde Bajuwaren als neues bestimmendes Element überhaupt nicht gegeben hat, daß die Boier-Kelten plötzlich Bajuwaren geheißen hätten. Damit wäre die Frage nach eingewanderten Bajuwaren mit wenigstens teilweise christlichem Bekenntnis von vornherein erledigt. Aber die Ergebnisse der Archäologie scheinen doch in eine andere Richtung zu weisen. Die angeführten sprachgeschichtlichen Argumente sind freilich für sich allein genommen nicht sehr beweiskräftig, da sich griechische Wortelemente auch im Sprachgut der irischen Missionare nachweisen lassen und ebenso von daher, wie auch durch unmittelbare Kontakte des bayerischen Raumes mit dem griechischen Osten vermittelt sein können[13].

Von Bedeutung wären solche Kontakte vor allem bezüglich der Frage, ob es in Bayern vor der katholischen Mission eine arianische Vorstufe gegeben hat, wie vielfach behauptet wurde. Es gibt nur wenige Hinweise dafür. Bonifatius traf 736 in Bayern einen Schismatiker Eremwulf, aber es ist nicht bekannt, in welchen theologischen Fragen er sich von der katholischen Lehre unterschied. Bischof Virgil von Salzburg erwähnt in seiner Kosmographie für die Zeit des Bonifatius in Bayern arianische Häresien, wenn auch in verschlüsselter Form. Aber diese Zeugnisse sind spät und dürften nicht viel mehr als kleine Splittergruppen im Auge haben. Daraus ein arianischen Christentum größeren Ausmaßes in Bayern ablesen zu wollen, wäre wohl verfehlt.

Nachbarchristentum aus der Spätantike

Die Frage nach einer Kontinuität christlicher Gemeinden von der Spätantike über den Zusammenbruch der römischen Herrschaft hinaus ist oft diskutiert worden. Für den Raum des Freisinger Bistums gibt es keine Stelle, wo mit einiger

Sicherheit eine solche ununterbrochene Fortdauer vermutet werden dürfte. Das liegt wohl an der Tatsache, daß dieses Gebiet in der Römerzeit keine nennenswerten Zentralorte besaß. Aber rings im Umkreis gibt es nachweisbare spätrömische Christengemeinden, die wenigstens teilweise im 6. Jahrhundert noch bestanden haben müssen, also zu einer Zeit, da der bayerische Stamm zu einer politischen Einheit zusammenwuchs.

Im Westen ist es vor allem Augsburg, die Hauptstadt der römischen Provinz Raetia secunda. Wenn Venantius Fortunatus, der spätere Bischof von Poitiers, im Jahr 565 hier auf einen lebendigen Kult am Grab der heiligen Afra trifft, dann muß es hier auch noch eine Christengemeinde gegeben haben, die den Abzug der römischen Soldaten und Beamten überdauert hat. Im Norden von Freising gab es nachweisbares Christentum in Regensburg und im Osten bei Lorch. Es ist nicht ganz gesichert, ob Regensburg und Lorch ihr kirchliches Leben bis ins 6. Jahrhundert hinein aufrecht erhalten konnten, aber es spricht manches dafür. Mit Sicherheit dagegen existierten im Süden die Bischofssitze von Säben hoch über der Eisack, sowie Agunt (bei Lienz), Teurnia (St. Peter im Holz) und Virunum (bei Klagenfurt) im Drautal. Erst die Slaweneinfälle um 600 haben ihren Untergang herbeigeführt. Bedenkt man ferner, daß an der Südgrenze des bayerischen Landes eine Art Wallfahrtskirche mit dem Grab des heiligen Valentin stand, die wiederum Venantius Fortunatus für das 6. Jahrhundert bezeugt, und daß auch im Salzburger Raum romanenchristiche Traditionen fortlebten, wie etwa das Grab des heiligen Maximilian, so erscheint das Gebiet des späteren Freisinger Bistumssprengels zwar nirgends unmittelbar von solchen spätantik-christlichen Zeugnissen betroffen, aber doch ringsum von ihnen eingekreist[14]. Auch wenn die missionarische Wirksamkeit solcher Nachbarschaftskirchen nicht überschätzt werden darf, so blieb sie doch sicher nicht ganz ohne Auswirkungen, zumal die uns zufällig bekannt gewordenen Kirchen sicher nicht das Gesamt christlichen Lebens jener Zeit umschreiben.

Einer Streitfrage muß hier im Zusammenhang mit alten Bischofssitzen noch gedacht werden. Der Benediktinerforscher P. Romuald Bauerreiß glaubte, auf bayerischem Boden zwei spätrömische Bistümer ausmachen zu können: das Bistum Chiemsee und das Bistum Neuburg am Staffelsee. Gegen beide Thesen ist heftiger Widerspruch laut geworden; für den Fall eines alten Bistums Chiemsee wohl zu recht. Dagegen sind die Argumente, die gegen ein altes Bistum Staffelsee vorgebracht wurden, nicht beweiskräftig genug, um die Frage einfach abzutun.

Sicher ist, daß es im 8. Jahrhundert ein Bistum Neuburg gab, das zu Beginn des 9. Jahrhunderts mit Augsburg vereinigt wurde, nachdem Bischof Sintpert von Neuburg auf den Augsburger Stuhl berufen wurde. Wo aber lag dieses Neuburg? Die einen verlegen es nach Neuburg an der Donau und vermuten eine

Entstehungszeit um 741, da Herzog Odilo im Streben nach Unabhängigkeit von den Franken die Bildung eines rein bayerischen, wenn auch kleinen Bistums bei Papst Zacharias habe erwirken können. Dies ist reine Vermutung. Bauerreiß stützt sich auf zwei Briefe Papst Leos III. Im Jahr 798 nennt der Papst Sintpert „Bischof von Neuburg". Zwei Jahre später bezeichnet er ihn als „episcopus ecclesiae Stafnensis". Bauerreiß verlegt darum das unbekannte Bistum an den Staffelsee und vermutet eine Entstehungszeit in spätrömischer Zeit, da eine Neugründung nach der kirchlichen Organisation des Jahres 739 undenkbar sei. Die Schlüsse Bauerreiß' sind sicher kühn und gewagt. Er kann nicht nachweisen, daß es am Staffelsee ein Neuburg gegeben hat; aber ebensowenig können seine Gegner Neuburg an der Donau mit einer „ecclesia Stafnensis" in Verbindung bringen. Der merkwürdige Verlauf der Bistumsgrenze zwischen Augsburg und Freising im Südosten bzw. Südwesten könnte für ein altes Bistum in diesem Raum sprechen[15].

Iroschottische Mission in Bayern

Auf der grünen Insel Irlands hatte sich im 5. Jahrhundert eine ausgeprägte Mönchskirche entfaltet mit strengen asketischen Gewohnheiten. Im 6. Jahrhundert kamen irische Mönche auf das Festland herüber ohne in erster Linie Missionare sein zu wollen. Sie predigten zwar, was sie aber in erster Linie trieb, war das Ideal asketischer Heimatlosigkeit. Unterwegs zu sein in der Fremde um Christi willen bedeutete ihnen eine ganz spezifische Form der Christusnachfolge. Durch ihr Auftreten wirkten sie natürlich missionarisch, nur war eine klare kirchliche Organisation oder eine zielstrebige Seelsorge nicht ihr Ziel. Bonifatius konnte sich mit dieser Art der Mission nicht befreunden. Er hat später alles versucht, ihren Einfluß zurückzudrängen und durch klare kirchliche Organisationen zu ersetzen. Das könnte mit ein Grund sein, warum wir so wenig Zuverlässiges über die irischen Wandermönche in Bayern wissen.
Trotzdem darf ihr Einfluß nicht überschätzt werden. Man hat aus jedem Zell-Ort und Jakobuspatrozinium auf iroschottische Missionare schließen wollen, sicher meist zu Unrecht. Es werden kaum gewaltige Scharen gewesen sein, die dann die eigentliche Missionsarbeit bei den Bayern geleistet hätten.
Das beste Zeugnis für einen irischen Missionsversuch besitzen wir in der Lebensbeschreibung des heiligen Kolumban, die um 640 geschrieben wurde. Kolumban, ein geborener Ire, hat unter anderen das Kloster Luxeuil in Burgund gegründet. Sein Nachfolger als Abt dieses Klosters war Eustasius. Von ihm berichtet die Vita Columbani:

„Als er die Warasken bekehrt hatte, zog er zu den Boiern, die jetzt Bayern heißen. Er unterwies sie mit viel Mühe in den Grundzügen des Glaubens und gewann sehr viele von ihnen für den Glauben. Als er dort einige Zeit verbracht hatte, entsandte er kluge Männer, die das begonnene Werk eifrig fortsetzen sollten. Er selbst aber kehrte nach Luxeuil zurück."

Abt Eustasius entläßt Agilus. Aus einem Weltenburger Martyrologium.

Diese Tätigkeit des Eustasius in Bayern dürfte in die Zeit um 610 anzusetzen sein. Von seinen Schülern kennen wir namentlich Agilus, der vermutlich mit der Gründung von Weltenburg in Zusammenhang steht. Weiter erfahren wir von einem anderen Schüler namens Agrestius. Auch er war in Bayern, hatte aber keinen Erfolg und verwickelte sich später in eine schismatische Bewegung im Zusammenhang mit dem sog. Dreikapitelstreit von Aquileja.

Alle diese drei namentlich bekannten „Irenapostel" aus Luxeuil sind jedoch sämtlich nicht mehr geborene Iren, sondern Franken bzw. Burgunder, die lediglich im Erbe Kolumbans und seiner Klosterregel stehen und sogar diese in benediktinischer Richtung verändern. Eigentlich gehören sie damit schon in die nächste Phase der Mission, die ihre Impulse aus dem Frankenreich bezieht[16].

Als Iren im strengen Sinn des Wortes erweisen sich in Bayern eigentlich nur Abtbischof Virgil von Salzburg und sein Begleiter Abt Dobdagrec im Kloster Chiemsee. Sie aber gehören schon ins 8. Jahrhundert. Von einer irischen Missionswelle in Bayern zu sprechen, ist wohl nicht angebracht; es sei denn, man bezöge in diesen Begriff auch all jene Bischöfe und Priester aus dem Frankenreich mit ein, deren Verhalten und Gewohnheiten natürlich irisches Erbe enthielt, wie es sich im Westen auf breiter Basis eingebürgert hatte.

So gesehen wird man der irofränkischen Mission eine beachtliche Wirksamkeit zumessen dürfen. In der Liturgie des Klosters Luxeuil wurde der Kult der heiligen Afra von Augsburg übernommen, aber auch die Verehrung des heiligen Florian vom fernen Lorch an der Enns. Das zeigt doch, daß die Arbeit des Eustasius und seiner Schüler weite Gebiete Bayerns umspannt hat. Im Bistum

Freising läßt sich die liturgische Verehrung des heiligen Eustasius noch im 10. Jahrhundert nachweisen. Das muß freilich keine Wirksamkeit des Heiligen im Freisinger Raum bedeuten; denn die Liturgie war vor Bonifatius ohnedies gallikanisch orientiert, so daß die Memoria des Eustasius auch über liturgische Bücher nach Freising gekommen sein kann[17].

Lokale Traditionen haben auch im Freisinger Bistumsbereich das Andenken an einige Gestalten der christlichen Frühzeit wachgehalten, die dann in späteren Legenden gern der iroschottischen Mission zugeordnet wurden. Es ist im Einzelfall schwer, zu entscheiden, ob sich solche Legenden vielleicht doch an älteren Überlieferungen orientieren konnten, oder ob sie in freier Phantasie einfach dem Mangel an zuverlässigen Nachrichten abhelfen sollten.

Marinus und Anianus

Da sind etwa die beiden Heiligen vom Irschenberg, der Bischof und Martyrer Marinus und sein Neffe, der heilige Diakon Anianus. An ihrer Existenz besteht kein Zweifel. Marinus ist als Bischof und Martyrer im Sakramentar Kaiser Heinrichs II. (1002–1024) bezeugt. Er und sein Neffe Anianus begegnen in einer päpstlichen Urkunde des Jahres 1142 als Patrone des Klosters Rott am Inn. Näheres über das Leben der beiden findet sich allerdings erst in einer Tegernseer Handschrift aus dem 12. Jahrhundert. Dieser Vita zufolge stammten Marinus und Anianus aus einem edlen Geschlecht in Irland. Ihr Weg hätte sie nach Rom geführt, wo Marinus durch Papst Eugen I. (654–657) die Bischofsweihe und Anianus die Diakonatsweihe empfingen. Ausgestattet mit apostolischen Vollmachten seien die beiden nach Bayern gegangen und hätten sich in der unwirtlichen Gegend am Irschenberg niedergelassen, um hier Zeugnis für Christus abzulegen. Durch eine Waldschlucht voneinander getrennt hätten sie 40 Jahre lang in strenger Askese gelebt, bis Marinus am 15. November 697 das Martyrium erlitt und Anianus am selben Tag eines wundersamen Todes starb[18]. Die Waldschlucht gibt es am Irschenberg bei Wilparting und auf der einen Seite die alte Veitskapelle, an deren Stelle die Behausung des heiligen Marinus gestanden haben soll, auf der anderen Seite der Schlucht den Weiler Alb, dessen Kapelle die Erinnerung an Anianus bewahrt. Aber die Romreise zweier Iren paßt nicht recht zum Bild iroschottischer Mönche. Darum verdient eine andere, kürzere Vita eher Glauben, die handschriftlich zwar erst im 15. Jahrhundert greifbar ist, aber doch auf eine ältere Vorstufe der Tegernseer Fassung zurückgehen dürfte.

1. Wohnort St. Marin.
2. Wohnort St. Anian. 3. Kirch
und Grab deren heiligen.
4. Pfarr Kirche Irschenberg.

Fieri Curavit A. F. St. P. F. ✳ J. Caspar Weidtinger Pinx. del.

Marinus und Anianus über Wilparting am Irschenberg.
Kupferstich von J. K. Weidtinger um 1776.

24

Sie erzählt: Zur Zeit des oströmischen Kaisers Leontius (695–698) kam eine Horde Vandalen über die Alpen zur Höhle des Bischofs Marinus. Sie forderten ihn auf, ihnen den Weg zu zeigen. Er aber weigerte sich, da er ein Gelübde gemacht hatte, die Höhle lebend nicht mehr zu verlassen. Darauf verbrannten ihn die Heiden an einem 15. November. Der Neffe Anianus, der in der Nähe wohnte, starb am selben Tag, nachdem er die heilige Eucharistie begehrt hatte. Beim Tod ging aus seinem Munde eine weiße Taube hervor.

Die kurze Vita berichtet weiter: Fünfzig Jahre hindurch ruhten die Überreste Marins und Anians in der Erde, bis einem heiligmäßigen Priester Priamus ihr Grab in Arrisium geoffenbart wurde. Der meldete das sofort seinem Bischof Tolusius. Der Bischof eilt zum Begräbnisort, findet all dies bestätigt und ordnet ein dreitägiges Fasten an. Am dritten Tag des Fastens erhob er im Beisein des Klerus die Gebeine in einen Marmorsarkophag. Dies sei geschehen in der Zeit, da Pippin (741–768) und Karlmann (741–754) im Frankenreich und Egilolf (wohl Aistulf, der Langobardenkönig 749–756) in Italien regierten.

Die angeführten Herrscher erlauben eine Datierung der Erhebung für die Jahre 749–754. Zu dieser Zeit regiert in Freising Bischof Josef (749–764), der für die Erhebung eines Heiligengrabes Zuständigkeit besitzt. Aber hier beginnt die Schwierigkeit mit den Namen der kurzen Vita. Ein Weg von Josephus zu Tolusius ist zu weit, als daß man ihn mit verderbter Schrift und Lesefehlern erklären dürfte. In Arrisium eine Bezeichnung für den Ort Irschenberg zu sehen, mag hingehen; ob man aber in Priamus den Notar Bischof Josephs, Arbeo, vermuten darf, bleibt fraglich.

Festzuhalten ist, daß die kürzere und wohl ältere Vita nichts von einer irischen Herkunft der beiden Heiligen von Wilparting weiß. Das sagt nur die Tegernseer Handschrift aus dem 12. Jahrhundert. Gerade in diesem und dem vorhergehenden Jahrhundert aber kam eine zweite iroschottische Klosterbewegung auf das Festland mit einem Schwerpunkt in Regensburg. Vielleicht hat dies dazu beigetragen, manchen wenig bekannten Heiligen der irischen Frühmission zuzuordnen.

Was aber gar nicht zum Typ eines irischen Wanderbischofs paßt, ist das Gelübde der „stabilitas loci", den einmal gewählten Ort unter keinen Umständen mehr verlassen zu wollen. Eben das scheint Marinus den gewaltsamen Tod gebracht zu haben. Solche Formen der Askese gibt es im abendländischen Mönchtum im Gebiet der Rhone. Und auch die Namen weisen in den südgallischen Raum: Marinus nach Lérins und Anianus nach Orléans. So liegt die Vermutung nahe, die beiden Wilpartinger Heiligen seien Romanen gewesen und hätten sich am Irschenberg bei einer romanischen Siedlung niedergelassen.

Alto

Auch der Gründer von Altomünster wird dem iroschottischen Mönchtum zugeschrieben. Um 1060 verfaßte Otloh von St. Emmeram in Regensburg auf Bitten der Benediktinerinnen von Altomünster eine kurze Lebensbeschreibung des Gründerpatrons[19]. Otloh bekennt, daß er keine schriftlichen Quellen hat; es habe sie gegeben, aber sie seien gestohlen worden. Er muß sich auf mündliche Nachrichten stützen:

„Der heilige Alto entstammt einem hochadeligen Schottengeschlecht... In einem Traumgesicht wurde er vom Herrn aufgefordert, daß er gleich dem Patriarchen Abraham seine Heimat und Verwandtschaft verlassen und in eine ferne Gegend Deutschlands ziehen solle... Der Mann Gottes zog daher fort aus der Heimat und gelangte nach Bayern. Dort ließ er sich in einem Wald nieder und bebaute den Boden, um sich sein Brot zu erwerben... Während seines Aufenthaltes verbreitete sich sein guter Ruf und die Kunde von ihm drang bis zum Frankenherrscher Pippin, Karls des Großen Vater. Der übergab dem heiligen Alto einen großen Teil seines Waldes, wo er wohnte. Alto rodete ihn und stellte fruchtbares Ackerland her... Dann begann er zu überlegen, wie er all das wieder zu Ehren dessen verwenden könne, von dem er es als geschenkt erachtete. So errichtete er Wohnräume, geeignet für den göttlichen Dienst, und auch eine Klosterkirche, holte Freunde des geistlichen Lebens zu sich und ließ sie bei sich wohnen... Nach der Gründung wurde dem heiligen Bonifatius in einer himmlischen Erscheinung der Wink gegeben, er solle das Münster des heiligen Alto schleunig weihen..."

Als Otloh dies schrieb, trafen in Regensburg eben die ersten Inklusen der zweiten Iroschottenwelle ein, und er brauchte einen Heiligentypus für einen Mann, von dem er nicht viel wußte. Der Name Alto spricht nicht für eine iroschottische Herkunft, noch weniger die Weihe der Kirche durch Bonifatius, dem nicht einmal der Ire Virgil in Salzburg paßte. Oder sollte Alto ein Angelsachse gewesen sein wie Bonifatius? Der Name spricht auch dafür nicht.
In einer Freisinger Urkunde aus der Zeit um 760 unterschreibt ein „reclausus Alto" in Gegenwart Herzog Tassilos und des adeligen David von Mammendorf, der in enger Beziehung zu Pippin steht[20]. Das macht die Schenkung Pippins an Alto glaubwürdig, zumal es in der Nähe von Altomünster ein Pippinsried gibt mit dem Patrozinium des typisch fränkischen Hausheiligen Dionysius. Die Zeugenschaft dieses Alto in einer solchen Urkunde spricht für sein hohes Ansehen und vielleicht sogar für eine Herkunft aus dem bayerischen Adel, der zumindest im Bereich der Huosi immer engste Kontakte mit den Frankenherrschern besaß.

Marinus und Declanus, Lullus

Was sonst noch an „Irenaposteln" im Freisinger Bistum überliefert wird, ist nicht mehr als einige Namen. Im Prämonstratenserkloster Neustift bei Freising verehrte man bis zur Zerstörung ihrer Grabkapelle die heiligen Marinus und Declanus. Quelle für ihr Wirken ist bezeichnenderweise die späte und höchst unzuverlässige Regensburger Schottenlegende. Ihr zufolge sollen sie Gefährten Bischof Virgils von Salzburg gewesen sein[21]. Ebenfalls aus der Gefolgschaft Virgils soll Lullus nach Ilmmünster gekommen sein. Sein Kult ist völlig verschollen und wiederum nur in der Schottenlegende bezeugt.

Das Ergebnis hinsichtlich irischer Missionsarbeit im Freisinger Bistumsraum ist bescheiden genug. Keine der dafür in Anspruch genommenen Persönlichkeiten erweist sich bei näherem Zusehen als eine jener fast furchterregenden irischen Mönchsgestalten. Das gilt nicht nur für Freising, sondern für Bayern überhaupt. Nur Virgil von Salzburg und Dobdagrec von Chiemsee sind geborene Iren. Eustasius und seine Nachfolger haben in Bayern gewirkt, aber sie sind keine Iren mehr; sie vermitteln nur irisches Erbe aus Luxeuil. Spuren dieses mittelbar irischen Erbes halten sich auch in Freising noch lange, etwa in Gestalt der Bußbücher oder der kolumbanisch-benediktinischen Mischregel im klösterlichen Bereich. Letzter Exponent dafür ist in Freising Bischof Korbinian. Aber Gestalt und Auftreten dieses Heiligen haben kaum noch etwas gemeinsam mit den hart asketischen Gewohnheiten der irischen Mönche. Ob sie in ihrer ganz ursprünglichen Gestalt, die als furchterregend geschildert wird, überhaupt in Bayern aufgetaucht sind, bleibt sehr zweifelhaft. Bonifatius klagt zwar in seinen Briefen an den Papst über herumziehende Briten und Irrlehrer, über Priester, die nicht einmal die Taufformel in richtigem Latein sprechen und ihre rechtmäßige Weihe nachweisen konnten, aber Bonifatius neigt doch ganz offensichtlich zu Übertreibungen, wenn irgendwo die kirchlichen Verhältnisse nicht in allen Stücken mit der römischen Ordnung übereinstimmten. Auch über die fränkischen Bischöfe und Priester fällt er harte Urteile. Die „umherziehenden Briten" sind bei ihm fast ein Synonym für alles, was nicht ganz seinen Vorstellungen entsprach. Dieses Bild hat sich anscheinend gehalten. Noch Bischof Arbeo legt der erbosten Herzogin von Freising das Schimpfwort gegen Korbinian in den Mund, er sei ein dahergelaufener Brite.

Christliche Impulse seitens der politischen Führungsschicht

Damit ist nun immer noch nicht geklärt, woher die Bayern ihren christlichen Glauben vermittelt bekamen. Weder die romanenchristliche Nachbarschaft, noch die irische Missionsbewegung scheinen je für sich so stark gewesen zu sein, daß sie eine Christianisierung des Stammes auf breiter Ebene hätten bewirken können. Die angelsächsische Mission scheidet für Altbayern vollends aus. Sie hatte ihre Stützpunkte in Mainfranken, aber nicht im bayerischen Raum. Bonifatius ist 719 durch Bayern gezogen und hat sich hier 733–735 eingehender mit der kirchlichen Lage befaßt, aber das war schon eher eine Visitations- als eine Missionsreise kurz vor der 739 erfolgten Bistumserrichtung.

So bleibt als letzte Erklärung für die Christianisierung Bayerns vor 700 das katholische Bekenntnis der politischen Führungsschichten. Das Herzogshaus der Agilolfinger war ohne Zweifel christlich, als es seine Herrschaft in Bayern antrat. Theodolinde war die Tochter des ersten namentlich bekannten Bayernherzogs Garibald und sie hat es durch ihre Einheirat in das langobardische Königshaus fertiggebracht, daß der gesamte langobardische Stamm vom arianischen zum katholischen Bekenntnis übertrat. In Bayern selbst war die Religionsfrage sicher nicht so leicht zu regeln. Hier ging es nicht um das eine oder andere christliche Bekenntnis, sondern um die christliche Religion überhaupt. Der Herzog war von außen gekommen und konnte sich nicht ohne weiteres auf die Gefolgschaft seiner Männer auch in religiöser Hinsicht verlassen, denn der junge Stamm bildete ein Mischvolk verschiedenster Herkunft. Ohne Zweifel blieb aber doch das religiöse Bekenntnis des Herzogshauses nicht ohne Auswirkungen auf die Untertanen. Natürlich konnte der Herzog nicht selber predigen. Aber bei Hof gab es Priester, zunächst für den Gottesdienst der eigenen Familie, bald auch für einen weiteren Wirkungskreis in das Volk hinein. Leider fehlen uns Namen für die Frühzeit, aber an der Existenz solcher Priester ist nicht zu zweifeln. Die starke religiöse Ausstrahlung der Herzogstochter Theodolinde wäre nicht denkbar, wenn nicht in der Familie das christliche und gottesdienstliche Leben selbstverständlich gewesen wäre. Woher die Agilofinger auch gekommen sind, sie haben sicher katholische Priester mitgebracht und später noch nachgeholt, um ihrem Herschaftsbereich auch religiös mehr und mehr Einheit zu verschaffen. Dabei konnten sie dann an die vielleicht bescheidenen aber doch immerhin existenten Reste des Christentums aus der Spätantike anknüpfen und manchen Wanderprediger ihrer religiösen Zielsetzung dienstbar machen. Es ist wohl kein Zufall, wenn bis in die Zeit Emmerams, Ruperts und Korbinians hinein die ankommenden Priester und Bischöfe immer zuerst an den Herzogshof gehen.

Gerade an diesen letzten Bischöfen, die alle aus dem Westen kamen, wird deutlich, daß das Interesse an einem christlichen Bayern auch bei den Franken lag und das wahrscheinlich nicht erst in der Spätphase um 700. Ohne genuin missionarische Motive in Abrede stellen zu wollen, mußte doch ein christianisiertes Bayern den fränkischen Großmachtinteressen entgegenkommen. Das einheitliche Bekenntnis schuf ein verbindendes Element und eröffnete gleichzeitig die Möglichkeit nicht immer nur missionarischer, sondern auch politischer Einflußnahme.

Die nach Unabhängigkeit strebenden Agilolfinger hätten vielleicht manchmal lieber Priester anderer Herkunft in ihrem Land gesehen, aber da waren auch noch die Adelsgeschlechter in der zweiten Rangstufe, die Huosi vor allem, die politisch und kirchlich immer stark fränkisch orientiert waren. Wenn es stimmt, daß die fünf altbayerischen Genealogien überhaupt aus dem fränkischen Westen zugezogen sind, wofür manches spricht, so ergibt sich mit ihnen und dem Herzogshaus zusammen eine mächtige Führungsschicht, die von Anfang an katholisch war. Dies dürfte der entscheidende Faktor für die vielleicht langsame, aber doch unaufhaltsame Durchsetzung des christlichen Glaubens auch in den mittleren und unteren Gesellschaftsschichten gewesen sein.

Das Zeugnis der Archäologie

Die Sitte, den Verstorbenen Waffen, Schmuckstücke oder Amulette ins Grab mitzugeben, entspricht den Jenseitsvorstellungen der alten heidnischen Religionen. Entsprechend wird das Aufhören der Beigabensitte als Zeichen für wachsenden Einfluß des christlichen Glaubens gewertet. Das ist im Grunde sicher richtig, aber die Übergänge sind fließend. Es gibt auch christliche Gräber mit Beigaben; nur sind es nicht mehr Charonsmünzen, meist auch nicht mehr Waffen, sondern Schmuckstücke und Bekleidungszubehör, die man den Toten mehr aus Pietät, denn aus heidnischem Aberglauben belassen hat.

Von kreuzgeschmückten Fingerringen in München-Aubing war schon die Rede. Sie sind die ältesten archäologischen Zeugnisse für ein christliches Bekenntnis im späteren Freisinger Bistumsbereich und bisher auch die einzigen, die noch in das 6. Jahrhundert gehören. In größerer Zahl setzen die Fundstücke erst im 7. Jahrhundert ein. Da christliche Inschriften im Freisinger Raum völlig fehlen, ist das Kreuz immer noch das sicherste Erkennungszeichen, wenngleich es sich dabei um ein so einfaches Motiv handelt, daß es auch eine ganz allgemeine Ornamentform sein kann.

Christlichen Ursprungs ist aber sicher ein kleines, knapp 5 cm langes Anhängekreuz aus einem Frauengrab in München-Giesing[22]. Weiterhin müssen hier zwei Fundstücke aus Freilassing und Feldkirchen bei Ainring genannt werden, wenn sie auch nicht direkt zum alten Freisinger Bistumsgebiet gehören. Es handelt sich um zwei dünne Goldblattkreuze, die sonst von den Langobarden und später auch vom alamannischen Raum her bekannt sind. Das Feldkirchener Exemplar mißt in der Höhe 7 cm und hat ornamental elfmal die Rückseite einer konstantinischen Münze eingeprägt. Das Fundstück aus Freilassing ist kleiner und schmucklos[23].

Von derselben Art ist ein Fundstück aus Aschheim bei München. Kleine Löcher in der Achsenmitte und an den Enden der Goldblattkreuze lassen den sicheren Schluß zu, daß sie auf ein Textil aufgenäht werden. Soweit sie an der ursprünglichen Stelle im Grab erfaßt werden konnten, zeigte sich, daß die goldenen Kreuze über dem Gesicht der Toten lagen. Sie waren offenbar auf einem Tuch oder Schleier befestigt, den man den Toten über das Gesicht legte. Der Sinn ist offenbar: Wenn der Verstorbene aus dem Schlaf des Todes zum ewigen Leben erwacht, soll er als erstes das strahlende Erlösungszeichen des Kreuzes Christi sehen.

Verhältnismäßig zahlreich sind die Funde von durchbrochenen Zierscheiben aus Bronze, die an den Handtaschen der Frauen als Verschluß dienten. Die vielfältig variierten Kreuzstege können allgemeines Ornament sein, aber doch eher bewußt christliches Symbol, da diese Handtaschen zur Sonntagsausrüstung der Frau gehörten (Fundstellen z. B. in München-Kirchtrudering, Niederding, München-Sendling, München-Aubing, Pliening b. Ebersberg)[24].

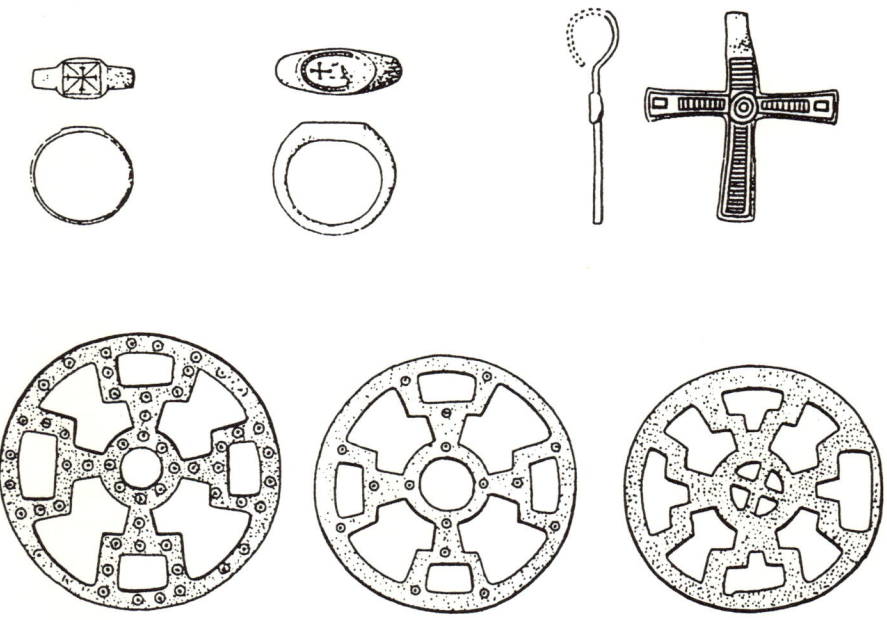

Fingerringe aus München-Aubing und Chieming (6. Jahrhundert). Hängekreuz aus München-Giesing (7. Jahrhundert). Durchbruchscheiben aus München-Kirchtrudering, Niederding und München-Aubing (7. Jahrhundert).

Zum Festtagsgewand von Männern und Frauen gehörten Riemen mit Metall-beschlägen an den zungenartigen Enden. Ein besonders kostbares Stück dieser Art ist die goldene Riemenhülse aus einem Frauengrab von München-Aubing. Vorder- und Rückseite tragen ein feines Filigrankreuz. Meist sind die Beschläge jedoch aus Eisen oder Bronze, gerade in Männergräbern. Funde dieser Art sind sehr zahlreich, christliche Kreuzmotive dagegen relativ selten. (München-Aubing, München-Sendling, Oberwarngau)[25]

Noch schwieriger wird die Deutung, bzw. der Rückschluß auf ein christliches Bekenntnis des Bestatteten, wenn Zierscheiben, Gewandfibeln, Schmuckanhänger oder auch Riemenbeschläge figürliche Elemente tragen, wie maskenartige Gesichter, Vogel- und Fischmotive, geflügelte Pferde und dergleichen. All diese Bilder hat man mit christlichen Symbolen in Verbindung bringen wollen. Doch hier ist Vorsicht geboten. Problematisch bleibt vorläufig auch die „älteste Christusdarstellung" im Raum von München und Freising. Es handelt sich dabei um zwei werkstattgleiche Scheibenfibeln aus Bronze mit Preßblechbelag des 7. Jahrhunderts, die in Gräbern von München-Giesing und Garmisch gefunden wurden[26]. Das Reliefbild zeigt in unbeholfener Manier drei menschliche Gestalten. Die mittlere überragt um Hauteslänge die beiden anderen und breitet ihre Arme mit sonderbar großen Händen über sie. In den anderen Figuren glaubt man eine weibliche und eine männliche Person zu erkennen. Man hielt die Szene ursprünglich für ein Kreuzigungsbild mit Maria und Johannes, neuerdings eher für eine Krönung zweier Heiliger durch Christus. Das Motiv wäre von italienischen Darstellungen und byzantinischen Bronzemedaillons her bekannt. Dort aber ist die Zeichnung jeweils deutlicher. Vielleicht ist der Künstler seiner Vorlage technisch nur nicht ganz gewachsen gewesen. Sicherheit, daß es sich hier um ein Christusbild handelt, besteht jedoch nicht.

All diese Kleinfunde aus bajuwarischen Reihengräbern scheinen die Vermutung zu bestätigen, daß sich das Christentum in Bayern im 6. Jahrhundert nur langsam, im 7. Jahrhundert aber zügig entfalten konnte. Die Zeugnisse der Archäologie sind ja nur ein hauchdünnes und mehr oder minder zufälliges Bild dessen, was tatsächlich vorhanden war. Das Aufhören der Beigabensitte unter christlichem Einfluß ist zudem verlässigerer Hinweis auf den neuen Glauben, als die relativ wenigen Beigaben mit christlichen Symbolen.

In die Wende vom 6. zum 7. Jahrhundert fällt auch der Bau der ältesten bisher nachweisbaren Kirche im Freisinger Bistum. Sie stand in Aschheim bei München, hatte eine Länge von etwa 14 m und war ganz aus Holz gebaut. Grabfunde kurz vor und nach der Erbauung dieser Holzkirche lassen auf einen Bautermin ziemlich genau um das Jahr 600 schließen. Etwa 100 Jahre später wird sie von einem Tuffsteinbau abgelöst, den Bischof Arbeo in der Geschichte des heiligen Emmeram erwähnt[27].

Aschheim ist nicht irgend ein Dorf, sondern „villa publica", ein Herzogshof also. Um 756 war der Ort Schauplatz einer bayerischen Synode unter der Leitung Herzog Tassilos. Grund und Boden gehörten grundherrlich dem Herzogshaus der Agilolfinger. Und eben hier finden sich die Spuren der ältesten Kirche. Das ist kaum ein Zufall, sondern eher Hinweis auf die maßgebliche Initiative der politischen Führungsschicht für die Missionierung des Landes.

Die hölzerne Kirche von Aschheim barg nur ein einziges Grab, aber der Schacht des Grabes wies keinerlei Reste einer Bestattung auf. Mit gutem Grund darf man darum vermuten, daß diese Grablege der Ort war, an dem Bischof Emmeram vorübergehend beigesetzt war, bevor er nach Regensburg überführt wurde. Arbeo hat sich offensichtlich getäuscht, wenn er das Zwischengrab Emmerams in die zu seiner Zeit stehende Steinkirche verlegte.

5. Erster Plan einer Kirchenorganisation

Am Ende des 7. Jahrhunderts werden die Konturen der bayerischen Geschichte deutlicher. In Regensburg residiert Herzog Theodo (ca. 680–725/28), kaum berührt von der fränkischen Oberhoheit. Der Westen muß in dieser Zeit seine ganze Aufmerksamkeit der Konsolidierung der eigenen inneren Verhältnisse widmen. Der Blick Bayerns richtet sich dafür nach Süden zum Reich der Langobarden. Seit der Heirat der bayerischen Prinzessin Theodolinde reichten agilolfingische Verwandtschaften zum dortigen Herrscherhaus. Liutpert, der letzte Sproß in der Königslinie, wurde getötet und sein Vormund Ansprand mußte mit dem eigenen Sohn Liutprand für 9 Jahre nach Regensburg fliehen. Dann verhalf Theodebert, der Sohn Herzog Theodos, dem Flüchtling 712 wieder zur Herrschaft in Oberitalien. Ansprand war wohl kaum mehr verwandt mit den Agilolfingern, aber nachdem sein Sohn Liutprand die bayerische Prinzessin Guntrut geheiratet hatte, bestand wieder ein enges Bündnis zwischen Bayern und Langobarden. Damit besaß Bayern eine Position, daß es für absehbare Zeit eine Beeinträchtigung der Selbständigkeit seitens der Franken nicht mehr zu fürchten brauchte.

Nun sollte auch noch eine unmittelbar mit Rom verhandelte Organisation der bayerischen Kirche Bindungen an die Franken ausschalten und das eigene Unabhängigkeitsstreben fördern. Herzog Theodo reiste 715/716 persönlich nach Rom. Der Liber Pontificalis hält dieses Ereignis eines Eintrages wert:

„Damals eilte der Herzog der Bayern als erster seines Stammes zum Grab des heiligen Apostels Petrus, um dort zu beten."

Man hat also in Rom dem Besuch Herzog Theodos bei Papst Gregor II. (715–731) Bedeutung beigemessen und sicher war diese Reise mehr als nur eine fromme Pilgerfahrt. Theodo hatte sein Land in vier Teile gegliedert, über die je einer seiner Söhne Theodebert, Grimoald, Theodolt und Tassilo regieren sollte. Nun war sein Plan die Errichtung einer Landeskirche mit je einem Bischofssitz an den Herzogsorten Regensburg, Freising, Passau und Salzburg. Das setzt voraus, daß die Phase der Missionierung im wesentlichen abgeschlossen gewesen sein muß. Es waren auch bereits Vorkehrungen getroffen, die neuen Bischöfe aufzunehmen. In Freising und Regensburg, wahrscheinlich auch in Passau und Salzburg standen schon die Bischofskirchen.

Dem Papst gefiel dieser Plan offensichtlich, denn er ließ am 15. Mai 716 eine Anweisung zusammenstellen und schickte sie durch drei Kurialgeistliche, den Bischof Martinian, den Priester Georg und den Subdiakon Dorotheus nach Bayern. Angekommen müssen diese Organisatoren wohl sein, weil bayerische Handschriften den Text überliefert haben. Die päpstlichen Gesandten sollten alles im Einvernehmen mit dem Herzog regeln, die vorhandenen Priester auf ihre Rechtgläubigkeit hin überprüfen, die Bistümer nach den politischen Verwaltungsbezirken ausrichten, klare Grenzen schaffen und einen Erzbischof für das ganze Land bestellen[28]. Aber dieser Plan wurde nicht verwirklicht. Die Gründe dafür bleiben ein Rätsel der bayerischen Kirchengeschichte. Vielleicht haben doch die Franken in letzter Minute das Unternehmen verhindert. Mehr als 20 Jahre sollte es noch dauern, bis Bonifatius die Absichten von 716 ausführen konnte.

Herzog Theodo blieb nichts anderes übrig, als, wie schon bisher, „Wanderbischöfe" für seine Residenzorte zu suchen. Schon vor seiner Romreise hatten die Bischöfe Emmeram und Erhard in Regensburg gewirkt, Rupert in Salzburg. Auch Passau hat seine kirchliche Tradition; hier traf Bonifatius später den vom Papst geweihten Vivilo an. Nur für Freising fehlte noch eine Bischofsgestalt. Der Herzog gewann sie in der Person des heiligen Korbinian, den das spätere Bistum von Anfang an als seinen geistlichen Vater betrachtete.

6. Bischof Korbinian

Arbeo (765–783) hat 40 Jahre nach dem Tod des heiligen Korbinian die Vita des ersten Bischofs von Freising niedergeschrieben[29]. Er hat damit eine unschätzbare Geschichtsquelle geschaffen, wenn sie auch nicht Biographie im heutigen Sinne ist. Hagiographische Wanderlegenden und persönliche Vorstellungen vom Ideal eines Bischofs im Sinne Arbeos wachsen zusammen mit glaubwürdigen Überlieferungen und den Aussagen noch lebender Zeugen. So wurde die Vita

Korbinians zu einer anschaulichen und erbaulichen Erzählung, die die Anfänge der Freisinger Kirche mit Glanz erfüllen sollte. Einzelne Szenen und Wunderberichte zeigen Arbeos Vertrautheit mit den alten Mönchsviten der Kirchenväter Gregor, Hieronymus und Athanasius, in der Gesamtkonzeption aber folgt er dem neuen Heiligenideal der Merowingerzeit. Korbinian ist längst nicht mehr der strenge Asket und in ärmlicher Behausung wohnende Eremit früherer Topoi, sondern der weltoffene Adelsheilige mit Freude an Besitz und schönen Dingen, vor allem aber mit der Fähigkeit herrscherlichen Auftretens, das bis zu harten Zornausbrüchen reichen kann.

Mag sich Arbeo vielleicht auch in der chronologischen Zuordnung einzelner Überlieferungen geirrt haben, so folgt man doch am besten zunächst seiner Darstellung, um ein Bild Korbinians zu gewinnen.

Heimat und Germanusklause

Korbinians Heimat lag im Zentrum des Frankenreiches, im Gebiet von Melun, nahe bei Paris. Den Ort selbst nennt Arbeo „vicus Castrus", wohl das heutige Arpajon an der Orge, das noch im 17. Jahrhundert Châtres hieß und eine alte Germanuskirche besitzt. Die Eltern hießen Waltekis und Corbiniana. Den Namen nach zu schließen war der Vater fränkischer, die Mutter romanischer Abkunft. Man hat Korbinian von mütterlicher Seite her keltisches Erbe zuschreiben wollen, weil die zornige Herzogin in Freising ihn „Brittanorum origine ortus" nennt. Aber die „umherziehenden Briten" sind ein Schimpfwort, zumindest im Verständnis Arbeos. Bonifatius hat oft genug gegen sie Klage in Rom geführt. Die Herzogin will damit die Rechtmäßigkeit des ihr verhaßten Bischofs in Frage stellen. Über die stammesmäßige Herkunft Korbinians sagt das Wort nichts.

Als Korbinian geboren wurde, war der Vater schon gestorben. In der Taufe erhielt er noch dessen Namen, aber die Mutter rief ihn später nach dem ihren, „weil er ihr einziges Kind war und sie ihn sehr liebte".

Am Rande von Korbinians Heimatort gab es eine halbverfallene Kirche, die dem heiligen Germanus geweiht war. Hier wollte der junge Mann in der Einsamkeit leben. Vermutlich kaufte er die Kirche samt zugehörigem Landgut und richtete sich dort mit einigen Dienern ein. Korbinian verfügte ganz offensichtlich über ein ansehnliches Vermögen und auch die Klause beim Germanuskirchlein war alles andere als eine Eremitenhöhle. Das Haus besaß mehrere Räume und einen Weinkeller, dazu Grundstücke und Dienerschaft.

Hier setzen auch die ersten Legenden um den Heiligen ein, wie sie Cosmas Damian Asam später an die Brüstungen des Freisinger Domes gemalt hat. Der gärende Wein im Keller hat den Zapfen aus dem Faß getrieben, ist aber nicht ausgelaufen, obwohl Korbinian erst am nächsten Morgen nachzusehen erlaubt hat, um das heilige Schweigen der Nacht nicht zu brechen. Ein andermal habe ein Dieb das Maultier Korbinians gestohlen, sei aber reumütig wieder zurückgekehrt, weil er nicht mehr von ihm absteigen konnte.

Korbinian rettet den gärenden Wein. Holzschnitt um 1510.

Die Kunde vom Wundermann bei der Germanusklause drang bis zum fränkischen Hausmeier Pippin (gest. 714). Er ließ sich seinem Gebet empfehlen und sandte als Geschenk einen golddurchwirkten und mit kostbaren Steinen besetzten Mantel. Ganze Scharen von Menschen zogen zur Einsiedelei Korbinians, so daß sich der Heilige, der Stille und Einsamkeit gesucht hatte, nach einem anderen Aufenthaltsort umsehen mußte.

Erste Romreise

Vierzehn Jahre hatte Korbinian bei der Germanuskirche gelebt. Nun hoffte er, die verlorene Stille in Rom neu zu finden. Er pilgerte mit seinen Begleitern an das Petrusgrab und bat Papst Gregor II. (715–731) um die Erlaubnis, ein Stück Land kaufen zu dürfen, damit er wieder ein klösterliches Leben in Stille, Gebet und Arbeit einrichten könne. Der Papst verweigerte die Bitte, denn er erkannte in Korbinian ein missionarisches Talent. Statt ihm den Wunsch nach einem Leben in Abgeschiedenheit zu gewähren, weihte er ihn zum Bischof und sandte ihn mit Predigtvollmachten ins Frankenreich zurück.

Es könnte sein, daß sich der Biograph mit dem Termin der Bischofsweihe geirrt hat, daß sie erst in den Zusammenhang mit der zweiten Romreise Korbinians gehört. Auch sonst gibt es für diesen Abschnitt chronologische Unstimmigkeiten. Arbeo läßt den neugeweihten Bischof nach seiner Rückkehr aus Rom zum Hausmeier Pippin reisen und unterwegs dem verurteilten Räuber Adalbert auf wunderbare Weise das Leben retten. Pippin war aber schon tot, als Papst Gregor II. seine Regierung antrat. Für diese frühe Phase im Leben Korbinians standen Arbeo vermutlich nur einzelne lose Traditionen zur Verfügung, wie etwa das Grab des bekehrten Räubers Adalbert in Wippenhausen oder die Nachricht von einem Besuch Korbinians beim fränkischen Hausmeier, die er dann in eine zeitlich mehr oder minder richtige Abfolge zu ordnen suchte.

Nur in ganz allgemeinen Wendungen berichtet die Vita von einer Predigttätigkeit Korbinians im Frankenreich nach der Rückkehr aus Rom, fast so, als sollte gezeigt werden, daß sich der neue Bischof doch irgendwie seiner vom Papst auferlegten Verpflichtung entledigt hat. Eine große Rolle spielt das Motiv der Glaubensverkündigung nicht. Der Zug zu einem Leben in Abgeschiedenheit ist stärker. Korbinian geht wieder zu seiner Germanuskirche und verbringt hier nochmals sieben Jahre. Der sofort wieder einsetzende Zustrom der Menschen wird nicht als missionarische Chance, schon viel eher als ungebührliche Störung der klösterlichen Ruhe gesehen. So will es Korbinian ein zweitesmal mit seiner Bitte in Rom versuchen.

Zweite Romreise

Mit seiner Gefolgschaft, zu der jetzt auch Kleriker gehören, macht er sich auf den Weg. Er wählt jedoch nicht die kürzeste Strecke in Richtung Süden, sondern wendet sich nach Osten, zieht durch das Gebiet der Alamannen, kommt an die Donau und trifft in Regensburg auf Herzog Theodo. Diese außergewöhnliche Route verlangt nach einer Erklärung. Die Vita sucht sie mit dem Wunsch des

Heiligen nach Einsamkeit in Verbindung zu bringen: er meidet die große und laute Straße und geht lieber stillere, wenn auch beschwerliche Pfade. Sehr befriedigend ist diese Deutung nicht. Wer einen stillen Weg nach Rom sucht, gelangt kaum nach Regensburg. Korbinians Weg nach Bayern muß doch zielgerichtet gewesen sein.

Wer aber stand hinter dieser Absicht? Ein Ruf Herzog Theodos und damit eine Bekanntschaft mit dem fernen Bischof bei Paris ist nicht wahrscheinlich. Man hat an Pippin gedacht, der auf diese Weise einen fränkischen Kirchenmann nach Bayern infiltriert habe. Da Pippin aber 714 gestorben ist, müßte Korbinian schon sehr früh nach Freising gekommen sein. Außerdem hätte dann nie die erste Begegnung Korbinians mit Papst Gregor II. stattfinden können. Wenn ein Frankenherrscher im Spiele war, dann könnte es nur Karl Martell gewesen sein. Der hatte zwar zunächst voll damit zu tun, seine Herrschaft im Innern des Landes durchzusetzen; nimmt man aber trotz der etwas symbolhaften Zahl von 7 Jahren einen längeren Aufenthalt Korbinians im Frankenreich nach der ersten Romreise an, so könnte die Mission Korbinians etwa 723/724 zu einer Zeit erfolgt sein, da Karl Martell seine Herrschaft gesichert sah und nun auch wieder an eine stärkere Bindung des recht selbständig gewordenen Bayernherzogs an das Frankenreich denken konnte.

Vielleicht kamen die Intentionen des Frankenherrschers und des Bayernherzogs einander entgegen, wenn auch aus sehr unterschiedlichen Motiven. Jedenfalls nahm Theodo Korbinian sehr freundlich auf und beschenkte ihn fürstlich, bevor er ihn zu seinem Sohn Grimoald nach Freising weiterziehen ließ. Hier wollte man ihn festhalten, aber wiederum vergebens. Grimoald ließ den Gast von seinen Leuten bis an die Grenze des Landes geleiten. Korbinian zog durch das Reich der Langobarden über Trient und Pavia. An beiden Orten verlor er durch Raub je eines seiner kostbaren Pferde. Auf dem Rückweg sollte er später erfahren, daß dies nicht unbestraft blieb.

Am königlichen Hof von Pavia ließ sich Korbinian zu einem achttägigen Aufenthalt überreden. Hier regierte Liutprand, der selbst neun Jahre in Regensburg verbracht hatte und mit einer bayerischen Prinzessin verheiratet war. Vermutlich hatte Korbinian in Freising und Regensburg doch schon eine Rückkehr nach Bayern vereinbart. An der Grenze des Landes warteten ja die Soldaten Grimoalds auf ihn und die freundliche Aufnahme am Königshof zeigt ihn doch bereits in enger Vertrautheit mit dem agilolfingischen Herzogshaus und ihren langobardischen Verwandten.

Die Weiterreise nach Rom illustriert Arbeo mit zwei Fischanekdoten. Einmal rettet ein Adler den Koch aus der Verlegenheit, weil er für den Freitag keinen Fisch besorgt hatte. Ein andermal muß er sich mit Fischern prügeln, weil sie ihm seinen Fang streitig machen wollen. Er kann sich mit gewaltigen Schlägen behaupten, aber Korbinian läßt die Angreifer zur Strafe auch noch an Pfähle binden und auspeitschen. Diese Szene läßt sich kaum mit hagiographischen Topoi erklären. Sie gibt schon eher Aufschluß über Korbinians Temperament und herrscherliches Auftreten.

Eine spätere Redaktion der Vita aus dem 10. Jahrhundert hat die Romreise Korbinians im Bereich der Alpen um eine weitere Episode vermehrt, die für das Attribut des Heiligen verantwortlich werden sollte. Ein Bär habe das Lasttier Korbinians gerissen und dafür sein Gepäck fortan selbst tragen müssen.

In Rom besucht Korbinian wieder die Gräber der Apostelfürsten, geht zu Papst Gregor II. und bittet ihn um Entpflichtung vom Auftrag des Predigens. Noch einmal trägt er seinen Wunsch nach einem stillen Kloster bei Rom vor, doch vergebens. Der Papst schickt ihn wieder nach Gallien.

Das alles bleibt ziemlich farblos und schematisch. Arbeo will ja in erster Linie die Demut seines Heiligen herausstellen, der nicht nach Ehrungen und Würden trachtet. In Wirklichkeit aber dürfte es bei dieser Begegnung mit dem Papst um die Klärung eines Auftrags für die bayerische Kirche gegangen sein. Möglich, daß Korbinian erst jetzt die Bischofsweihe empfing.

Der Bischof macht sich auf die Rückreise und kommt über Pavia und Trient nach Mais bei Meran. Das ist nun wiederum nicht der kürzeste Weg nach Gallien und in Mais warten schon die Mannen Grimoalds. Arbeo stellt es zwar wie einen Handstreich dar; Korbinian muß unter allen Umständen nach Freising gebracht werden, freiwillig oder mit Gewalt. Aber all das ist ein zu offenkundiger Demutstopos, als man ihn historisch allzu ernst nehmen dürfte.

Während die Grenzposten weitere Order aus Freising abwarten, betet Korbinian am Grab des heiligen Valentin in der Kapelle der Zenoburg. Er ist begeistert von der Berglandschaft um Meran und entdeckt das kleine Dörfchen Kuens, das er für seinen Wunschtraum, ein abgelegenes Kloster zu gründen, wie geschaffen hält.

In Freising

Die Boten kehrten aus Freising zurück. Korbinian bleibt keine Wahl, er muß mit an die herzogliche Pfalz an der Isar. In der wohl noch sehr bescheidenen Siedlung am Fuß des Burgberges war eine Wohnung für ihn und sein Gefolge vorgesehen. Der Bischof weigert sich aber, beim Herzog zu erscheinen. Nur einer seiner Leute kommt zu Grimoald und meldet die entschlossene Absicht seines Herrn, nicht eher die Pfalz betreten zu wollen, als der Herzog bereit sei, seine nach kirchlichen Gesetzen unrechtmäßige Ehe mit der Schwägerin Piltrud zu lösen. Nach 40 Tagen gibt Grimoald nach. Er verspricht die Auflösung der ehelichen Gemeinschaft und empfängt durch Korbinian die Lossprechung. Aber Piltrud bleibt am Hof.

Als Zeichen seines Entgegenkommens ermöglicht der Herzog Korbinian den Kauf von Grund und Boden in Kuens, damit er dort ein Klösterchen errichten kann mit Kirche, Wohnhaus, Weinbau und Obstkulturen. Auch das zur Valentinskirche gehörige Zenopatrimonium sollte von hier aus mitverwaltet werden, womit sicher die Besorgung der Gottesdienste verbunden war.

Hier ist nun die Frage zu stellen: In welcher Art hat Korbinian eigentlich in Freising gewirkt? Der große Heidenmissionar war er sicher nicht. Seine Predigt wird über den gottesdienstlichen Bereich kaum hinausgegriffen haben. Obwohl Arbeo bei der Schilderung der ersten Reise nach Bayern nicht versäumt zu betonen, der Heilige habe unterwegs das Evangelium verkündet, erwähnt er doch für die Zeit des Freisinger Aufenthalts mit keiner Silbe irgend eine Art von Predigttätigkeit. Korbinian erscheint hier vielmehr als der Hofbischof, der sich darum kümmert, daß im Fürstenhaus die Gesetze der Kirche streng eingehalten werden. Im übrigen verrichtet er mit seiner geistlichen Gemeinschaft abwechselnd in der Marienkirche auf der Burg und im Stephanusheiligtum auf dem gegenüberliegenden Berg das Chorgebet. Diese beiden Kirchen standen schon vor Korbinians Ankunft, nur das Kloster beim heiligen Stephanus hat er selbst eingerichtet und von der unteren Siedlung hierher verlegt. Kein Ort wird genannt, den Korbinian in irgend einer bischöflichen Funktion aufgesucht hätte. Auch aus der harten Zurechtweisung einer Zauberin vom Lande läßt sich nicht recht auf einen breiteren Kampf gegen heidnische Relikte schließen; denn was Korbinian hier so besonders erregt, sind nicht so sehr die zauberischen Machenschaften dieser Frau selbst, als vielmehr die Tatsache, daß ausgerechnet Piltrud sie zu ihrem kranken Kind gerufen hat. Die Bedeutung Korbinians für die Kirche von Freising lag offenbar darin, daß es überhaupt einen Bischof als christlich-konsolidierenden Faktor am Herzogshof gab und eine Mönchsgemeinschaft um ihn, die eine Fortdauer geistlichen Lebens gewährleisten konnte. Im Bischof und seinen Mönchen war die Kirche präsent; das genügte anscheinend vorerst.

Überhaupt dürfte Korbinian nicht allzu lange in Freising gewesen sein. Arbeo, der alle lokalen Traditionen aufgreift, findet gerade in seiner eigenen Bischofsstadt nur wenig Anhaltspunkte, obwohl es hier eine monastische Gemeinschaft gab, die das Andenken ihres Gründers in die Zeit des jungen Bistums hinübertrug. Von einem Lichtwunder ist die Rede, das den Heiligen bewog, den Konvent nach Weihenstephan umzusiedeln; weiter von einer Quelle, die Korbinian gleich Moses auf dem Berg mit seinem Stab zum Fließen brachte. Sonst werden nur Zusammenstöße mit dem herzoglichen Haus berichtet: Einmal stößt der Bischof in hellem Zorn den Tisch an der herzoglichen Tafel

St. Korbinian. Kolorierter Holzschnitt, 15. Jahrhundert.

um, weil Grimoald seinen Hunden gesegnetes Brot zuwarf; dann noch die Schläge gegen das Zauberweib, die eigentlich Piltrud treffen mußten. Bei einem vom Herzog gerufenen Bischof würde man solche konfliktreichen Auftritte eigentlich nicht erwarten. Korbinian ist ein Hofbischof, aber nicht im Sinne eines politischen Handlangers auf kirchlicher Ebene, sondern mit der Absicht, am Hof der kirchlichen Lehre und Disziplin Geltung zu verschaffen, in der Hoffnung, daß dies nicht ohne Auswirkungen auf das Volk bleiben werde.

Erstaunlich ist weiter, daß sich der Herzog nach der Darstellung Arbeos dies alles ohne Gegenmaßnahmen gefallen läßt. Nur in Piltrud wächst der Haß, der schließlich zum Mordanschlag führt. Der Bischof erfährt jedoch davon und flieht noch in der Nacht aus Freising. Mit all seinen Leuten geht Korbinian in seine geliebte Gründung von Kuens und ist durch nichts zu einer Rückkehr zu bewegen. Die Gegend um Meran gehört zu dieser Zeit nicht mehr zu Grimoalds Herrschaftsbereich, sondern unterstand jetzt dem Langobardenkönig Luitprand.

Am Freisinger Herzogshof geht die Familie Grimoalds mittlerweile einem raschen Ende zu. Zuerst stirbt der kleine Sohn, zu dem Piltrud die Zauberin gerufen hatte. Dann muß die Mutter mit Karl Martell nach dessen Einfall in Bayern 725 das Land verlassen. Schließlich fällt auch Grimoald selbst einem Mord zum Opfer. Sein Neffe Hucbert, der bisher die Regensburger Herrschaft ausgeübt hatte, wird nun zum alleinigen Regenten Bayerns. Sofort ruft er Korbinian nach Freising zurück.

Die neue politische Lage muß Korbinian etwas bedeutet haben, denn er zögert nicht mit der Rückkehr, obwohl das gar nicht dem sonst so betonten Hang zur Einsamkeit entspricht. Arbeo weiß über diesen zweiten Aufenthalt Korbinians – außer der Schilderung des Todes – nur einen einzigen Satz zu berichten: Der neue Herzog „verband sich mit ihm durch das heilige Bad der Taufe". Das deutet auf Patenschaft oder Taufspendung bei einem herzoglichen Kind, obwohl wir keines kennen. Von der Tradition des späteren Domklosters her wird es wahrscheinlich, daß Korbinian seinen Konvent nun auch bei der verlassenen Herzogsburg unterbrachte, wenngleich Weihenstephan nicht aufgegeben wurde. Es gehört später noch zur einen Rechtsperson des Domklosters.

Die beiden Einfälle Karl Martells nach Bayern in den Jahren 725 und 728 hat Korbinian nicht in Freising erlebt. Zu dieser Zeit war er in Kuens. Von hier aus ergeben sich Anhaltspunkte für eine Datierung seiner Aufenthalte in Freising. Wie oben schon dargelegt, muß Korbinian erstmals um 715 oder um 723/724 in Freising erschienen sein. Um 725 hat er die Stadt wieder verlassen. Bei der Spärlichkeit der Tradition für den ersten Aufenthalt ist kaum an eine zehnjährige Dauer zu denken. Auch der zweite scheint nicht viel länger als ein Jahr gedauert zu haben. Damit fällt der Tod des Heiligen in die Zeit um 729/730.

Korbinian dürfte insgesamt nicht viel mehr als drei Jahre in Freising verbracht haben.

Den Tod des Heiligen schildert Arbeo in Bildern ruhiger Gelassenheit. Das Sterben hat für den Gottesmann nicht die Spur eines Schreckens. Er sagt die Todesstunde genau voraus und schickt einen Verwandten zu König Luitprand, damit er die Bestattung an der Seite des heiligen Valentin in Mais sicherstelle. Am Morgen des Todestages nimmt er ein Bad, läßt sich den Bart richten, zieht sich an und feiert ein letztesmal die Messe. Mit eigener Hand spendet er sich die Wegzehrung. Dann begibt er sich in sein Haus, läßt sich etwas Wein bringen, schlägt über sich das Kreuzzeichen und stirbt ohne ein Zeichen des Schmerzes. Korbinian wird zunächst in der Marienkirche beigesetzt, 30 Tage später wieder erhoben und nach Mais überführt. Auch auf dem Weg dorthin erweist sich die Macht des Heiligen: Ein Freisinger Mädchen, das lästerliche Reden auf den toten Bischof führt, kann fortan nur noch gekrümmt auf Krücken gehen. Dagegen findet im Inntal ein Kranker Gesundheit, nachdem er unter dem Wagen mit dem Sarkophag durchgeschlüpft war. In der Valentinskirche findet Korbinian seine vorletzte Ruhestätte. Am Grab brennen Kerzen und eine überirdische Lichterscheinung drei Tage nach der Bestattung soll offenbar die Zufriedenheit des Toten zum Ausdruck bringen. Der letzte Wunsch des Heiligen ist erfüllt, aber Freising kann auf die Dauer ohne das Grab seines geistlichen Vaters nicht existieren.

7. Das Kloster Korbinians als Brücke zum Bistum

Korbinians Berufung nach Freising hatte offenbar zum Ziel, den einmal gefaßten Plan der Bistumsgründung trotz Scheiterns im ersten Anlauf nicht mehr in Vergessenheit geraten zu lassen. In der verhältnismäßig kurzen Zeit, die Korbinian in Freising verbrachte, ist rechtlich kein weiterer Schritt in dieser Richtung unternommen worden. Auch Herzog Hucbert wollte oder konnte vorerst den Gedanken einer Landeskirche nicht aufgreifen. In den knapp 10 Jahren, die bis zur tatsächlichen Organisation noch vergehen sollten, schuf die Klostergemeinschaft an der Marienkirche eine Brücke von Korbinian zum ersten kanonisch eingesetzten Bischof von Freising, insbesondere in der Gestalt des Abtes Ermbert. Er hat den Konvent nach dem Tod Korbinians geleitet. Eine rein benediktinische Gemeinschaft wird es kaum gewesen sein, eher ein Konvent, der nach einer benediktinisch-kolumbanischen Mischregel lebte, wie sie in Korbinians Heimat üblich war. Das Kloster dürfte schon in diesen Jahren an der Nordseite der Marienkirche, nicht in der alten Herzogsburg, eingerichtet gewesen sein. Einige Priester, die in der ältesten Schenkungsurkunde für Freising aus dem Jahr 744 als Zeugen auftreten[30], werden zu diesem Konvent gehört haben. Sie heißen Quartinus, Felix und Benignus, typisch romanische Namen. Da Freising im Gegensatz zu Salzburg aber kaum romanische Bevölkerungsreste aufweist, darf man diese Priester wohl zu Recht der Gefolgschaft Korbinians beizählen. Sie können ihm von der fränkischen Heimat oder von Südtirol her gefolgt sein.

Unter Herzog Odilo (736–748) konnte endlich die lang geplante Organisation der bayerischen Kirche verwirklicht werden[31]. Bonifatius, der schon früher mehrmals durch Bayern gezogen war, vollzog sie im Auftrag Papst Gregors III. (731–741) und in engster Fühlungnahme mit dem Herzog. Der alte Plan mit den vier Bischofssitzen an den Hauptorten der Teilherzogtümer war nicht vergessen, auch wenn Bayern längst wieder von einer Hand regiert wurde. Bonifatius legte die Bistumsgrenzen fest und weihte für Regensburg Gaubald, für Freising Ermbert und für Salzburg Johannes zu Bischöfen. In Passau übernahm der vom Papst persönlich schon früher konsekrierte Vivilo das Bistum. Bonifatius berichtete über sein kirchliches Organisationswerk nach Rom und erhielt umgehend die Bestätigung des Papstes. Der Antwortbrief Gregors trägt das Datum vom 29. Oktober 739:

„Wenn du also meldest, daß du zu dem Volk der Bayern gelangt bist und sie ohne feste kirchliche Ordnung angetroffen hast, weil sie nur einen Bischof, den von Uns selbst geweihten Vivilo, im Lande haben, und daß du dann mit Zustimmung des Bayernherzogs Odilo und der Vornehmen des Landes drei weitere Bischöfe geweiht und das Land in vier Teile, das heißt Sprengel, geteilt hast, auf daß jeder Bischof seinen Sprengel habe, so hast du, Bruder, wohl und weise gehandelt; denn du hast an Unserer Statt und ganz in Unserem Sinn den apostolischen Auftrag ausgeführt."[32]

Mit diesem Organisationswerk des heiligen Bonifatius ist ein wichtiger Markstein in der bayerischen Kirchengeschichte erreicht. Politische Absichten und ein längst fälliges seelsorgliches Anliegen haben hier offenbar zusammengespielt. Dem Herzog mußte viel an einer nicht durch fränkische Vermittlung gegründeten Landeskirche gelegen sein, der Kirche selbst aber an festen Bischofssitzen, die nun über tausend Jahre hindurch ohne Unterbrechung ihre Hirten besaßen. Zur Errichtung eines Metropolitanverbandes ist es freilich erst 60 Jahre später gekommen. Trotzdem hat man die bayerischen Bistümer nicht einem anderen Metropolitanverband beigeordnet. Vorläufig kümmerte sich Bonifatius noch persönlich um die kirchliche Ordnung seiner Neugründungen und später berief der Herzog die kirchlichen Synoden ein, auf denen die wichtigsten Anliegen auf Landesebene geregelt wurden.

In Freising war die Weihe Ermberts zum ersten Diözesanbischof naheliegend. Er hat bis dahin bereits den Konvent der Mönche geleitet und stellte zugleich die beste Verbindung zum „Gründerbischof" Korbinian her. Das Korbinians-kloster wurde zur „familia" des Bischofs, der Vorläuferin des späteren Domkapitels. Wahrscheinlich hat Bonifatius die Klosterregel stärker benedik-tinisch ausgerichtet, weg von ihrer kolumbanischen Wurzel.

Als Domkirche diente das Marienheiligtum bei der Burg. Vermutlich hatte es beachtliche Ausmaße und war von Anfang an als Bischofskirche gedacht. Erst über hundert Jahres später baute man in Freising einen neuen Dom.

II. Kapitel

DAS JUNGE BISTUM IM WERDEN

Aufbau und erste Blüte unter Arbeo

1. Bischof Ermbert (739–747/48)

Die Herkunft des ersten Freisinger Diözesanbischofs ist nicht eindeutig geklärt. In der Freisinger Tradition gilt er seit dem 10. Jahrhundert als ein Halbbruder Korbinians. Zwar wird Korbinian in Kapitel 1 seiner Vita als „einziggeborener" Sohn seiner Mutter bezeichnet, aber in Kapitel 33 taucht ein „frater carnalis" eben dieses Gründerbischofs auf, dazu in Kapitel 30 ein „frater Ermbertus", dessen Possessivpronomen „suus" umstritten bleibt. Begreiflicherweise hat man den „frater carnalis" und den „frater Ermbertus suus" gleichgesetzt und so auf eine frühere Ehe von Korbinians Vater Waltekis, oder auf eine spätere Ehe der Mutter Corbiniana geschlossen. In jedem Falle wäre Ermbert dann ein Halbbruder Korbinians, sei er jünger oder älter als Korbinian gewesen. Seit geraumer Zeit aber werden Bedenken gegen diese Konstruktion angemeldet. „Frater carnalis" sei nach biblischem Sprachgebrauch als „Verwandter" zu übersetzen, und das Possessivpronomen „suus" im Zusammenhang mit „frater" sei falsch gedeutet[1]. Wenn dies zutrifft, dann ergibt sich allerdings eine neue interessante Konstellation. Dann ist Bischof Ermbert eine Gestalt aus dem Umkreis des Freisinger Herzogshofes, der einen Bruder im unmittelbaren Gefolge des Herzogs Grimoald hatte. Daß der Bote Ermbert, der Korbinian die Nachricht von dem geplanten Mordanschlag brachte, mit dem späteren Bischof identisch ist, steht außer Zweifel; denn Arbeo nennt ihn seinen „Nährvater seligen Angedenkens".

Dem ersten Diözesanbischof war mit den festumrissenen Bistumsgrenzen eine große pastoral-organisatorische Aufgabe gestellt. Für ihn konnte es nicht mehr genügen, lediglich in Freising präsent zu sein. Es galt, die bereits vorhandenen christlichen Lebensformen aufzugreifen, für den Bau neuer Kirchen und die Ausbildung von Priestern zu sorgen, die Kirche von Freising wirtschaftlich abzusichern und das christliche Leben des Volkes nach den Gesetzen und Zielen der Kirche auszurichten. Abtbischof Ermbert mußte sich das Bistum reisend erschließen, um seinen Aufgaben gerecht werden zu können.

Da waren vor allem die Reisen anläßlich der Weihe neuerrichteter Kirchen. Nur wenige davon sind urkundlich gesichert, wie jene nach Biberbach im Dachauer Land oder nach Helfendorf an die Stätte, wo der heilige Emmeram den Martertod gestorben war[2]. In Wirklichkeit müssen es wesentlich mehr Kirchen gewesen sein, die Ermbert konsekrieren konnte. Erstaunlich rasch hat sich ein dichtes Netz von Gotteshäusern über das Bistum gebreitet, so daß schon wenige Jahrzehnte nach Ermberts Tod eine ziemlich abgeschlossene Pfarrorganisation dastand.

Das Eigenkirchenwesen

Für den Bau neuer Kirchen kam den Bischöfen das System des germanischen Eigenkirchenwesens zunächst sehr entgegen[3]. Es bestand in der Hauptsache darin, daß reiche Grundbesitzer auf eigenem Boden und mit eigenen Mitteln eine Kirche bauten und für den Lebensunterhalt eines Priesters aufkamen. Dafür erhoben sie aber auch Anspruch auf die kirchlichen Zehentabgaben der Hintersassen, auf gottesdienstliche Spenden und Stolgebühren. Die Kirchen kamen dadurch weitgehend in die Gewalt der Laien, und die angestellten Priester in deren Abhängigkeit. Dieses System des Eigenkirchenwesens ist für die frühmittelalterliche Kirche von größter Bedeutung geworden. Man will darin über die wirtschaftliche Seite dieser Institution hinaus auch ein Fortleben des vorchristlichen Hauspriestertums im germanischen Bereich sehen[4]. Dort war der Hausherr zugleich Repräsentant des Kultes und Hüter des Ahnengrabes. Da dies im christlichen Glauben nicht mehr möglich war, hat sich der Eigenkirchenherr über das Verfügungsrecht von Kirche und Priester eine quasikultische Rolle zurückerobert. Für den raschen Ausbau einer ersten Seelsorgsorganisation war das Eigenkirchenwesen zunächst sicher von Nutzen. Auf die Dauer aber mußte es zu Konflikten zwischen Bischof und Adel führen, da sich die Kirchenherren oft wenig um die Ausbildung der Priester Sorge machten, nicht selten einfach einen ihrer Knechte anstellten und auch den Kirchenzehent nicht nach den kirchlichen Gesetzen verwalteten, nach denen je ein Viertel für den Bischof, für den Unterhalt des Priesters, für das Kirchengebäude und für die Armen bestimmt gewesen wäre[5]. Die Bischöfe haben bald versucht, sich einigermaßen aus diesen Zwängen zu befreien, indem sie von den vorgeschlagenen Priesteranwärtern ein gewisses Maß an geistlicher Bildung vor der Weihe verlangten, keinen Unfreien mehr zur Weihe zuließen und auch die Kirchen nur noch dann konsekrierten, wenn der Besitzer versprach, das Gotteshaus spätestens nach seinem Tod in bischöfliche Verfügungsgewalt zu geben.

Klerikerausbildung

Zur Zeit Bischof Ermberts konnte an die Bildung der Priester freilich noch kein sehr hoher Maßstab angelegt werden. Noch fehlten Klöster als geistige und geistliche Ausbildungsstätten. Das Domkloster in Freising konnte allein diese Aufgabe nicht erfüllen. Immerhin aber wuchs hier der spätere Bischof Arbeo heran, der schon als Kind, als „puer oblatus" dem Konvent überantwortet worden war. Wie viele hier durch die ehemaligen Gefolgsleute Korbinians in das kirchliche Bildungswesen eingeführt wurden, wissen wir nicht. Sicher aber reichten die Möglichkeiten dieses Klosters nicht hin, um dem großen Bedarf an Priestern im jungen Bistum gerecht zu werden. Der Freisinger Domberg konnte wohl nur der späteren Führungsschicht im Klerus und am bischöflichen Hof Bildung vermitteln. Die übrigen Priester des Landes können ihre Kenntnisse der liturgischen Verrichtungen und ein notdürftiges Latein nur von den schon länger im Amt befindlichen Seelsorgern übernommen haben.

Das erste Kloster neben Freising

Bischof Ermbert hat vielleicht gerade aus diesem Grund ein weiteres Kloster im Bistum neben seinem Freisinger Konvent mindestens mitgeplant, wenn nicht gar gegründet. Es handelt sich um die „domus sancti Zenonis" in Isen. Die erste Stifung an Grundbesitz für das Zenokloster Isen leistete Herzog Odilo persönlich[6]. Da er schon 748 gestorben ist, fällt wahrscheinlich die Gründung, wenigstens aber ihre Vorbereitung in die Regierungszeit Ermberts. Das Kloster Isen stand von Anfang an in engster Bindung an den Freisinger Bischofsstuhl. Ermberts Nachfolger, Bischof Joseph, hat es gefördert und wirtschaftlich weiter ausgebaut. Häufig nahmen gerade hier die Freisinger Bischöfe Schenkungen an ihre Domkirche entgegen. Auch das Patrozinium des heiligen Zeno weist über Freising auf Korbinian, der in Mais dem Kult dieses Heiligen begegnet war. Initiative und pastorale Zielsetzung gingen für Kloster Isen wahrscheinlich vom Freisinger Bischof aus, wenn es auch noch einer spendefreudigen Adelsgruppe im Umland bedurfte, die durch ihre Güterschenkungen den notwendigen wirtschaftlichen Rückhalt schuf.

Schenkungen

Grundbesitz war auch an der Freisinger Domkirche unentbehrliche Voraussetzung für Ausbau und Leitung des Bistums. Infolge des Eigenkirchenwesens konnten die Bischöfe mit Einnahmen aus dem Kirchenzehent nur dort rechnen, wo die Kirchen in ihrem eigenen Besitz standen, und das waren in der Frühzeit sehr wenige. Wenn das Bistum sich trotzdem rasch entfalten konnte, so lag dies in der Hauptsache an zahlreichen Güterschenkungen, die freie Grundbesitzer und Adelige der Freisinger Bischofskirche zukommen ließen. Erster namentlich bekannter Förderer dieser Art ist ein Moatbert, der am 12. September 744 mit seiner Frau Totana nach Freising gekommen ist und feierlich sein väterliches Erbgut zu Zolling in die Hand Bischof Ermberts für dessen Marienkirche übergab[7]. Solche Schenkungen erfolgten oft in Gegenwart prominenter Zeugen, um späteren Rechtsstreitigkeiten vorzubeugen. Als Moatbert seine Schenkung übereignete, war Herzog Odilo persönlich in Freising. Ein Notar Benignus fertigte die Urkunde aus, ganz in der Art, wie sie in der fränkischen Heimat Korbinians üblich war. Unter den Zeugen sind Mitglieder der bischöflichen „familia" und Richter aus dem Adelsgeschlecht der Fagana.

Bonifatius in Freising

Nach der Errichtung des Bistums im Jahr 739 ist Bonifatius während der Regierungszeit Ermberts mindestens noch einmal in Freising gewesen, um nach dem Rechten zu sehen und sich vom Fortgang seiner Gründung zu überzeugen. Wir erfahren das zufällig aus der Lebensbeschreibung des heiligen Willibald, die seine Nichte Hukeburg verfaßt hat. Willibald hat sich um 741 im Auftrag des heiligen Bonifatius in Eichstätt umgesehen. Da es ihm dort gefiel, kehrte er zu Bonifatius zurück. Er traf ihn in Freising an und ging dann zusammen mit ihm nach Eichstätt, wo er die Priesterweihe empfing[8]. Vielleicht hat Bonifatius bei diesem Besuch einen jungen Mann aus seinem Gefolge in Freising zurückgelassen, der Bücher abschreiben konnte. Eine Schreibschule, die Bücher für den liturgischen und schulischen Bedarf fertigen konnte, war jetzt unerläßlich. Sie gehört gleichsam zur Grundausstattung eines jungen Bistums. Jedenfalls arbeitete Jahrzehnte später noch ein Mann im Skriptorium, der sich selbst „Peregrinus", „der Fremde" nennt und dessen Schrift unverkennbar angelsächsische Züge trägt.

Die Synode

Die Situation des breiten Kirchenvolkes beleuchtet eine bayerische Kirchensynode, die wahrscheinlich zwischen 740 und 750 unbekannten Orts stattgefunden hat[9]. Freilich ist es ein negativer Spiegel, denn die Synodenbeschlüssen befassen sich naturgemäß mit Mißständen, die beseitigt werden sollen. Von heidnischen Gebräuchen ist bei dieser ersten bayerischen Kirchenversammlung erstaunlicherweise nicht die Rede. Daß es sie aber gegeben hat, steht außer Zweifel. Spätere Synoden legen noch oft den Finger auf diese wunde Stelle.

In der Einleitung des Protokolls wird betont, die Gläubigen sollten sich verbunden wissen mit ihren Bischöfen und Priestern, wenn sie zur Synode zusammentreten, und diese Verbundenheit dadurch zum Ausdruck bringen, daß auch die Laien an den Ort der Kirchenversammlung kommen. Alle sind dazu eingeladen, damit sie in der pastoralen Sorge zusammen mit den kirchlichen Amtsträgern im Gebet vereint seien. Dann ist von Sünden die Rede, besonders von der Unzucht, deretwegen eine Fülle von Trübsalen und Bedrängnissen gegenwärtig über das Volk hereingebrochen sei. Hier wird vermutlich auf die kriegerischen Auseinandersetzungen zwischen Franken und Bayern angespielt, die 743 mit einer Niederlage der Bayern am Lech endeten.

Eindringlich schärft die Synode die persönliche Beichte der Gläubigen vor dem Priester ein. Anscheinend bestand im Volk dazu wenig Neigung. Es sei doch besser, „in diesem Leben vor einem Menschen zu erröten, als im kommenden Gericht vor allen Völkern". Dann folgen Mahnungen im Zusammenhang mit der Feier der Eucharistie: Die Gläubigen sollen zum Gebet in die Kirche kommen und nicht zu nutzlosem Geschwätz; sie sollen ihre Oblationen leisten für Lebende und Verstorbene, besonders für verstorbene Eltern; sie sollen sich nicht weigern, einander in der Kirche den Friedensgruß zu geben und ihn als Zeichen gegenseitiger Verträglichkeit und Liebe verstehen; wenigstens jeden dritten oder vierten Sonntag sollten die Gläubigen die heilige Kommunion empfangen, während nicht wenige nur einmal im Jahr zum Tisch des Herrn gingen.

Weiterhin mahnt die Synode zum Fasten an den vorgeschriebenen Tagen und zu bereitwilligen Spenden von Almosen. Zuletzt werden noch weitere Mißstände gerügt, darunter die geheimen Eheschließungen, von denen weder die Eltern, noch die Priester etwas erfahren haben; die schlechte Gewohnheit, bei jedem Anlaß leichtfertig zu schwören; das Verwenden falscher Maße und Gewichte und vor allem die Trunksucht, von der Streit und Totschlag kämen.

Ermbert, der erste kanonische Bischof von Freising, ist an einem 1. Januar gestorben, ungewiß ob im Jahre 747 oder 748[10].

2. Bischof Joseph (748–764)

Synode zu Aschheim

Auch Bischof Joseph ist zu einer kirchlichen Synode gezogen, auf der die Bischöfe und Äbte Bayerns versammelt waren. Sie fällt in die Zeit um 755–760 und tagte in Aschheim bei München[11]. Waren die Beschlüsse der ersten Synode noch rein kirchlicher Natur, so zeichnet sich seit Aschheim mehr und mehr die Tendenz ab, einzelnen kirchlichen Vorschriften staatliche Gesetzesgeltung zu verleihen. Schon der Tagungsort ist ein wichtiges Indiz für den politischen Charakter der Versammlung. Aschheim ist „villa publica", ein agilolfingischer Herzogshof. Eine rein geistliche Synode wäre sicher an einen der Bischofssitze einberufen worden. So aber läßt der Tagungsort Aschheim darauf schließen, daß auch die weltlichen Großen und der junge Herzog Tassilo zugegen waren. Man vermutet wohl zu Recht, daß in Aschheim eine Art Huldigung für Tassilo seitens Adel und Kirche erfolgt ist. Im Jahr 757 ist er auf dem Reichstag von Compiègne sechzehnjährig aus der Vormundschaft Pippins entlassen worden. Kurz vor oder nach diesem Ereignis werden Synode und Landtag in Aschheim getagt haben. Die Vorrede der Synodalbeschlüsse wendet sich an Tassilo. Er sei zwar noch sehr jung, aber doch im Verständnis der Heiligen Schrift reifer, als seine Vorfahren. Dann legten die Bischöfe einen Katalog von Erwartungen vor, deren Erfüllung sie vom Herzog erhoffen: er soll das Kirchengut vor Übergriffen schützen; er soll die Zehentabgabe des Volkes garantieren; er soll dafür sorgen, daß seine Richter nicht die Armen um ihr Recht bringen; darum möge den Herzogsboten ein Geistlicher beigeordnet werden, der auf die Einhaltung der Rechte ohne Ansehen der Person achtet; an bestimmten Tagen soll der Herzog die Klagen der Armen persönlich anhören. Im übrigen wenden sich die Bischöfe gegen die Eigenkirchenherren und fordern, das Kirchengut müsse nach altem kirchlichem Recht in der Verfügungsgewalt der Bischöfe sein. In all diesen Fragen hofft die Kirche auf Untersützung durch den weltlichen Arm, der die Anträge zu verbindlichen Gesetzen machen soll.

Klöster

Von besonderer Bedeutung ist die Regierungszeit Bischof Josephs für die Klostergeschichte des Bistums. Das Zenokloster zu *Isen* ist vielleicht schon unter Bischof Ermbert errichtet worden, aber Bischof Joseph muß eine ganz persönliche Beziehung zu dieser Gründung besessen haben. Er kümmert sich um die wirtschaftliche Ausstattung des Klosters, kauft Besitzungen, stellt eine

Liste adeliger Stiftungen zusammen und schenkt selbst mehrere Höfe[12]. Bischof Joseph ist wiederholt in Isen anzutreffen und nimmt hier auch Schenkungen an die Freisinger Domkirche entgegen. Wahrscheinlich gehörte Joseph, wie auch alle übrigen Förderer des Klosters zu einer Adelsgruppe, die im Isener Raum schwerpunktmäßig begütert war[13]. Der zweite Freisinger Bischof betrachtete Isen offenbar als eine Art Familienkloster, in dem er nach seinem Tod auch bestattet sein wollte.

Wenig später als Isen ist Kloster *Benediktbeuern* errichtet worden[14]. Es gehörte zwar in den kirchlichen Zuständigkeitsbereich des Augsburger Bischofs Wikterp, aber über die Gründersippe der Huosi, die es als ihr erstes Hauskloster schufen, reichten die Beziehungen auch in den Freisinger Kirchensprengel herein. Erzbischof Bonifatius soll alter Überlieferung nach bei der Weihe selbst zugegen gewesen sein. Das ist durchaus möglich, da Bonifatius während der Amtszeit Bischof Josephs nachweislich noch einmal nach Freising gekommen ist, um kirchliche Belange zu regeln.

Im Freisinger Bistum selbst ist nach Isen über 12 Jahre lang keine weitere Klostergründung erfolgt. Dann aber setzt zwischen 760 und 765 in den letzten Regierungsjahren Josephs geradezu eine Welle von Neugründungen ein: Scharnitz, Tegernsee, Schäftlarn, Ilmmünster und vielleicht auch schon Moosburg. Das ist eine erstaunliche Dichte innerhalb weniger Jahre. Die Bistumsleitung wäre von sich aus gewiß nicht in der Lage gewesen, so viele Neugründungen aus eigener Kraft zu tragen. Die Initiative dazu ging durchwegs von mächtigen Adelsgruppen aus[15].

Das Kloster *Scharnitz* bei Mittenwald stifteten 763 die adeligen Brüder Reginperht und Irminfried, deren Familie zum engeren Kreis der Huosi gehört[16]. Scharnitz sollte wie Benediktbeuern ein Hauskloster der Huosi werden. Die Reginperhtfamilie muß über ganz Bayern hin begütert gewesen sein. Was sie allein dem Kloster Scharnitz als Erstausstattung übergab, reicht vom Innsbrucker und Münchener Raum bis in die Gegend von Vilshofen bei Passau. Erster Abt von Scharnitz ist der Freisinger Archipresbyter Arbeo geworden, aber schon ein Jahr später wechselte er auf den Freisinger Bischofsstuhl. Von hier aus hat er dann die Übersiedlung des Konvents nach Schlehdorf angeregt. Der ursprüngliche Standort des Klosters ist vermutlich nicht das heutige Scharnitz an der Tiroler Grenze gewesen, sondern Klais bei Mittenwald. Scharnitz war bis tief ins Mittelalter hinein Bezeichnung für ein umfangreiches Fortsgebiet, zu dem auch noch Klais gehörte. Grabungen in den Jahren 1970 und 1972 haben auf dem dortigen Kirchfeld die Fundamente einer Steinkirche und Spuren von Holzbauten freigelegt, die wahrscheinlich mit dem kurzlebigen Kloster Scharnitz in Verbindung gebracht werden dürfen[17].

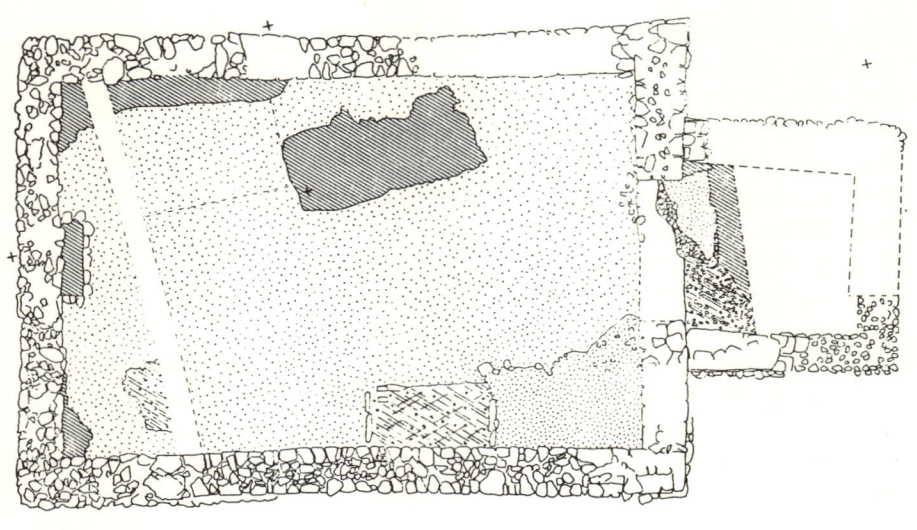

Grabungsbefund und Rekonstruktionsversuch der Kirche von Klais-Kirchfeld (nach W. Sage).

Auch Kloster *Tegernsee* ist in den letzten Regierungsjahren Bischof Josephs gegründet worden (etwa 762–764)[18]. Stifter sind hier die beiden Brüder Adalbert und Otkar. Die spätere Überlieferung weiß zu berichten, die Gründer seien von ihrem Vater her burgundischer Abkunft und Verwandte König Pippins, mütterlicherseits aber bayerischer Abstammung gewesen. Auch neuere Forschungen kommen zu dem Ergebnis, die Tegernseer Klostergründer müßten Reichsaristokraten mit Doppelstellung im Frankenreich und in Bayern, also nicht adelige Bayern im engeren Sinn des Wortes, gewesen sein. Die Mutter der beiden gehörte wahrscheinlich dem Kreis der Huosi an, die ja immer enge Beziehungen nach Westen besessen haben. Adalbert wurde erster Abt des Klosters, Otkar schloß sich ihm als Mönch an. Gerade darin äußert sich, wie auch sonst nicht selten, der Sippencharakter des Klosters.

Als Tegernseeische Tochtergründung gilt Ilmmünster. Erster Abt ist hier Oato, ein Neffe Adalberts und Otkars. In der Dotation des Klosters scheint aber das huosische Erbe ausschlaggebend gewesen zu sein, liegt Ilmmünster doch in unmittelbarer Nähe des großen Huosierkomplexes um Geroldshausen-Haushausen[19].

Kloster *Schäftlarn* im Isartal[20] verdankt seine Entstehung zwischen 760 und 764 einer spendefreudigen Adelssippe um den Priester Waltrich am Freisinger Bischofshof. Große und stark konzentrierte Besitzungen im Schäftlarner Umland lassen auf eine mächtige Adelsfamilie schließen, die zu den Huosiern zwar verwandtschaftliche Beziehungen besitzt, aber nicht mit ihnen gleichgesetzt werden kann. Die Beziehungen der Schäftlarner Gründersippe gehen weit über Bayern hinaus und reichen bis in das karolingische Königshaus hinein. Es ist kein Zufall, wenn die Schäftlarner Klosterkirche den fränkischen Hausheiligen Dionysius zum Patron erhielt. Waltrich hat das Kloster gebaut und ihm die Eigenkirchen von Deining und Epolding-Mühlthal inkorporiert. Dann hat er das Kloster und sich selbst dem Freisinger Bischof Joseph übertragen. Schäftlarn ist damit von Anfang an bischöfliches Eigenkloster. Trotzdem hat es zunächst die enge Verflechtung mit der Stiftersippe nicht verloren. Waltrich wurde erster Abt und nach ihm sein Verwandter Petto. Nochmals wird die westfränkisch orientierte Haltung dieser Sippe deutlich, wenn wir erfahren, daß Waltrich und Petto nacheinander den bischöflichen Stuhl von Langres bestiegen haben.

Es muß überraschen, daß gerade im Bistum Freising Herzog Tassilo im Zusammenhang mit Klostergründungen kaum genannt wird. Nur für *Moosburg* wird seine Beteiligung in Erwägung gezogen, da dieses Kloster nach dem Sturz des Herzogs in königliche Verfügungsgewalt kam. Das kann freilich auch andere Ursachen haben. Die Tradition dieses Klosters erzählt recht glaubhaft, zwei Ordensbrüder namens Reginperht und Albinus hätten römische Martyrerreliquien nach Moosburg gebracht. Ein Reginperht ist auch als Abt bezeugt. Dieser Name, sowie der Brauch des Reliquienimports weisen nach Scharnitz. Vermutlich geht Moosburg auf eine Huosistiftung zurück, was eine Beteiligung Herzog Tassilos nicht ausschließen muß. Gerade in der frühen Phase seiner Regierung gibt es wiederholt Anhaltspunkte dafür, daß er bestrebt war, sich mit dem westbayerischen und fränkisch orientierten Adel zu arrangieren.

Die Serie der Klostergründungen ist damit noch nicht zu Ende. Sie setzt sich im Bistum Freising unter Bischof Arbeo noch weiter fort. Zu fragen aber ist hier schon nach den Ursachen, die zu einer solchen Vielzahl von neuen Klöstern führen konnten. Soweit greifbar erwähnen die Gründungsurkunden wie auch spätere Zusatzschenkungen als Motiv der Übergabe regelmäßig die Sorge um das ewige Heil des Stifters und seiner Familie. Der frühmittelalterliche Mensch weiß sich nach dem Tod einem strengen Gericht ausgeliefert, für das er durch gute Werke einen gnädigen Gott zu gewinnen hofft. Wenn daneben in der konkreten Realisierung frommer Stiftungen auch politische Zielsetzungen zutage treten, so wird das nicht als Gegensatz zu genuin christlichen Motiven verstanden. Es schmälert nicht den Wert frommer Schenkungen, wenn damit gleichzeitig politische Interessen verbunden werden können. Umgekehrt gelten politische Aktivitäten als legitimes Mittel, den christlichen Glauben zu verbreiten und zu festigen.

Wert und Umfang der geschenkten Güter zur wirtschaftlichen Sicherung der Klöster sind teilweise recht beträchtlich. Der religiöse Ernst dieser Gründungen wird auch darin sichtbar, daß hohe Vertreter der betreffenden Adelsgruppen selbst in das Kloster eintreten und sich der Mönchsregel unterwerfen. Weiterhin wird dem Gebet der Mönche hoher Wert beigemessen. Hier glaubten die Gründersippen am ehesten ihres Gedenkens nach dem Tode sicher sein zu können. Stifter und Wohltäter erhielten Ehrenplätze im Gebets- und Verbrüderungsbuch, das all die Namen von Lebenden und Verstorbenen enthielt, für deren Seelenheil die Mönche zu beten hatten.

Ohne Zweifel haben die Klostergründungen dieser Frühzeit aber auch politische Hintergründe. Herzog und Adel entfalteten geradezu einen Wettstreit in der Errichtung neuer Klöster. Lange bevor die Gründungswelle im Bistum Freising einsetzte, haben die Agilolfingerherzöge im Osten ihres Landes schon eine Reihe von Klöstern gestiftet oder reich beschenkt (z. B. Weltenburg?, Salzburg St. Peter, Salzburg Nonnberg, Chammünster, Niederaltaich, Metten, Mondsee). Nach einer bemerkenswerten, wenn auch nicht unwidersprochenen These regiert im 8. Jahrhundert der Herzog nach außen über das ganze Land. Im Innern aber seien deutlich zwei Kräftefelder zu erkennen. Etwa entlang der Inn-Salzach-Linie verläuft eine Grenze, die das agilolfingische Herzogtum schwerpunktmäßig in zwei Lager teilt. Im Osten verfügt der Herzog über reiche

Besitzungen, die ihm nicht nur als Regent, sondern auch grundherrlich unterstehen. Hier liegt das eigentliche Zentrum seiner Macht. In den Westen hinüber reicht nur ein schmaler Brückenkopf von Herzogshöfen (wie Langenpreising, Neuching, Aschheim). Dafür ist der wirtschaftliche und politische Einfluß westbayerischer Adelssippen in diesem Bereich um so stärker. Zumindest seit der Mitte des 8. Jahrhunderts bestehen innere Spannungen zwischen westbayerischen Adelskreisen und dem Herzogshaus, da sich dieser Adel viel zu sehr den Franken verbunden weiß, als daß er die Unabhängigkeitsbestrebungen des Herzogs unterstützt hätte. Schon die verwandtschaftlichen Beziehungen dieser Familien reichen tief in das fränkische Gebiet hinein, teilweise sogar bis in unmittelbare Nähe des Königshauses[21].

Eben diese Adelsfamilien sind es nun, denen die neuen Klöster im Bistum Freising ihre Gründung und wirtschaftliche Sicherung verdanken. Die führenden Kreise diesseits von Salzach und Inn wollten dem Herzog hinsichtlich kirchlicher Aktivitäten nicht nachstehen. Die Errichtung von Klöstern bedeutete über den kirchlichen Nutzen hinaus auch eine politische Festigung ihrer Position. Dabei machten die Gründer aus ihrer fränkisch orientierten Haltung keinerlei Hehl. So steht etwa Scharnitz-Schlehdorf unter dem Patrozinium reichsfränkischen Hausheiligen Dionysius. Kloster Schäftlarn hat denselben Patron, dazu noch seine Gefährten im Martyrium, Rusticus und Eleutherius. Dieselbe Trias begegnet wieder in der berühmten Abtei Saint Denis bei Paris, der Grablege des fränkischen Königshauses. Abt Fulrad von St. Denis muß hier eine wichtige Vermittlerrolle zwischen dem westbayerischen Adel und der reichsfränkischen Kirche gespielt haben. Er stammt aus demselben Mosel-Saar-Gebiet, in das auch verwandtschaftliche Beziehungen bayerischer Adelsfamilien weisen. Fulrad war es auch, der gemeinsam mit Bischof Burkhard von Würzburg 749 die enge Verbindung des Papstes mit dem Karolingerhaus in die Wege geleitet hat. Nachdem dann Pippin formell im Auftrag des Papstes zum König gesalbt und das karolinigisch-päpstliche Bündnis von 750/752 zustande gekommen war, fand diese Verbindung ihren kultischen Ausdruck in der Überführung römischer Martyrerreliquien in den fränkischen Einflußbereich.

Auch darin haben sich die Klöster im Bistum Freising der ursprünglich fränkischen Bewegung angeschlossen[22]. Tegernsee holte sich die Reliquien des heiligen Quirinus, die Tochtergründung Ilmmünster erhielt die Gebeine des heiligen Arsatius. In Schlehdorf drängte der römische Martyrer Tertulinus das Dionysiuspatrozinium in den Hintergrund. Wenn nach Moosburg der Leib des heiligen Castulus kam, so zeigt das, daß der Einfluß des Herzogs, wenn überhaupt vorhanden, nicht von sehr großer Bedeutung gewesen sein konnte. Ähnlich ist die Situation in Innichen, bei dessen Gründung Herzog und Adel zusammengewirkt haben. Mit der Überführung des Martyrers Candidus setzt

Der hl. Quirinus.
Holzschnitt aus dem Kloster
Tegernsee,
15. Jahrhundert.

der Adel ein deutliches Zeichen kultisch-westlicher Orientierung. Nicht genau
datierbar sind die Translationen der heiligen Juliana nach Isen, des Papstes Sixtus
nach Schliersee und der Reliquien von Cornelius und Cyprianus nach St. Veit
in Freising. Alle diese „Translationsheiligen", deren Kult großenteils heute noch
existiert, stehen zeichenhaft für das geschichtlich so bedeutsame Bündnis
zwischen Rom und dem fränkischen Karolingerhaus. Mit den Gräbern
römischer Martyrer bekennen sich die westbayerischen Klöster und ihre
adeligen Stifterfamilien zu diesem Bündnis und zum fränkischen König. Das
Volk aber hat die neuen Heiligen aufgenommen als Helden der christlichen
Frühzeit, denen es im fernen Rom nie hätte begegnen können. Um so
bereitwilliger besuchte es solcherart ausgezeichnete Klosterkirchen. Nicht
zuletzt haben die aus Rom geholten Heiligen auch Ansehen über jene Familien
gebracht, die ihnen in ihren Klosterkirchen ein neues Grab bereiteten. Zeitlich
fällt die Überführung römischer Martyrergräber schon in die frühe Amtszeit
Bischof Arbeos.
Bischof Joseph ist am 17. Januar 764 gestorben und im Kloster Isen begraben
worden. Ein spätgotischer Grabstein hält dort die Erinnerung an ihn wach. Er
ist zumindest zeitweise als Seliger verehrt worden[23].

3. Bischof Arbeo (764–783)

Jugend

In der Korbiniansvita beschreibt Arbeo selbst eine Episode seiner Kindheit:

„Eines Tages, als ein kleiner Junge am Vorabend des Festes des Gottesmannes (Korbinian) außerhalb der Kirchenmauern herumlief, trat er fehl und rollte den Burgabhang hinab. Die Höhe war so groß, daß ein Grauen die befiel, die es ansahen, und an der Flanke des Berges schwoll die Passer mit ihren Fluten. Denn wer dachte etwas anderes als den Toten, wenn er überhaupt gefunden würde, von den scharfen Felsen und ungeheueren Klippen zerschnitten zu sehen; und wenn er zum Fuß des Berges durchgekommen wäre, wie hätte er dem Fluß entkommen können? Als sie gingen, um die Leiche zu suchen, und über die Brücke kamen, sahen sie den Knaben an einem Felsen hängen, abseits des Flusses. Sie holten Seile und ließen sich in die Steinschlünde hinab zu dem, der da hing und den sie suchten. Er wurde nicht nur lebend, sondern unverletzt geborgen und zurückgebracht an seinen alten Aufenthalt. In unserer Zeit hat ihn freilich nicht eigenes Verdienst, sondern göttliches Gnadengeschenk dahin gebracht, diesem Bistum Freising vorzustehen."[24]

Der dritte Freisinger Bischof verbrachte also zumindest einen Teil seiner Kindheit in der Nähe der Meraner Zenoburg, wo Korbinian begraben lag. Er selbst bezeichnet sich als dem bayerischen Stamm zugehörig. Das Gebiet um Meran unterstand in dieser Zeit freilich dem Langobardenherrscher, aber aus der anschaulich geschilderten Unfallsgeschichte geht nicht hervor, daß Arbeo hier auch geboren sein muß, wie oft behauptet wird. Er wird nach der Rettung nicht den Eltern zurückgegeben, sondern an „seinen alten Aufenthalt zurück-gebracht". Das könnte durchaus bedeuten, daß er als puer oblatus zum Konvent des von Korbinian gegründeten Klosters Kuens gehörte, der die Gottesdienste bei der Grabeskirche von Valentin und Korbinian zu besorgen hatte[25].

Arbeo gehört mit Sicherheit zum engeren Kreis der Huosi, jener führenden Adelsgruppe, die nun fast ein volles Jahrhundert lang die Bischöfe für Freising aus ihren Reihen stellte[26]. Nach einer Zeit in Südtirol ist Arbeo in die Freisinger Domschule gekommen.

Bischof Ermbert bezeichnet er selbst als seinen „Ernährer". Dann wird es ein wenig dunkel um die Jugendgeschichte Arbeos. Meist wird die Vermutung geäußert, er müsse nach Freising auch in Oberitalien weitere Bildung empfangen haben, im Kloster Bobbio etwa oder in der Hofschule von Pavia. Dabei wird auf Elemente der langobardischen Urkundensprache verwiesen, die Arbeo nach Freising gebracht habe. Italienische Urkundenformeln sind aber schon vor ihm in Freising bekannt. Sie müssen auf ältere Beziehungen zu den Langobarden zurückgehen[27]. Gerade von der politischen Tendenz der westbayerischen Huosi her könnte man ebensogut an einem Bildungsaufenthalt in einem Kloster des alamannischen oder fränkischen Westens denken. Aus der Schreibstube von St. Gallen oder Reichenau besitzt der junge Bischof eine Sammlung kirchenrechtlicher Bestimmungen, die er in Freising überarbeiten ließ[28]. Dazu ist Arbeos politisches Denken vom ersten Augenblick an, da er urkundlich wieder in Freising auftaucht, ganz auf den Frankenkönig und seine Allianz mit dem Papst hin orientiert. Als Bischof Joseph am 24. Juni 754 Besitz für die Johanneskirche in Thulbach geschenkt wurde, schrieb Arbeo die Urkunde und datierte sie für Freising erstmals nach der Regierungszeit des Frankenkönigs:

„Ich, der unwürdige und sündenbeladene Erzpriester Arbeo, habe auf Bitten, Auftrag und Befehl hin diese Schenkungsurkunde geschrieben und unterzeichnet, sowie die Zeugen bestätigt im zweiten Jahr der Regierung des vortrefflichsten Königs Pippin, zu einem Zeitpunkt, da der Apostolische Oberhirte nach Gallien gekommen war, im sechsten Jahr der Regierung des erwählten Herzogs Tassilo, am 24. Juni. So geschehen im Dorf Thulbach.“[29]

Arbeo ist demnach vor 754 unter Bischof Joseph zum Priester geweiht worden und als Archipresbyter in den ersten Rang des Domklerus aufgestiegen. Als solcher war er auch Leiter der bischöflichen Kanzlei. Er schrieb selbst den größten Teil der anfallenden Urkunden, zuletzt jene, durch die der adelige Reginperht und seine Familie am 29. Juni 763 das neugegründete Kloster Scharnitz reich mit Güterbesitz ausstatteten[30]. Als Arbeo dieses Dokument verfaßte, war er bereits zum Leiter des Scharnitzer Klosters bestimmt. Adelige Zugehörigkeit zum Kreis der Huosi und persönliche Bindung an den Freisinger Bischof, der das Kloster nicht gern aus seinem Einflußbereich entlassen wollte, mochten Arbeo als geeignete Persönlichkeit für die Abtswürde erscheinen lassen. Seine Zeit in der wilden Scharnitz war aber nur von kurzer Dauer. Wenige Monate später starb Bischof Joseph im Januar 764. Als Nachfolger holte man Arbeo nach Freising zurück und gewann in ihm die bedeutendste Persönlichkeit in der Reihe der Freisinger Bischöfe vor der Jahrtausendwende.

Klöster

Auch von Freising aus kümmerte Arbeo sich noch sehr intensiv um das Kloster *Scharnitz*, dem er nur kurze Zeit als Abt vorgestanden hatte. Zunächst sorgte er dafür, daß der bischöfliche Priester und Notar Atto seine Nachfolge in Scharnitz antrat. Dann wuchs dem jungen Kloster bald eine neue und große Aufgabe zu, als Herzog Tassilo 769 von Italien zurückkehrend Ort und Umland von *Innichen* an Abt Atto von Scharnitz schenkte[31]. Die in Bozen ausgestellte Urkunde enthielt die klare Bestimmung, daß Abt Atto in Innichen Kirche und

Kloster zu errichten habe, „um den ungläubigen Stammm der Slawen auf den Weg der Wahrheit zu führen"[32]. Damit tritt das junge Bistum Freising über Kloster Scharnitz in die Missionierung der noch nicht getauften Slawen im Ostalpenraum ein. Innichen wird wohl nicht gar so „unwirtlich und unbewohnbar" gewesen sein, wie der Text der Urkunde sagt. Die Ortsnamen in dem recht umfangreichen Schenkungsgut zwischen Taisten und Anras verraten romanenkeltische Bevölkerung, die im Osten mit eingewanderten Slawen vermischt war. Westlich des Gebietes von Innichen lag um Bruneck ein Kernraum bayerischer Herrschaft, der mit dem neuen Kloster erweitert und nach Osten abgesichert werden sollte. So mischen sich bei der Gründung Innichens wieder politische und religiöse Ziele. An einer echten Missionsaufgabe in Richtung auf die Slawen im Osten des Bezirkes ist aber nicht zu zweifeln. Darüber hinaus war Innichen offenbar auch als eine Art Paßkloster mit Versorgungs- und Herbergsbetrieb gedacht, ganz ähnlich wie das Mutterkloster Scharnitz vor dem Zirler Berg oder Tegernsee vor dem Achenpaß. Über den Kreuzbergsattel und das Piavetal konnte Innichen neben Brenner und Reschenpaß noch einen dritten Weg nach Italien absichern.

Die erste Urkunde für Innichen bezeugt, daß die Initiative zur Klostergründung von Abt Atto ausgegangen sei, der Tassilo freudig zugestimmt habe. Dieses Zusammenwirken von Herzog und Huosikloster mag zunächst verwundern, aber es fällt 769 in eine Zeit, für die vielleicht Abt Sturmi von Fulda, selbst ein geborener Bayer, vorübergehend ein besseres Verhältnis zwischen Karl und Tassilo vermitteln konnte. So finden sich auch in der Zeugenreihe der Innichener Stiftungsurkunde führende Leute aus der Umgebung des Herzogs einträchtig neben maßgeblichen Repräsentanten des fränkisch gesinnten bayerischen Adels. Sollte Herzog Tassilo mit Innichen das Ziel eines starken herzoglichen Eigenklosters, ähnlich wie später in Kremsmünster, verfolgt haben, so ist ihm das nicht gelungen. Schon die Überführung des römischen Martyrers Candidus in die Klosterkirche, dessen Reliquien wahrscheinlich über die Franken vermittelt waren, zeigt eindeutig die Position der Mönche von Innichen. Abt Atto hat seine Tochtergründung im Pustertal formell zum bischöflichen Eigenkloster gemacht. Innichen brauchte diesen Rückhalt, um seiner Aufgabe als Missionskloster gerecht werden zu können.

Nicht lange nach der Gründung Innichens ist das Mutterkloster in der Scharnitz um 772 nach *Schlehdorf* am Kochelsee verlegt worden[33]. Bischof Arbeo bestätigt, daß diese Umsiedlung auf seinen persönlichen Rat hin erfolgt sei, nennt aber keine Gründe dafür[34]. Das rauhe Klima des Hochtales und seine Abgeschiedenheit allein dürften für diesen Schritt nicht ausschlaggebend gewesen sein. Eher ist schon an das mächtige Kloster Benediktbeuern zu denken, das seinen Einfluß immer weiter in Richtung Osten ausdehnte und damit Freisinger Bistumsgebiet in die Augsburger Obödienz zu bringen drohte. Scharnitz hatte in Schlehdorf schon seit der Gründung Besitz. Nun zog der ganze Konvent an den Kochelsee und der Gründer Reginperht brachte aus Rom die Reliquien des heiligen Tertulinus. Ob die Gründerfamilie mit der Verlegung des Klosters einverstanden war, ist recht zweifelhaft. Reginperht erhielt offensichtlich zum Trost das Versprechen, er würde nach Atto der nächste Abt in Schlehdorf sein.

Als eines der letzten Adelsklöster dieser Frühzeit erstand 777 Kloster Schliersee, eine Gründung des Adalunc und seiner Brüder[35]. Die Stifterfamilie ist wahrscheinlich verwandt mit der Gründerrsippe von Tegernsee. Während aber Tegernsee seine Eigenständigkeit gegenüber dem Bischof wahren konnte und, um sie zu behalten, königliches Reichskloster wurde, macht Bischof Arbeo in Schliersee von Anfang an seinen Einfluß geltend. Eine Urkunde von 779 schildert anschaulich den Hergang einer solchen Gründung:[36]

„Unser Herr Jesus Christus herrscht in Ewigkeit. Darum habe ich, Adalunc, im Namen Gottes, zugleich mit meinen Brüdern Hiltipalt, Kerpalt, Antoni und Otakir auf Antrieb der göttlichen Gnade das weltliche Leben aufgegeben. Dann haben wir uns auf unserem gemeinsamen elterlichen Erbbesitz in der wüsten Einöde des Waldlandes Schliersee einen Platz ausgesucht und dort mit der Hilfe Gottes in herkömmlicher Weise ein kleines Kloster erbaut. Mit Zustimmung des Herrn Bischofs Arbeo haben wir auch eine Kirche gebaut. Dann haben wir den Bischof eingeladen, daß er die Kirche weihe. So ist es auch geschehen. Sodann haben wir uns selbst in allem unter die Oberhoheit jenes Bischofs begeben und daraufhin von der Hand des Bischofs einen für uns ausgewählten Lehrmeister, nämlich den verehrungswürdigen Perhtcoz, zu unserer Leitung erhalten. Nach zwei Jahren gefiel es hierauf den Brüdern, den Perhtcoz zum Abt zu erwählen. In Übereinstimmung der Brüder führten wir ihn zum Bischof, der den gemäß der Regel des heiligen Benedikt Gewählten weihte und für uns als Abt einsetzte. So beschlossen wir auch in Übereinkunft mit unserem Bischof, die Brüder sollten nach dem Vorschrift des heiligen Benedikt einhalten und sich ihr gemäß aus den eigenen Reihen selbst einen Abt wählen, den der Bischof von der Kirche der heiligen Maria dann weiht. Sollte unter den Brüdern selbst eine geeignete Persönlichkeit fehlen, so mögen sie sich vom bischöflichen Domkloster einen Abt wählen, den dann der Bischof weiht. So geschehen im obgenannten Kloster Schliersee am 21. Januar 779."

Die Konsekration der Kirche und die Weihe des Abtes sind die Instrumente, deren sich die Bischöfe bedienen, um die Wirksamkeit der Adelsklöster an die Weisung des bischöflichen Stuhles zu binden. Nicht immer ist es dabei so friedlich abgegangen wie in Schliersee. Arbeos Zeitgenosse, Bischof Virgil von Salzburg, etwa war nahe daran, ein schon fast fertig gebautes Eigenkloster des Grafen Gunther in Otting am Waginger See scheitern zu lassen[37]. Der Graf hatte den Bischof gerufen, weil er ihn zur Weihe von Kirche und Kloster benötigte. Virgil stellte ihm die Frage, unter wessen Herrschaft das Kloster stehen solle. Als Gunther auf diese Frage nicht antworten wollte, erklärte der Bischof kurzerhand: „Dann weihe ich weder die Kirche, noch das Kloster, noch den Abt!" Graf Gunther mußte beigeben und seine Gründung in Otting unter die Oberhohheit des Bischofs stellen.

Es ist viel geschrieben worden über den Machtanspruch der Bischöfe, die versuchten, möglichst alle Konvente zu bischöflichen Eigenklöstern zu machen und sie damit ihrer monastischen Freiheit zu berauben[38]. Bedenkt man aber die große Zahl der Klöster und ihre einzigartige Stellung in der Vermittlung von Bildung und Seelsorge, daneben die fast durchwegs von Eigenkirchenherren getragene Pfarrorganisation, so versteht man das Ringen der Bischöfe um Einfluß in beiden Bereichen. Die Bistümer wären ihren Hirten sonst völlig aus der Hand geglitten.

Die Diözese Freising weist in ihren Grenzen gegen Ende der Regierungszeit Arbeos etwa ein Dutzend Klöster aus: Isen, Scharnitz-Schlehdorf, Moosburg, Schäftlarn, Tegernsee, Ilmmünster, Schliersee, Altomünster, St. Veit am Schönberg, Tegernbach und das Hugibertsmünster neben dem Domkloster. Tegernbach (Grüntegernbach – Kirchstetten) bei Schwindkirchen, ein bald völlig untergegangenes Kloster, ist vielleicht erst unter Bischof Atto gegründet worden[39]. St. Veit am Weihenstephaner Berg (Schönberg) und das Hugibertsmünster sind Vorläufer der Freisinger Kollegiatstifte St. Veit und St. Andreas[40].

Synoden

Kein Wunder, daß bei dieser monastischen Dichte auch die bayerischen Kirchensynoden immer wieder von den Klöstern und Mönchen handeln. Zweimal ist Bischof Arbeo zu einer Synode gezogen, die jeweils mit einem Landtag unter dem Vorsitz Herzog Tassilos verbunden war. In der Kirchensynode waren Bischöfe und Äbte unter sich. Hier regelten sie selbständig rein innerkirchliche Belange. Den Teil der Bestimmungen, von denen sie wünschten, daß er auch politische Gesetzeskraft erhielt, trugen sie vor den Landtag. Hier lag die Entscheidung neben den geistlichen Würdenträgern beim Herzog und den Fürsten des Landes.

In Dingolfing[41] vereinbarten die versammelten Bischöfe und Äbte um 770 eine Gebetsverbrüderung: Stirbt einer aus ihren Reihen, so müssen die Überlebenden für ihn 100 Messen feiern und ebensoviele Psalter singen lassen. Für einen verstorbenen Priester oder Mönch sind 30 Messen zu persolvieren. Auf der Synode von Neuching wird um 772 aber auch die Spannung zwischen Bischöfen und Äbten deutlich:

„Bei dieser großen Versammlung der Geistlichen wurden die Bücher in Gegenwart der Bischöfe und Äbte aufgeschlagen, aber die Klöster konnten nicht beweisen, daß die Klosterregeln, die Kirchengesetze oder die Dekrete der Väter erlauben, daß den Mönchen Pfarreien oder öffentliche Taufen übertragen würden, außer in Todesgefahr. Von all dem dürfen sie nichts tun, auch nicht bei längerem Verweilen an einem Ort, außer wenn einem von seinem Abt die Besorgung der eigenen Dörfer in jährlich abwechselnder Seelsorge übertragen ist. Darum haben alle Äbte versprochen, sie würden sich nicht mehr in die Landkirchen eindrängen. Die Seelsorge soll demjenigen überlassen bleiben, dem das Volk in der Oberhoheit des Bischofs anvertraut ist. So steht es auch in den heiligen Synoden und in den Dekreten der Väter."[42]

Die Bischöfe müssen sich also gegen Übergriffe der Klöster auf ihre Pfarreien wehren. Als staatliches Gesetz erließ der Landtag von Dingolfing das strenge Verbot, gottgeweihte Jungfrauen zu heiraten. In Neuching warnte man noch einmal die Nonnen, ihren Schleier abzuwerfen und weltliche Kleider zu tragen. Im weiteren handeln die Dingolfinger und Neuchinger Bestimmungen von der Sonntagsheiligung, die man zum staatlichen Gesetz macht, von Schenkungs- und Erbschaftsfragen, von der Heirat unfreier Personen mit Freien, von Zweikampf und Gottesurteil. Gerade in diesen letzten beiden Fragen kommt deutlich zum Ausdruck, wie stark das Christentum dieser Zeit und noch lange später mit erheblichen Resten aus heidnischen Praktiken vermischt war. Vor einem Zweikampf ist zwar der Versuch eines friedlichen Vergleichs als Vorbedingung gefordert, grundsätzlich ist er aber erlaubt. Die Zweikämpfer, so heißt es, sollen sich vor dem Kampf gegen die „sortes" festigen, gegen Orakel oder Zaubersprüche. Ein zwiespältiges Verhältnis zu den alten religiösen Gebräuchen wird hier sichtbar. Zwar sind die alten Götter durch das Christentum überwunden, aber eine gewisse Macht scheint man den alten Praktiken der Zauberei noch beigemessen zu haben. Man glaubt nicht mehr an die alten Götter, aber man fürchtet sie noch und rechnet mit ihren geheimen Mächten. Etwas friedlicher wenigstens ist der Brauch des Gottesurteils als Mittel der Rechtsfindung. Davon heißt es in Neuching:

„Wer sein Eigentum zurückfordert, soll sagen: Dies hast du mir zu Unrecht entzogen; du mußt es mir wieder geben! Der Beschuldigte aber soll erwidern: Ich habe es nicht genommen und muß es auch nicht ersetzen. Wenn die Schuld zum zweitenmal gefordert wird, soll er sagen: Wir wollen unsere Hand zum gerechten Urteil Gottes ausstrecken. Und dann soll jeder seine rechte Hand zum Himmel emporheben."

Als ausgesprochener Götzendienst wird von der Neuchinger Synode allerdings das „Stabsaken" bezeichnet. Darin steckt wahrscheinlich das Wort „Stab". Das ist der Eidesstab, ein Pfahl des heidnischen Gottes Fro, an dem die beim Gottesurteil Beteiligten standen und den rechten Arm ausstreckten. Auch die Tiere glaubt man teuflichem Zaubereinfluß ausgesetzt. In der Vita des heiligen

Korbinian begegnet eine Zauberin und in der des heiligen Emmeram wird erzählt, die Bewohner von Helfendorf hätten die abgeschnittenen Glieder des Heiligen unter einem Weißdorn vergraben, weil sie glaubten, dadurch könne ein verstümmelter Leib ohne ärztliche Hilfe wieder volle Gesundheit erlangen. Das Christentum der Zeit Arbeos ist ganz offensichtlich noch stark mit heidnischen Resten durchsetzt.

Dom- und Schreibschule

Um die Verkündigung des Evangeliums und ein besseres Verständnis im Volk auf die Dauer zu gewährleisten, bedurfte es gediegener Bildungsstätten in den Klöstern und vor allem am Bischofssitz selbst. Arbeo hat hier maßgebliche Akzente gesetzt. Unter Bischof Ermbert war er selbst Schüler im Domkloster. Nun konnte er seine Domschule durch eine bessere Vermittlung der lateinischen Sprache und durch Beschaffung wichtiger Texte der Kirchenvätertheologie zu einer erstaunlichen Blüte führen[43]. Die kulturelle Bedeutung Freisings in dieser Zeit wird sichtbar in den Persönlichkeiten, die aus der Umgebung Arbeos zu hohen Ämtern gelangten. Arn, der erste bayerische Metropolit, stand Arbeo als Diakon in der bischöflichen familia zur Seite, bevor er Abt in der flandrischen Abtei Saint Amand und durch Vermittlung Karls des Großen Bischof (785) und Erzbischof (798) von Salzburg wurde. Auch Erzbischof Leidrat von Lyon (798–816) hatte in Freising seine geistige Heimat. Hier half er im Skriptorium beim Abschreiben der Bücher mit. Später schuf er sich in Lyon selbst eine ansehnliche Bibliothek. Aus der Freisinger Kanzlei Arbeos kamen auch Francho und Andreas, die nacheinander den bischöflichen Stuhl von Vicenza bestiegen. Arn gewann die Freundschaft des gelehrten Alkuin, Leidrat wurde von Karl dem Großen in die Aachener Hofakademie berufen. So wurde die Schule Arbeos zu einem wichtigen Baustein karolingischer Geisteskultur.
Wichtiges Instrument für das neue geistige Klima in Freising war die Schreibschule Arbeos[44]. Mindestens neun Personen mühten sich hier um das Abschreiben alter Bücher, darunter eine Gruppe bodenständiger Freisinger Skribenten, ein Schreiber aus der Umgebung Benediktbeuerns, eine alamannische Hand und ein fremder Angelsachse, der sich selbst „Peregrinus" nennt. Am Ende eines Buches stöhnt der Fremde, der vielleicht mit Bonifatius nach Freising gekommen ist:

„Wer nicht zu schreiben weiß, hält es für keine Arbeit. Drei Finger schreiben und der ganze Körper plagt sich. Groß ist die Mühe, aber größer ist der ewige Lohn. Den, der dieses Buch liest, bitte ich, er möge in seinen Gebeten des unwürdigen und sündigen Peregrinus gedenken."

Eine solche Schreibschule setzt voraus, daß der Bischof gute Beziehungen zu namhaften Klosterbibliotheken besitzt, die ihre kostbaren Schätze für die Zeit des Abschreibens zur Verfügung stellen. Manche Texte hatten, bis sie nach Bayern kamen, einen weiten Weg hinter sich: von Italien über angelsächsische Klöster ins Frankenreich und von hier aus ins alamannische und bayerische Gebiet. Freising dürfte von seiner geographischen Lage her auch unmittelbaren Kontakt zu langobardischen Bildungsstätten besessen haben. Daneben gibt es auch nachbarliche Beziehungen zu Bischof Virgil von Salzburg (755–784), der Arbeo in der Vermittlung des antiken lateinischen Erbes eine Spanne voraus war. Eigenständige theologische Ansätze werden in der Auswahl der abgeschriebenen Bücher nicht sichtbar. Dafür war es in Freising noch zu früh. Arbeo mußte erst den Anschluß an die Theologie der Väterzeit herstellen. In erster Linie bemühte man sich um die Schriften Papst Gregors des Großen, jenes im frühen Mittelalter meistgelesenen Theologen, der es am Ende der christlichen Antike verstanden hatte, die geistliche Welt der Väterzeit so faßbar zu formulieren, daß sie von den germanischen Stämmen verstanden und angenommen werden konnte. An zweiter Stelle folgt der Kirchenvater Hieronymus. In beiden Fällen stehen wiederum die Kommentare und Predigten zu biblischen Büchern im Mittelpunkt des Interesses. Dies kann als Erweis für die primär pastorale Zielsetzung der Domschule unter Arbeo gelten, ganz im Dienst einer gediegenen Verkündigung der biblischen Schriften. Auffallend ist dabei höchstens, welch große Bedeutung man den Erklärungen alttestamentlicher Bücher beimaß. Daneben, wenn auch bescheidener, zeichnet sich aber doch auch das ganz persönliche Interesse Arbeos an den Heiligengeschichten ab. Er hat die „Dialoge" Gregors, die Erzählungen des Hieronymus vom Leben der frühen Mönche und die Kolumbansvita des Jonas von Bobbio zur Hand.

Auszüge aus Werken lateinischer Sprachlehrer dokumentieren das Bestreben Arbeos, seinen Leuten an der Schule ein besseres Verständnis jener Sprache zu vermitteln, in deren Gewand christlicher Glaube und christliche Liturgie nach Bayern gekommen waren. Noch bis vor kurzem war man sehr stolz darauf, daß in Freising mit dem berühmten *„Abrogans"* auch das „erste deutsche Buch" entstanden ist. Man hielt Bischof Arbeo selbst oder doch einen Mann seiner engsten Umgebung für den Autor. Der Abrogans, benannt nach seinem ersten Wort, ist ein spätlateinisches Wörterbuch, das unter alphabetisch geordneten Stichworten gleichbedeutende, seltene Ausdrücke zusammenstellt und auch deren althochdeutsche Wortbedeutung beifügt. Der Abrogans ist also nicht so sehr ein Lexikon, sondern eher ein Handbuch der Stilkunde mit deutschen Übersetzungen. Mittlerweile sind aber an der Urheberschaft des Arbeo-Kreises erhebliche Bedenken angemeldet worden, obwohl das letzte Wort über die Autorschaft noch nicht gesprochen ist[45].

Die Viten

Arbeo hat nicht nur Bücher abschreiben lassen, er ist selbst zum Schriftsteller geworden. In den Viten des heiligen Korbinian von Freising und des heiligen Emmeram von Regensburg hat er die ältesten literarischen Denkmäler auf bayerischem Boden geschaffen. Sie sind zugleich wichtige Quellen der bayerischen Frühgeschichte, auch wenn sie auf weite Strecken hin vom Topos alter Heiligenlegenden bestimmt sind.

Für die Erzählungen um Bischof Emmeram standen Arbeo nur sehr dürftige Überlieferungen zur Verfügung. Er erweitert sie mit mancherlei Wandertopoi und fügt das ganze zu einer erbaulichen und unterhaltsamen Geschichte[46].

„Der heilige Diener Gottes sagte, er sei aus dem gallischen Reich ausgezogen, um die Völker der Hunnen, die den gekreuzigten Herrn nicht kennen, zu bekehren. Er überzeugte sich jedoch, daß es ihm nicht vergönnt sein würde, die vorgesehene Reise auszuführen. Er sah, wie herrlich dieses Land war, anmutig, reich an Wäldern und fruchtbar an Wein. Eisen besaß es in Fülle und Gold, Silber und Purpur im Überfluß. Seine Männer waren hochgewachsen und kraftvoll, fest verwurzelt in Nächstenliebe und Sitte. Die Erde war fruchtbar und die Saaten waren üppig. Das Land schien von Herden und Zugvieh aller Art fast ganz bedeckt zu sein. In Fülle gab es Bienen und Honig und zahlreiche Fische in den Flüssen und Seen. Reich bewässert war das Land durch Quellen und Flüsse und besaß großen Reichtum an Holz. Seine Hauptstadt Regensburg war uneinnehmbar, aus Quadern erbaut, von gewaltigen Türmen überragt, reich an Brunnen. Im Norden strömte die Donau auf ihrem Lauf nach Osten an der Stadt vorüber. Selbst das Bergland war fruchtbar. Es besaß Weiden und eine Fülle von Kräutern. Die Wälder wimmelten von wilden Tieren, von Hirschen, Elchen, Auerochsen, Rehen, Steinböcken und Wild aller Art.

Doch die erst vor kurzem bekehrten Einwohner hatten zu dieser Zeit den Götzendienst noch nicht völlig aufgegeben; denn die Väter tranken mit ihren Kindern noch aus dem gleichen Kelch die Minne Christi und ihrer heidnischen Götter. Deshalb beschloß der heilige Bischof auf göttliche Eingebung, den vorgefundenen Götzendienst von Grund auf auszurotten, die Glaubenssaat reifen zu lassen, die Ernte in die Scheunen zu bergen und am Ende seinen ruhmreichen Tod zu finden. Das Land, in dem er verweilte, sollte ihm zum Platz seines heiligen Kampfes werden. Unter solchen Erwägungen zog er drei Jahre lang durch die Städte und Flecken, Dörfer und Häuser der Gläubigen im Gebiet des Herzogs, um den einen den rechten Glauben ins Herz zu pflanzen, bei anderen durch sein unermüdliches Wort alle Sündhaftigkeit zu tilgen. Gegen die Sanften war er demütig, gegen die Mächtigen zeigte er aufrecht die Tapferkeit des Löwen. Alles, was er aus den Händen der Gläubigen empfing, verwendete er dankbar zur Unterstützung der Armen. Er selbst besaß nur ein einziges Gewand.“[47]

Das wirkt alles recht schematisch, wenn es auch wunderbar erzählt ist. Die Schönheit des bayerischen Landes sieht der heilige Emmeram ganz offensichtlich durch die Augen Arbeos. Etwas greifbarer wird dann die Schilderung von Emmerams Tod, wo Arbeo auf örtliche Überlieferungen innerhalb seines

Bistums zurückgreifen kann. Kleinhelfendorf ist die Stätte jenes „heiligen Kampfes". Hier hat Lantperht, der Sohn des Herzogs, mit seinen Leuten den Gottesmann auf grausame Weise verstümmelt. Noch lebend wird Emmeram auf einen Wagen gelegt und nach Aschheim gebracht. Unterwegs stirbt er in Grub an seinen Verletzungen. Vorübergehend in Aschheim beigesetzt holt man in feierlichem Zug den Toten isarabwärts und donauaufwärts nach Regensburg zurück. Zahlreiche Wunder am Grab bezeugen alsbald die Heiligkeit Emmerams.

Als Arbeo gegen 769 die Feder ergriff, um die Gestalt des Freisinger Glaubensvaters Korbinian zu zeichnen, kam ihm die örtliche Überlieferung wesentlich besser entgegen. Hier konnte er sich auf Erzählungen von Leuten stützen, die den Heiligen noch persönlich gekannt hatten, auf Bischof Ermbert etwa oder auf die Mitglieder des ersten Korbinianksklosters. Trotzdem ist auch die Korbiniansvita auf weite Strecken hin noch beherrscht von Wunderlegenden und bewährten Wandermotiven älterer Heiligengeschichten. Aber durch all das hindurch bricht doch auch immer wieder die ganz persönliche Individualität Korbinians. Sein herrenhaftes Auftreten, seine gelegentlichen Zornausbrüche, seine Freude an Pferden und schönen Gewändern sind nicht mehr mit den gängigen Motiven der alten Heiligenlegende zu erklären. Dahinter steht ein neues hagiographisches Leitbild der Merowingerzeit, das den Heiligen mit beiden Füßen in der Welt, auch in der politischen Welt, stehen läßt. Arbeo sah keine Veranlassung mehr, die sehr menschlichen Züge Korbinians abzuschleifen, wie es etwa Papst Gregor noch getan hätte[48].

Translation Korbinians

Die Korbiniansvita schließt mit dem Bericht von der Rückkehr des Heiligengrabes von Meran nach Freising[49]. Dieses Ereignis um 768 war sicher mit ein Anlaß für die Abfassung des Werkes, wenn auch in der Einleitung die Anregung Virgils von Salzburg stark hervorgehoben wird. Korbinian hatte zwar selbst gewünscht, an der Seite des heiligen Valentin in Mais bestattet zu werden, aber für die Kirche von Freising bedeutete dies einen schweren Verlust. Das Grab des Gründerbischofs in den eigenen Mauern zu besitzen, bedeutet für diese Zeit viel. Der Heilige ist in seinen Reliquien über den Tod hinaus eine Rechtsperson, auf die Eide geleistet und Schenkungen übertragen werden. Das Grab des Heiligen zu wahren bedeutet zugleich die besondere Garantie seiner machtvollen Fürsprache. Nicht zuletzt deshalb haben sich die Klöster ihre Martyrerreliquien aus Rom geholt. Arbeo wäre es ein Leichtes gewesen, auch für die Domkirche solche Reliquien zu beschaffen. Aber er dachte offensichtlich von Anfang an

66

daran, in Korbinian den Heiligen für seine Domkirche wiederzugewinnen. Nur darf nicht ungestraft der letzte Wille eines Heiligen mißachtet werden. Aus dieser Schwierigkeit half aber nun die Tatsache heraus, daß die Langobarden den Leib des Heiligen Valentin nach Trient geholt und später Herzog Tassilo für die Bischofskirche in Passau überlassen hatten. Damit fiel die Voraussetzung für Korbinians letzten Wunsch weg und in Freising konnte man nun daran denken, auch Korbinian von der Zenoburg zu holen, da sein Grabgefährte ohnedies nicht mehr da war.

Bischof Arbeo legte seine Absicht einer Diözesansynode vor, ordnete ein dreitägiges Fasten an und prompt meldeten auch sieben Kleriker, sie hätten in Visionen die Einwilligung Korbinians erfahren. Arbeo holte sich noch die Erlaubnis des Herzogs und schickte dann eine Abordnung aus, den großen Heiligen Freisings zurückzubringen. Der Bischof selbst zog mit seinem Gefolge an den Inn, um hier das Eintreffen der Reliquien zu erwarten. „Unter Litaneigesang wurde der Leichnam in Empfang genommen." Sofort erweist sich die Macht des Heiligen in einer Krankenheilung und in einer Dämonenaustreibung. Dann bricht die Vita plötzlich ab. Der letzte Teil der Urfassung ist verloren. Wenn wir der späteren Überarbeitung trauen dürfen, hat auch Herzog Tassilo den Zug bis Freising mitbegleitet. Dort legte man den Leib des heiligen Korbinian in einen Steinsarkophag, der heute noch in der Krypta des Domes zu sehen ist. Das Grab fand seinen Platz hinter dem Marienaltar, wahrscheinlich so, daß eine Schmalseite auf der Altarplatte auflag, die andere von Stützen getragen wurde. Damit auch das Volk den Grabort des Heiligen erkennen konnte, war er von einer „Arca", einem Aufbau bekrönt, wie ihn Arbeo für Regensburg beschreibt:

„Sie erhoben den Leichnam, priesen Gott mit Lobgesang und setzten ihn in der neuerbauten Grabstätte bei. Dann versammelten sich auf Befehl des Herzogs zahlreiche Künstler, und sie schmiedeten für das Grab des heiligen Martyrers aus Gold und Silber einen Aufbau, an dem der Schmuck von Edelsteinen und Perlen funkelt und vielfältiges Bildwerk erglänzt, wie es der heutige Tag noch aufweist."

Das Datum der Translation ist nicht bekannt. Am 24. Februar 769 wird erstmals das Grab Korbinians im Dom genannt[50]. Da man mit einer Überführung im Winter nicht rechnen kann, dürfte sie im Jahr 768 erfolgt sein. Auch der 20. November als „festum translationis" hat mit dieser Übertragung nichts zu tun. Er bezieht sich auf eine spätere Verlegung des Korbiniansgrabes innerhalb des Domes. Das Fest des Diözesanpatrons feierte man in Freising am 8. September, später wurde es auf den 9. September verschoben. Aber auch dieses Datum hat nichts mit dem Todestag des Heiligen zu tun. Er ist in Vergessenheit geraten. Das Fest Mariä Geburt am 8. September ist der Tag der Domkirchweihe. Mit ihr wurde der Gedenktag des heiligen Korbinian verbunden und später als Todestag mißverstanden.

Spannungen mit Tassilo

Bischof Arbeo ist nicht nur der große Seelsorger, Gelehrte und erste Hagiograph des Landes, er spielt auch eine wichtige politische Rolle in der letzten Phase bayerischer Agilolfingerherrschaft[51]. Seine Herkunft aus dem Kreis jener westbayerischen Klostergründersippen mit stark fränkischer Tendenz hat ihn auf dem Bischofsstuhl geradezu zum Repräsentanten dieser Partei werden lassen. Nicht ganz zufällig gibt es in seiner Verwandschaft einen jungen Karolus, ein Name, der vor dem Sturz Tassilos in Bayern sonst überhaupt nicht auftaucht. Für das äußerst gespannte Verhältnis zwischen Tassilo und Karl dem Großen verrät ein solcher Name die Partei der arbeonischen Sippe.

Auch die Freundschaft mit Virgil von Salzburg weist in dieselbe Richtung. Dieser Ire kam aus der Umgebung Pippins nach Bayern zu einem Zeitpunkt, da der besiegte Herzog Odilo den Salzburger Bischofsstuhl nicht nach eigenem Geschmack besetzen konnte.

Schon als Notar in der Kanzlei Bischof Josephs setzte Arbeo in der Datierungsformel, was vor ihm keiner gewagt hatte, völlig unbekümmert und sicher nicht ohne Absicht die Regierungsjahre Pippins vor die seines Herzogs Tassilo[52]. In den Viten Korbinians und Emmerams zeichnet Arbeo ganz betont den Weg dieser „Missionare" von Westen nach Osten. Die entscheidenden Gottesmänner kommen vom Frankenreich und im agilolfingischen Bayern sind es jeweils Mitglieder der herzoglichen Familie, die zu ihren Widersachern werden. Im Falle Emmerams verursacht die Rache des Herzogssohnes Lantperht den grausamen Tod des Heiligen und auch Korbinian muß für eine Zeit das Land verlassen, weil ihm die Gemahlin Grimoalds nach dem Leben trachtet. Jede dieser beiden Heiligenviten kompromittiert die agilolfingische Herzogsfamilie und stellt damit die christliche Sanktionierung ihrer Herrschaft in Frage.

Der Gegenschlag Tassilos ist dafür auch nicht ausgeblieben. Ein königliches Gericht zu Aibling stellt nachträglich am 13. Januar 804 fest, Herzog Tassilo und seine Gemahlin Liutbirg hätten dem bischöflichen Stuhl von Freising viele Kirchen entzogen „aus Neid gegen Bischof Arbeo, von dem sie sagten, er sei König Karl und den Franken treuer gewesen, als ihnen"[53]. Nur aus dieser offenen Fehde ist es auch zu erklären, daß Arbeo 777 als einziger bayerischer Bischof nicht beim Gründungsfest des tassilonischen Hauptklosters Kremsmünster zugegen war, obwohl er zu diesem Zeitpunkt oberster Herr von Innichen war, dem eine ganz ähnliche Missionsaufgabe wie Kremsmünster zugeordnet war.

Atto hatte die tassilonische Stiftung im Pustertal sofort nach der Gründung dem Freisinger Bischof als Eigenkloster übergeben, aber der Herzog hat sie ihm wieder entzogen und dem Salzburger Bischof anvertraut.

Weiter fällt auf, daß Abt Atto von Schlehdorf schon ein Jahr vor Arbeos Tod geschäftsführend für Freising auftritt[54]. Ob man daraus auf eine förmliche Absetzung Arbeos durch Tassilo schließen darf, ist freilich ungewiß. Diese Tatsache kann auch in einer schweren Krankheit des regierenden Freisinger Bischofs begründet sein. Jedenfalls aber war man sich schon zu Lebzeiten Arbeos klar, wer sein Nachfolger werden sollte. Bischof Arbeo ist am 4. Mai 783 gestorben[55].

III. Kapitel

IM ALLTAG DER FRÜHEN BISCHÖFE

Geistliche, wirtschaftliche und politische Aufgaben

4. Bischof Atto (783–811)

Nocheinmal holte sich das Bistum einen Abt vom Huosikloster Scharnitz-Schlehdorf als Bischof nach Freising[1]. Nun wäre allerdings das Versprechen von 772 einzulösen gewesen, nachdem der Gründer Reginperht jetzt endlich Abt am Kochelsee hätte werden sollen. Aber Atto gab sein Kloster nicht aus der Hand und ließ es nun förmlich zum bischöflichen Eigenkloster werden. Daraufhin kam es zum Bruch zwischen der Scharnitzer Gründersippe und dem bischöflichen Stuhl. Lantfrid, der Sohn des Mitbegründers Irminfrid, und Reginperht zogen ihre Schenkungen an Scharnitz wieder zurück und konnten sich damit fast 10 Jahre behaupten. Erst bei einer großen Gerichtsverhandlung zu Freising vor kaiserlichen Richtern unterlagen sie 802 im Prozeß und mußten die betreffenden Güter wieder zurückerstatten[2]. Überhaupt ist die Regierungszeit Attos gekennzeichnet durch eine stattliche Reihe von mindestens 15 Prozessen zwischen Adel und Kirche, in denen es immer um bereits früher geschenkte Besitzungen ging[3]. Die adeligen Kreise hatten sich ganz offensichtlich über ihre Schenkungen größeren Einfluß auf Klöster und Kirchen erhofft und reagierten nun teilweise enttäuscht mit Zurücknahme ihrer Güter, weil die Bischöfe gleichermaßen gegen ihren Einfluß in den Klöstern, wie gegen das Eigenkirchenwesen Front bezogen. Soweit aus den Urkunden ersichtlich, hat der Bischof in allen Verfahren Recht behalten.

Politischer Wandel

In die Zeit Bischof Attos fällt das Ende der Agilolfingerherrschaft in Bayern. Nachdem Tassilo 787 einer Einladung Karls des Großen zum Hoftag in Worms nicht Folge geleistet hatte, rückte der König mit drei Heeren gegen Bayern vor und umstellte das Land am Lech, an der Donau und an der südlichen Grenze bei Bozen. Dieser Aufmarsch allein genügte. Ein Kampf war nicht mehr nötig, weil die bayerischen Fürsten gar nicht erst bereit waren, für ihren Herzog in die

Schlacht zu ziehen. Tassilo war isoliert, mußte König Karl den Vasalleneid leisten und seinen Sohn Theodo als Geisel ins Frankenreich ziehen lassen.

Ein Jahr später verurteilte man ihn 788 zu Ingelheim nach fadenscheiniger Anklage zum Tode, um ihn dann mit seiner ganzen Familie zu lebenslänglicher Klosterhaft zu begnadigen[4]. Auch bayerische Delegierte haben zu Ingelheim auf den Tod ihres Herzogs plädiert. Die Bischöfe Bayerns konnten sich aus dem Spiele halten. Nach der politischen Rolle Arbeos und der adeligen Herkunft Attos aus Huosikreisen dürfte an der Parteinahme des Freisinger Bischofs jedoch kaum ein Zweifel bestehen. Bayern hat damit seine faktisch ausgeübte, wenn auch immer umstrittene politische Selbständigkeit verloren, territorial blieb es aber unangetastet. Ebenso galt im wesentlichen das alte bayerische Gesetzbuch weiter. Statt eines Herzogs walteten nun Präfekten im Auftrag des fränkischen Königs. Der erste unter ihnen, Graf Gerold, war mit Karl dem Großen verschwägert und über das alamannische Herzogshaus mit den Agilolfingern wenigstens noch versippt. Im Gegensatz zu früher besaß die Familie des Präfekten allerdings keinen Anspruch auf erbliche Folge des politischen Leitungsamtes.

Die Kirche Bayerns hat den Machtwechsel im Land ohne jegliche Erschütterung überstanden. Sie mußte sich zwar durch Übernahme karolingischer Gesetze dem Gesamt der reichsfränkischen Kirche anpassen, erhielt aber andererseits die alte Eigenständigkeit im alsbald geschaffenen Metropolitanverband, der sich genau mit dem ehemals agilolfingischen Territorium deckte, neu zugestanden. Der König respektierte wenigstens grundsätzlich das Recht der freien Bischofswahl, zog aber die Bischöfe doch offensichtlich in größerem Umfang, als es bisher geschehen war, zu politischen Diensten im Reich heran.

So steht Bischof Atto etwa im Heeresaufgebot, das König Karl 791 gegen die Awaren entlang der Donau vorrücken ließ. Der Freisinger Bischof begegnet September dieses Jahres im Zeltlager, das vor Lorch aufgeschlagen war[5]. Er, wie auch seine Amtsbrüder von Salzburg und Regensburg, gehörten bei diesem Feldzug zum bayerischen Kontingent, das auf der Donau für den nötigen Nachschub an Waffen und Lebensmitteln zu sorgen hatte.

Einige Jahre später traf Bischof Atto, der gelegentlich auch als außerordentlicher königlicher Sendbote tätig war[6], eine ehrenvolle Mission im Zusammenhang mit der Rehabilitierung Papst Leos III. Nach gewalttätigen Ausschreitungen in Rom am Markustag des Jahres 799 war es dem Papst gerade noch rechtzeitig gelungen, über Spoleto an das königliche Hoflager Karls in Paderborn zu fliehen. Nur hier konnte er wirksame Hilfe erhoffen. Der König empfing den hohen Gast mit großem Zeremoniell, hatte aber im Augenblick nicht die Absicht, persönlich nach Italien zu gehen. Dafür bestimmte er ein stattliches Gefolge, das den Papst in allen Ehren nach Rom zurückführen und dort für Ordnung sorgen sollte. Zu diesem Geleit gehörten die Erzbischöfe von Köln und Salzburg, fünf weitere Bischöfe, unter ihnen Atto von Freising, und drei Grafen. Vermutlich hat Erzbischof Arn von Salzburg die Verbindung zu Atto hergestellt, mit dem er als Diakon gemeinsame Jahre im Freisinger Domkloster verbracht hatte. Damit gehörte Bischof Atto auch zu jener Kommission, die in Rom die Vorwürfe gegen den Papst zu untersuchen und ein etwaiges späteres Königsgericht vorzubereiten hatte. Karl der Große ließ ein volles Jahr auf sich warten, ehe er selbst in Rom erschien, die peinliche Affäre zum Abschluß brachte und aus der Hand des Papstes am Weihnachtsfest des Jahres 800 die Kaiserkrone empfing. Die königliche Delegation des Jahres 799, in der sich Bischof Atto befand, war in der Zwischenzeit heimgekehrt. Erzbischof Arn hat im Lauf des Jahres 800 mehrere Synoden abgehalten, um dann mit König Karl im November erneut nach Rom zu gehen. Ob auch Bischof Atto Zeuge der Kaiserkrönung gewesen ist, steht nicht mit Sicherheit fest.

Der Metropolitanverband

Seit dem Jahr 798 gehört das Bistum Freising zusammen mit Regensburg, Passau, Säben und Neuburg (im Staffelsee?) zum neugeschaffenen Metropolitanverband Salzburg. Eigentlich ist es erstaunlich, wie spät Bayern einen Erzbischof erhalten hat. Dabei hat man die Bistümer auch nicht vorübergehend einem anderen Metropoliten unterstellt. Nur das alte Fluchtbistum Säben mit seinem Sitz hoch über dem Eisacktal hat früher zum Kirchenverband von Aquileja gehört, bis Bischof Alim diese Bindung löste und von da ab die bayerischen Synoden besuchte. Schon der gescheiterte Organisationsplan von 716 sah eine Metropolitanverfassung für Bayern vor. Bonifatius hat bei seiner Regelung von 739 diesen alten Plan im wesentlichen aufgegriffen, aber keinen Erzbischof bestellt. In der Zwischenzeit waren aber trotzdem die Bischöfe bei den Synoden kollegial zusammengetreten. Ein verbindendes Zeichen der Einheit und Zusammengehörigkeit war in der Gestalt des bayerischen Herzogs gegeben. Mit dem Ende der Agilolfingerdynastie ergab sich deshalb dringend die Frage nach einem anderen Einheitsfaktor für die bayerische Kirche und das konnte nur ein Erzbischof sein.

Nach altem kirchlichem Recht und Brauch hätte die größte und angesehenste Bischofsstadt Sitz des Metropoliten werden müssen. Das wäre in Bayern zweifellos Regensburg gewesen. Wenn trotzdem Salzburg zu dieser Würde kam, so ist das nur aus den persönlichen Beziehungen des dortigen Bischofs Arn zu Karl dem Großen zu erklären. Im Jahr 798 hat König Karl eine große Legation nach Rom entsandt, die neben anderen Fragen auch die Einführung der

Metropolitanverfassung in Bayern aushandeln sollte[7]. Den vorgesehenen Kandidaten schickte er gleich mit. Im April 798 übergab Leo III. Bischof Arn von Salzburg das Pallium. Noch im selben Monat teilte der Papst den bayerischen Bischöfen seine Entscheidung mit und ermahnte sie zu Ehrfurcht und Gehorsam gegenüber ihrem neuen Metropoliten[8]. Gleichzeitig schrieb er an den König, er habe den ihm vom königlichen Sendboten Fardulf überbrachten Auftrag ausgeführt. Kein Zweifel also, daß Karl der Große über den ihm eng vertrauten Arn den Metropolitansitz in Bayern bestimmt hat. Der neue Erzbischof stammte aus einem Geschlecht im Erding-Isener Raum, war in der Freisinger Domschule herangewachsen und gehörte zum engsten Freundeskreis Karls in der Aachener Akademie. Auch mit dem berühmten Hoftheologen Alkuin verband ihn enge Freundschaft.

In einem Pastoralschreiben wandte sich Arn sofort an seine Suffragane[9]. Er erinnerte sie eindringlich an ihre Aufsichtspflicht über Diakone und Priester und fordert ein gewisses Mindestmaß an Bildung bei den Klerikern. Dafür hält er eine gediegene Domschule und einen weisen Lehrer, „der nach der römischen Tradition unterrichten kann", für unerläßlich. Solche Schulen dürften zwar für alle bayerischen Bischofssitze längst selbstverständlich gewesen sein, aber Arn versucht hier, wie auch an vielen anderen Stellen, fränkische Vorschriften formell in die kirchliche Gesetzgebung Bayerns einzubringen. Insgesamt fünfmal spricht er von der „traditio romana", die ihm als Ausdruck der karolingischen Einheitstendenz wichtig erscheint. Damit steht Arn ganz auf der Linie des Königs und seines Freundes Alkuin. Weiterhin mahnt er, die Bischöfe sollten zweimal im Jahr eine Diözesansynode abhalten und selbst zur jährlichen Metropolitansynode erscheinen. Bemerkenswert ist die Forderung, die Bischöfe sollten ihren Priestern genau aufschreiben, über welche Orte ihre Leitungsbefugnis reicht. Dies spricht für eine im wesentlichen abgeschlossene Aufteilung des Bistums in einzelne Seelsorgsbezirke. Unter Atto sind bereits 164 Kirchen im Bistum urkundlich bezeugt. Die Traditionsurkunden seines Nachfolgers nennen 50 weitere. Dabei finden all jene Kirchen keine Erwähnung, die nicht durch Schenkung oder Tausch in irgendeine Beziehung zum bischöflichen Stuhl kamen[10].

Bayerische Synoden

Als Erzbischof Arn und Bischof Atto von ihrem päpstlichen Geleitzug aus Rom zurückgekehrt waren, fanden im Lauf des Jahres 800 noch drei bayerische Synoden in Reisbach, Freising und Salzburg statt[11]. Inhaltlich lassen die überlieferten Texte keine allzu großen Rückschlüsse auf das sittliche und religiöse Leben in Bayern um 800 zu, weil diese Synoden größtenteils wieder fränkische Verordnungen in das bayerische Kirchenrecht einbezogen. Insbesondere ging es diesmal um ein Aachener Kapitulare Karls des Großen und um die Beschlüsse der Frankfurter Synode von 794, die der König über Bischof Sintpert von Neuburg den bayerischen Bischöfen zu wissen machte. Dazu übernahm die Reisbacher Synode eine Reihe von Mahnungen, die Papst Leo III. in einem Brief vom 11. April 800 an die Bischöfe Bayerns richtete[12].

Pastorale Texte aus Freising

Karl der Große hat im Rahmen der christlichen Unterweisung auf eine dem Volk verständliche Sprache bei den wichtigsten kirchlichen Formeln und Gebeten gedrungen. In der Hauptsache ging es dabei um Glaubensbekenntnis, Vater unser und Beichtformeln. Diesem Bemühen verdankt auch eine kleine Predigt zur Tauffeier in althochdeutscher Sprache ihre Entstehung, die um 805 in Freising niedergeschrieben wurde. Die „Exhortatio ad plebem christianam" (Mahnung an das christliche Volk) ermahnt die Gemeinde und besonders die Taufpaten, das Glaubensbekenntnis und Herrengebet zu lernen und die Kinder darin zu unterrichten. Damit erfahren wir von den pastoralen Bemühungen dieser Zeit, die im Glaubenswissen nur verhältnismäßig knappe Formeln verlangen, diese aber mit großem Nachdruck fordern und die Laien hauptverantwortlich machen für die religiöse Unterweisung der Kinder:

„Hört, liebe Söhne, die Glaubensregel (= Glaubensbekenntnis), die ihr im Herzen behalten müßt, da ihr den christlichen Namen empfangen habt. Sie ist das Kennzeichen eueres christlichen Glaubens, vom Herrn eingegeben und von den Aposteln aufgestellt. Der Worte sind es nur wenige, aber sie umfassen große Geheimnisse. Der Heilige Geist hat nämlich den heiligen Aposteln als Lehrer der Kirche diese Worte in solcher Kürze diktiert, damit alle Christen verstehen und im Gedächtnis behalten können, was sie glauben und jederzeit bekennen müssen. Denn wie wollte sich einer einen Christen nennen, der die wenigen Worte des Glaubensbekenntnisses, durch die er gerettet werden soll, und das Herrengebet, das der Herr selbst geboten hat, nicht lernen und im Gedächtnis behalten wollte? Oder wie möchte jemand für einen anderen den Glauben verbürgen und versprechen, der diesen Glauben gar nicht kennt? Darum müßt ihr Kenntnis haben, meine Kinder. Denn solange einer von euch seinem Kind, das er aus der Taufe gehoben hat, dieses Glaubensbekenntnis nicht verständlich gelehrt hat, bleibt er an seinem Glaubensversprechen schuldig. Und wer es versäumt hat, sein Kind zu unterrichten, muß am Tag des Gerichtes Rechenschaft darüber ablegen.
Nun also soll jeder, der ein Christ sein will, das Glaubensbekenntnis und das Gebet des Herrn möglichst rasch lernen, und jene, die er aus der Taufe hebt, darin unterrichten, damit er nicht vor dem Gericht Christi dafür zu Rechenschaft gezogen werden muß; denn das ist Gottes Gebot, das ist unser Heil und das ist unseres Herren Auftrag; sonst können wir für unsere Sünden nicht Vergebung erlangen."[13]

75

ther the gotkaupano himo niuuerch
pidurscaler ir uurkkon chind iliminiu
uuentic eo unki dakkthakk iuuereozaliher
ther selpun gotkaupas sin cen fillol kalern
kkafckkemenne.
ther er ur deru tccuffiint faher.
thakker sculdig ist uuidergot. thefga
heikker. iader dé sinen fillol leran farsumti.
kk afuonutag in tedicc urzepan scal
nu allero mennogcclih ther christani
sin uuelle the gotkaupa ia auh thakk
fronogccp&, alleru kkilungu illegalisme.
ia auh thegaleren the er ur tccuffiint fahe
thakker kkafuonutage niuuerde ganotit.
tedicc urzepen,
uuentic ikkist teoterkapot iadakkist unser
iaunscter herrin gapot,
noh uuircenderuuis nimecgun unsero
sunttono antlakk teauuin neen;

Aus der „Ermahnung an das christliche Volk" (Clm 6244).

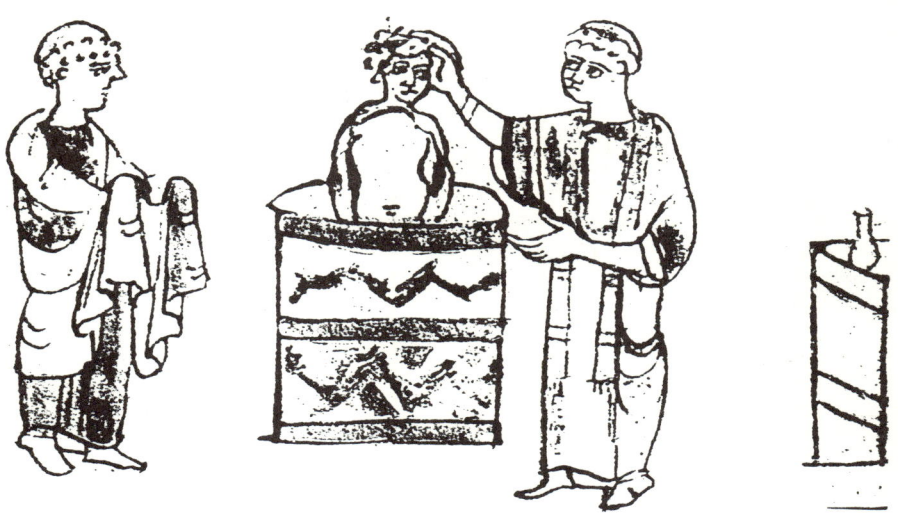

Spendung der Taufe. Aus der Handschrift mit dem Wessobrunner Gebet (Clm 22053). Um 800.

Die heiligen Texte sollen nicht nur gelernt, sondern auch verstanden werden. So hat man zu Beginn des 9. Jahrhunderts in Freising auch eine Auslegung des Vaterunsers in althochdeutscher Sprache niedergeschrieben:

Pater noster qui es in celis. Vater unser, du bist in den Himmeln. Es ist sehr wunderbar, daß der Mensch sagen kann, der allmächtige Herr sei sein Vater. Darum ist es nötig, daß jeder Mensch sich würdig erweist, Gottes Sohn zu sein.
Sanctificetur nomen tuum. Geheiligt werde dein Name. Wir brauchen nicht darum zu bitten, daß sein Name geheiligt werde, der zu allen Zeiten heilig war und immer sein wird. Vielmehr bitten wir darum, daß sein Name in uns geheiligt werde und daß wir die Heiligung, die wir in der Taufe von ihm empfangen haben, zum Jüngsten Gericht in ursprünglicher Vollkommenheit vor ihn bringen können.
Adveniat regnum tuum. Dein Reich komme. Sein Reich war schon immer und wird immer sein. Wir aber bitten darum, daß sein Reich zu uns komme und er in uns herrsche, auf keinen Fall der Teufel, und daß sein Wille in uns die Macht habe, auf keinen Fall die Verlockung des Teufels.
Fiat voluntas tua sicut in celo et in terra. Dein Wille geschehe, wie er im Himmel geschieht, so auch auf Erden, damit wir jetzt wie die Engel im Himmel, unablässig und voll Ehrfurcht, deinen Willen erfüllen können.
Panem nostrum cotidianum da nobis hodie. Unsere tägliche Nahrung gib uns zu jeder Zeit. In diesen Worten sind alle unsere leiblichen Bedürfnisse zusammengefaßt. Nun schenk uns, ewiger Herr, dein Fleisch und dein Blut, das wir vom Altar empfangen, damit es uns zum ewigen Heil und ewigen Leben verhelfe, nicht aber zur Strafe. Und erhalte in uns vollkommen deine Gnade und deine Liebe.

Et dimitte nobis debita nostra, sicut et nos dimittimus debitoribus nostris. Und vergib uns unsere Sünden, so wie wir unsern Schuldigern vergeben. Jeder Mensch sollte angesichts dieser Worte dringend darauf bedacht sein, daß er seinem Mitmenschen und seinem Bruder dessen Vergehen in aufrichtiger Gesinnung und aus ganzem Herzen vergebe. Wenn er seinem Mitmenschen nicht vergeben will, dann möge er nicht sagen „Vergib uns, so wie wir vergeben."

Et ne nos inducas in temptationem. Und führe uns nicht in Versuchung. Laß nicht zu, Herr, daß uns der Teufel so sehr versucht, wie es sein Wille ist, sofern wir es nicht mit deiner Hilfe und deinen Gnaden bestehen können.

Sed libera nos a malo. Sondern befreie uns von allen Sünden, vergangenen, gegenwärtigen und zukünftigen. Amen[14].

Bischof Atto starb am 27. September 811[15].

5. Bischof Hitto (811–835)

Seit 814 regiert in Bayern ein König. Der Titel haftet zwar mehr an der Person als am Land, aber dem Selbstbewußtsein des Stammes wird es doch sehr entgegengekommen sein, wenn nun ein König statt eines Grafen an der Spitze stand. In Freising datiert man mit Stolz nach den Jahren der Königsherrschaft Lothars in Bayern[16]. Als dann 817 Ludwig der Deutsche seinen älteren Bruder Lothar ablöste, wurde das Land zugleich zum Zentrum eines kleinen Imperiums mit Wachfunktion über die östlichen Awaren, Böhmen, Karantanen und Slawen, die unter fränkischer Oberhoheit standen.

Reichsverpflichtungen

Dem bayerischen Heer kostete dies mancherlei Feldzüge im Dienst des Reiches. So mußten etwa zwischen 819 und 822 allein fünf Heereszüge aus fränkischen, bayerischen und italienischen Truppen gegen einen slawischen Fürsten Liudewit aufgeboten werden, der sein Gebiet zwischen Drau und Save aus der fränkischen Obödienz lösen wollte. Auch Bischof Hitto scheint an diesen Unternehmungen gegen Liudewit beteiligt gewesen zu sein. Jedenfalls ist er im Juli des Jahres 819 in Pannonien[17] und nach Weihnachten vermutlich im Gefolge rückkehrender Truppen in Aachen. Hier wurde dann im Januar 820 nach ersten Mißerfolgen ein erneutes großes Aufgebot gegen die aufständischen Fürsten beschlossen[18]. Wir wissen nicht genau, wie oft der Dienst am Reich dem Freisinger Bischof weite Reisen abverlangt hat. Einmal aber erwähnt eine Freisinger Urkunde ausdrücklich den Aufbruch des Bischofs und seines Gefolges zur kaiserlichen Pfalz in Aachen[19]. Es ist der 30. April 825. Bischof Hitto vermacht der Freisinger

Kirche an diesem Tag noch eine caritative Stiftung für die Armen und tritt dann sofort seine Reise nach Aachen an. Gut möglich, daß dieser Besuch in der Kaiserpfalz irgendwie mit dem Entschluß Ludwigs des Frommen in Verbindung steht, seinen nunmehr mündig gewordenen Sohn Ludwig (den Deutschen) zur dauernden Residenz nach Bayern zu schicken. Im Frühjahr des folgenden Jahres 826 vermerkt dann wieder eine Freisinger Urkunde die tatsächliche Ankunft des Bayernkönigs Ludwig[20]. Wie weit sich in der Folgezeit sein Herrschaftsbereich auch ausweitete, Regensburg blieb die Residenz und Bayern das Kernland seiner Regierung.

Das Lied vom Pfalzgrafen Timo

König Ludwig ist sicher öfter als einmal nach Freising gekommen. Ein Besuch um das Jahr 834 ist deswegen erwähnenswert, weil für diesen Anlaß ein Freisinger oder Weihenstephaner Kleriker ein Gedicht verfaßt hat, das „Carmen de Timone comite". Es wendet sich an den hohen Gast und schildert manch interessante Einzelheit aus dem Leben der Bischofsstadt: Da wird dem König zunächst vorgetragen, wie vorbildlich Graf Timo seinen gerichtlichen Amtspflichten nachkommt. Er handelt getreu nach dem Willen des Königs und hält eifrig Gericht auf der Höhe von Weihenstephan, wo eine neue Kirche mit kostbaren Reliquien steht. Der Königsbote Timo läßt hier Räuber aufhängen, Diebe brandmarken und anderen Verbrechern die Nase, den Fuß oder die Hand abschneiden. Der Richter leitet aber auch die Gottesurteile und den Zweikampf, wo „Pfahl gegen Pfahl, Eisen gegen Eisen, Schild gegen Schild kämpfen". Und gerade hier hält der Dichter mit seiner für diese Zeit recht ungewöhnlichen Kritik nicht zurück. Seiner Meinung nach sprechen Gründe des Glaubens und der Vernunft gegen solche Formen der Rechtsfindung: „Vergeblich forschen Feuer und Wasser nach verborgenen Verbrechen, als recht trügerisch erweist die Vernunft dieses Mittel." Ähnliche Kritik an der Praxis der Gottesurteile sind eigentlich nur von Erzbischof Agobard von Lyon her bekannt, dem Schüler und Nachfolger Leidrats, der einst als Diakon auf dem Freisinger Domberg gelebt hatte. Es ist darum gut möglich, daß sich über ihn anhaltende Verbindungen zwischen Freising und Lyon entfaltet haben.
Im weiteren Verlauf erzählt das Begrüßungsgedicht dann von der heilkräftigen Quelle am Weihenstephaner Berg, die Korbinian erweckt hatte. Bei ihr hätten viele Menschen Heilung gefunden, bis sie plötzlich versiegte, als habgierige Menschen versuchten, aus ihr Kapital zu schlagen. Nun holte man den Stab des heiligen Korbinian aus der Arca seines Grabes, Volk und Klerus von Freising zogen in Prozession auf den Stephansberg, man schlug mit dem Stab des Heiligen

auf den Boden und nach einiger Zeit floß die Quelle wieder. Aber Graf Timo ließ es zu, daß auch sein Hund von dem wundertätigen Wasser trank und sofort wird es dem Tier zum tödlichen Gift. Herzog Grimoald hatte einst gesegnetes Brot seinen Hunden vorgeworfen. Graf Timo läßt sein Tier, „das er allzusehr liebte", aus der heiligen Quelle trinken. Damit ist der Bogen zum Richter Timo hin wieder geschlossen. Das kleine Gedicht verbindet in kluger, unterhaltender Form den Preis der hohen Gäste mit unüberhörbarer Kritik, die der Kleriker aus Vernunft und Glaube ableitet[21].

Der Graf, der in diesen Versen begegnet, ist Pfalzgraf Timo. Er nimmt in der Aristokratie des Landes die zweite Stelle nach dem König ein. Dieses Amt, das in der Hauptsache richterlicher Natur war, scheint an Freising gebunden gewesen zu sein. Alle Pfalzgrafen des 9. Jahrhunderts sind ausnahmslos in Freising bezeugt[22].

Neue Kirchen in Freising

Mit der Richtstätte bei der neugebauten Kirche des heiligen Stephanus stoßen wir auf eine alte Überlieferung des Weihenstephaner Klosters, wonach Bischof Hitto im Jahr 830 hier ein Kollegiatstift errichtet habe, das dann bei der Umwandlung in ein Benediktinerkloster unter Bischof Egilbert (1020) nach St. Veit verlegt worden sei. Diese Tradition fügt sich gut in die sonstigen Nachrichten über Weihenstephan, wenn man den Begriff des Kollegiatstiftes nicht zu streng im späteren Sinn des Wortes faßt. Dann würde das bedeuten, daß unter Hitto eine Gruppe von Säkularpriestern an der Stephanskirche wirkte, die ein gemeinsames kanonisches Leben führten, wie es eigentlich für jede Seelsorgkirche vorgeschrieben war, wo mehrere Priester tätig waren. Daß die Kirche auf dem Weihenstephaner Berg von besonderem Rang war, steht außer Zweifel. Das „Carmen de Timone comite" spricht von einem eben fertiggestellten Neubau, der als besondere Auszeichnung die Martyrerreliquien der heiligen Alexander und Justinus erhält. Solch hochgeschätzte Heiligengräber sind immer ein untrügliches Kennzeichen für den Rang einer Kirche. Die Weihenstephaner Kirche ist Hüterin bedeutsamer Korbinianstraditionen, sie wird bald Schauplatz einer Diözesansynode und Seelsorgskirche für einen Teil der Freisinger Bevölkerung[23].

Auch auf dem Domberg ist unter Bischof Hitto vor 825 eine neue Kirche zu Ehren des heiligen Benedikt erbaut worden[24]. Sie wird bis in die Gegenwart herein als der „alte Dom" bezeichnet, weil sie einmal neben der Kathedrale und der Peterskirche zum Verband des Domklosters gehörte. Vermutlich steht die Errichtung der Benediktuskirche in Zusammenhang mit der endgültigen

Das Grab des hl. Korbinian in der Freisinger Domkrypta

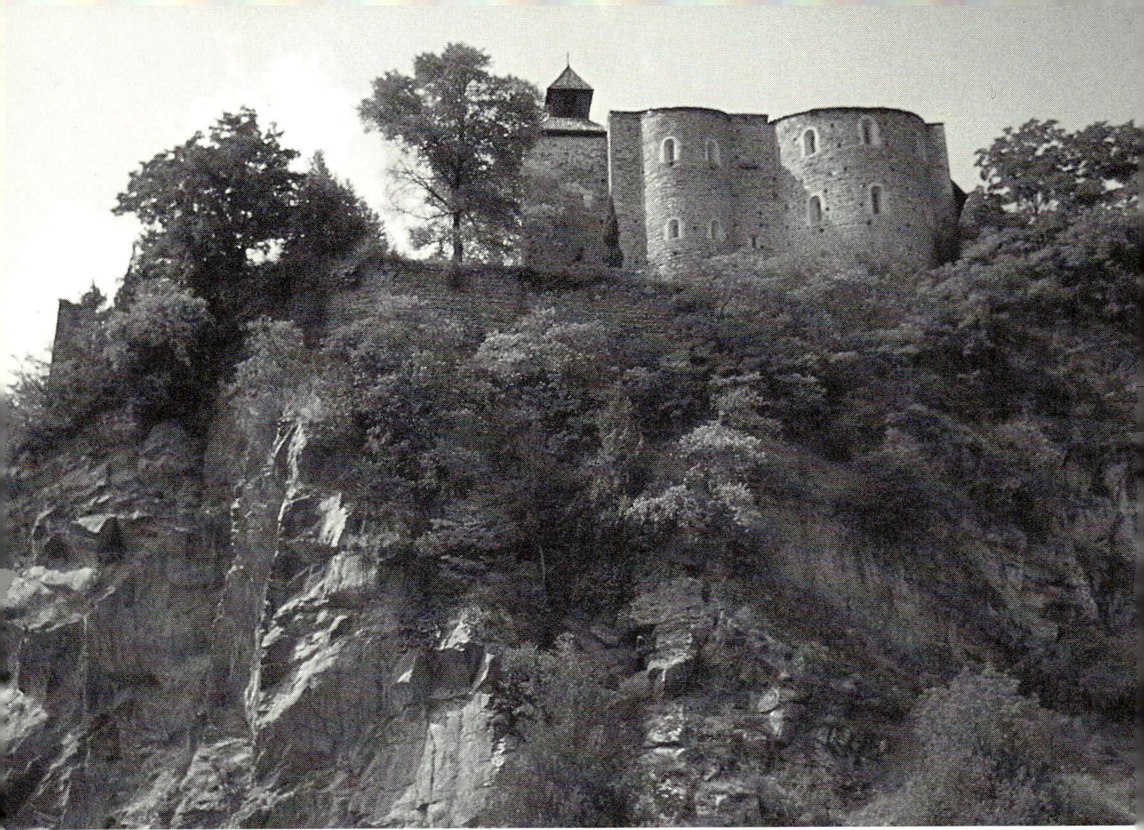

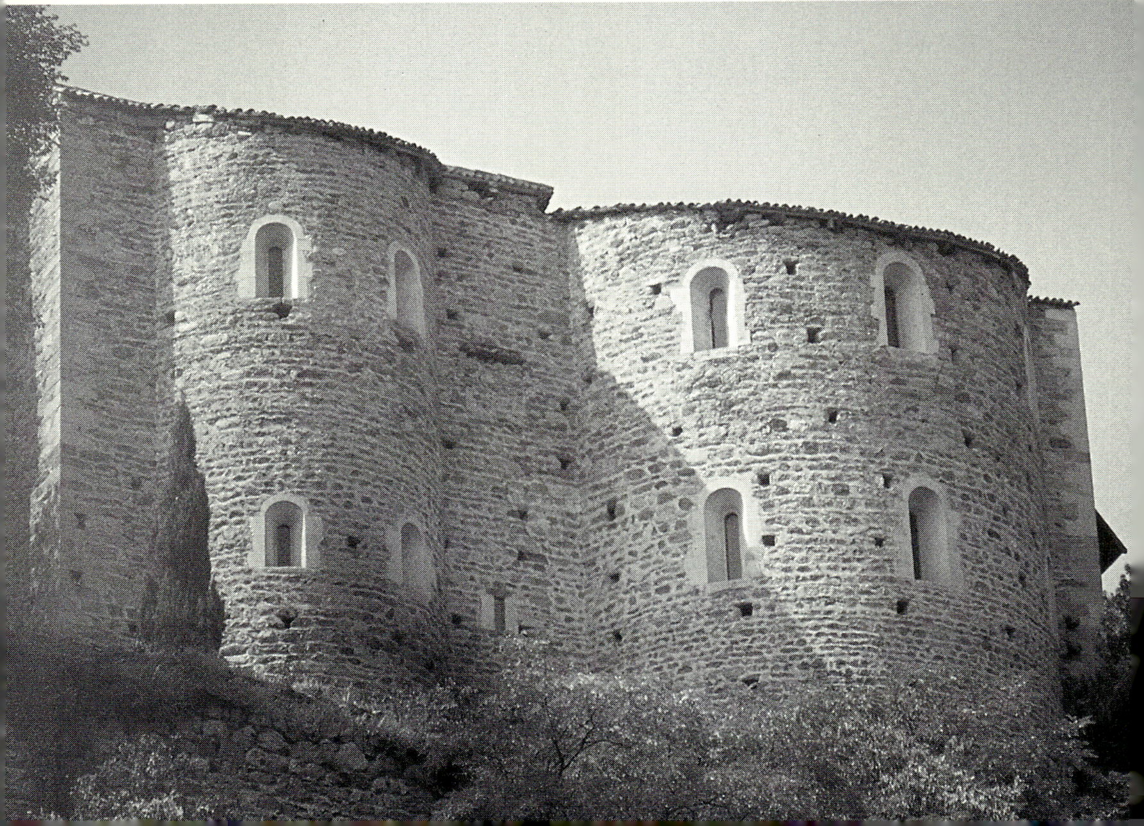

Reliquienbüste des hl. Zeno aus Isen

Die Zenoburg in Meran

Der Evangelist Markus aus einem Codex des Bischofs Anno

Die Frauen am Ostergrab aus einem Sakramentar des Bischofs Abraham

Bischof Ellenhard vor Christus, Maria und Andreas

Die Klosterkirche Eisenhofen-Petersberg bei Dachau

Altarraum der Klosterkirche Petersberg bei Dachau

Einführung der reinen Benediktinerregel für die Mönche des Domklosters, die ebenfalls erstmals 825 erwähnt wird[25].

Das Traditionsbuch des Mönches Cozroh

Bischof Hitto konnte sich großzügige Bautätigkeit, künstlerische Ausgestaltung der Domkirche, sowie namhafte Förderung von Domschule und Skriptorium leisten, da die Spendefreudigkeit des Adels gegenüber der Kirche in seiner Regierungszeit ihren absoluten Höhepunkt erreichte. Allein in seinen knapp 25 Bischofsjahren sind 258 Güterschenkungen verbürgt. Trotzdem muß Hitto auch Prozesse führen und früher erworbene Rechte der Freisinger Kirche auf Liegenschaften vor den Richtern unter Beweis stellen. Um nun die Traditions-urkunden übersichtlich und griffbereit zur Hand zu haben, auch um für die Zukunft größere Rechtssicherheit zu gewährleisten, ließ Bischof Hitto durch seinen Notar Cozroh den „Liber Traditionum" anlegen, einen Sammelband mit allen noch verfügbaren Urkunden seit dem Jahr 744, der dann fortlaufend auf den neuesten Stand der Güterverhältnisse weitergeführt wurde[26]. Cozroh schildert in der Vorrede selbst die Absicht seines Bischofs:

„Damit für immer das Andenken jener gewahrt bleibe, die diese Kirche mit ihren Gütern beschenkt haben..., um vielerlei Schwierigkeiten zu vermeiden und den Mund der Fälscher verstummen zu lassen, wollte er in einem Band geschickt all das vereinen lassen, was an einzelnen Urkunden und zuverlässigen Belegen aus früherer Zeit und aus seiner eigenen ruhmreichen Regierung vorhanden ist, damit alles übersichtlich und in schöner Ordnung vor dem Leser steht. Für diese gewiß nicht leichte Aufgabe erwählte er sich seinen unwürdigen aber getreuen Knecht Cozroh, den er selbst in den heiligen Lehren unterrichtet und zum Priester geweiht hat."[27]

So kamen in diesen Codex Schenkungs- und Tauschurkunden, Güterverzeich-nisse, Lehensverträge, Prozeßbescheide und vieles mehr, was mit dem Güterbestand der Freisinger Kirche zu tun hat. Für uns ist dieses Buch heute zugleich eine hervorragende Geschichtsquelle, auch wenn die Urkunden oft schematisch und formelhaft abgefaßt sind. Wir erfahren zahllose Namen des frühen bayerischen Adels und gelegentlich auch interessante Einblicke in das Leben von Kirche und Volk jener Zeit. Als Beispiel dafür mag jene Urkunde vom Jahr 821 gelten, die von der Schenkungserneuerung des Priesters Heriolt über Güter zu Rudelzhausen und Steinbach handelt[28]. Heriolt kam an den bischöflichen Hof nach Freising und bestätigte seine und seines Vaters Schenkung in symbolhaften Zeichen:

„So vollzog der Priester Heriolt seine Schenkungserneuerung: Er brachte seine Eltern und Verwandten mit, nahm grüne Zweige von beiden Orten, dazu auch grüne Rasenstücke zum Einpflanzen im Klostergarten. Er kam zum Herrn und Bischof Hitto am Himmelfahrtstag der heiligen Maria und trat vor allem Klerus und Volk, das zum Fest versammelt war, an den Altar der heiligen Maria und legte dort zur dauernden Erinnerung die Zweige und Rasenstücke nieder. Der Priester Oadalpald und der Mönch Otolf nahmen und pflanzten sie im Kloster der seligsten Jungfrau Maria ein."

Bischof Hitto hat ganz offensichtlich der Freisinger Kirche den größten wirtschaftlichen Zuwachs im frühen Mittelalter verschafft. Am 5. Februar 816 sprach ihm Kaiser Ludwig der Fromme in Aachen auch das Missionskloster Innichen wieder zu, das vermutlich Tassilo entzogen hatte. Der einflußreiche Erzbischof Arn von Salzburg hat dazu geraten, obwohl das Kloster sich in seiner Hand befand[29].

Die Schreibschule

Mit der wirtschaftlichen scheint aber auch eine geistige und geistliche Blüte Freisings unter Hitto verbunden gewesen zu sein. Ein dem Namen nach unbekannter Mönch, der eine Ambrosiushandschrift mit des Lukaskommentar abgeschrieben hatte, widmet am Ende seiner Arbeit dem Bischof ein selbstverfaßtes Gedicht, in dem er Hittos Lehr- und Predigttätigkeit besonders hervorhebt[30].

„Der demütige Bischof und gelehrte Priester Christi, der vortreffliche Vater Hitto hat durch große Schätze und durch Ehren seine Kirche ansehnlich gemacht: er hat die Geheimnisse der zwei Naturen Christi verkündet und alle hier gelehrt die Lehre des himmlischen Heils. Mit derlei Gaben ist dieses Haus geziert.
Vom Himmel entflammt, von der Liebe zum Herrn geleitet ließ er aus frommem Herzen dieses Buch schreiben zum Ruhm seiner Kirche und zugleich zum eigenen Heil, daß es als köstliche Zier strahle im Ruhm des Herrn. Wer darin die süßen Worte des Herrn liest, sei des Urhebers eingedenk, der es schreiben ließ. Er soll mit frohem Mund sagen:
Du, Christus, schütze den Hitto,
damit ihm nach diesem Leben zuteil werde die ewige Ruhe und die Zugehörigkeit zur Schar der Heiligen in Ewigkeit."

Die Stube im Domkloster, in der unermüdlich Bücher abgeschrieben wurden, wird zum Zentrum von Hittos geistigen Bemühungen. Etwa 40 Codices aus dieser Zeit haben sich bis heute erhalten[31]. Auch Cozroh erwähnt in seiner Vorrede zum Traditionsbuch Hittos Eifer in der Verkündigung des Glaubens. Dazu läßt er die im Gesamt der Bibel noch fehlenden Bücher herbeischaffen und die Textgestalt des Alten und Neuen Testamentes verbessern. Bedeutet dies die

Ablösung der alten Itala, die in Freising gute Textzeugen hinterlassen hat[32], durch die Vulgata? Eher ist wohl an eine systematische Ausmerzung orthographischer und grammatikalischer Fehler aus den vorhandenen Handschriften zu denken, um die sich auch Alkuin bemüht hatte. Weiterhin rühmt Cozroh Hittos Sorge um den liturgischen Gesang, um Liturgie und Chorgebet nach den ordentlichen Büchern, sowie um die künstlerische Ausgestaltung der Kathedrale[33]. Bischof Hitto ist am 11. Dezember 835 gestorben.

6. Bischof Erchanbert (836–854)

Der Regierungswechsel auf dem Freisinger Bischofsstuhl nach dem Tod Bischof Hittos stellt ein ausgeprägtes Beispiel bayerischer Sippenpolitik im frühen Mittelalter dar. Erchanbert ist der Neffe seines Vorgängers[34], von ihm soweit gefördert, daß eine Bischofswahl aus derselben Familie so gut wie gesichert erscheinen konnte. Jedenfalls ist der Einfluß des bodenständigen Adels auf die Besetzung des Freisinger Bischofsstuhles um diese Zeit noch stärker, als der des Königs. Erchanbert weiß auch, wem er seine Stellung zu verdanken hat. Er führt die einmal begonnene Familienpolitik konsequent weiter und fördert seinerseits den Neffen Reginbert ebenso, wie einen jungen Hitto, der den Namen nach seinem bischöflichen Großonkel empfangen hat[35]. Als 845 Erchanberts Cousine Heilrat nach Freising kommt, um derartige Familienfragen zu regeln, wird in der Urkunde feierlich des gemeinsamen Onkels Hitto und seiner Schwester Cotesdiu gedacht. Das Familienbewußtsein geht sogar soweit, daß Erchanbert beim Eintrag der „Freisinger Brüder" im Reichenauer Verbrüderungsbuch nur wenige hochgestellte Namen seines Domstiftes niederschreiben und dafür eine ganze Reihe von lebenden und toten Verwandten anfügen läßt[36].
Erchanbert soll vor seiner Bischofsweihe Lehrer an der Domschule und Verfasser eines wichtigen Grammatikkommentars[37] gewesen sein, der bald weite Verbreitung gefunden hat. Diese Zuschreibung ist allerdings nicht exakt gesichert[38].

Reichspflichten

Politisch sind die ersten 7 Regierungsjahre Erchanberts noch ganz gezeichnet von den Machtkämpfen innerhalb des karolingischen Königshauses. Die Brüder kämpfen gegen den Vater und untereinander, bis der Vertrag von Verdun im August 843 Ludwig dem Deutschen endgültig die Herrschaft über das Ostfrankenreich sichert. Bischof Erchanbert war Zeuge dieses wichtigen

Vertragsschlusses, zusammen mit Pfalzgraf Fritilo und einer ganzen Reihe bayerischer Grafen, die zusammengekommen waren „in Dugny, das nahe bei der Stadt Verdun liegt, wo die drei Brüder Lothar, Ludwig und Karl untereinander Eintracht schufen und die Teilung des Reiches vereinbarten"[39]. Kein Wunder also, wenn sich der Bischof bei solchen Belastungen als Zins für ein Lehen jährlich ein Pferd „für kriegerische Feldzüge oder sonstige Reisen" geben läßt[40]. Von den bayerischen Bischöfen scheint Erchanbert aber trotzdem der einzige gewesen zu sein, der seinen König nach Verdun begleitet hat. Erchanbert verbinden offenbar enge Kontakte mit König Ludwig. Seinen Neffen Reginbert bringt er ein Jahr nach Verdun als Subdiakon in der königlichen Hofkapelle von Regensburg unter[41] und er selbst erhält, nachdem Ludwig auch Alamannien fest in der Hand hat, die königliche Reichsabtei Kempten zugesprochen[42].

Einmal erfüllt Bischof Erchanbert eine Art Gutachterfunktion für seinen König. Da ist ein gewisser Felix aufgetaucht und hat König Ludwig melden lassen, er habe die Reliquien des Apostels Bartholomäus und anderer Heiligen nach Bayern gebracht. Das Angebot solch namhaften Reliquienimports war sicher nicht ohne Hoffnung auf Geschäfte gemacht. Mißtrauisch geworden berät sich der König mit Bischof Erchanbert und anderen Getreuen. Der Freisinger Bischof unterbreitet einen Vorschlag, der bereitwillig angenommen wird. Möglichst viele „Streiter Christi" sollen sich drei Tage hintereinander ein strenges Fasten auferlegen und auf ein Zeichen Gottes warten, ob die Reliquien echt sind oder nicht. Es verlautet zwar nichts mehr über den Erfolg dieser Aktion, aber das Schreiben mit der Einladung zum Fasten ist in mehr als einer Hinsicht aufschlußreich. Es dokumentiert einmal die Skepsis gegenüber Reliquien, deren Herkunft nicht genau gesichert ist. Dann umschreibt es die Fastenordnung dieser Zeit, zu der Enthaltung von Wein, Fleisch, Met, Malzbier, Milch- und Eierspeisen gehört. Schließlich werden die Fastenden aufgefordert, jeweils „zur neunten Stunde dem Kreuz nachzufolgen". Vermutlich haben wir hier ein sehr altes Zeugnis für eine Frühform des späteren Kreuzweges vor uns[43].

Mönche und Kanoniker im Domkapitel

In der unmittelbaren Umgebung des Bischofs, die man zunächst nur bedingt als Domkapitel ansprechen kann, zeichnet sich unter Erchanbert eine Entwicklung ab, die für die Folgezeit von großer Bedeutung werden sollte. Aus dem Domkloster wird langsam das Domstift. Seit Errichtung des Bistums haben die Mönche des alten Korbinianklosters, das dann später die Regel des heiligen Benedikt angenommen hat, allein die Funktionen eines Domkapitels getragen.

Nun gibt es spätestens seit 842 neben den Mönchen auch Kanoniker als eine von den Mönchen abgehobene Körperschaft[44]. Die kirchlichen Reformbemühungen Ludwigs des Frommen und des Aachener Konzils von 816 sehen eine solche Möglichkeit vor. Den Bischöfen ist es freigestellt, das alte Domkloster beizubehalten oder an seiner Stelle ein Stift von Weltklerikern einzurichten, das sich dann an die Regel Bischof Chrodegangs von Metz halten sollte. Auch die Kanoniker führen ein Gemeinschaftsleben und sind zu gemeinsamen Gottesdiensten verpflichtet. Im Unterschied zu den Mönchen ist es ihnen aber erlaubt, über persönlichen Besitz zu verfügen, der nicht zum gemeinsamen Güterkomplex des Stiftes gehört. Das Kanonikerstift hat im Propst und Dekan auch Organe eigener Verwaltungshoheit, die nicht mehr an die Person des Bischofs gebunden ist. Schon 845 begegnet urkundlich der Freisinger Propst Adalgar[45]. Noch erfüllen Mönche und Kanoniker nebeneinander und miteinander die Funktion des Domkapitels, aber in den folgenden drei Jahrzehnten haben die Kanoniker die Mönche völlig aus dieser Aufgabe verdrängt[46].

Schenkungen

Cozroh hat das unter Hitto angelegte Freisinger Traditionsbuch auch unter Bischof Erchanbert gewissenhaft weitergeführt. In dessen Pontifikat fällt nun die letzte wirklich große Welle von Schenkungen des Adels an die Freisinger Kirche, wenn sie auch den Umfang der Hittozeit nicht mehr ganz erreicht. Es ist ein ebenso selbstbewußter wie spendefreudiger Adel, der zum eigenen Seelenheil und zum Nutzen der Kirche wertvollen Güterbesitz schenkt. Als ein Beispiel unter vielen mag die Tradition des Edlen Ratolt gelten[47]. Er ist ein Vorfahre der späteren Ebersberger Grafen und hat einen zum Bischof geweihten Sohn Chunihoh, der gelegentlich nach Freising kommt, sonst aber Chorbischof in einem nicht näher bekannten Bistum zu sein scheint.

„Der Edle Ratolt überlegte, was seiner Seele zum Heile gereichen könnte. Seine Getreuen gaben ihm guten Rat und er schickte seinen Boten zum ehrwürdigen Bischof Erchanbert, daß er zu ihm nach Daglfing kommen möchte. In seiner Güte kam jener zu ihm, gab ihm heilsame Ermahnungen und stellte vor allen Nachbarn und Verwandten die Frage, ob er wirklich in der Lage sei, seine Güter zum Heil seiner Seele an die Kirche zu übergeben. Nach dreimal gestellter Frage wollte und konnte keiner widersprechen. Ratolt selbst stand in der Mitte der Stube seines Hauses, männlich umgürtet mit dem Schwert, und übergab auf das Reliquienkästchen der heiligen Maria und in die Hände des ehrwürdigen Bischofs Erchanbert und seines Vogtes Reginpert, was er hier und andernorts zu Gronsdorf und Huppenheim besaß. . . Nachdem dies alles rechtskräftig vollzogen war, investierte er sofort Bischof Erchanbert und dessen Vogt Reginpert in seinen ganzen Besitz durch die Türschwelle seines Hauses. Ratolt, der Schenker, ging hinaus und Bischof Erchanbert und sein Vogt traten ein. Er kehrte aber wieder zurück und verlieh ihm die geschenkten Güter als Lehen bis ans Lebensende zu Nutznießung, Gebrauch und Mehrung. Nach seinem Tod aber soll alles bei der Kirche der heiligen Maria zu Freising verbleiben."

Kirchen und Pfarrhöfe

Drei Inventarverzeichnisse über Kirchen- und Pfarrhofausstattungen, die alle aus dem Jahr 842 stammen, geben ein wenig Einblick in die liturgischen und wirtschaftlichen Verhältnisse von Pfarreien auf dem Land[48]. Je nach ihrer Größe besitzen die Kirchen einen oder drei Altäre, meist zwei Kelche, Kreuze und Reliquienbehälter. Bergkirchen bei Dachau gehört schon zu den reicheren Pfarreien, wenn im Innern der Kirche ein vergoldeter Radleuchter hängt. Dazu kommen zwei Glocken, von denen eine meist aus Bronze und eine aus Eisen ist. An liturgischen Büchern werden genannt das Missale, das Lektionar, ein Band mit den Orationen, Graduale, Antiphonar und ein Buch mit Predigten. Zur Verwaltung des Bußsakramentes gehört das Poenitentiale, ein Verzeichnis von genau festgelegten Bußwerken für die jeweils gebeichteten Sünden.
Wesentlich unterschiedlicher sind natürlich die Wirtschaftshöfe der einzelnen Seelsorgsstellen. Ein Wohnhaus und drei Scheunen sind offenbar die Regel. Den besten Einblick in das Inventar bietet das reiche Bergkirchen. Vom Pflug bis zur Sense, von den Bienenhäusern bis zu den Bierfässern, von den Rindern bis zu den Gänsen wird alles lebende und tote Gut registriert. Sechs Knechte und drei Mägde arbeiten hier auf dem Pfarrhof. Dazu kommen aber noch hörige Bauern, die Nebenhöfe bewirtschaften und drei Tage in der Woche auf dem Pfarrhof dienen. Ihre Frauen müssen Kleider für den Priester abliefern. Das ist der Zins, den sie für die Nutzung des kircheneigenen Außenhofes zu leisten haben. Zu den aus der Landwirtschaft erzielten Erträgen kommen in Bergkirchen noch Zehentleistungen aus 9 Dörfern. Aber nicht jeder Pfarrer verfügt über ein solches System feudaler Grundherrschaft. Der Priester Egino zum Beispiel, der in Puppling seine Sache vor dem Freisinger Archivpresbyter regelt, hat nur drei Knechte. Sein Viehbestand setzt sich zusammen aus 3 Pferden, 8 Rindern, 12 Schafen, 34 Ziegen und 14 Schweinen.
Die Kirche hat sich des Gesellschaftssystems von hörigen Bauern und Unfreien ebenso bedient, wie andere Grundbesitzer auch. Dafür haftet sie aber auch für Vergehen ihrer Leibeigenen. Beim Korbiniansfest des Jahres 853, das am 8. September begangen wurde, kam der Edle Engilperht nach Freising und klagte, daß seine Tochter durch eine Magd der Domkirche vergiftet worden sei. Da der Tatbestand nicht bestritten werden konnte, gab der Bischof als Buße dem Vater der Getöten ein Lehen zu Eching, das er bis zu seinem und seines Sohnes Tod behalten sollte[49].

Am 1. August 854 ist Bischof Erchanbert gestorben. Er wurde nicht in der Domkirche, sondern in der zum Domstift gehörenden Peterskapelle begraben, die im Zuge der Säkularisation abgerissen worden ist. Gewöhnlich wird Erchanbert daher als Erbauer dieser Kirche bezeichnet, wahrscheinlich zu Unrecht. Das Petruspatrozinium ist in Freising neben der Hauptpatronin Maria schon 757 bezeugt[50].

7. Bischof Anno (854–875)

Bei der Bischofswahl nach dem Tod Erchanberts ist es in Freising zu turbulenten Szenen gekommen, „bevor es dem Volk gelang, sich unter der gütigen Führung Gottes Anno als Bischof zu erwählen". König Ludwig der Deutsche hat das Wahlergebnis wohlwollend angenommen und den neuen Bischof investiert[51]. Diese Nachricht bezeugt für Freising das tatsächlich geübte Recht der freien Bischofswahl, die nach alten kirchlichen Vorschriften Klerus und Volk eines Bischofssitzes zustand. Fraglich ist nur, was 854 in Freising unter dem „Volk" zu verstehen ist, das bei dieser Wahl den Ausschlag gegeben hat. Ist es das in der Domkirche versammelte Kirchenvolk, das nur durch Akklamation hätte tätig werden können, oder ist es der Adel des Landes? Jedenfalls könnte die „turbida res" bei der Wahl im Streit verschiedener Adelsgruppen bestanden haben, denn mit Anno wird das seit 90 Jahren auf dem Freisinger Bischofsstuhl regierende Geschlecht der Huosi durch eine andere Adelsgruppe abgelöst. Bischof Annos familiäre Beziehungen weisen in den Raum von Erding-Isen, zu einer Sippe, deren Oberhaupt Graf Helmuni mit besitzmäßigem Schwerpunkt bei Grüntegernbach ist. Die Helmunisippe muß eine beachtliche Rolle innerhalb des bayerischen Adels und auch darüber hinaus gespielt haben. Aus ihr kamen etwa Erzbischof Arn von Salzburg, die Bischöfe Andreas und Francho von Vicenza und über weiterreichende Verwandschaftsbeziehungen vermutlich auch mehrere Bischöfe von Eichstätt[52]. Es gibt Anzeichen dafür, daß die Helmunisippe einen Zweig der im Bayerischen Volksrecht genannten „Hahilinga" darstellt[53]. Der Streit bei der Bischofswahl von 854 kann also durchaus in Auseinandersetzungen verschiedener Adelsgruppen um Einfluß auf den bischöflichen Stuhl von Freising bestanden haben.

Machtkämpfe innerhalb der königlichen Familie und Feldzüge gegen Böhmen und Mähren machten die 20 Regierungsjahre Annos zu einer politisch recht unruhigen Zeit[54]. Es verging kaum ein Jahr, in dem das bayerische Heer nicht ausrücken mußte. Das hatte auch zur Folge, daß die Spendefreudigkeit des Adels gegenüber der Kirche wegen eigener großer Belastungen merklich nachließ. Was Bischof Anno an Güterschenkungen in Empfang nahm, ist nur mehr ein

Bruchteil dessen, was seine Vorgänger in der ersten Hälfte des 9. Jahrhunderts erhalten haben. Nur mit Hilfe von Tauschgeschäften und Leibgedingen, die mit einer vorübergehenden Nutzungseinbuße verbunden waren, konnte der Bischof jetzt noch den Besitzstand seines Bistums verbessern. Trotzdem ist Anno zum großen Förderer von Kunst und Wissenschaft auf dem Freisinger Domberg geworden.

Buchkunst

Die Arbeit im Skriptorium geht unvermindert weiter. Hier entstehen die notwendigen liturgischen Handschriften und Bücher für den Unterricht in der Domschule. Dabei nehmen Traktate über die Musik einen auffallend hohen Rang ein. Neben Werken des spätantiken, allseits beliebten Philosophen Boethius schreibt man in Freising jetzt auch Vergil und Ovid ab. Das sind deutliche Spuren einer Auswirkung der karolingischen Renaissance auf Bayern. Natürlich bleiben die heidnischen Dichter zahlenmäßig weit hinter den Theologen zurück. Aber auch in der Theologie macht sich ein deutlicher Richtungswandel bemerkbar. Die großen Kirchenväter werden nun weit seltener abgeschrieben, als etwa jüngere Theologen wie Beda Venerabilis, Abt Smaragdus von St. Mihiel oder Rhabanus Maurus, den Bischof Anno offenbar in besonderer Weise geschätzt hat[55]. Zwei kostbare Evangeliare aus der Zeit Annos enthalten je vier Evangelistenbilder, die damit den Anfang der Freisinger Buchmalerei markieren[56]. Die ausdrückliche Anregung des Bischofs vermerkt ein purpurgetränktes Pergamentblatt in goldener und silberner Schrift: „Anno, von Gottes Gnaden Bischof, hat angeordnet, diesen Band zu schreiben, auszumalen und für den Gebrauch beim Gottesdienst herzurichten." Die vielleicht etwas schwerfälligen, aber kraftvollen Bilder der vier Evangelisten weisen stilistisch in die karolingische Schule von Reims. In weißen Gewändern vor dunkelrotem Hintergrund, Feder und Tintenhorn in Händen haltend, sitzen die Evangelisten vor ihren Schreibpulten. Ganz war der Freisinger Künstler seiner Vorlage sicher nicht gewachsen. Dennoch übernimmt er die mehr strichelnde als malende Führung des Pinsels, wie sie von Reims her vielfach bekannt ist. Bei der Gestaltung der reichen Initialen dagegen ist er sicherer. Die insulare Kunst mit Rankenmotiven, verknotetem Flechtwerk und Vogelhälsen ist ihm besser vertraut.

Dombau

Unter Bischof Anno wurde auch der zweite *Freisinger Dom* gebaut. Bisher hatte immer noch der Bau aus der Zeit Herzog Theodos als Kathedralkirche gedient, den Korbinian angetroffen hatte und der vermutlich im Zusammenhang mit dem Organisationsplan von 716 errichtet worden war. Wir besitzen zwei Nachrichten über den Dombau Annos[57]. Die eine Notiz, wohl eine Inschrift zu einer alten Bischofsgalerie im Dom, berichtet, Anno habe die ursprünglich kleine Kirche „erweitert". Das Tedmonsgedicht aber sagt, der Bischof habe den Dom „gegründet, ihm seine Gestalt gegeben und geweiht"[58]. Um eine geringfügige Erweiterung kann es sich also nicht gehandelt haben. Wenn die erste Inschrift bescheiden von Erweiterung oder Vergrößerung spricht, so will sie damit die Kontinuität der alten Marienkirche mit dem Neubau betonen. Der unter Bischof Anno gebaute Dom läßt sich wenigstens im Grundriß rekonstruieren, da spätere Bauten diesen Kern nicht mehr verändert haben. Er ergibt sich aus dem heutigen Befund nach Abzug der äußersten Seitenschiffe, der Krypta, des unter Bischof Abraham gebauten Westwerks und der Apsiden vor den Seitenschiffen. Was bleibt, ist eine querschifflose Basilika mit zwei Seitenschiffen und einer Apsis. Zweifellos ist der Virgilsdom in Salzburg Vorbild für den Freisinger Bau gewesen. Mit einer Länge von 64,4 m steht der Freisinger Dom seinem Salzburger Vorbild mit 66 m nur wenig nach.

Bischof Anno mit dem Modell des Freisinger Domes. Aus einer Handschrift des Veit Arnpeck (Wolfenbüttel). Herzog August Bibliothek, coc. Helmst. 205) um 1475.

Freisinger Orgelkunst

Auch die Kunst des *Orgelbaus* stand in Freising zur Zeit Bischof Annos in hohem Ansehen. Papst Johannes VIII. (872–882) hat sich 873 brieflich an den Freisinger Bischof gewandt und ihn gebeten, er möge ihm ein gutes Instrument und einen Mann schicken, der die Orgel zu spielen und die Kunst der Musik zu lehren verstünde. Das spricht zweifellos für einen hohen Stand Freisinger Musikkultur, wie ja auch in der Schreibschule dieser Zeit die große Zahl von theoretischen Musiktraktaten auffällt. Allerdings hat der Papst nicht nur wegen der gewünschten Orgel nach Freising geschrieben. Seine Bitte steht in engem Zusammenhang mit der für Bischof Anno recht peinlichen Affäre um Erzbischof Methodius, die der Papst ihm zum Vorwurf macht. Die erbetene Orgel sollte ein Zeichen der Versöhnung sein und einen Schlußstrich ziehen im jahrelangen Streit zwischen den bayerischen Bischöfen und Erzbischof Methodius von Mähren und Pannonien.

Der Konflikt mit Methodius

Ursache dieses Streites war das Auftreten der beiden Brüder *Cyrill und Methodius* aus Thessalonike auf bayerischem Missionsboden in Mähren und Pannonien. Fürst Rastislav von Mähren (846–870) hatte sie 863 ins Land gerufen, da ihm griechische Missionare lieber waren als die Priester aus dem Frankenreich, von dem er sich politisch wie kirchlich lösen wollte. Papst Hadrian II. (867–872) erlaubte sogar die Verwendung der slawischen Sprache in der Liturgie mit der kleinen Einschränkung, daß Epistel und Evangelium zuerst in lateinischer Sprache vorgetragen würden. Wenig später machte er Methodius 870 zum Erzbischof und unterstellte die Gebiete von Mähren und Pannonien seiner Kirchenprovinz. Als aber Methodius von Rom wieder zurückkam, hatte sich die politische Situation sehr zu seinen Ungunsten verändert. Fürst Rastislav war abgesetzt und damit an eine Tätigkeit in Mähren nicht mehr zu denken. Methodius ging darum nach Pannonien zu Fürst Kozel am Plattensee. Aber hier kam er in Konflikt mit dem Salzburger Erzbischof, der sein Missionsgebiet nicht widerstandslos zu räumen gedachte. Man verfaßte eine Denkschrift, in der Salzburg seine Rechte auf Pannonien kirchengeschichtlich und kirchenrechtlich begründete[59]. Methodius konnte sich nicht mehr lange behaupten. Man nahm ihn gefangen und schleppte ihn vor ein bischöfliches Gericht, das im Beisein König Ludwigs des Deutschen noch 870 wahrscheinlich in Regensburg stattfand.

Bischof Anno von Freising hat offenbar die Verhandlungen geleitet, denn der Papst wirft ihm später vor, er habe sich die Rechte eines Patriarchen angemaßt, dem es allein zusteht, über einen Erzbischof Gericht zu halten. Hauptpunkte der Anklage waren Verdrängung der lateinischen Schrift und Liturgie, sowie Einmischung in fremdes Jurisdiktionsgebiet. Das umstrittene Gebiet von Pannonien gehöre seit 75 Jahren zum Salzburger Erzbistum und damit hätten sich auch die Rechte Roms auf dieses Territorium verjährt. Dem Vorwurf der bayerischen Bischöfe „Du lehrst auf unserem Gebiet" hält Methodius seine Antwort entgegen: „Wenn ich wüßte, daß es euch gehört, würde ich weichen, aber es gehört dem heiligen Petrus!" Im Verlauf des Prozesses muß es sehr heftig zugegangen sein. Der Bischof von Passau konnte nur mit Mühe daran gehindert werden, mit der Reitpeitsche auf Methodius loszugehen. Aber auch der gefangene Erzbischof war nicht kleinlich in der Wahl seiner Worte. Das Urteil der Bischöfe lautete zuletzt auf Klosterhaft: „Nachdem sie darüber gestritten hatten, gingen sie auseinander. Ihn aber verbannten sie nach Schwaben und hielten ihn zweieinhalb Jahre fest." Ort der Verbannung ist höchstwahrscheinlich das Kloster auf der Reichenau im Bodensee. Prozeß und Haft blieben aber nicht so geheim, wie die bayerischen Bischöfe es sich gewünscht hätten. Anno ist während dieser zweieinhalb Jahre einmal in Rom gewesen, da er auch Verwalter einiger päpstlicher Besitzungen in Bayern war. Bei dieser Gelegenheit wurde er gefragt, was es denn mit Methodius auf sich habe. Bischof Anno konnte sich nur mit der Behauptung retten, er kenne Methodius nicht.

Um so härter war das Verfahren, das Papst Johannes VIII. gleich zu Beginn seiner Regierung gegen die bayerischen Bischöfe einleitete. Mittlerweile war Rom bestens informiert. Ein päpstlicher Legat sollte sofort die Bischöfe suspendieren, wenn sie nicht augenblicklich Methodius aus der Haft entließen[60]. Außerdem ergingen Briefe an die einzelnen Beteiligten. Das Schreiben an Bischof Anno[61] ist voll von schärfsten Vorwürfen. Er habe ein tyrannisches Verfahren geleitet und die Appellation des Methodius an den Hl. Stuhl unterschlagen. Weiter wird ihm seine Lüge zu Rom vorgehalten. Wenn Methodius nicht sofort rehabilitiert werde, habe Anno unverzüglich in Rom zu erscheinen, andernfalls trete mit dem 1. Oktober 873 die Suspension in Kraft.

Das energische Eingreifen des Papstes hat seinen Zweck nicht verfehlt. Erzbischof Methodius wurde aus der Haft entlassen und konnte in sein Missionsgebiet zurückkehren. Der Freisinger Bischof aber hat sofort versucht, seine Beziehungen zu Rom wieder in Ordnung zu bringen. Brieflich versicherte er dem Papst seine Ergebenheit und die Bereitschaft, ein Zeichen seines guten Willens leisten zu wollen. Johannes VIII. ging in einem weiteren Schreiben darauf ein. Er verlangt nun kein persönliches Erscheinen Annos in Rom mehr. Wenn der Freisinger Bischof ein Zeichen des wiederhergestellten Friedens geben wolle, dann möge er eine von seinen berühmten Orgeln nach Rom schicken[62].

Das Vorgehen der bayerischen Bischöfe gegen Methodius ist der Form nach sicher nicht zu entschuldigen. Das Grundanliegen aber wird verständlich, wenn man beachtet, daß die bayerische Kirche lange vor den Griechen mit großen Opfern in Mähren und Pannonien Missionsarbeit geleistet und dabei jene Grundlagen geschaffen hat, ohne die das Wirken der griechischen Missionare nicht möglich gewesen wäre. Das Eingreifen des Papstes mußten sie als Mißachtung ihrer älteren Rechte empfinden. Das führte zum Konflikt. Der Papst hatte neues Recht ohne Rücksicht auf geschichtliche Wachstumsprozesse schaffen wollen[63].

Bischof Anno ist am 9. Oktober 875 gestorben und wie seine Vorgänger im rechten Seitenschiff des Domes begraben worden[64].

8. Bischof Arnold (875–883)

In die knapp achtjährige Regierungszeit Bischof Arnolds fallen drei Wechsel in der politischen Führung Bayerns. Arnold hat damit vier Herrscher erlebt. Sein erstes Regierungsjahr war zugleich das letzte Jahr in der Herrschaft Ludwigs des Deutschen, der ein halbes Jahrhundert die Geschicke Bayerns bestimmt hatte. Ihm folgten nacheinander seine drei Söhne Karlmann, Ludwig der Jüngere und Karl III.

Arnolds Pontifikat gehört zu den quellenärmsten in der Geschichte des Freisinger Bistums. Kein Königsdiplom und kein Codex aus der Schreibschule erwähnt seinen Namen. Die 44 Urkunden im Traditionsbuch bezeugen lediglich Tauschhandlungen und auch dies nur in formelhafter Sprache.

Ob Arnold der Neffe seines Vorgängers Anno gewesen ist, bleibt ungewiß. Bischof Anno tauscht zwar einmal mit einem Neffen Arnold Unfreie[65], aber nichts deutet darauf hin, daß dieser dem geistlichen Stand angehörte[66].

Bischof Arnold ist am 22. September 883 gestorben[67].

9. Bischof Waldo (884–906)

Kaiser Karl III., seit 882 auch Herrscher über Bayern, hat sich nach dem Tod Bischof Arnolds erstmals über das Recht der freien Bischofswahl in Freising hinweggesetzt. Den neuen Mann[68] kannte vermutlich niemand in Freising. Er kam aus der kaiserlichen Hofkanzlei und stammte aus einer angesehenen alamannischen Familie am Bodensee, die dem Bistum Konstanz zu diesem

Zeitpunkt schon zwei bedeutende Bischöfe gestellt hatte. Von frühester Jugend an hatte die Familie Waldo und seinen jüngeren Bruder Salomo für eine kirchliche Laufbahn bestimmt und die Verwandten auf dem bischöflichen Stuhl von Konstanz, Salomo I. (839–871) und Salomo II. (875–890), taten alles, was dieses Ziel fördern konnte. Waldo kam in die Klosterschule von St. Gallen und fand hier in Notker „dem Stammler" einen ausgezeichneten Lehrmeister und Freund[69]. Der hatte seine liebe Not mit dem Brüderpaar Waldo und Salomo, die dem geistlichen Beruf nicht immer so zugeneigt waren, wie das der bischöfliche Onkel in Konstanz gerne gesehen hätte. Später wurde Waldo zu Erzbischof Liutbert nach Mainz geschickt, dem Erzkanzler König Ludwigs des Jüngeren, damit er von ihm in die wichtigsten Grundlagen für den Hofdienst eingeführt würde. Schon ein gutes Jahr später steht Waldo als Notar und Kanzler im Dienst König Karls III[70]. Er begleitet ihn auf seinen Reisen in Italien, ist Zeuge der Kaiserkrönung zu Rom und zieht mit zu den Reichstagen. Waldo ist 882 auch im Gefolge des Kaisers beim Feldzug gegen die gefährlichen Normannen und ein Jahr später wieder in Italien bei der ersten Begegnung mit dem neuen Papst Marinus I. Nach einem kurzen Aufenthalt in der schwäbischen Heimat, wo er die höheren Weihegrade empfing, kam Waldo im Herbst 854 aus dieser großen Welt des Hofes erstmals nach Freising.

Im Dienst des Reiches

Der neue Bischof hat seine starke Verflechtung in das politische Geschehen des Reiches auch während seiner Freisinger Amtszeit nicht mehr verloren. Die ersten Jahre der Regierung brachte er allerdings vorwiegend in seiner Bischofsstadt zu. Hier galt es, sich inmitten eines bei der Wahl übergangenen Adels und Kapitels erst eine Position zu schaffen. Gewisse Spannungen zwischen Domklerus und Bischof scheinen sich bis zum Tod Waldos hingezogen zu haben. Nur wenn Kaiser Karl III. seinen Hof gerade in Regensburg aufschlug, war Waldo jeweils sofort an der Seite seines königlichen Gönners.
Wenige Jahre später kam es zum unblutigen Staatsstreich von 887. Karl III. wurde wegen politischer Versäumnisse und schwerer Krankheit abgesetzt. An seine Stelle trat ohne sichtlichen Widerstand Herzog Arnulf von Kärnten, der uneheliche Sohn König Karlmanns. Adel und Kirche waren sich offensichtlich über die Notwendigkeit einer solchen Maßnahme einig. Bischof Waldo wußte aus eigenem Erleben von der Handlungsunfähigkeit des Kaisers, dem er aber doch andererseits sein Bistum verdankte. Nach anfänglicher Zurückhaltung stellte sich Waldo entschieden hinter den neuen König, als die Nachricht vom baldigen Tod Karls III. eingetroffen war.

Seit 888 gehört der Freisinger Bischof zum einflußreichen Kreis jener Männer, mit deren Hilfe König Arnulf Schwaben, das Stammland seines Vorgängers, durch besondere Gunsterweise zu gewinnen hoffte. Dem neuen Herrscher war sehr daran gelegen, angesehene Persönlichkeiten des alamannischen Adels, die früher zum Gefolge des Kaisers gehört hatten und jetzt zu ihm standen, in wichtige kirchliche Positionen zu bringen. Wenn sie nun Arnulf ebenso ergeben waren wie vorher Karl III., so mußte das im Volk die Überzeugung bestärken, daß der Sturz des kranken Kaisers wirklich ein Gebot der Stunde war. So erhielt etwa Erzbischof Liutbert von Mainz das Kloster Ellwangen. Hatto wurde Abt auf der Reichenau. Bischof Waldo übernahm die Klöster Kempten und Ottobeuren, sein Bruder Salomo wurde erst Abt von St. Gallen, später Bischof der Diözese Konstanz[71].

Waldo ist in der Regierungszeit König Arnulfs zu einem ausgesprochen „politischen Bischof" geworden, wie es keiner seiner Vorgänger in Freising je war. Über Jahre hinweg gehörte er neben Hatto und seinem Bruder Salomo zum festen Begleitpersonal des Königs bei allen wichtigen Unternehmungen. Er stand im Heer König Arnulfs, wenn es gegen das unruhige Mähren ausrücken mußte; er zog mit nach Italien, als Papst Formosus 893 den König zu Hilfe gerufen hatte, und erlebte so im Winter 894 die Eroberung von Bergamo. Waldo ist in diesen Jahren häufig von geistlichen und weltlichen Fürsten um Vermittlung beim König gebeten worden. Als Königsbote hatte er wichtige Gerichtsentscheide zu treffen und er nahm auch an fast allen Reichstagen teil.

Solche Verpflichtungen hielten den Bischof oft von seinem Bistum fern, brachten der Diözese aber auch einige Schenkungen aus königlicher Hand ein. Die wichtigste davon betrifft die Kirche von *Maria Wörth* in Kärnten[72]. Eine diesbezügliche Urkunde ist zwar nicht erhalten, aber die Übergabe ist gesichert durch spätere Zustiftungen[73]. Arnulf übertrug 891 Bischof Waldo für seine Kirche am Wörthersee mit den Reliquien der heiligen Primus und Felicianus noch zusätzlich die königliche Kapelle *St. Peter am Lurnfeld* samt Ausstattung und Zehentrechten[74]. Dabei wird ausdrücklich vermerkt, die Kirche beim Königshof Lurn liege in slawisch besiedeltem Gebiet. Der Besitz brachte also zugleich eine missionarische Aufgabe mit sich, zumindest im Sinne einer Festigung des christlichen Glaubens. Überhaupt scheint die Kirche von Maria Wörth als Zentrum einer neuen Mission geplant gewesen zu sein. Sie ist ausgezeichnet durch kostbaren Reliquienbesitz und wird von einer Klerikergemeinschaft betreut. Vielleicht hat man schon zu Waldos Zeiten an einen missionarischen Vorstoß in Richtung Krain gedacht, zu dem es dann ein knappes Jahrhundert später unter Bischof Abraham (957–993) tatsächlich gekommen ist. Vorerst aber bereitete sehr bald die Erschütterung der Ungarnstürme den verheißungsvollen Anfängen ein jähes Ende. Jedenfalls ist Maria Wörth als neuer

Missionsansatz ein Werk König Arnulfs und Bischof Waldos, und nicht eine Tochtergründung Innichens, wie vielfach behauptet wird.

Für seine treuen Dienste gegenüber Arnulf erhielt Bischof Waldo nach dem Tod der Königsmutter Liutswinde 895 auch die *Abtei Moosburg* als bischöfliches Eigenkloster[75]. Im Aachener Klosterkatalog von 817 erscheint Moosburg als königliche Abtei, aber offensichtlich als eine der kleineren, da sie dem König keine materiellen Steuern und Leistungen zu entrichten hatte, sondern nur zum Gebet für Herrscher und Reich verpflichtet war. Waldo sollte nach dem Willen des Königs die alten Privilegien des Klosters belassen und die Stipendien für den Dienst der Kleriker nicht schmälern. Die Übergabe Moosburgs an das Bistum Freising wollte eine fromme Stiftung sein zum Gedenken an Arnulfs Eltern Karlmann und Liutswinde, sowie aller Vorfahren in königlichen Amt.

Im Dezember 898 hat König Arnulf der Freisinger Kirche noch das Privileg der zollfreien Einfuhr von Salz zu Wasser oder zu Land verliehen. Dabei wird der Bischof in überschwenglicher Titulatur „der getreue Waldo und unser geliebter Bischof, der gute Hirt und beste Leiter" genannt; dies zu einer Zeit, da der König in keinem sehr guten Einvernehmen mit dem bayerischen Episkopat mehr stand. Waldo scheint auch in den letzten Jahren der sinkenden Macht Arnulfs zu den engsten Vertrauten des Königs gehört zu haben. Ein Jahr später ist Kaiser Arnulf gestorben.

Der letzte Karolinger im Ostfrankenreich, Ludwig das Kind, war erst sechs Jahre alt, als er am 4. Februar 900 zu Forchheim auf den Thron erhoben wurde. Die Regierung des Landes aber lag faktisch in den Händen jener mächtigen Bischöfe, die schon unter Arnulf größten Einfluß besessen hatten: allen voran Erzbischof Hatto von Mainz; Bischof Adalbero von Augsburg, der Erzieher des unmündigen Königs; Waldo von Freising und sein Bruder Salomo III. von Konstanz. Sie bestimmen die Geschicke des Reiches und rufen das Heer gegen die gefährlichen Ungarn zusammen. Der Nekrolog der Freisinger Kirche verzeichnet das genaue Datum einer Ungarnschlacht bei Linz am 20. November 900. Also wird Bischof Waldo wie sein Passauer Nachbar am Feldzug beteiligt gewesen sein.

Wieder gehört Waldo zu den wichtigsten Vermittlern am königlichen Hof. Er verwendet sich jeweils mit Erfolg für das Kloster St. Florian, das beim Einfall der Ungarn schwer zu Schaden gekommen war, für St. Gallen und St. Emmeram in Regensburg, weiterhin für die Bischöfe von Säben und Würzburg. Als am 30. November 903 der zehnjährige König Ludwig in Begleitung des Salzburger Erzbischofs zu Regensburg weilte, kam Waldo selbst hilfesuchend an den Hof, da vor kurzem seine bischöfliche Kathedrale in Freising einem Brand zum Opfer gefallen war. Als Hilfe für den Wiederaufbau gab ihm der König aus dem Besitzstand seiner Mutter Ota den Hof Föhring an der alten Salzhandelsstraße, die hier über die Isar führte[76]. Über das Ausmaß des Dombrandes, über Instandsetzungsarbeiten und Neuweihe gibt es keine Nachrichten. Vermutlich hat das Dach gebrannt und duch herunterstürzende Trümmer die Inneneinrichtung, zumindest die des Chores, beschädigt. Von der Grabanlage des heiligen Korbinian beim Hauptaltar ist fortan in der bisherigen Form nicht mehr die Rede. Die Bausubstanz des Domes aber dürfte im wesentlichen erhalten geblieben sein.

Der Dombrand vom Jahr 903. Aus einer Handschrift des Veit Arnpeck um 1475.

Freisinger Endreimdichtung

Eine wichtige literarische Bereicherung bedeutete für Freising die Vermittlung der alamannischen Endreimdichtung durch Bischof Waldo. Während seiner Ausbildungsjahre in Konstanz, St. Gallen und Mainz war er mit einer Reihe von Leuten zusammengetroffen, die alle den Mönch Otfried von Weißenburg und seine althochdeutsche Evangeliendichtung in der Form des Endreimes kannten. Als Bischof lieh sich Waldo dieses „deutsche Evangelium" aus und ließ es durch einen Freisinger Priester Sigihard abschreiben[77]. Der bayerische Schreiber hat sich anfangs sehr genau an die Vorlage gehalten, mit fortschreitender Arbeit aber bekam er Mut, den südrheinfränkischen Dialekt des Dichters gelegentlich in bayerischen umzuformen. Von einer förmlichen Umdichtung kann zwar noch nicht die Rede sein, aber es zeigt sich immerhin, daß schon die Existenz eines solchen Werkes zu eigener Kreativität anspornte. Bald darauf hat ein anderer die Freisinger Kopie zur Hand genommen, Otfrids Werk gelesen und sich dann selbst in der Kunst der Endreimdichtung versucht. Es sind zwei kleine Gebete daraus geworden, die erste Frucht eigenständiger Endreimdichtung in Freising[78]:

„Du himilisco trohtin   Ginade und mit mahtin
In din selbes riche   Soso dir giliche.

Trohtin christ in himile   Mit dines fater segane
Ginade uns in euun   Daz uui ni liden uueuuun."

„Herr des Himmels,   Gewähre uns in Deiner Macht
Zugang in Dein Reich,   wie es Dir ähnlich ist.

Herr Christ im Himmel, gewähre uns für immer durch Deines Vaters Segen, daß wir nicht Trübsal leiden."

Dem großen Interesse an solcher Verskunst in Freising verdankt auch das älteste deutsche Kirchenlied seine Entstehung. Das *Freisnger Petruslied* ist an der Wende vom 9. zum 10. Jahrhundert in ein älteres Buch aus der Zeit Bischof Annos eingetragen worden[79]. Es ist das einzige Lied aus der althochdeutschen Sprachperiode, bei dem auch die Melodie durch Neumen angedeutet ist. Der Dichter verrät gewandte Beherrschung derselben Stilmittel, wie sie Otfried von Weißenburg verwendet. Die ersten beiden Strophen berichten erzählend von der Gewalt, die der Herr dem Petrus übergeben hat. Er hat Vollmacht über die Pforte des Himmels, einzulassen, wen er retten will. Die dritte Strophe wendet sich als Bitte an Petrus selbst, den Freund Gottes, daß er den Sündern gnädig sei:

„Unsar trohtin hat farsalt sancte petre giuualt daz er mac ginerian ze imo dingenten man. kyrie eleyson christe eleyson.	„Unser Herr hat dem hl. Petrus Macht verliehen, den zu retten, der auf ihn hofft.
Er hapet ouh mit vuortun himilriches portun dar in mach er skerian den er uuili nerian. kyrie eleyson christe eleyson.	Seinem Wort ist auch die Gewalt über die Pforte des Himmels anvertraut: da hinein kann er lassen, den er retten will.
Pittemes den gotes trut alla samant uparlut daz er uns firtanen giuuerdo ginaden. kyrie eleyson christe eleyson.“	Bitten wir alle zusammen mit sehr lautem Gebet den Freund Gottes, daß er uns Sündern gnädig sein wolle.“

In denselben Umkreis Freisinger Endreimdichtung unter Bischof Waldo gehört auch noch eine althochdeutsche Übersetzung des *138. Psalms* mit unverkennbar bayerischem Akzent[80]. Sie steht in einer Wiener Handschrift, deren Hauptinhalt das Formelbuch Notkers von St. Gallen bildet, eine Freundesgabe des St. Gallener Lehrers an seine adeligen Schüler Waldo und Salomo[81]. Der Verfasser dieser kleinen Dichtung geht recht frei mit seinem Text um. Er wandelt den Psalm vom Gebet zur Erzählung in kriegerischer Heldensprache. David wird mit einem Roß ausgerüstet und tritt als Krieger auf. Er erwählt sich Gott zu seinem Gefolgsherrn. Gottes Feinde sind nun auch seine Feinde. Er kniet nicht im Staub vor der Majestät Gottes, sondern hat seinem Herrn etwas anzubieten, seinen Dienst nämlich, für den ihm Gott dann seine Hilfe förmlich schuldet. Damit wird diese bayerische Dichtung zum 138. Psalm charakteristisch für eine aristokratische Frömmigkeitshaltung, wie sie auch in den Heiligenviten dieser Zeit, in Otfrids Evangelienbuch und in anderen Dichtungen vielfach in Erscheinung tritt. Der adelige Krieger findet seinen Platz auch in der christlichen Welt, indem bestimmte Ansätze in der Heiligen Schrift, die seinem Denken entgegenkommen, von Dichtern und Theologen besonders akzentuiert werden. Davids sakrales Königtum ist Leitbild der fränkischen Herrscher. Für Otfrid von Weißenburg gilt sogar Maria als „edle Frau“, weil ihre Ahnen königlichen Geblütes sind. Der paulinische „miles Christi“ liefert die Schlüsselfigur für den Kämpfer im Dienst Gottes und des Königs. Der Heilige wird zum adeligen Helden, die Stätte seines Martyriums zum Kampfplatz deklariert, und eben darin findet der adelige Krieger wieder seine eigene Legitimation[82].

Das Wahlprivileg

Bischof Waldo hat durch seine Stellung im Reich der Kirche von Freising zu hohem Ansehen verholfen. Aber die damit verbundene häufige Abwesenheit vom eigenen Bistum scheint man in Freising nicht allzu bereitwillig hingenommen zu haben. Der nächste Bischof sollte nach dem Willen des Domklerus doch wieder aus den eigenen Reihen kommen. So hatte Waldo, als er im Mai 906 zu einem Reichstag in Tribur unterwegs war, eine vorgefertigte Urkunde bei sich, die der Freisinger Kirche durch königliches Privileg das Recht der freien Bischofswahl sichern sollte. Vielleicht war Waldo schon krank, so daß das Domkapitel auf die Unterzeichnung des Königs drängte. Sicher ging die Initiative nicht vom Bischof aus, denn das gewünschte Privileg war in gewisser Weise gegen ihn gerichtet. Es sollte ja verhindern, daß noch einmal ein König sich über das Recht der freien Wahl hinwegsetzte, wie es bei der Ernennung Waldos geschehen war. In der Einleitung wird betont, man wünsche kein neues Recht, sondern nur die Neuausfertigung eines alten Dokuments, das beim Dombrand 903 zugrundegegangen sei. Schon Korbinian habe die Bestätigung der freien Bischofswahl bei den Vorgängern des jetzigen Königs erwirkt. Gerade darin aber stecken soviele Widersprüche, daß man den Hinweis auf die verbrannte Urkunde getrost für eine Fiktion halten darf. Waldo hat die Bitte um Bestätigung der freien Bischofswahl trotzdem vorgetragen und in Holzkirchen bei Würzburg am 8. Mai 906 die Unterschrift des jungen Königs erhalten. Der Text des Privilegs aber dürfte doch auf Waldos Diktat hin geschrieben worden sein. Ausführlich werden die Voraussetzungen aufgezählt, die ein Kandidat für das Amt des Bischofs mitbringen muß: Adelige Abkunft, wissenschaftliche Bildung und unbescholtener Lebenswandel, sowie die Fähigkeit, alle Pflichten gegenüber Gott und dem König erfüllen zu können. Dann folgt die bezeichnende Klausel: „Wenn in Freising selbst kein geeigneter Bischofskandidat gefunden werden kann, soll man sich einen Mann aus dem Bereich des königlichen Hofes wählen". Ein solcher Satz kann nicht im Interesse des Freisinger Kapitels gewesen sein. Hier rechtfertigt Waldo seine eigene Stellung.

Zehn Tage nach der Unterzeichnung der Urkunde ist Bischof Waldo am 18. Mai 906 gestorben. Sein Leichnam wurde in die Freisinger Domkirche überführt.

IV. Kapitel

IN DER NOT DER UNGARNEINFÄLLE

10. Bischof Uto (906–907)

Gefahr aus dem Osten

In der schweren Zeit der Ungarnkämpfe hat ein Freisinger Priester die im Dom gebetete Litanei um eine Anrufung erweitert: „Ab incursione alienigenarum libera nos domine! – Vom Einfall der Fremden befreie uns o Herr!"[1] Für ein halbes Jahrhundert wurden die schnellen Reiter der Ungarn zum Schrecken des Abendlandes. Ein Ebersberger Chronist hat das Unheimliche der Gefahr dieser Jahre bildhaft zum Ausdruck gebracht: „Gleich dem glatten Aal entschlüpft dieses Volk den Händen des Häschers. Ich behaupte, daß sie von jener im Sumpf lauernden Schlange des Dichters abstammen, der für jeden abgeschlagenen Kopf dreißig andere nachwachsen. Denn, schlagen wir sie nieder, so leben sie nur umso zahlreicher wieder auf, aus ihrem Sumpf emporquellend wie die Frösche." Das eher schwerfällige Heer der Franken und Bayern war Nahkampf und Einzelkampf gewohnt. Die Kriegstaktik der Ungarn aber war blitzschnelles Auftauchen, Fernkampf, Kesselschlacht und totale Verwüstung der durchgezogenen Landstriche. Nur wenn die Ungarn beutebeladen schon wieder auf dem Rückzug waren, gelang den Bayern gelegentlich ein Teilsieg über eine Abteilung der Feinde.

Im Jahr 862 waren die Ungarn erstmals in ostfränkisches Gebiet vorgedrungen. 881 kam es zu einem Treffen bei Wien. Noch 892 versuchte König Arnulf die gefährlichen Nachbarn für seinen Kampf gegen den mährischen Fürsten Swatopluk einzuspannen. Zwei Jahre später plünderten sie Pannonien. Zu einer wirklichen Gefahr wurden sie erst, als sie 895 von den Petschenegen im Rahmen einer größeren Völkerbewegung aus ihren Sitzen am Schwarzen Meer verdrängt wurden. Nun führten die Ungarn beinahe Jahr für Jahr Beutezüge bis tief ins Abendland hinein. 899 standen sie in Italien. Ein Jahr später drangen sie über die Enns vor. Bis das bayerische Heer eintraf, war die Hauptmacht der Ungarn schon wieder umgekehrt. Nur eine kleine Abteilung plünderte noch am Nordufer der Donau. Mit ihr kam es am 20. November 900 zur Schlacht bei Linz, die mit einem ersten größeren Erfolg der Bayern endete. 901 fielen die Ungarn in Kärnten ein, wo der Ebersberger Ratold als Grenzgraf eingesetzt war. Wieder kam es zu einem Teilsieg über die beuteschleppenden Feinde an der Fischa.

Die Schlacht bei Preßburg

Außerordentlich bedrohlich für die bayerischen Marken wurde die Lage, als 905–906 die Ungarn das mährische Reich zerstörten. Nun entschloß man sich zu einer Gegenoffensive. Das bayerische Heer rückte unter der Führung des Markgrafen Luitpold aus, um die Ungarngefahr endgültig zu beseitigen. Auch die Bischöfe standen im Heeresaufgebot, das weit donauabwärts bis Preßburg zog. Hier kam es am 4. Juli 907 zur entscheidenden Schlacht, die mit einer vernichtenden Niederlage der Bayern endete. Markgraf Luitpold, Erzbischof Theotmar von Salzburg, Bischof Uto von Freising und Bischof Zacharias von Säben fielen im Kampf. Nur ein kleiner Rest des Heeres konnte entkommen. Preßburg bedeutete die Vernichtung der bayerischen Kriegerelite. Das Land war offen für weitere Einfälle der Feinde[2].

Bischof Uto hat kaum ein Jahr als Bischof von Freising regiert. Ob man den Leichnam des gefallenen Bischofs nach Freising gebracht hat, ist sehr fraglich. Erst im 16. Jahrhundert ist von seiner Bestattung im Dom die Rede. Auch der Versuch Meichelbecks, das Grab Utos zu identifizieren, ist mehr als zweifelhaft[3]. Der geschlagene Rest des Heeres von Preßburg hatte wohl kaum mehr Zeit und Mut, die gefallenen Führer in die Heimat zu bringen.

11. Bischof Dracholf (907–926)

Die Ungarn vor Freising

Nach der Schlacht von Preßburg mußte das bayerische Land mit neuen Einfällen der Ungarn rechnen. Das Heer war geschlagen und der Weg der Feinde nach Westen frei. Es war kein leichtes Erbe, das Bischof Dracholf 907 im Freisinger Bistum antrat[4]. Zunächst aber stießen die Ungarn 908 nach Sachsen vor. Ein Jahr später war ihr Ziel wieder der Süden des Reiches. Auf dem Rückweg kam eine Gruppe von ihnen für 5 Tage nach Freising. Das Martyrologium der Domkirche verzeichnet zum 30. Juli (909) den Eintrag: „Am Sonntag zur dritten Stunde fielen die Ungarn in Freising ein, aber alle diese Orte blieben ihnen unbekannt." Das kann nur bedeuten, daß die Stadt oder zumindest die Gebäude des Domberges vor Plünderung und Brandschatzung verschont blieben. Dann folgt die Notiz zum 4. August: „Am Freitag verbrannten die Ungarn die Kirche des heiligen Stephanus und des heiligen Vitus zur sechsten Stunde."[5] Diese Kirchen am Berg von Weihenstephan lagen außerhalb des Stadtbezirkes und darum fielen sie den Feinden zum Opfer.

Spätere Legendenbildung hat aus der Rettung des Domberges ein Blendungswunder, noch später ein Nebelwunder gemacht und es in Unkenntnis der zeitlichen Verhältnisse dem heiligen Lantbert zugeschrieben. Die Ungarn hätten die Domkirche nicht gesehen, sei es durch wunderbare Blendung der Feinde oder durch stark einfallenden Nebel. Man wird freilich nicht mit einem gezielten Angriff auf Freising rechnen müssen. Der Feind befand sich bereits auf dem Rückzug. Jene Abteilung, die dabei Freising berührte, wird den schutzlosen Berg von Weihenstephan geplündert haben, während der Domberg sicher befestigt war und sich verteidigen konnte. Bischof Dracholf hat die zwei Jahre seit der Niederlage von Preßburg vermutlich für militärische und befestigungsmäßige Sicherung genutzt oder er hat sich, was auch denkbar wäre, durch Tributleistungen von der Zerstörung seiner Pfalz losgekauft. In jedem Fall aber brauchte er dafür Geld. Eine um das Jahr 1100 gemalte Bischofsgalerie im Dom bringt zu seinem Bild die Nachricht, er habe „Schäden" durch „Schätze" verhütet[6].

Vorkehrungen für die Verteidigung

Um solche Mittel in schwerer Zeit zu beschaffen, hat Bischof Dracholf auf das Vermögen seines Domstiftes und mehrerer Eigenklöster zurückgegriffen. Das kostete ihm freilich seinen guten Ruf bei den Freisinger Chronisten, so daß er über Jahrhunderte hinweg als der mit Abstand schlechteste Hirte im Erbe des heiligen Korbinian galt, von Habgier besessen und den Eingebungen des Teufels verfallen. Entrüstet schreibt der Freisinger Domherr Conradus Sacrista um das Jahr 1187:

„Es folgte Dracholf, der auf Eingebung des Feindes des Menschengeschlechtes hin vom bischöflichen Stuhl und von drei Klöstern, nämlich Moosburg, Isen und Schäftlarn, abgesehen von kostbaren Stoffen und anderem kirchlichen Zierrat, allein an Gold und Silber um die 400 Talente entwendete, wie es in den Büchern steht."[7]

Der Bischof handelt hier als Eigenklosterherr, dem grundsätzlich die oberste Verfügungsgewalt über ihm eigene Klöster zusteht und auf die er im Notfall zurückgreifen zu dürfen glaubt. Dabei steht Dracholf nicht allein mit seinen „Säkularisationen". Auch Herzog Arnulf (907–937), der Sohn Markgraf Luitpolds, griff auf klösterlichen Besitz über, besonders auf die dem König eigenen Reichsklöster, um die Kosten für das Aufstellen eines neuen Heeres und für erkaufte Friedensbedingungen zu bestreiten. So wurde etwa Schäftlarn vom Bischof und vom Herzog belastet. Besonders hart war das Reichskloster Tegernsee von herzoglichen Konfiszierungen betroffen. Der umfangreiche Besitz, den Tegernsee verlor, ging zum guten Teil in die Hände von angesehenen

Familien, die im bayerischen Ostland einflußreiche Positionen besaßen. Ähnlich wie Bischof Dracholf haben auch Arnulf solche Maßnahmen durch klösterliche Geschichtsschreibung den Beinamen „der Böse" eingetragen.

Nach ihrem fünftägigen Aufenthalt in Freising sind die Ungarn ostwärts weitergezogen. Arnulf setzte ihnen nach und schlug sie an der Rott. Das Freisinger Martyrologium vermerkt auch dieses Ereignis unter dem 11. August. Ein Jahr später folgt ein neuerlicher Teilsieg unweit von Freising bei Neuching und 913 eine Niederlage der Ungarn am Inn. In all diesen Fällen aber befinden sich die Feinde bereits beutebeladen auf dem Rückzug. Dann folgen auffallend ruhige Jahre, während derer zumindest Bayern von Plünderungen verschont blieb. Man vermutet ein Abkommen zwischen Arnulf und den Ungarn, das wahrscheinlich erkauft war. Erst im Frühjahr 826, kurz vor dem Tod Bischof Dracholfs, verwüsteten die Ungarn wieder Teile des bayerischen Gebietes.

Zwischen Herzog und König

In der bedrängenden Frage der Ungarnabwehr war sich der Freisinger Bischof mit Arnulf einig. Sonst aber standen die Bischöfe in Spannungen zwischen Herzog und König traditionell auf Seiten der Krone. Ihr verdankt Dracholf auch seinen Bischofssitz. Er ist Franke, stammt vermutlich aus der Sippe der Mattonen, die im Würzburger Raum begütert sind, und war vor Erhebung zum Bischof Abt des Klosters Münsterschwarzach[8]. Es ist kaum anzunehmen, daß ihn die Freisinger von sich aus zum Nachfolger Utos gewählt haben. Hier hatte der königliche Hof seine Hand im Spiel, wie ja überhaupt das Wahlprivileg von 906 offenbar keinerlei Bedeutung für die Folgezeit besessen hat.

Bis zum Tod Ludwigs des Kindes im Jahr 911 steht Bischof Dracholf häufig im Gefolge des königlichen Hofes, wie einst sein Vorgänger Waldo. Auch nachdem der fränkische Herzog als König Konrad I. (911–918) den Thron bestiegen hatte, erscheint der Name Dracholfs mehrfach in den Königsdiplomen als Fürsprecher und Empfänger königlicher Gunsterweise. Dracholf nahm 912 am Hoftag des neuen Königs zu Ulm teil und 916 vermutlich auch an der ostfränkischen Kirchensynode von Hohenaltheim bei Nördlingen, die das Königtum gegen die Gewalt der Stammesführer stärken wollte. Die Synode wandte sich ausdrücklich gegen Arnulf von Bayern und lud ihn vor eine Versammlung nach Regensburg.

Arnulf hatte sich nach dem Tod seines Vaters Luitpold die Vollmachten eines Regenten über Bayern selbst angeeignet. Dieser Anspruch blieb sowohl in Bayern, als auch am Hof Ludwigs des Kindes unwidersprochen. Auch Konrad I. akzeptierte zunächst diese Situation und heiratete Arnulfs verwitwete

Mutter. Seit 914 aber herrschte Kriegszustand, weil Arnulf für den schwäbischen Grafen Erchanger Partei ergriffen hatte, der im Kampf gegen den König stand. Arnulf konnte sich gegen das Heer des Königs nicht behaupten und floh zu den Ungarn. Ein erster Rückeroberungsversuch 916 scheiterte. Arnulf mußte nochmals zu den Ungarn gehen. Vergeblich hatte er versucht, die Bischöfe auf seine Seite zu ziehen. Die Synode von Hohenaltheim war eine deutliche Absage. Ein Jahr später aber konnte Arnulf Bayern trotzdem zurückerobern. Als König Konrad 918 starb, war Arnulf unangefochten im Besitz Bayerns.

König Heinrich I. (919–936), vor seiner Wahl Herzog der Sachsen, fand sich mit dieser Tatsache ab, nachdem er erfahren mußte, daß er Arnulf militärisch nicht beikommen konnte. Er einigte sich 921 mit dem mächtigen Mann Bayerns daraufhin, daß dieser auf den Königstitel verzichtete und die Oberhoheit Heinrichs formell anerkannte; dafür blieb Arnulf aber weitgehende Unabhängigkeit nach innen und außen, sowie das Recht der Bischofseinsetzung. Auch wenn er die Krone nicht trug, übte er doch königliche Rechte aus als „Arnulf von Gottes Gnaden Herzog der Bayern und auch der angrenzenden Gebiete."

Für die Kirche Bayerns bedeutete dies, daß sie wieder zur Landeskirche geworden war. Das Verhältnis der bayerischen Bischöfe zu Heinrich I. scheint ohnedies eher kühl gewesen zu sein. Dracholfs Name begegnet seit 919 in keiner einzigen Königsurkunde mehr. Dafür könnte Bischof Dracholf aber ein enger Vertrauter seines Herzogs gewesen sein. Durch einen Unglücksfall hat ihn der Tod bei Persenbeug in den Fluten der Donau ereilt. Jener Chronist, der ihm die Übergriffe auf Klostergut nicht verzeihen konnte, sah darin natürlich ein Strafgericht Gottes. Nun stand die Gegend um Persenbeug seit der Schlacht von Preßburg aber unter ungarischer Kontrolle. Wenn der Freisinger Bischof in diesem Gebiet auftaucht und die Regensburger Annalen einen Friedensvertrag Arnulfs mit den Ungarn für 927 melden[9], dann könnte das durchaus bedeuten, daß Dracholf seinen Herzog zu den vorausgehenden Verhandlungen ins Feindesland begleitet hat und dabei im Donaustrudel zu Tode gekommen ist.

Das Unglück muß sich am 24. oder 25. Mai 926 ereignet haben. Eine Grabstätte Bischof Dracholfs ist nicht überliefert. Vielleicht konnte der Leichnam nicht geborgen werden. Freising hat seinem Bischof Dracholf kein ehrenvolles Gedenken bewahrt, sondern ihn, wohl zu Unrecht, als Bösewicht in Erinnerung behalten. Ganz anders gab es im Kloster Münsterschwarzach, das Dracholf als Kommende besaß und aus persönlichem Besitz reich förderte, einen jährlichen Gedenktag für ihn.

12. Bischof Wolfram (926–937)

Das Friedensabkommen Arnulfs mit den Ungarn vom Jahr 927, von dem die Regensburger Annalen berichten, brachte der Diözese für die Regierungszeit Bischof Wolframs[10] verhältnismäßig ruhige Jahre. Zwar zogen 935 die ungarischen Reiter wieder durch das Land, aber Bayern scheint dabei nicht wesentlich zu Schaden gekommen zu sein. Das wirtschaftliche Leben konnte sich nach einem Tiefstand unter Bischof Dracholf wieder stabilisieren und ging in zahlreichen Tauschverträgen gewohnte Wege. Wolfram vertauschte gern entfernt gelegenen Besitz der Domkirche gegen solchen in der näheren Umgebung Freisings[11].

Landessynoden

Zwei Synoden des Jahres 932 befaßten sich mit Fragen einer geistlichen Reform und der Wiederherstellung zerstörter Kirchen. Seit Bayern 921 wieder Landeskirche geworden war, nahmen die Bischöfe nicht mehr an den Reichssynoden teil, sondern trafen sich innerhalb des Landes zu gemeinsamen Beratungen. Ein erstesmal traten sie am 14. Januar 932 im Dom zu Regensburg unter dem Vorsitz des Salzburger Erzbischofs zusammen. Die nur fragmentarisch überlieferten Synodalbeschlüsse ermahnen die Hirten selbst zu vorbildhaftem christlichem Leben und setzen eine Gebetsverbrüderung unter Bischöfen, Klerikern und Nonnen fest. Noch im selben Jahr kamen die Bischöfe im Sommer anläßlich eines großen Landtages in Dingolfing wieder zusammen. Sie beschlossen, jeder Freie solle jährlich einen Denar oder den entsprechenden Sachwert an die Kirche abliefern. Der Ertrag dieser Aktion sollte für die Erneuerung zerstörter oder geplünderter Kirchen dienen. Am Palmsonntag mußten die Gläubigen ihren Beitrag dem zuständigen Priester geben, der ihn dann am Gründonnerstag bei der Abholung der geweihten Öle dem Bischof überreichte.

Güter aus den Tagen Korbinians

Bischof Wolfram wandte sich als einziger unter den bayerischen Bischöfen auch an König Heinrich I. mit der Bitte, er möge sich für die Rückgabe entzogener Freisinger Besitzungen in Südtirol einsetzen. Es handelt sich dabei durchwegs um Güter, die einst Korbinian in Mais, Kuens und Kortsch erworben hatte. Der König entsprach dieser Bitte mit einer Urkunde vom 14. April 931[12]. Die zu Unrecht entzogenen Besitztümer im Gebiet von Meran und im Vintschgau seien zurückzugeben. Wer sie enteignet hat, wird nicht gesagt. Der bayerische Herzog leistete jedenfalls keinen Widerstand. Er traf sich in Freising mit seinem Bruder Graf Berthold, zu dessen Bereich der Vintschgau gehörte, und verfügte die Rückgabe an den Bischof[13]. Den Kauf von Kuens und Mais bezeugt schon die Korbiniansvita Arbeos. Die Eigentumsrechte in Kortsch erwähnt erst eine spätere Überarbeitung der Vita, die Anfang des 10. Jahrhunderts ein Freisinger Kleriker vornahm. Vermutlich stützte sich aber ihre Erweiterung im 19. Kapitel auf tatsächlich ausgeübte Besitzrechte in Kortsch.

Bischof Wolfram, dessen familiäre Herkunft nicht ausgemacht werden kann, starb am 9. Juni 937 und wurde in der Domkirche beigesetzt.

13. Bischof Lantbert (937–957)

Der einzige Diözesanbischof in der langen Geschichte des Bistums Freising, der schon bald nach seinem Tod als Heiliger verehrt wurde, hat leider keinen Biographen gefunden, weder zu seinen Lebzeiten, noch in den folgenden Jahrhunderten, da die Erinnerung an ihn noch hätte lebendig sein können. So wissen wir nur sehr wenig historisch Faßbares über ihn und fast gar nichts darüber, was die Gläubigen dazu bewogen hat, ihn für einen Heiligen zu halten. Erst im 15. Jahrhundert hat die Legende mit einem Nebelwunder sich seiner bemächtigt, aber die Verehrung dieses Bischofs hatte schon viel früher und ganz ohne Mirakelberichte begonnen.

Abseits der politischen Bühne

Bischof Lantbert[14] scheint keine bedeutende politische Persönlichkeit im Reichsgefüge König Ottos I. gewesen zu sein, wie etwa sein Nachbar Bischof Ulrich von Augsburg. Nur zweimal begegnet er urkundlich in der Umgebung des königlichen Hofes. Einmal am 29. Mai 940 auf der Burg Salz an der fränkischen Saale, wo Otto I. ihm die Besitzrechte über das Kloster Moosburg und über den Hof Föhring an der Isar bestätigte[15]; dann erst wieder 952 beim Reichshoftag auf dem Lechfeld bei Augsburg, dem sich eine kirchliche Synode anschloß[16]. Lantbert stand während seiner recht unruhigen 20 Wirkungsjahre in Treue zum König und auch zu den bayerischen Herzögen, ohne sich in den dynastischen und familiären Machtkämpfen auf eine bestimmte Seite ziehen zu lassen, wie etwa der Salzburger Erzbischof. In der Sedisvakanz vor Lantberts Amtsantritt war Herzog Arnulf 937 gestorben. Dessen Sohn Eberhard (937–938) konnte die ausgeprägte Machtfülle seines Vaters gegenüber Otto I. nicht mehr halten. Dem Land kostete das zwei Kriegszüge des Königs gegen Bayern. An Eberhards Stelle trat Herzog Berthold, der Bruder des verstorbenen Luitpoldingers Arnulf (938–947). Auf ihn folgte dann Herzog Heinrich I. (947–955), ein Bruder König Ottos I. Während seiner Regierungszeit kam es 953 zum Aufstand des Königssohnes Liudolf. Der Rebell fand gerade in Bayern namhafte Unterstützung, vor allem von Seiten der Luitpoldinger. Auch Salzburgs Erzbischof Heriolf war bei den Aufständischen. Lantbert hat sich der Bewegung nicht angeschlossen. Der Aufstand brachte dem Land wiederum zwei Jahre lang Kriegszüge, Belagerungen und Kämpfe, bis in der Schlacht bei Mühldorf am 1. Mai 955 das ganze Unternehmen endgültig scheiterte. Und das alles zu einer Zeit, da die Ungarn von Osten her zu einem großen Schlag gegen Bayern und das Reich rüsteten.

Die Schlacht am Lechfeld

Während der ganzen Regierungszeit Lantberts stand die Ungarngefahr als drohender Schrecken über seinem Bistum. Mit dem Tod Herzog Arnulfs war ein wahrscheinlich bezahlter Nichtangriffspakt abgelaufen. Die Herzöge Berthold und Heinrich I. waren nicht gewillt, weitere Tributzahlungen zu leisten. Sie gingen zur Gegenoffensive über. Herzog Berthold gelang 943 ein Sieg über die gefürchteten Feinde bei Wels an der Traun. Nach mehreren wechselvollen, meist aber doch erfolgreichen Kämpfen mit Teilen des gegnerischen Heeres gelang Herzog Heinrich 950 eine große Offensive im Bereich des Feindes. Er überschritt mit seinem bayerischen Heer die Theiß, schlug die Ungarn zweimal und konnte mit Gefangenen und reicher Beute zurückkehren. Der Zwiespalt innerhalb des Königshauses, aufgerissen durch den Aufstand Liudolfs in den Jahren 953–955, lockte die Feinde erneut zu einem Großangriff in das Reich. Die Ungarn zogen 954 wieder einmal plündernd durch das bayerische Land. Nur durch Zahlungen konnte man sich ihrer erwehren. Inzwischen ging der Krieg zwischen Otto I. und den Anhängern Liudolfs unvermindert weiter. Selbst als Liudolf sich seinem Vater unterworfen und Verzeihung gefunden hatte, kämpfte die Partei der Luitpoldinger in Bayern weiter. Gerade noch rechtzeitig war durch die Schlacht von Mühldorf am 1. Mai 955 der Aufstand niedergeworfen worden, so daß die Abwehrkraft des Reiches wieder geschlossen einsatzbereit war, als die Ungarn 955 zum entscheidenden Schlag ausholten. Durch die fast mühelosen Erfolge des Vorjahres ermutigt überrollten sie in großen Massen während des Sommers 955 Süddeutschland bis zur Iller hin. Ihre Spur war gekennzeichnet durch Brennen, Mord und Plünderungen. Besonders in den Klöstern erhofften sie sich reiche Beute. Vom

Kloster Benediktbeuern etwa sollen nur zwei Mönche am Leben geblieben sein. Nicht viel besser erging es der Abtei Wessobrunn. Am 8. August umzingelten sie die Stadt Augsburg. Bischof Ulrich organisierte die Verteidigung und ermunterte das Volk zum Durchhalten bis zum Eintreffen des königlichen Entsatzheeres. Als König Otto heranrückte, mußten die Ungarn den Mauern Augsburg den Rücken kehren. Es kam zur großen Schlacht auf dem Lechfeld am 10. und 11. August, die mit einer vernichtenden Niederlage der Ungarn endete und endgültig das Abendland von dieser bedrohenden Gefahr befreite. Versprengte Reste der ungarischen Reiter wurden von bayerischen Truppen verfolgt und in kleineren Gefechten besiegt.

Die Bischofsstadt Freising hat diese Stürme offenbar ohne Schaden überstanden. Das Volk schrieb die Rettung aus drohender Gefahr dem Gebet seines Bischofs zu. Über die Geschicke des übrigen Bistumsbereiches erfahren wir nicht viel. Nur in Ebersberg hat sich die Überlieferung erhalten, daß Graf Eberhard bei den Kämpfen um Augsburg mit seinen Leuten recht erfolgreich war und einen ungarischen König und einen Herzog in seine Gewalt bekam, die er dann gefangen nach Regensburg brachte[17].

Kirchliche Aufbauarbeit

War mit dem Sieg vom Lechfeld die unmittelbare Kriegsgefahr beseitigt, so stellte sich nun für die Bischöfe um so dringender die Aufgabe einer innerkirchlichen Reform, nachdem die Jahrzehnte ständiger Unsicherheit offenbar manchen Mißstand kirchlicher Disziplin mit sich gebracht hatten. Schon drei Jahre vor dem Entscheidungskampf bei Augsburg war an derselben Stelle, wo 955 die Schlacht stattfand, am 7. August 952 eine Reichssynode unter Führung des Mainzer Metropoliten zusammengetreten, um über kirchliche Reformmaßnahmen zu beraten. Unter den 25 teilnehmenden Bischöfen waren drei, die später als Heilige verehrt wurden: Bischof Ulrich von Augsburg, Bischof Konrad von Konstanz und Bischof Lantbert von Freising. Die Synodalbeschlüsse befassen sich hauptsächlich mit der Reform von Klöstern und Klerus. Die Mönche sollen wieder ständig in ihrem Kloster bleiben, den Klerikern wird das Halten von Hunden oder Falken für die Jagd, sowie das Würfelspiel untersagt und das Gesetz der Ehelosigkeit unter Androhung der Amtsenthebung eingeschärft. Aufsichtsrechte über klösterliche Konvente, Seelsorgsstellen und Verfügungsgewalt über den Kirchenzehnten sollen ausschließlich in der Hand des Bischofs liegen und nicht von Laien ausgeübt werden[18].

Zunächst konnten solche Reformabsichten nicht gelingen, weil der Aufstand Liudolfs und neuerliche Ungarnzüge das Land mehr als je zuvor erschütterten.

Auch Bischof Ulrich von Augsburg ist es erst nach dem Sieg von 955 möglich geworden, mit Erfolg an die Reformarbeit innerhalb seines Bistums zu gehen. Bischof Lantbert von Freising blieb nicht mehr die Zeit, um ein ähnliches Werk zu leisten. Schon zwei Jahre nach dem großen Sieg über die Ungarn ist er am 19. September 957 gestorben.

Der Kult des Heiligen

Ein Jahrhundert nach seinem Tod wird Lantbert in Freising als Heiliger verehrt. Seine Gebeine sind erhoben und in einem Hochgrab beigesetzt, das mit einem Altar verbunden ist. Welcher Bischof diese Erhebung der Reliquien und damit die offizielle Bestätigung des Kultes vollzogen hat, wissen wir nicht. Jedenfalls legen in der Regierungszeit Bischof Meginwards (1078–1098) ein Laie und ein Kleriker Urkunden auf dem Grabaltar nieder, durch die sie ihre Güter dem heiligen Lantbert vermachen, deren Ertrag den Armen zugute kommen soll, „die vor der Tür stehen"[19]. Vermutlich lebt in dieser Form des Kultes die Erinnerung an einen ehemals um die Armen besonders besorgten Bischof, dem es seine Verehrer gleichtun wollen. Etwa um die gleiche Zeit dichtet ein Freisinger Kleriker einen Hymnus auf den heiligen Lantbert in Anlehnung an das Exultet der österlichen Liturgie:[20]

„Es frolocke die Jungfrau-Mutter, die ganze Kirche,
beglückt durch die hohen Verdienste des großen Bischofs Lantbert.
Es freue sich das glückliche Bayern,
gesegnet durch einen so liebenswerten Sohn.
Es juble vor allem die Stadt Freising,
geehrt durch die Lehre, den Schutz und den heiligen Leib
ihres großen Bischofs.
Mögen wir gewürdigt werden,
seine gütige Fürbitte
beim Herrn, unserm Gott, immerdar zu erfahren."

Erst um 1500 hat sich die Legende des hl. Lantbert bemächtigt. Sie führt ein Blendungswunder ein, das bald zu einem Nebelwunder modifiziert wurde. Auf das Gebet des heiligmäßigen Bischofs hin sei in der Stunde der Gefahr so starker Nebel über den Domberg gefallen, daß ihn die feindlichen Ungarn bei ihrem Durchzug gar nicht bemerkten:[21]

„Dem tumb aber haben sy kainen schaden zuefiegen mügen; dann es ist der ganz berg mit so ainem dicken nebel bedeckt gewest, daß man darvon gar nichts hat mögen sechen, und sein dan noch die wüesten leut darvor gelegen von suntags 3 uhr an bis zu der 6. stund des folgenden freitags."

Der hl. Lantbert.
Federzeichnung von J. N. Maag nach einem Gemälde im Freisinger Fürstengang, 1772.

Anstoß zu dieser Legende war der hier falsch datierte Eintrag im Freisinger Martyrologium (Clm 27305), der eigentlich in die Regierungszeit Bischof Dracholfs gehört, sowie das Wissen darum, daß Lantbert in der Zeit der Ungarnkriege wirkte und der Bischofssitz in diesen gefährlichen Jahren verhältnismäßig schadlos davonkam. Darüber hinaus gibt es eine alte Tradition im Kult dieses Heiligen, die Lantbert vor allem als die große Betergestalt auf dem bischöflichen Stuhl Freisings betrachtet. Als betenden Bischof hat die Kirche von Freising Lantbert in die Reihe der Heiligen gestellt.

V. Kapitel

FREISINGER GLANZ IN DER GUNST DER KÖNIGE

14. Bischof Abraham (957–993/994)

Im Gegensatz zum stillen Beter Lantbert war Bischof Abraham in der Zeit der geistigen Erneuerung und des materiellen Wiederaufbaus nach der Not der Ungarnkriege eine außerordentlich dynamische Persönlichkeit mit wachem Gespür für pastorale Erfordernisse, mit großem Interesse an Kunst und wertvollen Büchern, aber auch mit ausgeprägter Neigung, am Spiel der politischen Kräfte aktiv mitzuwirken.

Vom königlichen Hof nach Freising

Bischof Abraham kam von der königlichen Hofkapelle Ottos I. nach Freising. Trotzdem war er hier kein Unbekannter. Kurz vor Lantberts Tod begegnet er in der bischöflichen Residenz als Zeuge eines Tauschvertrages. Man hat ihn damals vielleicht schon als künftigen Bischof im Auge gehabt. Jedenfalls war der Urkundenschreiber bis zum Tod Bischof Lantberts noch nicht dazugekommen, den Vertrag in das Traditionsbuch einzutragen. Als er dies nachholte, vermekrt er zu Abraham bereits: „nachher Bischof"[1]. Vermutlich gehörte die Familie Abrahams zum Freisinger Bistumsbereich, denn am 29. Mai 940 erscheint in einer Königsurkunde Ottos I. ein Graf des Sundergaus mit dem seltenen alttestamentlichen Namen Abraham, zu dessen Herrschaftsbereich der Ort Neuching zählte[2]. Drei Monate nach der Beisetzung Lantberts empfing Abraham am 21. Dezember 957, am Fest des hl. Thomas, die Bischofsweihe. Daraus entsprang zeitlebens eine hohe Verehrung für diesen Apostel. Abraham ließ an der Südseite des Domes eine Thomaskapelle anbauen und sie als Begräbnisstätte für sich zubereiten.
Noch aber war der neue Bischof jung, denn das Bistum lag fast 40 Jahre in seiner Hand. Freising erreichte unter seiner Regierung wieder eine politische Bedeutung, wie es sie lange nicht mehr besessen hatte. Bischof Abraham war geprägt vom Glanz des königlichen Hofes, von dem er wenigstens in bescheidener Form auch etwas in seine Freisinger Residenz bringen wollte. So beute er seiner Domkirche ein Westwerk vor, von dem aus in der Regel der Kaiser mit seinem Gefolge den Gottesdienst verfolgte.

Vermutlich war es eine mehrgeschoßige Anlage, überhöht von einem Glockenturm. So hieß er auch in Freising „turris regalis", der Königsturm[3]. Auch im bischöflichen Hofstaat führte Abraham eine Neuerung ein: nach dem Vorbild des Königshofes gab es jetzt einen Erzkaplan als Leiter der Kanzlei[4] und die Ämter eines Kämmerers, eines Truchseß und Mundschenks[5].

In der bayerischen Landespolitik

Bedeutsam ist die Rolle, die Bischof Abraham in der bayerischen Landespolitik gespielt hat. Während der kurzen Zeit der Sedisvakanz war am 1. September 957 Herzog Heinrich I. gestorben. Sein gleichnamiger Sohn war ein unmündiges Kind von 4 Jahren. König Otto gestattete aber trotzdem der Witwe seines verstorbenen Bruders, Herzogin Judith, für ihren Sohn die vormundschaftliche Regierung zu leiten. Dabei fällt auf, daß in allen entscheidenden Situationen Bischof Abraham von Freising an ihrer Seite ist. Ob es dafür einen förmlichen Auftrag des Königs gegeben hat, von dessen Hof Abraham eben gekommen war, ist ungewiß. Faktisch aber lag die Regierung des Landes auf Jahre hinaus in den Händen von Judith und Abraham. Die Zusammenarbeit der beiden war sogar so eng, daß in gewissen Kreisen der Verdacht unerlaubter Beziehungen aufkam. Beim Totengottesdienst für die verstorbene Herzogin wies Bischof Abraham später derartige Gerüchte in feierlichster Weise zurück[6].
Einfluß und Macht in der bayerischen Herzogsfamilie führten Abraham aber auch in einen schweren Konflikt mit dem Königshaus. Ein Jahr nach dem Regierungsantritt Ottos II. versuchte Herzog Heinrich II. von Bayern seinen kaiserlichen Vetter zu stürzen. Die Gründe dafür liegen im Dunkeln. Herzog Heinrich brachte ein stattliches Aufgebot zusammen, Freunde und Angehörige der luitpoldingischen Familie, Herzog Boleslav von Böhmen, Herzog Miesko von Polen, und auch Bischof Abraham stand auf seiner Seite. Die Verschwörung wurde jedoch 974 bekannt. Herzog Heinrich verlor für elf Jahre sein Land und wurde nach Ingelheim verbannt. Den Freisinger Bischof verwies das Hofgericht nach Corvey[7]. Von allzu langer Dauer dürfte die Klosterhaft aber nicht gewesen sein, jedenfalls nicht so lange wie die Gefangenschaft des Herzogs.
Kaiser Heinrich II., der Sohn dieses Herzogs, erinnert sich später voll Dankbarkeit der gastlichen Aufnahme im Haus Bischof Abrahams während seiner Kinderzeit[8]. Vermutlich hat ihn seine Mutter Gisela gerade während dieser Jahre nach Freising gebracht, als Abraham schon wieder frei, ihr Mann aber noch in Haft war. Spätestens unter Otto III. stand Bischof Abraham wieder in Gunst des Königshauses. Eine Bemerkung Aventins, Abraham habe Herzog Heinrich nach Entlassung aus der Haft in Regensburg zum König gesalbt, besitzt wenig Glaubwürdigkeit.

Königliche Geschenke

Den sonst guten Beziehungen Abrahams zum kaiserlichen Hof verdankt das Bistum umfangreiche Güterschenkungen. Ein erster Komplex betrifft Gebiete südlich von Innichen: die gesamte Grafschaft Cadober, die südlich an das Pustertal anschließt und entlang der Piave bis fast an die Gebirgsausgänge reicht; dazu dann in der Ebene Besitzungen in der Grafschaft Treviso und im Gebiet von Vicenza[9]. Ganz offensichtlich sollte Freising mit seinem Stützpunkt Innichen hier den deutschen Königen einen Weg nach Italien entlang der Piave freihalten und sichern.

Eine zweite Gruppe von Schenkungen an Bischof Abraham betrifft die Mark Krain, die zunächst noch dem bayerischen Herzogtum unterstellt war. König Otto II. übergab dem Freisinger Bischof 973 ein beträchtliches Gebiet in Oberkrain um den späteren Zentralort Bischoflack. Die Grenzen umfaßten den Raum des Selzacher und Pöllander Tales, sowie das Zeierfeld bis zur Save[10]. Die Schenkungsurkunden geben zwar eine sehr genaue Grenzbeschreibung wieder, verraten aber nichts über die Absichten, die den König zu dieser Vergabe bewogen haben. In der Hauptsache werden es kolonisatorische Interessen gewesen sein. Beginnend mit dem Zeierfeld zwischen Bischoflack und Krainburg führte der Freisinger Bischof in das nur dünn von Slowenen besiedelte Gebiet bayerische und kärntnerische Bauern[11]. Ob mit dieser Kolonisationsarbeit auch eine unmittelbare Missionsaufgabe im Sinn von Neubekehrung heidnischer Slowenen verbunden war, läßt sich nicht sicher sagen. Wahrscheinlich aber waren die Slowenen bereits getauft, so daß die von Freising geschickten Priester mehr Seelsorge als direkte Mission zu leisten hatten. Als Ausgangspunkt für die Seelsorge bei den Slowenen in Krain bot sich dem Freisinger Bischof in erster Linie die Kirche Maria Wörth mit ihrer Priestergemeinschaft an. Sie war seit Bischof Waldo in Freisinger Besitz. Die Bevölkerung um den Wörthersee in Kärnten war ebenfalls stark slowenisch durchsetzt, so daß zumindest einige der dortigen Kleriker die Sprache dieses Stammes beherrschten. So ist es auch verständlich, wenn im Freisinger Herrschaftsbereich von Krain das Patrozinium der heiligen Primus und Felizian auftaucht, deren Grab in Maria Wörth hoch verehrt wurde. Bischof Abraham hat sich persönlich sehr um seine Kirche am Wörthersee gekümmert, wohl in Anbetracht der von ihr in Krain zu leistenden Aufgabe. Er hat die Kirche der heiligen Primus und Felizian bereichert um eine Fülle von teils sehr kostbaren liturgischen Gewändern, um Kelche und Bücher, um Rauchfässer, Altar- und Wandbehänge[12]. Eine ähnliche Ausstattung an liturgischen Gewändern und Geräten verschaffte Abraham nur noch seiner Domkirche in Freising[13]. Das läßt auf eine ansehnliche Priestergemeinschaft in Maria Wörth und auf die hohe Bedeutung der dortigen Kirche schließen.

Die Freisinger Denkmäler

Das kostbarste Zeugnis Freisinger Seelsorgarbeit unter den Slowenen aber sind die sogenannten „Freisinger Denkmäler" in slowenischer Sprache. Es handelt sich dabei um drei Texte aus dem Zusammenhang der öffentlichen Beichte, eines Bußgottesdienstes also, der neben der Privatbeichte üblich war und wahrscheinlich in der Eucharistiefeier auf die Verlesung des Evangeliums folgte. Das erste und dritte dieser Freisinger Denkmäler sind allgemeine Formeln zum Bekenntnis der Sünden, das zweite ist eine stilistisch kunstvoll ausgearbeitete Predigt, die zur Buße und zum Bekenntnis der Sünden mahnt.

Aus dem I. Freisinger Denkmal:

„Gnädiger Gott, empfange das Bekenntnis meiner Sünden: was ich Übles begangen habe seit jenem Tage, da ich bekehrt worden war und getauft wurde, wessen ich gedenke oder nicht gedenke, was ich mit Vorbedacht getan habe, wissentlich oder unwissentlich, durch Meineid oder Lüge, durch Diebstahl oder Neid, durch Gotteslästerung oder Unzucht, wenn es mich danach gelüstete, wonach es mich nicht hätte gelüsten dürfen, durch Verleumdung, schlafend oder wachend, wenn ich Feiertag und Feierabend nicht heiligte und nicht meine Fasten hielt und vieles andere, was wider Gott und meine Taufe verstößt."

Aus dem II. Freisinger Denkmal:

„Brüder, wir sind gerufen und berufen und können vor niemandem weder unser Angesicht verbergen noch fliehen, sondern müssen vor dem Throm Gottes zusammen mit unserem Feind stehen, dem alten Teufel, und jeder von uns muß vor Gottes Augen mit seinem Mund und seinen Worten bekennen, was er auf dieser Welt begangen hat, sei es Gutes, sei es Böses.

Gedenkt, Söhne, jenes Tages, da es nicht möglich sein wird, sich irgendwo zu verbergen, sondern da wir vor Gottes Auge werden stehen müssen und unseren Streit austragen, wie Er allen verkündet hat.

Unser Herr, der heilige Christus, der Arzt unserer Leiber und der Erlöser unserer Seelen, hat schließlich das letzte Heilmittel eingesetzt, wie wir uns vor ihm (dem Teufel) bewahren und ihm widerstehen können.

Unsere Vorfahren haben arg gelitten, denn sie wurden mit Ruten geschlagen, zum Feuer gedrängt und verbrannt, und mit Schwertern zerhackt, und auf Bäume gehängt, und mit eisernen Haken in Stücke gerissen.

Mit unserem rechten Glauben und mit dem rechten Bekenntnis können wir jedoch das vollführen, was sie durch große Qualen vollführt haben.

Deshalb, Söhne, rufet die Diener Gottes, und zählt ihnen eure Sünden auf und ihr werdet eurer Sünden ledig sein."

Aus dem III. Freisinger Denkmal:

„Ich bereue meine Sünden und gern werde ich sie bereuen, wenn ich mir bewußt sein werde, daß Du, o Gott, wirst Gnade walten lassen. Gib mir, Herr und Gott, deine Gnade, auf daß ich ohne Verlegenheit und Scham vor deinen Augen stehe am Jüngsten Tag, da du zu richten kommst die Lebendigen und die Toten, jeden nach seinen Werken.

Dir, o gnädiger Gott, übergebe ich alle meine Worte und meine Werke und meine Gedanken und mein Herz und meinen Leib und mein Leben und meine Seele.

Christus, Sohn Gottes, der du erwählt hast, auf diese Welt zu kommen, um die Sünder aus der Macht des Teufels zu retten, behüte mich vor allem Übel und erhalte mich im Guten. Amen."

Diese Texte müssen nicht in Freising selbst übersetzt worden oder gar hier entstanden sein. Sie beruhen wahrscheinlich auf älteren Vorlagen. Deshalb läßt auch der Hinweis auf Bekehrung und Taufe im II. Denkmal keinen Rückschluß auf die Missionssituation der Slowenen unter Bischof Abraham zu. Sicher aber wurden sie für den Gebrauch des Freisinger Bischofs abgeschrieben, und zwar nicht in glagolitischen Buchstaben, sondern in lateinischer Schrift und mit lateinischer Übersetzung. Wenn Abraham in seine Oberkrainer Herrschafts- gebiete reiste und dort Gottesdienst hielt, mußte er auch die slowenische Bevölkerung in ihrer Sprache anreden können. Der ganze Band[14], in dem die slowenischen Beichtformeln stehen, scheint ein Handbuch für den Bischof gewesen zu sein, eine Art Pontifikale mit unterschiedlichsten Texten meist liturgischer Art. Daß das Buch speziell für den Freisinger Bischof geschrieben wurde und nicht später zufällig nach Freising kam, erweist eine Notiz über den Grundbesitz von Godego bei Treviso, den Abraham von Kaiser Otto I. erhalten hatte[15]. Außerdem folgt unmittelbar auf den dritten slowenischen Text eine Homilie zum Fest Mariä Geburt und des heiligen Korbinian[16].

Freisinger Bücher

Bücher galten überhaupt viel am Hof Bischof Abrahams, nachdem das Skriptorium in Freising ein halbes Jahrhundert anscheinend ganz erloschen war. Nun aber stand dem Bischof in seinem Kaplan Gottschalk ein Bücherfreund zur Seite, der mit einigen Schreibgehilfen persönlich nach Lothringen reiste, um in Metz und Toul eine ganze Reihe von Codices abzuschreiben. Es waren Kirchenväter, die man in der Freisinger Dombibliothek noch nicht besaß. Daneben fanden über die Beziehungen nach Süden und Osten aber auch zeitgenössische Werke Eingang nach Freising, wie die des Rather von Verona oder des ungarischen Martyrerbischofs Gerhard von Csanad[17]. Zu einem

Prunkstück wurde das Sakramentar Bischof Abrahams[18], das nach hundertjähriger Pause auch wieder Zeugnisse für die Buchmalerei in Freising bringt. Über der Initiale des Meßkanons steht ein wildgezackter grüner Kreuzesbaum vor purpurnem Hintergrund, dazu die langgewandte Gestalt des Gekreuzigten zwischen Maria und Johannes. Die Initiale selbst mit wirrem Ranken- und Flechtwerk lebt noch ganz aus der alten insularen Tradition. Auch ein Osterbild enthält dieser Codex. Der Engel kündet den Frauen am Grab die österliche Botschaft; im Hintergrund die schlafenden Wächter; das Grab Jesu selbst ist nicht als Felsengrab, sondern als Vorstellung von der Jerusalemer Grabeskirche gezeichnet. Nach diesem Werk versiegt die Buchmalerei wieder für ein halbes Jahrhundert in Freising.

Kirchliche Reformarbeit

Über die eigentliche Reformarbeit im Bistum nach den verheerenden Schäden der Ungarnzeit schweigen leider die zeitgenössischen Quellen. Erst später faßbare chronikale Nachrichten melden, wie sich Bischof Abraham um die Seelsorgskirchen bemüht hat; wie er drauf geachtet hat, daß nur geprüfte Kleriker Anstellung erhielten; wie er selbst die Prüfungen der Kandidaten abnahm und als Vorbild seiner Kanoniker persönlich am Chorgebet in der Domkirche teilnahm. Offensichtlich gab es auch Anlaß, auf die Reinerhaltung der kirchlichen Lehre im Freisinger Schulbetrieb zu achten. Der Schulmeister war anscheinend verklagt worden, häretische Irrlehren zu verbreiten. Daraufhin rechtfertigte sich dieser Rihkarius bei seinem Bischof, indem er schriftlich seine Glaubensüberzeugung vorlegte. Vermutlich hat es sich dabei um christologische Streitfragen gehandelt, denn der Schulmeister Rihkarius distanziert sich in seinem Brief ebenso von der Irrlehre des Arius und der Manichäer, wie von den falschen Lehren des Nestorius und des Eutyches und bekennt sich zu den zwei Naturen göttlicher und menschlicher Herkunft in der einen Person Jesu Christi[19].

Gorze-Trierer Klosterreform

Kräfte der Erneuerung kamen auch von auswärts in den Bereich des Freisinger Bistums. Mit Hartwig und zwölf weiteren Mönchen aus St. Maximin in Trier hielt die Gorze-Trierer Klosterreformbewegung Einzug in Tegernsee. Während andere Klöster wie Schäftlarn oder Schlehdorf nur in der freieren Form der Säkularkanoniker den Niedergang während der Ungarnkriege überlebten,

wurde Tegernsee zu einem Zentrum der von Gorze ausgehenden benediktinischen Reform, die im bewußten Rückgriff auf Schrift und patristische Tradition
strengmönchische Desziplin wiederherzustellen suchte. Kennzeichen dieser
neuen Bewegung waren eine gewisse Distanz der Klöster zur profanen Welt und
zur eben aufkommenden Beschäftigung mit antiker Philosophie, klare Ablehnung des Privateigentums für Mönche und starke Betonung der klösterlichen
Freiheit in der Wahl des Abtes. Wahrscheinlich hat Bischof Wolfgang von
Regensburg den Einzug der Trierer Benediktiner in Tegernsee vermittelt. Die
Reform ging im alten Reichskloster zwar nicht ganz reibungslos über die Bühne,
auf die Dauer aber konnte sie sich durchsetzen und führte zu einer hohen Blüte
Tegernseeischer Kultur[20]. Bischof Abraham weihte 978 den Mönch Hartwig aus
St. Maximin in Trier zum Abt. Nach seinem frühen Tod übernahm 982 Gozbert
aus dem Regensburger Reformkloster St. Emmeram die Leitung Tegernsees.
Bald schon konnte das oberbayerische Seekloster selbst in Feuchtwangen den
Versuch wagen, die Wiederbesiedlung einer vom Verfall bedrohten Abtei
einzuleiten.

Etwas distanzierter scheint Bischof Abrahams Verhältnis zum jungen Kloster
Ebersberg gewesen zu sein. Hier hatten schon 934 die mächtigen Grafen von
Ebersberg bei ihrer Stammburg ein Kanonikerstift errichtet. Der erste Propst
Hunfried brachte anläßlich einer Romfahrt als Geschenk Papst Stephans VIII.
(939–942) eine Reliquie des heiligen Sebastian nach Ebersberg, die bald Anlaß
zu einer eigenen Wallfahrt wurde. Schwierigkeiten gab es nur mit der Weihe der
neuen Kirche. Erst 970 gelang es Graf Ulrich, die Weihe der Klosterkirche durch
Erzbischof Friedrich von Salzburg, einem Verwandten aus der Seitenlinie des
Hauses, durchzusetzen, nachdem sich der eigentlich zuständige Diözesanbischof Abraham geweigert hatte, die Konsekration vorzunehmen. Immerhin
erteilte Abraham dann doch die Erlaubnis zur Kirchweihe. Ursache für diese
Zurückhaltung dürfte einmal der geringe bischöfliche Einfluß auf das neue Stift
gewesen sein, den sich Abraham bei der einflußreichen Gründerfamilie
ausrechnen konnte; zum anderen aber galten die Ebersberger als ottonische
Gewährsmänner in Bayern, während der Freisinger Bischof doch mehr der
liudolfinisch-luitpoldingischen Sonderpolitik zugeneigt war.

Dies zeigt nocheinmal, daß Bischof Abraham zwar tatkräftige Aufbauarbeit nach
den Ungarnkriegen zu leisten vermochte, insgesamt aber doch durch mancherlei
politische Verflechtungen sich selbst für eine durchgehende Reformarbeit nicht
unbeträchtlich im Wege stand. Er starb an einem 7. Juni, ungewiß ob 993 oder
994, und wurde seinem Wunsch gemäß in der Thomaskapelle des Freisinger
Domes bestattet.

15. Bischof Gottschalk (994–1005)

Ein Bücherfreund auf dem Bischofsstuhl

Der hochgebildete Bücherfreund und Erzkaplan Gottschalk wurde vom Domkapitel zum Nachfolger Abrahams bestellt. War er einst selbst nach Toul und Metz gereist, um seltene Codices abzuschreiben, so stand ihm nun der nicht minder eifrige Domschulmeister Antricus mit seinen wissensbegierigen Schülern zur Seite, die immer wieder nach neuen Büchern verlangten[21]. Nur gibt man sich jetzt nicht mehr zufrieden mit Kirchenvätertexten, sondern will auch die Schriften vorchristlicher Klassiker kennenlernen, Cicero etwa oder wenig später sogar die Komödien des Plautus, Verse von Tibull, Martial und anderen römischen Dichtern. Für die Art aber, wie man sich in der Domschule mit der Weisheit antiker Philosophen und mit den christlichen Glaubensinhalten auseinandersetzt, werden die dialektischen Schriften des spätantiken Philosophen Boethius wegweisend. Lehrer und Schüler lieben das Wechsel- und Streitgespräch, das von Gegensätzen ausgeht und dann doch der Wahrheitsfindung dienen soll. Es beginnt das dialektische Spiel mit den beiden Wurzeln der Wahrheit in Glaube und Vernunft.

Froumund von Tegernsee

Auch in Tegernsee lebt zu dieser Zeit ein Mönch, der neben den Schriften des Boethius Autoren der Antike wie Cicero, Juvenal, Persius und Statius in die Klosterbibliothek brachte, obwohl die Gorzer Reform für solch „weltliche Wissenschaft" wenig Verständnis hatte. Aber dieser Mönch Froumund war in jeder Hinsicht eine außergewöhnliche Persönlichkeit, ein Individualist, der auch im Kloster nicht leicht in einen engen Rahmen zu spannen war. Seine Liebe galt den Büchern und der Dichtung. Als er aufgefordert wurde, das Priesteramt anzustreben, antwortete er in einem Vers: „Aus Büchern zu lernen und andere

Schrift des Mönches Froumund aus Tegernsee.

zu lehren, hab ich mir vorgenommen." Er selbst hat kein größeres Werk verfaßt, aber doch immerhin eine Briefsammlung angelegt, in die er eine Fülle von lateinischen Kurzgedichten aus eigener Feder streut. In ihnen offenbart sich ein Meister der dichterischen Kleinkunst von höchster Originalität. Er geht nicht die ausgetreten Wege einer althergebrachten formelhaften Verskunst, sondern wagt das ganz Persönliche, so wie er eben das Land um den Tegernsee und seine Bewohner erlebt. Wenn der bayerische Herzog zu Besuch ins Kloster kommt, verfaßt er rasch ein Begrüßungsgedicht, in dem die ganze herrliche Welt der Natur am Tegernsee lebendig wird:

„Ihr Kinder,
klettert auf Zäune und Dächer!
Ihr Hirsche, gabelgeschmückte Waldbewohner,
kommt herab!
Ihr alten Bäume,
legt euer Mooskleid ab
und zieht einen Purpur an!
Ihr waldbewohnenden Faune,
schwingt euren Tyrsusstab!"

Froumunds Gedichte reichen von solch lyrischen Schilderungen der Natur über humorvolle Neckereien seiner Mitbrüder bis zu drastischer Derbheit. Wenn ihm bei eisigem Winter die Finger steif werden und der Kleiderwart des Klosters kein Einsehen hat für den Schreiber, dann wünscht er ihm: „Ich wollte, du wärest selbst ein Wildschwein, und wenn ich dich finge, zöge ich dir mit dem Messer die Haut ab." Dann schildert der frierende Mönch diese Prozedur, bis er soweit ist, daß er sich aus der Schwarte Handschuhe bereiten kann. Daneben aber stehen wieder ganz andere Töne, wenn der Dichter seines eigenen Todes gedenkt:

„Mächtiger Gott, erwecke mich,
wenn der Tod mich begraben,
Froumund mich, mit allgütiger Huld,
ja erwecke mich Christus!
Nie soll vergehen,
was von deiner Hand gepflanzet ist, Christus!"[22]

Freising und Tegernsee

Freising und Tegernsee stehen in dieser Zeit in regem Briefwechsel miteinander, aber auch in einem gedeihlichen kulturellen Austausch. Bischof Gottschalk wird etwa gebeten, einen Glockengießer zu schicken:

„Drei Jahre sind vergangen, seit wir eine Glockenform machen ließen und noch immer liegt das ganze Metall bei der Form. Aber wir können nicht vollenden, was wir begonnen haben, denn wir haben niemand, der sich auf die Kunst des Glockengießens versteht. Deshalb bitten wir zur Vollendung dieses Werkes um Adalrich, einen Kleriker der Freisinger Kirche."[23]

Kloster Tegernsee. Holzschnitt um 1560.

Der Freisinger Bischof gibt dafür mehrere hundert Tafeln Glas bei der Tegernseer Hütte in Auftrag. Der Abt kann sie aber nur mit großer Verzögerung und ratenweise liefern, denn das Kloster ist arm und wie alle Bewohner des Tales von Hungersnot heimgesucht[24]. Immer wieder gehen Bittbriefe nach Freising. Tegernsee verfügt seit den staatlichen Konfiszierungen der Ungarnzeit längst nicht mehr über den ehemals so reichen Besitzstand. Mißernten haben dazu geführt, daß für die Mönche nicht mehr das Nötigste an Nahrung und Kleidung beschafft werden kann. Die Armenpflege liegt im argen, weil die kleinen Bauern ihre Zehentleistungen nicht geben können und die Reichen sich um ihre Abgaben drücken. Der Dekan des Klosters schildert den Notstand der Kirche: es schneit zum Dach herein, die Vögel schwirren durch die leeren Fensterhöhlen, der Wind bläst die Kerzen am Hochaltar aus[25]. Bischof Gottschalk setzte sich bei König Heinrich II. für das notleidende Kloster ein und versicherte, wenn nicht geholfen würde, könne Tegernsee das Leben nach der Regel Benedikts nicht mehr weiterführen[26]. Gleichzeitig bat er um Bestätigung des schon von Kaiser Otto II. gewährten Rechtes auf freie Wahl des Abtes. Die Äbte wechselten sich rasch ab in diesen Jahren, allein während der elfjährigen Regierungszeit Bischof Gottschalks viermal. Nach dem Tod von Abt Gozpert (982–1001) sollte der heilige Godehard von Niederaltaich das Reformwerk weiterführen. Aber er konnte sich nur ein Jahr in Tegernsee halten. Seine strengen Reformideen stießen bei den Mönchen nicht immer auf große Begeisterung und Godehard fand auch beim Freisinger Bischof keinen Rückhalt. Ihm gegenüber muß er sich gegen den Vorwurf verteidigen, er habe sich die Leitung des Klosters erschlichen. Bitter beklagt er sich: „Nicht alle Männer sind Männer und nicht alle Mönche sind Mönche, auch wenn sie so heißen."[27] Godehard sah ein, daß er mit seinen strengen Reformgedanken in Tegernsee nicht durchkommen konnte und ging wieder nach Altaich zurück. Gelegentlich muß es in Tegernsee schon auch recht turbulent zugegangen sein, denn die Mönche sahen sich immerhin genötigt, dem Freisinger Bischof gegenüber zu beteuern, die Behauptung, sie hätten ihren Abt erwürgen wollen, entbehre jeglicher Grundlage[28].

Reichspflichten

Die Briefe Froumunds, die er im eigenen Namen oder für seine Äbte schrieb, geben einen außerordentlich farbigen Eindruck von alltäglichen Fragen, die an einen Bischof herangetragen wurden, während die feierlichen Kaiserurkunden nur sehr formelhaft abgefaßt sind. Da begegnet Bischof Gottschalk etwa im Gefolge des königlichen Hofes in Magdeburg, Worms, Mainz, Bamberg, Regensburg und Rom. Er begleitet König Otto III. 966 zur Kaiserkrönung nach Rom[29] und zieht mit Herzog Heinrich IV. von Bayern 1002 nach Mainz zur Königswahl und Krönung[30]. Otto III. gestattet drei Tage nach der Kaiserkrönung Gottschalk für seine Bischofsstadt die Errichtung eines täglichen Marktes in Freising und das Recht, Münzen zu schlagen[31]. Otto III. verhilft dem Bistum durch Tausch und Schenkung auch zu einem ansehnlichen Güterbesitz in Niederösterreich, dem Grundstock der späteren Herrschaft Ulmerfeld[32]. König Heinrich II., der Heilige, vormals Herzog Heinrich IV. von Bayern, erweitert den Freisinger Besitz in Krain[33].

Bischof Gottschalk stand aber auch im Heer König Heinrichs II., als es im Sommer 1004 gegen das vom Polenherzog Boleslav besetzte Böhmen ausrückte. Boleslav Chrobry hatte sich ein Jahr zuvor mit dem Babenberger Heinrich von Schweinfurt, Markgraf im Nordgau, verbündet, der sich vom König betrogen fühlte. Heinrich II. hatte ihm für den Fall seiner Königswahl das Herzogtum Bayern versprochen, wollte aber nach erfolgter Krönung nichts mehr davon wissen. Es kam zu erbitterten Kämpfen im Nordgau, bis sich Markgraf Heinrich schließlich ergab und im Gewand eines Büßers vor dem König erschien. Der Babenberger kam in Haft, während sein Verbündeter Boleslav dem König noch manche Kämpfe kostete. Nach der Eroberung der böhmischen Hauptstadt hielt Bischof Gottschalk am Fest Mariä Geburt im Prager Münster den festlichen Gottesdienst. In der Predigt wandte sich der Freisinger Bischof an König Heinrich II. mit der Bitte um Gnade für den Babenberger Heinrich von Schweinfurt. Der Chronist Thietmar von Merseburg überliefert die Worte der Predigt:

„Dich, o teurer Herr, beschwöre ich beim Namen und bei der Liebe dessen, der seinem Schuldner zehntausend Talente schenkte: Habe Erbarmen mit Heinrich, einst deinem Markgrafen, jetzt einem wahren Büßer. Löse seine Bande und schenke ihm wieder deine Gunst, auf daß du heute mit umso freierem Herzen zu Gott rufen kannst: Herr, vergib uns unsere Schuld, wie wir vergeben unseren Schuldigern."[34]

Der König gelobte Erfüllung dieser Bitte, ließ Heinrich von Schweinfurt frei und gab ihm seine Eigengüter zurück.
Bischof Gottschalk, der wahrscheinlich aus einem Adelsgeschlecht im Bereich des Freisinger Bistums stammt, in Niederaltaich erzogen wurde und von da an den Freisinger Hof kam, starb am 6. Mai des Jahres 1005.

16. Bischof Egilbert (1005–1039)

Mit Egilbert erhielt Freising wieder einmal einen Bischof aus dem Bereich der königlichen Hofkanzlei. Bei der Art, wie König Heinrich II. in die innerkirchlichen Verhältnisse eingriff, ist es wenig wahrscheinlich, daß dem Freisinger Domkapitel dabei ein ernsthaftes Wahlrecht eingeräumt war. Heinrich II. hatte sich Egilbert sofort nach der Königswahl als Kanzler in seinen engsten Stab geholt[35]. Die Beziehungen stammen vermutlich aus der Zeit, da Heinrich noch Herzog von Bayern war; denn Egilbert kommt wahrscheinlich aus einer edelfreien Familie des Moosburger Raumes. Auch der Bruder Egilberts stand als Truchseß in König Heinrichs Diensten, starb aber schon nach wenigen Wochen eines gewaltsamen Todes bei Paderborn[36].

Königliche Geschenke

In einer Königsurkunde Heinrichs II. wird der Wechsel vom Kanzleramt auf den Bischofsstuhl geradezu als persönliches Opfer Egilberts hingestellt, vermutlich um dem Freisinger Domkapitel zu zeigen, wie dankbar es doch sein müßte, diesen Bischof bekommen zu haben[37]. Gleichsam als Entschädigung für Egilbert schenkt der König am 10. Mai 1007 zu Bamberg der Freisinger Kirche das Gut Katsch in der Steiermark und erwähnt dabei dankbar, wie er einst als Kind im Hause Bischof Abrahams freundlich aufgenommen war. Noch am selben Tag erhält Egilbert eine weitere Urkunde aus der Hand des Königs, die den Freisinger Stuhl zum Eigentümer der königlichen Güter Oberwölz und Lind machte, beide nicht weit entfernt von Katsch im Murtal[38]. Der König war sehr freigebig in diesen Tagen um seinen Geburtstag, den er in Bamberg feierte und der seine Lieblingsidee, die Stiftung eines Bistums Bamberg, durch reiche Schenkungen ein gutes Stück weiterbringen sollte. Am Allerheiligentag dieses Jahres 1007 war dann Bischof Egilbert von Freising auf der großen Reichssynode in Frankfurt, um die Gründungsurkunde des neuen Bistums zu unterzeichnen[39]. Er stand oft im Gefolge des Kaisers, bald in Thüringen und bald im Venetianischen. Egilbert blieb auch als Bischof der Vertraute seines Königs, dem er einst einige Jahre als Kanzler gedient hatte, und so war er auch Zeuge jener feierlichen Tage um Ostern 1020, als Papst Benedikt VIII. nach Deutschland kam und auf Bitten des Kaisers die neuerbaute Stephanskirche zu Bamberg weihte[40]. Kaiserin Kunigunde war eine Frau von hohem politischem Sachverstand. Wenn Heinrich II. in Italien weilte, konnte er seine Gemahlin als Statthalterin mit den Regierungsgeschäften betrauen. In allen Vergabungen an die Kirche von Freising tritt sie als Intervenientin auf. Nach dem Tod ihres Mannes zog sie sich ins Kloster Kaufungen bei Kassel zurück, das sie selbst gestiftet hatte. Wenige Wochen vorher vermachte sie dem Freisinger Bischof 1025 noch ihre Güter Ranshofen, Hochburg, Obermiething, Feldkirchen und den Forst Weilhart im Innviertel, sowie den größten Teil ihres Besitzes in Reichenhall samt Saline. Dafür erhielt sie die Freisinger Höfe in Isen, Burgrain, Dorfen und Tegernbach, aber auch die eben geschenkten Güter in Reichenhall und im Innviertel als Lehen zur lebenslänglichen Nutzung[41]. Die Schloßkapelle zu Burgrain hat die Erinnerung an dieses Leibgeding bewahrt. Der rechte Seitenaltar steht unter dem Patrozinium dieser heiligen Kaiserin und bezeichnet sie als „Nutznießerin dieses Ortes". Die Volkssage hat dann auch noch den Burghof zum Schauplatz des legendären Gottesurteils über glühenden Pflugscharen gemacht.

Vormundschaft über den königlichen Prinzen

Nach dem kinderlosen Kaiserpaar Heinrich und Kunigunde gelangt das fränkische Haus der Salier zur deutschen Königswürde. Bischof Egilbert war im September 1024 zu Kamba am Rhein (gegenüber Oppenheim) bei den

Verhandlungen weltlicher und geistlicher Fürsten, die zur Wahl König Konrads II. führten[42]. Bischof Bruno von Augsburg, ein Bruder des verstorbenen Kaisers Heinrich II., gehörte bald zu den engsten Vertrauten des neuen Königs. Ihm wurde der noch kleine, aber schon zum Nachfolger designierte Königssohn Heinrich zur Erziehung anvertraut. Zur Gegenpartei gehörte u. a. der in Schwaben und Bayern reich begüterte Graf Welf II. Als Bruno 1026/27 mit Konrad II. zur Kaiserkrönung nach Italien zog, brach Welf II. im Gebiet des Augsburger Bischofs ein. Egilbert eilte seinem Nachbarn sofort zu Hilfe, mußte aber dafür hinnehmen, daß Welf II. nun auch im Freisinger Gebiet mit Feuer und Schwert eindrang[43].

Im März 1029 konnte Egilbert dann Kaiser Konrad II. in den Mauern seiner Bischofsstadt empfangen. Wie üblich wurden bei dieser Gelegenheit alle Rechte und Besitzungen der Freisinger Kirche bestätigt[44], aber bei diesem Besuch scheinen sich Kaiser und Bischof doch auch menschlich sehr nahe gekommen zu sein; denn als im folgenden Monat Bischof Bruno von Augsburg starb, brachte man den zwölfjährigen Prinzen Heinrich zur weiteren Ausbildung nach Freising. Schon 1027 war Heinrich in Regensburg zum Herzog von Bayern gewählt worden. Vormundschaft und Verantwortung für die bayerischen Belange trug damit Bischof Egilbert. Die bayerische Politik verlief dabei offensichtlich nicht immer ganz nach den Wünschen des Kaisers. So empfing der jugendliche Heinrich etwa 1031 ohne Wissen des Vaters eine Gesandtschaft des ungarischen Königs Stephan, gegen den Konrad II. im Jahr zuvor einen kläglich gescheiterten Feldzug geführt hatte. Um den Frieden an der Ostgrenze zu sichern, verzichtete Bayern 1031 auf das Gebiet zwischen Fischa und Leitha, und dem Kaiser blieb nichts anderes übrig, als diese Abmachung nachträglich zu billigen[45]. Freising hatte in dieser Zeit eines sehr gespannten Verhältnisses zwischen Ungarn und dem Reich seine ganz eigenen Beziehungen zum östlichen Nachbarn. Das dokumentiert etwa ein Brief des Bischofs Azecho von Worms, der Bischof Egilbert um einen Empfehlungsbrief an den König von Ungarn und Egilberts Freunde in diesem Land bittet, weil einer seiner Freunde das Grab des Herrn in Jerusalem besuchen will und auf Vermittlung Egilberts gut durch Ungarn zu kommen hofft.

Ein paar Jahre später zog Konrad II. den Freisinger Bischof zur Rechenschaft, weil der unter seiner Vormundschaft stehende Herzog Heinrich sich mit Markgraf Adalbero von Eppenstein eidlich verbündet hatte. Dem Kaiser stand dieser Eppensteiner im Wege, weil er seinem gleichnamigen Vetter und Konkurrenten Konrad die Markgrafschaft Kärnten für den Fall seiner Königswahl schon 1024 versprochen hatte. Diesmal konnte sich die Freisinger Politik nicht behaupten. Adalbero wurde wegen angeblichen Hochverrats von einem willigen Fürstengericht abgesetzt[46].

Trotz solcher Differenzen wurde der Freisinger Bischofsstuhl für seine Verdienste um die Erziehung König Heinrichs III. reich belohnt. Zu dem sich immer mehr verdichtenden Besitz in Krain kam das Amt Lengenfeld in Oberkrain, zu den Gütern in der Ostmark der Hof Ollern (Niederösterreich), und in der Aichacher Gegend erhielt Freising das königliche Gut Aindling[47].

Gorze-Trierer Klosterreform

In der Frage der Klosterdisziplin förderte Egilbert in seinem Bistum ganz entschieden die Gorze–Trierer Reformideen. Tegernsee hatte schon Ende des 10. Jahrhunderts die strengere monastische Lebensform wiedereingeführt. Nun wirkte dort der große Abt Ellinger (1017–1026; 1031–1041)[48]. Die fünfjährige Unterbrechung seiner Führungsrolle als Abt scheint darauf hinzuweisen, daß die Reform nicht ganz ohne Widerstände im Konvent zu verwirklichen war. Nach Abdankung des zwischenzeitlich amtierenden Albin wählte der Konvent aber einstimmig noch einmal Ellinger zum Abt[49]. Nun wurde Tegernsee selbst zum Zentrum der Reform mit großer Wirkung auf andere Klöster[50]. Gleich zu Beginn seiner zweiten Amtsperiode ging Abt Ellinger mit 12 weiteren Mönchen nach Benediktbeuern, um hier das benediktinische Leben wiederherzustellen. Den Anstoß dazu gab Bischof Egilbert, der den jungen König Heinrich III., zu dieser Zeit noch Herzog von Bayern, zu einem entsprechenden Auftrag veranlaßte[51].

In der Bischofsstadt Freising selbst war das benediktinische Mönchtum seit dem späten 9. Jahrhundert völlig erloschen. Im Domkapitel gab es längst keine Mönche mehr, sondern nur noch Kanoniker, die unter Bischof Egilbert bereits eine eigene Rechtspersönlichkeit darstellten. Bischofsgut und Kapitelsbesitz werden getrennt und gehen je ihre eigenen Wege[52]. In Weihenstephan und St. Veit haben sich ebenfalls Säkularkanoniker gehalten, denen König Heinrich II. noch 1003 zu gleichen Teilen vier Orte aus seinem Besitz schenkte[53]. Als derselbe Herrscher dann am 14. November 1021 wieder an den Konvent in Weihenstephan dachte und ihm einen Teil der Donauinsel Sachsengang östlich von Wien übereignete, war der Empfänger nicht mehr ein Kanonikerstift, sondern ein eben neu gegründetes Benediktinerkloster, von Bischof Egilbert im Geist der Gorze-Trierer Reformbewegung errichtet[54]. Egilbert hatte kurz vorher die Weihenstephaner Kanoniker nach St. Veit auf halber Höhe des Berges übersiedelt und für das neue Reformkloster Abt Gerhard von Seeon berufen[55]. Das alte Vermögen von Weihenstephan wanderte damit ebenfalls nach St. Veit, und Bischof Egilbert mußte sich um die Dotierung des neuen Klosters kümmern. Das Gut auf der weit entfernten Insel Sachsengang konnte nur ein sehr bescheidener Anfang sein. Davon konnte der Konvent nicht leben. Egilbert übernahm es tauschweise für das Bistum und gab dafür 10 nahegelegene Ortschaften, die den Gegenwert weit überstiegen und somit ein Geschenk zur Gründungsausstattung darstellen[56]. Auch die zahlreichen Zustiftungen von Laienseite sind zweifellos auf Anregung des Bischofs gemacht worden[57]. Abt Gerhard ging schon ein Jahr nach der Gründung wieder nach Seeon zurück. Das Reformwerk streng benediktinischer Observanz schien gesichert und Bischof Egilbert konnte Arnold (1022–1041) als zweiten Abt des Klosters einsetzen. In der Bestellung der Äbte hat der Freisinger Bischof noch geraume Zeit seine Hand im Spiel, aber in Wirtschaftsfragen beließ er dem neuen Kloster eine für diese Zeit noch ganz ungewöhnliche Selbständigkeit[58].

Auch in Ebersberg zogen nun anstelle der bisherigen Kanoniker die Benediktiner ein, hier freilich ohne Zutun des Bischofs, sondern auf Veranlassung des Ebersberger Grafen Ulrich. Erster Abt in der alten Ebersberger Stammburg wurde Reginbald, der kurz vorher in St. Afra zu Augsburg die Gorzer Reform eingeführt hatte und später auf den Bischofsstuhl von Speyer gelangte[59]. Wo sich allerdings der Reformgedanke nicht verwirklichen ließ, war Bischof Egilbert auch nicht bereit, klösterliche Freiheiten zu gewähren. So kämpfte er etwa mit Erfolg um das Verfügungsrecht über das Kanonikerstift in Moosburg[60] und den Konvent in Isen gab er mitsamt den Wirtschaftsgütern kurzerhand als Präbende in die Hand der Kaiserinwitwe Kunigunde[61].

Tegernseer Kultur

Was schöpferische Kräfte im kulturellen Bereich betrifft, so hat Tegernsee um diese Zeit den Freisinger Bischofshof zumindest eingeholt, wenn nicht gar überflügelt. Abt Ellinger, Schüler des berühmten Mönches Froumund, hat die Briefsammlung seines Lehrers fortgesetzt, selbst Bücher abgeschrieben und die Herstellung kostbarer Prachthandschriften veranlaßt. Das Ellinger-Evangeliar (Clm 18005) und der Ellinger-Psalter (Clm 18121) gehören mit ihren erlesenen Buchmalereien zu den besten Zeugnissen bayerischer Kunst im 11. Jahrhundert[62]. All das aber würde noch in den Schatten gestellt durch ein anderes Werk, könnte man mit Sicherheit sagen, daß der erste selbständige Roman des Mittelalters „Ruodlieb" aus der Feder eines Tegernseer Mönches stammt. Was heute davon noch erhalten ist (Clm 19486), wurde fast ausschließlich aus Tegernseer Buchdeckeln herausgelöst. Es sind immerhin noch 2306 von etwa 4000 geschätzten lateinischen Hexametern, die um die Mitte des 11. Jahrhunderts geschrieben wurden. Der Roman schildert in bunten Farben und vielen köstlichen Einzelszenen die Welt eines jungen Ritters, der sich in den Dienst eines fremden Königs stellt und nach mancherlei Erfahrungen wieder nach Hause zurückkehrt. Sollte das Werk tatsächlich in Tegernsee entstanden und nicht nur von dort her überliefert sein, so müßte man wohl an einen adeligen Mönch denken, der die Welt des Hofes genau kennen gelernt hatte, bevor er in das Kloster eintrat. Und auch dann hätte es noch eines sehr großzügigen Abtes bedurft, der ihm Zeit für die Beschäftigung mit einem Stoff zu lassen bereit war, der zwar Gottesfurcht und Christustreue kennt, aber kaum eine Spur von klösterlichem Ethos[63].

Ein geistlicher Schriftsteller ganz anderer Denkungsart war Otloh. Er hatte in Tegernsee die Schule besucht und kam über Hersfeld und Würzburg unter Bischof Egilbert als Seelsorgspriester in die Freisinger Diözese. Hier gab es Streit mit dem Archipresbyter Werinher. Wegen eines „gewissen Fehlers" wurde Otloh vorgeladen, aber statt sich zu rechtfertigen oder sich zu entschuldigen, überreicht der federgewandte Priester seinem Vorgesetzten ein Spottgedicht. Werinher droht mit Vorladung zum Bischof und der Streit geht weiter, bis Otloh seinen Abschied von der Diözese nimmt und erklärt, er wolle jetzt endlich mehr unter gebildeten Geistlichen sein, als unter diesen Bauernpfarrern. Otloh fand Aufnahme im Kloster St. Emmeram zu Regensburg und schuf hier sein umfangreiches literarisches Werk, darunter die Lebensbilder der Heiligen Wolfgang, Bonifatius, Magnus und Alto.

Glanz der Kathedrale

Eigene literarische Leistungen gibt es um diese Zeit in Freising selbst noch nicht, aber das Abschreiben alter Codices ging weiter, wie unter Abraham und Gottschalk. Antike Autoren erfreuen sich nach wie vor großer Beliebtheit. Daneben stehen liturgische Handschriften, deren Gesänge mit Neumen der St. Galler Art versehen sind, so etwa die Gesänge der Karwoche, das Exultet der Osternacht oder ein Gesang auf den Moosburger Patron St. Kastulus (Clm 6425)[64]. Der Gottesdienst im Dom wird nun mit allem nur denkbaren Glanz ausgestattet. Das bezeugen die Neumenhandschriften ebenso, wie eine chronikale Notiz, die von Bischof Egilbert sagt: „Er hat auch gestift, daß die singer sten solten gegen den altar und in irem hal hat er süsse gesang geordnet. Er hat auch geordnet, daß da were ein schön ziert in der celebration."[65] Es gilt in dieser Zeit als ein wichtiges Ziel der Liturgie, die „Majestas Domini" sinnenfällig darzustellen. Dazu dienen der feierliche Gesang, kostbare Paramente, wertvolle kultische Geräte und eine überaus reiche Kirchenzier. Schon Bischof Abraham hatte seinen Dom mit kostbaren liturgischen Büchern, Gewändern und Rauchfässern ausgestattet. Die Neuanschaffungen Egilberts übertreffen an

Glanz alles bisher Erreichte. Der Hauptaltar wurde völlig neu gestaltet und im Beisein Egilberts von den Nachbarbischöfen aus Augsburg und Eichstätt konsekriert[66]. Die dabei eingelassenen Reliquien „vom Kreuz des Herrn, von der Geißelsäule und vom nahtlosen Rock" zeugen von Pilgerfahrten ins Heilige Land. Über dem freistehenden Altar hatte Egilbert eine mit Silber, Gold und Edelsteinen geschmückte Baldachinarchitektur errichten lassen. Aus reinem Gold war ein kostbares Antependium, das an Festtagen den Altar zum Volk hin zierte. Das etwa gleichzeitig von Kaiser Heinrich II. nach Aachen gestiftete und noch erhaltene Goldantependium[67] kann eine Vorstellung von der Pracht des Freisinger Altars vermitteln. In den Chor und vor den Kreuzaltar ließ Bischof Egilbert zwei große Radleuchter aufhängen. Die liturgischen Bücher erhielten silbergetriebene Einbände, vergoldet und mit Edelsteinen besetzt. An das Lesepult kamen große Kandelaber. Das Hauptkreuz des Domes wurde in Silber gefaßt, ein kleineres Altarkreuz mit Gold und Steinen überzogen. Golddurchwirkte Chormäntel und Meßgewänder, ein versilberter Bischofsthron, kostbare Kelche und neue Reliquienschreine bildeten zusammen mit der übrigen Kirchenzier den festlichen Rahmen für die Feier der Bischofsliturgie im Freisinger Dom[68].

Bischof Egilbert starb am 4. November 1039 und wurde zeitweilig als Seliger verehrt.

17. Bischof Nitker (1039–1052)

Schon sechs Tage nach dem Tod Egilberts empfing Nitker aus der Hand König Heinrichs III. die Investitur auf den Freisinger Bischofsstuhl. Von einem Wahlrecht des Domkapitels kann dabei wohl kaum die Rede sein, zumal Nitker nicht dem Freisinger Klerus angehörte, sondern von einer reichen Kaufmannsfamilie in Regensburg kam. Der König war dieser Familie persönlich sehr verbunden, zumindest vor der großen Enttäuschung des Jahres 1044, als zwei Brüder des Freisinger Bischofs hochverräterischer Beziehungen zur ungarischen Gegenpartei überführt wurden[69]. Einer der beiden, Machtuni, war der Vater des heiligen Ulrich von Zell. Heinrich III. hatte Ulrich einst aus der Taufe gehoben und später in die königliche Kanzlei aufgenommen. Sein Onkel Nitker holte ihn nach Freising, ließ ihn dort zum Archidiakon und Dompropst aufsteigen, aber nach dem Tod seines bischöflichen Gönners verschenkte Ulrich sein ganzes Vermögen und trat als Mönch in Cluny ein. Dort wurde er zu einem maßgeblichen Wegbereiter der kluniazensischen Reformbewegung.

Bischof Nitker selbst scheint dem benediktinischen Reformgedanken weit weniger zugeneigt gewesen zu sein, als sein Neffe. Für das von seinem Vorgänger errichtete Weihenstephan reichte es gerade noch zu einer kleinen Höflichkeitsstiftung[70]. Die Kanoniker von St. Veit dagegen hatten Grund, Nitker als „Gründer und Vollender" ihrer Kirche zu feiern. Die Übereignung der Pfarrdörfer Baumkirchen, Oberhaching, Poing und Aindling durch Kaiser Heinrich III. war ohne Zweifel dem Bischof und seinen guten Beziehungen zum König zu verdanken.

Der Verrat der Regensburger Brüder Bernulf und Machtuni hat das freundschaftliche Verhältnis Heinrichs III. zu Bischof Nitker nicht beeinträchtigt. Im Winter 1048 weilte der Kaiser in Freising, um hier das Weihnachtsfest zu feiern. Zu Beginn des neuen Jahres geleitete ihn Bischof Nitker nach Ebersberg und erhielt als Abschiedsgeschenk ein königliches Gut zu Ardagger (Niederösterreich), auf dem ein Stift für Säkularkanoniker eingerichtet werden sollte[71]. Kanonikerkonvente standen weniger in Gefahr, dem bischöflichen Einflußbereich entzogen zu werden, als die nach Selbständigkeit drängenden Benediktinerklöster, und eben dies führte bei manchen Bischöfen zu Vorbehalten gegenüber den strengen Reformklöstern.

Tegernsee ist in dieser Zeit das wichtigste Benediktinerkloster der Diözese. Es war nie in bischöflicher Verfügungsgewalt. Tegernsee hielt seinen Status als Reichskloster auch bei der Wiederbesiedelung nach den Ungarnkriegen des 10. Jahrhunderts. So waren die Voraussetzungen für die Einführung der Gorze-Trierer Reform recht günstig, weil in der Regel der König das Recht der freien Abtwahl leichter gewährte, als ein Bischof. Die Reform gedieh zunächst recht gut, führte zu einer hohen Blüte Tegernseer Klosterkultur und erfaßte von hier aus auch zahlreiche andere Konvente. Aber im Kreis der Mönche selbst scheint es doch erhebliche Spannungen gegeben zu haben. Der strenge Abt Godehard konte sich nur ein Jahr in Tegernsee halten. Damals mußten sich die Mönche gegen den Vorwurf verteidigen, sie hätten ihren Abt erwürgen wollen. Auch der berühmte Abt Ellinger sah sich nach neunjähriger Regierung gezwungen, sein Amt zur Verfügung zu stellen, wenn er auch fünf Jahre später ein zweitesmal gewählt wurde. Nun gab es wieder Schwierigkeiten. Die Mönche beklagten sich beim König über ihren Abt. Der schickte Bischof Nitker nach Tegernsee, damit er den Beschuldigungen nachgehe und entsprechende Maßnahmen treffe. Am 3. Oktober 1041 suspendierte der Freisinger Bischof Abt Ellinger erneut und verwies ihn ins Kloster Niederaltaich[72]. Nitker war gewiß kein großer Freund des Reformgedankens, aber diese Entscheidung dürfte doch von der konkreten Situation des Konvents her und nicht in bischöflichem Eigennutz begründet gewesen sein, denn Tegernsee blieb weiterhin Reichskloster und damit dem Zugriff des Bischofs entzogen.

Dagegen kam Benediktbeuern, das ebenfalls zu den Reichsklöstern gehörte, als Lehen in die Hand Bischof Nitkers, sehr zum Unwillen des dortigen Abtes Gotahelm und seiner Mönche. Heinrich III. hatte es seinem Freund Nitker auf Lebenszeit geschenkt.

Dokumente der Freundschaft zwischen Bischof Nitker von Freising und Kaiser Heinrich III. sind gegenseitige Reliquienschenkungen. Nitker übergab dem König ein kostbares Reliquiar mit einer Träne Christi, die er am Grab des

Reliquiar mit der Träne Christi, das Bischof Nitker Kaiser Heinrich III. schenkte.
Kupferstich bei Meichelbeck 1724.

Lazarus geweint habe. Pilgerreisen nach Jerusalem sind in dieser Zeit keine Seltenheit mehr und durch sie kommen die mehr oder weniger obskuren „Herrenreliquien" ins Abendland. In der Karolingerzeit hatte man sich Martyrerleiber aus Rom geholt; jetzt mußten es als Import aus dem Heiligen Land nach Möglichkeit Dinge sein, die mit Christus selbst in Beziehung standen. Schon bei der Altarweihe des Freisinger Domes unter Bischof Egilbert waren Herrenreliquien verwendet worden. Kostbar war jedenfalls der goldene Schrein, in dem das Glas mit der Träne Christi dem König überreicht wurde. Bei den großen Aufträgen, die Bischof Egilbert den Goldschmieden für die Zierde des Domes gab, wird man mit einer Werkstatt in oder um Freising rechnen dürfen. Noch im 18. Jahrhundert war das Reliquiar im französischen Kloster Vendôme zu bewundern[73]. Der reich mit Steinen besetzte goldene Schrein ruht auf vier Löwen und zeigt in figürlicher Arbeit Propheten, den Freisinger Patron Korbinian, den Schlehdorfer Hausheiligen Tertulinus, sowie die Reichspatrone Georg und Mauritius. An der Stirnseite las man die Namen von Spender und Empfänger: „HENRICVUS REX NITKERVS EPS." Kaiser Heinrich III. brachte als Gegengabe einen Steinsarkophag mit den Reliquien des hl. Nonnosus nach Freising, der sich heute noch in der Krypta des Domes befindet[74]. Nonnosus war Mönch und später Prior auf dem Bergkloster des Sorakte nördlich von Rom. Die hohe Verehrung dieses Heiligen gründet in der Tatsache, daß ihm Papst Gregor der Große ein ganzes Kapitel in seinen berühmten „Dialogen" widmet. Der Sorakte ist nicht sehr weit entfernt von dem Ort Sutri, wo Heinrich III. 1046 eine Synode leitete und zwei von drei rivalisierenden Päpsten absetzte. Vermutlich hat der König bei dieser Gelegenheit die Nonnosusreliquien an sich genommen und nach Freising geschenkt.
Heinrich III. hat über den Weg des Disignationsrechtes entscheidend in die Besetzung des römischen Bischofsstuhles eingegriffen. Die Synode von Sutri war dabei nur ein erster Schritt. Dem Kaiser ging es dabei vorrangig nicht um Machtinteressen, sondern ernsthaft um die Reform der Kirche. Die deutschen Päpste Clemens II. (1046–1047) und Damasus II. (1048) regierten zu kurz, um ihre Reformansätze verwirklichen zu können. Mit dem Lothringer Leo IX. (1049–1054) gelang dann der Durchbruch. Diesen Papst hielt es nicht in seiner römischen Residenz. Er suchte und fand unmittelbaren Kontakt in zahlreichen Reisen. Er eilte von einer Synode zur anderen, um den Reformdekreten durch seine persönliche Anwesenheit Gewicht zu verleihen. Während seines fünfjährigen Pontifikates ist er allein dreimal nach Deutschland gekommen. Bischof Nitker von Freising begegnete Papst Leo IX. ein erstes Mal auf der Mainzer Synode vom Herbst 1049, die sich mit den beiden Hauptanliegen der Reform, Simonie und Priesterehe, befaßte[75]; dann wieder auf der Reichsversammlung zu Augsburg im Februar 1051.

In den Jahren 1051 und 1052 amtiert Nitker als Bevollmächtigter des Kaisers in Oberitalien. Am 5. Juli 1051 leitet er den Vorsitz des kaiserlichen Hofgerichtes zu Pavia[76] und im folgenden Jahr erhält er von Heinrich III. den Auftrag, den von ihm designierten neuen Erzbischof von Ravenna in sein Amt einzuführen. Bei dieser Mission fand Bischof Nitker den Tod, ehe er den kaiserlichen Befehl ausführen konnte. Er starb am 6. April 1052. Von der Grabstätte hat sich keine Nachricht erhalten.

Die näheren Umstände dieses unerwarteten Todes bleiben im Dunkel, wenn auch drei den Ereignissen zeitlich recht nahestehende Nachrichten darüber berichten. Ihnen allen gemeinsam ist eine sehr negative Beurteilung des Freisinger Bischofs. Sie deuten den Tod Nitkers als gerechte Strafe Gottes. Der Chronist Hermann von Reichenau, ein gelähmter Mönch, in der Regel aber mündlich gut unterrichtet, meint, Nitker habe sich von seiner ursprünglich hochfahrenden Lebensart nur scheinbar zu Demut und Frömmigkeit bekehrt, später sei aber seine hochmütige Natur wieder zum Vorschein gekommen und in dieser Haltung habe ihn der plötzliche Tod ereilt[77]. Der Biograph Papst Leos IX., Wibert von Toul oder vielleicht doch Humbert von Silva Candida[78], bezichtigt den Freisinger Bischof antipäpstlicher Umtriebe in Ravenna: „Mit dem Schwert soll meine Kehle durchschnitten werden, wenn ich es nicht fertig bringe, daß er vom Apostelamt abgesetzt wird." Solche Reden werden Nitker in den Mund gelegt[79]. Der Benediktbeurerner Chronist schließlich weiß zu berichten, die Bürger von Ravenna hätten den Leichnam Nitkers in den Fluß geworfen[80].

Der Zorn der Mönche in Benediktbeuern über den Freisinger Bischof, an den sie ihre Klosterfreiheit verloren hatten, ist verständlich. Was aber die Partei des Papstes gegen Nitker aufgebracht hat, bleibt unsicher; denn eine Aktion gegen Leo IX. besitzt angesichts des ausgezeichneten Einvernehmens zwischen Kaiser und Papst, sowie der Vertrauensstellung Nitkers bei Heinrich III. wenig Glaubwürdigkeit.

18. Bischof Ellenhard (1052–1078)

In Freising war man mittlerweile daran gewöhnt, auf das Recht der freien Bischofswahl verzichten zu müssen. Der Chronist von Benediktbeuern weiß zu berichten, Ellenhard sei als Vertrauter des Kaisers und auf dessen Empfehlung hin aus dem Hofstaat heraus zum Bischof von Freising bestellt worden[81]. Die Verbundenheit mit der königlichen Familie wird auch darin sichtbar, daß

Heinrich IV. jeweils in den Jahren 1059, 1062 und 1069 das Weihnachtsfest in Freising feierte.

Kollegiatstift St. Andreas

Die Erinnerung an Bischof Ellenhard hat vor allem das von ihm gegründete Kollegiatstift St. Andreas hochgehalten. Der neue Bischof hat es vor 1062 auf dem Freisinger Domberg westlich seiner Residenz errichtet. An dieser Stelle hatte es schon im 8. und 9. Jahrhundert ein Kloster, das Hugibertsmünster, gegeben, das aber die Stürme des 10. Jahrhunderts nicht überlebt hat. Trotzdem bestand die Kirche des hl. Andreas weiter, für Seelsorgsaufgaben betreut von einzelnen Priestern. Hier knüpfte Bischof Ellenhard bei der Gründung seines Stiftes an. Das erforderliche Ausstattungsvermögen entnahm er der Gütermasse des bischöflichen Stuhles, wofür dann der Konvent von St. Andreas zahlreiche Dienste in der Domkirche zu übernehmen hatte. Am 24. Oktober 1062 stiftete König Heinrich IV. Fiskalgüter zu Pirano und Cittanova in Istrien dazu[82]. Das stattliche Stift mit 21 Kanonikern sollte nach dem Wunsch Bischof Ellenhards in erster Linie die Liturgie der Kathedrale bereichern. Hatte Bischof Egilbert noch kostbares liturgisches Gerät und eine glanzvolle Kirchenausstattung beschafft, so geht es jetzt um die Assistenz möglichst zahlreicher Kleriker an der Bischofsliturgie. Eine Anweisung Ellenhards für St. Andreas legt genau die Feiertage fest, an denen die dortigen Kanoniker auf das Läuten der Domglocken hin zusammen mit dem Domkapitel in der Kathedrale zu erscheinen haben. An hohen Festtagen kommen sie zusammen mit ihrem Kirchenvolk in feierlicher Prozession von St. Andreas herüber, reihen sich in den Zug der Domkanoniker und gestalten so einen festlichen Einzug in die Kathedrale. Am Pfingsttag und am Kirchweihfest bleiben sie nach dem Gottesdienst noch zum gemeinsamen Mahl mit dem Domklerus. Dafür geben ihnen die Geistlichen des Bischofs am Fest des hl. Andreas und am Weihetag ihrer Kirche die Ehre, müssen aber nach dem Gottesdienst noch bis zur Johanneskirche zurückbegleitet werden[83].

Freisinger Musikkultur

Neben den in Gold und Silber schimmernden Kunstwerken der Domkirche und der feierlichen Chorassistenz der Kleriker gilt gerade in Freising um diese Zeit auch die Kirchenmusik als wichtiges Element einer festlichen Liturgie. Zahlreich sind die mit Neumen versehenen Handschriften liturgischer Texte. Dazu hat Freising die beiden namhaften Musiktheoretiker Eberhard und Aribo, die auch techniche Anweisung für den Orgelbau geben[84]. Beide sind Lehrer an der Domschule. Ihre Werke wurden beachtet und abgeschrieben. Aribo gilt als einer der wichtigsten Musiktheoretiker des Mittelalters. Er widmet sein Werk Bischof Ellenhard, den er selbst für einen großen Sachverständigen in Fragen des Gesangs und des Instrumentenspiels hält. Aribo ist befreundet mit Abt Wilhelm von Hirsau. Ihn kennt er noch von seiner Zeit in Regensburg her und er hat ihn schätzen gelernt als Fachmann der Musiktheorie. Aber der Freisinger Scholasticus ist sich seiner Überlegenheit über den berühmten Freund wohl bewußt. Sein System sei klarer und einfacher. Er nennt es die „flinke Gemse". Der Wohlklang einer Melodie für das Ohr ist ihm wichtiger Maßstab, wichtiger als allzu theoretische Symbolik. Andererseits aber erscheint ihm doch die Art weltlicher Gesänge in gefälligen Durtetrachorden zu billig. Da greift er schon lieber zu den etwas schwierigeren Molltetrachorden, die er zumindest in der geistlichen Musik für angemessener hält.

Bischof Ellenhard mit dem Modell der Andreaskirche.
Aus einer Handschrift des Veit Arnpeck um 1475.

Geschenke für St. Andreas

Das Ringen um künstlerische Form ist auch in der Schreibschule zu beobachten, wo kostbare Bände für den liturgischen Gebrauch hergestellt wurden. Bischof Ellenhard ließ sie mit erlesenen Buchmalereien ausstatten, besonders die wertvollen Stücke, die seiner Stiftung St. Andreas zugedacht waren. So hat er etwa in ein schon fertig vorliegendes Evangeliar nachträglich Bilder einfügen und die Buchdeckel mit Elfenbeinschnitzereien und gravierten Metallstreifen verzieren lassen (Clm 6832). Die Kanoniker von St. Andreas haben das fürstliche Geschenk wenig später wieder zerlegt, einen Buchdeckel und das Dedikationsbild auf ein anders Lektionar übertragen, um so zwei Prachthandschriften zu gewinnen. (Clm 6831). Die Elfenbeinarbeiten in byzantinisch beeinflußtem Stil mit 8 Szenen aus dem Leben Jesu könnten vielleicht Importware sein, die Evangelistenbilder aber sind sicher in Freising entstanden, ebenso das Dedikationsbild. Es zeigt Bischof Ellenhard, der das Buch über Vermittlung des hl. Andreas Christus überreicht; dazu die Inschrift: „Dieses Buch bringt der ehrwürdige Bischof Ellenhard Andreas dar, eigentlich aber dir, Christus, durch ihn."[85] Als weiteres Geschenk Ellenhards kam ein Sakramentar mit ungewöhnlich reichem Bilderschmuck an die Kirche von St. Andreas[86]. Das Dedikationsbild dieses Meßbuches gehört zum Besten, was je in Freising an Buchmalerei entstanden ist: Vor einem goldenen Hintergrund steht Christus segnend zwischen Maria und Andreas; zu seinen Füßen kniet Bischof Ellenhard, die Hände von der Buchhingabe noch erhoben; zwischen ihm und Christus der Gebetsruf: „Christus, gedenke deines Dieners Ellenhard!" Der Codex enthält 17 Bilder und Initialmalereien, darunter die Geburt Christi, den Einzug in Jerusalem, die Kreuzigung, die Frauen am Grab, die Himmelfahrt Jesu und die Geistsendung. Bayern hat kein zweites Sakramentar mit einem ähnlich umfangreichen Bilderzyklus hervorgebracht[87]. Das Evangeliar und das Sakramentar von St. Andreas markieren nur die Spitzen Freisinger Buchmalerei in der sog. Ellenhardgruppe. Ein weiteres Sakramentar dieser Schule bewahrt die Marciana in Venedig; ein Buch mit den vier Evangelien und Bildern der Evangelisten kam über Rottenbuch in die Bayerische Staatsbibliothek (Clm 12201a)[88]

Von den vielen Schätzen, die Bischof Ellenhard seinem Stift St. Andreas überließ, ist noch ein liturgisches Gewand erwähnenswert, weil es von seinem Bildprogramm her Einblick in das Verständnis der Eucharistie gibt. In der Säkularisation ist es verloren gegangen, aber Meichelbeck hat es noch gesehen und genau beschrieben. Auf dem Gewand war im vorderen Unterteil der thronende Christus eingestickt, umgeben von den Aposteln, das Urbild der gottesdienstlichen Versammlung. Auf der Rückseite sah man die allegorische Figur der

Synagoge mit Buchrolle und Opfermesser, begleitet von König David und Propheten, als Symbol des alten, im Kreuzesopfer Christi überholten Opferkultes. Vorne auf der Brust aber war das Bild der Kreuzabnahme durch Nikodemus. Der Leib des Herrn wird damit gleichsam vom Kreuz herunter auf den Altar gelegt.

Benediktbeuern

Weit weniger hoch in Ehren als bei St. Andreas stand Bischof Ellenhard im Kloster Benediktbeuern. Nitker hatte die Abtei noch als persönliches Lehen innegehabt, während Heinrich IV. sie 1065 auf Intervention des Bremer Erzbischofs Adalbert der Freisinger Kirche als ständigen Besitz übertrug[89]. War den Mönchen schon die Oberhoheit Nitkers ein Dorn im Auge, so steigerte sich jetzt ihre Feindschaft gegen Ellenhard bis zum offenen Haß[90]. Um überhaupt einen Fuß in dieses Kloster setzen zu können und wohl in der Hoffnung, auf die Dauer den Widerstand brechen zu können, setzte der Freisinger Bischof Abt Meginhard ab und übergab die Leitung dem Weihenstephaner Mönch Ratmund. Aber Freising sollte dieses königlichen Geschenkes nicht froh werden. Der Haß der Mönche gegen den Bischof war nicht zu überwinden. Über den Tod Ellenhards berichtet die Chronik von Benediktbeuern, es habe ihn der Aussatz befallen und Würmer hätten ihn bei lebendigem Leib aufgezehrt. Ein anderer Schreiber nennt den Bischof Simonist, Pfarreienschacherer und Räuber von Kirchengut, nur noch mit einem Leoparden zu vergleichen[91].

Neue Klöster

Nicht minder auf absolute Klosterfreiheit bedacht war eine neue Reformbewegung, die von Hirsau und Cluny ausging. Die alten Abteien sahen ihre Eigenständigkeit am ehesten gewährleistet, wenn sie sich als Reichsklöster dem König unterstellten. Die neue Richtung suchte ein höheres Maß an Freiheit in der unmittelbaren Unterstellung unter die Hoheit des Papstes zu erreichen. Die Hirsauer Reform gewann in der Diözese Freising den ersten Stützpunkt mit einer Neugründung am Fuße des Wendelstein. In Margarethenzell, heute Bayrischzell, ließ Gräfin Haziga von Scheyern eine kleine Einsiedelei zur regelrechten Abtei ausbauen. Abt Wilhelm von Hirsau schickte 12 Mönche und 12 Laienbrüder in das rauhe Tal der Leitzach. Im Jahr 1077 ließ Bischof Ellenhard durch seinen gleichnamigen Amtsbruder von Pola, wahrscheinlich ein Verwandter der Scheyerer Stifterfamilie, die Kirche weihen[92]. Die Wahl des Klosterstandpunktes im abgelegenen Gebirge ist kennzeichnend für die strenge Art der Hirsauer Mönche, die vor aller Zerstreuung geschützt in der Einsamkeit leben sollten. Aber das neue Kloster hat dann doch noch recht oft seinen Standort gewechselt, bis es über Fischbachau und über den Petersberg bei Dachau in Scheyern seinen endgültigen Platz gefunden hatte.

Eine weitere und für die Folgezeit sehr bedeutsame Neugründung war das Augustinerchorherrenstift Rottenbuch über dem Ammertal. Die wirtschaftliche Grundlage schuf Herzog Welf I., seit Weihnachten 1070 Herr über Bayern, mit einer Schenkung vom 27. Dezember 1073 an eine schon bestehende kleine Zelle. Sie wurde ausgebaut und vom Passauer Bischof Altmann mit Chorherren aus seinem Musterkloster St. Nicola besiedelt[93].

Diese neue Form geistlicher Gemeinschaft wuchs im wesentlichn aus den alten Kanonikerstiften, war aber strenger, band die Mitglieder kraft eines Gelübdes an das Leben in der Gemeinschaft und hatte eine Regel zur Grundlage, die Augustinus zugeschrieben wurde. So entstand aus dem Institut der Kanoniker der Orden der Augustinerchorherren. Während die Hirsauer Mönche wieder stärker die von der Welt abgeschiedene Ruhe der Klöster suchten, waren die Augustinerchorherren von Anfang an mehr auf pastorale Zuwendung zum Volk ausgerichtet. Darüber hinaus gibt es natürlich Gemeinsamkeiten in den beiden Reformbewegungen, so etwa den Versuch, sich auf dem Weg direkter Unterstellung unter den Papst weitgehende Freiheit gegenüber bischöflicher und weltlicher Hoheit zu bewahren. Gerade dadurch wurde Rottenbuch während des Investiturstreites ein fester Stützpunkt der päpstlichen Partei gegenüber den Bischöfen, die meist auf königlicher Seite standen.

Der Ruf nach Freiheit und Selbstbestimmung in der Regelung geistlicher und personeller Belange geht durch die ganze Kirche, von den gregorianischen Reformideen bis zu den einzelnen Klöstern, nur daß diese in bischöflichen Händen ihre Freiheit mehr gefährdet sehen, als in königlicher Verfügungshoheit. So widmet etwa Abt Williram von Ebersberg (1048–1083) seinen Kommentar zum Hohen Lied König Heinrich IV. mit der Bitte, er möge dem Kloster ein gleiches Maß an Liberalität gewähren wie sein Vater Heinrich III.

Abt Willirams Kommentar zum Hohen Lied

Diese Auslegung über das Hohe Lied im Alten Testament ist eigentlich das erste theologische Werk, das auf Freisinger Bistumsboden im Mittelalter gewachsen ist. Dabei bewegt sich Abt Williram inhaltlich noch ganz im Rahmen karolingischer Exegese. Der geborene Franke ist keine spekulative Natur. In der Liebe von Bräutigam und Braut sieht er ein Bild für das Verhältnis zwischen

Christus und seiner Kirche, noch nicht die hochmittelalterlich individualistische Beziehung zwischen Christus und der einzelnen Seele. Aber in der Form geht Williram eigene Wege. Sein Werk ist dreispaltig angelegt. In der Mitte steht der lateinische Vulgatatext, links davon eine Deutung in lateinichen Versen, rechts eine Erklärung des biblischen Textes in deutsch-lateinischer Mischprosa[94]. Das Buch will den Leser zur Verinnerlichung und einem vertieften Verständnis der Kirche führen. Wie es in der Geschichte der Kirche eine Zeit der Verfolgung, der Ruhe und der Aktivität gibt, so müssen sich bei jedem Menschen, vor allem aber beim Priester immer wieder Phasen ruhiger Besinnung und aktiven Tuns abwechseln. Jenen Richtungen in der Theologie, die heidnisch antike Philosophie über die dialektische Methode mit der christlichen Wahrheit zu verbinden suchen, steht Williram sehr kritisch gegenüber: „Studien in der Bibel, wie man sie in früheren Zeiten betrieben hat, sind geschwunden. Wer heute die Schule besucht, glaubt mit Grammatik und Dialektik genug zu haben. Die Heilige Schrift gilt ihnen nichts mehr, obwohl es ihnen nur darum erlaubt ist, heidnische Bücher zu lesen, um den Unterschied zwischen Licht und Finternis erkennen zu können."

So steht der Ebersberger Abt in einer Linie mit den Regensburger und Hirsauer Reformen, die das eben erwachte Interesse an antiken Klassikern und den Versuch einer Synthese mit der christlichen Lehre nur als Gefahr sehen könen. Ganz ähnlich schreibt Otloh von St. Emmeram, dem es unter den Freisinger Priestern gar nicht gefallen hatte: „Diese einfältigen Dialektiker, die da meinten, man könne die Worte der Schrift nur nach den Grundsätzen der Dialektik verstehen und die mehr Boethius als den heilgen Vätern vertrauen!"

Auf dem Weg in den Investiturstreit

Die Reformgedanken des 11. Jahrhunderts tragen ein stark konservatives Gepräge: weg von den neuen Strömungen, die auf eine größere Offenheit zur „Welt" hin zielen und nach Meinung der Reformer nur zu einer Verflachung des gleistlichen Lebens führen; zurück zur alten Theologie der Väterzeit; zurück auch zur alten Form des Mönchtums, wie die Bewegungen von Gorze-Trier, Cluny-Hirsau, aber auch die neuen Augustiner es sehen. Zurück zur alten Freiheit der Kirche wollten die Reformpäpste, allen voran Gregor VII. (1073–1085), der ehemalige Mönch Hildebrand. Man empfand die allzu enge Verflechtung von politscher und geistlicher Macht als bedrückend, wollte sich von ihr lösen und vergaß dabei, daß die konkrete gesellschaftliche Bedeutung der Kirche eben weitgehend auf dem Boden dieses Bündnisses gewachsen war.

Auch Freising hat aus der Hand der Könige eine stattliche Zahl von Güterschenkungen entgegengenommen, zuletzt unter Ellenhard von Heinrich IV.
Ländereien in Istrien[95] und 100 Hufen im ungarischen Granzland[96], wofür
Freising sich verpflichtete, bei der Befestigung der Wieselburg (ungarisch
Moson) Dienste zu leisten. Auf den Leistungen, die vom Kirchengut an das Reich
zu entrichten waren, beruhte zum großen Teil der Unterhalt der Zentralgewalt
und zum guten Teil auch das Reichskriegswesen. So waren etwa 28 Bischöfe am
4. September 1063 bei der Weihe der neuerbauten Freisinger Stiftskirche in
Ardagger zugegen, die mit König Heinrich IV. eben an einem Kriegszug gegen
Ungarn teilgenommen hatten[97].

Die deutschen Regenten setzten in der Regel weniger auf die erblichen weltlichen
Fürstenhäuser, als auf geistliche Prälaten, deren Posten immer wieder neu zu
besetzen waren. Hier sicherte sich der König über das Recht der Investitur seinen
Einfluß. Nach dem Tod eines Bischofs sollte nach kanonischem Recht das
Kapitel Recht auf freie Wahl des Nachfolgers haben. Aber schon dieser Akt hatte
in der Regel durch königliche Designation eines Kandidaten, der dann nicht
mehr zu umgehen war, seine Bedeutung verloren. In Freising gab es seit der Mitte
des 9. Jahrhunderts praktisch keine freie Wahl mehr. Der zweite Akt, die
Investitur, war ohnedies dem König vorbehalten, wenn er durch Übergabe des
Stabes und später auch des Ringes den neuen Bischof in sein Amt einwies. Erst
nach der Investitur durfte die Bischofsweihe gespendet werden. Von daher wird
verständlich, welch schweren Eingriff in das Reichsgefüge das uneingeschränkte
Verbot der Laieninvestitur bedeuten mußte. Der König hätte allen Einfluß auf
die Bestellung der Bischöfe verloren, während der Großteil des Reichsgutes und
damit verbundener Rechte in ihrer Hand verblieben wäre.

Solange ein Herrscher wie Heinrich III. und seine deutschen Päpste gemeinsam
gegen Käuflichkeit kirchlicher Ämter und gegen Klerikerehen um die Reform
der Kirche bemüht waren, gab es noch Aussicht auf guten Erfolg. Seit sich aber
der weniger charakterstarke Heinrich IV. und der doch recht rigorose Papst
Gregor VII. gegenüberstanden, mußte es zum Zerwürfnis kommen. Anlaß
wurde die Neubesetzung des bischöflichen Stuhles von Mailand, den Heinrich IV. 1075 kurzerhand seinem Hofkaplan übertrug. Der Papst reagierte mit
strengen Vorhaltungen und der König mit einer Reichssynode zu Worms am
24. Januar 1076, auf der die anwesenden Bischöfe, unter ihnen auch Ellenhard
von Freising, erklärten, Gregor sei nie rechtmäßiger Papst gewesen und könne
es nicht sein. Unter schweren Vorwürfen kündigen sie ihm den Gehorsam auf[98].
König Heinrich IV. richtete ein eigenes Schreiben nach Rom, in dem der „falsche
Mönch" aufgefordert wird, vom angemaßten Apostolischen Stuhl herabzustei-
gen. Einen Monat später erfolgte auf der Fastensynode die Verhängung des
Bannes über den deutschen König durch Papst Gregor VII. Einer nicht ganz

zuverlässigen Quelle nach soll Bischof Ellenhard auf der Fürstenversammlung zu Oppenheim im Oktober 1076 durch Bischof Altmann von Passau als päpstlichem Vikar zusammen mit anderen reuigen Bischöfen vom Kirchenbann losgesprochen worden sein[99]. Ellenhard erlebte noch den Gang des Königs nach Canossa und dessen Lösung vom Bann. Aber der Kampf ging weiter.

Bischof Ellenhard starb am 11. März 1078. Er wurde in der neuen Stiftskirche von St. Andreas begraben. Als diese Kirche im Zuge der Säkularisation abgebrochen wurde, übertrug man die Gebeine des Bischofs in die Domkrypta.

VI. Kapitel

DAS BISTUM IM INVESTITURSTREIT

19. Bischof Meginward (1078–1098)

Auf der Seite des Königs

War für Bischof Ellenhard der Investiturstreit noch eine Episode gegen Ende seiner Lebenszeit, so bestimmte diese Auseinandersetzung zwischen König und Papst die ganze Regierungszeit seines Nachfolgers. Es besteht kaum ein Zweifel darüber, daß auch Meginward trotz Canossa in der gewohnten Weise von König Heinrich IV. zum Bischof bestellt wurde. Der König befand sich zum Zeitpunkt von Ellenhards Tod gerade in Regensburg, und schon 11 Tage später ist Meginward Bischof von Freising[1]. Möglicherweise ist Meginward identisch mit dem gelehrten Domschulmeister Meinhard von Bamberg, von dem ein theologischer Traktat über den Glauben und eine umfangreiche Briefsammlung erhalten ist[2]. Wenn Bischof Meginward wirklich von Bamberg kam, so erweisen ihn seine Schriften als einen Mann von großem geistlichen Ernst, theologisch eher der konservativ antidialektischen Richtung zugetan. Trotzdem gelang es ihm zunächst nicht, die Bischofsweihe zu erhalten. Noch im Jahr 1085 bezeichnet er sich selbst als „Elekt von Freising" (Frisingensium electus et receptus). Der für die Weihe zuständige Metropolit Gebhard von Salzburg befand sich im Exil, da er sich als entschiedener Anhänger der päpstlichen Seite nicht im Bistum halten konnte. Er hätte dem Kandidaten des Königs auch kaum die Weihe gespendet.

Meginward stand zunächst auf königlicher Seite, wie alle bayerischen Bischöfe außer Altmann von Passau und Gebhard von Salzburg, die aber beide nicht mehr in ihren Bistümern waren. Der Kampf nahm immer schärfere Formen an. Die deutschen Fürsten hatten 1077 Herzog Rudolf von Schwaben zum Gegenkönig erhoben und damit einen jahrelangen Bürgerkrieg heraufbeschworen. Heinrich IV. verlangte vom Papst 1080 die Exkommunikation seines Gegners und drohte für den Fall der Weigerung mit einem Gegenpapst. Gregor VII. antwortete auf der Fastensynode im März 1080 mit der erneuten Bannung Heinrichs IV. und mit der Anerkennung König Rudolfs, aber der Großteil der deutschen und lombardischen Bischöfe verweigerte dem Papst den Gehorsam. König Heinrich IV. rief für den Juni 1080 eine Synode nach Brixen zusammen, um dem Papst zu zeigen, daß die Bischöfe hinter ihm stünden. Sehr groß war der Kreis der Teilnehmer zwar nicht und von den 30 erschienenen Bischöfen kamen zwei Drittel aus Oberitalien. Aber Meginward von Freising war dabei. Unter dem Einfluß des haßerfüllten Kardinals Hugo Candidus beschloß die Versammlung ein von Vorwürfen strotzendes Dokument gegen Gregor VII[3]. Er sei vielfachen Mordes schuldig, habe seine Vorgänger vergiftet, falsche Eide geleistet und da er überdies vom Glauben abgefallen sei, könne er nicht mehr Papst sein. Manchem Bischof war nicht mehr recht wohl bei der Unterzeichnung und der Osnabrücker entzog sich der Unterschrift, indem er sich hinter einem Vorhang versteckte. Meginward unterschrieb das gehässige Dokument.

Dann wählte die Versammlung Erzbischof Wibert von Ravenna als Clemens III. zum Gegenpapst. Mit ihm zog der König im Frühjahr des folgenden Jahres 1081 vor die Mauern Roms. Volle drei Jahre sollte es dauern, bis die Stadt in Heinrichs Händen war. Wibert von Ravenna wurde als Papst inthronisiert und aus seiner Hand empfing Heinrich IV. zu Ostern 1084 die Kaiserkrone. Nach dreijähriger Abwesenheit kehrte Heinrich IV. nach Deutschland zurück. Sein Weg führte ihn über Freising, wo ihm ein Empfang mit höchsten Ehren bereitet wurde. Das zu diesem Anlaß verfaßte Begrüßungsgedicht hat sich erhalten[4]. Die Verse sind von hoher Qualität und könnten, falls Meginward mit dem ehemaligen Bamberger Domschulmeister identisch ist, aus der Feder des Bischofs selbst stammen. In 31 Distichen wird nach Art der „Laudes Hinkmari" der siegreich heimkehrende Kaiser begrüßt als erfolgreicher Kriegsherr und als Retter der Kirche. Dabei bleiben aber doch die konkreten kirchenpolitischen Auseinandersetzungen dezent im Hintergrund. Der Dichter vergleicht die Kirche seiner Tage mit der alttestamentlichen Sara, die alternd und kinderlos keine Hoffnung mehr kannte. Jetzt aber freut sie sich der glücklichen Wendung, denn wie Sara gegen alle Hoffnung den Isaak gebar, so ist der Kirche jetzt Heinrich geschenkt und sie kann ihr Haupt wieder erheben. „In dir hat sie sich die Hoffnung geboren!"

Im folgenden Frühjahr 1085 ging Bischof Meginward zu einer vom Kaiser einberufenen Synode nach Mainz. Hier bestätigten die anwesenden Bischöfe nocheinmal die Absetzung Gregors VII. und erklärten sich für Clemens III. als rechtmäßigem Papst. Über alle Bischöfe der gregorianischen Partei, darunter auch Altmann von Passau, wurde der Bann verhängt. Mit diesem Rückhalt konnte Heinrich IV. alsbald die Bistümer Salzburg und Passau neu besetzen. Beide Diözesen hatten formell einen Bischof der gregorianischen Partei, aber sowohl Gebhard von Salzburg, wie Altmann von Passau waren aus ihren Residenzen geflohen. An den neuen Salzburger Erzbischof Berthold richtete Bischof Meginward brieflich die dringende Bitte, er möge das Feuer seiner Jugend bezähmen, den Kämpfen entsagen und seine Weihe nicht weiter hinausschieben, damit die Diözesen Salzburg, Freising und Passau nach achtjährigen Verwirrungen endlich wieder zu geordneten Zuständen kämen[5]. Bildhaft vergleicht Meginward in seinem Brief diese Bistümer mit drei Witwen, die weinend um ihren Erzbischof stehen und klagen:

„Wie lange, Herr, siehst du noch zu, da du doch unser Elend lindern könntest. Schon acht Jahre lang haben wir das traurige Los der Witwenschaft getragen, da sich kein Beschützer findet, der Raub von Kirchengut, Verfolgung der Priester, Mord, Meineide und Gottesraub verhindert und der endlich wieder für Weihen von Priestern, Gotteshäusern und des Chrysams sorgt."

Ohne Zweifel ist mit dem Bild von der Witwenschaft der genannten Diözesen die Tatsache gemeint, daß ihre Hirten infolge der innerkirchlichen Spannungen noch nicht die Bischofsweihe empfangen konnten. Meginward nennt sich in diesem Brief selbst noch Elekt von Freising. Seine ganze Hoffnung ist auf den neuen Metropoliten gerichtet. Wenn er sich zum Bischof weihen läßt, kann er auch seine Suffragane in Passau und Freising weihen. Erzbischof Berthold aber, eine wenig geistliche Persönlichkeit und vom Volk mit unflätigem Spitznamen bedacht, ist zu dieser Zeit vollauf beschäftigt mit einem familienpolitischen Rachefeldzug gegen Graf Engelbert von Ortenburg[6].

Auf der Seite des Papstes

Das Frühjahr 1086 brachte für Bischof Meginward eine entscheidende Wende. Am Ostersonntag (5. April) rückten ganz unvermutet die Truppen einiger süddeutscher Fürsten, die sich der welfischen Partei angeschlossen hatten, in Freising ein. Sie besetzten die Stadt offenbar kampflos, nachdem der Bischof vorher durch eine List weggelockt worden war (seducto cum dolis episcopo). Die Kaiserlichen konnten Freising zwar zurückerobern, aber nur für kurze Zeit. Erneut rückte die welfische Partei an und zwang die Kaisertreuen zur Übergabe der Stadt. Der Bischof mußte sich durch Eidesleistung mit den Aufständischen verbünden (episcopum cum iuramento sibi associaverunt)[7]. Es bleibt manches unklar, wie es zu dieser Wende kommen konnte. Da ist von listigen Machenschaften die Rede und von mehr oder weniger erzwungenen Eiden. Ging es Meginward wirklich nur darum, sofort wieder in den Besitz seiner Bischofsstadt zu gelangen? Die Ereignisse der folgenden Jahre deuten eher auf eine innere Wendung in der Haltung Meginwards.
Auch im Salzburger Gebiet wendete sich die politische Lage zu Ungunsten des Kaisers. Erzbischof Gebhard konnte 1086 nach neunjährigem Exil nach Salzburg zurückkehren. Begleitet wurde er dabei von Bischof Altmann und Bischof Meginward. Damit steht der Freisinger Bischof plötzlich in einer Linie mit den

härtesten Verfechtern der gregorianischen Partei und der Biograph Gebhards zählt ihn nun zu den nur fünf Papsttreuen im deutschen Reich[8]. Jedenfalls hat Meginward jetzt die Bischofsweihe empfangen können, denn am 15. November 1087 konsekrierte er die Klosterkirche von Fischbachau für die Hirsauer Mönche, die ihre Niederlassung von Bayrischzell hierher verlegt hatten. Bei der Umsiedlung war Meginward behilflich durch entsprechenden Gütertausch mit der Stifterin Haziga von Scheyern[9].

Am 7. April 1090 ist Meginward wieder in Salzburg als Mitkonsekrator des papsttreuen Erzbischofs Thiemo. Mit ihm stehen Altmann von Passau und Adalbero von Würzburg am Weihealtar, beide absolut unverdächtige Parteigänger des nunmehrigen Papstes Urban II[10].

Gleichzeitig muß sich Meginward in seinem Bistum mit einem Gegenbischof Hermann herumschlagen, der sich freilich nicht behaupten konnte[11]. Verzweifelt klagt ein Chronist in Weihenstephan angesichts dieses Kampfes um den Bischofsstuhl, niemand könne in dieser Zeit mehr unterscheiden, was Recht und Unrecht sei. Es besteht kaum ein Zweifel, daß Hermann vom Kaiser gegen den ihm nicht mehr recht zuverlässigen Meginward unterstützt wurde. Wie die allgemeine Verwirrung auch zu Ausschreitungen im Volk führte, schildert der Weihenstephaner Mönch in tiefem Mitgefühl am Beispiel einer Hexenverbrennung in Freising:

„In jenem Jahr (1090), als Meginward und Hermann um den Bischofsstuhl kämpften und niemand mehr zu unterscheiden vermochte, was Recht oder Unrecht war, ließen sich die Bürger von Vötting von Mißgunst getrieben zu einem teuflichen Haß gegen drei ganz arme Frauen hinreißen, als seien sie Giftmischerinnen und schuld am Mißwuchs der Felder. Als die drei eines Morgens noch im Bette schliefen, ergriff man sie und unterzog sie der Wasserprobe, aber man fand kein Anzeichen einer Schuld bei ihnen. Da peitschte man sie grausam aus, um ihnen ein Geständnis der lügenhaften Vorwürfe herauszupressen, aber es gelang nicht. Da gingen einige von ihnen nach Freising hinein und erreichten bei einem Rudolf und einem Konrad, daß sie eine Volksmenge versammelten. Die kamen zu diesen Frauen, ergriffen sie und schleppten sie nach Freising. Auch auf weiteres Auspeitschen hin konnte man ihnen kein Geständnis der Giftmischerei erpressen. Da führte man sie an das Isarufer und verbrannte alle drei Frauen zugleich, von denen eine schwanger war. So sind sie im Feuer gemartert worden am 18. Juli. Ein Verwandter begrub sie am Ufer des Flusses. Später holten ein Priester und zwei Mönche sie von dort weg und bestatteten sie im Friedhof von Weihenstephan in der Zuversicht, daß sie der christlichen Gemeinschaft würdig seien."[12]

Erstaunlicherweise begegnet Bischof Meginward trotz seines Wechsels zur päpstlichen Partei am 12. Mai 1093 wieder im Hoflager Kaiser Heinrichs IV. zu Pavia[13]. Die Gründe dafür kennen wir nicht. Es war jenes für den Kaiser unheilvolle Osterfest, da er den Abfall seines eigenen Sohnes erfahren mußte. Die Anwesenheit Meginwards in der Umgebung Heinrichs IV. zu diesem

Zeitpunkt muß noch keinen neuerlichen Gesinnungswandel bedeuten. Es ist auch weiterhin kein Einvernehmen mit dem Kaiser festzustellen. So hat etwa Meginward 1095 Abt Erchanger von Weihenstephan abgesetzt und Heinrich IV. ihn 1097 wieder eingesetzt[14].

Völlig im Dunkel liegen die letzten Lebensjahre und der Tod Bischof Meginwards. Sicher ist nur, daß er am 28. April 1098 gestorben ist, aber nicht in Freising. Es gibt hier keinerlei Erinnerung an eine Grabstätte. Spätere Chroniken wollen wissen, er sei in die Mission nach Böhmen gegangen, dort gestorben und im Prager Dom beigesetzt worden[15], aber diese Nachricht besitzt quellenmäßig wie inhaltlich wenig Glaubwürdigkeit. Aufschlußreicher erscheint die Tatsache, daß Meginwards Tod im Speyerer Domnekrolog eingetragen ist als „Bischof und Bruder". Der Bamberger Domschulmeister Meinhard war ursprünglich Domherr von Speyer. Darauf dürfte sich die Bezeichnung „Bruder" beziehen und von da her eine Gleichsetzung des Bamberger Lehrers mit dem Freisinger Bischof möglich sein.

Freisinger Weihnachtsspiele

Dann begreift man auch besser, wie in Freising während der turbulenten Zeit des Investiturstreites ganz unvermittelt zwei Weihnachtsspiele entstehen konnten, das „Officium stellae" und der „Ordo Rachelis"[16]. Solche Spiele wurden von den Domschülern nach der offiziellen Liturgie in der Kirche aufgeführt. Diese biblischen Szenen waren ursprünglich in den Gottesdienst selbst integriert, etwa zwischen Matutin und Introitus. Die beiden Freisinger Beispiele aus dem späten 11. Jahrhundert aber sprengen längst diesen Rahmen und haben sich als Mysterienspiele verselbständigt. Sie sind durchgehend in Musik gesetzt und mit Riegeanweisungen versehen. Das „Officium stellae" handelt von den Magiern aus dem Morgenland, ihrer Begegnung mit König Herodes und von der Anbetung vor dem Kind. Vor allem die Gestalt des Herodes bietet gute Möglichkeiten dramatischer Entfaltung. Da heißt es nach einer kurzen Hirtenszene etwa: „Der König soll hinaufsteigen und sich auf seinen Thron setzen!" Die beiden Bösewichte, Herodes und sein Waffenträger geben den nötigen Kontrast zu den frommen Männern aus dem Morgenland. Diese werden vom König empfangen. Auf die Kunde, daß in Bethlehem ein neuer König geboren sei, muß Herodes das Buch mit der Prophetie wegschleudern. Das Officium endet mit dem Befehl zum Kindermord.

„Es falle jedes männliche Kind!
Durchsucht auch der Amme Schoß,
daß List nicht etwa heimlich rett',
das Kind, das bald zum Manne wird!"

Im „Ordo Rachelis" ist die Tendenz zum theatralischen Effekt noch ein gutes Stück weitergeführt. Das epische Erzählen der biblischen Geschichte wird weitergeführt zur dramatischen Entwicklung. Aufgeregt stürzt der Bote herein, der Herodes die Nachricht von einem neugeborenen König bringt. Sofort erhält der Waffenträger den Befehl, alle neugeborenen Kinder von Bethlehem zu töten. In das Gemetzel des Kindermordes tritt die verheißende Stimme eines Engels von oben. Auch die heiligen Personen Maria und Josef treten aus ihrer bisher gewohnten Statistenrolle heraus. Sie greifen aktiv in die Handlung ein und führen einen lebhaften Dialog miteinander. Josef stimmt beim Aufbruch zur Flucht den Gesang an: „Ägypten, du sollst nicht weinen, weil dein Herrscher zu dir kommen wird." In die Klage der Rachel über ihre toten Kinder tönt die Stimme einer „Trösterin", die wirkungsvoll in das „Te deum" der Schlußszene überleitet. Katechetischen Charakter für das breite Volk hatten diese geistlichen Spiele noch nicht. Das Gewand der lateinischen Sprache gewährte dem einfachen Mann keinen Zutritt.

20. Bischof Heinrich I. von Tengling (1098–1137)

Der Wechsel Meginwards vom kaiserlichen zum päpstlichen Lager konnte natürlich nicht verhindern, daß Heinrich IV. nach Erledigung des bischöflichen Stuhles diese Stelle sofort wieder mit einem Mann seiner Wahl besetzte. Bischof Heinrich I. stammt aus einem reichen Grafengeschlecht, das in Bayern und Österreich umfangreiche Güter besaß. Sein Vater nannte sich Graf von Tengling nach der gleichnamigen Burg nördlich des Waginger Sees[17]. Die Weihe empfing Heinrich am 28. Juni 1098 von Bischöfen der kaiserlichen Partei.

Im Gefolge der Kaiser

Damit war wieder einmal ein Episkopat voller Kämpfe vorgezeichnet. Der Dienst am Reich führte Heinrich I. im Jahr 1101 mit dem Kaiser auf einen kläglich mißlungenen Kriegszug gegen Herzog Boriwoi II. nach Böhmen, bei dem der Bischof mit Mühe das nackte Leben retten konnte[18]. Der Stern des Kaisers war endgültig gesunken, als sich dessen Sohn Heinrich V. 1105 mit eben diesem Boriwoi, mit dem Babenberger Leopold III. und anderen unzufriedenen Fürsten gegen den Vater zusammentat. Heinrich IV. hoffte noch, daß es zu einer Einigung mit dem Sohn kommen könne und bestimmte neben anderen auch den Freisinger Bischof zu den geplanten Friedensverhandlungen[19], aber sein baldiger Tod im Jahr 1106 machte eine solche Vermittlerrolle überflüssig. Mit Heinrich V. mußte Bischof Heinrich dann 1108 gegen den ungarischen König Koloman ausrücken. Ende September stand der Freisinger Bischof im Heer des Königs vor Preßburg, um nach wochenlanger Belagerung doch wieder ergebnislos abzuziehen[20].

Zwei Jahre später war Bischof Heinrich wieder im Gefolge des deutschen Herrschers, als dieser 1110/1111 mit einem gewaltigen Heer nach Italien zog, um sich die Kaiserkrone zu holen. Dafür aber mußte zunächst die alte Streitfrage um das Recht der Investitur geklärt werden. Papst Paschalis II. und Heinrich V. einigten sich im Vertrag von Sutri 1111 auf einen gutgemeinten, für die Zeit aber offenbar noch nicht reifen Kompromiß: Der König verzichtet auf das Recht der Investitur, die Bischöfe auf ihre weltlichen Hoheitsrechte und auf alle seit den Tagen Karls des Großen aus königlicher Hand geschenkten Güter. Als die Vereinbarung am 12. Februar 1111 in der Peterkirche bekanntgegeben wurde, kam es zum empörten Widerspruch der deutschen Bischöfe. Heinrich V. forderte daraufhin augenblicklich das Investiturrecht wieder zurück und verlangte die bedingungslose Kaiserkrönung. Als der Papst die Krönung verweigerte, ließ ihn Heinrich V. mitsamt seinen Kardinälen gefangennehmen. Zwei Monate später fügte sich Paschalis II. notgedrungen den Wünschen des Königs und nahm die Kaiserkrönung vor.

Die Rückgabe aller königlichen Schenkungen hätte auch für Freising einschneidende Veränderungen zur Folge gehabt. Abgesehen von einzelnen Höfen und Dörfern in Bayern selbst, wäre der Bischof gezwungen gewesen, sich aus Bischoflack in Krain, aus Oberwölz und Katsch in der Steiermark, aus Waidhofen, Ulmerfeld, Ardagger, Hollenburg und Großenzersdorf zurückzuziehen. Der lautstarke Tumult der deutschen Bischöfe in der Peterskirche ist begreiflich. Eine solche Maßnahme hätte auch unabsehbare Prozesse zur Folge gehabt, weil viele Schenkungen untereinander schon wieder vertauscht waren. Nun sollte all das doch wieder beim alten bleiben. Es blieben aber auch die Verpflichtungen zu Kriegszügen und zur Repräsentanz im Gefolge des Königs, die einen Bischof so in Beschlag nehmen konnten, daß für die eigentlich geistliche Sorge kaum mehr Raum übrig war. Was sich heute noch an Kriegszügen und sonstigen Reisen im Gefolge des Königs nachweisen läßt, ist wahrscheinlich nur ein Bruchteil der tatsächlich geleisteten Reichspflichten. So hatte Bischof Heinrich etwa die Kriege in Böhmen und Ungarn mitzumachen, den großen Italienzug mit der Kaiserkrönung, er hatte die Reichsversammlungen zu besuchen und war Gast bei der glanzvollen Hochzeit Heinrichs V. mit der englischen Prinzessin Mathilde im Januar 1114 zu Mainz.

Konflikt mit dem Erzbischof von Salzburg

Der immer noch nicht ausgetragene Investiturstreit war ein Herd ständiger Unruhen. In Salzburg regierte zu dieser Zeit Erzbischof Konrad I. (1105–1147). Nach anfänglichem Einvernehmen mit Heinrich V. überwarf sich Konrad mit dem Kaiser und wurde zu einem leidenschaftlichen Gegner jeglicher Laieninvestitur. Nach neunjährigem Exil kam Konrad I. 1121 in sein Erzbistum zurück. Der im Wormser Konkordat von 1122 ausgehandelte Friede zwischen Papst und Kaiser galt ihm nichts. Mit glühendem Haß verfolgte er Heinrich I. von Freising als einen in seinen Augen schismatischen Bischof, obwohl dieser noch zu Lebzeiten Papst Calixtus II. (1119–1124) seine Sache mit Rom ins Reine gebracht hatte. Anscheinend aber war die engültige Absolution des Freisinger Bischofs und des Klerus dem Salzburger Metropoliten vorbehalten. Dieser jedoch dachte nicht daran, die Absolution zu erteilen, es sei denn, die Freisinger ließen ihren Bischof fallen. Solange Kaiser Heinrich V. regierte (1106–1125), konnte Erzbischof Konrad I. gegen den Freisinger Bischof nicht aktiv vorgehen. Sofort nach dem Tod des Kaisers aber sah er seine Stunde gekommen. Den ersten Akt des nun anhebenden Kampfes schildert eine Salzburger Quelle, die immerhin versucht, den eigenen Erzbischof noch im bestmöglichen Lichte darzustellen:[21]

„Mit dem Freisinger Bischof Heinrich wollte er sich zeitlebens nicht versöhnen, obwohl er ihn auch nicht absetzen konnte, weil dessen Familie hochangesehen und mächtig war. Zudem zeichnete sich der Klerus von Freising in dieser Zeit sowohl durch edle Abkunft wie durch hohe Bildung aus und dieser Klerus hielt es für ebenso gefährlich wie unehrenhaft, einen Bischof im Stich zu lassen, der nicht in aller Form von einer Synode gerichtet, verurteilt und abgesetzt war. Der Erzbischof wagte aber nicht, eine Synode einzuberufen, da er sich nicht auf die Untersützung seiner Suffragane verlassen konnte. Die Streitigkeiten des jüngsten Schimas waren nämlich noch nicht ganz ausgetragen. Aber es gab auch andere Wege, gegen den Irrtum der vom Glauben und von der Gemeinschaft der Kirche Abgewichenen vorzugehen, ihre Fehler aufzudecken und zu bekämpfen.
So begab sich der Erzbischof im heiligen Eifer für das Haus Gottes an den Freisinger Bischofssitz, als Heinrich gerade in Österreich weilte. Er hoffte, bei den Domherren, denen er selbst oft Ehren erwiesen hatte, Verständnis und Unterstützung bei der Absetzung ihres Bischofs zu finden.
Wie er nun nach Freising kam und den Berg hinaufstieg, hatte sich bereits eine solche Menge von Klerikern und Laien gegen ihn versammelt, daß sie der Dom kaum fassen konnte. Der Erzbischof nahm in der Vorhalle unter dem Glockenturm Platz, die große Schar der Kleriker stand um den Kreuzaltar, bereit zur Disputation. Zuerst liefen die Gespräche über Unterhändler, dann kamen die Parteien doch selbst zusammen. Wenn die Kanoniker durch ihren Sprecher in besonnener und maßvoller Rede einen Schritt weiterzukommen schienen in der Verhandlung, war die übrige Menge unzufrieden und sie warteten nur auf eine Gelegenheit, um ihr Geschrei anheben, den Erzbischof verhöhnen und über den ehrwürdigen Greis sowie alle anständigen Menschen triumphieren zu können. So trennte man sich nach einem sinnlosen Geschrei ohne Ergebnis.

Nach wenigen Tagen schickten beide Parteien ihre Abordnungen nach Rom. Der Erzbischof forderte Strafe für das ihm zugefügte Unrecht. Auch die Freisinger legten ihre Klage vor und beschuldigten den Erzbischof des unrechtmäßigen Eindringens in die Bischofsstadt. Dieser aber erlangte leicht die Vergebung, wenn man ihm auch nachweisen konnte, daß er zu weit gegangen war und die Grenzen des Rechtes etwas überschritten hatte. Aber man hielt ihm zugute, daß er in heiligem Eifer gegen einen Menschen entbrannt war, der in vielfacher Hinsicht auffallend und tadelnswert war, insbesondere weil er schismatisch gewählt war und sich außerhalb der kirchlichen Gemeinschaft und ohne Gehorsam gegenüber dem Apostolischen Stuhl hatte weihen lassen. Er hätte durchaus die Absetzung verdient, wäre er nicht im Jahr davor beim Papst durch einen Legaten vorstellig geworden.

Den Freisingern wurde durch entsprechende Androhung für den schmachvollen Empfang ihres Metropoliten und dessen Vertreibung auferlegt, daß sie einträchtig zu ihm gehen und gnädige Verzeihung erbitten sollten. Das taten sie auch. Sie begaben sich nach Laufen, baten untertänig um Vergebung und wurden wieder voll in Gnaden aufgenommen."

Mit dieser Synode von Laufen überspringt der Salzburger Chronist vier Jahre, denn sie fand erst am 31. Juli 1129 statt. Die diskret verschwiegenen Kämpfe der Zwischenzeit sind auch kein besonders Ruhmesblatt für den Metropoliten. Zunächst, wohl Anfang 1126, schrieb Erzbischof Konrad einen Brief nach Freising, in dem er unter wüsten Beschimpfungen gegen Heinrich I. den Klerus auffordert, sich gegen den derzeitigen Bischof zu erheben, ihn gefangenzunehmen und auszuliefern. „Fangt uns den Fuchs, der den Weinberg zerstört hat! Ihr habt es nicht tun wollen, solange er noch jung war, so tut es wenigstens jetzt, da er alt geworden ist!" Heinrich sei kein Hirte, sondern ein Räuber, der nur kommt, um zu schlachten und zu verderben. Wie ein Eber aus dem Wald habe er den Weinberg verwüstet, wie ein reißender Wolf sei er in den Schafstall eingebrochen, ein unvergleichlich wildes Tier. Dem Klerus wirft der Erzbischof vor, er sei durch sein Schweigen mitschuldig geworden am elenden Zustand der Freisinger Kirche. Nun aber solle, wer des Herrn sei, zum nächsten Palmsonntag nach Rom kommen, um sich dort vor dem Papst des ebenfalls zitierten Bischofs zu entledigen[22].

Der gewünschte Erfolg dieses Briefes blieb aus. Nun wandte sich der Erzbischof an die Klöster, die Bischof Heinrich zu Weihehandlungen in ihre Kirchen gerufen hatten. Den Abt und Konvent von Tegernsee bedrohte er mit dem Interdikt, falls sie wegen des von einem Ketzer geweihten Altares nicht innerhalb von vier Wochen vor ihm Genugtuung leisteten. Als auch diese Drohung nicht wirkte, erschien Konrad wieder persönlich im Freisinger Bistum. In Tegernsee und am Petersberg bei Dachau zerstörte er die von Heinrich geweihten Altäre, er zerbrach die bischöflichen Siegel, um anschließend die Kirche neu zu konsekrieren[23]. Bischof Heinrich und sein Domkapitel klagten gegen solche Übergriffe in Rom. Papst Honorius II. antwortete mit einer scharfen Rüge an den Salzburger Erzbischof[24]:

„Die Kirche von Freising und Bischof Heinrich haben brieflich und durch Boten in Unserer Gegenwart schwere Anklage gegen dich erhoben, daß du nämlich die Weihen des Bischofs für nichtig erklärst, obwohl er von unserem Vorgänger seligen Angedenkens, Papst Calixtus, Vergebung erlangt hat. Du zerstörst die von ihm geweihten Altäre und verfügst über das Bistum nicht nach dem Recht eines Metropoliten, sondern so, als wärest du selbst der Diözesanbischof. Wir wollen weder seine, noch anderer Leute Fehler verteidigen. Aber wenn du – sicher im Eifer für das Recht – die Freisinger Kirche von jenem Mann befreien willst, sollst du dich in dieser Streitfrage kirchenrechtlicher Mittel bedienen. Wir sind jedenfalls bereit, ihn anzuhören und mit der Hilfe des Herrn ein kanonisches Urteil zu fällen. Bis dahin aber sollst du dich jeglicher Anfeindung seiner Person wie seines Bistums enthalten!"

Das Domkapitel in Freising versuchte es nocheinmal brieflich mit dem Ausdruck tiefster Ergebenheit beim Erzbischof. Kein Wort von seinen Ausschreitungen, nur die Bitte um Vergebung für alles ihm zugefügte Unrecht. Er solle nur kommen und endlich die Absolution erteilen. Er werde in Freising wie ein Retter aus der Knechtschaft Ägyptens begrüßt werden[25]. Aber auch diese Bitte blieb ohne Erfolg. Erzbischof Konrad I. beschwert sich nur noch einmal beim Freisinger Kapitel darüber, wie man ihn behandelt habe und fordert die Domherren auf, sich für ihn und gegen Bischof Heinrich zu entscheiden[26].

Die Augustinerchorherrenklöster

Trotz all dieser Wirren gab es im Bistum während der Regierungszeit Heinrichs von Tengling aber auch verheißungsvolle Neuansätze geistlichen Lebens. Nur gingen sie nicht vom Bischof aus, sondern von der neuen Bewegung der Regularkanoniker oder Augustinerchorherren. Rottenbuch war schon seit 1073 ein wichtiger Stützpunkt mit großer Ausstrahlungskraft bis hinauf an den Niederrhein. Seit 1090 mit einem besonderen päpstlichen Schutzprivileg, der „Libertas Romana", ausgestattet, wurde das Stift im Investiturstreit wiederholt zum Zufluchtsort gregorianisch gesinnter Bischöfe und Theologen[27]. Für den berühmten Gerhoh von Polling, später Propst zu Reichersberg, wurde das kurze Asyl in Rottenbuch zur entscheidenen Wende seines Lebens. Er trat selbst in die Gemeinschaft ein, wurde aber bald in die Diözese Regensburg und später in das Erzbistum Salzburg gerufen. Über ihn laufen Beziehungen Rottenbuchs zu Erzbischof Konrad I., der im Salzburger Raum die bahnbrechende Gestalt für die regulierten Chorherren wurde. So problematisch auch sein Verhältnis zu Bischof Heinrich I. von Freising war, schuf er in seinem Erzbistum doch ein gewaltiges Werk von großer pastoraler Tragweite. Nachdem Rottenbuch selbst schon in Berchtesgaden (1102–1105) und Baumburg (1111) Tochtergründungen geschaffen hatte, gelang es Erzbischof Konrad I. nach der Rückkehr aus dem

Exil, sein Domkapitel in ein Chorherrenstift umzuwandeln und zahlreiche Kollegiatstifte im Geist der Regularkanoniker zu reformieren oder neu zu gründen. Allein in jenem Teil seines Erzbistums, der im 19. Jahrhundert zur Erzdiözese München und Freising kam, waren es fünf Konvente: Gars am Inn, Au am Inn, Höglwörth, Herrenchiemsee und St. Zeno in Reichenhall. Im alten Bistum Freising selbst entstanden während der Regierungszeit Bischof Heinrichs I. fünf Neugründungen: Dietramszell, Indersdorf, Beuerberg, Beyharting und Weyarn. Hier überschneiden sich der Rottenbucher und der Salzburger Reformkreis.

Erstaunlicherweise verdankt das neben Rottenbuch älteste Chorherrenstift *Dietramszell* seine Entstehung dem Benediktinerkloster Tegernsee. Abt Udalschalk errichtete 1102 in der Eglinger Reut „die Zelle des heiligen Martin nach der Regel des heiligen Augustinus" auf klostereigenem Boden und bestellte den Priester Dietram zum ersten Propst des Konvents. Die Verbindung zum Mutterkloster Tegernsee sollte aber gewahrt bleiben. Der Abt behielt sich sowohl ein Mitspracherecht bei der Wahl der künftigen Pröpste vor, wie auch deren Investitur in die Liegenschaften des Klosters. Bischof Heinrich I. bestätigte am 16. Oktober 1102 die Neugründung unter dem Vorbehalt seiner Oberhoheit in geistlichen Dingen[28]. Was Tegernsee zur Gründung von Dietramszell veranlaßt hat, ist nicht eindeutig zu beantworten[29]. Vielleicht sollten die Chorherren für die Seelsorge in den klostereigenen Pfarreien aufkommen. Die bischöfliche Bestätigungsurkunde unterzeichneten jedenfalls die in Warngau, Hartpenning und Gmund als Pfarrer tätigen Mönche von Tegernsee. Das Verhältnis der augustinischen Tochtergründung zum benediktinischen Mutterkloster verlief nicht so harmonisch, wie ursprünglich geplant. Dietramszell wollte mit allen Mitteln die Unabhängigkeit gewinnen und suchte dafür Anschluß an Rottenbuch. Der Streit zog sich bis in das 18. Jahrhundert hinein[30].

Das Augustinerchorherrenkloster *Indersdorf* ist eine Sühnestiftung des Pfalzgrafen Otto IV. von Scheyern-Wittelsbach. Er war an jenem 12. Februar 1111 im Gefolge König Heinrichs V. in Rom, als Papst Paschalis II. in der Peterskirche gewaltsam festgenommen wurde. Vom Gewissen geplagt bat er in Rom um Vergebung und erhielt von Papst Calixt II. 1120 die Bußauflage, ein Kloster für regulierte Chorherren zu stiften und es dem Heiligen Stuhl zu unterstellen. Im Jahr 1126 kamen die ersten Konventualen aus dem elsässischen Reformstift Marbach nach Indersdorf und bauten hier Kirche und Kloster. Am 28. März 1131 stellte Papst Innozenz II. in Lüttich ein Schutzprivileg aus, das Indersdorf in die Reihe der päpstlich gefreiten Klöster aufnahm. Der baldige Eintritt Friedrichs von Wittelsbach brachte dem Haus beträchtlichen Güterzuwachs ein[31].

Ebenfalls eine Sühnestiftung sollte das 1121 gegründete *Beuerberg* sein. Graf Otto von Eurasburg errichtete hier ein kleines Augustinerchorherrenkloster im Gedenken daran, daß sein Vater Adalbert als Kampfgenosse Kaiser Heinrichs IV. in den päpstlichen Bann geraten war. Erster Propst wurde der Eremit Heinrich, der schon einige Zeit vorher seine Zelle in Beuerberg hatte. Die Chorherren kamen wahrscheinlich aus Dießen. Das Kloster wurde sofort dem Papst unterstellt, gewann dadurch die „Libertas Romana" und schickte jährlich zum Zeichen der Verbundenheit mit dem Apostolischen Stuhl eine Albe mit Schultertuch nach Rom[32].

In *Beyharting* übergab um 1130 die adelige Witwe Judith nach dem Tod ihres Mannes Tageno Grund und Boden für ein Augustinerchorherrenstift. Die Weihe der Kirche vollzog Bischof Roman von Gurk im Auftrag des Salzburger Erzbischofs[33]. Damit greift der Salzburger Reformkreis in den Bereich des Bistums Freising herein. Bezeichnend für diese Richtung ist das Fehlen eines päpstlichen Freiheitsbriefes.

Auch das neue Stift *Weyarn* war auf Salzburg ausgerichtet. Graf Siboto II. von Falkenstein-Neuburg übergab 1133 sein Schloß in Weyarn an Erzbischof Konrad I. von Salzburg mit der Auflage, hier ein Regularkloster zu errichten. Der Stifter trat selbst als Konverse in Weyarn ein. Die ersten Kanoniker kamen vermutlich vom Salzburger Domstift. Bis ins 18. Jahrhundert besaß Salzburg das Präsentationsrecht der Weyarner Pröpste.

Damit tritt der entscheidende Unterschied zwischen dem Rottenbucher und dem Salzburger Reformkreis zutage. Die mit Rottenbuch direkt oder mittelbar in Beziehung stehenden Klöster waren sehr darauf bedacht, sich durch direkte Unterstellung unter den päpstlichen Stuhl die „Libertas Romana" zu beschaffen. Ein solcher Schutzbrief des Papstes bedeutete zwar nicht die absolute Exemption aus der bischöflichen Hoheit, kam ihr aber doch recht nahe und verhinderte zumindest die Überführung in den Status eines bischöflichen Eigenklosters. Die „Libertas Romana" sicherte freie Wahl des Propstes und eigene Bestellung des Klostervogtes zu. Ganz anders ist die Situation im Salzburger Kreis, wo die Initiative zu den Neugründungen oder Reformen vom Erzbischof ausging. Konrad I. war sich mit Gerhoh von Reichersberg einig in dem Ziel, im Laufe der Zeit möglichst die gesamte Pfarrseelsorge von regulierten Chorherren versehen zu lassen. Dazu mußten diese Konvente in enger Bindung an den bischöflichen Stuhl gehalten werden. Teilweise besaßen sie nicht einmal das Recht der freien Propstwahl. Andererseits aber stand den Augustinerchorherren im Salzburger Raum von vornherein der Weg in die Seelsorge offen, während die Stifte im Freisinger Bistum nicht sofort an die Pfarreien herankamen, weil hier die Reform am Bischof vorbei ging. So blieben auch die bestehenden Klerikergemeinschaften in der Bischofsstadt Freising, das Domkapitel, St.

Andreas und St. Veit, bei der herkömmlichen Form der Kollegiatstifte, die im Gegensatz zu den reformierten Kanonikern eine freiere Form des gemeinsamen Lebens und den Besitz von Privateigentum gestatteten.

Kloster Scheyern

Die benediktinische Reform der Hirsauer Richtung besaß im Freisinger Bistum vorerst nur einen einzigen Stützpunkt in Scheyern. Hier hatte eine Mönchsgemeinschaft in der alten Stammburg der Grafen von Scheyern-Wittelsbach 1119 ihren endgültig festen Platz gefunden, nachdem sie über 40 Jahre lang von einem Ort zum andern gewandert waren. 1077 in Bayrischzell begründet zogen die Mönche unter Bischof Meginward nach Fischbachau und später über Eisenhofen nach Scheyern. Im Jahr 1107 weihte Bischof Heinrich die Klosterkirche auf dem Petersberg bei Eisenhofen[34]. Sie ist die älteste, in der ursprünglichen Form noch erhaltene Kirche der Diözese mit reichem Freskenschmuck in den romanischen Apsiden.

Bischof Heinrich I. starb am 9. Oktober 1137. Wie einst Bischof Abraham hat auch er beim Freisinger Dom einen eigenen Kapellenanbau gestiftet, diesmal zu Ehren des hl. Leonhard. In dieser Kapelle fand Heinrich I. sein Grab.

VII. Kapitel

DER GROSSE BISCHOF OTTO UND DAS SCHISMA FRIEDRICH BARBAROSSAS

21. Bischof Otto I. (1138–1158)

Vom Scholaren zum Zisterzienserabt

Der Zisterzienserabt Otto von Morimund, Sohn des Babenberger Ostmarkgrafen Leopold III., war erst 26 Jahre alt, als er 1138 den Stuhl des hl. Korbinian bestieg. Er sollte in zwanzigjähriger Wirksamkeit zur bedeutendsten Gestalt in der langen Reihe der Freisinger Bischöfe werden[1].

Dabei schien zunächst nach außen hin alles in gewohnten Bahnen zu verlaufen. Eine der mächtigsten Adelsfamilien des Reiches hatte den fünften Sohn von Kind auf für den geistlichen Stand bestimmt. Der König, ein Halbbruder Ottos, verschaffte ihm den Freisinger Bischofsstuhl und das wiederum kostete vielfältige Reisen im Dienst des Reiches, die den jungen Bischof bis nach Rom und Nimwegen führten. Wenn Otto trotzdem zur entscheidenden Reformgestalt seines Bistums wurde, so nur aufgrund seiner überragenden geistlichen Persönlichkeit.

Um 1112 geboren war Otto fast noch ein Kind, als sein Vater Leopold dem gerade Vierzehnjährigen die Präbende eines Propstes von Klosterneuburg verschaffte. Die Pläne des Markgrafen zielten auf einen neuen Bischofssitz bei seiner Pfalz in Klosterneuburg, für den er seinem Sohn die Wege zu ebnen gedachte. Vorerst gab es in Klosterneuburg ein freies Kanonikerstift mit einer Schule, die Otto besuchte. Wenn der reiche Markgraf seinen Sohn vom Schüler zum Propst dieses Stiftes aufrücken ließ, so ging es ihm dabei sicher nicht in erster Linie um die Einkünfte aus der Pfründe, sondern darum, zu gegebener Zeit Otto im Amt des Propstes als naheliegenden Bischofskandidaten präsentieren zu können. In der Leitung des Stiftes vertrat ihn vorerst ein erfahrener Kanoniker.

Zusammen mit einem fürstlichen Gefolge von 15 Studiengefährten wurde Otto 1126 nach Paris geschickt. Frankreich war zu dieser Zeit unbestritten die Hochburg philosophischer und theologischer Studien. Das regulierte Chorherrenstift St. Viktor vor den Mauern von Paris, durch den Frühscholastiker Wilhelm von Champeaux begründet und zu Ruhm gebracht, von Anfang an in enger Beziehung zu Bernhard von Clairvaux stehend, nahm die Klosterneuburger Scholaren auf und vermittelte ihnen den Geist der neuen Theologie im Spannungsfeld zwischen Glaube und Vernunft. Die Inhalte des christlichen Glaubens sollten nicht mehr einfach nur nachgesprochen und gelernt werden, wie sie in der Theologie der Väterzeit formuliert waren; vielmehr hoffte man durch Einbeziehung der menschlichen Vernunft zu fortschreitender Erkenntnis zu gelangen und divergierende Sätze in Schrift und Vätertradition so zu einer systematischen Gesamtschau zu bringen. Den ersten Großmeister dieser Methode, Petrus Abälard, ehemals Schüler Wilhelms von Champeaux, hat Otto als Lehrer in Paris wahrscheinlich nicht mehr erlebt. Aber er kannte dessen Theologie, zumindest in den Punkten, worin ihm Bernhard von Clairvaux widersprach, und in jenen Stücken, die Hugo von St. Viktor für seinen Unterricht verwertete. Otto rühmt später als Bischof von Freising Abälards wissenschaftlichen Eifer[2], folgt ihm etwa in der Frage der Begierdetaufe gegen die Meinung seiner Lehrer[3], tadelt aber gleichzeitig dessen hochmütiges Wesen und die unvorsichtige Art, wie er die Methoden der Logik auf die Ebene der Theologie übertrug.[4] Größeren Einfluß auf Otto gewann sein Lehrer Hugo von St. Viktor, maßgeblicher Vertreter des Symbolismus und damit eher der mystischen Richtung der Frühscholastik zugehörig. Hugo von St. Viktor ist tief beeindruckt von der Unbeständigkeit aller irdischen Dinge und sucht darum den Trost der Philosophie, um in ihr Dauerndes zu finden und hinter den zufälligen Erscheinungen der Geschichte den ewigen Sinnzusammenhang aufzuspüren. All dies gilt für den Geschichtstheologen Otto ebenso, wie für seinen Pariser Lehrer Hugo. War das Stift St. Viktor noch mehr dem abendländischen Platonismus zugetan, so begegnete Otto dem eben ins Lateinische übertragenen Organon des Aristoteles an der Kathedralschule von Chartres. Der Studienaufenthalt blieb offensichtlich nicht auf Paris beschränkt, sondern gewährte Möglichkeiten, auch andere Bildungsstätten, wie Chartres, vielleicht auch St. Gilles und Reims, kennenzulernen. In Chartres begegnete Otto dem von ihm hochverehrten, von anderer Seite aber auch angefeindeten Theologen Gilbert de la Porrée. Gilbert war zu dieser Zeit Kanzler der Kathedrale und als solcher für die Organisation des Unterrichtes verantwortlich. An seiner Schule gedieh ausgeprägt scholastische Theologie auf der Grundlage der logischen Schriften des Aristoteles. Den eigentlichen Unterricht dürfte Otto durch Theoderich von Chartres empfangen haben, aber er kennt auch die Lehren des Kanzlers Gilbert und er verteidigt sie ein Leben lang gegen den Vorwurf trinitarischer Irrlehre. In seinen eigenen Werken erwies sich Otto als Kenner des aristotelisch-logischen Denkens und der scholastischen Theologie. Er brachte den neuen Aristoteles später nach Freising, blieb aber persönlich weit mehr dem symbolischen Denken seines Lehrers Hugo von St. Viktor zugetan.

Nach knapp sechsjähriger Studienzeit verließ Otto im Frühjahr 1132 Paris, um mit seinen Studiengefährten die Heimreise anzutretn. Dazu berichten die Klosterneuburger Annalen:[5]

„Nachdem Otto die vorgesetzte Zeit des Studiums hingebracht hatte, brach er auf, um heimzureisen. Aber in Morimund, wo er übernachtete, wurde er Mönch, und 15 auserwählte Kleriker, die mit ihm gekommen waren, taten desgleichen."

Ein solcher Schritt, daß 16 Scholaren geschlossen in ein Kloster eintreten, war auch für das Mittelalter des 12. Jahrhunderts keine alltägliche Sache. Man erinnert sich, wie der hl. Bernhard 1112 mit 30 Altersgenossen nach Citeaux kam und das fast ausgestorbene Kloster zum Zentrum einer großen Reformbewegung werden ließ. In wenigen Jahren gingen von hier vier Tochtergründungen aus, darunter Clairvaux mit seinem berühmten Abt Bernhard und Morimund mit deutschen Mönchen und Äbten. Hatten die Klosterneuburger Scholaren wirklich nur eine Nacht zu bleiben vor, als sie in Morimund um gastliche Aufnahme baten? Der Entschluß, im Kloster zu bleiben, wird kaum in einer Nacht gereift sein. Die Spiritualität von St. Viktor in Paris begann Früchte zu zeigen. Otto von Babenberg nimmt wie alle seine Studienfreunde das Kleid der Zisterzienser an und verschwindet für sechs Jahre in der Versenkung des strengen Klosters. Wir hören aus dieser Zeit nur, daß sein Vater, Markgraf Leopold III. das Zisterzienserstift Heiligenkreuz gründet, und zwar auf „Mahnung des geliebten Sohnes Otto hin, der sich in Morimund der zisterziensischen Ordnung unterworfen hat"[6]. Anfang 1138 wählten die Mönche Otto zu ihrem dritten Abt von Morimund, aber noch im gleichen Jahr wurde er zum Bischof von Freising bestellt[7]. Dabei hatte zweifellos sein Halbbruder mütterlicherseits, der Staufer König Konrad III. die Hand im Spiel, der im März 1138 zum neuen deutschen Regenten gewählt worden war. Es erschien ihm nützlich, mitten im Herrschaftsgebiet der rivalisierenden Welfen einen babenbergischen Verwandten auf dem bischöflichen Stuhl von Freising zu wissen.

In der Sorge um das Bistum und seine Klöster

Der Sekretär Rahewin schildert das Erbe, das Bischof Otto I. in Freising nach den Wirren des Investiturstreites anzutreten hatte, in düstersten Farben[8]:

„Als er am Anfang gleichsam vom Himmel und von Gott gesandt wurde, fand er die Kirche fast aller Güter beraubt, ihr Vermögen verschleudert, ihre Gebäude verfallen, den bischöflichen Hof im Elend, keine oder nur dürftige Erinnerung an religiöse Zucht in den Klöstern. Mit Gottes Hilfe hat er sie schließlich so weit gebracht, daß, als er aus dem

Lichte schied, er dem Klerus den Glauben, dem bischöflichen Hof die Freiheit, dem Vermögen Überfluß, den Gebäuden ihren Schmuck zurückgegeben hatte. Seine Sorge, seine Mühe und sein Verdienst um den bischöflichen Stuhl und seine Herde war so groß, daß er nicht eigentlich Erneuerer, sondern eher Neubegründer des Bistums gewesen ist. "

Gewiß wird manches von den hier angedeuteten Mißständen zu reduzieren sein; denn Rahewin, der seinen Bischof über alles verehrte, brauchte einen düsteren Hintergrund, um der Gestalt Ottos um so mehr Leuchtkraft zu verleihen. Trotzdem bleibt ein gewaltiges Reformwerk. Leider hat die pastorale Kleinarbeit des Bischofs kaum urkundlichen Niederschlag gefunden. Da erfährt man höchstens einmal, daß Bischof Otto die Kirche zu Kemoden bei Vilsheim weiht, daß er den Leuten im Tegernseer Tal den langen Weg zur Pfarrkirche in Gmund erspart, indem er ihnen den Besuch des Gottesdienstes in Egern oder Tegernsee ermöglicht, oder daß er auf den kleinen Madron bei Flintsbach steigt, um den Altar der Peterskirche zu konsekrieren[9]. Über Hirtenreisen oder Predigttätigkeit im Bistum schweigen die Quellen. Nur die Chronisten der Klöster vermerken jede Änderung in ihrem Haus, und aus der Klosterpolitik Bischof Ottos ist dann auch seine pastorale Zielsetzung recht deutlich abzulesen.
So ist eine der ersten Amtshandlungen Bischof Ottos die Einsetzung von Abt Sigimar in *Weihenstephan*. Ob der Vorgänger gestorben war oder zur Abdankung genötigt wurde, ist nicht auszumachen. Sigimar kommt aus dem Kloster Melk und bringt von dort die Hirsauer Reformbewegung nach Freising[10]. Eines der Ziele von Cluny-Hirsau war Unabhängigkeit im äußeren Bereich von König, Bischof oder Klostervogt. In Weihenstephan ließ sich das verwirklichen, weil es ein bischöfliches Kloster war und Otto im Interesse der geistlichen Reform nicht auf seinen überkommenen Rechten bestand. In der alten königlichen Abtei *Tegernsee* jedoch scheiterte die vom Bischof geplante Reform. Der Abt ließ ihn wissen, man könne die alten Statuten weder ändern noch abschaffen, ohne ein Chaos hervorzurufen. Mit einem Einverständnis des Vogtes sei nicht zu rechnen und die Ministerialen würden bis zu ihrem letzten Stündlein nicht aufhören, Klage zu erheben[11]. Bischof Otto überließ die Entscheidung Papst Eugen III. Von Anfang an hirsauisch ausgerichtet war das Kloster bei der Stammburg der Scheyrer Grafen, das von Bayrischzell über Fischbachau und Eisenhofen nach *Scheyern* gewandert war. Hier wird ein anderes Motiv der Hirsauer Reform sichtbar: die Abgeschiedenheit der Mönche in völliger Ruhe und Ungestörtheit. Der Abt beklagt sich beim Bischof über die unzumutbare Lärmbelästigung seitens der Pfarrangehörigen in der Klosterkirche und erhält die Erlaubnis, die benachbarte Martinskirche zur Pfarrkirche machen zu dürfen[12]. Vermutlich steht auch der Bau der von Bischof Otto 1158 geweihten Jakobskirche bei Weihenstephan in einem ähnlichen Zusammenhang[13]. Das Ideal des weltabgeschiedenen und der Beschaulichkeit zugetanen

Die Freisinger Domkrypta

Kaiser Friedrich Barbarossa am Freisinger Domportal

Bischof Albert I. im Tympanon des Moosburger Münsters

Grabmal Bischof Gottfrieds von Hexenagger

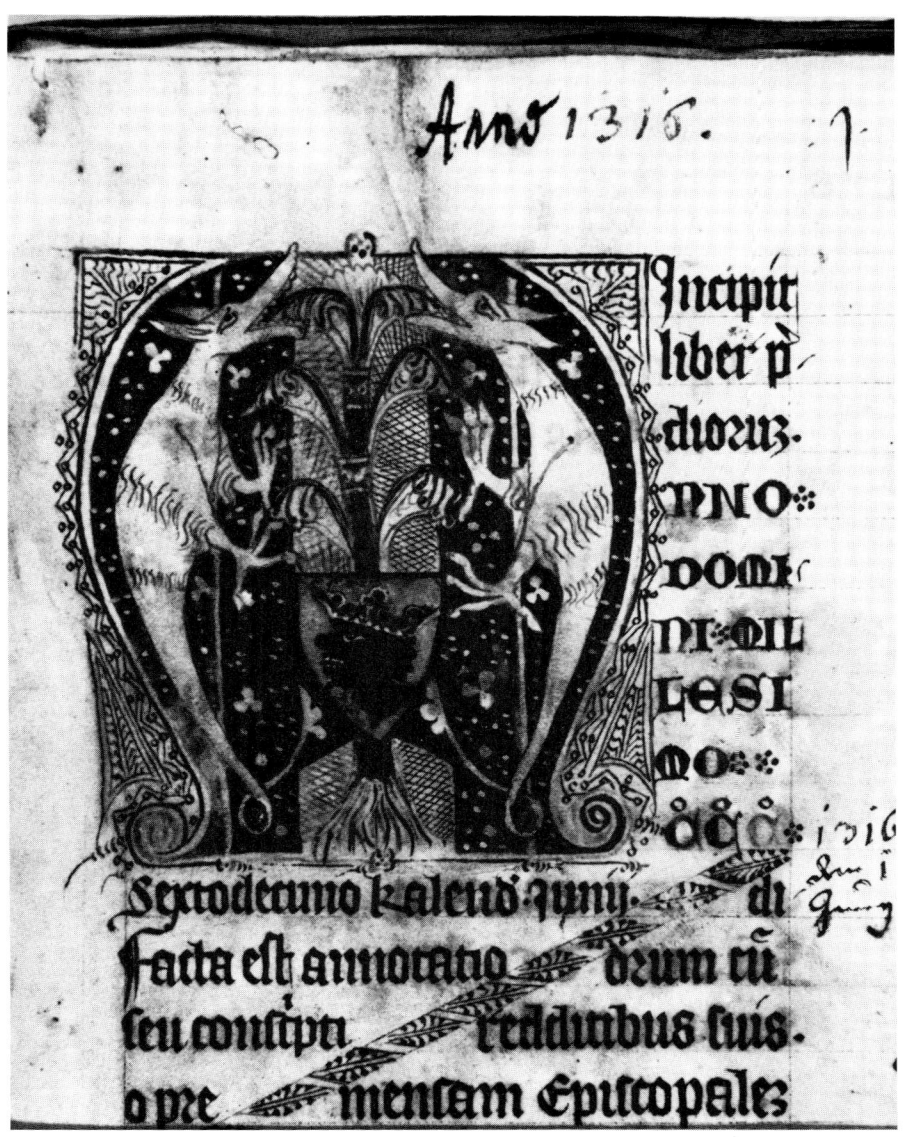

Das Mohrenwappen in der Matrikel Bischof Konrads III. (1315)

Das Grabmal Bischof Konrads III. in der Freisinger Johanneskirche

Das von Kaiser Ludwig dem Bayern gestiftete Gnadenbild von Ettal

Grabmal des Bischofs Albert II. von Hohenberg in der Stiftskirche St. Moriz zu Rottenburg

Mönches sah Otto in reformierten Benediktinerklöstern hinreichend verwirklicht. Das ist wahrscheinlich auch der Grund, warum er in seinem Sprengel kein Zisterzienserstift gründete, obwohl er selbst zeitlebens das graue Gewand des Zisterziensermönches trug, seinem Orden eng verbunden blieb und, sooft er konnte, zum Generalkapitel nach Citeaux ging.

Für eine großangelegte Reform der Seelsorge in breiten Volksschichten boten ihm die alten Benediktinerklöster allerdings wenig Hilfe. Das Beispiel von Scheyern beweist es. Darum schuf er sich in den regulierten Chorherrenstiften das wichtigste Instrument seiner pastoralen Zielsetzungen, und zwar in der Form der Augustinerchorherren, wie der Prämonstratenser des hl. Norbert. Sechs regulierte Chorherrenstifte gab es im Bistum bereits, als Otto mit seiner Arbeit begann, allen voran das bedeutende Stift Rottenbuch. Waren sie aber bisher vom Bischof eher notgedrungen geduldet als gefördert worden, so konnten sie jetzt mit der vollen Unterstützung Ottos rechnen. Der Propst von Rottenbuch durfte nun auch ganz formell den Titel eines Archidiakons führen, worin seine außerordentliche, in der Zeit des Investiturstreits ihm zugewachsene Rolle zum Ausdruck kommt.

Ottos großes Verdienst besteht darin, daß er ungeachtet aller Rivalitäten, wie sie noch unter seinem Vorgänger Heinrich bestanden, und ohne Angst vor Verlust bischöflicher Macht die neue augustinische Bewegung fördernd aufgriff und sie seinen geistlichen Zielen dienstbar machte. Auch der streitbare Erzbischof von Salzburg, Konrad I., und sein geistiger Inspirator, Propst Gerhoh von Reichersberg, wußten nun einen Gesinnungsfreund auf dem Freisinger Stuhl. Dem strengen Metropoliten dürfte zwar die Art der Bischofsbestellung durch königliche Protektion nicht ganz gefallen haben, aber in den entscheidenden Zielen war man sich einig. Es gab nun wieder gemeinsame Synoden der Kirchenprovinz[14] und ein deutliches Einlenken Salzburgs gegenüber Freising, etwa in der Frage der Besetzung von Kirchen, die innerhalb des Erzbistums auf Freisinger Grund und Boden standen. „Euer Antrag klingt hart in unseren Ohren", schreibt Erzbischof Konrad I. an Otto, aber schließlich gestattet er ihm doch um des Friedens und der Seelsorge willen, nach eigener Wahl die Stellen zu besetzen[15].

Der kalte Krieg zwischen Freising und Salzburg war beendet, als sich Erzbischof Konrad I. und Bischof Otto in der Ernsthaftigkeit pastoraler Reformgedanken und in der Förderung des gemeinschaftlichen Lebens von Klerikern einig wußten. In den Jahren um 1140 hat der Freisinger Bischof selbst eine ganze Reihe von Priestergemeinschaften gegründet und reformiert. Es spricht für den nüchternen Sinn Ottos, daß er ohne Rigorismus überall das eben Mögliche zu realisieren suchte, von dem fast mönchisch ausgerichteten Prämonstratenserklöstern, über die augustinisch regulierten Chorherren, bis zu den freien

Kollegiatstiften. Im weit entlegenen *Innichen,* das seit Arbeos Tagen zu Freising gehörte, schuf er aus den Resten eines verfallenen Benediktinerklosters zwischen 1140 und 1144 ein freies Kollegiatstift. Alsbald begann man dort mit dem Bau der mächtigen, herb-romanischen Kirche, wie sie im Kern noch heute besteht. In ähnlich verfallenem Zustand befand sich das alte Kloster *Schliersee,* das Otto 1141 zu neuem Leben erweckte[16]. Fraglich bleibt hier, ob es in Form eines freien Kollegiatstiftes oder eines regulierten Chorherrenklosters wiedererstand. Sicher augustinisch reguliert erstand dagegen 1140 *Schlehdorf* zu neuer Blüte in engem Anschluß an Rottenbuch. Die strengste Form der neuen Klerikergemeinschaften bildeten die weißen Prämonstratenser, denen Bischof Otto im Raum seines Bistums Schäftlarn und Neustift übertrug. Auch das alte *Schäftlarn* hat, wie die meisten Benediktinerklöster, die unruhigen Zeiten des 9. und 10. Jahrhunderts nur in Form einer losen Priestergemeinschaft überstanden. Nun zogen 1140 in das Isarkloster Prämonstratenser ein, die Otto aus dem schwäbischen Ursberg gerufen hatte. Das pastorale Element dieser Gründung wird darin sichtbar, daß ihr sofort die Seelsorge in den umliegenden Pfarreien Hohenschäftlarn, Neufahrn und Epolding übertragen wird[17]. Mit etwas anderer Zielsetzung ging Bischof Otto um 1142 an die Gründung von *Neustift* bei Freising. Zwar hatte auch dieses Prämonstratenserstift recht bald die Seelsorge in Allershausen zu bestreiten[18], aber seine vorrangige Aufgabe war zunächst caritativer Natur. Die wieder aus Ursberg herbeigeholten Mönche übernahmen ein schon bestehendes Hospital für Arme und wandernde Fremdlinge, das dem hl. Alexius geweiht war, sowie die Einkünfte aus der benachbarten Godehardskirche, erhielten aber selbst ein neues Kloster mit einer Kirche zu Ehren des hl. Petrus. Den Prämonstratensern angeschlossen war von Anfang an ein Frauenkonvent, der sicherlich in der Kranken- und Armenpflege Dienst zu leisten hatte. Für die Gründungsausstattung von Neustift legte Bischof Otto caritativ gebundene Stiftungen von den Altären der Heiligen Thomas, Leonhard und Lantbert in seiner Domkirche zusammen und übergab sie den Söhnen des hl. Norbert. Dieses relativ bescheidene Vermögen wurde bald durch Zustiftungen vermehrt, die zu einem guten Teil aus den Reihen des bischöflichen Hofes kamen[19].

Die Gründung von Neustift vor den Toren Freisings wurde so zu einem unübersehbaren Zeichen dafür, daß Bischof Otto die Sorge um Arme und Kranke zu den unverzichtbaren kirchlichen Aufgaben zählte. Im bescheidenen Alexiusspital und an der Pforte des Domstiftes sah er dieses Element der Seelsorge offenbar nicht hinreichend gewährleistet. Auch die Priestergemeinschaften, die in den verschiedenen Stiften nun ein ganzes Netz über die Diözese breiteten, sollten Signalcharakter haben. Otto war vermutlich nicht, wie etwa sein Salzburger Nachbar, der Ansicht, aus allen Pfarrern Mönche machen zu können, aber er wollte Vorbilder geistlichen Lebens für den gesamten Klerus seines Sprengels schaffen. Blieb nur noch die Aufgabe, das eigene Haus auf dem Domberg der Reform zuzuführen. Erzbischof Konrad I. hatte es fertiggebracht, die Domkapitel von Salzburg und Gurk in regulierte Chorherrenstifte umzuwandeln. Daran war in Freising allerdings nicht zu denken. Bischof Otto hat lange zugewartet. Erst wenige Wochen vor seinem Tod wagte er es, im Sommer 1158 Bestimmung für sein *Domkapitel* zu erlassen[20]. Man spürt im ganzen Text die behutsame Hand des Bischofs, der weiß, daß rigorose Veränderungen von vornherein zum Scheitern verurteilt wären. Nach jeder Forderung nennt er sogleich mögliche Ausnahmen und Übergangsbestimmungen, um wenigstens einiges zu erreichen. Hauptanliegen sind ihm das gemeinsame Chorgebet, gegenseitige Achtung und Ehrfurcht im Kapitel, eine Mindestform gemeinsamen Lebens durch Benutzung des gemeinschaftlichen Schlafraumes und die Bewahrung der Kapitelsgüter vor Aufteilung in einzelne Pfründen. Soweit erkennbar, haben diese Reformgedanken ihr Ziel in Freising nicht erreicht[21].

Die Domschule unter Bischof Otto

Die Statuten für das Domkapitel enthalten auch Vorschriften für die Studierenden an der Freisinger *Domschule*. Bischof Otto befürchtet, die Schüler könnten unter dem Vorwand auswärtiger Studien allzu früh unter die Vaganten geraten und dabei ihre guten Sitten verlieren. So ordnet er an, die Scholaren nicht vor Empfang der Subdiakonatsweihe ziehen zu lassen. Bis dahin müssen sie ihre Studien an der Domschule absolvieren. Der Bischof konnte dies guten Gewissens verlangen, genoß seine Schule doch höchstes Ansehen, weil er ihr in Philosophie und Theologie Methode und Inhalt der großen französischen Bildungsstätten vermittelt hatte[22]. Rahewin berichtet, Otto habe „fast als erster die scharfsinnigen philosophischen und aristotelischen Bücher nach Deutschland gebracht". Während Gerhoh von Reichersberg nichts mit den neuen Methoden und den französischen Meistern der Theologie zu tun haben will und ihre Anhänger mit Argusaugen verfolgt, blüht in Freising die Kunst der Dialektik und der Geist Gilberts de la Porrée. Nach dem Tod seines bischöflichen Herrn würdigt Rahewin dessen Verdienste um die Freisinger Domschule: „Durch dieses Mannes Eifer galt das Studium etwas in Freising. Gute Streitgespräche schärften den Sinn vieler Schüler. Was Sitte und Vernunft sei, blieb niemand verborgen. Trug und Arglist wurden aufgedeckt. Derselbe Mann, der den heiligen Kult der Kirche groß machte, ließ auch den logischen Wettkampf entbrennen."[23] Obwohl Bischof Otto im engeren Bereich der Theologie selbst nur am Rande schriftstellerisch tätig wurde, wußte man um seine Aufgeschlossenheit der neuen Richtung gegenüber, besonders im Hinblick auf die Theologie des Gilbert de la Porrée. Als der Wiener Magister Petrus, selbst ein Schüler und eifriger Anhänger Gilberts, in eine heftige theologische Auseinandersetzung mit Gerhoh von Reichersberg geriet, sandte er einen entsprechenden Traktat mit scholastischer Argumentation nach Freising in der sicheren Hoffnung, dort verstanden zu werden[24]. Vielfache Angriffe auf die Theologie Gilberts veranlaßten Otto schließlich, in seine „Gesta Friderici" eine ausführliche Rechtfertigung des von ihm hochverehrten Lerers einzubauen[25]; und da Gerhoh im Kampf gegen Gilbert und dessen Schüler gern die Autorität Bernhards von Clairvaux ins Feld führte, scheute sich Otto auch nicht, gegenüber seinem großen und berühmten Ordensbruder in Fragen der Theologie vorsichtige Kritik anzumelden: „Abt Bernhard war ein glühender Eiferer für den christlichen Glauben, aber aus natürlicher Gutmütigkeit heraus auch etwas leichtgläubig. So hatte er einen starken Widerwillen gegen jene Lehrer, die auf menschliche Weisheit gestützt, zu sehr dem Verstand vertrauten, und er war gleich bereit, Glauben zu schenken, wenn behauptet wurde, daß einer dieser Lehrer etwas Glaubenswidriges geäußert hätte."

Die Theologie frühscholastischer Prägung war nicht das einzige, was Otto von Frankreich nach Freising brachte. Ganz ohne Anschluß an die früher hier geübte Miniaturenkunst erscheint auf dem Domberg plötzlich wieder die *Buchmalerei*. Es ist aus der Zeit von Ottos Wirken zwar nur eine einzige Handschrift mit kunstvollen Initialen bekannt, aber ihre Qualität ist von so hohem Rang, daß sie zum Besten gehören, was bayerische Kunst im 12. Jahrhundert hervorgebracht hat. Zwei dieser Initialen im Kommentar des Hieronymus über Daniel und die kleinen Propheten (Clm 6251) sind figürlich gestaltet: Daniel, auf einem Löwen stehend, und Michas, vor der Hand Gottes kniend und von der Taube des Heiligen Geistes inspiriert. Das malerische Element tritt zurück zugunsten streng linearer Zeichnung. Vorbilder dieses Stils gibt es in Deutschland nicht, wohl aber im zisterziensischen Burgund. Ohne Zweifel hat Bischof Otto eine Vorlage aus Morimund oder Citeaux vermittelt[26]. Den neuen Stil aus Frankreich hat sehr bald das Prämonstratenserkloster Schäftlarn, wenn auch in künstlerisch schwächerer Form, aufgegriffen[27], später auch wieder Freising in einem prachtvollen Psalter (Clm 27054) und im Kopialbuch des Conradus Sacrista.

Vision des Propheten Michas.
Aus einer Freisinger Handschrift der Zeit Bischof Ottos (Clm 6251).

Ein Bild ganz anderer Art, ein Kolossalgemälde der großen Weltgeschichte von der Erschaffung des ersten Menschen bis zum Gericht am Ende der Zeiten schuf Otto selbst in seinen beiden Werken „*Chronik oder die Geschichte der zwei Staaten*" und „*Die Taten Friedrichs*". Sie haben ihm den Ruhm eines großen Geschichtsschreibers eingebracht. Dabei ging es Otto gar nicht so sehr um Geschichtsschreibung in der Absicht, Vergangenes der Vergessenheit zu entreißen, Zeitgeschehen der Nachwelt zu überliefern oder gar „leere Fabeleien weltlicher Taten" zu erzählen, deren Vortrag Gerhoh an den Tischen der

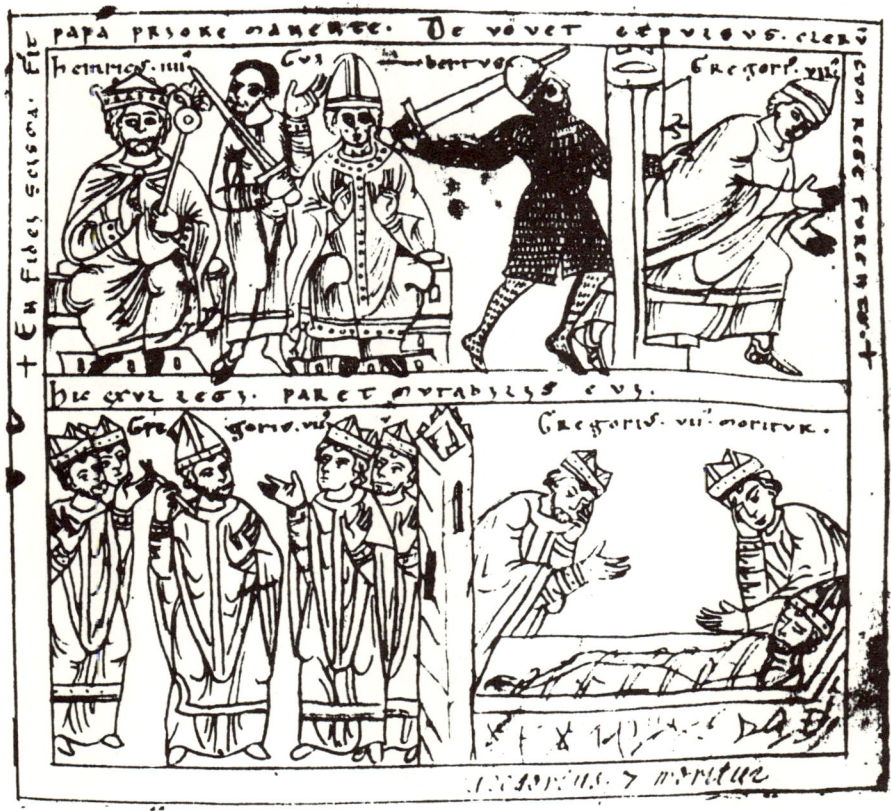

Kaiser Heinrich IV. und Papst Wibert. Papst Gregor VII. wird aus Rom vertrieben. Gregor VII. bannt Kaiser Heinrich IV. Begräbnis Papst Gregors VII. Aus einer zeitgenössischen Handschrift von Ottos Weltchronik (Univ.-Bibl. Jena).

166

Kirchenfürsten tadelt. Freilich ist das Werk des Freisinger Bischofs zu einer unschätzbaren Geschichtsquelle geworden, besonders für die Ereignisse seit dem Jahr 1106, aber in erster Linie ist Otto Geschichtsphilosoph und Geschichtstheologe. Ihm geht es darum, das Wirrsal historischer Ereignisse von Jahrtausenden zu ordnen, zu deuten und hinter den sichtbaren Erscheinungen den göttlichen Ratschluß im Ablauf der Geschichte zu erkennen. In solchem Bemühen folgt Otto dem symbolistischen Denkansatz seines Lehrers Hugo von St. Viktor. Aber auch die reine Erkenntnis von Gesetzmäßigkeiten im Lauf der Geschichte ist noch nicht letztes und eigentliches Ziel ottonischen Suchens, sondern die Frage nach dem Standort der eigenen Generation innerhalb des großen Weltgeschehens. Otto ist fest davon überzeugt, kurz vor dem Ende der Zeiten zu stehen[28], und so werden die letzten Kapitel seiner Chronik zur großen eschatologischen Predigt. Der Bannfluch Papst Gregors VII. über seinen Großvater Heinrich IV. erscheint Otto als apokalyptisches Ereignis von so ungeheurer Tragweite, daß er überzeugt ist, nur das Gebet der Mönche halte den endgültigen Untergang der Welt noch für eine Weile auf[29]. Im Regierungsantritt Friedrich Barbarossas und dem damit erhofften Friedensreich sieht er ein weiteres retardierendes Moment für das zweite Kommen des Gottessohnes heraufziehen, ohne aber grundsätzlich den Gedanken der angebrochenen Endzeit aufzugeben.

Die Geschichte der Menschheit betrachtet Otto einmal chronologisch hinsichtlich der Abfolge der großen Weltreiche, andererseits aber auch inhaltlich als den dramatischen Kampf zwischen Gottesstaat und Weltstaat innerhalb der verschiedenen Epochen. Was den rein zeitlichen Ablauf betrifft, übernimmt er die Vision Daniels von den vier Weltreichen in ihrer Deutung durch Hieronymus auf die Reiche Babylons, Persiens, Griechenlands und Roms. Mit dem Untergang Roms ist die Geschichte aber deshalb nicht zu Ende, weil der römische Reichsgedanke durch den Papst auf die Frankenherrscher und ihre Nachfolger übertragen wird. Allein in dieser Abfolge der Reiche sieht Otto ein Gesetz des Wanderns, des Sichverschiebens von Ost nach West, was nicht nur für den Weg der politischen Macht, sondern ebenso für die Wissenschaften und für das Mönchtum gilt. Das Aufblühen der Reformklöster in Frankreich, also im äußersten Westen, ist ihm Zeichen dafür, daß die Bewegung an ihrem Ziel angekommen und die Endzeit nahe ist.

Das Ringen von Gottesstaat und Weltstaat als inhaltliches Moment der Geschichte stammt von Augustinus, erfährt bei Bischof Otto aber doch wesentliche Modifizierungen[30]. Er kennt im Gegensatz zu Augustinus das Faktum einer mehrhundertjährigen Geschichte des Christlich Römischen Reiches und sieht gerade in ihr trotz aller wechselvollen Geschicke und Kalamitäten ein Fortschreiten konkreter Realisierung des Gottesstaates auf

Erden, wenn auch nicht dessen volle Verwirklichung. „Der Staat Christi hat fast alles, was ihm verheißen worden ist, außer der Unsterblichkeit schon im Diesseits erreicht"[31], schreibt Otto überschwenglich im Anschluß an die konstantinische Wende. Aber bei weitem nicht immer klingt seine Sprache so optimistisch. Das Neben- und Gegeneinander von Gottesstaat und Weltstaat existiert seit Beginn der Menschheitsgeschichte. Kennzeichen des einen sind Beständigkeit und Dauer, die des anderen ständiger Wandel und Hang zum Untergang. Die Menschen sind Bürger des einen oder anderen Staates, je nachdem ob sie paulinisch gesprochen dem Geiste nach oder dem Fleische nach leben. Schon die ersten Söhne Adams, Kain und Abel, verkörpern die beiden Staaten. Seit dem Sündenfall beherrscht der Weltstaat übermächtig das Feld. Nur jene, die sich nach der Vertreibung aus dem Paradies eine Spur von Wahrheitserkenntnis bewahrt haben, und die Gerechten des Alten Bundes tragen den Gottesstaat in kümmerlicher Form weiter. Im israelitischen Gottesvolk taucht umrißhaft der Gottesstaat deutlicher auf, ohne mit ihm identisch zu sein; denn im Volk der Juden kämpfen noch die beiden Kräfte in ungleicher Stärke miteinander. „Vom ersten Menschen an bis auf Christus hat fast die gesamte Menschheit mit Ausnahme einiger weniger aus dem israelitischen Volk im Heer des Fürsten der Welt, des Teufels, gedient."[32] Der entscheidende Umbruch kommt mit der Menschwerdung Christi, der den Gottesstaat aus der beschränkenden Form des Judenvolkes in die universale Dimension hebt. In der sichtbaren Gestalt der Kirche breitet sich der Gottesstaat über die Völker aus. Aber der Fortschritt verläuft nicht geradlinig. Er wird zunächst unterbrochen durch die Christenverfolgungen, bis Konstantin und nach den arianischen Wirren endgültig Theodosius dem Gottesstaat zum Zustand höchsten zeitlichen Glückes verhalfen. „Nun begann überall in der Welt dem Staate Gottes lachender Sonnenschein zu strahlen."[33] Jetzt glaubt Otto eigentlich nicht mehr die Geschichte von zwei Staaten, sondern „fast nur noch eines einzigen" schreiben zu müssen, den er „Ecclesia" nennt. „Denn wenn auch Auserwählte und Verworfene in einem Haus vereinigt sind, so möchte ich doch nicht mehr wie bisher von zwei Staaten reden, sondern streng genommen nur noch von einem, und zwar einem vermischten, in dem gewissermaßen Weizen und Spreu vermengt sind. Sind doch nun nicht nur die römischen Kaiser, sondern auch die Herrscher anderer bedeutender Staaten Christen geworden ... Demgegenüber ist der Weltstaat gleichsam betäubt."[34]

Bischof Otto ist vom Gedanken des Christlich Römischen Reiches und seiner Synthese von Sacerdotium und Imperium derart fasziniert, daß er den entscheidenden Wendepunkt im Sichtbarwerden des Gottesstaates nicht in der Zeit Christi, sondern in der Zeit des Kaisers Theodosius sieht. Reich und Kirche gelten ihm jetzt als eines, getragen von der geistlichen Person des Papstes und

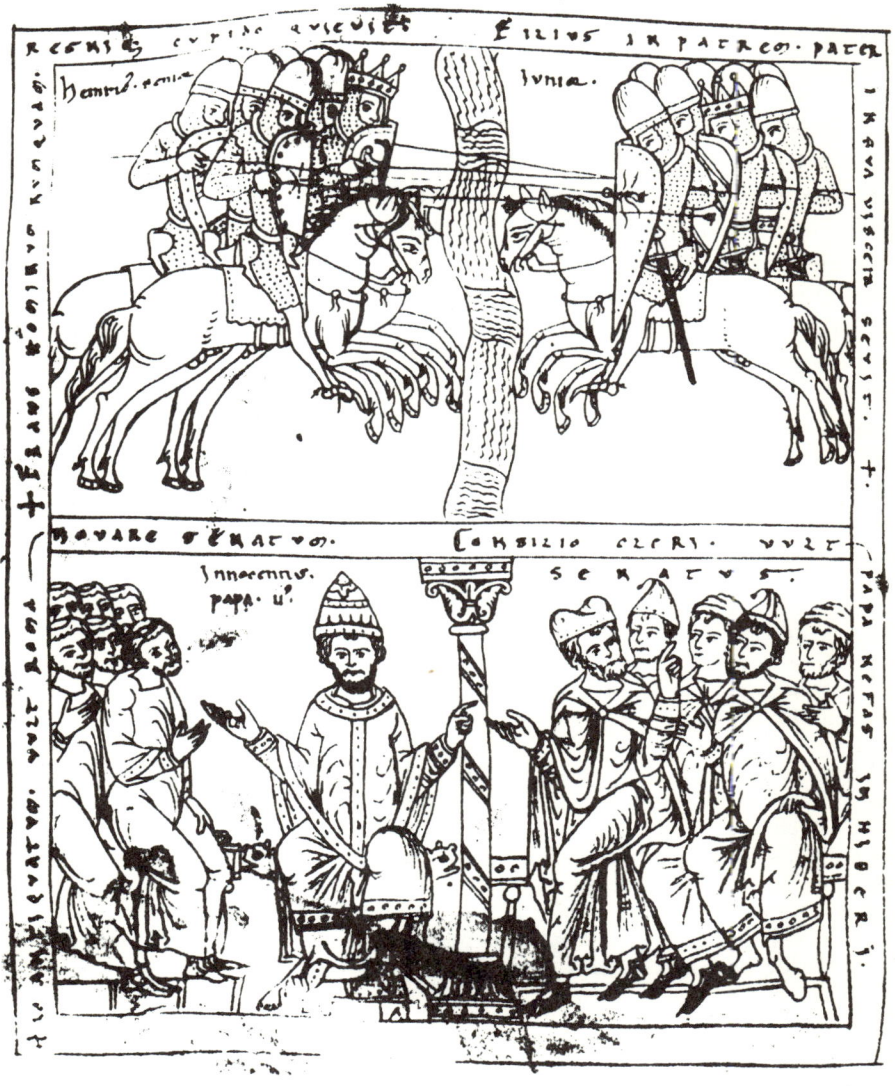

Heinrich IV. kämpft gegen seinen Sohn. Papst Innozenz II. widerspricht der Erneuerung des
römischen Senats.
Aus einer zeitgenössischen Handschrift von Ottos Weltchronik (Univ.-Bibl. Jena).

der königlichen Person des Kaisers[35]. Erst die Harmonie dieser beiden Gewalten, die ihre rechte Ordnung zueinander im Gleichgewicht der Machtverteilung finden[36], hat die „Betäubung" des Welt- oder Teufelsstaates bewirkt. Er ist freilich noch wirksam genug, um Erschütterungen in der Geschichte des Gottesstaates zu bewirken und den dunklen Hintergrund für einen jeweils neuen Sieg des Gottesstaates abzugeben. In dem Augenblick aber, da im Investiturstreit die Einheit der beiden Gewalten gefährdet und im Bannstrahl Gregors VII. über Heinrich IV. zerstört wird, sieht Otto die letzte Finsternis heraufziehen. „Ich lese wieder und wieder die Geschichte der römischen Könige und Kaiser, aber ich finde vor Heinrich keinen einzigen unter ihnen, der vom römischen Pontifex exkommuniziert oder abgesetzt worden ist."[37] Dieses ungeheuerliche Ereignis dünkt Bischof Otto wie an apokalyptischer Posaunenstoß. Der Weltstaat ist aus seiner Betäubung erwacht. Es beginnt der Endkampf und das Ende der ganzen irdischen Geschichte. Die Präsenz des Gottesstaates sieht er jetzt vornehmlich in den mönchischen Orden. „Sie alle bleiben unberührt von den oben geschilderten jammervollen Wechselfällen des Weltlaufs und genießen nach sechs Tagen der Mühsal im Frieden des wahren Sabbats einen Vorgeschmack der ewigen Ruhe."[38] So wird der Leser der „Geschichte von den zwei Staaten", wenn er ein Weiser in dieser Endzeit sein will, zurückverwiesen auf das Vorwort zum ersten Buch:

„Oft habe ich lange hin und her gesonnen über den Wandel und die Unbeständigkeit der irdischen Dinge, ihren wechselvollen, ungeordneten Verlauf, und wie ich bedenke, daß der Weise keinesfalls sein Herz an sie hängen soll, so finde ich durch vernünftige Überlegung, daß man über sie hinwegschreitend sich von ihnen lösen müsse. Denn des Weisen Pflicht ist es, sich nicht wie ein kreisendes Rad zu drehen, sondern wie ein aus Quadern gefügter Körper festzustehen in der Beständigkeit der Tugenden. Da nun der Wandel der Zeitlichkeit niemals zum Stillstand kommen kann, welcher Vernünftige wird da bestreiten, daß, wie ich sagte, der Weise sich von ihr wegwenden muß zu dem beständigen und bleibenden Reiche der Ewigkeit? Das ist der Gottesstaat des himmlischen Jerusalem. Nach ihm schmachten auf der Pilgerfahrt die Kinder Gottes, die unter der Wirrnis der Zeitlichkeit wie unter einer babylonischen Gefangenschaft schwer leiden. Denn es gibt je zwei Staaten, einen zeitlichen und einen ewigen, einen irdischen und einen himmlischen, einen des Teufels und einen Christi, und nach der Überlieferung der katholischen Schriftsteller ist jener Babylon, dieser Jerusalem."

Politische Verflechtungen

Als geistlicher Reichsfürst stand Bischof Otto nicht nur betrachtend über der Geschichte, sondern politisch handelnd in ihr. Im Zisterzienserkloster Morimund hatte er sich für einige Jahre den „Wirrnissen der Zeitlichkeit" entziehen können, als Bischof von Freising konnte er das nicht mehr, zumal er über seine

Mutter Agnes mit dem deutschen Kaiserhaus aufs engste verflochten war: Kaiser Heinrich IV. war sein Großvater, Kaiser Heinrich V. sein Onkel, König Konrad III. war sein Stiefbruder, Kaiser Friedrich Barbarossa sein Neffe.

Die ersten Regierungsjahre Ottos waren politisch geprägt vom Kampf der Welfen und Babenberger um das bayerische Herzogtum. Die Situation war für den Bischof besonders prekär, weil seine eigenen Brüder Leopold und Heinrich Jasomirgott die babenbergische Partei darstellten, er aber wußte, daß die begründeten Rechte des Welfen Heinrich des Stolzen durch König Konrad III. einfach der eigenen Familienpolitik geopfert worden waren. So hielt sich Otto aus diesen Auseinandersetzungen heraus, mußte aber im Lauf dieser Kämpfe zahlreiche Verwüstungen und Plünderungen im Bistum hinnehmen, bei denen seine Brüder keineswegs rücksichtsvoller waren als die Welfen[39]. Die Belehnung seines Bruders Leopold mit dem Herzogtum Bayern durch König Konrad im Jahr 1139 kommentiert Otto: „und seitdem ist über unser Land viel Unheil gekommen". 1140 kam es zur Schlacht bei Valley im Mangfalltal, 1141 zu schadvollen Heereszügen durch das Gebiet der Diözese. 1143 stand des Bischofs Bruder Heinrich Jasomirgott vor Freising und zerstörte die Befestigungsanlagen der Stadt „wegen einiger Bürger, die für Anhänger Welfs galten". Noch im gleichen Jahr 1143 verwüstete er das Dachauer Umland und setzte die Burg des Grafen Konrad von Dachau in Brand. Der Bischof auf dem Domberg ist seiner Familie nicht froh geworden.

In solch unruhigen Zeiten schien es Otto geraten, die Rechte und Besitztümer der Freisinger Kirche von König und Papst bestätigen zu lassen. Konrad III. entsprach diesem Wunsch 1140 zu Frankfurt[40]. Dabei verfügte er gleichzeitig, daß die Freisinger Ministerialen die Rechte von Reichsministerialen genießen sollten. Damit waren sie der Gerichtshoheit des Vogtes enthoben. Im Herbst 1141 reiste Otto ein erstes Mal nach Rom zu Papst Innozenz II., um Fragen seiner Klostergründungen zu besprechen und Schwierigkeiten mit dem Vogt darzulegen. Wieder bestätigt der Papst die Besitzungen der Freisinger Kirche und er verbietet vor allem ganz entschieden alle Übergriffe der Vögte auf Rechte und Güter der Kirche von Freising[41]. Die Vogtei des bischöflichen Stuhles lag seit knapp einem Jahrhundert erblich in den Händen der Grafen von Scheyern-Wittelsbach[42]. Das Regiment des zu seiner Zeit amtierenden Pfalzgrafen Otto von Wittelsbach empfand Bischof Otto als derart bedrückend, daß er keine Gelegenheit verstreichen ließ, gegen ihn vorzugehen. Im Dezember 1142 gelang es dann, Pfalzgraf Otto gegen eine Entschädigung zum Verzicht auf die Gerichtsbarkeit über Freisinger Ministerialen zu bewegen[43]. Aber die Spannungen zum Haus Wittelsbach blieben. Wenige Jahre später mußte Papst Eugen III. den Salzburger Erzbischof und König Konrad III. zum Einschreiten veranlassen, weil der Sohn des Pfalzgrafen während eines Gottesdienstes Bischof Otto mit schweren Beleidungen öffentlich überfallen hatte[44]. So erklärt sich auch das vernichtende Urteil, das Otto in seiner Weltchronik über die Wittelsbacher fällt[45]: „Nur wenige werden in dem Geschlecht gefunden, die nicht in offener Gewalttätigkeit wüten oder, ganz von Sinnen, zu jeder kirchlichen wie weltlichen Stellung unwürdig, dem Diebstahl und Straßenraub ergeben, durch Bettelei ihr erbärmliches Leben fristen." An keiner anderen Stelle hat sich der sonst immer um Ausgleich ringende Otto derart von seinem Zorn leiten lassen.

Der Kreuzzug

In den Jahren 1143–1146 schrieb Otto seine „Chronik oder Geschichte von den zwei Staaten". Ende 1145 unterbrach er seine Arbeit daran für einige Zeit, um im Auftrag König Konrads Papst Eugen III. in Italien aufzusuchen[46]. Den eigentlichen Auftrag dieser Reise erfahren wir nicht, aber die bedrängte Lage des Papstes nach einer Ausrufung der Republik in Rom, eine etwa geplante Kaiserkrönung und der vom Papst beabsichtigte Kreuzzug boten Verhandlungsstoff genug. Papst Eugen III. war selbst Zisterzienser und Schüler des hl. Bernhard von Clairvaux, was König Konrad bewogen haben dürfte, seinen bischöflichen Bruder zu vertraulichen Gesprächen nach Rom zu schicken. Otto traf den Papst im November 1145 zu Viterbo und blieb bis nach Weihnachten in seiner Nähe.
Es dauerte noch geraume Zeit, ehe der flammende Prediger Bernhard den König zur Teilnahme am Kreuzzug überreden konnte. Im Februar 1147 nahm Otto zusammen mit den Bischöfen von Regensburg und Passau selbst das Kreuz[47], weihte im Mai noch den neuen Erzbischof von Salzburg[48], um dann alsbald unter der Führung des Königs zum Kreuzzug aufzubrechen. Das Heer fuhr zunächst geschlossen von Regensburg aus die Donau hinunter, kam ungehindert durch Ungarn und stand anfangs September kurz vor Konstantinopel. Nach Überschreitung des Bosporus zog man noch geschlossen über Nicomedia nach Nicäa. Hier trennte sich ein Teil von ungefähr 15 000 Kreuzfahrern unter der Führung Bischof Ottos, um entlang der Meeresküste über Ephesus nach Laodicäa zu marschieren. Unweit dieser Stadt kam es Ende 1147 zur Katastrophe. Das Heer geriet in einen Hinterhalt und wurde durch türkische Reiter aufgerieben. Bischof Otto entkam mit einem kleinen Rest und gelangte zu Schiff nach Jerusalem[49]. Dem Hauptheer des Königs war es nicht besser ergangen. Bald nach dem Abmarsch von Nicäa waren auch seine Truppen von Türken überfallen worden. Fast alles, was entkommen konnte, kehrte in die Heimat zurück. Kurz nach Ostern 1148 landete Konrad III. in Akkon, von Konstantinopel her kommend, um mit dem nachrückenden französischen

Kreuzfahrerheer Damaskus zu belagern. Aber auch dieses Unternehmen blieb ohne Erfolg. Das Scheitern des Kreuzzugs, die Frage nach Ursachen und Sinn, hat Bischof Otto noch lange beschäftigt[50]. In Anspielung an den Kreuzzugsprediger Bernhard von Clairvaux meint er, daß eben „der Geist der Propheten den Propheten nicht jederzeit zur Verfügung steht." Trotzdem ist er bereit, einen Brief Bernhards an den König zu übergeben, der zu Roger von Sizilien vermitteln und damit einen neuen Kreuzzug diplomatisch vorzubereiten helfen soll[51].

Hoffnung und Enttäuschung mit Friedrich Barbarossa

Im Jahr 1152 kam Friedrich Barbarossa, ein Neffe des Freisinger Bischofs, wie des verstorbenen Königs Konrad, an die Macht. Otto begleitete seinen Neffen zur Krönung nach Aachen[52] und vier Jahre später zur Hochzeit mit Beatrix von Burgund nach Würzburg[53]. Er ist voll optimistischer Hoffnung, Reich und Kirche könnten kraft dieser Persönlichkeit einer starken und friedvollen Zeit entgegengehen. Als er 1157 Friedrich I. auf dessen Wunsch hin sein Werk „Über den Wandel der Dinge" zusandte[54], äußerte er im Begleitschreiben: „Ihr, erlauchter Fürst, der Ihr in Wirklichkeit und dem Ehrentitel nach zu Recht Friedensfürst genannt werdet, habt die trübe, wolkenverhangene Nacht zur lustvollen Augenweide morgendlicher Heiterkeit zurückgeführt und der Welt den köstlichen Frieden wiedergeschenkt." Gleichzeitig erklärt Otto sich bereit, freudigen Herzens die „Taten Friedrichs" niederzuschreiben, wenn man ihm nur genügend Unterlagen zukommen lassen wolle[55].

Eine dieser Friedenstaten und in den Augen Ottos sicher nicht die geringste, bildete der mittlerweile nun endgültig beigelegte Streit zwischen Welfen und Babenbergern um die Herrschaft in Bayern. Friedrich konnte es sich mit keiner der beiden mächtigen Parteien verderben. Nach anfänglich vergeblichen Versuchen einer friedlichen Einigung übertrug Barbarossa 1154 Bayern in Abwesenheit des Babenbergers an den Welfen Heinrich den Löwen. Auch ein nachträglicher Versuch Bischof Ottos, an der bayerisch-böhmischen Grenze zwischen König Friedrich und seinem Bruder Heinrich Jasomirgott zu vermitteln, schlug fehl[56]. Weitere Verhandlungen, in die sich wieder Bischof Otto einschaltete[57], führten dann im „Privilegium minus" von 1156 endlich zum Erfolg. Heinrich der Löwe bleibt Herzog von Bayern, Heinrich Jasomirgott erhält die nun abgetrennte Ostmark als selbständiges Herzogtum[58].

Keine der beiden Parteien hat Otto die Vermittlerrolle gedankt. Sein Bruder versuchte Freisinger Besitzungen in Österreich zu kassieren[59] und Heinrich der Löwe brannte die auf bischöflichem Terrain liegende Isarbrücke von Föhring nieder, über die bisher die zollträchtigen Salzfuhren gerollt waren, um den

Straßenübergang wenig isaraufwärts auf herzoglichen Grund zu verlegen. Zerstört waren auch Markt und Münzgebäude in Föhring, die zusammen mit dem Salzzoll eine Haupteinnahmequelle des Freisinger Bischofs gebildet hatten. Was blieb Otto anderes übrig, als sich an das Gericht des Kaisers zu wenden. Aber der Schiedsspruch Barbarossas, am 14. Juni 1158 zu Augsburg gefällt und seitdem als Gründungstag der Stadt München gefeiert, war für den Freisinger Bischof eine herbe Enttäuschung[60]. Er enthält nicht ein Wort der Verurteilung angesichts dieses gewaltsamen Handstreichs. Lediglich ein Vergleich wird geschlossen zwischen dem Freisinger Bischof und „unserem hochedlen Vetter Heinrich, Herzog von Bayern und Sachsen, daß künftig zu einer Spannung jeder Anlaß beseitigt sein dürfte, der dieser Sache wegen zwischen euch auftauchen könnte". Auch von einem Wiederaufbau des Marktes oder der Brücke ist nicht die Rede. Der Herzog hat lediglich ein Drittel des gesamten Ertrages an Zoll- und Münzeinkünften nach Freising abzuliefern, wobei es dem Bischof freisteht, die Einnahmen kontrollieren zu lassen.

In Freising lag auf dem Tisch des Bischofs das noch unvollendete Manuskript der „Taten Friedrichs". Otto hat diese „jocunda historia" weder zerrissen, noch sich mit Worten gerächt. Er wußte, daß Friedrich sich mit dem Welfen nicht anlegen durfte. Vielleicht sollte es ein Entgegenkommen des Königs sein, wenn er im selben Juni 1158 dem bereits kranken Otto die freie Wahl seines Nachfolgers zusicherte[61]. Aber der Glanz des Friedensfürsten begann doch in den letzten Lebensmonaten Ottos bereits an Leuchtkraft zu verlieren. Es bedurfte einer „wohlwollenden Interpretation" des Bischofs, als er Kaiser Friedrich ein Schreiben von Papst Hadrian IV. vorlas, um ihn zu besänftigen[62]. Es ging um den verfänglichen Terminus „beneficium" für die Verleihung der Kaiserwürde, den Rainald von Dassel als „Lehen", Otto aber vermutlich als „Gunsterweis" übersetzte. Das angeschlagene Verhältnis zwischen Barbarossa und Otto zeigt sich auch darin, daß der Kaiser sich veranlaßt fühlt, dem Bischof gegenüber schriftlich zu versichern, er habe entgegen anderslautenden Gerüchten weder in Rom noch in Bologna ungünstige Äußerungen über ihn verbreitet. „So ruhe also Euer Zorn! Meine Unschuld werde ich klar und deutlich beweisen."[63]

Tod in Morimund

Von der Teilnahme am bevorstehenden Zug nach Italien bat Otto den Kaiser, ihn zu dispensieren, damit er zum Generalkapitel der Zisterzienser nach Citeaux reisen könne. Der Bischof kam nicht mehr an das geplante Ziel. Als er in seiner ehemaligen Abtei Morimund Station machte, ereilte ihn mit 46 Jahren der Tod.

In eigenartiger Parallele zum Sterben Korbinians, wie es Arbeo schildert, erzählt Rahewin den Heimgang seines bischöflichen Herrn:

„Da er aber durch den Bericht und die Mahnung gewisser Mönche erfuhr, daß einigen durch Visionen oder Traumgesichte sein Tod geoffenbart worden sei, grüßte er mit brüderlicher Liebe in der vertrautesten Weise die Brüder, sagte ihnen Lebewohl und machte sich auf den Weg zum Besuch des Zisterzienserkapitels.
Schon längst entkräftet durch Ermattung und Gebrechlichkeit des Körpers, gelangte er nach mühevoller Reise, ohne daß jedoch seine Begleiter bis dahin etwas befürchteten, in das Kloster Morimund. Dort lag er einige Tage zu Bett und, schon nicht mehr an seinem Tode zweifelnd, während er, der Sitte gemäß, mit dem heiligen Öl gesalbt worden war und über sein Vermögen in einem löblichen Testament verfügt hatte, gebot er, auch diesen Band in seine Hände zu legen. Er gab ihn gebildeten und frommen Männern, damit sie, wenn er etwas zugunsten der Lehrmeinung des Magisters Gilbert gesagt zu haben scheine, was jemand verletzen könnte, sie es nach ihrem Gutdünken korrigierten; und er bekannte sich als Verfechter des katholischen Glaubens nach der Regel der heiligen, römischen, katholischen Kirche. Dann prüfte er in tiefer, herzlicher Reue und in demütigem Bekenntnis seine Schuld, empfing die hochheiligen Geheimnisse und gab inmitten einer Menge heiligmäßiger Bischöfe und Äbte dem Herrn seinen Geist zurück."[64]

Bischof Otto starb am 22. September 1158. Die Mönche von Morimund bestatteten ihn im Chor der Kirche. Über der ehemaligen Klosterkirche wächst heute das Gras. Das Grab des größten Bischofs von Freising ist verschollen. Sein früher Tod bewahrte ihn davor, das Schisma Barbarossas und den Brand seiner Bischofsstadt noch erleben zu müssen. „Die Lebensgeschichte endet, die Geschichte des Nachruhms beginnt. Otto war einer der gelehrtesten Männer, einer der tiefsten Denker des Mittelalters, auf dem Freisinger Bischofsstuhl die einzige Gestalt von europäischer Größe."[65]

22. Bischof Albert I. (1158–1184)

In Ahnung seines baldigen Todes hatte Bischof Otto I. seinem Domkapitel empfohlen, Albert, den Propst der Freisinger Kirche, als Nachfolger zu bestellen. Die Zusicherung einer freien Bischofswahl erwirkte er noch im Juni 1158 bei Friedrich Barbarossa. Dompropst Albert stammt aus einem alten Freisinger Ministerialengeschlecht mit Hauptsitz in Hartshausen bei Zolling[66]. Die Wahl zum Bischof erfolgte im Spätherbst 1158. Im Februar 1159 ist Albert zu Occimiano in Italien bei Friedrich Barbarossa, um die Regalien aus der Hand des Kaisers zu empfangen[67]. Wenig später erfolgte die Bischofsweihe.

Brand und Wiederaufbau Freisings

Gleich zu Beginn der Amtszeit Alberts wurde die Bischofsstadt durch ein verheerendes Großfeuer heimgesucht[68]. In der Nacht zum Palmsonntag (5. April) brach es im östlichen Teil des Domberges aus, um dann in kürzester Zeit den Bereich des Domes und der ganzen Stadt in Schutt und Asche zu legen[69]:

„Von der Ostseite des Berges brach die Gewalt des Feuers hervor, stieg bis zu den hohen Dächern der Domkirche empor und fand dort Nahrung. Durch die starke Hitze und den Wind wurden die Funken aufgewirbelt und hüllten auch den westlichen Teil des Berges in Flammen. Von jähem Schrecken erfaßt ergriffen die Leute die Flucht. Das nackte Leben zu retten, bedeutete ihnen höchstes Glück. Dann wirbelte der einfallende Wind alles durcheinander; allenthalben war der traurige Einsturz sichtbar. Es sinkt dahin die Kathedrale und die majestätische Würde der Gebäude. Es sinkt dahin das vergoldete Altarhaus, es sinkt dahin der Chor mit seinem Schmuck, ein wunderbares Kunstwerk in Gold und Silber. Es sinkt dahin der 30 Pfund schwere Standleuchter. Es sinken dahin die Kronleuchter mit ihrem Zierrat, wundervolle Kunstwerke. Es sinken dahin die getäfelten Decken mit ihrer Bemalung und die erzbeschlagenen Balken. Es sinkt dahin das Orgelhaus und der Königsturm mit dem süßen Klang der Glocken. Es sinkt dahin die Bischofpfalz mit ihren Kapellen und deren Malerei in Gold und Silber. Es sinkt dahin die hiesige Kirche des seligen Apostels Andreas . . .“

Der Dombrand vom Jahr 1159. Aus einer Handschrift des Veit Arnpeck um 1475.

Sämtliche Kirchen, die Bischofsresidenz, fast alle Wohnungen der Kanoniker und bischöflichen Dienstleute auf dem Domberg, sowie weite Teile der Stadt waren dem Brand zum Opfer gefallen. Damit ergab sich für den Bischof auf Jahrzehnte hinaus ein umfangreiches Bauprogramm. Als erste Sofortmaßnahme des Bischofs nennt der Chronist und Augenzeuge Conradus die Absicherung der noch vorhandenen Bausubstanz des Domes und die Errichtung von Vorratslagern für den Lebensunterhalt des bischöflichen Hofes. Zumindest der untere Teil des Westwerks an der Kathedrale und die Außenmauern waren nicht eingestürzt. Bischof Albert ließ die noch stehenden Mauerteile durch Holzkonstruktionen absichern und Risse in den Mauern mit Mörtel und Steinen ausbessern. Im folgenden Jahr erstand dann das Konventgebäude des Domkapitels neu[70], während gleichzeitig Baumeister und Steinmetze an der neuen Krypta arbeiteten. Wie weit der Neubau des Domes unter Albert noch gedieh, wissen wir nicht genau. Die Altarweihe erfolgte erst 1205. Mit Sicherheit aber hat Bischof Albert die Gesamtkonzeption des Wiederaufbaus festgelegt und sich dabei trotz einiger Widerstände für die Beibehaltung des alten Grundrisses und die Wiederverwendung noch intakter Mauerteile entschieden[71]. So erstand im Lauf der folgenden Jahrzehnte die mächtige, querschifflose Basilika mit einer Flucht von 13 Rundbogenarkaden und darüberliegenden Öffnungen zu den Seitenemporen. Seitlich an das Westwerk aus der Zeit Bischof Abrahams baute man den mächtigen Nordturm. Der Südturm entstand erst einige Zeit später, sicher aber vor 1314[72].

Nahezu unberührt hat sich in der Krypta ein Raum der albertinischen Zeit erhalten. Sie ist von ungewöhnlicher Größe, vierschiffig angelegt, durchsichtig und doch nicht mit einem Blick zu erfassen, weil das Auge von der Vielfalt und dem Formenreichtum der Säulen gefangen wird. Trotz des feierlichen Ernstes ist alle drückende Schwere vermieden. Die einander überschneidenden Gewölbe liegen hoch und heben den darüberliegenden Chor weit über den Boden des Kirchenschiffes. An den vielen Säulen müssen mehrere Steinmetze gleichzeitig gearbeitet haben. Eine Gruppe um den Meister Liutprecht, der sich mit Nennung seines Namens an einem Kapital selbst portraitiert hat, setzt die Ornamente so, daß die Tektur der Säule immer sichtbar bleibt. Ganz anders arbeitet der Meister der Bestiensäule. Bei ihm werden die tief in den Stein geschlagenen Gestalten selbst zum Kapital oder zur Säule, zum dramatischen Figurenmantel, der kaum noch die geometrische Grundgestalt spüren läßt.

Das Hauptwerk dieses unbekannten Meisters ist die berühmte „Bestiensäule" in der Mitte der Krypta. Ihren Namen hat sie von der unheimlichen Drachenbrut, die von unten her aus dem Sumpf aufsteigt und an der Westseite der Säule den ganzen Schaft machtvoll beherrscht. Vergeblich mühen sich zwei menschliche Gestalten, dem Rachen der Ungeheuer zu entgehen. Die Bestien sind

Die Freisinger Bestiensäule. Holzschnitt von H. Rühling, 1862.

übermächtig. Ein anderes Bild bietet sich im östlichen Halbrund der Säule: aufrecht stehende Ritter kämpfen mit Schwert und würgenden Händen gegen die Drachen. Auch sie werden vom Gewürm des Bodens bedrängt und gebissen, aber sie scheinen Herr der Lage zu sein. Dem Gewirr des Kampfes entrückt erscheint im Osten die Gestalt einer Frau mit einer stilisierten Lilie vor der Brust. Es ist viel gerätselt worden über den Sinn dieser Bilder. Selbst die Sage vom Drachentöter Siegfried wollte man in ihnen erkennen. Aber auf Freisinger Boden kann dieser dramatische Kampf nur das Ringen zwischen Gottesstaat und Teufelsstaat bedeuten, wie es Bischof Otto in seinem großen Geschichtswerk gezeichnet hat. Hier ist die Geschichtstheologie dieses großen Mannes unter seinem Nachfolger zur Szenerie in Stein geworden. Die Gestalt der Frau mit der Blume bedeutet nach vergleichbaren Darstellungen Maria als Bild der Kirche. Sie ist als entrückte Gestalt im östlichen Bereich der aufgehenden Sonne der Inbegriff des Gottesstaates. Wer für sie und ihr zur Seite kämpft, kann gegen die bösen Mächte bestehen. Wer sich von ihr abwendet ist im Reich der untergehenden Sonne unrettbar der Macht des Drachen ausgeliefert[73].

I
MANUBRIUM ASPERGILLI
II
AMULA AQUÆ BENEDICTÆ.

Chrysolithschale aus dem Freisinger Domschatz,
ein Geschenk von Friedrich Barbarossas Gemahlin Beatrix. Kupferstich bei Meichelbeck 1724.

Weitere Werke dieses „Bestienmeisters" außerhalb der Freisinger Krypta sind nicht bekannt, aber die Steinmetze um Liutprecht haben nach Vollendung der Unterkirche noch das große Portal geschaffen, das von der Vorhalle in das Hauptschiff des Domes führt. Hier tritt wieder der gleiche elegant-zeichnerische Stil zutage, Köpfe mit fein differenzierter Innenzeichnung, wie am Portrait des Meisters Liutprecht am Kryptakapitäl. Seine Kunst bildnishafter Darstellung vollendet sich hier in den Figuren Kaiser Friedrich Barbarossas und dessen Gemahlin Beatrix von Burgund im Gewände des Portals. Der Kaiser thront in majestätischer Herrscherwürde mit Krone und Szepter auf einem Faltstuhl, begleitet von einer bischöflichen Gestalt, die ebenso den verstorbenen Bischof Otto, wie den derzeit regierenden Albert bedeuten kann. Die gegenüber thronende Kaiserin hält wie opfernd eine Gabe empor, vielleicht jene kostbare Chrysolithschale, die sich bis 1803 im Domschatz befand, dann aber verscholl[74]. Aus den Bildnissen des Kaiserpaares an so markanter Stelle der Kathedrale hat man vielfach auf wesentliche Beteiligung Barbarossas am Wiederaufbau der Domkirche geschlossen. Der eben erst verstorbene Bischof Otto war immerhin ein Onkel Kaiser Friedrichs I. und seine „Gesta Friderici" versprachen ein ruhmvolles literarisches Denkmal auf den Herrscher zu werden. Aber es fehlt jegliches Zeugnis von wirtschaftlicher Beteiligung Barbarossas beim Wiederaufbau des Domes. Eine Schenkung königlicher Güter hätte Spuren hinterlassen, auch wenn sie später wieder verlorengegangen sein sollten. Bischof Albert erhielt zwar 1159 durch kaiserlichen Gerichtsentscheid die entfremdeten Besitzungen im Cadobertal und den Hof samt Burg Godego bei Treviso als Eigentum der Freisinger Kirche zurück[75], aber diese Besitzungen waren ohnedies rechtens sein Eigentum und kosteten den Kaiser nichts. Allenfalls käme ein finanzieller Beitrag in harter Münze in Frage, der freilich nirgends vermerkt wird, oder die Bereitstellung eines Trupps von Steinmetzen. Es ist immerhin erstaunlich, wie rasch die kostbar gearbeitete Krypta und das Portal fertiggestellt waren. Schon 1161 konnten die Reliquien des hl. Nonnosus im Beisein des Salzburger Erzbischofs Eberhard wieder feierlich in die Krypta überführt werden, wie eine Bleitafel im Grab meldet[76]:

„Im Jahr 1161 nach der Menschwerdung des Herrn, im 3. Jahr des Freisinger Bischofs Albert wurde in Gegenwart des Salzburger Erzbischofs Eberhard der Leib des heiligen Bekenners Nonnosus nach dem Brand in diese Krypta übertragen."

Auch das Portal in der nicht eingestürzten Vorhalle des Westwerks wird nicht viel später entstanden sein. Die im Gewände zum Bild der Kaiserin aufsteigende Gestalt einer Kröte bedeutet als uraltes Symbol weiblicher Fruchtbarkeit vermutlich eine Art Votivgabe um Nachkommenschaft für das kinderlose

Herrscherpaar. Nach der Geburt des ersten Sohnes 1164 hätte man ein solches Zeichen wohl kaum mehr angebracht. Nach Vollendung von Krypta und Portal scheinen die Steinmetze abgezogen zu sein. Im weiteren Verlauf der Arbeiten am Dom gibt es keine Steinplastik mehr. Auch in der Umgebung taucht der Stil um Meister Liutprecht nicht mehr auf. Das zeitlich nächstliegende Kunstwerk dieser Art wäre das romanische Steinportal vom Kastulusmünster in Moosburg. Es zeigt im Tympanon Christus, umgeben von Maria und Kastulus und kniend Kaiser Heinrich II., sowie Bischof Albert von Freising mit dem Modell des Münsters. Stilistisch weisen diese Figuren aber nicht mehr nach Freising, sondern eher in Richtung des Regensburger Portals an der Schottenkirche.

In Freising scheint der Wiederaufbau jetzt nur mehr sehr langsam vorangegangen zu sein. Noch 1171 stand nicht einmal die Außenmauer fertig. Teile, die man ursprünglich wiederverwenden zu können hoffte, mußten nachträglich doch eingerissen werden[77]. Von einem „Barbarossabau" kann demnach kaum die Rede sein. Als Bischof Albert 1181 sein Testament verfaßte, bedachte er vier von ihm noch selbst konsekrierte Altäre zu Ehren der hl. Maria Magdalena, der hl. Martha, der hl. Mutter Anna und der hl. Einsiedlerin Maria von Ägypten mit ansehnlichen Stiftungen[78]. Er hat den Dom also wenigstens soweit unter Dach gebracht, daß einzelne Partien für den Gottesdienst wieder verwendbar waren. Den Hauptteil der Ausgestaltung aber mußte er seinem Nachfolger Otto II. überlassen.

Wirtschaftliche Sorgen

Durch den Wiederaufbau der Residenz, der Domherrenwohnungen und der Kathedrale war die Finanzkraft des Hochstiftes aufs äußerste angespannt. Dabei war die ergiebigste Einnahmequelle mit der Föhringer Zollbrücke eben erst verlorengegangen. Umsomehr mußte sich Albert um die größtenteils weit entlegenen Besitzungen kümmern und ihren Bestand sichern. Die entzogenen Güter im Venetianischen am Oberlauf der Piave brachte ihm ein kaiserlicher Gerichtsentscheid noch 1159 zurück[79]. Im Winter 1159–1160 rüstete sich Bischof Albert für eine Reise in die Hochstiftsbesitzungen. Es wurde ein Urbar angelegt, das in groben Umrissen die österreichischen und steiermärkischen Güter vermerkt[80] und später auch die zinspflichtigen Höfe in Tirol und Bayern aufnimmt[81]. Im Frühjahr 1160 trat Albert seine Reise nach Krain, Kärnten, Steiermark und in das neue Herzogtum Österreich an, wo es überall Freisinger Besitzungen gab. Begleitet wurde der Bischof von den Domherren Rahewin und Engelschalk, sowie von Abt Lothar von Rott am Inn und von Propst Otto bei St. Andreas. Am Gründonnerstag 1160 (24. März) traf Albert in Friesach mit dem Salzburger Erzbischof Eberhard zusammen. Besonders wichtig wurde die Begegnung mit Herzog Heinrich Jasomirgott von Österreich, der die Ostmark seit 1156 als eigenständiges, von Bayern losgetrenntes Herzogtum verwaltete. Bischof Albert stand vor der schwierigen Aufgabe, mit diesem streitbaren Herrn den rechtlichen Status für die Freisinger Güterkomplexe auszuhandeln. Doch die Verhandlungen liefen besser, als er befürchtet hatte. Beglückt schreibt Albert an sein Domkapitel, wie ehrenvoll ihn eine Gesandtschaft des Herzogs beim Betreten des Landes begrüßt und wie freundlich ihn der Herzog selbst empfangen hatte. Kernpunkt der Verhandlungen war die Frage, ob Herzog Heinrich dem Freisinger Bischof das Recht der freien Gerichtsbarkeit auf seinen Ländereien zugestehen würde. Um ihm entgegenzukommen, schlug Albert seinerseits eine bescheidene jährliche Zahlung für die Gewährung dieses Rechtes vor. Wider Erwarten willigte Herzog Heinrich ein und machte einen entsprechenden Vertrag auf Lebenszeit der beiden Kontrahenten. „Er hat all meine Bitten erhört", schreibt Albert seinem Domkapitel. „Außerdem haben wir andere Güter der Freisinger Kirche, die ihr seit langem entzogen waren, durch Vermittlung des Herzogs zurückbekommen."[82] Bischof Albert war zufrieden, obwohl sich der Herzog von Österreich keines seiner Rechte begeben hatte. Die jährliche Zahlung war Ausdruck grundsätzlicher Anerkennung der herzoglichen Oberhoheit und die Befristung des Vertrages auf Lebenszeit der beiden Vertragspartner ließ für die Zukunft alles offen. So ermahnt der Bischof auch schon jetzt sein Domkapitel, bei künftigen Neubesetzungen des Freisinger Stuhles auf jeweilige Erneuerung dieses Vertrages zu achten[83].

Das Schisma Barbarossa

Jener Gründonnerstag des Jahres 1160, an dem Bischof Albert mit seinem Metropoliten Eberhard in Friesach zusammentraf und nähere Einzelheiten über die strittige Papstwahl von 1159 erfuhr, war zugleich der Tag, an dem Papst Alexander III. (1159–1181) über Gegenpapst Viktor IV. (1159–1164), Kaiser Friedrich Barbarossa und Pfalzgraf Otto von Wittelsbach den Bann verhängte. Damit begann für Bischof Albert ein schwerer, 18 Jahre dauernder Weg durch das Schisma, in dessen Verlauf er aussichtslos und vom Großteil des bayerischen Episkopats isoliert für die Sache des rechtmäßigen Papstes kämpfte. Zunächst gab es nur widersprüchliche Nachrichten über die strittige Papstwahl vom 7. September 1159. Erst im Oktober 1159 erreichte Bischof Eberhard ein Schreiben Alexanders III., das in sachlichem Ton den tatsächlichen Hergang der Wahl berichtete. Demnach waren es nur drei Kardinäle aus der kaiserlichen Partei, die Viktor IV. ihre Stimme gaben. Trotzdem wurde er unter dem waffenmächtigen Schutz der Kaiserlichen und unter namhafter Mitwirkung Pfalzgraf Ottos von Wittelsbach in der Peterskirche inthronisiert. Kaiser Friedrich Barbarossa brauchte jetzt die Anerkennung seines Papstes durch die Bischöfe um so mehr, als seine Interpretation einer legalen Wahl eben doch mehr als zweifelhaft war. Er berief deshalb für den Februar 1160 eine Synode nach Pavia, zu der etwa 50 Bischöfe erschienen. Die meisten oberitalienischen und deutschen Bischöfe leisteten der Einladung Folge und bekannten sich nach anfänglichem Widerstand größtenteils zu Viktor IV. Über Alexander III. verhängte die Versammlung den Bann.

Zu den wenigen deutschen Bischöfen, die gar nicht erst nach Pavia gingen, gehörten Erzbischof Eberhard von Salzburg, Hartmann von Brixen, Roman von Gurk und Albert von Freising. Gerade um diese Ecke des Salzburger Metropolitanverbandes hatte sich Friedrich Barbarossa besonders bemüht. Dringend hat er den Erzbischof gebeten, mit seinen Suffraganen zu dieser wichtigen Tagung zu kommen. Seine Anwesenheit sei von größter Notwendigkeit[84]. Eberhard ist zwar aufgebrochen, aber mit Berufung auf gesundheitliche Rücksichten wieder umgekehrt. Propst Heinrich von Berchtesgaden sollte ihn in Pavia vertreten. Auch Bischof Albert scheint nach dem Ausweis eines Brieffragments eine persönliche Einladung des Kaisers erhalten zu haben[85]. In Ahnung dessen aber, was ihn zu Pavia erwarten würde, trat er seine Inspektionsreise durch die Freisinger Hochstiftsbesitzungen an. Beim Zusammentreffen Erzbischofs Eberhards und Bischof Alberts am 24. März 1160 in Friesach dürften sie die wichtigsten Ergebnisse von Pavia durch Propst Heinrich von Berchtesgaden bereits erfahren haben[86]. Zwei Tage nach Beendigung der Synode schrieb Friedrich Barbarossa selbst noch einmal an die vier nicht erschienenen Bischöfe der Salzburger Kirchenprovinz[87]. Nur ganz dezent klingt ein Vorwurf für ihr Fernbleiben an[88], denn der Kaiser hoffte immer noch, diese Kirchenmänner für die Partei Viktors IV. gewinnen zu können. Bischof Albert aber stand wie sein Metropolit von da ab mehr denn je zu Papst Alexander III. In der Haltung zwar entschieden, im Vorgehen aber nie provozierend verstanden es die beiden, sich wenigstens die Achtung des Kaisers zu bewahren, obwohl man genau wußte, wo das Haupt der alexandrinischen Richtung in Deutschland zu suchen war. So konnte es Bischof Albert auch wagen, zwischen dem auffahrend temperamentvollen Gerhoh von Reichersberg und Friedrich Barbarossa zu vermitteln. Der Propst schreibt es vor allem den Bemühungen des Freisinger Bischofs zu, daß der Zorn des Kaisers gegen ihn besänftigt und das gute Einvernehmen so weit wieder hergestellt werden konnte, daß Friedrich ihn zu einer vertraulichen Unterredung einlud[89]. Auch Alberts Verhältnis zum exkommunizierten Pfalzgraf Otto II. von Wittelsbach, der als Schirmvogt der Freisinger Kirche und mehrerer Klöster im Bistum amtierte, war von kluger

Zurückhaltung und auf das Geschäftliche beschränkter Haltung bestimmt[90]. Die leidige Frage der als bedrückend empfundenen Hochstiftsvogtei wird 1164 durch einen Vertrag geregelt, in dem Otto von Wittelsbach gewisse Zugeständnisse hinsichtlich seiner richterlichen Kompetenzen macht und der Bischof solches Entgegenkommen durch jährliche Zahlungen ausgleicht[91].

Seit der Synode von Toulouse im Oktober 1160 stand fest, daß England und Frankreich zu Alexander III. stehen. Erzbischof Eberhard gratulierte daraufhin brieflich dem in Frankreich weilenden Papst und versprach, über seinen Boten mit ihm Kontakt halten zu wollen. Einer neuerlichen Einladung von Kaiser und Gegenpapst Viktor zu einer Synode in Cremona und Lodi (Mai–Juni 1161) leistete kein Bischof der bayerischen Kirchenprovinz Folge[91]. Erstaunlicherweise trug dies zur Verärgerung des Gegenpapstes dem Erzbischof nicht die völlige Ungnade des Kaisers ein. Er mußte zwar nun in Mailand am Hof erscheinen, wurde aber mit allen Ehren empfangen und konnte frei wieder seiner Wege ziehen[93]. Ein ungehinderter Briefverkehr mit Alexander III. war freilich jetzt nicht mehr möglich, da es die Kaiserlichen auf verdächtige Boten abgesehen hatten. Ebenso wagte Eberhard auch nicht, einer persönlichen Einladung des Papstes vom September 1162 nach Frankreich nachzukommen. Doch seiner Bitte, wenigstens einen Delegierten an den päpstlichen Hof zu entsenden, wollte er entsprechen. Diese Rolle sollte Bischof Albert von Freising übernehmen. Als Papst Alexander von dieser Absicht Kenntnis erhielt, schrieb er einen überaus herzlichen Einladungsbrief an Albert nach Freising[94].

Die Reise des Freisinger Bischofs zum Papst lief unter der Tarnung einer Wallfahrt nach Santiago de Compostela. So konnte Albert, ohne Verdacht zu erregen, Ende März oder Anfang April 1163 in Richtung Frankreich aufbrechen und unterwegs mühelos einen Abstecher an den Hof des Papstes machen. Wahrscheinlich begegnete ihm Albert auf der Hinreise in Paris. Leider wissen wir nichts über den Inhalt der Gespräche, obwohl Bischof Albert seinen Metropoliten brieflich über die Reise nach Santiago de Compostela informiert hat[95]. Merkwürdigerweise enthält das Schreiben nicht ein Wort über die Begegnung mit dem Papst, die doch zweifellos das Hauptziel der ganzen Unternehmung war. Zwar scheint der Brieftext nur fragmentarisch überliefert zu sein, aber das Fehlen entsprechender Auskünfte wird man wohl als Vorsichtsmaßnahme gegenüber kaiserlichen Briefabfängern verstehen müssen. Wenig früher hat etwa Pfalzgraf Otto von Wittelsbach einen Briefboten des Mailänder Erzbischofs gefangennehmen und blenden lassen[96]. Derart brisante Nachrichten konnten nur mündlich übermittelt werden.

Auf der Weiterreise zu seinem Wallfahrtsziel kam Albert auch nach Tours, wo man sich eben für den Empfang des Papstes rüstete und eine Synode vorbereitete, die zur machtvollen Kundgebung für Alexander III. werden sollte. Unter den eben Anreisenden befand sich freilich kein einziger deutscher Bischof. Auch Albert zog es vor, die Eröffnung der Synode nicht abzuwarten. In dieser Situation hätte sein Erscheinen dem Kaiser kaum verborgen bleiben können. Im Sommer 1163 ist Albert wieder in Freising. Der Erzbischof gratuliert ihm zur glücklich verlaufenen Reise und erhält umgehend einen ausführlichen Bericht, freilich ohne Erwähnung des Zusammentreffens mit dem Papst. Eberhard erfährt dabei auch von einer Delegation Alexanders III., die den Kaiser beim Hoftag in Nürnberg aufgesucht hat, und von der Vorladung Alberts nach Augsburg zu einem vertraulichen Gespräch mit Friedrich Barbarossa. Wie dieses ausgegangen ist, wissen wir nicht, ebensowenig den Zeitpunkt, da Albert seinem Metropoliten mündlich genaue Informationen über das Gespräch mit dem Papst geben konnte.

Am 20. April des folgenden Jahres 1164 ist Gegenpapst Viktor gestorben. Hoffnung auf eine Beendigung des Schismas erfüllten sich jedoch nicht, weil Reichskanzler Rainald von Dassel umgehend in der Gestalt Paschalis III. einen Nachfolger erheben ließ. Man weiß nicht, ob er damit im Sinne Barbarossas gehandelt hat, aber der Kaiser stellte sich nachträglich hinter diese Entscheidung. Zwei Monate nach Viktor IV. starb auch Erzbischof Eberhard von Salzburg und noch im selben Jahr Hartmann von Brixen. Das bedeutete einen schweren Schlag für die Partei der Alexandriner. Salzburg gewann in Erzbischof Konrad II., vormals Bischof von Passau, ein Bruder des großen Freisinger Otto und damit ebenfalls ein Onkel Barbarossas, wieder einen Anhänger des rechtmäßigen Papstes, aber Brixen wechselte mit einem Andechser ins kaiserliche Lager.

Ähnlich wie einst in Pavia sollte jetzt eine auf das Pfingstfest 1165 angesetzte Reichsversammlung zu Würzburg alle Fürsten und Bischöfe unter die Obödienz Papst Paschalis III. zwingen. Bei der Einladung und Anreise waren sich die Bischöfe offenbar noch nicht im Klaren darüber, was sie erwartete[97]. Als dann deutlich wurde, daß jeder zum Eid auf den Gegenpapst gezwungen werden sollte, entzog sich gerade noch der Erzbischof von Mainz durch heimliche Abreise mitten in der Nacht. Ein Teil der Bischöfe leistete den Eid bedingungslos, ein großer Teil nach entsprechenden Drohungen mit solchen Klauseln versehen, daß sie im Gewissen frei zu bleiben hofften. „Allein Albert von Freising wollte damals nicht schwören", berichtet eine Freisinger Quelle[98]. Er berief sich dabei auf die Abwesenheit seines Erzbischofs, ohne den er die Entscheidung nicht treffen wolle. Überraschenderweise gab sich Friedrich Barbarossa damit zunächst zufrieden und räumte dem Freisinger Bischof eine Bedenkzeit von fünf Wochen ein. Nach Ablauf dieser Frist aber blieb Albert keine Wahl mehr. Der Freisinger Chronist vermerkt: „Nach langem Widerstand und unter Zwang schwor er, Paschalis zu gehorchen, soweit das mit seinem Gewissen vereinbar sei, solange das Reich dessen Partei begünstige und solange er im Besitz der Regalien sein wolle."[99] Mit dem Verzicht auf die vom Kaiser verliehenen Regalien wollte sich Albert einen möglichen Ausweg aus einem Gewissenskonflikt offenhalten. Was eine weitere Verweigerung des Eides zur Folge gehabt hätte, zeigen eindringlich die Schrecken und Drangsale im Erzstift Salzburg, nachdem Erzbischof Konrad II. auf dem Fürstentag von Laufen 1166 als letzter Alexandriner in Acht und Bann getan war. Auch der Erzbischof von Mainz wurde abgesetzt.

Bischof Albert hatte unter dem Zwang der Verhältnisse keine andere Wahl, als den Eid auf Paschalis III. zu leisten. Andernfalls wäre sein Bistum an einen kaiserhörigen Nachfolger übergegangen. Trotzdem fühlte er sich schuldig und verzichtete von da ab bis zum Tod dieses Gegenpapstes auf jegliche Weihehandlung[100]. Auch am Italienzug Barbarossas des Jahres 1166–1167 und der damit verbundenen Einführung Paschalis III. in St. Peter beteiligte er sich nicht. Auffallend ist nur, daß Kaiser Friedrich I. Bischof Albert trotz solch klarer Haltung nie Respekt und Achtung versagt. Nach der verheerenden Pestkatastrophe, die über das kaiserliche Heer hereingebrochen war, und nach seiner beschämenden Flucht aus Italien durch die Front der lombardischen Städte schildert Barbarossa seine Not in einem Brief an Albert, in der Hoffnung, bei ihm auf Mitgefühl zu stoßen[101].

Drei Jahre lang trug Albert an der Last seines Eides auf Paschalis, bis er sich mit dessen Tod am 20. September 1168 wieder frei fühlen konnte. Zwar erstand in Calixtus III. sofort wieder ein neuer Gegenpapst, aber nun gab es kein Pavia und kein Würzburg mehr. Der Kaiser verlangte lediglich, daß sich alle neu erwählten Bischöfe vom schismatischen Mainzer Erzbischof Christian weihen ließen. Doch auch diese Forderung scheint im Lauf der Zeit an Nachdruck verloren zu haben, denn Albert selbst konnte 1172 unbehelligt dem alexandertreuen Diepold von Passau die Bischofsweihe erteilen. Man wurde langsam auf allen Seiten des unseligen Schismas müde.

Bischof Albert ging nun daran, durch gemeinsame Absprachen auf Diözesansynoden wenigstens für seinen Sprengel jegliche schismatische Tendenz abzuwehren. Das bedeutet immerhin, daß solche Konferenzen jetzt nicht mehr unbedingt als reichsfeindlich gelten mußten. Mehrfach versammelten sich die höheren Kleriker, die Pröpste und Äbte des Bistums auf dem Freisinger Domberg zu solchen Beratungen[102]. Eigentlich hatte die kaiserlich-schismatische Bewegung nie Eingang in die Freisinger Diözese gefunden. Freising war in der glücklichen Lage, während der ganzen Zeit des Schismas keinen Bischofswechsel überstehen zu müssen, und auch die Klöster standen durchwegs zu Alexander III. Gerade die königliche Abtei Tegernsee empfing 1177 den Dank des Papstes für ihre treue Haltung in jenem Privileg, das dem Abt nun gestattete, die Mitra zu tragen. Mag sein, daß durch den erzwungenen Eid Alberts auf

Paschalis III. vom Jahr 1165 gewisse Unsicherheit aufgekommen war, dann sollte sie jetzt durch Synodalbeschlüsse bereinigt werden. In der seelsorglichen Praxis dürfte sich das Schisma innerhalb des Freisinger Bistums auf die breiten Schichten des Volkes kaum ausgewirkt haben, zumal auch die politische Führung unter Herzog Heinrich dem Löwen mehr Alexander III. als Friedrich Barbarossa und seinen Gegenpäpsten zugeneigt war. Von da her hatte Bischof Alberts konsequente Kirchenpolitik kaum Widerstände zu befürchten. Mit den wittelsbachischen Vogteien über Bistum und Klöster suchte er trotz der Bannung des Pfalzgrafen Otto halbwegs einvernehmlich auszukommen. Ernsthaften Schutz aber hatten die Klöster von ihren Vögten nicht zu erwarten.

In Tegernsee wurden ganze Getreidetransporte überfallen und samt den Zugtieren geraubt. Ein „Ritter" holte sich Jahr für Jahr seine Beute zur Erntezeit von den Feldern des Klosters weg, ohne daß der Andechser Schirmvogt auf die Vorstellungen des Abtes hin eingeschritten wäre. Nicht besser ging es den Zinsleuten auf den weit entlegenen Klosterhöfen. Sie wurden überfallen, geplündert und mißhandelt. Niemand wagte den Abt zu informieren, weil man die Unsicherheit des Weges und auflauernde Späher fürchtete, bis schließlich doch eine besonders schwer betroffene Frau zur großen Verwunderung des Klosters entsprechende Briefe nach Tegernsee brachte[103]. Die Wirren des Schisma hatten offenbar eine starke Verwilderung der Sitten und große Rechtsunsicherheit für jene Klöster zur Folge, die kirchenpolitisch nicht auf der Seite des Kaisers standen. Es sollte noch Jahre dauern, bis endlich am 25. Juli 1177 zu Venedig zwischen Papst und Kaiser wieder Frieden geschlossen wurde.

Die Wittelsbacher als neue Regentendynastie

Diese plötzliche Friedensbereitschaft Barbarossas stand wesentlich unter dem Eindruck seiner Niederlage von Legnano im Kampf gegen die Mailänder. Der mächtigste Mann in Deutschland, Herzog Heinrich der Löwe, hatte ihm militärische Hilfeleistung in Italien verweigert. Da kamen die Klagen der sächsischen Großen gegen ihren Herzog dem Kaiser nicht ungelegen. Er brauchte einem juristisch einwandfreien Prozeß nur seinen Lauf zu lassen, um sich eben darin an Heinrich dem Löwen rächen zu können. Im Januar 1180 wurden zu Würzburg dem übermächtigen Welfen seine beiden Herzogtümer Sachsen und Bayern abgesprochen, er kam in Acht und Aberacht. Das bayerische Herzogtum sollte des Kaisers treuer Gefolgsmann Pfalzgraf Otto von Wittelsbach erhalten, dessen Haus dann über 700 Jahre den neuen Territorialstaat in Händen behielt.

Von bischöflicher Seite mochte der Aufstieg des ungeliebten Schirmvogts über die Freisinger Kirche zum Herzog von Bayern weniger Begeisterung gefunden haben. Aber Bischof Albert sah noch vor der amtlichen Belehnung des neuen Landesherrn seine Stunde gekommen, den alten, aus den Tagen seines Vorgängers stammenden Prozeß um Markt und Brückenzoll zu Föhring neu aufzurollen. Im kaiserlichen Gerichtsentscheid von 1158 war seinerzeit die Schuldfrage an der gewaltsamen Zerstörung der einträglichen Brücke zu Föhring durch Heinrich den Löwen peinlich vermieden worden. Jetzt brauchte auf diesen Mann nicht mehr Rücksicht genommen zu werden und noch ehe der Wittelsbacher in die Rechte des Welfen eintreten konnte, erreichte Bischof Albert ein neuerliches Urteil des Kaisers am 13. Juli 1180 auf dem Hoftag zu Regensburg. Statt der früheren Beteiligung des Bischofs in Höhe eines Drittels der Einkünfte aus Zoll- und Marktrecht zu München wurde rein juristisch das vor 1158 geltende Recht für Freising wiederhergestellt. Friedrich Barbarossa entschied diesmal[104]:

„Es mögen in Gegenwart und Zukunft alle Getreuen des Reiches wissen, daß unser geliebter Albert, Bischof von Freising, vor unserer Majestät erschienen ist und untertänig vor uns Klage geführt hat, daß der Edelmann Heinrich von Braunschweig, vormals Herzog von Bayern und Sachsen, den Markt mit der Brücke in Föhring, den seine Kirche seit uralten Zeiten ungestört in Besitz gehabt hatte, zerstört und ihn gewaltsam nach dem Ort München verlegt hat. Die Wahrheit dieses Sachverhaltes stand zwar unserer Hoheit bereits fest, er hat sie aber auch noch vor unserem Gericht durch sieben gesetzliche Zeugen bewiesen. Infolge dessen wurde, da ein Urteil von den Fürsten unseres Hofgerichtes gefordert worden war, in dieser Sache entschieden, daß die kaiserliche Autorität die vermessene Tat des genannten Heinrich unwirksam zu machen habe. Wir widerrufen daher gemäß dem Wortlaut des Rechtsspruches die Verlegung des genannten Marktes, stellen ihn samt der erwähnten Brücke unserem getreuen Bischof und seinen Nachfolgern zurück und bestätigen dies ihnen und ihrer Kirche für immer durch diesen Freibrief."

Bischof Albert konnte juristisch mit diesem Entscheid zufrieden sein, aber durchführbar war er nicht. In den 22 Jahren Münchener Stadtentwicklung seit Zerstörung der Föhringer Brücke waren Fakten entstanden, die nicht mehr rückgängig gemacht werden konnten. Was sollte eine wiedererrichtete Brücke in Föhring, wenn sich der Verkehr mittlerweile doch in Richtung München eingelaufen hatte? Und wie hätte sich ein Markt auf bischöflichem Terrain behaupten sollen, der wenige Kilometer isaraufwärts nun eine solche Konkurrenz besaß? Dem Wortlaut des Urteils nach hätte Bischof Albert die Beseitigung des Münchener Marktes erzwingen können. Doch im Ernst dachte wohl niemand daran, diesen rasch aufblühenden Handelsplatz in ein Dorf zurückzuverwandeln. So arrangierte sich der Freisinger Bischof mit dem neuen

Herzogshaus der Wittelsbacher, indem er auf die Verwirklichung seiner Rechte in Föhrung verzichtete, aber weiterhin an den Einnahmen aus Zoll und Markt zu München beteiligt blieb. Der Bischof hatte jetzt freilich seine eigenen Leute an der Münchener Isarbrücke stehen, die seinen Anteil am Zoll einhoben. Darüber hinaus deutet alles darauf hin, daß sich der Freisinger Bischof als Ersatz für seine Kompromißbereitschaft jetzt als Stadtherr von München betrachten konnte. Zwar ist kein Vertrag und keine Einsetzungsurkunde erhalten, aber eine Vielzahl von einzelnen Urkunden der Folgezeit belegt, daß der Bischof als Stadtherr fungiert hat, und zwar bis zum Jahr 1240. Erst von da ab beanspruchen die Wittelsbacher Herzöge dieses Recht und üben es faktisch auch aus[105].

Am 16. September 1180 belehnte Friedrich Barbarossa Pfalzgraf Otto von Wittelsbach mit dem Herzogtum Bayern. Freilich war dies jetzt längst nicht mehr das alte Stammesherzogtum, das einst vom Lech bis zur Leitha reichte, sondern ein relativ bescheidener Territorialstaat. Im Osten ist eine Mark um die andere als Herzogtum selbständig geworden; 976 Kärnten, 1156 Österreich und jetzt 1180 auch die Steiermark. Dazu strebten die mächtigen Grafenfamilien von Andechs, Bogen, Falkenstein und Wasserburg nach Autonomie. Den Andechsern ist es gelungen, als Herzöge von Meranien, einem schmalen dalmatinischen Küstenstreifen, zu reichsunmittelbaren Fürsten aufzusteigen. Und in eben dieser Linie steht auch das Bemühen der Bischöfe um ein immer größeres Maß an Unabhängigkeit vom Herzog. So mußten sich zwangsläufig Konflikte mit den Wittelsbachern ergeben, die ihr Herzogtum ja nur dann auf Dauer behaupten konnten, wenn es ihnen gelänge, einer weiteren Zersplitterung des Landes Einhalt zu gebieten. Mit Herzog Otto I. (1180–1183) scheint Bischof Albert einvernehmlich ausgekommen zu sein. Aber nach dessen Tod rechnete er mit Unruhen und sogar mit Besetzung seiner Freisinger Bischofsstadt. Das Domkapitel wurde angewiesen, für einen solchen Fall sofort mit kirchlichen Strafsanktionen zu reagieren[106]. Es ist nicht genau ersichtlich, gegen wen sich die Befürchtungen richteten, ob gegen den zehnjährigen Herzogssohn Ludwig I. (den Kelheimer) und seine Vormunde aus der Verwandtschaft, oder gegen andere Kräfte, die den politischen Wechsel auf ein unmündiges Kind ausnützen könnten. Ausdrücklich vermerkt Bischof Albert, er habe das Recht der Vogtei bislang noch niemand übertragen. Ganz offensichtlich hoffte er in eben dieser Frage einen Schritt in Richtung hochstiftischer Autonomie weiterzukommen. Ein Jahr nach dem Tod Herzog Ottos I. starb auch Bischof Albert am 11. November 1184.

Der anscheinend nur mühsam vorwärts zu bringende Wiederaufbau Freisings nach der Brandkatastrophe von 1159 und die kirchenpolitischen Spannungen in der Zeit des Schismas haben die Regierungszeit Bischof Alberts schwer belastet. Trotzdem ist der weitgespannte geistige Horizont seines Vorgängers nicht verlorengegangen. In der Theologie hat die scholastische Richtung offenbar festen Boden gewonnen. Die Sentenzen des Petrus Lombardus und das kirchenrechtliche Werk Gratians sind frühzeitig im Bistum bekannt. Auf einer Diözesansynode in den letzten Lebensjahren Alberts wird feierlich bestätigt, daß der Moosburger Stiftsdekan Engelbert schon früher das Werk des Petrus Lombardus dem Prämonstratenserkloster Neustift, und das Buch Gratians samt Kommentar nach Schäftlarn vermacht hatte[107]. Die von Bischof Otto als Torso hinterlassenen „Gesta Friderici" hat sein Sekretär Rahewin zunächst weitergeführt. Er verfügt natürlich nicht mehr über die große geschichtstheologische Gesamtschau seines Meisters.

Als Geschichtsquelle ist seine Fortsetzung jedoch von um so größerem Wert, weil er möglichst umfassend schildern will und sich dabei auf zahlreiche Dokumente aus den Archiven des Hofes, der Freisinger und Salzburger Kirche stützen kann. Mit dem Bericht über die Ereignisse vom Hoftag zu Pavia 1160 schließt dann das Werk. Bis dahin hatte er versucht, sich als Berichterstatter im Streit der Parteien neutral zu verhalten und die einzelnen Schriftstücke für sich selbst sprechen zu lassen[108]. Mit der bald darauf erfolgten Exkommunikation des Kaisers durch Papst Alexander III. und den sich anschließenden schismatischen Kämpfen war eine solche Neutralität nicht mehr durchzuhalten und die Hoffnung Ottos auf den Friedensfürsten Friedrich so gründlich zerstört, daß Rahewin es vorzog, die Feder niederzulegen. Unsicher bleibt, ob er auch der Verfasser des „Dialog über den Pontifikat der heiligen römischen Kirche" ist, einer Streitschrift aus der frühen Zeit des Schismas, die Papst und Gegenpapst in Form einer philosophischen Disputation gegeneinander auftreten läßt und zuletzt klar für Alexander III. steht[109]. Mehrfach hat sich Rahewin auch in der Verskunst versucht[110], am überzeugendsten in den „Versus de vita Theophili", einem weit verbreiteten Legendenstoff, aus dem später die mittelalterliche Faustsage erwachsen ist[111]. Rahewin war zuletzt Propst des Stiftes St. Veit am Hang des Weihenstephaner Berges.

Auch in den Klöstern des Bistums florierte die Dichtkunst, in Weyarn etwa[112] oder in Schäftlarn[113]; allen voran aber wieder einmal Tegernsee. Hier schuf ein gewisser Metellus, vielleicht ein Pseudonym für Abt Rupert I. († 1186), über 100 Gedichte auf den Hausheiligen Quirinus. Er schildert Leben und Tod des Martyrers, die Überführung seiner Reliquien nach Tegernsee; er erzählt von

Wundern, Gebetserhörungen und Opfergaben an den Patron des Klosters. Dabei stellen die einzelnen Gedichte in den „Quirinalia" geradezu eine Mustersammlung antiker Versmaße dar, so daß offenbleibt, ob sie letztlich des Inhalts oder der Form wegen geschrieben wurden[114]. Unentschieden ist bis heute auch, ob das großartigste Schauspiel des Mittelalters, der „Ludus de Antichristo", Tegernsee nur seine Überlieferung oder auch seine Entstehung zu verdanken hat. Das Spiel vom Antichrist greift erstmals über biblische Szenen hinaus und gestaltet aus allegorischen Figuren eine Art Welttheater in der Phase der Endzeit. Könige und Kaiser treten auf der Bühne auf, Heidentum, Judentum und Christenheit, Ketzerei und Heuchelei, Gerechtigkeit und Barmherzigkeit, alle hineinverwoben in den gewaltigen Endkampf des Antichrist, der übermächtig das Feld beherrscht, bis er in der allerletzten Szene unter gewaltigem Donner von der Macht Gottes gestürzt wird[115]. In der eschatologischen Schau und in der Darstellung vom Ringen der guten und bösen Mächte in der Welt greift dieses Drama um 1160 Gedanken auf, wie sie auch Bischof Otto I. in der „Geschichte von den zwei Staaten" beschäftigt hatten.

23. Bischof Otto II. (1184–1220)

Der Barlaam-Dichter

In der deutschen Literaturgeschichte hat Bischof Otto II. einen Namen als Übersetzer des Romans von Barlaam und Josaphat in mittelhochdeutsche Verse. Es ist die Zeit der Hochblüte ritterlicher Dichtung in Bayern. Am Passauer Hof entsteht das Nibelungenlied, Walther von der Vogelweide zieht im Gefolge des dortigen Bischofs Wolfger und Wolfram von Eschenbach schreibt seinen Parzifal. Trotzdem ist es ungewöhnlich, wenn der Bischof selbst zur Feder greift, um einen alten Romanstoff in deutsche Verse zu setzen. Darum sollte die Person des Autors auch unbekannt bleiben. Der Verfasser eines Nachworts hat sie aber in leicht versteckter Form doch verraten:

„er mac wol heizen Otto,
er ist ein bischof also fri,
singen sulen wir nu sa
lop und alleluja."

Der Stoff des Romans geht auf altindische Erzählungen und Weisheitslehren zurück, die das Leben Buddhas umranken. Im 7. Jahrhundert schuf Johannes von Damaskus daraus einen christlichen Mönchsroman in griechischer Sprache, der dann ins Lateinische übersetzt während des 11. Jahrhunderts im Abendland weite Verbreitung fand[116]. Die Geschichte erzählt von einem heidnischen König, der seinen Sohn Josaphat von allen Übeln der Welt abgeschirmt nur in Freuden, Schönheit und Glück erziehen möchte. Doch der Prinz begegnet trotz strenger Bewachung nacheinander einem Aussätzigen, einem Blinden, einem Lahmen, einem Greis und stößt zuletzt auf einen Toten. So erfährt er von der Vergänglichkeit der Welt, die auch die seine ist. In seinem Fragen nach dem Grund dieser Erscheinungen trifft er auf einen strengen asketischen Mönch mit Namen Barlaam, der Josaphat in die Lehren des Christentums einführt und tauft. Alle Versuche des heidnischen Königs, seinen Sohn vom christlichen Glauben durch Täuschung und sinnliche Verlockungen wieder abzubringen, scheitern kläglich, weil Josaphat die Boten des Vaters der Reihe nach bekehrt und betend in einem Gesicht das Schicksal der Guten und Bösen nach dem Tode schaut. So entschließt sich der König, das Reich zwischen sich und seinem Sohn zu teilen. Josaphat führt seine Untertanen zum christlichen Glauben, überzeugt damit auch den Vater vom Irrtum des Götzendienstes und führt ihn zur Taufe. Dann legt er seine Krone ab und geht als Einsiedler in die Wüste, um mit Barlaam sein Leben als Mönch zu beschließen.

Die Begegnung abendländischer Ritter mit den Heiden des Ostens verlieh einer Apologie des Christentums in der Zeit der Kreuzzüge neue Aktualität und pastorale Bedeutung; dazu die Gestalt des Mönches, der sich von der Welt zurückzieht und sie doch verändert. So greift der Barlaamroman weit über das nur Unterhaltende hinaus und gibt einem Bischof die Möglichkeit, sich mit diesem Stoff zu beschäftigen. Otto II. wollte kein Dichter sein, sondern nur getreuer Übersetzer. Er strafft seine lateinische Vorlage lediglich im Sinne dramatisch-fortschreitender Entwicklung und will dem Werk durch Übertragung in deutsche Verse neues Interesse verschaffen[117].

Herkunft und Bischofsweihe

Bischof Otto stammt aus dem oberschwäbischen Geschlecht der Grafen von Berg. Die namengebende Stammburg liegt südöstlich von Ehingen an der Donau. Ottos Vater Diepold hatte Gisela zur Frau, eine Tochter Herzog Bertholds II. von Andechs. Über sie gehen verwandtschaftliche Beziehungen sowohl zu den Welfen, als auch zu den Staufern. Vier von fünf Söhnen aus dieser Ehe sind zur bischöflichen Würde gelangt. Ottos Brüder Heinrich, Diepold und Mangold saßen auf dem Passauer Bischofsstuhl. Otto selbst war zunächst Domherr von Magdeburg und wurde 1184 nach dem Tode Alberts zum Bischof von Freising gewählt. Die Neuwahl muß rasch erfolgt sein, denn noch im selben Jahr 1184 investierten ihn zu Verona an einem Tag Papst Lucius III. und Kaiser

Friedrich Barbarossa in die geistlichen und weltlichen Rechte. Am Neujahrstag 1185 wurde Otto II. feierlich in sein Bistum eingeführt und am 12. Mai 1185 zu Salzburg zum Bischof geweiht. Unter den Mitkonsekratoren stand auch sein Bruder Diepold von Passau neben Erzbischof Adalbert am Weihealtar[118].

Schon ein kurzer Blick in das Itinerar Bischof Ottos II., soweit es heute noch rekonstruierbar ist, zeigt, welch hohes Maß an Zeit er im Gefolge der einander rasch abwechselnden deutschen Kaiser und Könige verbrachte. Dabei scheint sein politischer Einfluß, ebenso wie ein daraus für das Hochstift resultierender Nutzen eher bescheiden gewesen zu sein. Kennzeichnend für Otto II. ist seine absolute Treue zum staufischen Herrscherhaus, auch wenn dies Spannungen mit dem Papst zur Folge hatte. Was die Päpste in der staufischen Politik jetzt mit größtem Argwohn verfolgten, war eine drohende Umklammerung des Kirchenstaates durch Ausgriff auf das sizilische Reich. Den Bischöfen aber erschien Sicherung und Ausbau ihrer Autonomie gegenüber den aufstrebenden Territorialstaaten wichtiger und dazu brauchten sie den Rückhalt des Kaisers.

Auf der Seite der Staufer

Als Friedrich Barbarossa 1189 zum Kreuzzug aufbrach, begleitete Otto II. das Heer ein Stück weit donauabwärts. Das Pfingstfest feierte er noch mit dem Kaiser in Preßburg, dann kehrte er wieder um. Ottos Bruder Diepold von Passau blieb im Heer und fand auf dem Kreuzzug 1190 den Tod. Fünf Monate vorher war das Flüßchen Saleph für Barbarossa zum Verhängnis geworden. Als die Nachricht vom Tod des Kaisers in Deutschland eintraf, übernahm sein Sohn Heinrich VI., schon zu Lebzeiten des Vaters als Cäsar eingesetzt, die Regierung. Bischof Otto II. von Freising steht sofort an seiner Seite. Noch im Sommer 1190 reist er im Auftrag des neuen Königs nach Ungarn[119]. Im Jahr darauf verbringt er mit Heinrich VI. mehr als ein halbes Jahr in Italien. Otto II. wurde zu Ostern 1191 Zeuge der Kaiserkrönung durch Cölestin III. Anschließend zog er mit dem Kaiser weiter zur Belagerung Neapels, was den Zorn des Papstes herausfordern mußte. Doch das Unternehmen scheiterte. Heinrich VI. konnte sich das Erbe im sizilischen Königreich vorerst nicht erkämpfen, weil eine Seuche im Heer ausbrach und zum Rückzug zwang. Jahr für Jahr verbrachte Bischof Otto II. nun geraume Zeit im Hofstaat des Kaisers, gelegentlich bis zu fünf Monaten. Nach dem plötzlichen Tod des erst 32jährigen Kaisers im Jahr 1197 kam es in Deutschland zu einer Doppelwahl und zum Bürgerkrieg. Die staufische Partei wählte Herzog Philipp von Schwaben (1198–1208), den Bruder des verstorbenen Kaisers, die Welfen dagegen Graf Otto von Braunschweig, den Sohn Herzog Heinrichs des Löwen (1198–1211). Der Freisinger Bischof bekannte sich ohne

Zögern zu Philipp, obwohl er wußte, daß Papst Innozenz III. die Partei Ottos IV. unterstützte. Zusammen mit einer Reihe anderer Bischöfe unterschrieb Otto II. am 28. Mai 1199 in Speyer einen Brief an Papst Innozenz III., in dem die Wahl Philipps zum Römischen Kaiser angezeigt und der Papst gebeten wird, sich nicht in deutsche Thronstreitigkeiten einzumischen. Wieder verläßt Bischof Otto II. sein Bistum und zieht fast ein halbes Jahr mit König Philipp. Er erlebt das glänzende Weihnachtsfest, das der König 1199 in Magdeburg feierte und das Walther von der Vogelweide besingt. Im April 1200 versucht Otto II. noch zusammen mit anderen Erzbischöfen und Bischöfen in Straßburg zwischen

Bischof Otto II.
Kolorierte Federzeichnung bei Conradus Sacrista.

den Königen Philipp und Otto zu vermitteln, bekennt sich aber eindeutig zur Partei Philipps. In Mainz wählten die Anhänger der beiden Könige nach dem Tod des bisherigen Amtsträgers im Oktober 1200 auch je einen neuen Erzbischof. Philipp erteilte seinem Kandidaten sofort die Investitur. Ein vom Papst gesandter Kardinallegat entschied sich für die andere Partei. Da tauchten plötzlich gefälschte Vollmachten auf, die den Bischöfen von Freising, Passau und Eichstätt die Entscheidung im Mainzer Streit übertrugen. Nur allzu gern vertraute man der Echtheit des Dokumentes, waren doch alle drei hier genannten Bischöfe Anhänger Philipps. Vermutlich wäre die Fälschung als solche erkennbar gewesen. Die Tatsache, daß der Papst einen Legaten schickt, um dann durch ein eindeutig festgelegtes Schiedsgericht dessen Entscheidung wieder aufzuheben, hätte zumindest Verdacht erwecken müssen. Jedenfalls zogen sich die drei Bischöfe wegen ihrer Unvorsichtigkeit den scharfen Tadel des Papstes zu. Der Passauer wurde zur Verantwortung nach Rom vorgeladen. Über Philipp und alle anderen Gegner König Ottos IV. verhängte der Legat im Auftrag des Papstes den Kirchenbann. Doch auch das brachte Bischof Otto II. nicht von der Seite Philipps. In Deutschland zeichnete sich immer deutlicher ein Sieg des Staufers ab, und da König Philipp auch von sich aus den Ausgleich mit dem Papst suchte, änderte Innozenz III. seine Haltung. Er hob 1207 den Bann auf und es schien, als sei der Papst bereit, Philipps Königtum anzuerkennen und ihm die Kaiserkrone reichen zu wollen. Dazu sollte es aber nicht mehr kommen. Pfalzgraf Otto von Wittelsbach, ein Vetter des bayerischen Herzogs, ermordete 1208 König Philipp, als er anläßlich der Hochzeit seiner Nichte Beatrix mit Graf Otto von Andechs in Bamberg weilte.

So sehr dieses unerhörte Verbrechen an einem deutschen König aus persönlicher Rachsucht heraus die Gemüter der Zeitgenossen auch erschütterte, hatte es das Problem des Doppelkönigtums doch auf seine Weise gelöst. Der bayerische Herzog Ludwig I. witterte Gewinn aus dem reichen Andechser Besitz, weil Markgraf Heinrich von Istrien und sein Bruder Bischof Ekbert von Bamberg, der Mitwisserschaft angeklagt, nach Ungarn zu ihrer Schwester Gertrud geflohen waren. Herzog Ludwig I. von Bayern brachte die Partei der Staufer dazu, vorerst keinen neuen Königskandidaten aufzustellen, sondern jetzt den Welfen Otto IV. anzuerkennen. Des Bürgerkrieges müde folgte man seinem Rat. Auch der Freisinger Bischof besuchte jetzt die Hoftage Ottos IV., ohne freilich wie früher monatelang im Gefolge des Königs zu bleiben.

Doch der Stern Ottos IV. war bald wieder im Sinken. 1209 in Rom zum Kaiser gekrönt, verfiel er ein Jahr später dem päpstlichen Bann, weil er seine eidlichen Versprechungen nicht einhielt und das sizilische Königreich erobern wollte, das der Papst für den noch jugendlichen Friedrich verwaltete. Im September 1211 setzte ein Teil der deutschen Fürsten zu Nürnberg Otto IV. ab und wählte

Friedrich II., den nunmehr 17jährigen Sohn Heinrichs VI., zum neuen König. Bischof Otto II. von Freising begrüßte sofort das Erscheinen des Staufers in Deutschland, leistete im Februar 1213 mit den anderen bayerischen Fürsten zu Regensburg den Treueid, noch ehe die endgültige Entscheidung zwischen Friedrich II. und Otto IV. in der Schlacht von Bouvines 1214 gefallen war.

Trotz mancher Spannungen mit Rom, die sich für Bischof Otto II. von Freising aus seiner unbeirrbaren Parteinahme für die Staufer ergeben hatten, betrauten ihn die Päpste mit vielfachen Aufgaben im Dienst der römischen Kurie. So befahl ihm etwa Clemens III. 1188, im Verein mit dem Regensburger Bischof gegen einen Edlen von Kamm einzuschreiten, der sich die Vogtei über Kloster Aldersbach angemaßt hatte. Innozenz III. berief ihn 1200 in eine Kommission, die den Auftrag hatte, die Möglichkeit einer Heiligsprechung Bischof Virgils von Salzburg zu prüfen. Zusammen mit den Bischöfen von Brixen und Trient sollte Otto II. 1206 einen Streit zwischen Salzburg und Gurk schlichten, weil sich das Suffraganbistum aus der absoluten Abhängigkeit von Salzburg in der Bischofsernennung lösen wollte. In den beiden folgenden Jahren 1207 und 1208 hatte der Freisinger Bischof im Auftrag Innozenz III. eine Auseinandersetzung zwischen dem Salzburger Domkapitel und dem Stift Berchtesgaden zu klären und zu entscheiden. Papst Honorius III. bat ihn 1217 um ein Gutachten, ob die Errichtung eines Bistums Seckau möglich sei, wie Erzbischof Eberhard II. von Salzburg es wünschte. Auf den Bericht Bischof Ottos und des Admonter Abtes Gottfried hin genehmigte der Papst 1218 dann die Neugründung des Suffraganbistums. In die Vorverhandlungen um das Bistum Chiemsee war der Freisinger Bischof nicht eingeschaltet worden.

Sorge um die Bistumsgüter

Äußerste Umsicht erforderte Ottos II. Verhältnis zu Herzog Ludwig I., dem Kelheimer (1183–1231). Hat Bischof Otto II. während seines 35jährigen Episkopates 5 deutsche Könige und 7 römische Päpste erlebt, so blieb die herzoglich-wittelsbachische Gewalt während seiner ganzen Regierungsdauer konstant in einer Hand. Und Ludwig der Kelheimer hatte viel Glück und wenig Skrupel bei der Vergrößerung seines wittelsbachischen Territoriums. Die weiten Andechser Besitzungen gab er nicht mehr heraus, auch nachdem Markgraf Heinrich rehabilitiert und vom Verdacht der Mitwisserschaft bei der Ermordung König Philipps befreit war. Das bescheidene Bischofsgut in Freising stand seinen Abrundungsbestrebungen im Wege. Vermutlich hatte der Wittelsbacher, ähnlich wie die Babenberger in Österreich, die Absicht, daraus ein herzogliches Hausbistum zu machen. Aber solange Otto II. regierte, kam er damit keinen

Schritt weiter. Anlaß zu Auseinandersetzungen mit dem Hause Wittelsbach war immer wieder die Frage der Domvogtei. Herzog Ludwig I. erlaubte sich in der Ausübung dieses Amtes mancherlei ungerechtfertigte Übergriffe auf bischöfliche Untertanen, so daß Otto II. es für nötig erachtete, die nahegelegene Ottenburg bei Fürholzen mit hohem Kostenaufwand als Bollwerk gegen den Herzog auszubauen[120]. Es kam dann aber doch zu einer friedlichen Regelung zwischen Herzog und Bischof, die schriftlich festgelegt wurde und den Streit beendete[121]. Auch über die Einkünfte aus dem Münchener Markt und Zoll konnte ein Vergleich erzielt werden, den König Otto IV. am 11. März 1209 bestätigte[122]. Für den ihm zustehenden Anteil konnte Bischof Otto II. auch Zollfreiheit gewähren, wie er das etwa den Klöstern Rott am Inn und Tegernsee gegenüber handhabte.

Auch anderen Herzögen gegenüber hat es Bischof Otto II. verstanden, durch bestimmtes aber maßvolles Verhalten den Besitzstand der Freisinger Kirche zu sichern. Herzog Leopold V. von Österreich erklärte 1189 sein Einverständnis, als Friedrich Barbarossa, unterwegs zum Kreuzzug, dem Freisinger Bischof in Wien für die Ämter Großenzersdorf, Ollern, Hollenburg und Ebersdorf die bisher dem Reich zustehenden Rechte verlieh, Märkte zu errichten, Burgen zu bauen und Gericht zu halten[123]. Kaiser Heinrich VI. half ihm, das besetzte Waidhofen an der Ypps mit der Burg Konradsheim in Niederösterreich zurückzugewinnen[124]. Am schlimmsten stand es um die fernen Güter in Krain. Hier hatte sich Herzog Berthold II. von Kärnten vogteirechtliche Übergriffe erlaubt und auch des Bischofs eigener Verwandter Markgraf Heinrich IV. von Istrien hatte der Freisinger Kirche erheblichen Schaden in Krain zugefügt. Bischof Otto II. ging gegen beide vor Gericht und erzielte eine stattliche Entschädigung von etwa 100 Höfen, die er aber dann klugerweise den Verurteilten als Lehen überließ[125]. Bischof Otto hat die Freisinger Herrschaft in Ober- und Unterkrain wesentlich gefestigt und ausgebaut. Er kaufte ganze Dörfer und eine Vielzahl von Höfen[126], dazu die Burg Wartenberg von den Ortenburger Grafen, die er aber sofort nach dem Kauf schleifen ließ. Ziel dieser Maßnahme war es, eine etwaige Besetzung bei zu erwartenden Erbstreitigkeiten zu verhindern. Freising brauchte die Burg nicht, weil die Verwaltung aller Krainer Besitzungen zentral vom stark befestigten Bischoflack aus erfolgte[127].

Romanische Kirchen

Um die Wende vom 12. zum 13. Jahrhundert wuchsen im Land eine Reihe von romanischen Kirchen empor. Bischof Otto II. hat innerhalb und außerhalb des Bistums eine stattliche Anzahl von ihnen geweiht. Im Jahr 1190 holte man ihn nach Niederaltaich, weil der Passauer Bischof, Ottos Bruder, sich auf dem Kreuzzug befand. 1187 assistierte er der Weihe von St. Ulrich und Afra in Augsburg, 1205 weihte er Kloster und Krypta von Ottobeuren. In der eigenen Diözese rief ihn 1193 Abt Mangold von Tegernsee zur Konsekration der klostereigenen Pfarrkirche nach Piesenkam. Weihenstephan, das nach einem Brand von 1197 wiederhergestellt werden mußte, weihte Erzbischof Konrad von Mainz im Beisein des Abtes und des Freisinger Bischofs[128]. Moosburg, das am Portal noch das Bild seines Vorgängers Albert zeigt, weihte Otto II. 1212 zusammen mit Bischof Hartwig von Eichstätt. Für eine Reihe weiterer Stiftskirchen wie St. Andreas und St. Veit in Freising, St. Zeno in Isen und St. Arsatius in Ilmmünster sind genaue Weihedaten nicht überliefert, aber sie alle wurden in der Zeit Bischof Ottos II. gebaut. In Moosburg, Isen und Ilmmünster vermitteln die Kirchen noch heute einen guten Eindruck von der Architektur altbayerischer Romanik. Immer sind es schwere, querschifflose Pfeilerbasiliken mit drei Apsiden, meist mit hochgelegenem Chor und darunter einer Säulenkrypta. Das Schema des Freisinger Domes hat schon vor seiner Vollendung auf die Kirchen des Landes gewirkt. Von der ursprünglichen Ausstattung dieser romanischen Bauten ist wenig erhalten. Das Andechser Kreuz von Forstenried mit der Darstellung des Herrn in königlicher Würde, aber auch das romanische Kreuz in der bescheidenen Dorfkirche von Enghausen, das einmal nach Moosburg gehörte, geben einen Eindruck von der feierlichen Strenge in der Kunst dieser Zeit.

Nach 46jähriger Bauzeit ist es Bischof Otto II. auch endlich gelungen, den Wiederaufbau des Freisinger Domes zu vollenden. Der Scheyrer Chronist vermerkt zum Jahr 1205[129]:

„In diesem Jahr wurde der Leib des heiligen Korbinian übertragen und das Münster der Freisinger Mutterkirche geweiht unter Otto II., dem Bischof dieser Kirche unter Mitwirkung der Bischöfe Konrad von Regensburg und Hartwig von Eichstätt."

Wahrscheinlich war es der 20. November 1205, an dem die Reliquien des Bistumspatrons wieder in die Domkirche gebracht wurden, denn erst jetzt, ab dem 13. Jahrhundert, begegnet dieser Tag in den liturgischen Büchern als Translationsfest des heiligen Korbinian[130]. Auf diese Weise erhielt sich das zweite Kirchweihfest des Domes, ohne das erste am 8. September zu verdrängen. Weil beide Kirchweihtage mit einem Korbiniansgedenken verbunden waren, hielt man später den 8. bzw. 9. September für den Todestag des Heiligen, den 20. November für den Tag der Ankunft der Reliquien aus Meran. Bischof Otto II. wollte den Tag seiner Domweihe auch künftig gefeiert wissen und stiftete ein Gut in Palzing, sowie die Einnahmen aus der Kirche in Glonn bei

Ebersberg, damit aus diesen Erträgnissen den Domkanonikern, den Stiftsherren von St. Andreas und St. Veit, sowie allen am Translationsfest des hl. Korbinian teilnehmenden Klerikern eine Mahlzeit gereicht werde[131].

Der Domherr Conradus Sacrista

Während der Jahre der letzten Vollendung unter Bischof Otto II. hatte die Domkirche einen ausgezeichneten Sachwalter in der Gestalt des Domherrn Conradus Sacrista. Seinen Beinamen führt er als oberster Leiter der „Sakristei", die seit dem 10. Jahrhundert eine eigene Rechtsperson darstellt und unabhängig vom Bischof das Vermögen des Domes verwaltet[132]. Der Sacrista hat für die ordnungsgemäße Feier der Gottesdienste zu sorgen, kirchliche Geräte, Gewänder und liturgische Bücher zu betreuen, die Reliquienschätze zu hüten und alle diesbezüglichen Stiftungen an die Domkirche zu verwalten. Conradus Sacrista ließ sich besonders die Stiftung ewig brennender Lichter vor dem Hauptaltar des Domes angelegen sein. Anstoß dazu war eine Verfügung im Testament Bischof Alberts, der ein Gut in Oberhaselbach vermachte mit der Auflage, daraus die Lichter vor dem Marienaltar zu bestreiten, wenn er einmal konsekriert sein würde[153]. Auf diese Stiftung nahmen fromme Spender nun ausdrücklich Bezug und ergänzten sie durch Zugaben[134]. Nicht weniger als 14 Urkunden handeln von solchen Schenkungen[135]. Die Stifter betonen meist, daß es immerwährend brennende Lichter sein sollten, weil sie sich dafür das ewige Licht bei Gott erhoffen[136]. Voll Stolz stellt Conradus eine Liste aller Schenkungen aus dem Kreis seiner Freunde zusammen[137].

Zum Amt des obersten Sakristans gehörte auch die Verwaltung des bischöflichen Archivs, das mit der Sakristei verbunden war. In dieser Funktion hat Conradus Sacrista 1187 das alte Traditionsbuch Cozrohs aus der Zeit Bischof Hittos mit allen späteren Fortsetzungen neu abgeschrieben, durch königliche, päpstliche und herzogliche Urkunden ergänzt und, was das Buch zu einer wichtigen Geschichtsquelle macht, chronikale Nachrichten zu den einzelnen Bischöfen hinzugefügt[138]. Dabei suchte er mit besonderem Interesse alle Hinweise auf die Geschicke des Domes und seiner Ausstattung zusammen. Bischof Dracholf, der sich in der Zeit der Ungarnkriege genötigt sah, einiges von diesen Pretiosen zu veräußern, gehört für Conradus Sacrista in den Bannkreis des Teufels. Bilder von den Freisinger Bischöfen und den zu ihrer Zeit regierenden Königen schmücken den kostbaren Band[139].

In Verantwortung für die Reliquienschätze des Domes hat Conradus eine weitere kleine Schrift angelegt[140]. Zunächst berichtet er darin von der Übertragung des Martyrerpapstes Alexander und des Priesters Justinus, von

Reliquien der hl. Walburga und des hl. Nonnosus nach Freising. Dann folgen vier Wundergeschichten, die allgemein den Freisinger Heiligen zugeschrieben werden oder mit ihren Grabstätten in Beziehung stehen. Wir erfahren dabei, daß man Kranke auf die Gräber der Heiligen gelegt hat in der Hoffnung, sie so von ihren Gebrechen heilen zu können. Vielleicht ist dieses kleine Werk des Conradus Sacrista als Anfang eines Freisinger Mirakelbuches gedacht gewesen, das aber dann nicht weitergeführt wurde.

Das Bistum Chiemsee

In die Regierungszeit Bischof Ottos II. fällt auch die Errichtung des Bistums Chiemsee innerhalb des Salzburger Sprengels[141]. Nachdem Gurk gegen den Willen Salzburgs reichlich selbständig geworden war und die Babenberger beim Papst im Passauer Territorium auf ein neues Bistum Wien drängten, versuchte Erzbischof Eberhard II. solchen Tendenzen vorzubauen, indem er in seinem weiten Jurisdiktionsbereich die kleinen Unterbistümer Seckau, Chiemsee und Lavant plante. Sie sollten aber in weltlichen und geistlichen Belangen ganz und gar Salzburg untergeordnet bleiben, Wahl und Investitur durch den Erzbischof erfolgen. Während der Papst für Seckau und Lavant jeweils den Freisinger Bischof in die Vorprüfungen einschaltete, blieb er für das fast an seinen Sprengel angrenzende Chiemsee ungehört. Otto II. war lediglich Zeuge, als König Friedrich II. am 5. April 1215 zu Augsburg dem Salzburger Erzbischof die Gründung des Bistums Chiemsee erlaubte und die Investitur zugestand. Ursprünglich hatte man daran gedacht, die Klosterkirche von Frauenchiemsee zur Kathedrale zu machen. Die Güter des Klosters sollten als Dotation des neuen Bistums verwendet werden, da der Frauenkonvent nach dem Salzburger Gutachten ohnedies sittlich schwer verfallen sei. Aber der Papst versagte dazu seine Zustimmung. Nun plante man die Insel Herrenchiemsee als Sitz des neuen Bischofs. Auf dem 4. Laterankonzil 1215 erteilte Papst Innozenz III. seine Erlaubnis und am 28. Januar 1216 wurde die päpstliche Bulle zur Errichtung des Bistums Chiemsee ausgefertigt. Die Rechte und Besitzungen der Augustinerchorherren auf Herrenchiemsee durften nicht angetastet werden. Die Dotation mußte der Salzburger Erzbischof aus eigenen Mitteln bestreiten. Dafür erhielt er das Recht, den Bischof von Chiemsee jeweils selbst zu ernennen. Sehr groß war das neue Bistum nicht. Knapp die Hälfte seines Gebietes kam 600 Jahre später, soweit es politisch zu Bayern gehörte, zum Erzbistum München und Freising.
Bischof Otto II. ist am 17. März 1220 gestorben und im Dom begraben worden.

VIII. Kapitel

IN DER UMKLAMMERUNG DER HERZÖGE

Der Weg zum Hochstift

24. Bischof Gerold (1220–1230)

Wer auf dem Höhenweg von Schliersee nach Fischhausen wandert, trifft kurz vor dem Abstieg auf die Ruine der Burg Hohenwaldeck. Sie hat im 12. Jahrhundert dem Freisinger Ministerialengeschlecht der Waldecker den Namen gegeben, die sich nach anderen Besitztümern auch Herren von Miesbach, Parsberg oder Reichersdorf nannten. Aus ihren Reihen stammt vermutlich Bischof Gerold. Sein Vater heißt Otto, ein Bruder Gerolds namens Tagino ist Propst von Schliersee, ein anderer mit Namen Konrad ist Propst von Beyharting[1]. Gerold selbst wurde vor 1212 Domherr in Freising und nach dem Tod Ottos II. 1220 neuer Bischof der Diözese. Aus späterer Sicht wird dem Papst gemeldet, die Bestellung zum Bischof sei „weniger kanonisch" vor sich gegangen[2], doch wenn dabei Herzog Ludwig I. von Bayern seine Hand im Spiele gehabt haben sollte, so wäre dies nicht die erste Einflußnahme auf eine Bischofswahl in Freising gewesen. Jede Diözesanchronik erlaubt es sich, an einigen wenigen Bischofsgestalten harte Kritik anzumerken und sie eines schlechten Kirchenregiments zu beschuldigen. Bischöfe haben immer ganz gute oder ganz schlechte Hirten zu sein. In der Freisinger Chronik sind es nur zwei, die als Bösewichte gelten: Bischof Dracholf und Bischof Gerold. Die steinerne Gedenkplatte im Dom meldet:

„Gerold, Bischof dieses Stuhles, starb am 29. März. Schlecht hat er die Kirche regiert während seiner 11 Jahre. Er hat viele Güter der Kirche entzogen, die aber alle zurückgewonnen wurden durch seinen Nachfolger Konrad von Tölz, wie aus der goldenen Kaiserbulle und aus anderen Schriftstücken zu ersehen ist."

Zunächst verraten die Urkunden, daß Bischof Gerold recht großzügig war in der Vergabe von Kirchen an Klöster und Kanonikerstifte im Bistum. Das Stift St. Andreas erhielt die Kirche von Oberhummel, Indersdorf bekam Glonn bei Dachau. Beyharting, wo des Bischofs Bruder Konrad als Propst waltete, wurde Tuntenhausen inkorporiert. Dem Stift St. Veit schenkte Gerold die Kirchen Sünzhausen, Kühnhausen und Burghausen im Freisinger Umland. Isen mit seiner neuen Stiftskirche wurde die Pfarrei des Ortes einverleibt. Wenn auch noch Kloster Schäftlarn Zollfreiheit in München und den Prämonstratensern von Neustift ein Hof in Allershausen eingeräumt wurde, wo sie ohnedies schon die Seelsorge bestritten, so können doch alle diese Maßnahmen nicht der Grund für eine massiv oppositionelle Partei gegen den Bischof im Freisinger Domkapitel gewesen sein[3]. Fast alle diese Übertragungen waren mit pastoralen Pflichten verbunden und vom Domkapitel ausdrücklich gebilligt.

Freising in der Hand des bayerischen Herzogs

Zieht man freilich den Prozeß aus Gerolds letztem Regierungsjahr und den Kampf seines Nachfolgers um Wiedergewinnung entfremdeter Besitzungen mit heran, so wird das ganze Ausmaß des wirtschaftlichen Bankrotts offenkundig. Bischof Gerold hat sich dazu verleiten lassen, die Grundherrschaft über die Stadt Freising an den bayerischen Herzog als Lehen abzutreten. Diese Maßnahme war durch päpstliche und kaiserliche Intervention rasch rückgängig gemacht. Aber der Herzog hatte dann immer noch seine Hand auf mehreren bischöflichen Burgen, darunter Burgrain, auf ganzen Dörfern und einzelnen Höfen der Freisinger Kirche. Er verlangte vom Diözesanklerus Steuern und verweigerte dem bischöflichen Stuhl die ihm in München zustehenden Rechte[4]. Will man nicht einen Gewaltstreich des Herzogs aus Rache über das entgangene Stadtrecht in Freising annehmen, so hat Bischof Gerold praktisch das gesamte kirchliche Eigentum auf bayerischem Boden, soweit es für ein autonomes Hochstift in Betracht kommen konnte, aus der Hand gegeben. In welch konkreten Schritten das geschehen ist, kann zeitlich nicht mehr rekonstruiert werden. Offen bleibt auch, ob Gerold von Anfang an um persönlicher Vorteile willen, wie es ihm vorgeworfen wird, mit dem bayerischen Herzog konspiriert hat, oder ob er einfach zu schwach war, die konsequente Politik des Wittelsbachers zu verhindern.

Noch um 1224–1225 steht Gerold in gutem Ansehen am päpstlichen Hof. Honorius III. betraut ihn mit dem Rechtsbeistand für das geschädigte Kloster Melk und mit den Voruntersuchungen hinsichtlich eines neuzuerrichtenden Suffraganbistums mit Sitz in Lavant, wie es der Salzburger Erzbischof wünschte[5]. Um die Jahreswende 1226–1227 macht sich dann eine Gruppe von fünf Personen im Domkapitel unter der Führung des Domherren Konrad von Tölz bemerkbar, die Anzeige gegen den Bischof in Rom erstattet. Sie werfen ihm persönliche Verschwendungssucht, Verschleuderung kirchlichen Gutes und ein zügelloses Leben vor, dem sofort Einhalt geboten werden müsse, wenn der Freisinger Kirche daraus nicht ein kaum mehr gutzumachender Schaden erwachsen solle. Die Anklageschrift ging noch an Papst Honorius III., der aber noch vor Erledigung dieses Falles am 18. März 1227 starb. Sein Nachfolger Gregor IX. griff die Anklage sofort auf und beauftragte mit Schreiben vom 27. April 1227 Bischof Heinrich I. von Eichstätt, sowie die Äbte von Aldersbach und Salem, den Anschuldigungen an Ort und Stelle nachzugehen, darüber einen schriftlichen Bericht zu verfassen und diesen versiegelt nach Rom zu schicken. Bischof Gerold sollten sie nach Rom zitieren, wo er innerhalb von vier Monaten zu erscheinen habe, um Rechenschaft abzulegen. Für die Zeit des schwebenden Verfahrens sollten sie jegliche weitere Veräußerung von Kirchengut, sei es durch Verkauf, Verpfändung oder Lehensgabe, verhindern[6].

Ein Ergebnis dieser Untersuchung ist nicht bekannt. Jedenfalls hat Papst Gregor IX. Bischof Gerold im Amt belassen. Er erfüllte ihm 1228 sogar eine Bitte, die mit einem Brand Freisings von 1226 in Zusammenhang steht. In diesem Jahr war in der Stadt und auf dem Domberg mehrfach Feuer gelegt worden[7]. Man kannte die Brandstifter, die nun durch eine Pilgerfahrt nach Rom ihr Vergehen sühnen sollten. Bischof Gerold verwandte sich für sie beim Papst mit der Bitte, ihre Buße umzuwandeln. Wegen hohen Alters und anderer Hinderungsgründe seien sie nicht in der Lage, nach Rom zu kommen. Man möge ihnen diese Reise erlassen und das dafür nötige Geld der Freisinger Kirche zur Behebung der Schäden zur Verfügung stellen. Gregor IX. billigte diesen Vorschlag unter der Bedingung, daß die Brandstifter vollen Schadenersatz leisteten. In diesem Fall dürfe sie der Bischof selbst absolvieren[8]. Es fällt auf, mit welcher Diskretion die Namen der Überführten verschwiegen werden.

Absetzung Bischof Gerolds

Der Friede zwischen Domkapitel und Bischof hielt nicht lange. Entscheidender Anstoß für die letzte Auseinandersetzung war ein Schritt des Bischofs, den das Kapitel nicht hinnehmen konnte. Gerold übertrug wohl Ende 1229 seine eigene Bischofsstadt Freising Herzog Ludwig I. zu Lehen. Damit schien der Wittelsbacher, was Freising anbetraf, das Ziel seiner Wünsche erreicht zu haben. Die Gefahr eines unabhängigen bischöflichen Hochstifts war vorerst beseitigt, eine entsprechende Einflußnahme auf die jeweilige Neubesetzung des Stuhles ziemlich sicher. Sofort wandte sich das Domkapitel an Rom, und Papst Gregor IX. ernannte umgehend am 8. Februar 1230 Erzbischof Eberhard II. von Salzburg und Bischof Siegfried von Regensburg zu Schiedsrichtern in dieser brisanten Frage mit dem Auftrag, die Vorfälle zu untersuchen, die Stadt auf alle Fälle der Freisinger Kirche wieder zurückzustellen und gegen Widerspenstige notfalls mit kirchlichen Strafen vorzugehen[9]. Die päpstlich autorisierten Richter fällten ihren Spruch am 25. Juni 1230 zu San Germano. Sie berufen sich auf ein kaiserliches Urteil, das in ihrer und anderer Fürsten Gegenwart gefällt wurde.

Ihm zufolge können Bischofssitze grundsätzlich nicht zu Lehen vergeben werden. So erklären sie die Veräußerung der Stadt Freising für nichtig und erkennen sie wieder dem bischöflichen Stuhl zu. Jeder, der diesen Spruch nicht anerkennen oder ihm in irgendeiner Form zuwiderhandeln sollte, wird mit der Strafe der Exkommunikation bedroht[10]. Der Name des Hauptangeklagten, Herzog Ludwigs I. von Bayern, wird in der Urkunde geflissentlich vermieden, ganz im Gegensatz zum Nichtigkeitsurteil Kaiser Friedrichs II., gefällt am 4. September 1230 im Lager bei Anagni, wo Bischof Gerold und der bayerische Herzog ebenso genannt werden, wie die treibende Widerstandskraft im Domkapitel, Domherr Konrad von Tölz, mittlerweile auch Propst des Stiftes Innichen[11]. Der Kaiser erklärt nach Beratung mit Bischöfen und Fürsten, daß „eine Belehnung dieser Art nicht erfolgen konnte, weil sie dem Recht nach nicht erfolgen durfte" und somit gänzlich ungültig sei.

Als Friedrich II. im September 1230 offiziell die Annullierung des Vertrages zwischen Gerold und Herzog Ludwig aussprach, hatte Freising schon keinen Bischof mehr. In einer Bulle vom 29. Juli 1230[12] erklärte Papst Gregor IX. Bischof Gerold für abgesetzt. Der degradierte Bischof blieb in Freising und trat in den Stand eines Domherren zurück. Dem Rang nach steht er nun hinter dem Dompropst und unterschreibt als „Gerold, einstmals Bischof". Genau acht Monate nach seiner Absetzung starb er am 29. März 1231. Wie es seiner letzten Stellung entsprach, wurde er nicht im Dom, sondern im Kreuzgang begraben. Später wußte man sich schaurige Geschichten vom Begräbnis dieses bösen Bischofs zu erzählen. Man habe ihn zunächst doch im Dom begraben, aber am Tag darauf sei das Grab wieder offen gewesen und der Leichnam bei der Tränke des Pferdestalles gelegen. Auch eine Legende als leuchtendes Gegenstück zum hartherzigen Bischof fehlt nicht. Während seiner Regierung sei Otto Semoser Pförtner am bischöflichen Hof gewesen und er habe gegen den Willen seines Herrn den Armen Brote von der fürstlichen Tafel herausgebracht. Einmal bei diesem barmherzigen Werk vom Bischof ertappt, habe er behauptet, Steine unter seinem Mantel versteckt zu halten, und als Gerold ihm den Umhang wegriß, seien es wirklich Steine gewesen, die aber nachher wieder zu Brot wurden. Die Legendenverwandtschaft zur hl. Elisabeth von Thüringen ist unverkennbar. Elisabeth starb im selben Jahr wie Bischof Gerold. Da aber die Geschichte von der Verwandlung des Brotes in Rosen auch bei ihr erst im 15. Jahrhundert einsetzt, kann auch die Semoserlegende nicht sehr alt sein. Anlaß zu ihrer Entstehung bot der bemerkenswerte romanische Grabstein im Freisinger Dom. Die Grabplastik zeigt einen nichtadeligen Laien, die linke Hand unter dem Mantel, zu seinen Füßen drei kugelige Gebilde. Dazu die Inschrift: „Otto Semoser. In diesem Grab liegt Otto, ein Mann der Tugend. Seine Gebeine ruhen im Schoß der Erde, seine Seele ist im Herrn."[13]

Grabmal des Otto Semoser.
Kupferstich bei Meichelbeck 1729.

25. Bischof Konrad I. (1230–1258)

Domherr Konrad von Tölz, seit 1228 zugleich Propst des Stiftes Innichen im Pustertal, war das Haupt jener oppositionellen Partei im Domkapitel, die seit Jahren den Sturz Bischof Gerolds wegen dessen allzu großer Nachgiebigkeit gegenüber dem bayerischen Herzog betrieb. Als dieses Ziel erreicht und Konrad selbst zum Nachfolger im Bischofsamt gewählt war, konnte man voraussehen, daß die Auseinandersetzung zwischen Bischof und Herzog noch manche Kämpfe mit sich bringen würde. Tatsächlich beherrschten sie dann im Verbund mit den großen reichs- und kirchenpolitischen Streitigkeiten nahezu den gesamten Pontifikat dieses Bischofs.

Die unmittelbare Gefahr eines Verlustes der Stadt Freising an den Herzog mit all den damit verbundenen Folgen hinsichtlich der bischöflichen Freiheit und Unabhängigkeit war durch den Spruch Kaiser Friedrichs II. vom 4. September 1230 noch in der Zeit der Sedisvakanz zunächst abgewehrt[14]. Im gleichen Herbst 1230 wurde Konrad zum neuen Bischof gewählt, aber es dauerte fast noch zwei Jahre, ehe der Elekt am Pfingstsonntag 1232 (30. Mai) in Friesach durch Erzbischof Eberhard II. von Salzburg die Bischofsweihe empfing[15]. In der Zwischenzeit gab es bereits erste Kraftproben mit dem Herzog zu bestehen. Man rechnete mit einem militärischen Angriff Herzog Ludwigs I. auf Freising. Bischof Konrad I. wandte sich deshalb an König Heinrich VII., den Sohn des Kaisers. Der gestattete ihm unter Bezugnahme auf das allen Bischöfen und Reichsfürsten zustehende Recht am 1. Mai 1231 zu Worms, die Stadt Freising und den Domberg befestigungsmäßig auszubauen[16]. Aber zum befürchteten Angriff kam es nicht mehr. Herzog Ludwig I. fiel am 15. September 1231 auf der Kelheimer Donaubrücke einem Mordanschlag zum Opfer. Trotz aller Gegensätze zu Lebzeiten nahm Bischof Konrad an der Beisetzung des Herzogs im Kloster Scheyern teil[17].

Kampf mit Herzog Otto II.

In Herzog Otto II. (1231–1253) erwuchs ihm nun der entscheidende Gegner seines Lebens. Sofort wandte sich Bischof Konrad I. an Papst Gregor IX. mit schweren Klagen gegen den Herzog. Er halte bischöfliche Burgen, Dörfer und Güter besetzt, er verstoße gegen die Freiheit der Kleriker, von denen er in der Stadt und Diözese Freising jährliche Abgaben fordere, und er habe die Rechte der Freisinger Kirche in der Stadt München an sich gerissen. Es ist schwer zu sagen, ob noch Herzog Ludwig I. aus Rache für die entgangene Bischofsstadt diese Maßnahmen getroffen hat, ob er sie gar von Bischof Gerold zugestanden erhielt, oder ob Herzog Otto II. damit den Auftakt im Kampf gegen Freising eröffnete. Jedenfalls betraute Papst Gregor IX. am 26. November 1231 den Salzburger Erzbischof, sowie die Äbte von Admont und Melk mit der Aufgabe, den Anklagen nachzugehen, die Bedrückungen zu beseitigen und den Herzog zur Schadenersatzleistung zu veranlassen[18]. Die Intervention scheint einigermaßen Erfolg gehabt zu haben. In Landshut kam es 1233 zu einer Art Friedensschluß zwischen Herzog und Bischof, bei dem Otto II. das Schloß Burgrain wieder herausgab[19]. Von langer Dauer war der Friede freilich nicht. Ende 1234 brach der Kampf zwischen Herzog und Bischof offen aus. Die Weihenstephaner und Schäftlarner Annalen berichten von Krieg, Brandschatzungen und Plünderungen[20]. Bischof Konrad I. griff kurzerhand zu den geistlichen Mitteln seiner Macht und verhängte über die ganze Diözese das Interdikt.

In Österreich lagen die Verhältnisse nicht sehr viel besser. Hier war es Herzog Friedrich II., der Streitbare, der den Bischöfen die Einkünfte aus ihren Gütern in seinem Land entzog. Die Kirchenfürsten erhofften und fanden Hilfe beim Kaiser, der 1235 in Deutschland erschien, um die Empörung seines Sohnes, König Heinrichs VII., niederzuschlagen. Bischof Konrad begrüßte den Kaiser feierlich an der Grenze seines Bistums und blieb dann über Monate hin in dessen Begleitung. Die Klagen vieler Bischöfe und Fürsten über den Babenberger Herzog in Österreich kamen dem Kaiser nicht ungelegen. Gegen den Beschuldigten wurde der Prozeß eröffnet, und da er mehrere Ladungen ausschlug, verhängte Friedrich II. 1236 zu Augsburg über ihn wegen Schadens an der Kirche die Reichsacht. König Ottokar von Böhmen, Otto II. von Bayern und mehrere Bischöfe wurden mit der Exekution des kaiserlichen Spruchs beauftragt[21]. Die Besetzung Österreichs gelang nahezu mühelos, weil Friedrich der Streitbare in seinem eigenen Land kaum mehr Freunde besaß. Auf dem Steinfeld bei der Wiener Neustadt kam es dann freilich zu einem Gefecht, in dessen Verlauf Bischof Konrad I. von Freising zusammen mit seinem Passauer Nachbarn in die Gefangenschaft des österreichischen Herzogs geriet[22]. Doch damit war die Fehde auch nicht mehr zu gewinnen. Die Nähe und Übermacht des Kaisers bewogen den Babenberger dann doch, die beiden gefangenen Bischöfe wieder freizulassen. Schon im Februar 1237 ist Bischof Konrad in Wien bei Friedrich II., um sich an der Wahl Konrads IV. zum neuen deutschen König zu beteiligen[23].

Der gemeinsame Kampf gegen den Babenberger hatte Herzog Otto II. vorübergehend in eine Reihe mit dem Kaiser und mit den bayerischen Bischöfen gebracht. Der Erzbischof von Salzburg und der Bischof von Regensburg nützten nun die Gelegenheit, um einen Friedensvertrag zwischen Herzog Otto und Bischof Konrad von Freising zu vermitteln. Der Vergleich wurde am 9. Juni 1237 schriftlich niedergelegt[24]: Alle Gewalttätigkeiten sollen ein Ende haben. Der

Herzog verzichtet auf seine Ansprüche gegenüber Burgrain und zahlt als Schadenersatz 5 Jahre lang je 100 Pfund Regensburger Pfennige nach Freising. Über strittige Ministerialen wolle man sich künftig gütlich einigen. Bricht einer der Vertragspartner die Abmachungen, so verfällt er der Exkommunikation. Außer dem Frieden mit der Kirche, der Aufhebung der Gottesdienstsperre im Land und einer relativ glimpflichen Schadensleistung hat der Herzog dabei nicht viel gewonnen. Der Text des Vertrages ist von bischöflicher Seite diktiert. So ist es wohl kein Zufall, daß nur die Schiedsrichter ihre Siegel an das Dokument hefteten, nicht aber die Vertragspartner selbst, wie im Text eigentlich angekündigt. Man wollte offenbar die Tragfähigkeit der Vereinbarungen abwarten und dem Frieden noch nicht so recht trauen.

Tatsächlich brach dann schon im folgenden Jahr 1238 der Kampf zwischen Bischof und Herzog von neuem aus. Der Bischof beschuldigte den Herzog des Vertragsbruches, verhängte über ihn den Bann und über sein Land das Interdikt[25]. Bischof Konrad appellierte an den Kaiser, Herzog Otto an die Kurie. Die politische Landschaft hatte sich seit 1237 gründlich verändert. Der Kaiser stand in Fehde mit dem Papst. Herzog Otto II. von Bayern war vom Staufer abgerückt aus Verärgerung darüber, daß er vom erhofften Anteil am babenbergischen Land nichts erhielt. Die bayerischen Bischöfe sahen im Kaiser nach wie vor den Garanten ihrer Freiheit. Der Papst hatte in Bayern außer dem Herzog keinen Bundesgenossen seiner Politik. So sandte er ihm zur Stärkung seiner Position den Passauer Archidiakon Albert Behaim zu Hilfe, der seit Jahren an der Kurie in Rom arbeitete. Diese ebenso zwielichtige wie tragische Gestalt wurde nun zum päpstlichen Richter im Streit zwischen dem Freisinger Bischof und dem Herzog von Bayern[26]. Albert Behaim war mit weitgehenden Vollmachten ausgestattet, ohne im strengen Sinne päpstlicher Legat zu sein. Als erste Maßnahme hob er die vom Freisinger Bischof verhängte Exkommunikation über den bayerischen Herzog auf[27] und beantragte beim Papst ein Privileg für Otto II., demzufolge er ohne ausdrückliche Erlaubnis Roms nicht in den Bann getan werden dürfe. Eine solche Vergünstigung hatte der Herzog schon früher im Streit mit dem Mainzer Erzbischof von Gregor IX. erhalten. Nun sollte sie speziell für die Freisinger Querelen schriftlich ausgestellt werden. Der Papst erfüllte diesen Wunsch und unterzeichnete am 9. Februar 1239 ein Schutzprivileg, wonach der Herzog ohne ausdrücklichen päpstlichen Befehl nicht gebannt und sein Land nicht mit dem Interdikt belegt werden dürfe[28].

Noch vor Eintreffen dieses Schreibens eröffnete Albert Behaim den Kampf gegen den Freisinger Bischof. Von der Landshuter Trausnitz aus schleuderte er im Januar 1239 seine Kirchenstrafen nicht nur gegen Bischof Konrad I., sondern gegen alle, von denen er erfuhr, daß sie auf dessen Seite standen. Er bestrafte mit dem Interdikt die Äbte von Tegernsee und Rott am Inn samt ihren

Konventen, die Mönche von Attel und Altomünster, 7 Domherren in Freising, die Kanonikerstifte Moosburg, St. Andreas und St. Veit in Freising, die Augustinerchorherren in Schlehdorf, Beyharting, Weyarn, Beuerberg, Dietramszell und Bernried, die Stifte in Isen und Schliersee, dazu eine ganze Reihe von Pfarrern und Ministerialen im Lande[29]. Propst Friedrich von St. Andreas, Schatzmeister der Freisinger Kirche, sollte diese Sentenzen im Bistum verkünden. Wenige Wochen später (28. Januar 1239) befahl Albert Behaim den bayerischen Bischöfen, nach Regensburg zu kommen und dort die Exkommunikation des Freisinger Bischofs feierlich zu promulgieren[30]. Als keiner gehorchte, verhängte Albert über alle geladenen Bischöfe und Prälaten ebenfalls den Bann.

Mittlerweile hatte sich auch der Kampf zwischen Papst und Kaiser derart zugespitzt, daß Gregor IX. am 20. März 1239 Friedrich II. exkommunizierte und für abgesetzt erklärte. Doch in Bayern gab es keinen Bischof, der bereit gewesen wäre, das Dekret zu verkünden. So sprach Albert Behaim über den gesamten Episkopat noch einmal den Bann aus. Mehrere geistliche Fürsten aus Deutschland, darunter auch der Erzbischof von Salzburg und die Bischöfe von Passau und Freising, begaben sich im Frühjahr 1239 nach Padua an den kaiserlichen Hof, um doch noch den Versuch einer Vermittlung zwischen Gregor IX. und Friedrich II. zu wagen. Aber es war vergeblich. Am 20. April 1239 richtete der Kaiser seinerseits eine massive Anklageschrift gegen den Papst an den Erzbischof von Salzburg und dessen Suffragane[31].

Um den Streit zwischen dem bayerischen Herzog und dem Freisinger Bischof einer Klärung näherzuführen, bestellte Gregor IX. eine Kommission, bestehend aus den Bischöfen von Chiemsee und Seckau und dem Abt von Admont, die den Fall untersuchen und entscheiden sollten. Doch die Zusammensetzung des Richtergremiums gefiel dem Herzog nicht. Auf seine Bitte hin wurde der Bischof von Chiemsee und der Abt von Admont durch den Prior des Dominikanerklosters in Friesach und durch den Abt von Waldersbach ausgetauscht (15. April 1239)[32]. Gegen Ende des Jahres tauchten neue Anklagen gegen den Freisinger Bischof in Rom auf. Konrad I. sei des Totschlags und Meineids verdächtig. Außerdem habe er geäußert, der Papst besitze keinerlei Recht in Deutschland. Mit der Untersuchung dieses Vorwurfs, der eigentlich nur von Albert Behaim stammen kann, betraute Gregor IX. am 27. November 1239 den Straßburger Bischof Berthold I. Dieser wiederum bezog Abt Heinrich von Scheyern in die Untersuchung mit ein, lud aber auch selbst am 29. Februar 1240 den Bischof, das Domkapitel und eine ganze Reihe von Klöstern im Bistum vor sein Gericht[33]. Das Ergebnis all dieser Verhöre ist im einzelnen nicht bekannt, anscheinend war aber dem Freisinger Bischof außer seiner Treue zum gebannten Kaiser nicht viel vorzuwerfen.

Albert Behaim agierte seit dem Frühjahr 1240 mit neuen Vollmachten auch in Böhmen und Mähren. Seine Ziele, Hinführung der Bischöfe zur päpstlichen Partei und Wahl eines neuen Königs für Deutschland, kamen jedoch nicht zu Erfolg. Er exkommunizierte von Mähren aus die Erzbischöfe von Mainz und Salzburg, die Bischöfe von Regensburg, Passau und Freising, weil sie die Absetzung des Kaisers durch den Papst in ihren Kirchen nicht verkünden wollten. Doch solche Kirchenstrafen hatten durch allzu häufigen Gebrauch längst ihre Wirksamkeit verloren. Den Boten, die solche Schriftstücke zu überbringen hatten, ging es schlecht. In Salzburg warf der Erzbischof den Bannbrief zu Boden und trat ihn mit Füßen. Der Passauer ohrfeigte den Boten und befahl, ihn einzusperren[34]. Auch die Front der bisher noch papsttreuen Fürsten bröckelte ab. Als 1240 der böhmische König Ottokar und Herzog Friedrich II. von Österreich mit der kaiserlichen Partei Frieden schlossen, stand der bayerische Herzog plötzlich völlig isoliert da. Albert Behaim schrieb voll Sorge dem Papst, auch an Herzog Otto II. seien die staufischen Kuriere bereits mit dem Vorschlag eines Freundschaftsbündnisses herangetreten; der Herzog habe die Entscheidung vorerst noch hinausschieben können, aber nun müsse der Papst ihm tatkräftig zu Hilfe kommen; gegen eine solche Übermacht könne er nicht lange Widerstand leisten; der Bayernherzog sei der letzte, christlichste und treueste Anhänger von Kirche und Papst.

In dieser äußerst prekären Situation schloß Herzog Otto II. am 28. August 1240 mit Bischof Konrad von Freising zu Landshut einen Friedensvertrag. Ein erstes Dokument regelt den Schadenersatz. Der Herzog gesteht darin in diskreter Form seine Schuld ein und verspricht als Wiedergutmachung 800 Pfund Regensburger Pfennige in vier Halbjahresraten an den Bischof zu zahlen[35]. In einer weiteren Urkunde vom selben Tag verspricht Otto II., die Freiheit des Klerus zu wahren, keine Abgaben zu verlangen und die Privilegien des Domkapitels und der Regularkleriker zu achten. Dazu habe ihn die Zuneigung zu Bischof Konrad bewogen, der sich mit ihm nach vielen Kriegen und schwerer Zwietracht auf Frieden geeinigt habe[36]. In einer Zusatzerklärung vom 19. Dezember 1240 bezeugt der Herzog schließlich, er habe alle Schriftstücke, soweit sie seinen Streit mit Freising betreffen, verbrannt. Sollte dennoch ein solches auftauchen, sei es rechtsunwirksam[37].

Dem päpstlich bevollmächtigten Albert Behaim paßte dieser Friede von Landshut ganz und gar nicht ins Konzept. Wenige Tage nach Abschluß der Verträge schrieb er verzweifelt nach Rom, der Papst möge doch alle von ihm verhängten Exkommunikationen, darunter auch die gegen Bischof Konrad von Freising, feierlich bestätigen und den Friedensvertrag mit dem Herzog für nichtig erklären lassen, da er nur mit weltlicher Macht und von zwei exkommunizierten Vertragspartnern geschlossen worden sei. Die bayerischen

Bischöfe hätten vom Herzog schon seine Vertreibung gefordert[38]. Doch der Kurswechsel des bayerischen Herzogs in seiner Haltung zur Kurie war nicht mehr aufzuhalten. Die drohende totale Isolation Bayerns im Streit zwischen Kaiser und Papst, sowie eine im Osten erschreckend nahegerückte Mongolengefahr bewogen Otto II., im Mai 1241 mit Kaiser Friedrich II. Frieden zu machen. Der Preis dafür war dann tatsächlich die Vertreibung Behaims. Nun folgten einige Jahre politischer Ruhe, in denen sich Bischof Konrad vorwiegend um Hochstiftsbesitzungen in Bayern, Österreich und in Krain kümmern konnte[39]. Aber der große Kampf zwischen Kaiser und Papst war noch immer ungelöst. Papst Innozenz IV. gedachte ihn auf dem 13. Allgemeinen Konzil von Lyon 1245 endgültig zu bereinigen.

Von kaiserlicher Seite gab es durchaus noch Verhandlungsbereitschaft. Friedrich II. hatte die Absicht, persönlich vor dem Konzil zu erscheinen. Zunächst aber sammelten sich die Kaisertreuen im Juni 1245 am Hoftag zu Verona, unter ihnen auch Bischof Konrad von Freising[40]. Als das Konzil infolge höchst intriganter Machenschaften die Exkommunikation und Absetzung Friedrichs II. schon am 17. Juli 1245 aussprach, war dem Kaiser vorzeitig jeglicher Verhandlungsweg abgeschnitten. Zu diesem Zeitpunkt war Bischof Konrad noch am kaiserlichen Hof in Turin. Zusammen mit Bischof Ulrich von Seckau brach er anschließend sofort nach Lyon auf. Geschah dies auf Wunsch des Kaisers in der Hoffnung auf eine doch noch mögliche Vermittlung in letzter Stunde oder bedeutete es eine Abkehr von Friedrich II.? Letzteres ist unwahrscheinlich. Jedenfalls mußte Bischof Konrad in Lyon erkennen, daß eine friedliche Verständigung keine Aussicht auf Erfolg mehr haben konnte. So unterwarf sich der Freisinger Bischof Papst Innozenz IV. und bat um Lösung der durch Albert Behaim verhängten Exkommunikation. Diese wurde ihm am 3. August 1245 gewährt[41] mit der Auflage, sich dafür einzusetzen, daß der Passauer Dekan Albert Behaim wieder in den Besitz seiner bayerischen Pfründen gelange. In dieser Frage scheint sich Bischof Konrad nicht sehr beeilt zu haben, denn Papst Innozenz IV. richtete am 3. Dezember 1245 ein recht ungnädiges Schreiben nach Freising, in dem er rügt, der Bischof habe seinerzeit die Erledigung dieses Auftrages freudigen Herzens versprochen, mittlerweile sei aber nach vier Monaten immer noch nichts geschehen[42].

Der auf dem Konzil von Lyon erwirkte Friede mit dem Papst sollte überhaupt nicht von langer Dauer sein, da Bischof Konrad keineswegs bereit war, von Friedrich II. abzustehen und, wie Innozenz IV. es wollte, sich dem deutschen Gegenkönig anzuschließen. Das Konzil hatte die deutschen Fürsten zu einer Neuwahl des Königs aufgefordert. Im Mai 1246 einigte sich die antistaufische Partei auf den Thüringer Landgrafen Heinrich Raspe. Wer auf dem Hoftag des neuen Königs nicht erscheinen wollte, wurde vom päpstlichen Legaten Philipp von Ferrara exkommuniziert und zur Verantwortung an die Kurie vorgeladen. So traf den Freisinger Bischof erneut der Bannspruch.

Nicht viel besser erging es dem bayerischen Herzog. Nachdem die Kurie trotz seines Friedens mit dem Staufer lange zugewartet und auf eine Rückkehr zur päpstlichen Politik gehofft hatte, traf auch Otto II. der Kirchenbann, als er seine Tochter König Konrad IV. zur Frau gab. Noch am Tag der Hochzeit (1. September 1246) gab der Legat Philipp von Ferrara den Befehl, über den Herzog und seine Gemahlin die Exkommunikation, über sein Land das Interdikt zu verhängen[43]. Trotz solcher Schicksalsgemeinschaft und trotz gemeinsamer Parteinahme für Kaiser Friedrich II. fanden Herzog und Bischof auf die Dauer nicht zusammen. Die Gründe dafür blieben ungeachtet aller Friedensschlüsse nach wie vor dieselben: Gewaltmaßnahmen gegenüber Gütern im bischöflichen Besitz, Besteuerung von Klerus und Klöstern, dazu der Kampf um jedes Stück Boden, das in der Hand des Bischofs der herzoglichen Landeshoheit zu entgleiten drohte. So lagen etwa die reichen Grafen von Falkenstein seit Jahren im Streit mit Otto II. und als Graf Siboto im Kampf gegen den Herzog gefallen war, wußte sein Bruder Kuno keinen anderen Rat mehr, als das gesamte Erbe unter dem Vorbehalt lebenslänglicher Nutzung der Freisinger Kirche zu schenken. Die reichen Güter der Falkensteiner in Bayern und Österreich wären der größte Zuwachs gewesen, den das Hochstift je erlangte. Aber es blieb bei der Schenkungsurkunde von 1245[44]. Diese Beute ließ sich das Haus Wittelsbach nicht entgehen. 1272 wurde der Sohn des gefallenen Grafen Siboto im Bad ermordet. Dagegen gelang Bischof Konrad I. 1249 der Erwerb von Garmisch mit dem ganzen Bezirk zwischen Eibsee und Farchant samt eigener Gerichtsbarkeit, dem Vogtei- und Jagdrecht. Er kaufte das ganze Gebiet dem Ritter Schweiker von Mindelberg um 250 Augsburger Pfund ab und schuf damit den Grundstock zur späteren Herrschaft Werdenfels[45].

Auf der anderen Seite betrachtete Bischof Konrad mit größter Sorge die Entwicklung in Österreich, wo Kaiser Friedrich II. 1248 den bayerischen Herzog zum Statthalter des babenbergischen Erbes eingesetzt hatte[46]. Damit drohten für die Freisinger Besitzungen in Österreich ähnliche Komplikationen wie in Bayern. Herzog Otto II. kam zwar nicht dazu, sein Regiment im Nachbarland wirksam werden zu lassen, weil faktisch die antistaufische Partei im Besitz der Macht war, aber diese Ernennung allein scheint den Freisinger Bischof in größere Distanz zum Kaiser gebracht zu haben. Sein Verhältnis zum Papst besserte sich von diesem Zeitpunkt ab zusehends.

Das Fernbleiben vom Hoftag des Thüringer Landgrafen und neuen Königs Heinrich Raspe hatte Bischof Konrad im Juli 1246 eine zweite Exkommunikation gekostet. Am 26. Oktober 1247 beauftragte Papst Innozenz IV. seinen neuen Legaten, den Kardinaldekan Petrus, die Bischöfe von Magdeburg, Passau und Freising nach Rom zu zitieren und eine Frist festzusetzen, innerhalb derer sie sich für ihre Parteinahme zugunsten des gebannten Kaisers persönlich vor dem Papst zu verantworten hätten[47]. Ob es dazu gekommen ist, ist nicht genau zu belegen. Die guten Beziehungen Freisings zum Papst in den folgenden Jahren legen aber die Vermutung nahe, daß Bischof Konrad vom Bann gelöst wurde. Ausdrücklich bestätigt Innozenz IV. dem Freisinger Domkapitel in einem Schreiben vom 12. Januar 1249, die Bischofsstadt falle nicht unter das Interdikt, das über Bayern verhängt sei, weil sie nicht herzogliches Gebiet sei und die Einwohner keinen Anlaß zu solchen Strafen gegeben hätten. Es dürfe also in Freising Gottesdienst gefeiert werden[48]. Im Grunde bedeutete dieses Schreiben aber doch ein Privileg, das nicht alle Bischofstädte besaßen[49].

Mit der Exkommunikation hat man offenbar mittlerweile zu leben gelernt, nicht aber mit der Gottesdienstsperre. Der bayerische Herzog hat mehrere Versuche unternommen, davon loszukommen. Während einmal Bischof Konrad auf Reisen war, ließ der Herzog die Freisinger Domherren in die Kathedrale zusammenrufen und ihnen durch seine Boten eröffnen, niemand habe das Recht gehabt, ihn mit Bann oder Interdikt zu belegen. Er besitze ein Privileg, wonach er ohne ausdrücklichen Befehl des Papstes nicht exkommuniziert werden könne. Das Domkapitel solle also nun der Wiederaufnahme von Gottesdiensten zustimmen, andernfalls er mit Repressalien antworten werde. Die Domherren konnten gerade noch Bedenkzeit erwirken und schrieben ihrem Bischof, er möge sämtliche Geschäfte sofort unterbrechen und heimkommen, um drohende Gefahr abzuwenden[50]. Der Herzog befand sich tatsächlich in gewissem Recht. Es gab dieses Privileg, das erst Innozenz IV. 1246 für die Dauer von 3 Jahren verlängert hatte, und die Exkommunikation nach der Hochzeit mit dem Staufer Konrad IV. war nur von einem Domdekan im Auftrag des Legaten Philipp von Ferrara ausgesprochen worden[51]. Aber nach der Annahme der österreichischen Statthalterschaft aus der Hand des gebannten Kaisers zögerte Innozenz nicht mehr lange, die schon angedrohte feierliche Exkommunikation am 6. Februar 1249 selbst zu verkünden. Die bayerischen Bischöfe wies der Papst an, zu einer Synode zusammenzutreten und einen letzten Versuch zu unternehmen, um den Herzog vom Kaiser abspenstig zu machen. Auch Bischof Konrad von Freising ging im Frühjahr 1249 zu dieser Provinzialsynode nach Mühldorf[52]. Die Sicherheit seiner österreichischen Besitzungen scheint ihm nun doch wichtiger gewesen zu sein, als die lange aufrecht erhaltene Treue zum Staufenhaus. Herzog Otto war zu einer Umkehr jedoch nicht mehr zu bewegen.

Nun versuchte Otto II. auf seine Weise von Bann und Interdikt loszukommen. Er gewann einen Kanoniker von Speyer, einen Magister Heinrich, der eigenmächtig den Herzog vom Bann und das Land vom Interdikt freisprach. Gleichzeitig exkommunizierte er die Bischöfe von Salzburg, Regensburg und

Freising und erhielt vom Herzog zum Dank dafür mehrere kirchliche Pfründen. Papst Innozenz IV. war erbost darüber, als er es erfuhr, und schrieb an Bischof Konrad von Freising (1. April 1250), er solle sofort diese Sentenzen für ungültig erklären, alle bestrafen, die sie beachtet hätten, und den Magister Heinrich von Speyer lebenslang einkerkern, falls er seiner habhaft werden könne[53].

Wenig später beklagte sich Bischof Konrad wieder einmal über die Ausschreitungen des Herzogs beim päpstlichen Legaten Hugo, Kardinalpriester von S. Sabina. Der Herzog mißachte die Freiheit der Kleriker, lasse eigenmächtig trotz des Interdikts Gottesdienste und kirchliche Begräbnisse abhalten, er treibe unberechtigte Abgaben ein und habe dem Bistum mittlerweile einen Schaden von insgesamt 20 000 Mark Silber zugefügt. Kardinal Hugo trug daraufhin dem eben in Bayern weilenden päpstlichen Poenitentiar Heinrich am 21. April 1251 auf, diesbezüglich eine genaue Untersuchung durchzuführen. Sei der Herzog zum Einlenken bereit, möge er Milde walten lassen, sonst aber mit aller Schärfe gegen ihn vorgehen. Der Poenitentiar ließ die Äbte und Pröpste von Tegernsee, Rott, Attel, Ebersberg, Weihenstephan, Indersdorf und Dietramszell einzeln und unter Eid aussagen, wie hoch die ihnen zugefügte Schadensumme sei. Das in einem Protokoll genau festgehaltene Ergebnis zeigt, daß der vom Bischof genannte hohe Betrag keineswegs übertrieben war[54]. Aber dem Herzog scheint daraufhin ein geschickter Schachzug hinter dem Rücken des Bischofs gelungen zu sein. Offenbar hat er sich mit den Klöstern geeinigt, jedoch in einer Weise, wie sie Bischof Konrad nicht gefiel. Am 15. September 1254 mußten sich nämlich eben jene Äbte und Pröpste, die noch 1251 dem päpstlichen Poenitentiar ihren Schaden geklagt hatten, zu Radstatt vor Bischof Ulrich von Seckau als päpstlich delegiertem Richter verantworten, weil sie auf einem Treffen mit Herzog Otto II. Verordnungen zugestimmt hatten, die zum Schaden der Freisinger Kirche waren[55].

Bischof Konrad stand in diesen Jahren beim Papst in höchster Gunst. Jede seiner Klagen wurde ernst genommen und sofort untersucht. Es wurde ihm erlaubt, die Kirchen von Eching, Hohenbachern, Eitting und Vötting an die bischöfliche Mensa zu ziehen, da die Güter seiner Kirche durch Raub und Brand Herzog Ottos so verwüstet seien, daß er nicht einmal mehr die Besatzung seiner Burgen unterhalten könne. Etwas später erhielt er diese Vollmacht auf alle vakanten Pfarreien für einen Zeitraum von 3 Jahren, unter der Voraussetzung, daß die Gottesdienste in den betreffenden Kirchen gewährleistet bleiben[56]. Schließlich bat Konrad I. den Papst sogar noch, mit Herzog Otto II. Frieden schließen zu dürfen. Der Vertrag mit einem Gebannten bedurfte der päpstlichen Erlaubnis. Innozenz IV. genehmigte dies am 4. Juli 1253. Ob es zu diesem Waffenstillstand noch gekommen ist, bleibt ungewiß. Es wäre der vierte, wahrscheinlich wieder nutzlose Friedensvertrag zwischen diesen beiden Kontrahenten gewesen. Am

29. November 1253 ist Herzog Otto II. zu Landshut während eines fröhlichen Abends auf seiner Burg Trausnitz unerwartet gestorben. Da er bis zuletzt mit dem päpstlichen Bann belastet war, wagte es niemand, für ihn ein kirchliches Begräbnis auszurichten. In aller Stille wurde er in der Gruftkapelle von Scheyern hinter verschlossenen Kirchentüren beigesetzt. Unter sein Bild schrieb dort später ein Historienmaler den bitteren Vers: „Rom, die kirchliche Mutter hat mich gebannt, aber Scheyern, die Stamm-Mutter, hat mich dankbar ins gesegnete Grab gelegt."

Teilung Bayerns und Friede mit den Herzögen

Die Söhne des verstorbenen Herzogs, Ludwig II. (1253–1294) und Heinrich XIII. (1253–1290), wollten das Land zuerst gemeinsam regieren, teilten aber das Herzogtum dann 1255 in ein Ober- und Niederbayern mit je einem Hauptsitz in München und Landshut. Die Grenze zwischen beiden Bezirken verlief jedoch wesentlich weiter isaraufwärts als heute, so daß Freising mit Ausnahme von Oberföhring rings vom niederbayerischen Territorium umklammert war. Das Land war vom Interdikt nun frei, aber der Streit zwischen dem Freisinger Bischof und den neuen Herzögen schien zunächst weiterzugehen, wie zu deren Vaters Zeiten. Bischof Konrad I. klagte beim Papst, die jungen Herzöge seien nicht bereit, den von ihrem Vater angerichteten Schaden wiedergutzumachen, sie fügten sogar weitere Belastungen hinzu. Der neue Papst Alexander IV. berief am 28. März 1255 den Bischof von Seckau und den Abt von Melk zu Schiedsrichtern mit genauen Anweisungen in dieser leidigen Frage[57]. Herzog Ludwig wurde nach Salzburg und Herzog Heinrich nach Passau vorgeladen. Darauf verstummt mit einem Male der ganze Streit. Man scheint endlich zu gegenseitigem Einvernehmen gelangt zu sein. Bischof Konrad I. unterschrieb 1256 den niederbayerischen Landfrieden Herzog Heinrichs XIII.[58] und hatte nun anscheinend auch selbst politischen Frieden bis zu seinem Tod am 18. Januar 1258.

Folgen des Kampfes im Bistum

Kein Wunder, wenn in einem solch turbulenten Pontifikat die eigentlich pastorale Sorge der Kirche auf der Strecke blieb. Der Kampf um die politische Position nahm alle Kräfte in Anspruch. Gewiß war die Sicherung des kirchlichen Besitzstandes gegenüber einem beutegierigen Herzog eine wichtige Aufgabe für den Bischof, aber die Art, wie in diesem Kampf zuerst von bischöflicher, dann auch von päpstlicher Seite das Interdikt über ein ganzes Land als Mittel der Macht und Erpressung eingesetzt wurde, hat kaum noch etwas mit dem Dienst am Glauben zu tun. Über lange Jahre hinweg waren Gottesdienst und kirchliches Begräbnis verboten. Die wenigen durch Privileg gewährten Ausnahmen im Bistum, etwa für die Stadt Freising, für die Klöster Tegernsee und Ebersberg oder für das Heilig Geist Spital in München, konnten diese rigorosen Maßnahmen kaum mildern[59]. Das Interdikt war in dieser Form bewußt daraufhin angelegt, in breiten Schichten des Volkes Verärgerung gegenüber dem Herzog zu schaffen und ihn so zum politischen Kurswechsel zu zwingen. Es hatte aber auch Spaltung im Klerus, Adel und Volk zur Folge. Wem irgendwelche Anordnungen des Bischofs nicht gefielen, brauchte sich nur auf die Seite seines Gegners zu schlagen, um hier Schutz zu finden. Die Klöster standen größtenteils zum Bischof, weil sie unter den hohen Steuern des Herzogs zu leiden hatten. Wie die Verhältnisse bei den Pfarrern im weiten Land waren, ist aufgrund fehlender Quellen nicht zu bestimmen. Nachweislich aber hat in diesen Jahren die kirchliche Disziplin schwer gelitten. Papst Alexander IV. schrieb ein Jahr nach Bischof Konrads Tod (13. Februar 1259) einen langen Brief der Klage darüber, daß in der Salzburger Kirchenprovinz weithin die Ehelosigkeit der Priester nicht mehr beachtet würde[60]. Auch mit der Disziplin am bischöflichen Hof war es nicht zum besten bestellt. Bischof Konrad I. berichtet am 1. April 1250 nach Rom, daß von seinen 30 Kanonikern an der Freisinger Domkirche höchstens 4 oder 5 zum Gottesdienst kämen, alle übrigen sich auf päpstliche Dispensen beriefen. Vielleicht aus diesem Grund errichtete Bischof Konrad in seinem Testament ein Priesterstift von 4 Domvikaren, die regelmäßig am Chorgebet teilnehmen und täglich für ihn eine Messe lesen sollten[61]. Da der Bischof vor dem Paulusaltar im Dom begraben wurde und hier auch diese tägliche Messe gefeiert wurde, nannte man dieses kleine Priesterkollegium die Pauliner. Es hielt sich bis zur Säkularisation[62]. Der entscheidende Anstoß zu einer geistlichen Erneuerung in dieser kampferfüllten Zeit aber kam nicht vom Bischof, sondern von den neuen Mendikantenorden, ganz ähnlich wie in den vergleichbaren Wirren des Investiturstreites die regulierten Augustinerchorherren eine neue geistliche Bewegung schufen. Beiden Reformen gemeinsam ist der Zug zu echter religiöser Betreuung des Volkes im Geist des Evangeliums, verbunden mit persönlicher Besitzlosigkeit, nur daß die Franziskaner und die Dominikaner das Ideal der evangelischen Armut jetzt noch viel radikaler verfochten, als seinerzeit die regulierten Augustiner.

Die Franziskaner

In bescheidenen Anfängen gab es die Franziskaner in München schon vor Konrads Regierungsantritt. Die Überlieferung weiß von einem Bruder Castinus zu berichten, der schon 1221 von Augsburg her nach München gekommen sei und dem die Bürgerschaft vor der Stadtmauer die Jakobskirche am Anger überlassen habe. Ein noch früherer Vorstoß der Franziskaner nach Bayern war gescheitert, weil sie der Landessprache unkundig waren und auf jede Frage nur mit „Ja" zu antworten wußten. In ihrer auffallenden Kleidung hielt man sie für Ketzer aus der Sekte der Waldenser. Als sie, daraufhin befragt, auch wieder mit „Ja" antworteten, wurden sie verprügelt und fortgetrieben. So erzählt es jedenfalls Jordanus von Giano in seiner Chronik, einer der ersten Franziskaner in Deutschland. Trotzdem schlug der hl. Franziskus 1221 selbst auf einem Kapitel seiner Brüder in Assisi einen neuen Versuch vor. Er meinte, einigen Brüdern, die nach Deutschland gezogen seien, sei es zwar schlecht ergangen. Darum wolle er keinen zwingen. Wenn es aber doch einige wagten, so wolle er ihnen ein größeres Verdienst zuschreiben, als wenn sie über das Meer zögen. Es fand sich eine Gruppe von Mutigen, denen man diesmal vorsichtshalber einige Deutsche mitgab, darunter den ersten deutschen Provinzial Caesarius von Speyer. Über Sterzing und den Brennerpaß kamen sie nach Mittenwald, vom Hunger erschöpft. Mit ihrem kärglichen Vorrat von zwei kleinen Broten und sieben Rüben „linderten sie die arge Not des Hungers mit der Freude des Herzens und beschlossen, vom Wasser des klaren vorbeirauschenden Flusses zu trinken, um das Knurren des leeren Magens zu beseitigen." Beim Bischof von Augsburg fanden die Franziskaner freundliche Aufnahme, hielten noch 1221 ein erstes Kapitel und schickten ihre Gruppen nach Würzburg, Regensburg und Salzburg. Wohl im selben Zug wird Bruder Castinus nach München gekommen sein. Dann hört man lange nichts mehr von der Münchener Niederlassung, bis Papst Alexander IV. am 13. Januar und 23. März 1257 Ablaßbriefe für das Franziskanerkloster in München ausstellt[63]. Nun haben sich die bescheidenen Anfänge zu einem richtigen Konvent entwickelt mit eigenem Guardian und eigener Klosterkirche, in der die Gläubigen an den Festtagen des hl. Franziskus, des hl. Antonius, der hl. Klara, sowie am Jahrestag der Kirchweihe den Ablaß gewinnen können.

Die Dominikaner

Die Dominikaner, zunächst noch Predigerbrüder genannt, besaßen so rasch kein eigenes Kloster im Bistum Freising. Lediglich für den weiblichen Zweig hat Graf

Konrad von Wasserburg schon 1235 eine Niederlassung in Altenhohenau gegründet, das rasch aufblühte und schon 1267 Mariathal in Tirol besiedelte[64]. Aber auch ohne eigenes Haus im Bistum entfalteten die Prediger des hl. Dominikus ihre Tätigkeit im Freisinger Diözesanvolk mit ausdrücklicher Billigung des Bischofs. Das war keineswegs selbstverständlich. Charakteristisch für die Haltung vieler Pfarrer und Prälaten ist eine Äußerung des Kölner Klerus: „Die Predigerbrüder, die zu unserem Schaden nach Köln gekommen sind, stecken ihre Sicheln in fremde Erde. Sie hören die Beichten unserer Pfarrkinder und machen sich dadurch bei den Leuten beliebt."[65] Viel anders wird es in Bayern auch nicht gewesen sein. Aber der Bischof förderte die Predigt der Dominikaner und richtete an den gesamten Klerus seiner Diözese ein Rundschreiben[66]:

„Konrad, durch Gottes Erbarmen Bischof von Freising, an alle in Christus geliebten Brüder, die im Bereich unseres Bistums bestellt sind; an die Äbte, Pröpste, Archidiakone, Dekane, an die Pfarrer und ihre Vikare. Gruß euch im wahren Erlöser!
Der gnädige und barmherzige Gott hat im Hinblick auf die Gebrechlichkeit der Menschen und aus Mitleid mit den Sündern in jüngster Zeit für die ermatteten Seelen in seiner Vorsehung Sorge getragen durch den Orden der Prediger, die er gleichsam als auserlesene Pfeile in seinem Köcher für die Rettung der Sünder bis zur Endzeit aufgehoben hat.
Diesen von Gott gesandten Predigern hat der Papst in fürsorglicher und väterlicher Huld die Vollmacht verliehen, zu predigen, Beichte zu hören und Bußen aufzuerlegen.
Die geliebten Brüder dieses Ordens, die in Wahrheit Ärzte für die Seelen sind, und nur deren Gewinn im Auge haben, schicken wir zu euch. Wir tragen euch auf und ermahnen euch im Herrn, sie freundlich aufzunehmen, wenn sie zu euch kommen, und das euch anvertraute Volk zum Besuch ihrer Predigten anzuhalten, damit sie das Wort Gottes aufmerksam und eifrig hören.
Allen aber, die sich zum Anhören der Predigt versammeln, gewähren wir kraft der uns von Gott verliehenen Vollmacht einen Ablaß von 10 Tagen für schwere und von 20 Tagen für läßliche Sünden. Den Predigern geben wir die ausdrückliche Erlaubnis, im Bereich unserer Diözese zu predigen, Beichte zu hören und Bußen aufzuerlegen."

Die Spitalbrüder

Auch auf dem Gebiet fürsorglicher Hilfe an alten, kranken und gebrechlichen Menschen, die allein oder im Kreis ihrer Familie nicht mehr zurechtkommen konnten, entstand in den Spitalbrüdern zum Heiligen Geist eine neue Münchener Institution mit geistlicher Verfassung. Die Anfänge dieses Spitals sind zeitlich nicht genau festzulegen. Es entwickelte sich aus einem Pilgerhaus mit Katharinenkapelle vor dem Osttor der Stadt. Mag sein, daß die Münchener Spitalbrüder anfangs noch nicht im strengen Sinne dem 1189 gegründeten Heiliggeistorden mit Hauptsitz in Rom angehörten, ihre Zielsetzung, ihr geistlicher Hintergrund und ihre Verfassung war jedenfalls dieselbe. Die

Gemeinschaft zur Pflege alter und kranker Menschen umfaßte Laienbrüder und Kleriker mit einem Prior an der Spitze. Sie hielt sich an die Augustinerregel und kannte die Profeß als Zeichen unwiderruflicher Bindung[67]. Papst Innozenz IV. nahm mit einer Urkunde vom 31. Oktober 1250 die Münchener Heiliggeistkirche in päpstlichen Schutz, bestätigte die Augustinerregel und gewährte eine Reihe von Privilegien. Das Spital bekam ein eigenes Begräbnisrecht und gewisse pfarrliche Rechte, ohne doch schon ganz aus der Peterspfarrei gelöst zu sein. Besonders wichtig war in den Jahren des Interdikts die Erlaubnis, Gottesdienst feiern zu dürfen, wenn auch nur mit leiser Stimme, ohne Läuten der Kirchenglocken und unter Ausschluß der namentlich Exkommunizierten[68]. Bald wuchs das Spital durch Erweiterung der Stadtmauer in die Stadt selbst hinein. Der Andrang war so groß, daß Herzog Otto II. 1251 den Grundstein zu einem neuen Haus legen konnte. Die Stiftungen aber kamen größtenteils von Seiten der Bürger. Jeder konnte hier Aufnahme und Hilfe finden, nur die mit ansteckender Krankheit Behafteten mußten in das Leprosenhaus bei der Nikolauskirche am Gasteig ziehen.

Es ist bezeichnend, wenn sich der Schwerpunkt neuer geistlicher Initiativen nun von der Bischofsstadt Freising in die Bürgerstadt München verlagerte. Die Franziskaner baten in München um einen Platz für ihre Niederlassung. Die Dominikaner fanden beim Bischof zwar Unterstützung, aber kein Haus. Die Spitalbrüder zog es ohnedies dorthin, wo unter vielen Menschen ihr Dienst am nötigsten war.

26. Bischof Konrad II. (1258–1279)

Eine der wichtigsten Erwartungen an den neuen Bischof nach dem Tod Konrads I. war zweifellos die Schaffung eines entspannten Verhältnisses zwischen dem Freisinger Stuhl und dem Wittelsbacher Herzogshaus. Der harte Kampf mit der Landesregierung unter Herzog Otto II. hatte zu viele Opfer gefordert und keinem der beiden Kontrahenten genützt. Das Domkapitel setzte nun seine Hoffnung auf Wildgraf Konrad, der einstimmig gewählt wurde. Er war bisher Domherr in Freising und Propst von Isen[69]. Über seine Mutter war Bischof Konrad II. mit den Wittelsbacher Herzögen in München und Landshut verwandt. Die elterliche Familie führte seit drei Generationen den Titel von „Wildgrafen" und hatte ihre Burgen und Besitzungen im Bereich der Nahe[70].

Friede mit den bayerischen Herzögen

Tatsächlich folgte nun unter Bischof Konrad II. ein politisch friedvoller Pontifikat von etwas mehr als 20 Jahren, der sich wohltuend von den kämpferischen Zeiten der Vorgänger abhebt. Zwar traf 1267 Herzog Ludwig II. von Oberbayern als Vormund Konradins, des letzten Hohenstaufen, der Bann des Papstes und sein Land das Interdikt, aber diesmal war der Freisinger Bischof nicht in die Auseinandersetzungen verwickelt, und es ist fraglich, ob die Gottesdienstsperre im Bistum überhaupt praktisch zum Tragen gekommen ist[71]. Mit dem tragischen Ende Konradins 1268 zu Neapel war die Parteinahme des Herzogs für den Staufer und damit der Grund für Bann und Interdikt hinfällig, aber infolge der dreijährigen Sedisvakanz auf dem Stuhl Petri konnte die förmliche Befreiung von den Kirchenstrafen erst am 13. Juli 1273 erfolgen. Das grundsätzlich friedliche Einvernehmen Freisings mit dem Haus Wittelsbach ist nun keineswegs auf unvorsichtige Nachgiebigkeit des Bischofs zurückzuführen, sondern beruht im wesentlichen auf dessen geschickter Taktik, wie er die Teilung des Herzogtums und die Uneinigkeit der herzoglichen Brüder für seine Politik zu nutzen verstand. Herzog Ludwig II. von Oberbayern erhielt aus der Hand des Bischofs eine ganze Reihe von Lehen: 1261 die Güter, die bisher der mittlerweile verstorbene Markgraf Berthold von Hohenburg verwaltet hatte; 1266 alle Lehen des verstorbenen Gebhard von Tölz; 1272 die Ansprüche auf das Falkensteiner Erbe und 1277 die Burg Herrantstein in Niederösterreich[72]. Mit eigenen Machtmitteln wäre Konrad II. ohnedies kaum in der Lage gewesen, die heimfallenden Lehen zu halten, und das Falkensteiner Erbe gehörte ihm ebenfalls nur auf dem Papier. Mit der Übereignung an den Herzog als Lehen war wenigstens nominell der Anspruch gewahrt. Neben den vertraglich vereinbarten Zahlungen für diese Lehen gestand Herzog Ludwig II. 1272 dem Bischof die niedere Gerichtsbarkeit für das Dorf Ismaning zu. Dies war für Konrad II. um so wertvoller, als sich in dem schmalen Streifen jenseits der Isar, der fast bis München reichte, bereits ein bescheidenes Gebiet abzeichnete, das in Verbindung mit der Bischofsstadt zum selbständigen Hochstift werden konnte.

Freundschaft mit König Ottokar II. von Böhmen

In auffälligem Gegensatz zu diesen Lehensvergaben an Herzog Ludwig II. schloß Bischof Konrad II. nicht einen einzigen solchen Vertrag mit Herzog Heinrich XIII. von Niederbayern[73]. Die Beziehungen zu München waren zweifellos enger, als die nach Landshut. Das hat seine guten Gründe. Die Gefahr

einer Einverleibung Freisings in absolut landesherrliche Hoheit drohte nun weit
weniger von München als von Landshut her, seit die Bischofsstadt infolge der
Teilung des Herzogtums fast ringsum von niederbayerischem Territorium
umgeben war. Bischof Konrad II. ist zwar auch mit dem niederbayerischen
Landesherrn nach außen hin ohne Konflikt ausgekommen. Doch dafür hat er
sich abgesichert durch ein enges Schutzbündnis mit König Ottokar II. von
Böhmen. Von seiten eines deutschen Königs war für die Bischöfe in den Jahren
des Interregnums keine Hilfe zu erwarten. Die beiden aus der Wahl von 1257
hervorgegangenen Konkurrenten blieben politische Schattenfiguren. Ottokar II. von Böhmen aber war die stärkste Persönlichkeit im Reich. Mit Konrad II. verbanden ihn verwandtschaftliche Beziehungen und wiederholt nennt
er den Freisinger Bischof seinen „vertrautesten Freund". Das Bündnis mit König
Ottokar II.[74] war für Freising in zweifacher Hinsicht von Nutzen. Einmal stand
Herzog Heinrich XIII. von Niederbayern bis 1271 in Gegnerschaft zum
böhmischen König. Das mußte zwar zu einem kühlen Verhältnis zwischen
Freising und Landshut führen, schützte aber den Bischof zugleich vor
Übergriffen des niederbayerischen Landesherrn. Zum anderen hatte Ottokar
Österreich in der Hand, und nach und nach auch die Steiermark, Kärnten und
Krain, alles Länder, in denen die wichtigsten Freisinger Besitzungen lagen.
König Ottokar II. erwies sich als hilfreicher und großzügiger Bündnispartner.
Freising empfing für seine österreichischen Güter das Bergbaurecht für Gold,
Silber, Erz und Salz[75], das Jagdrecht auf landesherrlichem Boden[76] und eigene
Gerichtsbarkeit über die Untertanen in den hochstiftischen Besitzungen[77]. Mit
einem solchen Protektor im Rücken gelang es Bischof Konrad II. auch, eine
Reihe von Prozessen um Erbauseinandersetzungen und Patronatsstreitigkeiten
meist zu seinen Gunsten zu entscheiden[78]. Auf Tiroler Boden, wohin der
Rückhalt an Ottokar nicht mehr reichte, liefen die Verhandlungen wesentlich
zäher. Hier mußte sich Konrad II. sowohl gegen den Bischof von Brixen zur
Wehr setzen, der das Präsentationsrecht auf die Pfarreien in der Freisinger
Domäne Innichen nicht mehr anerkennen wollte[79], als auch gegen den Tiroler
Grafen Meinhard II. von Görz, der die Burg Habersberg und den Grundbesitz
von Innichen kurzerhand an sich gerissen hatte[80].
Das Schutzbündnis mit König Ottokar II. verlor dann freilich an Wirksamkeit,
als seine Position nach 1270 merklich schwächer wurde. Nach einer empfind-
lichen Niederlage bei Wieselburg (Niederösterreich) gegen die Ungarn wirkte
Konrad II. 1271 für Ottokar an den Preßburger Friedensverhandlungen mit[81].
Bei der Aussöhnung des böhmischen Königs mit Herzog Heinrich XIII. von
Niederbayern begegnet er 1273 im Verein mit dem übrigen bayerischen
Episkopat als Friedensgarant und Schiedsrichter für etwaige künftige Streit-
fälle[82]. Mit der Wahl Rudolfs von Habsburg zum deutschen König trat 1273 eine

völlig neue politische Situation ein. Ottokar II. erkannte die Wahl nicht an und sein niederbayerischer Bundesgenosse konnte es sich leisten, ihm darin wenigstens für gewisse Zeit die Gefolgschaft zu bewahren, kaum aber der Bischof von Freising. Wie lange Bischof Konrad II. seinem Gönner in dieser Linie folgen konnte, ist schwer auszumachen. Jedenfalls gehörte Konrad II. 1276, als Ottokar längst der Reichsacht verfallen und die militärische Situation aussichtslos geworden war, zu jenen Vermittlern, die dem Böhmenkönig zu einem Friedensschluß mit Rudolf von Habsburg unter Verzicht auf Österreich, Steiermark, Kärnten und Krain rieten[83].

Niederlage und Tod König Ottokars II. in der Schlacht auf dem Marchfeld am 26. August 1278 bedeuteten für das Freisinger Hochstift keinen Schaden mehr. Im Dezember 1277 hatte der neue deutsche König Rudolf von Habsburg dem Freisinger Bischof zu Wien alle Rechte seiner Kirche ausdrücklich bestätigt, namentlich die zahlreichen Privilegien auf österreichischem Boden. An die 20 Urkunden hat die königliche Kanzlei in diesen Tagen für Bischof Konrad II. ausgestellt[84], die wörtlich Ottokars II. Privilegientexte übernehmen, aber geflissentlich den Namen des böhmischen Königs vermeiden. Das Gebiet von Österreich, Kärnten, Steiermark und Krain unterstand nun den Söhnen König Rudolfs, der sich damit seine Hausmacht im Osten des Reiches aufbaute. Als Gegenleistung der Bischöfe für die großzügige Bestätigung ihrer Privilegien verlangte der König die Übergabe der reichen Kirchenlehen an seine Söhne Albert, Hartmann und Rudolf[85].

Der Salzburger Kirchenstreit

Zu einem grotesken Trauerspiel entwickelte sich in den frühen Jahren von Konrads Pontifikat der Salzburger Kirchenstreit (1256–1265), der mit Heereszügen, Plünderung und Brandschatzung ausgetragen wurde; und dies alles nur deshalb, weil das Salzburger Domkapitel von seinem Erzbischof verlangte, daß er sich die Weihen geben lasse. Gerade dadurch aber fürchtete der gewählte Bischof Philipp seine Erbansprüche auf Kärnten und Krain zu verlieren. So schob er den Empfang der Weihen immer weiter hinaus, um gegebenenfalls noch den erzbischöflichen mit dem herzoglichen Stuhl vertauschen zu können. Das Salzburger Domkapitel setzte daraufhin 1257 Philipp ab und wählte Bischof Ulrich von Seckau zum neuen Erzbischof. Nun schalteten sich aus durchsichtig machtpolitischen Interessen König Ottokar von Böhmen, Herzog Ulrich von Kärnten und Herzog Ludwig II. von Oberbayern für Philipp, König Bela von Ungarn und Herzog Heinrich XIII. von Niederbayern für Ulrich ein. Der neu erwählte Erzbischof Ulrich wandte sich an die päpstliche Kurie, wurde aber abgewiesen, weil er seine Prozeßkosten nicht bezahlen konnte. Papst Alexander IV. hatte zwar bei seinem Amtsantritt erklärt, alle erwählten Bischöfe, die sich nicht binnen Jahresfrist die Weihen erteilen ließen, seien als abgesetzt zu betrachten, aber jetzt erschien ihm die Gunst des böhmischen Königs doch wichtiger, als die Einhaltung seiner eigenen Erlasse. Nach anfänglichen Erfolgen der Partei Philipps konnte sich Erzbischof Ulrich infolge eines Aufstandes der Salzburger Bürgerschaft 1264 zwar durchsetzen, verzichtete aber schon vier Monate später freiwillig auf sein Amt „in Erkenntnis seiner Unzulänglichkeit und der menschlichen Bosheit". Um es sich mit der Salzburger Bürgerschaft nicht ganz zu verderben, ließ König Ottokar nun auch seinen Schützling Philipp fallen[86]. Mit der Ernennung eines völlig neuen, König Ottokar verwandten Mannes, Ladislaus von Schlesien, zum Erzbischof von Salzburg kehrte 1265 endlich wieder Friede am Metropolitansitz ein. Geweiht wurde er vom neuen Passauer Nachbarn Petrus von Breslau, ebenfalls ein Kandidat König Ottokars. Salzburg entschuldigte sich fast dafür in Freising und erklärte, damit solle das grundsätzliche Recht des Freisinger Bischofs, dem Metropoliten die Weihe erteilen zu dürfen, für die Zukunft nicht außer Kraft gesetzt sein[87]. In diesem Salzburger Kirchenstreit hat Bischof Konrad II. eine Position bezogen, die im Gegensatz zur Politik seines großen böhmischen Protektors stand. Schon die Bestätigung seiner Bischofswahl hatte er sich 1258 bei Erzbischof Ulrich eingeholt. Ein Jahr später, am 21. Juni 1259, wandte sich der neue Erzbischof in seiner bedrängten Lage an Konrad II. von Freising mit der Bitte, Herzog Ludwig II. von Oberbayern von seiner Parteinahme für Philipp abzubringen[88]. Wieder ein Jahr darauf trat Konrad II. im September 1260 zu Landau an der Isar zusammen mit den Bischöfen von Regensburg, Chiemsee und Lavant einem Bündnis bei, das dem fast hoffnungslosen Erzbischof Ulrich zur Durchsetzung seiner Rechte verhelfen wollte. Zu gewinnen gab es dabei nichts. Den Freisinger Bischof konnten zu einer so riskanten Parteinahme nur geistliche Motive geleitet haben.

Seelsorge in den Städten

Für seelsorgliches Augenmaß Bischof Konrads spricht die kirchliche Neuorganisation der Stadt München im Jahr 1271. Die junge Stadt wuchs, wie Konrad II. meint, ins Unermeßliche. Seit der Teilung des Landes von 1255 entwickelte sie sich mehr und mehr zur Hauptstadt des oberbayerischen Herzogtums. Schon die Residenz des Landesherrn fand innerhalb der von Heinrich dem Löwen gebauten ersten Stadtmauer nicht mehr Platz. Nun plante man schon eine neue Befestigung, die das bisherige Areal der Stadt um das

Fünffache anwachsen ließ. Die einzige Pfarrei von St. Peter war dieser Entwicklung nicht mehr gewachsen. So sah sich Bischof Konrad II. genötigt, das alte Pfarrgebiet entlang der Straßenachse vom Ost- zum Westtor zu teilen. Der südliche Teil der Stadt blieb bei St. Peter, der nördliche erhielt die stattliche „Marienkapelle" als neue Pfarrkirche. Sie ist um 1230–1240 als spätromanische Anlage mit zwei Westtürmen erbaut worden. Ausgrabungen der Fundamente haben beträchtliche Ausmaße zutage gefördert[89]. Sie bedurfte keiner Erweiterung, um als Pfarrkirche dienen zu können. Die Bezeichnung „Kapelle" in der Gründungsurkunde ist nicht von der Größe, sondern vom kirchenrechtlichen Rang als nicht mit pfarrlichen Rechten ausgestattet zu verstehen[90]. Am 24. November 1271 stellte Bischof Konrad II. die Gründungsurkunde für die neue Pfarrei in München aus[91]:

„Konrad, von Gottes Gnaden Bischof der Kirche von Freising, an alle Christgläubigen, an welche dieses vorliegende Schreiben gelangt. Gruß in Ihm, der das wahre Heil aller ist.
Wenn auch von den Heiligen Vätern die Grenzen der Kirchenprovinzen, der Diözesen und Pfarreien seit alters festgelegt sind, so gibt es doch gewisse, von eben jenen Heiligen Vätern im Kirchenrecht ausdrücklich vorgesehene Fälle, um derentwillen eine Zusammenlegung oder Teilung den zuständigen Oberen vorbehalten ist. Und es ist nichts Außergewöhnliches oder Tadelnswertes, wenn je nach den verschiedenen Erfordernissen der Zeit der rechtliche Stand von Kirchen gelegentlich eine Änderung erfährt, besonders wenn eine dringende Notwendigkeit oder ein offensichtlicher Nutzen das erfordert. Da nun die Pfarrgemeinde der Kirche von St. Peter in München durch die Gnade Gottes so ins Unermeßliche gewachsen ist, daß sie ohne Gefahr für das Heil der Seelen von einem einzigen Hirten nur noch schwer geleitet werden kann, da überdies der Friedhof dieser Kirche in seiner beengten Lage auch nicht mehr ausreicht für die Gräber der Toten, habe ich nach reiflicher Überlegung den demütigen Bitten besagten Pfarrvolkes zugestimmt und mit Rat und Einverständnis unseres Domkapitels beschlossen, die genannte Kirche von St. Peter mit ihrem Pfarrvolk zum allgemeinen Wohl der Bürger in zwei Pfarreien zu teilen und dabei die Abgrenzung der Pfarrgemeinde, der Zehent- und Pfründeeinkünfte nach dem Urteil tüchtiger Männer vorzunehmen, so daß die Marienkirche, die bisher bloß als Kapelle in München bestand, in Zukunft einen rechtmäßigen, ständigen Pfarrherrn mit allen Pfarrechten, wie bisher die Kirche von St. Peter, haben soll; dazu einen eigenen ständigen Begräbnisplatz, wie die Mutterpfarrei, vorausgesetzt, daß beide Kirchen, St. Marien und St. Peter, einverstanden sind mit den gehörigen und ausgewiesenen Anteilen am Pfarrvolk, an der Pfarrpfründe, am Zehnten und anderen Einkünften. Außerdem soll jeder Pfarrer, der von St. Marien sowohl wie der von St. Peter, unter Beachtung der Residenz- und Gastpflicht nach Möglichkeit zur Ausübung der Seelsorge zwei Gesellpriester haben und einen Schullehrer, soweit Erträgnisse und Einkünfte für den gehörigen Unterhalt der genannten Person ausreichen.
Dazu versprechen wir für unsere Person und für unsere Nachfolger, die zwei genannten Pfarrkirchen künftig nicht wieder zusammenzulegen und sie auch nicht in die Hand eines einzigen Mannes zu geben. Das Volk aber, das neuerdings der Kirche von St. Marien als Pfarrkirche unterstellt ist, entbinden wir von jeder Gehorsamspflicht, durch die es bisher

an die Peterskirche und ihren Pfarrer gebunden war, und unterstellen es seinem eigenen und rechtmäßigen Priester, dem es nun als wahren Seelsorger in Unterordnung und Gehorsam unterstellt sein wird.

Damit aber Vorgenanntes unter uns und unseren Nachfolgern unverändert gelte, haben wir zur immerwährenden Gültigkeit gegenwärtige Urkunde auf Bitten der gesamten Bürgerschaft von München ausstellen lassen und sie mit unserem sowie des Freisinger Domkapitels Siegel bestätigt. Gegeben und vollzogen in München im Jahr des Herrn 1271, am 24. November."

Noch am gleichen Tag schuf Bischof Konrad II. in München eine weitere selbständige Pfarrei für den Hausbereich des Heilig Geist Spitals. Es hatte bisher schon weitgehende Sonderrechte. Nun wurde es in aller Form aus dem Pfarrbezirk von St. Peter herausgelöst. Die neue Pfarrgemeinde bestand aus dem Konvent der Heilig Geist Brüder, aus den Spitalinsassen und aus dem gesamten Dienstpersonal des Hauses. Die Münchener Bürgerschaft erhielt das Recht, dem Bischof jeweils den Pfarrer vorzuschlagen, sei es begrenzt auf ein paar Jahre oder auf Lebenszeit[92]. Bei dieser Aufteilung Münchens in drei Pfarreien, St. Peter, St. Maria und Heilig Geist, blieb es bis ins frühe 19. Jahrhundert.

Zum Bistumssprengel der Freisinger Diözese gehörte sowohl die oberbayerische, wie die niederbayerische Hauptstadt. Auch in Landshut gab es kirchlicherseits 1271 gewisse Veränderungen. Schon einige Monate vor dem Münchener Spital hat Bischof Konrad II. dem Landshuter Heilig Geist Spital am 5. August 1271 die pfarrliche Eigenständigkeit gewährt[93]. Der Herzog aber hat im selben Jahr die Dominikaner in seine Residenzstadt geholt. Sie kamen von Regensburg her und fanden ihren Platz vor der Stadtmauer an einer alten Magdalenenkirche. Die Mönche bauten dann ihre neue Klosterkirche zu Ehren des hl. Blasius unmittelbar neben diese kleine Kapelle. Die Beschaffung der Mittel und der Bau selbst gingen nur sehr schleppend voran. Erst um die Mitte des 14. Jahrhunderts dürfte das neue Gotteshaus fertig geworden sein. Geweiht wurde es erst im Jahr 1386[94].

Das Zisterzienserkloster Fürstenfeld

Die einzige Niederlassung der Zisterzienser im Bistum Freising geht zurück auf eine Sühnestiftung Herzog Ludwigs II. von Oberbayern für seine eifersüchtige Bluttat an der eigenen Gemahlin Maria von Brabant. Auf bloßen Verdacht der ehelichen Untreue hin ließ der Herzog sie 1256 in jähem Zorn zu Donauwörth enthaupten. Dieser Mord brachte Ludwig II. in reichlich beschönigender Form den Beinamen „der Strenge" ein. Als sich die Unschuld der Frau herausstellte, bat der Herzog Papst Alexander IV. um Lossprechung von seiner Sünde. Als

Buße erhielt er die Auflage, sich entweder mit einer Truppe am Kreuzzug zu beteiligen oder ein Kathäuserkloster für 12 Mönche zu gründen. Ludwig wählte das Kloster, schuf es aber nicht für Karthäuser, sondern für Zisterzienser, weil – so versichert er dem Papst – es in Bayern keine Karthäuser gebe und er nicht wisse, wie er eine solche Gründung besiedeln könne. Die Dispens zur Abänderung der Bußauflage traf zwar erst sehr viel später ein, aber Herzog Ludwig begann sofort mit der Errichtung eines Zisterzienserkonvents, für den er sich die Mönche aus dem niederbayerischen Aldersbach holte. Mit dem endgültigen Standort des Klosters sollte es noch eine Weile dauern. Zuerst versuchte es der Herzog mit Thal bei Großhöhenrain am Rand des sumpfigen Glonntales, waren die Zisterzienser doch bekannt für ihre Leistungen in der Bodenkultur. Ministerialen, Richter und Beamte wurden ermuntert, der neuen Gründung, die nun „Saeldenthal" hieß, durch Zustiftungen auf die Füße zu helfen. Doch das Kloster kam nicht recht in die Höhe. Um 1262 zogen die Mönche darum nach Olching. Aber auch hier blieben sie nicht lange. Festen Fuß faßten sie erst mit ihrem Umzug am 14. August 1263 in die Nähe des Dorfes Bruck. Fürstenfeld hieß das neue Kloster nun, dessen Gründung Bischof Konrad im Dezember 1263 offiziell bestätigte. Der Herzog zögerte noch mit der Ausstellung einer Gründungsurkunde, denn noch war die Dispensurkunde des Papstes nicht eingetroffen, die das Zisterzienserkloster als gültigen Ersatz für die zunächst geforderte Karthause anerkannte. Papst Clemens IV. stellte sie am 27. November 1265 in Adresse an den Freisinger Bischof endlich aus[95], und als der sie einmal in Händen hatte, unterschrieb auch Herzog Ludwig II. am 22. Februar 1266 seine Gründungsurkunde mit Aufzählung aller Klostergüter und Privilegien[96]. Trotz dieser herzoglichen Grundausstattung weiß die Klosterchronik von Hunger und Kälte zu berichten, die die grauen Mönche zu überstehen hatten. Unter ihrem ersten Abt Anselm seien sie gezwungen gewesen, in den umliegenden Ortschaften betteln zu gehen. Nach 1270 aber wuchsen Kloster und Kirche aus selbstgebrannten Ziegeln empor. Herzog Ludwig der Strenge ließ auf eigene Kosten eine Stifterkapelle an die Klosterkirche anbauen, die als Familiengrabstätte dienen sollte. Schon 1271 nahm sie das Grab seiner zweiten Gemahlin Anna auf, 1290 den bei einem Turnier verunglückten Sohn des Herzogs und 1294 den Stifter selbst.

Metropolitansynoden in Wien und Salzburg

Einige kritische Punkte des kirchlichen Lebens beleuchten die bayerischen Provinzialsynoden, die in Wien (1267) und Salzburg (1274) zusammentraten. Zunächst geht es immer wieder um das alte Thema, kirchliches Besitztum vor den Übergriffen durch Laien zu schützen. Dann müssen aber auch die Kleriker ermahnt werden, in ihrer Kleidung nicht allzusehr der modischen Putzsucht zu verfallen, ihre Residenzpflicht zu beachten und nicht mehrere Pfründen in einer Hand zu vereinigen. Auch die Prälaten sollen auf ihren Visitationsreisen keinen allzu großen Aufwand pflegen. Dabei hält man es immerhin noch für angemessen, wenn ein Erzbischof mit 50 Pferden anreist. Ein Bischof darf 30, ein Archidiakon 7, ein Dekan aber nur 2 Rösser mit sich führen. Die Wiener Synode regelt in einer Reihe von Vorschriften das Zusammenleben von Juden und Christen. Mit den Städten blüht der Handel auf; für den Handel braucht man Geld, und das ist für gute Zinsen nur bei den Juden zu haben. Sie sind ein wichtiger Faktor im Wirtschaftsleben, aber sonst werden sie systematisch ins Ghetto verwiesen. Sie haben eigene Wohnbezirke, müssen als Erkennungszeichen spitze Hüte tragen. Man verlangt ihnen zwar den Zehent ab, verbietet ihnen aber, in den Bädern und Gasthäusern zu verkehren, an Gastmählern teilzunehmen oder christliches Dienstpersonal zu halten.

Die Salzburger Synode legt den Finger auf eine andere Wunde in Gestalt eines allzu großzügig gehandhabten Ablaßwesens. Die Synode ist der Ansicht, es seien in letzter Zeit gar zu viele Ablässe gewährt worden, besonders zugunsten der Ordensleute. „Deshalb darf fortan niemand mehr von einem solchen Ablaß Gebrauch machen, wenn ihn nicht seine Diözesansynode aufs neue gebilligt hat. Besonders müssen dies die Almosensammler beachten, die durch ihre maßlosen Ablässe mehr schaden als nützen."

Eine zum Glück nur kurzfristige Erscheinung bot das Unwesen der Flagellanten oder Geißler. Abt Hermann von Niederaltaich nennt es ein „erbärmliches Schauspiel". Nur mit Fetzen bekleidete Personen zogen 33 Tage lang hinter einem Kreuz her, bewegten sich in ekstatischen Gebärden, schlugen sich mit Geißeln wund und sangen dazu Lieder von der Passion des Herrn. Ein Weihenstephaner Chronist vermerkt zum Jahr 1261: „Heuer gingen nackte Büßer um und schlugen sich selbst mit Geißeln."[97]

Bischof Konrad II. starb im März oder April des Jahres 1279.

27. Bischof Friedrich von Montalban (1279–1282)

Die Herren von Montalban waren im 13. Jahrhundert ein mächtiges Ministerialengeschlecht im Südtiroler Vintschgau. Von der namengebenden Burg oberhalb von Kastelbell sind heute freilich nur noch kümmerliche Reste zu sehen[98]. Am Freisinger Bischofshof erscheint das Geschlecht zuerst mit Dompropst Uto, der seinen geistlichen Neffen Friedrich zielbewußt nachholte. Friedrich von Montalban wurde unter Konrad I. bischöflicher Notar, dann in der Folgezeit nach- und nebeneinander Domherr, Propst von Schliersee, Propst zu Ardagger, Propst von Innichen, Domherr von Trient, Pfarrer von Hohenkammer und nach Niederlegung seiner Pfründe in Innichen Dompropst von Freising[99]. Er stellt damit ein Musterbeispiel für die in diesem Jahrhundert oft beklagte, aber kaum ernsthaft bekämpfte Pfründenhäufung in einer Person dar.

Für die Neubesetzung des bischöflichen Stuhles standen seit dem Laterankonzil von 1215 offiziell drei Verfahrensweisen zur Auswahl: Geheime Stimmabgabe aller Wahlberechtigten, Delegation des Wahlaktes auf bestimmte Wahlmänner und einmütige Akklamation „gleichsam durch Eingebung des Heiligen Geistes". Weil die Bischofswahl Friedrichs nicht ohne Schwierigkeiten verlief und schließlich dem Papst zur letzten Entscheidung vorgelegt wurde, sind wir über deren Verlauf gut unterrichtet[100]. Nach dem Tod Bischof Konrads II. wurden zunächst alle Wahlberechtigten ordnungsgemäß geladen. Dann einigte sich dieses Gremium auf das Verfahren „per scrutinium", d. h. der Stimmabgabe eines jeden einzelnen. Noch vor dem eigentlichen Wahlakt, dessen Ausgang offenbar schon abzusehen war, erhoben zwei Kanoniker, darunter der Neffe des verstorbenen Bischofs Wildgraf Emicho, Einspruch gegen eine eventuelle Wahl Friedrichs von Montalban. Dieser sei verschiedener Verbrechen schuldig und damit nach kirchlichem Recht nicht wählbar. Im einzelnen werden dem aussichtsreichen Kandidaten Mord, Simonie und verschiedene andere Vergehen vorgeworfen. Dafür könne man genügend Beweismaterial liefern. Vorsichtshalber appellierten die Kläger sofort an den Papst. Die Mehrheit des Kapitels war trotz dieser Vorwürfe jedoch nicht bereit, Friedrich als Kandidat von vornherein auszuschließen. Man blieb beim beschlossenen Verfahren der allgemeinen Wahl und bestellte drei Nichtkanoniker als Skrutatoren, die für eine ordnungsgemäße Durchführung des Wahlaktes zu sorgen hatten. Die Auszählung der 24 Voten ergab dann 16 Stimmen für Friedrich von Montalban und 5 Stimmen für Wildgraf Emicho. Darüber wurde ein Protokoll erstellt und das Ergebnis durch eine Delegation, bestehend aus Vertretern der beiden Parteien, dem Papst überbracht. Auch Friedrich von Montalban ging persönlich nach Rom.

Papst Nikolaus III. untersuchte den ganzen Vorfall und wies die Appellation der Partei Emichos aus formalen wie inhaltlichen Gründen zurück, weil die Vorwürfe gegen Friedrich nur in allgemeiner Form, nicht aber in Bezug auf ganz bestimmte Fakten erhoben worden seien. Da solche Beweise nicht beigebracht werden konnten, erkannte der Papst die Wahl des Friedrich von Montalban als gültig an, bestätigte dies in einer ausführlichen Urkunde vom 13. Januar 1280 und sicherte dem anwesenden Elekten von Freising zu, ihm persönlich die Bischofsweihe spenden zu wollen.

Aus dem kurzen Pontifikat Friedrichs ist sonst wenig überliefert. König Rudolf von Habsburg bestätigte ihm einige schon früher besessene Privilegien, so die freie Gerichtsbarkeit im Bereich seiner Güter zu Bischoflack, die Graf Meinhard von Görz nach dem Tode Konrads II. an sich gezogen hatte, und das Jagdrecht in Österreich[101]. Herzog Heinrich XIII. von Niederbayern holte 1280 die Franziskaner nach Landshut, „weil er die Minderbrüder vor allen anderen Religiosen liebte". Bischof Friedrich ist nach dreijähriger Regierungszeit schon am 8. Dezember 1282 gestorben.

28. Bischof Emicho (1283–1311)

Im ersten Anlauf war es Wildgraf Emicho aus dem Nahegau 1279 nicht gelungen, den Freisinger Stuhl nach dem Tod seines bischöflichen Oheims in der Familie zu halten. Der rasche Tod Friedrichs von Montalban bot eine neue Gelegenheit zum Zugriff und diesmal erreichte Emicho tatsächlich die Mehrheit der Stimmen unter den wahlberechtigten Domkanonikern von Freising. Emicho[102] war zu diesem Zeitpunkt Domherr von Freising, Domdekan von Bamberg, Propst von St. Andreas in Freising und Propst an der Alten Kapelle zu Regensburg[103].

Wege zum Hochstift

Der Pontifikat dieses äußerst geschäftstüchtigen Bischofs brachte den entscheidenden Durchbruch in der Ausbildung eines eigenständigen Freisinger Hochstifts. Dieser Begriff umschreibt die Summe jener Landstriche, in denen der Bischof außerhalb des herzoglichen Hoheitsgebietes eigener Landesherr ist. Davon zu unterscheiden sind Höfe, Dörfer und Hofmarken, die dem Bischof zwar als Eigentum gehören, teilweise sogar mit der niederen Gerichtsbarkeit ausgestattet sind, insgesamt aber doch auf herzoglich-landesherrlichem Boden liegen und hoheitlich dem Herzog von Oberbayern oder Niederbayern unterstehen. Das Hochstift ist also ein politischer Begriff, nochmals zu unterscheiden vom Territorium des Bistums, in dem der Bischof oberste kirchliche Autorität ausübt.
Einen wichtigen Grundstein in der Entwicklung zum reichsunmittelbaren Hochstift hatte 1220 Kaiser Friedrich II. in seiner „Konföderation mit den kirchlichen Fürsten" gelegt. Darin wurden den Reichsbischöfen weitgehende Hoheitsrechte eingeräumt. Sie sollten eigene Herren in Ihren „Territorien" sein. Aber diese juristische Position galt es in der Folgezeit inhaltlich erst zu füllen. Für Freising kam als unabhängiges Territorium zunächst nur die Bischofsstadt

selbst in Frage. Ausdrücklich bestätigte Papst Innozenz IV. 1249 dem Freisinger Domkapitel, es dürfe trotz des über das bayerische Herzogtum verhängten Interdikts in Freising Gottesdienst gefeiert werden, weil die Bischofsstadt nicht herzogliches Gebiet sei.

Nun mußte dieser bischöfliche Immunitätsbereich ausgebaut werden. Die kleine Stadt Freising war dafür eine allzu schmale Basis. Die Aufgabe war um so schwieriger, als sie in einer Zeit erfolgen sollte, in der gleichzeitig die Wittelsbacher Herzöge mit viel Geschick und Taktik ihr Territorium zu einer respektablen Größe ausbauten. Sie profitierten vor allem am natürlichen oder auch mit Gewalt nachgeholfenen Untergang zahlreicher bayerischer Adelsgeschlechter, wie etwa der Grafen von Bogen, Andechs, Wasserburg und Falkenstein. Schon das kleine bischöfliche Exklave Freising mußte den Wittelsbachern ein lästiger Dorn im Auge sein. Der Versuch, sich auch dieser Stadt zu bemächtigen, scheiterte 1230 durch reichsrechtlichen Spruch Kaiser Friedrichs II. Um so schwerer hatte es der Bischof, sich mitten im Herzen des wittelsbachischen Landes ein bescheidenes Territorium auszubauen. Westlich von Freising lag dichtester bischöflicher Besitz und nichts hätte näher gelegen, als dieses Terrain vor den Toren der Stadt zum Hochstiftsgebiet zu machen. Aber die Wittelsbacher waren schneller. Ausgerüstet mit ihren weitgehenden Rechten an Kirchen- und Klostervogteien errichteten sie das herzogliche Gericht Kranzberg[104]. Dem Bischof war damit die beste Gelegenheit landesherrlicher Autonomie entgangen. Den Wittelsbachern ist es insgesamt gelungen, das Freisinger Hochstift auf ein Minimum zu reduzieren, es ist ihnen aber nicht gelungen, den bischöflichen Stuhl landsässig zu machen.

Um wenigstens ein bescheidenes Hochstiftsland zusammenzubringen, brauchten die Freisinger Bischöfe möglichst geschlossenen Landbesitz, Ablösung der herzoglichen Kirchenvogtei, das Zugeständnis der hohen Gerichtsbarkeit und den Erwerb grafschaftlicher Rechte. In der Bischofsstadt selbst ist es schon im 12. Jahrhundert gelungen, die Vogteirechte weitgehend einzuschränken. In der ersten Hälfte des 13. Jahrhunderts müssen sie gänzlich zum Erliegen gekommen sein. Vogteirechte über die Güter des Domkapitels blieben jedoch bestehen, bis sie Bischof Emicho den niederbayerischen Herzögen Otto III. und Stephan I. durch Zahlungen ablöste[105].

Die Herrschaft Burgrain

Einigermaßen kompakten Güterbesitz hatte der Freisinger Bischof auch östlich seiner Stadt, wenn auch nicht in dem Umfang wie im Raum von Kranzberg. Hier lagen Lehen und Vogteirechte in den Händen der Grafen von Moosburg.

Als das Geschlecht 1281 erlosch, meldete der Herzog von Niederbayern, Heinrich XIII., seine Ansprüche an. Bischof Emicho verweigerte diese auch nicht, benützte aber die Gelegenheit, sich eine Reihe von Rechten zu reservieren, die geeignet waren, im östlichen Raum von Freising ein eigenes Herrschaftsgebiet zu begründen. Die Zwietracht der herzoglichen Brüder zwischen Landshut und München blieb dabei für den Bischof unausgesprochen ein recht geeignetes Druckmittel, seine Wünsche durchzusetzen. So kam am 8. Oktober 1284 ein recht komplizierter Vertrag zwischen Bischof Emicho und Herzog Heinrich XIII. zustande[106]. Alle Lehen der Moosburger Grafen gehen an den niederbayerischen Herzog. Der Bischof behält sich aber ausdrücklich alle Vogteirechte über Isen, den Maierhof zu Moosburg, über Ober- und Niederhummel, sowie Eitting vor. Der Herzog gesteht generell das Recht der niederen Gerichtsbarkeit zu, für Ober- und Niederhummel sogar Ansätze der Hochgerichtsbarkeit. Hier urteilen die bischöflichen Richter auch über die sog. Fälle, Diebstahl, Mord und Notzucht, müssen dann aber die Malefikanten zur Vollstreckung der Strafe an die herzoglichen Beamten ausliefern. Trotzdem ist nicht Hummel, sondern Burgrain mit dem Hauptort Isen zu einem selbständigen Hochstiftsland geworden. Es sieht so aus, als habe Freising stillschweigend diese eingeschränkte Hochgerichtsbarkeit von Hummel auch in Eitting, sicher aber in Isen ausgeübt. Ein genauer Termin für eine unabhängige Herrschaft Burgrain läßt sich nicht feststellen, sie hat sich aber durchsetzen können, sei es aufgrund eines verlorengegangenen herzoglichen Zugeständnisses oder auch nur infolge tatsächlich ausgeübter Gewohnheitsrechte. Das kleine Hochstiftsländchen rangiert in der Folgezeit unter verschiedenen Rechtstiteln, wie Hofmark, Herrschaft oder auch Grafschaft.

Die Herrschaft Werdenfels

Ein wichtiger Schachzug gelang Bischof Emicho 1294 mit dem Erwerb der Grafschaft Partenkirchen und Mittenwald. Solange Herzog Ludwig II. regierte, war an einen solchen Kauf kaum zu denken. Der alte Herzog war aber kaum vier Wochen tot, als Bischof Emicho am 12. März 1294, die prekäre Lage des oberbayerischen Herzogtums mit zwei unmündigen Regentensöhnen ausnützend, einen Vertrag mit dem letzten Grafen von Eschenlohe, Berthold III., schloß. Für eine Leibrente von jährlich 20 Pfund Münchener Pfennigen und eine stattliche Menge Wein, fünf Fuder aus Bozen und zwei Fuder von der besten Art, wie sie der Bischof im Keller hat, erhält Bischof Emicho den südlichen Teil der Grafschaft Eschenlohe mit allen Vogtei-, Gerichts- und Herrschaftsrechten. Dieser Bezirk mit den Hauptorten Partenkirchen und Mittenwald lag unmittelbar neben dem Herrschaftsbezirk Garmisch, der schon seit 1249 in Freisinger Besitz war. So konnte sich der Bischof im Werdenfelser Land ein für Freisinger Begriffe recht ansehnliches Territorium mit eigener Hochgerichtsbarkeit und allen Grafschaftsrechten ausbauen[107]. Das nun zusammengewachsene Bischofsland erhielt seinen Namen nach der Burg Werdenfels, die schon 1249 mit Garmisch erworben wurde und heute noch als Ruine zu sehen ist. Auf dieser Burg wohnten der Pfleger und der Landrichter. Der Waldmeister hatte seinen Sitz in Partenkirchen. Die gesamte Grafschaft war unterteilt in drei Untergerichte mit je einem Richter in Garmisch, Partenkirchen und Mittenwald, zuständig für die niedere Gerichtsbarkeit, während der Richter von Garmisch zugleich Landrichter und damit für die Hochgerichtsbarkeit zuständig war. Die wirtschaftliche Bedeutung des Bischofsländchens war zunächst nicht allzu groß. Sie erlebte ihren großen Aufschwung erst in der Zeit zwischen 1487 und 1689, als die venezianischen Kaufleute ihren Markt von Bozen nach Mittenwald verlegten und so mit dem Rottwesen etwas zu verdienen war. Zunächst aber dürfte dem Freisinger Bischof der Status als Inhaber einer Grafschaft und damit der Aufstieg zum eigenständigen Landesherrn wichtiger gewesen sein.

Das Verhältnis Bischof Emichos zu den bayerischen Herzögen scheint friedlich, aber distanziert gewesen zu sein. Einvernehmen herrschte vor allem noch, solange Ludwig II. über Oberbayern (bis 1294) und Heinrich XIII. über Niederbayern (bis 1290) regierte. Zu einem kleinen Zwischenfall kam es lediglich, als der oberbayerische Herzog 1290 auf dem Freisinger Domberg ein Gebäude zu errichten begann. Das betreffende Grundstück war zwar sein Eigentum, aber die Domherren witterten Gefahr. Da der Bischof auf Reisen war, einigte man sich auf ein Schiedsgericht und kam auch zu einer friedlichen Lösung[108]. Die Tage, da der Herzog seine Hand auf die ganze Bischofsstadt ausgestreckt hatte, waren offenbar noch nicht vergessen. Aber in der Folgezeit ist von keinen Streitpunkten zwischen München und Freising mehr die Rede. Das Testament Herzog Ludwigs II. brachte sogar eine angenehme Überraschung, denn er hatte verfügt, man solle dem Freisinger Bischof die Burg Miesbach, wahrscheinlich durch einen Zugriff Herzog Ottos II. entfremdet, wieder zurückgeben[109].

Die Herzöge in der Schuld des Bischofs

Kühler wurde das Verhältnis des Bischofs zu den herzoglichen Residenzen, als nach dem Tod der Brüder Heinrich und Ludwig in München zwei und in Landshut drei Brüder regierten: in Niederbayern Otto III., Ludwig III. († 1296) und Stephan I. († 1309); in Oberbayern Rudolf und Ludwig IV., der spätere

Kaiser. Vorerst lag die Macht faktisch in je einer Hand und die Vettern Otto von Landshut und Rudolf von München einigten sich sogar in gemeinsamer Gegnerschaft zum Haus Habsburg auf Kriegsgefolgschaft für den abgesetzten König Adolf von Nassau. Bischof Emicho stand auf der anderen Seite. Er hat Herzog Albrecht von Österreich, dem Sohn König Rudolfs von Habsburg, beträchtliche Geldsummen zur Vorbereitung des Entscheidungskampfes geliehen[110]. Der Tod Adolfs von Nassau in der Schlacht von Göllheim 1298 wurde auch für die bayerischen Herzöge zur Katastrophe. Es kam zwar zu einem versöhnlichen Ausgleich mit König Albrecht auf Vermittlung des Mainzer Erzbischofs, aber die Sieger von Göllheim verlangten hohe Geldleistungen zur Entschädigung. Der Herzog geriet in arge Finanznot, zumal er sich bald mit den oppositionellen rheinischen Erzbischöfen in einen neuen Kampf gegen Albrecht von Habsburg einließ. Dazu brauchte er wieder Geld. Ehe Herzog Rudolf mit seinen Truppen an den Rhein zog, sah er sich zu einer ganzen Reihe von Verpfändungen und Verkäufen genötigt[111]. Nicht besser standen die Finanzen der niederbayerischen Vettern.

Die Freisinger Kassen scheinen in dieser Zeit trotz der laufenden Ausgaben für die Neuerwerbungen von Partenkirchen und Mittenwald recht geordnet gewesen zu sein. Bischof Emicho war viel auf Reisen, um auf seinen außerbayerischen Besitzungen nach dem Rechten zu sehen[112]. Das erlaubte ihm auch Ausgaben, die dem Domkapitel nicht immer gefielen, vor allem wenn sie in die Taschen von Verwandten flossen[113]. Sowohl der oberbayerische wie auch die niederbayerischen Herzöge standen zu Freising in der Kreide. Da Geldleihen unter Christen nicht möglich waren, blieben nur Verkauf oder Verpfändung von Gütern. Herzog Rudolf setzte 1300 Burg und Markt von Tölz samt Liegenschaften in 10 weiteren Ortschaften zum Pfand, um an bares Geld aus Freising heranzukommen[114]. Die niederbayerischen Herzöge Otto III. und Stephan I. verpfändeten im gleichen Jahr 1300 die gesamte Herrschaft und Burg im Gericht Kranzberg[115] und verkauften ein Jahr später noch die Burg Zustorf bei Wartenberg[116]. Aus diesem Kauf und den beiden Pfandleihen ist unschwer die Wirtschaftspolitik des Bischofs abzulesen. Zustorf liegt nicht weit von Ober- und Niederhummel, wo Freising schon weitgehende Rechte besaß und durchaus noch an die Bildung eines unabhängig bischöflichen Territoriums zu denken war. Vor allem aber tat sich jetzt mit dem Pfand Kranzberg erneut die Möglichkeit auf, das bischöfliche Hochstift im Westen von Freising wesentlich zu erweitern. Vermutlich zum Leidwesen des Bischofs wurde dieses kostbare Pfand bald wieder eingelöst.

Mit solchen Anleihen war aber auf die Dauer die Finanzmisere des Landes nicht mehr zu bereinigen. Die ständigen Kriege mit Österreich, die vielen Hofhaltungen der herzoglichen Brüder, das Abenteuer des niederbayerischen Herzogs

Otto III. in seinem Griff nach der ungarischen Königskrone und die hohen Lösegelder verursachten so hohe Kosten, daß sich die Herzöge zur Einführung einer allgemeinen Notsteuer entschließen mußten. Der Adel von Oberbayern erklärte sich 1302 auf einem Rittertag von Oberschneitbach bei Aichach gegen wichtige herzogliche Zusagen damit einverstanden, die niederbayerischen Stände, Adel, Prälaten und Bürger, schlossen ihren Vertrag mit dem Herzog 1311 in der sog. Ottonischen Handfeste zu Landshut. Als Zugeständnis mußte ihnen der Herzog die niedere Gerichtsbarkeit und die Zusage einräumen, ohne ihr Einverständnis keine weitere Landessteuer mehr zu erheben. Das bedeutete die Geburt einer ständischen Verfassung in Bayern[117]. Für die Bischöfe aber war damit nichts zu gewinnen. Die niedere Gerichtsbarkeit besaßen sie längst auf allen wichtigen Besitzungen. So traten sie trotz Aufforderung dem Vertrag nicht bei. Schon 1295, als zum erstenmal die Rede von der Notsteuer war, intervenierten die Bischöfe von Regensburg und Freising am Münchener Hof. Die Verhandlungen wurden damals abgebrochen. Nach dem Schneitbacher Rittertag schloß Emicho mit dem Erzbischof von Salzburg und mit dem Bischof von Regensburg ein Bündnis zum Schutz der kirchlichen Freiheiten. Als auf die Ottonische Handfeste hin die Steuern auch bei den bischöflichen Untertanen einfach eingetrieben wurden, kam es zum Streit, bei dem der Herzog dann schließlich doch klein beigeben mußte[118]. Damit war auch die Frage nach der Zugehörigkeit der Bischöfe „zu dem Land Bayern" endgültig geklärt. Der Schwebezustand war überwunden. Die Bischöfe betrachteten sich als eigenständige Landesherren.

Augustiner, Klarissen und Seelnonnen

So zielstrebig der Bischof das Recht eigener Landesherrlichkeit erfocht, erscheint er auf dem pastoralen Sektor lediglich als einer, der andere gewähren läßt. Die Seelsorge im weiten Bistumsland verläuft in festen Bahnen. Es steht fest, welche Kirche pfarrliche Rechte hat, wer sie besetzt und was sie einträgt. Von Glaubensunterweisung verlautet nichts. Eine halbe Tagereise vor den Toren der Bischofsstadt Freising aber liegt München, das eben daran ist, einen neuen Mauerring zu bauen und sich damit flächenmäßig um das Fünffache zu vergrößern. Hier sind es die Münchener Herzöge und reiche Patrizierfamilien, die sich um die geistliche Versorgung der ständig wachsenden Stadt kümmern. In den reichen Stiftungen an das Heilig Geist Spital, an die Leprosenhäuser, Seelhäuser und an die neuen Mendikantenorden geht die Förderung geistlicher und sozialer Einrichtungen Hand in Hand[119].

Immerhin hat Bischof Emicho 1284 den neuen Augustiner-Eremiten für Freising und das ganze Bistum Predigtvollmacht und das Recht des Beichthörens eingeräumt. Er verbietet seinem Klerus, die Ordensleute in Ausübung ihrer Aufgaben zu behindern und gewährt den Gläubigen, die zu den Predigten der Augustiner kommen, einen Ablaß[120]. Das bischöfliche Dekret lautet ganz ähnlich wie jenes, das Bischof Konrad I. für die Dominikaner ausgestellt hatte. Hier wie dort rechnet man mit Widerstand des Diözesanklerus und aus der Bemerkung, daß die Wanderprediger nach dem Willen des Papstes die Aufgabe hätten, „mit größerem Eifer das Wort Gottes zu verkünden", darf man wohl schließen, daß es mit dieser Seite der Pastoral nicht eben zum besten stand.

Für die Minderbrüder des hl. Franziskus war 1284 das Jahr des Umzugs vom Anger in das neue Kloster nahe der herzoglichen Burg. Herzog Ludwig II. wollte die beliebten Franziskaner nahe seiner Münchener Residenz haben und baute ihnen hier ein neues Kloster. 1284 war der Neubau so weit, daß die Brüder einziehen konnten. Es gab zwar noch keine Klosterkirche, aber dafür diente vorerst eine alte Agneskapelle in unmittelbarer Nachbarschaft des Alten Hofes. Das alte Kloster bei St. Jakob am Anger sollte deshalb nicht leerstehen. Hier fanden die Klarissen vom II. Orden des hl. Franziskus Aufnahme. Sie kamen mit einem kleinen Gründerkonvent aus Siflingen bei Ulm, in dem sich bereits zwei Töchter aus der Münchener Patrizierfamilie der Sendlinger befanden. Der reiche Sighard hat sowohl für das neue Franziskanerkloster als auch für die Klarissen beträchtliche Summen gestiftet. Seine Tochter Hailwig wurde eine der ersten Münchener Äbtissinnen. Das Frauenkloster stand unter dem besonderen Schutz des Münchener Herzogshauses und besaß bald reiche Stiftungen aus herzoglicher und bürgerlicher Hand, weil der weibliche Franziskanerzweig im Gegensatz zu den Männern Klostereigentum und feste Einnahmen besitzen durfte. So hatten die Klarissen laut Urkunde der Herzöge Rudolf und Ludwig von 1306 das Recht, über den eigenen Bedarf hinaus Getreide zu mahlen und Bier zu brauen, um den Unterhalt des Hauses bestreiten zu können. Die Franziskanerinnen hatten von Anfang an Pfründerinnen in ihrem Kloster, die zwar den Namen „Schwestern" trugen, aber nicht Klarissen waren[121]. Die Minoriten behielten am Anger noch eine kleine Niederlassung bei für die geistliche Betreuung der Schwestern und für die Verwaltung des alten Hospizes. Münchener Bürgerfamilien stand es nicht zu, von sich aus richtige Klöster zu gründen. Sie waren zwar gern gesehen als potente Zustifter, die Initiative aber ging hierbei stets von den Herzögen aus. Dafür bewiesen reiche Bürger sehr viel praktischen Sinn in der Errichtung von „Seelhäusern" nach dem Vorbild der niederländischen Beginen. Sie waren gedacht als Versorgungsanstalten für unverheiratete oder verwitwete Frauen, für ausgediente weibliche Dienstboten und für alleinstehende oder erwerbsunfähige Bürgertöchter. Als „Seelnonnen" lebten sie in einer klosterähnlichen Art unter der Leitung einer Oberfrau. Sie taten Dienste in der Pflege von Kranken, hielten Wache bei den Sterbenden, betätigten sich als Leichenfrauen und man konnte sie auch für ein kleines Almosen als „Betschwestern" bei Seelämtern oder Jahrtagen dingen[122]. Das älteste der Münchener Seelhäuser gründete 1284 die Familie der Püttrich (oder auch Bittrich) an der Ecke Residenz-Perusatraße, 1295 folgte dann das Ridlerhaus in der Theatinerstraße. Sie lagen beide in der Nähe des Franziskanerklosters und wurden von hier aus auch geistlich betreut. Die Minoriten führten dann in diesen Gemeinschaften bald die Regel des III. Ordens im Geist ihres Gründers Franziskus ein, so daß schon 1284 in München alle drei fanziskanischen Regeln praktiziert wurden[123]. Die Verbindung von Versorgungsanstalt und klosterähnlicher Lebensform galt als selbstverständlich, entsprang die Gründung solcher Häuser doch stets religiös-sozialen Motiven als einer unlösbaren Einheit. Auch wer vorübergehend oder dauernd im Spital lebte, das seit 1290 unter der Leitung der Heilig Geist Brüder stand, hatte sich einer geistlichen Lebensform mit täglicher Messe, strengen Tagesregeln und festen Gebetszeiten zu unterwerfen.

Der neue Mendikantenorden der Augustiner-Eremiten war ursprünglich aus einem 1256 päpstlich verfügten Zusammenschluß verschiedenster Einsiedlergenossenschaften entstanden. Das Ideal der Weltflucht trat aber bald zurück, zumal ihnen Papst Alexander IV. die Niederlassung und Seelsorge in Städten nahelegte. Im Bistum Freising und in der Stadt München treten die Augustiner, nicht zu verwechseln mit den Augustinerchorherren, sofort als ein dem Volk zugewandter Seelsorgeorden auf, zuerst als Prediger und Beichtväter im Raum der Diözese, dann mit festem Kloster in München. Ihrem deutschen Provinzial Friemar d. Ä. war es gelungen, das Münchener Herzogshaus für den Orden zu gewinnen und der Überlieferung nach hat Herzog Ludwig II. den Mönchen bei einer alten Johanneskapelle „auf dem Haberfeld" Grund und Boden für ein Kloster zugewiesen. Am 31. März 1294 gab Bischof Emicho die oberhirtliche Erlaubnis zur Errichtung des Konvents mit eigener Kirche und eigenem Kloster[124]. Wenige Tage später vollzog dann der eben an die Regierung gelangte Herzog Rudolf am 4. April 1294 den weltlichen Gründungsakt und stellte die Augustiner unter seinen besonderen Schutz[125]. Vier Wochen später war Bischof Emicho persönlich in München, um den eben fertiggestellten Chor der Franziskaner zu konsekrieren[126]. Bei dieser Gelegenheit bezeugte er im Anschluß an die Weihehandlung den Augustinern öffentlich seine Anerkennung, indem er von der Franziskanerkirche weg, angetan noch mit seinem vollen Ornat, zum Grundstück der Augustinereremiten ging und ihren Friedhof einweihte[127]. Kirche und Kloster der Augustiner wuchsen nun vor dem alten Westtor der Stadt empor, freilich viel langsamer, als seinerzeit die Gebäude der

Franziskaner. Erst 1341 konnte der Chor geweiht werden. Es regierten eben jetzt andere Herren und es waren schwere Zeiten über das Land gekommen mit dem ständigen Krieg gegen Österreich und mit den ewig leeren Kassen der jungen Herzöge. Insgesamt aber haben sich die Münchener Bürger im Verbund mit ihren Herzögen durch die Berufung der Franziskaner und Augustiner selbst eine solide Grundlage für die Seelsorge ihrer großen Stadt geschaffen, ohne den Freisinger Bischof um die Errichtung weiterer Pfarreien bitten zu müssen.

Die Münchner Judenverfolgung von 1285

Aber auch ein Schatten fällt in dieser Zeit auf die Stadt München mit der ersten großen Judenverfolgung von 1285. Die Salzburger Annalen schildern das Vorkommnis ganz ausführlich[128]:

„Die Juden zu München bestachen mit Geld eine Frau, so daß sie einem Nachbarn den kleinen Buben raubte und ihn den Juden übergab. Die töteten ihn mit mehreren Stichen und tranken sein Blut. Nocheinmal mit Geld umgarnt entführte dieselbe Frau einen weiteren Knaben. Aber als sie diesmal den Knaben den Juden bringen wollte, wurde sie unverhofft vom Vater des Kindes ertappt und in ihrem Schrecken gestand sie vor dem Richter auch ihr erstes Verbrechen. Sogleich scharten sich die Münchener Bürger zusammen, schlossen im oberen Stock eines vornehmen Hauses 180 Juden ein und legten unten Feuer an. So hat die Rache Gottes das abscheuliche Verbrechen geahndet."

So jedenfalls erzählte man sich den Skandal in Salzburg. Wesentlich zurückhaltender schildert eine Freisinger Quelle denselben Vorfall[129]:

„In diesem Jahr (1285) wurden zu München mehr als 100 Juden in einem Haus verbrannt, weil man dort ein kleines Kind vorfand."

Auch ein Beispiel mittelalterlicher Legendenbildung![130] Noch sind es nicht Hostienfrevel, sondern schauerliche Ritualmorde, mit denen man die Juden belastet. In München gab es kein eigenes Ghetto für sie. Das Judenregal lag in den Händen des Herzogs. Die Einschaltung eines Richters, wie es die Salzburger Quelle erzählt, dürfte bereits in den Bereich der Legendenbildung gehören. Vermutlich handelte es sich 1285 in München um einen Akt spontaner Volksjustiz. Neben dem pauschalen Vorwurf der Schuld am Tode Christi waren es gerade auch soziale Momente der Verschuldung an die Juden und der damit verbundenen hohen Zinsen, die zu derartigen Ausschreitungen führten[131].

Ein bisher immer noch ungelöstes Problem der Freisinger Heraldik verdient im Zusammenhang mit Bischof Emicho der Erwähnung. Auf seinem Siegel erscheint nämlich zum ersten Mal der rätselhafte Freisinger Mohr[132]. Doch darüber soll unter Bischof Konrad III. gehandelt werden, wo dieses Zeichen auch in literarischen Quellen faßbar wird.

Bischof Emicho ist am 28. Juli 1311 während einer Reise durch seine österreichischen Besitzungen zu Wien gestorben, bis zuletzt ein wachsamer Verwalter seiner Güter. Sein Leichnam wurde in den Freisinger Dom überführt und vor dem Altar des hl. Georg beigesetzt[133].

29. Bischof Gottfried von Hexenagger (1311–1314)

Friedliche Hochstiftspolitik

Wir wissen nicht, was Bischof Emicho zu seiner Letzten Reise nach Wien veranlaßt hat. Es scheint aber, als habe es Schwierigkeiten mit der Sicherheit seiner österreichischen Besitzungen gegeben. Bischof Gottfried war offensichtlich nicht mehr der Mann mit gleich starker Hand in Wirtschaftsfragen wie sein Vorgänger. Er mußte sich seine Rechte auf nahezu allen Gütern in Österreich, Kärnten und Krain um erhebliche Summen erst wieder zurückkaufen. Der österreichische Herzog, die Grafen Heinrich und Albert von Görz und ein Rudolf von Scherffenberg griffen dem Freisinger Bischof tief in die Tasche[134]. Bischof Gottfried zahlte. Er, der gelehrte Domschulmeister und ehemalige Sachwalter seines Vorgängers in geistlichen Dingen, war keine kämpferische Natur, sondern jederzeit zum Einlenken bereit. Das kam etwa auch der Münchener Alt-Herzogin Mathilde zugute, die im Februar 1312 einen Verlängerungsvertrag bezüglich der Verpfändung von Markt und Burg Tölz mit Bischof Gottfried schloß[135]. Die vereinbarten 10 Jahre für die Frist der Einlösung des Pfandgutes waren verstrichen. Gottfried verlängerte den Vertrag um weitere drei Jahre. Ein anderer Bischof hätte hier zugegriffen und darin die Chance für eine Erweiterung des Hochstiftslandes wahrgenommen. Das günstig gelegene Gericht Kranzberg hatte der niederbayerische Herzog ohnehin schon wieder eingelöst.

Es sieht so aus, als habe das Freisinger Domkapitel 1311 seinen neuen Bischof nicht wegen politischer Fähigkeiten, sondern aufgrund seiner Bildung und seines geistlichen Ansehens gewählt. Gottfried stammt aus einem oberpfälzsichen Rittergeschlecht der Hexenagger. Über seine Freisinger Präbenden im Domkapitel hinaus besaß er keine weiteren Ämter und Pfründen, was für diese Zeit schon fast ungewöhnlich zu nennen ist. Am bischöflichen Hof Emichos begegnet er als Magister, Archidiakon, Domherr und Domdekan[136]. Für das Jahr

1309 ist ein Quittungseintrag in der Universitätsstadt Bologna mit seiner berühmten juristischen Fakultät für Gottfried belegt. Von hier brachte der studieneifrige Domherr eine Fülle kanonistischer und juristischer Bücher nach Freising, die nach seinem Tod im Turmschatz der bischöflichen Residenz verwahrt wurden[137]. Überhaupt soll sich Bischof Gottfried um die Neuordnung der Dombibliothek verdient gemacht haben[138], was bei einem ehemaligen Domschulmeister durchaus glaubwürdig erscheint.

Gotik in Freising

Die Vorhalle des Freisinger Domes ließ Gottfried im Stil der altbayerischen Frühgotik mit Kreuzrippengewölben umgestalten, so daß links und rechts des Eingangs offene Kapellen mit Altären zu Ehren der Heiligsten Dreifaltigkeit und zu Ehren der hl. Katharina entstanden. Es hat in Freising lange gedauert, ehe man sich dem neuen Stil öffnete. Regensburg war da etwa weit voraus. In München wuchs eben die gotische Franziskanerkirche empor. Der Vorhallenbau Gottfrieds brachte in Freising den Durchbruch, der sich dann bald in der Johanneskirche zu höchster Blüte entfalten sollte. In der Katharinenkapelle hat sich die ursprüngliche Raumform mit Kreuzgewölbe, Rippen und geschweiften Hornkonsolen am besten erhalten. Bischof Gottfried betrachtete sie als sein ganz persönliches Werk, das einmal auch sein Grab aufnehmen sollte. Hierher stiftete er festliche Gottesdienste zum Patrozinium und zum Jahresgedächtnis, sowie eigene Domkaplanstellen für die tägliche Messe[139].

Gottesdienststiftungen

Stiftungen und Dotationen von jährlich wiederkehrenden Gottesdiensten sind in dieser Zeit eine weithin beliebte Ausdrucksform persönlicher Frömmigkeit und vorsorgenden Denkens für das Heil der Seele nach dem Tod, bei Fürsten, Bischöfen und Bürgern gleicherweise beliebt. Es spiegelt sich darin freilich auch die mittelalterliche Auffassung von der Eucharistie als einer bestimmten, mit ihrer Feier verbundenen Gnadenzuwendung Gottes, die man auch zahlenmäßig vermehren zu können glaubt. So führt die Feier des Gottesdienstes immer mehr weg von der Gemeinschaft und immer mehr hinein in die je eigene Kapelle. Die Vielzahl von Kapellen und Altären auch rings um die Freisinger Domkirche ist dafür ein beredtes Zeugnis. Die Anzahl der täglich gefeierten Messen steigt ständig und kirchliche Synoden müssen sich immer wieder gegen täglich mehrfache Zelebration aus Gewinnsucht wenden. Daneben aber gibt es doch auch Stiftungen, die den Gemeinschaftsbezug der Eucharistiefeier besser im Auge haben und einfach die höhere Feierlichkeit eines Festes unterstützen wollen. So hat etwa Bischof Gottfried verfügt, daß der Oktavtag des Festes Mariä Geburt im Freisinger Dom nochmals in derselben Festivität begangen werden sollte, wie der 8. September selbst. Dazu wünschte er die Teilnahme des gesamten Domkapitels und dessen Gebet zur Gnadenmutter Maria um die Erleuchtung Gottes, wenn wichtige Stellen im Kapitel oder gar der bischöfliche Stuhl neu zu besetzen wären[140]. Aber auch dafür mußte der Bischof sein Domkapitel stiftungsmäßig bezahlen. Er gab ihnen die Pfarrei Flintsbach vom bischöflichen in den domkapitelschen Verfügungsbereich.

Zwischen Bayern und Österreich

Gottfried war gewiß kein politischer Bischof mit Freude am Spiel der Mächte. Aber es begann sich in seiner unmittelbaren Nähe eine neue Szene auf der Bühne der deutschen Reichsgeschichte abzuzeichnen, der sich etwas später auch der bischöfliche Stuhl nicht mehr entziehen konnte. Herzog Ludwig IV. von Oberbayern, der lange Zeit im Schatten seines Bruders Rudolf gestanden hatte und als Mitregent zunächst einfach übergangen wurde, profilierte sich in diesen Jahren als eine nicht mehr zu übersehende politische Persönlichkeit. 1310 erzwang er eine weitere Teilung des Landes, nach der ihm dann der nordwestliche Teil von Oberbayern mit der neuen Residenz Ingolstadt zufiel. Diese Teilung wurde in einer Einigung mit Herzog Rudolf im Münchener Frieden 1313 wieder rückgängig gemacht und gemeinsame Landesregierung beschlossen, weil die niederbayerischen Verhältnisse alle Aufmerksamkeit erforderten. Hier war 1309 Herzog Stephan I. und 1312 ganz unerwartet Herzog Otto III. gestorben. Die Vormundschaft über drei unmündige Kinder der beiden Herzogsbrüder lag in Ludwigs Hand. Aber auch Habsburg erhob Ansprüche auf diese Vormundschaft, unterstützt von den herzoglichen Witwen. Niederbayern drohte in habsburgische Abhängigkeit zu geraten. Ein letzter Ausgleichsversuch zu Landau an der Isar zwischen Ludwig IV. von Bayern und Friedrich dem Schönen von Österreich scheiterte. Am 9. November 1313 kam es bei Gammelsdorf nördlich von Moosburg zur Schlacht, aus der Ludwig IV. als glänzender Sieger hervorging. Damit war Niederbayern vor dem habsburgischen Zugriff gerettet und den deutschen Kurfürsten gleichzeitig ein ruhmreicher Stratege für die Nachfolge des eben erst verstorbenen Kaisers Heinrich VII. präsentiert[141].
Für den Freisinger Bischof galt es in einer solchen Situation wieder einmal zu lavieren. Wenn Bayern und Österreich miteinander im Krieg lagen, war immer

Grabmal des Bischofs Berthold von Wehingen im Stift Klosterneuburg

Die Martinskirche zu Landshut

Kreuzigungsbild vom Flügelaltar der Münchener Augustinerkirche (Drusiana-Meister)

Schrenckaltar von 1407 in der Münchener Peterskirche

Bischof Nikodemus vom Kaschauer-Altar im Freisinger Dom

Madonna vom Kaschauer-Altar im Freisinger Dom

St. Korbinian vom Kaschauer-Altar im Freisinger Dom

Das Freisinger Lukasbild (Ikone des 12. Jahrhunderts) – Geschenk des Bischofs Nikodemus an den Freisinger Dom

zu befürchten, daß die Freisinger Güter auf der einen oder anderen Seite in Gefahr gerieten. Bischof Gottfried unternahm 1314 eine Reise nach Österreich, wo ihn am 27. August 1314, gleich seinem Vorgänger, zu Wien der Tod ereilte. Offenbar war er schon immer kränkelnd[142], denn nach seinem Tod meldete sich ein Augsburger Apotheker mit respektablen Forderungen. Bischof Gottfried wurde nach Freising überführt und in seiner Katharinenkapelle beigesetzt. Sein Grabstein in der Vorhalle des Domes zeigt als erster in der Reihe der Freisinger Bischofsmonumente die Gestalt des Verstorbenen[143].

30. Bischof Konrad III., der Sendlinger (1314–1322)

Das angesehene Münchener Patriziergeschlecht der Sendlinger war bekannt als ebenso reich wie stiftungsfreudig. Das Heilig Geist Spital, das Franziskanerkloster und ganz besonders das Klarissenkloster zählten sie zu ihren großzügigsten Wohltätern. Aus dieser Familie stammt Bischof Konrad III. von Freising. Er war Pfarrer und Dekan zu St. Peter in München[144], später Magister und Kanoniker von Moosburg, Kaplan und Sekretär Bischof Emichos, schließlich Domherr von Freising. Als Doktor des Kirchenrechtes ist er der erste unter den Freisinger Bischöfen, der sich an einer Universität, vermutlich zu Bologna, einen solchen Titel erworben hatte[145].

Lavieren zwischen Bayern und Österreich

Konrads III. Regierungszeit liegt politisch zwischen den beiden großen Schlachten von Gammelsdorf (1313) und Mühldorf (1322). Sie ist damit geprägt durch die nicht ausgetragene Frage, wer sich als deutscher König und römischer Kaiser würde behaupten können, Ludwig IV. von Bayern oder Friedrich der Schöne von Österreich. 1314 hat ein Teil der Kurfürsten den Wittelsbacher, ein anderer Teil den Habsburger gewählt. Ludwig hatte eine Stimme mehr, wurde in Aachen gekrönt, aber vom falschen Erzbischof und mit nachgemachten Insignien. Friedrich empfing die echte Krone vom zuständigen Kölner Metropoliten, aber am falschen Krönungsort Bonn. Der päpstliche Stuhl war zu dieser Zeit verwaist und als 1316 Johannes XXII. gewählt wurde, entschied er sich auf Jahre hinaus zunächst für eine neutrale Haltung, bezeichnete beide Rivalen als „zum römischen König gewählt" und mahnte sie zu friedlicher Verständigung. In einer solchen Situation war für den Freisinger Bischof wieder einmal die Kunst des Taktierens die wichtigste Aufgabe.

Konrad der Sendlinger scheint sie meisterhaft beherrscht zu haben. Beide Seiten erkannten seine Zwangslage mit Besitzungen in Österreich und Bayern an, und im bischöflichen Archiv lagen nebeneinander die Urkunden, beginnend mit „Wir Ludwig von Gottes Gnaden römischer König" und „Wir Friedrich von Gottes Gnaden römischer König". Der Bischof versuchte 1315 sogar, zwischen den beiden Königen zu vermitteln, freilich ohne Erfolg. Der Chronist von Fürstenfeld, ein glühender Patriot für Ludwig, sieht die Ursache für das Scheitern dieser Vermittlungsversuche darin, daß Konrad mehr zu Habsburg als zu Wittelsbach gehalten habe[146], doch dürfte dies kaum der Wahrheit entsprechen. Friedrich der Schöne hat dem Freisinger Bischof zwar 1316 eine Reihe von Privilegien aus der Zeit König Rudolfs von Habsburg neu bestätigt[147] und gewisse Besteuerungsrechte eingeräumt[148], aber die waren für 800 Pfund Wiener Pfennige gut bezahlt. Ludwig der Bayer dagegen zeigte größtes Verständnis für die schwierige Lage Bischof Konrads und enthob ihn der Pflicht eines offiziellen Lehenseides ihm als König gegenüber, weil dies von österreichischer Seite zwangsläufig zu Schikanen geführt hätte[149]:

„Wir Ludwig von Gottes Gnaden Römischer König ... Weil unser lieber Fürst, der ehrsam Bischof Konrad von Freising, sein Geld und Gut zum Großteil liegen hat unter des Herzogen Gewalt von Österreich, und er an demselben Gut großen Schaden möcht wohl nehmen, von dem von Österreich, wenn er zu diesen Zeiten sein Lehen von uns empfing, haben wir ihn und sein Gotteshaus mit besonderen Gnaden besorgt und haben ihm gestattet, daß er sein Lehen zu diesen Zeiten nicht soll empfangen, bis der Krieg zwischen uns und dem von Österreich werde vollendet sein ... Wir haben auch den vorgenannten Bischof Konrad in unser besonder Gnade und Schirm genommen und wollen nicht, daß ihm oder seinem Gotteshaus jemand Unrecht tue ... Gegeben zu München 1315 am Freitag vor Katharinen, im ersten Jahr unser königlichen Regierung."

Die Grafschaft Ismaning

Solche Rücksicht hat man in Freising vom Haus Wittelsbach nur selten erfahren. Ein weiteres Entgegenkommen bedeutete für den Bischof der Verkauf der Grafschaft Ismaning durch König Ludwig IV. Die „100 Mark lötigen Silbers Münchener Gewichts" waren ein guter Preis für den ganzen Landstrich zwischen Freising und München rechts der Isar. Zwar gehörte dem Bischof grundherrlich schon eine ganze Menge des Bodens. Seine Höfe standen in Erching, Unterföhring und Oberföhring, Ismaning, Englschalking und Daglfing, aber nun wurde aus all diesen verstreuten Gütern ein geschlossener Herrschaftsbezirk, der zwar am Rande des Erdinger Mooses liegt, strichweise aber recht guten Boden besitzt. Dazu grenzte der Streifen Land unmittelbar an die Stadt Freising, und, was von besonderer Wichtigkeit war, der Kaufvertrag läßt keinen Zweifel darüber offen, daß die Grafschaft Ismaning selbständiges Freisinger Hochstiftsland ist. Nirgends ist die Landesherrlichkeit des Freisinger Bischofs so klar formuliert, wie in diesem Kaufvertrag, geschlossen am Montag nach Mariä Geburt 1319. Ludwig löst den Streifen jenseits der Isar in aller Form aus dem Gericht Wolfratshausen und aus dem Herzogtum Bayern heraus, gewährt dem Bischof volle Gerichtshoheit und als wichtiges Moment absoluter Landesherrlichkeit auch den Blutbann: „Und mag der Bischof den Galgen heißen setzen und zimmern, als oft sein Not geschieht, an welcher Statt er will, zwischen Niederföhring und Ismaning oder hinter dem Priel."[150] Damit war die Entwicklung des selbständigen Freisinger Hochstiftslandes auf bayerischem Boden abgeschlossen. Über den Burgfrieden von Freising, die Grafschaft Ismaning, die Grafschaft Werdenfels und die bescheidene Herrschaft Burgrain war dem Herzogtum bayerischer Boden nicht abzugewinnen.

Stift und Kirche von St. Johannes

Von der ehemaligen Herrschaft Freisings am rechten Isarufer zeugen heute nur mehr ein paar Grenzsteine[151] und die bescheidenen Bischofsschlösser zu Ismaning, Erching und Birkeneck. Auf dem Domberg aber hat sich Bischof Konrad III. mit dem Neubau der frühgotischen Johanneskirche ein Denkmal von erlesener Schönheit geschaffen, das die Jahrhunderte unversehrt überdauert hat. In diesem „Kleinod altbayerischer Frühgotik" zeigt sich der ausgeprägte Stiftungssinn des Münchener Patriziersohnes aus dem Geschlecht der Sendlinger. Während seine Familie in München mit besonderer Vorliebe die Söhne und Töchter des hl. Franziskus förderte, schuf Bischof Konrad III. für seinen Neubau ein weltliches Kanonikerstift, das über den Propst mit dem Domkapitel in Verbindung stand. Mag sein, daß im Domkapitel der Argwohn gegen die neuen Orden nicht zu überwinden war. Es hätte aber wohl auch am erforderlichen Wirkungskreis in der kleinen Stadt für sie gefehlt. Mit vier Pfarrsprengeln, die von St. Andreas, St. Veit, Weihenstephan und St. Georg aus betreut wurden, hätte eine weitere Konkurrenz, auch wenn sie nur im Predigt- und Beichtwesen bestanden hätte, vermutlich zu erheblichen Spannungen geführt. Zudem war die Pfarrei St. Georg seit Bischof Gottfried im Besitz des Domkapitels. So errichtete Konrad III. am 8. Juni 1319 ein Kollegiatstift mit vorwiegender Verpflichtung zu eigenen Gottesdiensten und Chorgebet[152]. Ziel und Absicht dieser Stiftung ist die gleiche, wie sie auch Herzöge und Bürger zu ihren Schenkungen veranlaßt hat: es soll nach ihrem Tod Menschen geben, die für das Heil ihrer Seele beten. So müssen auch die Stiftsherren von St. Johannes zu Freising Gottesdienste und Chorgebet verrichten „für Nachlaß und Vergebung der Sünden" ihres Stifters, sowie „für das Seelenheil aller, die ihm bei der Freisinger Kirche im Bischofsamt bisher vorausgegangen waren und noch der Gebete und Werke der Frömmigkeit bedürfen". Die Pflichten der 6 Kanoniker sind im Stiftungsbrief genau festgelegt: Täglich sind in der Johanneskirche drei Messen zu halten, davon eine in feierlich gesungener Form. Gleichzeitig mit der Vesper im Dom haben auch die Stiftskanoniker von St. Johannes in ihrer Kirche die Vesper zu singen. Dreimal in der Woche trifft nach der Vesper die große Vigil aus dem Totenofficium, zweimal die kleine Totenvigil, einmal am Morgen ein Totenamt, jeden Tag eine Oration für die verstorbenen Bischöfe und jeden Freitag ein gebeteter Kreuzweg. Hochfeste der Stiftskirche sind Johannis Geburt, Johannis Enthauptung, Kirchweih, St. Stephanus, St. Katharina, St. Dorothea und die Festtage der vier abendländischen Kirchenlehrer. An diesen Tagen wird das ganze Chorgebet in der Johanneskirche gesungen. Im übrigen können die Kanoniker, soweit sie nicht durch eigene Dienste verpflichtet sind, in der Kathedrale als Sänger Dienst tun und nach Regelung des jeweiligen Bischofs zur Chorassistenz im Dom herangezogen werden. Der Propst des Stiftes ist durch den Bischof immer aus den Reihen des Domkapitels zu bestellen, die einzelnen Kanoniker müssen als Voraussetzung für die Aufnahme zumindest kurz vor der Priesterweihe stehen. „Und weil das Geistliche nicht ohne das Zeitliche bestehen kann", überträgt Bischof Konrad III. seinem Stift die Pfarrei Erding, nach Velden die reichste Pfarrei der Diözese. In seinem Testament vom November 1319 stiftet Konrad der Sendlinger nochmals für die Zeit zwischen Ostern und Pfingsten eine Prozession der Domherren nach ihrer Vesper zur Johanneskirche, wo sie das „Regina coeli" singen, dazu Geld für den Fertigbau der Kirche, für Fensterglas, für einen goldenen Kelch, die restliche Ausstattung der Kirche und für den Unterhalt der Lichter an den vier Altären[153]. Insgesamt eine fürstliche Stiftung für das Seelengedenken der verstorbenen Bischöfe von Freising.

Die Erbauungszeit der Johanneskirche wird gewöhnlich mit 1319–1321 angegeben. Der Abbruch der alten Kirche und der Beginn des gotischen Neubaus dürfte aber schon etwas früher liegen. Die Errichtung eines Kollegiatstiftes setzt ein einigermaßen fortgeschrittenes Baustadium voraus. Immerhin stand im November 1319, als der Bischof sein Testament verfaßte, schon fest, daß die Kirche viel Altäre haben wird, Maurerarbeit und Fensterverglasung aber waren noch nicht abgeschlossen.

Im Stil der Johanneskirche treten deutlich die Bauformen der Bettelordenskirchen zutage. Die Dominikanerkirche zu Regensburg dürfte unmittelbar Pate gestanden haben. Hier wie dort ein hohes, steil aufragendes Mittelschiff mit großen, schmucklosen Mauerflächen, die nur von den schmalen Diensten durchschnitten werden; gemeinsam auch die niedrigen Seitenschiffe und ein mit großen Maßwerkfenstern lichtvoll aufgerissener Chor. Nur ist in Freising die herbe Frühform der Bettelordensgotik weitergeführt in eine anmutige, bischöf-lich-höfische Eleganz. Die Maße sind bescheidener, die Verhältnisse von Länge und Höhe eines jeden Joches um ein Viertel schlanker. So wird der Mauerfläche zwischen den unteren Spitzarkaden und den Fenstern im Obergaden jede drückende Schwere genommen. Erst bei näherem Zusehen erschließt sich auch die bewußt zurücktretende Bauplastik: Schlußsteine mit dem Antlitz Christi, den Kirchenpatronen St. Johannes und St. Katharina, dazu Pflanzen - und Tierornamente; Blattwerkkapitäle am Übergang von Gewölberippen und Diensten, Männerbüsten und kauernde, die Last der Gewölbe tragende Männchen in den Kragsteinen. Die einzige Monumentalfigur im Raum, ein hl. Korbinian aus Sandstein, kam erst gegen 1360 in die Johanneskirche.

Die Konradinische Matrikel

Im Lauf des Jahres 1315 und zu Beginn des Jahres 1316 ließ Bischof Konrad III. wichtige Verzeichnisse für das Hochstift und die Diözese Freising anlegen. Zunächst ein Urbar mit Aufzählung der bischöflichen Güter in Bayern, Österreich und Krain samt Angabe der aus ihnen fließenden jährlichen Einnahmen[154]; sodann eine genaue Diözesanbeschreibung mit Angabe aller Klöster im Bistumsgebiet, der Kollegiatstifte, Pfarrkirchen, Filialkirchen, Kapellen und Friedhöfe. Diese „Konradinische Matrikel"[155], begonnen am 22. Dezember 1315, stellt nun erstmals die ganze Breite der diözesanen Kirchenorganisation vor. Das Bistum ist eingeteilt in 18 Dekanate mit insgesamt 233 Pfarreien, 564 Filialkirchen und weiteren 22 Kapellen. Die einzelnen Dekanate sind nocheinmal zusammengefaßt in vier Archidiakonatsverbände, die je unter der Oberleitung eines Freisinger Domherrn stehen. Nur Rottenbuch ist eigenes Dekanat und Archidiakonat zugleich unter der Führung des jeweiligen Propstes im Augustinerchorherrenstift. Die Größe der einzelnen Pfarreien ist sehr unterschiedlich. Nur ganz wenige haben ein einziges Gotteshaus zu verwalten, die meisten verfügen über 1 bis 5 Filialkirchen, bis hin zu den ganz großen Mutterpfarreien wie Königsdorf und Neukirchen mit je 12 Filialen, Vierkirchen bei Dachau mit 13 und Kirchdorf bei Haag mit 14 Filialen. Interessant ist ein Blick auf die Umgebung Münchens, wo das ganze rechte Isarufer von Bogenhausen aus betreut wird, links der Isar aber die Pfarrei Thalkirchen um die Stadtmauer herum einen 15 Kilometer langen Gürtel von Pullach bis Schwabing mit 6 Filialkirchen spannt. Leider ist in der Konradini-schen Matrikel nicht auch die Anzahl der Seelsorgsgeistlichen genannt, dafür aber genau die Abgabensumme, die jede Pfarrei an den Bischof zu entrichten hat. Entspricht sie in etwa dem jeweiligen Vermögensstand, so war Velden die reichste Pfarrei, gefolgt von Erding.

In diese Handschrift mit dem Urbar und der Pfarreienliste kam im Januar 1316 dann auch noch ein Verzeichnis des Inventars, das in den Turmkammern der bischöflichen Residenz lagerte[156]. Zum Großteil handelt es sich dabei um die verschiedenen Stücke der bischöflichen Rüstkammer, wie sie ähnlich in dieser Zeit auch in den Bischofsburgen von Waidhofen, Enzersdorf und Lack inventarisiert wurden[157]. In Freising sind es durchwegs kostbare Stücke, die offenbar für den persönlichen Bedarf des Bischofs gehörten. Daneben enthalten die Schatzkammern wertvolles Tafelgeschirr, erlesene Textilien und eine große Zahl von Büchern, die wenigstens zum Teil aus dem Nachlaß Bischof Gottfrieds stammen. Besonderes Interesse erregt das Inventar dieser Schatzkammer wegen eines mehrmals genannten Äthiopierkopfes als Wappenzeichen (signum Ethiopum, caput Ethiopum). Ganz ohne Zweifel haben wir hier die seiner Herkunft nach rätselhafte Gestalt des Mohren im Freisinger Bistumswappen vor uns. In der Schatzkammer zu Freising stehen insgesamt 3 Truhen mit dem Bild des Mohrenkopfes. Weiter wird hier ein Paradekissen (culcitrum bonum) aufbewahrt mit mehreren, wohl eingestickten Mohrenwappen. Aber auch in der Rüstkammer von Enzersdorf liegen Schilde mit demselben Freisinger Zeichen, dazu in Lack insgesamt 40 Waffenröcke mit dem Symbol des Mohrenkopfes[158].

Die im Auftrag Bischof Konrads angelegte Handschrift[159] von 1315–1316 enthält nun auch zwei farbige Initialminiaturen, die den gekrönten Mohrenkopf im Schildwappen zeigen[160]. So ist jedenfalls sichergestellt, daß auch die farblich nicht festlegbaren gekrönten Häupter in den Siegelstöcken der Bischöfe Emicho und Gottfried einen dunkelhäutigen Mohren bedeutet haben[161]. Auch Konrad III. führt diesen Schild im Siegel unter dem Thronschemel.

Um so rätselhafter ist die Herkunft dieses Freisinger Wappenzeichens, bzw. die Frage, was den Bischof bewogen haben könnte, einen gekrönten Mohrenkopf zum Symbol seiner Herrschaft zu machen. Die Krone ist sicher Zeichen souveräner Herrschaft. Soweit sind sich die Interpreten ziemlich einig. Es ist wohl kein Zufall, daß das Zeichen erstmals bei Bischof Emicho begegnet, in dessen Regierungszeit erstmals ganz unbestritten von einem selbständigen Hochstift gesprochen werden kann. Woher aber stammt der schwarze Mohr? Fast alle der dazu aufgestellten Theorien entbehren der Überzeugungskraft[162]. Denkbar wäre allenfalls noch eine Deutung auf den Schwarzen unter den Heiligen Drei Königen. Die Legende kennt ihn um diese Zeit bereits. Aber über eine enge Beziehung Freisings zum Herrscherhaus der Staufer hinaus, unter denen die Reliquien nach Köln überführt wurden, gibt es keine rechte Verbindung.

Obwohl die Begriffe „Mohr" und „Äthiopier" im Mittelalter nahezu gleichbedeutend und austauschbar sind[163], wird man doch stärkeres Gewicht auf die Bezeichnung „Äthiopierkopf" und „Äthiopierzeichen" in den schriftlichen Quellen legen müssen. Und ein Äthiopier begegnet im Neuen Testament innerhalb der Apostelgeschichte. Von ihm heißt es im 8. Kapitel, Vers 27:

„Et ecce vir Aethiops, eunuchus, potens Candacis reginae Aethiopum, qui erat super omnes gazas eius, venerat adorare in Jerusalem." (Vulgatatext)
„Und siehe, ein Äthiopier, ein Eunuch, ein Mächtiger der Äthiopierkönigin Kandake, der über all ihre Schätze gesetzt war, war gekommen, um in Jerusalem anzubeten."[164]

Dieser Äthiopier ist ein königlicher Beamter, der vom Apostel Philippus getauft wird. Er ist Verwalter und Schatzmeister der Königin Kandake von Äthiopien. Nun gibt es wirklich keinen Äthiopier, der für ein bischöfliches Zeichen näher liegen könnte, als jenen aus der Apostelgeschichte. Das Bild des äthiopischen Schatzmeisters begegnet ausgerechnet in Freisinger Schatzkammern. Es ist zunächst kein geistliches Zeichen, denn es befindet sich auf Schilden, Waffenröcken, Kisten, die gefüllt sind mit Messern und auf einem kostbaren Kissen, das bei der Huldigung vor dem Bischof als Landesherrn gedient haben kann. Auch das Buch mit den beiden Miniaturen hat keinen geistlichen Inhalt, sondern bietet Güter- und Einkommensverzeichnisse. So sieht es also ganz danach aus, als sei die aparte und exklusive Gestalt des Äthiopierkopfes zuerst einmal das Zeichen der Hochstiftsverwaltung bzw. der bischöflichen Landesherrlichkeit gewesen und erst später von da her als Bistumswappen übernommen worden.

Der Todestag Bischof Konrads III. wird sehr unterschiedlich angegeben. Er bewegt sich in der Spanne vom 27. März bis zum 12. April 1322. Da der Sterbetag aber oft mit dem Osterfest verbunden wird, dürfte er um den 11. oder 12. April liegen. Sämtliche Freisinger Chroniken melden, der Bischof sei durch Verabreichung von Gift ums Leben bekommen. In der Verschronik des Joachim Haberstock heißt es, ein Diener des Bischofs habe es seinem Herrn verabreicht. Erstaunlich ist nur, daß es keine einzige Nachricht über den Namen des Mörders, über die Untersuchung des Falles oder über eine Bestrafung des Übeltäters gibt. Bischof Konrad wurde in der von ihm erbauten Johanneskirche bestattet. Dort befindet sich auch der Grabstein mit dem figürlichen Bild des Verstorbenen, freilich nicht mehr in der ganz ursprünglichen Art, sondern barock überarbeitet.

IX. Kapitel

BISCHÖFE UND GEGENBISCHÖFE
IM SCHATTEN VON AVIGNON

31. Bischof Johann I. Wulfing (1323–1324)

Ein gutes Jahrhundert lang hat das Freisinger Domkapitel seine Bischöfe in großer Freiheit selbst bestimmen können, bedingt durch die Regelung des Wormser Konkordates von 1122, mehr aber noch durch die sinkende politische Macht des deutschen Königtums. Nun aber geriet diese altverbriefte Freiheit durch den päpstlichen Zentralismus im Verbund mit einer ausgeklügelten Finanzpolitik erneut ins Wanken.

Verwirrspiel aus Avignon

Nach dem Tod Bischof Konrads III. um den 12. April 1322 wählte das Kapitel seinen Propst Albert von Enn zum neuen Oberhirten. Er stammt aus einem edelfreien Geschlecht in der Diözese Trient, dessen Stammburg heute noch am linken Ufer der Etsch zwischen Bozen und Neumarkt existiert[1]. Die Wahl scheint nicht ohne Schwierigkeiten verlaufen zu sein, denn sie erfolgte auf dem Weg des Kompromisses, also der Übertragung des Wahlrechtes auf einzelne Delegierte aus dem Kapitel, was jedoch seit dem 4. Laterankonzil von 1215 kanonisch durchaus rechtens war. Wiederum dem kanonischen Recht folgend wurde das Wahlergebnis dem Salzburger Erzbischof zur Bestätigung vorgelegt. Der jedoch verweigerte „aus gewissen Gründen" die Zustimmung und verwies die Entscheidung an den päpstlichen Hof zu Avignon. Papst Johannes XXII. befand nun auch seinerseits in Gegenwart des Freisinger Elekten, daß die Wahl „aus gewissen Gründen" ungültig und hinfällig sei und bestimmte am 23. Dezember 1323 von sich aus Bischof Johann Wulfing von Bamberg zur Übernahme des Freisinger Stuhles[2].

Damit beginnt sich ein wahres Karussell päpstlicher Transferierungen, Provisionen und Reservierungen zwischen Bamberg, Freising und Brixen zu drehen. Johann Wulfing, ein Böhme aus Schlackenwert in der Diözese Prag, war 1306–1322 Bischof von Brixen, von wo ihn Papst Johannes XXII. nach Bamberg versetzte, um ihn ein halbes Jahr später schon wieder nach Freising zu holen[3]. Albert von Enn, den sowohl Freising als auch Brixen haben wollte, erhielt zunächst kein Bistum, kam dann 1324 aber doch auf den Brixener Stuhl. Der von einem Teil der Bamberger Kanoniker gewünschte Kandidat Ulrich von Schlüsselberg wurde Bischof von Brixen, ohne sich dort behaupten zu können. Nach seinem baldigen Tod bestellte der Papst Konrad von Klingenberg zum Bischof von Brixen, um ihn schon 1324 wieder zum Freisinger Oberhirten zu machen. Ein solches Wirrsal päpstlicher Personalpolitik ist nur schwer zu begreifen. Mögen darin auch politische und manche heute nicht mehr feststellbare Motive mitgespielt haben, so spiegelt sich in ihr doch sehr deutlich die Finanzpolitik des päpstlichen Hofes von Avignon. Jede auch nur entfernt zwiespältige Wahl eines Domkapitels war der Kurie willkommener Anlaß, die Besetzung eines vakanten Stuhles selbst vorzunehmen, und zwar mit Vorliebe in der Form der Transferierung von einem Bistum auf das andere, weil in diesem Fall der vom Papst eingesetzte Bischof hohe Servitienzahlungen zu leisten hatte und das damit freigewordene Bistum gemäß einer Satzung von 1316 wieder direkt vom päpstlichen Stuhl zu besetzen war.

Worin die „gewissen Gründe" bestanden haben, die sowohl den Salzburger Erzbischof Friedrich III. von Leibnitz, als auch Papst Johannes XXII. bewogen haben, die Wahl Alberts von Enn nicht anerkennen zu wollen, bleibt ungewiß. Albert war zu diesem Zeitpunkt bereits Subdiakon und er besaß eine Reihe von Pfründen mit mehrfacher Seelsorgsverpflichtung, was seit 1317 offiziell verboten war. Jedoch solche Hindernisse hätte man beim Namen nennen und auch beseitigen können. Auch an politische Motive ist zu denken. In Deutschland war seit der großen Ritterschlacht bei Mühldorf am 28. September 1322 der Kampf zwischen Ludwig dem Bayern und Friedrich dem Schönen zugunsten des Wittelsbachers entschieden. Der Salzburger Erzbischof hatte vom Ausgang her gesehen auf der falschen Seite gekämpft und auch der Papst war nicht bereit, die Entscheidung der Waffen anzuerkennen, die er für sich beanspruchte. Vom Freisinger Domkapitel wußte man, daß es in der Mehrheit die Partei Ludwigs unterstützte. Sollte aber der Papst in Albert von Enn einen politischen Gegner befürchtet haben, so bliebe unerklärlich, warum er ihm dann ein halbes Jahr später die Diözese Brixen anvertraut hat[4]. So wird der Grund für die Verweigerung Alberts als Bischof von Freising wohl doch vorwiegend in der kurialen Taktik zu suchen sein, die Bischöfe wie Figuren eines Schachspiels hin- und herschob und sich darin Rechte und Einkünfte sicherte.

Der vom Papst anstelle Alberts ernannte Bischof Johann I. Wulfing[5] hat sein Freisinger Bistum erst spät angetreten. Obwohl er schon am 23. Dezember 1323 ernannt wurde, meldet die Freisinger Überlieferung einhellig, er sei nur 5 Wochen und 2 Tage im Amt gewesen. Da er schon am 25. April 1324 starb, kann er erst im März dieses Jahres nach Freising gekommen sein. Ob ihn die Abwicklungen der Bamberger Geschäfte oder der Widerstand des Freisinger

Domkapitels daran gehindert haben, früher zu erscheinen, bleibt ungewiß. In 17 Bischofsjahren war er Oberhirte dreier Diözesen. Sein Grab fand er in Freising vor dem Kreuzaltar des Domes[6].

32. Bischof Konrad IV. von Klingenberg (1324–1340)

Die Neubesetzung des Freisinger Bistums hatte sich Papst Johannes XXII. nach dem Tod Johann Wulfings selbst vorbehalten, ohne rechtliche Grundlage zwar, aber aus begreiflichen politischen Motiven heraus, weil die Haltung des Freisinger Domkapitels gegenüber Ludwig hinreichend bekannt war und dessen Residenzstadt München immerhin zum Freisinger Bistumsbereich gehörte. Gegen den siegreichen deutschen König war der Kampf des Papstes jetzt in aller Schärfe entbrannt. Schon seit Oktober 1323 lief gegen ihn der Prozeß der Kurie. Im Januar 1324 hatte der Papst nach Freising geschrieben und seine Gründe dargelegt, warum er Ludwig nicht als deutschen König anerkennen könne[7]. Dem Befehl zur Veröffentlichung dieses Schreibens kam man in Freising freilich nicht nach. Dann folgte am 23. März 1324 der Bann über König Ludwig. In dieser politisch schwierigen Situation war Bischof Johann I. Wulfing gestorben.

Nun ernannte Papst Johannes XXII. am 5. Juli 1324 Konrad von Klingenberg zum neuen Oberhirten von Freising[8]. Konrad stammt aus einem reichen Schweizer Ministerialengeschlecht und war auf der geistlichen Bühne des Reiches kein Unbekannter mehr. In der Konstanzer Diözese hatte er sich eine Fülle einträglicher Pfründen angeeignet, obwohl er nur Diakon war. Von einem Teil der Konstanzer Domherren schon 1318 als Bischofskandidat aufgestellt, verzichtete er zu Avignon auf diesen Anspruch und erhielt dafür vom Papst 1322 die Diözese Brixen zugesprochen[9]. Zu einer Bischofsweihe kam es freilich nicht. Um die hohen Servitien nach Avignon zahlen zu können, verkaufte Konrad Güter des Brixener Hochstifts und machte sich dadurch beim Domkapitel unbeliebt, das ihn ohnehin nicht als Bischof haben wollte. Auch in seiner Konstanzer Domherrenzeit war es wegen Unregelmäßigkeiten in der Pfründenverwaltung schon zu Prozessen gekommen.

Widerstand in Freising

In Freising war man diesmal entschlossen, den vom Papst aufgezwungenen Bischof nicht anzunehmen. An die Kastellane und Vasallen erging die Weisung, dem Kandidaten des Papstes weder Burgen noch Einkünfte auszuhändigen. Man dachte ernstlich an die Aufstellung eines eigenen Bischofs gegen den päpstlichen

Elekten. Da versuchte Johannes XXII. seinem Kandidaten zu Hilfe zu kommen. Am 10. August 1324 teilte er dem Salzburger Erzbischof nochmals mit, er habe sich die Neubesetzung des Freisinger Stuhles reserviert und Konrad von Brixen für dieses Amt bestimmt. Er sei aber besorgt über die „ungehörigen und sinnlosen" Bestrebungen im dortigen Domkapitel, einen anderen Hirten zu wählen. Der Erzbischof möge auf keinen Fall einem solchen seine Bestätigung erteilen[10]. Auch Konrad von Klingenberg wandte sich an den Erzbischof mit der Bitte um Verkündigung seiner Ernennung wenigstens in den Salzburger Pfarreien, die an der Grenze des Freisinger Bistums liegen. Vom Domkapitel verlangte er unter Androhung von Bann und Interdikt die Übergabe der Diözese.

Konrad IV., immer noch ohne Bischofsweihe, konnte im Laufe des August 1324 zwar in Freising einziehen, aber seines Bleibens war keine lange Dauer. Begleitet wurde er von einer kleinen Schar von Dienern und einigen Gefolgsleuten des Salzburger Erzbischofs. Doch schon Ende des Monats August rückten nach dem Fall Tittmonings königliche Truppen unter der Führung des Grafen Wilhelm von Jülich in Freising ein und besetzten die Stadt, um Konrad von Klingenberg wieder herauszuholen. Dies kann kaum ohne die Einladung des Domkapitels geschehen sein. Es kam zu einem kleinen Gefecht mit dem bescheidenen Schutzpersonal Konrads IV., bei dem der Bruder des Salzburger Erzbischofs, sowie einige Geistliche und Diener ihr Leben verloren. Bischof Konrad von Klingenberg wurde selbst verwundet und entkam nur durch eilige Flucht nach Konstanz[11].

Alle Bemühungen des Papstes, einen Keil zwischen das Freisinger Domkapitel und den ihm verhaßten König Ludwig von Wittelsbach zu treiben, waren vergeblich. Schon vor den gewaltsamen Ereignissen im August 1324 hatte Johannes XXII. in einem Schreiben vom 9. Juni 1324 über die „verwerfliche Schlampigkeit" geklagt, mit der man die Prozesse gegen Ludwig öffentlich bekannt machte[12]. Mit der förmlichen Exkommunikationsbulle gegen König Ludwig ging es nun nicht besser. Der Salzburger Metropolit war für die Zustellung an seine Suffragane verantwortlich. Aber seine Boten wurden keineswegs überall freundlich empfangen. In Regensburg ließ ihn der Bischof wissen, er möge sich rasch entfernen, worauf er verängstigt das Banndekret in die Donau warf. Für Freising war das Schreiben in Ermangelung eines hier residierenden Bischofs an das Domkapitel gerichtet. Der Salzburger Bote wußte recht wohl um die Stimmung in der Stadt. Er wagte sich erst gar nicht an das Domkapitel heran, sondern legte seinen Brief auf dem Hochaltar des Domes nieder, um sich darauf eiligst wieder zu entfernen[13].

Freising konnte jetzt nur mehr ein möglichst enger Anschluß an König Ludwig schützen. Als dieser im Sommer 1325 nach Freising kam, bereitete man ihm einen feierlichen Empfang und das Domkapitel verpflichtete sich ihm gegenüber, den ernannten Bischof Konrad IV. nicht eher anerkennen zu wollen, als er sich nicht mit König Ludwig geeinigt hätte. Dafür nahm der König tags darauf am 12. Juni 1325 das Stift in seinen besonderen Schutz gegen den Papst und gegenüber Konrad von Klingenberg, „der sich Bischof von Freising nennt"[14]. An eine eigene Neubesetzung des bischöflichen Stuhles war jetzt nicht zu denken, da der Salzburger Erzbischof auf keinen Fall die kirchenrechtlich sanktionierte Bestätigung gegeben hätte. Statt nun seinerseits zu Verstößen gegen das kirchliche Recht zu schreiten, wollte das Kapitel im Augenblick lieber auf einen Bischof verzichten und sich mit einem Administrator für die Hochstiftsverwaltung zufrieden geben. Dazu bestellten die Domherren „wegen Erledigung des bischöflichen Stuhles" den Kammermeister Heinrich Impler, der zugleich Propst von St. Johannes war. Als Verwalter des Bistums erhielt er zugleich den Auftrag, in der Stadt und in der ganzen Diözese die Verlautbarung oder Befolgung päpstlicher Sentenzen gegen König Ludwig zu verhindern und allen Boten der Kurie, des vertriebenen Bischofs oder seiner Anhänger den Zutritt zu verwehren[15].

Für Bischof Konrad IV. war eine Rückkehr nach Freising vorerst unmöglich. Seine einzige Chance bestand darin, sich auf den Freisinger Gütern innerhalb der habsburgischen Lande Geltung zu verschaffen. Papst Johannes XXII. unterstützte ihn in diesen Bemühungen mit mehreren Empfehlungsschreiben an die Herzöge von Österreich und Kärnten[16]. Im wesentlichen scheint es Konrad IV. gelungen zu sein, auf österreichischem Boden Fuß zu fassen. Eine Fülle von Urkunden beweist, daß er die Bewirtschaftung auf den zahlreichen Freisinger Gütern fest in Händen hatte[17], wenn es auch nicht an Bedrückungen und hohen Abfindungssummen seitens des Adels fehlte[18]. Jedenfalls mußte Freising ohne seine österreichischen Einnahmen leben, solange es seinem vom Papst erwählten Bischof die Anerkennung versagte.

Dieser Umschwung kam rascher, als man es nach der bisher harten und konsequenten Politik des Domkapitels erwartet hätte. Im März 1327 war König Ludwig zu seinem Italienzug aufgebrochen, um sich die Krone der Langobarden und die Kaiserkrone zu sichern. Drei Jahre sollte es dauern, bis er wieder bayerischen Boden betrat. Die dramatischen Ereignisse dieser Jahre sind hinreichend bekannt, vom triumphalen Einzug in Rom bis zum schmählichen Rückzug. Ludwig empfing die Kaiserkrone, aber nicht aus der Hand des Papstes oder seines Legaten, sondern von einem Vertreter des römischen Volkes. Diese als unerhört empfundene Szene verstanden selbst seine Freunde nicht mehr alle,

schon gar nicht die Absetzung Johannes XXII. und die Erhebung eines
Franziskaners zum neuen Papst, der sich Nikolaus V. nannte. Trotzdem können
all diese Maßnahmen nicht Ursache für den Kurswechsel im Freisinger
Domkapitel gewesen sein, das Bischof Konrad von Klingenberg jetzt Zugang
in seine Residenzstadt gewährte, denn dies geschah zeitlich schon vor den
verhängnisvollen Entscheidungen des Kaisers in Iatlien. Hier spielt wohl viel
stärker der Druck der niederbayerischen Herzöge, besonders Heinrichs XIV.
herein, die in einem recht gespannten Verhältnis zu ihrem Vetter und König in
München standen. Ohne den Schutz Herzog Heinrichs XIV., der in enger Beziehung zu den Habsburgern und zu Papst Johannes XXII. stand, wäre Bischof
Konrad IV. wohl kaum nach Freising gelangt. In Abwesenheit Ludwigs mußte
sich auch die königstreue Partei im Domkapitel diesem Diktat beugen.
König Ludwig hatte das Land kaum verlassen, als Konrad von Klingenberg
schon im August 1327 den Stiftsherren von Innichen die Möglichkeit einer
Verständigung mit dem Freisinger Domkapitel andeutete. Im September wollte
der Prokurator der Münchener Klarissen einen Schiedsspruch des Domkapitels
ohne den Bischof schon nicht mehr recht anerkennen und noch im gleichen
Monat verhandelten Abgeordnete des Kapitels und Bischof Konrad gemeinsam
vor dem Salzburger Erzbischof wegen einer hohen Steuerschuld[19]. Das bedeutete
bereits eine faktische Anerkennung des Klingenbergers. Spätestens im November 1327 betrat Konrad IV. Freisinger Bistumsboden. Am 8. November 1327
ist er in Burgrain[20] und im Frühjahr 1328 im Vollbesitz seiner bischöflichen
Rechte in Freising. Zwar suchten die Domherren sich einen Ausweg für den Tag
der Rückkehr Kaiser Ludwigs offenzuhalten, indem sie den Bischof zwangen,
sich von den Habsburgern zu distanzieren[21], aber Konrad IV. zögerte offenbar
nicht, da er nun einmal im Land war, die päpstlichen Banndokumente gegen den
Landesherrn zu promulgieren und widerspenstige Kreise in München mit dem
Interdikt zu belegen. Der Münchener Magistrat mußte sich beim Gegenpapst
Nikolaus V. um Abhilfe bemühen, die auch gern gewährt wurde[22]. Hinter dem
Freisinger Bischof aber stand der niederbayerische Herzog Heinrich XIV., der
Konrad und seine Diözese seines besonderen Schutzes versicherte. Dafür
versprach ihm der Bischof anläßlich einer Begegnung in Landshut, seine
niederbayerischen Burgen sowie Freising und Burgrain nur nach des Herzogs
Rat zu besetzen und bei Bedarf zu öffnen[23]. Das Domkapitel suchte Bischof
Konrad günstig zu stimmen durch verschiedene Zuwendungen, besonders aber
durch Inkorporation der großen Pfarrei Thalkirchen mit ihren vielen Neben-
kirchen an das Stift St. Johannes[24]. All das genügte freilich nicht, um die Position
in Freising auf Dauer zu sichern. Als der Kaiser im Februar 1330 aus Italien nach
Bayern zurückkehrte, mußte Konrad von Klingenberg seine Bischofsstadt
verlassen, um sie nun endgültig nicht wieder zu sehen.

Kloster Ettal

Der nicht eben siegreich heimkehrende Kaiser, beladen mit dem päpstlichen Bann, mittlerweile auch verlassen von seinem Gegenpapst Nikolaus V. und Zielscheibe eines gegen ihn ausgerufenen Kreuzzuges, schuf sich 1330 nach Betreten seines bayerischen Stammlandes mit der Gründung von Kloster Ettal ein Denkmal seiner ganz persönlichen Frömmigkeit. Doch nicht er selbst wollte als Stifter gelten. Dieser Titel sollte Maria zustehen, der „Frau Stifterin", deren Bild er aus Italien mitbrachte. Die Legende weiß von einem Mönch zu berichten, der dem Kaiser zu Rom erschienen sei und ihm Hilfe aus seiner bedrängnisvollen Lage versprochen habe, „wenn er Gott und seiner Mutter einen Dienst tue". Der geheimnisvolle Mönch habe Ludwig ein kostbares Marienbild übergeben und gesagt, der Platz für das Kloster werde ihm noch angezeigt. Dann sei das Pferd des Kaisers nach Betreten der Heimat in Ampferang bei einer großen Tanne nicht mehr von der Stelle gewichen und hier habe Ludwig am 28. April 1330 das Bild niedergestellt und den Grundstein für ein Kloster gelegt. Aber es sollte nicht ein Kloster werden, wie es deren schon viele gab, sondern „ein Kloster von neuer und unerhörter Art", wie der Zeitgenosse Abt Johannes von Viktring meinte. Rittertum und benediktinisches Mönchtum sollten sich hier nach dem Willen des Kaisers begegnen und unter einem Dache wohnen. Die neue Ordensregel sah eine Gemeinschaft von 20 Benediktinermönchen mit einem Abt an der Spitze, 12 Rittern mit ihren Frauen, dazu einem Meister mit seiner Gemahlin und 6 Ritterwitwen vor. Als dominierend waren von Anfang an eigentlich die Ritter gedacht, nicht die Mönche. Der Meister sollte die Geschäfte des Klosters regeln, während die Benediktiner nur für das geistliche Leben Verantwortung trugen. Es bleibt allerdings die wohl für immer unlösbare Frage, welche Idee den Stifter zu einer solchen Gründung veranlaßt hatte. War es die eher romantische Idee von der Verwirklichung des Gralsrittertums aus der Parzifal-sage, die Ludwig zumindest in der Gestalt des „Jüngeren Titurel" kennen konnte, oder war es viel nüchterner der Gedanke einer Art Spitalversorgung für alte ausgediente und wehruntüchtige Ritter aus seinem Heer? Die eigenartige Form der Klosterkirche als zwölfeckiger Zentralbau läßt beide Deutungen zu. Sie entspricht sowohl einer Bautradition in Spitalhäusern, als auch der Vision des Titurel-Dichters vom Gralstempel, da sie beide letztlich auf die Grabeskirche in Jerusalem zurückgehen[25].
Kaiser Ludwig hat seine Lieblingsstiftung Ettal reich ausgestattet und ihr nacheinander den welfischen Ammergau, den nördlichen Teil der Grafschaft Eschenlohe und seinen Anteil am Weilheimer Erbe geschenkt[26]. Die ersten Mönche kamen noch 1330 aus dem Kloster Reichenbach in der Oberpfalz, etwa 10 Jahre später zogen die Ritter ein. Nach dem Tod des Kaisers erlosch das

Ritterstift aber bald wieder, weil sich die Söhne Ludwigs große Teile der Stiftung ihres Vaters wieder zurückholten. Nur das Benediktinerkloster bestand weiter, erreichte 1368 die päpstliche Bestätigung und 1370 endlich die Weihe seiner Kirche.

Rekonstruktionsversuch der Ettaler Klosterkirche von K. Grewing.

Die Gelehrten um Kaiser Ludwig in München

Aus Italien brachte Kaiser Ludwig nicht nur das Versprechen einer Klostergründung mit, sondern auch noch eine ganze Schar von gelehrten Franziskanern, die im Münchener Minoritenkloster neben der Residenz Unterschlupf und Asyl vor den Häschern der Inquisition fanden und für 20 Jahre die Stadt zu einem geistesgeschichtlichen Mittelpunkt in Europa machten. „Unter Kaiser Ludwig war seine Hauptstadt der Sitz von Gelehrten, der Ausgangspunkt einer Literatur von weltgeschichtlicher Bedeutung. In zehn bis zwanzig Jahren ist damals von diesem Dutzend Fremder im Münchener Barfüßerkloster und in der Herzogsburg wahrscheinlich mehr theoretisiert, gegrübelt und geschrieben worden, als von allen Tausenden biederer Münchener, die seit Gründung der Stadt gelebt hatten, ganze Generationen der Nachfahren noch eingeschlossen."[27] Freilich waren es keine bodenständigen Kräfte, die hier wirkten, sondern Fremde, die einfach die Gestalt Ludwigs des Bayern anzog. Schon vor dem Römerzug waren 1326 Marsilius von Padua, der Verfasser des „Defensor pacis", und dessen Freund Johannes von Jandun nach München gekommen und hatten mit ihren revolutionären Ideen über die Grundlagen von Staat und Kirche das Vorgehen Ludwigs des Bayern in Italien geistig inspiriert. Der „Defensor pacis" ist offensichtlich unter dem Eindruck des Kampfes zwischen König Ludwig und dem Papst geschrieben worden und gilt in seiner Betonung von Gemeinwohl und Volkswille als erster geistiger Durchbruch zur Ideenwelt der abendländischen Demokratie. Als der Autor dieses Werkes bekannt wurde, flüchtete Marsilius nach München. Auf dem Rückzug aus Italien stießen in Pisa Michael von Cesena, der exkommunizierte Franziskanergeneral, Bonagratia von Bergamo, der exkommunizierte Prokurator des Ordens und William Ockham, der große englische Philosoph und Theologe aus dem Orden der Minderbrüder zu Kaiser Ludwig. Er nahm sie mit nach München und sorgte für Aufnahme im Antoniuskloster. Was den Kaiser mit all diesen Gelehrten verband, war der Widerstand gegen Papst Johannes XXII. und dessen Verfolgungsmaßnahmen mit den Mitteln der Inquisition. So entstand in der nächsten Umgebung der Münchener Residenz eine Art geistlicher Hofakademie um Kaiser Ludwig, die ihrem Beschützer bereitwillig alle verfügbaren Waffen des Geistes gegen den gemeinsamen Gegner in Avignon zur Verfügung stellte. Der nicht ganz authentische Satz William Ockhams „Mein Kaiser, verteidige du mich mit dem Schwert, so will ich dich verteidigen mit dem Wort!" trifft die Situation genau. Freilich waren die Beweggründe für den Widerstand recht unterschiedlicher Natur. Die Vorstellungen des Marsilius vom Ursprung der Staatsgewalt dürften dem Denken des Kaisers nicht in allen Stücken entsprochen haben. Nach ihm hätte nur ein vom Volk gewählter König Anspruch auf legitime Autorität. Aber im Kampf gegen die absoluten Machtansprüche des Papstes trafen sich Ludwig in seiner konkreten politischen Situation und der seiner Zeit weit vorauseilende Staatstheoretiker Marsilius. Den Franziskanern hingegen ging es im Rahmen des sog. Armutsstreites um das rechte Verständnis der biblisch begründeten Armut ihres Ordensideals. In dieser Frage betrachteten die harten Verfechter des Armutsgedankens den Papst als einen Ketzer, während dieser sie durch die Organe der Inquisition verfolgen ließ. Der Kaiser wiederum war in Phasen der Annäherung an den Papst wiederholt bereit, sich von den theologischen Ansichten seiner franziskanischen Parteigänger zu distanzieren. Als ein der Theologie unkundiger Ritter habe er nie glaubens- oder kirchenfeindlichen Worten der Minoriten beigepflichtet, aber er habe sie aufgenommen, weil sie als gute Geistliche und gelehrte Professoren galten und weil sie viel Gutes zugunsten des kaiserlichen Reichsrechtes sagten[28]. Trotz allem, der Kaiser hat seine geistlichen Streitgenossen nie fallen lassen. Sie blieben in München unter seinem Schutz und konnten hier ungehindert ihre Feder als Waffe gebrauchen. Unausgesöhnt mit der Kirche, wie der Kaiser selbst, starben sie und fanden sie ihre Ruhe bei den Minderbrüdern in München.

Rückkehr zur Partei Ludwigs des Bayern

Bei seiner Rückkehr nach Bayern fand Kaiser Ludwig ein päpstlich gefördertes, gegen ihn gerichtetes Bündnis zwischen Niederbayern und Österreich vor. Es gelang ihm sehr rasch, die Bündnispartner zu trennen und nacheinander mit beiden Frieden zu schließen, zuerst im März mit den niederbayerischen Herzögen, dann im August mit den Habsburgern. Damit war Bischof Konrad von Klingenberg in Freising der Boden entzogen. Gestützt durch päpstliche Empfehlungsschreiben[29] konnte er sich wenigstens in Österreich frei bewegen. Am 30. Mai 1330 schloß Konrad seinerseits einen Vertrag mit den Habsburgern und versprach, ihnen mit seinen Burgen dienen zu wollen, nur nicht gegen den Papst, gegen den Erzbischof von Salzburg und gegen das Reich. „Damit meinen wir nicht Herrn Ludwig von Bayern, der sich Kaiser nennt", fügt er hinzu[30].

Wie Kaiser Ludwig nach seiner Rückkehr aus Italien das Intermezzo mit Bischof Konrad IV. aufgenommen hat, ist nicht bekannt. Freising war nach Beseitigung des niederbayerischen Drucks wieder kaisertreu, aber es fällt doch auf, wie das Hochstift jetzt bei der Fülle von Schenkungen, Privilegien und Gunsterweisen, die Ludwig in reichem Maße über die ganze bayerische Klosterlandschaft breitet[31], leer ausgeht. Die Kollegiatstifte St. Andreas, St. Veit und St. Johann sind zwar in diesen Segen einbezogen, nicht aber das Domstift. Tatsächlich stand das Domkapitel nicht geschlossen hinter dem Kaiser. Zumindest ein Teil der Domherren sympathisierte mit dem Bischof im Exil. Als Weihenstephan sich am 4. Dezember 1330 den neuen Abt Marquard wählte, traf dieser sich im folgenden Jahr 1331 zu Konstanz mit Bischof Konrad von Klingenberg und ließ sich hier die Abtweihe erteilen. Zurückgekehrt nach Freising führte ihn der Domherr Jakob von Nanhofen im speziellen Auftrag Bischof Konrads feierlich in die Rechte des Klosters ein[32]. Weihenstephan bekam seine Parteinahme für Konrad hart zu spüren, als der Kaiser nach dem Krieg gegen Böhmen und Niederbayern im Herbst 1336 bei Freising sein Heer auflöste und offenbar zuließ, daß eine Reiterschar von 400 Mann das Kloster entsetzlich plünderte[33].

Um diese Zeit des Jahres 1336 wird die Politik des Freisinger Domkapitels, ausgelöst durch die Wahl des Leutold von Schaunberg zum Dompropst, wieder militanter gegen den Bischof im Exil und eindeutiger für Kaiser Ludwig. Leutold war nun das Haupt des Widerstandes gegen Konrad von Klingenberg. Obwohl Freising immer noch nicht zur förmlichen Wahl eines Gegenbischofs schritt, waltete der neue Dompropst wie ein solcher seines Amtes, beanspruchte bischöfliche Jurisdiktion, trieb Steuern und Zehent ein, vergab die Pfründen und ließ sich den Treueid leisten. 8 Domherren des Kapitels und 13 Äbte und Pröpste der Diözese standen hinter ihm. Leutold ließ sogar die Wohnung des Bischofs plündern, die päpstlichen Provisionsbullen vernichten und erklären, niemand im Bistum schulde Bischof Konrad den Gehorsam. Ohnmächtig verhängte der Klingenberger von Österreich aus den Bann über die Rebellen in seinem Bistum, doch solche Waffen hatten schon längst ihre Wirksamkeit verloren. Ein Hilferuf nach Avignon, wo jetzt Benedikt XII. regierte, führte ebensowenig zu konkreten Erfolgen. Der Papst wies zwar den Salzburger Erzbischof an, gegen die Schuldigen mit kirchlichen Strafen vorzugehen, sie einzeln und ohne viel Aufsehen zu vernehmen und kraft apostolischer Vollmacht abzuurteilen, aber auch damit war in Freising keine Veränderung mehr herbeizuführen. Die Macht des Kaisers war stärker[34].

So war die letzte Hoffnung Bischof Konrads von Klingenberg, in sein Bistum zurückkehren zu können, geschwunden. In Ahnung seines Todes schuf er sich Jahrtagsgottesdienste mit Almosenstiftungen in Michelstetten (Niederösterreich) und Viktring. Für den Freisinger Dom ließ er noch bei einem Wiener Goldschmied ein kostbares Kreuz anfertigen, das lange Zeit als Prunkstück im Kirchenschatz galt. Am 7. April 1340 ist Konrad IV. in Ulmerfelden gestorben. Sein Grab befindet sich in der Zisterzienserkirche von Lilienfeld.

Noch zu Lebzeiten Bischof Konrads IV. hat sich Papst Benedikt XII. am 17. Mai 1339 die Neubesetzung des Freisinger Bischofsstuhles wieder reserviert[35]. Als er vom Tod des Klingenbergers erfuhr, schrieb er nochmals nach Salzburg und Freising, um den Metropoliten und das Domkapitel an seinen Vorbehalt zu erinnern und jegliches Zuwiderhandeln von vornherein als ungültig und hinfällig zu deklarieren[36]. Doch diesmal war das Domkapitel nicht mehr bereit, auf päpstliche Reservationsrechte Rücksicht zu nehmen. Umgehend wählten die Freisinger Domherren aus ihren Reihen Ludwig von Kamerstein zum neuen Bischof[37]. Selbstverständlich fand er nicht die Bestätigung des Papstes, auch nicht die des Metropoliten, aber gestützt auf die Macht des Kaisers konnte er, wenn auch ohne Bischofsweihe, ungestört seine Jurisdiktion ausüben. Die eigentlich maßgebliche Persönlichkeit blieb freilich Leutold von Schaunberg.

Über ein Jahr später traf dann die Entscheidung des Papstes vom 10. Oktober 1341 in Freising ein[38]. Er hatte seinen Leibarzt Johann Hake aus Göttingen zum Nachfolger auf dem Stuhl des hl. Korbinian bestimmt, eine Gestalt von etwas merkwürdiger Laufbahn. Johann II. Hake war Professor der Medizin, Leibarzt Kaiser Ludwigs des Bayern und Inhaber zahlreicher Kanonikate an verschiedenen Bischofssitzen. Die Domherren von Kammin wählten ihn 1324 zu ihrem Bischof, doch konnte Johann Hake diese Stelle nicht antreten, weil der Papst anders disponiert hatte. Dafür ernannte ihn Johannes XXII. 1331 zum Bischof von Verden. Auch hier blieb er nicht lange. 1335 ging Johann Hake nach Avignon und wurde Leibarzt Benedikts XII. Mit der Erhebung zum Bischof von Freising war ihm wiederum kein Erfolg beschieden, denn Johann II. konnte seine Bischofsstadt an der Isar nie betreten. So blieb er am päpstlichen Hof zu Avignon, starb hier vor dem 7. Oktober 1349 und wurde in Avignon auch begraben[39].

Die Hochzeit der Margarethe Maultasch

Gegenbischof Ludwig von Kamerstein war in seiner Stellung ganz und gar auf die Gunst des Kaisers angewiesen. So ist es schwer zu entscheiden, ob er sich freiwillig oder nur gedrängt in das Tiroler Abenteuer Ludwigs des Bayern eingelassen hat. Margarethe Maultasch, die Erbin Tirols, hatte ihrem Gemahl im November 1341 kurzerhand die Tore des Schlosses versperren lassen, als er von der Jagd heimkehrte. Die Ehe mit Johann Heinrich von Luxemburg, dem Sohn des böhmischen Königs, war alles andere als glücklich. Für den Kaiser eröffnete sich damit über die faktisch geschiedene Erbin von Tirol eine Möglichkeit, das südliche Nachbarland von Bayern mit dem wichtigen Brennerübergang in wittelsbachische Hände zu bringen. Entsprechende Vorverhandlungen dürften schon geraume Zeit gelaufen sein, denn Johann Heinrich hatte kaum das Land verlassen, als eine Abordnung von 5 Tirolern am Münchener Hof erschien und eine Heirat zwischen ihrer Herrin und Ludwig dem Brandenburger, des Kaisers ältestem Sohn, aushandelte. Über das Hindernis des bestehenden Ehebandes setzte man sich mit Hilfe gefälschter päpstlicher Dispense und eines Gutachtens aus der Feder Wilhelms von Ockham hinweg, der erklärte, die Ehe der Margarethe Maultasch sei zwar geschlossen, aber nie vollzogen worden[40]. Am Lichtmeßtag 1342 brach die wittelsbachische Hochzeitsgesellschaft in München auf, begleitet von den Bischöfen Freisings, Augsburgs und Regensburgs. Der Freisinger Elekt Ludwig von Kamerstein hatte sich bereit erklärt, die Annullierung der Ehe Margarethes mit dem Luxemburger auszusprechen und ihre neue Vermählung mit Ludwig dem Brandenburger einzusegnen. Aber noch ehe man Schloß Tirol erreichte, ereilte den Freisinger Bischof ein tödlicher Unfall. Beim Übergang vom Jaufenpaß in das Passeiertal stürzte sein Pferd und warf ihn so unglücklich ab, daß der Bischof auf der Stelle tot war. Es war der 8. Februar 1342. Der Hochzeitszug ritt weiter und feierte am 10. Februar die Vermählung. Den toten Elekten Ludwig von Kamerstein überführte man nach Freising und bereitete ihm das Grab im Dom[41]. Begreiflich, daß manche darin ein Gottesurteil erblickten.

Der sinkende Stern des Kaisers

Das Freisinger Domkapitel schritt wieder zur Neuwahl und bestellte schon am 17. März 1342 Dompropst Leutold von Schaunberg zum Bischof bzw. Elekten, ungeachtet des in Avignon lebenden Johann Hake. Leutold war ohnehin schon seit geraumer Zeit der wichtigste Mann in der Diözese. Umgehend schickte der Rat der Stadt München einige Patrizier nach Freising, die dem neuerwählten Bischof einen Vortrunk darbringen sollten[42]. Papst Clemens VI. klagt in einem langen Brief vom 21. Januar 1343 darüber, daß Klerus, Volk und Vasallen ohne Bedenken dem falschen Eindringling Gehorsam leisteten. Er bestellte eine Kommission, bestehend aus dem Patriarchen Bertrand von Aquileja, Bischof Wilhelm von Orange und Abt Johann von St. Lambert, die mit aller Schärfe gegen Leutold und seinen Anhang vorgehen sollten. Einzelnen Widerspenstigen wird die Exkommunikation, dem Kapitel die Suspension und der Diözese das Interdikt angedroht. Die Prozesse und Sentenzen sollen öffentlich bekannt gemacht werden[43].

Eine solche Publikation war aber nur in den Salzburger und Passauer Kirchen möglich. Kapitel, Klerus und Volk in der Diözese Freising hielten zum Gegenbischof. Wagte sich ein Vertreter der päpstlichen Partei auf Freisinger Boden, so wurde er gefangen genommen, ins Gefängnis geworfen und seiner Pferde und sonstigen Habe beraubt. Bitter beklagt sich Papst Clemens VI. darüber in einem weiteren Schreiben vom 17. August 1347[44]. Eine neuerdings eingesetzte Kommission hatte so wenig Erfolg wie die erste[45].

Viel gefährlicher für die kaisertreuen Bistümer wurde jetzt eine andere Entwicklung im deutschen Reich. Was päpstliche Prozesse, Sentenzen und Bannbullen nicht vermochten, vollendete jetzt die Angst der deutschen Fürsten vor dem übermächtig gewordenen Kaiser. Nur allzu gern und nicht nur aus kirchlichem Gehorsam folgten sie 1346 der Aufforderung des Papstes zu einer Neuwahl des deutschen Königs. Die Kurfürsten einigten sich am 11. Juli 1346 auf den Luxemburger Karl IV. Dem Land drohte ein Bürgerkrieg, da Ludwigs Anhang keineswegs verloren war. Aber noch ehe es dazu kam, löste der Tod des Kaisers am 11. Oktober 1347 das Problem. Ludwig starb während einer Bärenjagd in der Nähe von Fürstenfeldbruck. Ein Chronist des nahen Klosters überliefert sein letztes Stoßgebet zu Maria: „Süße Königin, unsere Fraue, sei bei meinem Scheiden!"

Für das Bistum Freising drohten ohne kaiserlichen Schutz ungewisse Jahre. Würde sich der Göttinger Johann Hake doch noch durchsetzen können? Am 7. Oktober 1349 ist er zu Avignon gestorben, ohne dieses Ziel erreicht zu haben. Noch boten die Söhne Ludwigs des Bayern genügend Schutz, so daß Leutold von Schaunberg sich einige Jahre über den Tod des Kaisers hinaus als Elekt behaupten konnte.

34. Bischof Albert II. von Hohenberg (1349–1359)

Die Stationen auf dem Weg zum Bischofsstuhl gleichen sich bei zahlreichen Kirchenfürsten des 14. Jahrhunderts wie ein Ei dem anderen: Abkunft aus einem reichen Geschlecht adeligen oder hochbürgerlichen Standes; nicht selten gediegene juristische Ausbildung; Erwerb mehrerer Pfründen, mit Vorzug solcher von Domherrnstellen; dann mehrfache Versuche, einen Bischofsstuhl zu besteigen, die abwechselnd an den Provisionen des Papstes oder am Widerstand der Domkapitel scheitern, bis dann endlich der entscheidende Schritt doch gelingt, bezahlt mit hohen Servitien an die Kurie von Avignon. Dieses Schema gilt auch für Bischof Albert II.[46]. Er stammt aus dem schwäbischen Grafengeschlecht der Zollern in der Linie derer von Hohenberg, die enge Familienbeziehungen zum österreichischen Herzogshaus der Habsburger besitzen. Albert besuchte die Schule in Konstanz, studierte später in Paris und gab selbst Vorlesungen im Kirchenrecht, die starken Zulauf fanden. Neben mehreren Pfarreien, auf die sein Vater Patronatsrechte besaß, erwirkte Albert Domherrnstellen in Konstanz und Straßburg. Dreimal unternahm er den Versuch, Bischof von Konstanz zu werden, zuletzt noch 1356, als er schon Bischof von Freising war. Weder das militärische Eingreifen seines Vaters Rudolf von 1334, noch hohe finanzielle Einsätze im Jahr 1344 konnten ihm zur Erreichung dieses Zieles helfen. So trat Albert nach dem ersten gescheiterten Versuch in kaiserlichen Dienst als Diplomat und Landvogt im Elsaß. Gelegentlich einer kaiserlich-diplomatischen Mission am Hof von Avignon ließ er sich 1342 durch Clemens VI. bereden, zur päpstlichen Partei überzuwechseln, um so rascher an das Ziel seiner Wünsche zu gelangen. Clemens VI. providierte ihn dann auch 1345 als Bischof für Würzburg, aber dort konnte er sich dem Domkapitel gegenüber nicht behaupten. So verzichtete Albert auf seine Ansprüche in Würzburg, nachdem ihn der Papst am 7. Oktober 1349 auf den Bischofsstuhl von Freising transferiert hatte[47].

Leicht war der Weg Alberts II. nach Freising sicher nicht. Wie gewohnt, war das Wahlrecht des Domkapitels durch rechtzeitige Reservierung des Papstes wieder einmal übergangen worden. Dazu kam im konkreten Erledigungsfall als zusätzlicher Rechtstitel für ein solches Vorgehen der Umstand, daß Johann II. an der Kurie verstorben war, wofür nach geltendem Recht dem Papst die Neubesetzung zufiel. Clemens VI. wußte um die Stimmung in Freising und um das Regiment Leutolds von Schaunberg. Er rechnete auch mit Widerstand gegen seinen Kandidaten und teilte deshalb dem Domkapitel und den bischöflichen Amtsleuten mit, er habe Albert Vollmacht für schärfste kirchliche Sentenzen gegen alle Rebellen mitgegeben. Weiter richtete er ein Schreiben an den neuen König Karl IV. mit der Bitte um Unterstützung Alberts in Freising[48].

Ohne die veränderte politische Situation nach dem Tode Kaiser Ludwigs des Bayern wäre ein Einzug Alberts in Freising sicher nicht möglich gewesen. Angesichts der neuen Lage aber blieb dem Domkapitel nichts anderes übrig, als einzulenken. Wie lange das Bedenken gedauert hat, wissen wir nicht. Es ist aber wohl kein Zufall, daß Albert von Hohenberg noch fast zwei Jahre nach seiner Ernennung als Elekt zeichnet und erst am 21. August 1351 zu Brugg im Aargau die Bischofsweihe empfing[49]. Sein gefährlichster Gegner in Freising, der Elekt Leutold von Schaunberg, hatte mittlerweile seine bischöfliche Amtsführung aufgegeben, zeichnete nur noch als Dompropst, um sich alsbald ganz nach Wien zurückzuziehen. Dort ist er am 26. Dezember 1356 gestorben[50]. Die Bischofsweihe Alberts aber wurde zu einem glänzenden Fest, an dem Königin Agnes von Ungarn und Herzog Albrecht II. von Österreich teilnahmen.

Im Kampf gegen die Schweizer Eidgenossen

Noch einmal zog es den ehemaligen Hofkanzler Albert auf das Feld des Krieges und der Politik, als 1354 Herzog Albrecht II. von Österreich die Freunde Habsburgs sammelte, um gegen die rebellische Stadt Zürich anzurücken. Unter der Führung des Rudolf Brun waren dort die Zünfte gegen die Vormacht der Patrizier aufgestanden, hatten eine neue Verfassung eingeführt und Kontakt mit den eidgenössischen Waldstättern aufgenommen. Nun fürchteten die Habsburger ein Übergreifen der nationalen Einigkeitsbestrebungen auf ihre Machtgebiete im Schweizer Raum und ein Erstarken des eidgenössischen Gedankens überhaupt. Auch die Schweizer Bischöfe betrachteten mit Sorge diese neue Entwicklung. So standen bei der Belagerung Zürichs fünf geistliche Fürsten im Heer Albrechts II., die Bischöfe von Chur, Basel, Würzburg, Bamberg und Freising. Albert von Freising kämpfte hier mit seinen Hohenberger Ministerialen freilich nicht im Interesse des Bistums, sondern als persönlich Betroffener von den Familienbesitzungen her. Die militärischen Erfolge dieses Unternehmens waren weniger als bescheiden. Erst der „Brandenburger Friede", vermittelt durch den ältesten Sohn Kaiser Ludwigs des Bayern, brachte einen für alle Seiten halbwegs befriedigenden Vergleich[51]. Als Bischof von Freising konnte sich Albert II. nicht mehr genügend um sein väterliches Erbe im Raum der Diözese Konstanz kümmern. So verkaufte er 1355 Triburg und Hornberg mit Einverständnis seines Bruders Rudolf an Herzog Albrecht II. von Österreich[52].

Folgen des Kirchenstreites

Auch im wirtschaftlichen Bereich des Bistums kam es zu Verkäufen. Albert brauchte Geld, um Schulden aus den Amtsperioden seiner Vorgänger zu begleichen. Dazu gehörten sicher auch päpstliche Forderungen, denn das Domkapitel dürfte kaum die Servitien für Bischof Johann II. bezahlt haben, den es nie anerkannt hat. Namhafte Veräußerungen in Oberföhring, Engelschalking und Bogenhausen mußten die Schulden decken helfen[53].
Wichtiger als die wirtschaftliche Sanierung war eine geistliche Bereinigung im Bistum nach den Jahren des Kampfes mit den Päpsten in Avignon. Der Rücktritt Leutolds von Schaunberg in seinem Anspruch auf den Bischofsstuhl hatte einen Weg zum Frieden ermöglicht. Der Großteil der Äbte, Prälaten, Domherren und des Klerus befand sich offiziell im Bann und Interdikt, wenn man auch bisher darauf kaum Rücksicht genommen hatte. Noch vor seiner Bischofsweihe hat Albert II. Papst Clemens VI. um Vollmachten zur Rekonziliation der Betroffenen gebeten und diese mit einem Schreiben vom 19. Juni 1351 erhalten[54].

Das Verfahren ist einfach und nicht mit besonderen Bußauflagen verbunden. Die Reumütigen haben lediglich einen Eid der Treue gegenüber Kirche und Papst abzulegen. Bei bedeutenden Persönlichkeiten ist darüber eine Urkunde anzufertigen. Im übrigen verlangt der Treueid auch ein Bekenntnis zu König Karl IV. und eine Absage an die Söhne Kaiser Ludwigs, solange diese im Ungehorsam gegenüber der Kirche verharren und König Karl nicht anerkennen wollen.

Offenbar sind im Bistum rasch wieder geordnete Verhältnisse eingekehrt, wenn auch die endgültige Aussöhnung der Kaisersöhne mit dem Papst noch einige Jahre in Anspruch nahm. Schäden in der Disziplin des Klerus sind freilich zu allen Zeiten eingetreten, wenn die Gemaßregelten nur zur anderen Partei überwechseln brauchten, um wieder Rückhalt zu finden. Über die Zustände im Pfarrklerus fehlen entsprechende Nachrichten, aber den Domizellaren und jüngeren Domherren gegenüber sah sich Bischof Albert II. gleich zu Beginn seiner Amtszeit veranlaßt, strenge Vorschriften zu erlassen. In einem Statut vom 2. Januar 1352 wird ihnen die Tonsur und das Tragen geistlicher Kleidung eingeschärft, weiter bei Strafe des Entzugs eines Monatsgehaltes verboten, Waffen mit sich zu führen, zu nächtlicher Zeit bewaffnet in der Stadt herumzustreunen und Spielhöhlen aufzusuchen[55].

Am gleichen Tag, da Papst Clemens VI. Bischof Albert II. die Vollmacht erteilte, seine Diözesanen vom Bann zu lösen, gab er ihm auch die Erlaubnis, die Pfarrei zu Lack in Krain an die bischöfliche Mensa von Freising zu ziehen. In diesem Brief[56] nimmt der Papst Bezug auf die wirtschaftlichen Schäden, die das Hochstift in der jüngsten Vergangenheit erlitten hat. Er führt sie natürlich darauf zurück, daß es seinem Kandidaten Johann II. Hake „bei der Schlechtigkeit dieser Zeit" nicht möglich war, Freisinger Boden zu betreten. Darum hätten gar manche Gewaltherren die Güter und Rechte des Hochstifts geschädigt und ihm schwere Lasten auferlegt. Viele Gebäude seien zerstört oder zusammengefallen, der bischöfliche Stuhl aber so verarmt, daß er die Renovierungskosten nicht aufbringen könne. Die Einkünfte seien stark zurückgegangen wegen des großen Peststerbens.

Pest und Judenverfolgung

Die Jahre seit 1348 waren gezeichnet von der Pest. Von Italien und Südfrankreich drang die furchtbare Seuche nordwärts, über Tirol nach Bayern. Selbst das hochgelegene Innichen im Pustertal war schon 1348 schwer befallen. Ein Jahr später grassierte die Pest in ganz Süddeutschland, vornehmlich in den Städten. Aus Freising werden keine Opfer gemeldet, aber München und Landshut hatten große Verluste an Menschen zu beklagen. Und im Gefolge der Pest flammten wieder einmal die Verfolgungen der Juden auf, denen man als Brunnenvergifter die Schuld zuschob. In München war es schon 1346 zu Plünderungen und Mißhandlungen der Juden gekommen, als man ein totes Kind vor den Mauern der Stadt fand. Damals war Kaiser Ludwig energisch eingeschritten und hatte das Entstehen einer Art Sühnestätte mit Wallfahrtscharakter eben noch verhindern können[57]. Jetzt wurde München wieder zum Schauplatz erbarmungsloser Judenverfolgungen, ohne daß ein Landesherr sie in Schutz genommen hätte. Erst als ihr fehlender Kapitalmarkt spürbar wurde, nahm sie Ludwig V. nach Beiziehung des Münchener Rates wieder in seinen Schutz wegen „des Gebrechens um Geld, das seit der Zeit, da die Juden verderbt worden, überall im Lande zwischen Reichen und Armen gewesen"[58].

Pfarreien in der Hand von Klöstern und Stiften

In der pastoralen Führung der Diözese fällt auf, daß Bischof Albert II. eine große Zahl von namhaften Parreien verschiedenen Klöstern und Stiften inkorporiert hat: 1352 Kranzberg dem Stift Ilmmünster, 1354 Pang dem Stift Schliersee und Eching bei Freising dem Kloster Weihenstephan, 1355 Eschlbach dem Stift St. Johann in Freising und Münsing dem Augustinerchorherrenstift Beuerberg, 1356 Gilching dem Kloster Fürstenfeld und Haching dem Stift St. Andrä in Freising, 1358 Walpertskirchen dem Stift Isen[59]. Teilweise ist mit diesen Inkorporationen ein Jahrtag für den Bischof verbunden, aber als Seelstiftung ist dieser große Fundus an bischöflichen Rechtsvergaben wohl doch zu groß. Um Gunstbuhlerei bei den Klöstern kann es sich auch kaum handeln, weil sie auch noch zu Zeiten erfolgen, da Albert II. längst im festen Besitz seines Bistums ist. Beim überwiegend desolaten Zustand des Weltklerus im 14. Jahrhundert wäre es immerhin denkbar, daß sich der Bischof von den Klöstern aus eine bessere Seelsorge versprach.

Kult des hl. Sigismund

Kurz vor seinem Tod erwirkte Bischof Albert II. bei seinem Habsburger Verwandten Herzog Rudolf IV. von Österreich Anfang 1359 für das in Freisinger Besitz befindliche Dorf Hollenburg die Erhebung zum Markt mit all den damit verbundenen Rechten[60]. In dieser Urkunde begegnet erstmals der heilige Burgunderkönig Sigismund neben Maria und Korbinian als einer der drei Hauptpatrone des Freisinger Domes. Ein solches neues Patronat ist in einem

altehrwürdigen Dom wie Freising nicht denkbar ohne entsprechenden Reliquienbesitz. Auch die sofort einsetzende und rasch aufblühende Wallfahrt zum hl. Sigismund im Freisinger Dom setzt bedeutende Reliquien voraus. Schon 1367 machten Herzog Albrecht I. von Bayern-Straubing und seine Frau Margarete ihren Bittgang nach Freising und stifteten ein silbernes Bildnis „zu Lob und Ehr des heiligen Martyrers Sigismund". Der Opferstock brachte bald so reiche Gaben ein, daß es zum Streit zwischen dem Domdekan und dem Generalvikar über die Verwendung der Gelder kam. Die Sigismundsreliquien befinden sich noch heute im Dom, aber es fehlt jede Nachricht darüber, wann und durch wen sie nach Freising gelangt sind. Das ist um so erstaunlicher, als man dieser Translation eine solche Bedeutung beigemessen hat, daß Sigismund zum dritten Dompatron und zum Mittelpunkt einer großen Wallfahrt geworden ist.
Einzelne Sigismundsreliquien kleineren Ausmaßes gab es in der Diözese schon zu Beginn des 14. Jahrhunderts. Bischof Konrad III. verwandte solche 1315 bei einer Altarkonsekration in Schäftlarn, und ein Altar in der Peterskirche zu München trug bereits das Doppelpatrozinium von St. Korbinian und St. Sigismund. Größere Publizität erreichte der heilige Burgunderkönig, als 1354 König Karl IV. Teile der Gebeine nach Prag überführen ließ. Er hatte sie aus St. Maurice im Wallis geholt, wo König Sigismund bei dem von ihm selbst gegründeten Kloster seit 535 begraben lag und als Martyrer verehrt wurde. Sicher steht die Übertragung der Reliquien nach Freising im Zusammenhang mit dieser Translation nach Prag. Fraglich bleibt nur, ob Kaiser Karl IV. von sich aus einen Teil der Reliquien nach Freising geschenkt hat, oder ob Bischof Albert II. sie selbst aus der Schweiz besorgt hat. Die Grablege der Hohenberger zu St.Moritz in Rottenburg weist vom Patrozinium der Stiftskirche her jedenfalls auch nach St. Maurice im Wallis[61].
Am 25. April 1359 ist Bischof Albert II. zu Stein am Rhein gestorben. Er wurde neben seinem Vater, Graf Rudolf I. von Hohenberg, in der Stiftskirche St. Moritz zu Rottenburg bestattet[62].

35. Bischof Paul von Jägerndorf (1359–1377)

In diesen Jahren, da die päpstliche Kurie praktisch alle erledigten Bischofssitze selbst vergab, liefen zahllose Briefe europäischer Regenten in Avignon ein, die ihren Günstlingen zu hohen kirchlichen Würden verhelfen wollten. Nach dem Tod Bischof Alberts II. hätten die Habsburger gern Johann von Platzheim, den Kanzler Herzog Rudolfs IV., als Nachfolger auf dem Freisinger Stuhl gesehen. Doch das Schreiben kam zu spät. Freising war schon vergeben. König Ludwig von Ungarn wollte seinem ehemaligen Gesandten und nunmehrigen Bischof von

Gurk, Paul von Jägerndorf, einen Gefallen tun und bat Papst Innozenz VI., ihn zum Patriarchen von Aquileja zu machen. Fast entschuldigend antwortete ihm der Papst, es sei ihm nicht möglich gewesen, diese Bitte zu erfüllen. Er habe Paul von Jägerndorf dafür das Bistum Freising gegeben. Gleichzeitig tröstete er die Habsburger, indem er ihren Kanzler Johann von Platzheim für den damit freiwerdenden Stuhl von Gurk providierte.

Bischof Paul erhielt sein Ernennungsschreiben zu Avignon am 15. Mai 1359[63] und brachte den päpstlichen Entschuldigungsbrief bezüglich Aquileja persönlich an den Königshof nach Ungarn. Er stammt aus einem schlesischen Rittergeschlecht in der Gegend von Olmütz, stand als Kaplan und Gesandter für den päpstlichen Hof in Avignon in Diensten König Ludwigs von Ungarn, wurde Magister und Archidiakon in Neutra, Domherr in Breslau und 1351 Bischof von Gurk. So hat er immerhin schon zum Salzburger Metropolitanverband gehört und man scheint ihm in Freising, ganz im Gegensatz zu Gurk, keinen Widerstand entgegengebracht zu haben[64].

Aussöhnung mit Herzog Ludwig dem Brandburger

Zwei wichtige Aufgaben brachte Bischof Paul aus früher übernommenen Verpflichtungen nach Freising mit. Seit 1357 war er päpstlicher Kollektor in der ganzen Salzburger Kirchenprovinz und damit verantwortlich für die Abgaben an die Kurie[65]. Im Jahr 1366 hat er dieses Amt abgegeben. Als Bischof von Gurk hatte er auch die Vermittlerrolle für eine Aussöhnung des Wittelsbachers Ludwig V. von Brandenburg-Bayern-Tirol mit dem Papst übernommen. Inzwischen waren die Verhandlungen so weit gediehen, daß Paul schon kurz nach seinem Regierungsantritt als Bischof von Freising am 2. September 1359 zu München die Absolution erteilen konnte. In zwei unendlich langen Briefen hatte Papst Innozenz VI. alle Bedingungen festgesetzt, unter denen die Rekonziliation gewährt werden könne. Der Wittelsbacher Herzog mußte versprechen, dem Bischof von Trient seine Stadt, seine Burgen und Güter zurückzugeben, die er besetzt hatte. Weiter sollte er dem Bischof von Chur die in Beschlag genommene Fürstenburg bei Burgeis im Vintschgau wieder geben. Seine Ehe mit Margarethe Maultasch von Tirol mußte er den kirchlichen Gesetzen unterstellen, d. h. versprechen, für eine bestimmte Zeit von seiner Frau getrennt zu leben, um sie dann nach entsprechenden Dispensen vom Hindernis der Verwandtschaft kirchenrechtlich gültig von neuem heiraten zu dürfen. Die erste Ehe der Maultaschin mit dem Luxemburger Johann war schon vorher annulliert worden. Auch den Ideen seines Vaters, Kaiser Ludwigs des Bayern, mußte der Herzog abschwören und bekennen, daß ein Kaiser niemals das Recht habe, den Papst

abzusetzen und einen neuen zu berufen. Als Zeichen wahrer Bußgesinnung sollten zwei Leistungen des Herzogs dienen: einmal die Stiftung eines Klosters in Tirol, das nur kein Bettelordenskloster sein darf, zum andern silberne Weihegeschenke an die Basiliken St. Peter und St. Paul zu Rom.
All diese Versprechen wurden bereitwillig gegeben und Herzog Rudolf IV. von Österreich verbürgte sich auch dafür, gehalten wurde freilich mit Ausnahme der Herausgabe der Fürstenburg und der zeitweiligen Ehetrennung keines[66]. Herzog Ludwig der Brandenburger wollte bei dieser Gelegenheit auch gleich die Lösung vom Bann für seinen verstorbenen Vater durchsetzen, doch Bischof Paul erklärte sich dazu außerstande. Seine Befugnisse reichten dafür nicht aus. Wolle man dieses Ziel erreichen, sei eine neuerliche Gesandtschaft an die Kurie nötig. Der neue Freisinger Bischof soll sogar erklärt haben, er hätte den an geweihter Stelle beerdigten Kaiser ausgraben lassen, wäre er nicht durch den Herzog daran gehindert worden[67]. Mit der Absolution des Herzogs, die am 2. September 1359 in der Margaretenkapelle der Münchener Burg erfolgt ist, fiel wenigstens für Oberbayern auch das Interdikt, das auf dem Lande lag. Für Niederbayern erlosch es erst 1362. Allerdings dürfte sich in den Jahren davor kaum mehr jemand an die Gottesdienstsperre gehalten haben.

Ringen um die österreichischen Hochstiftsgüter

Ob die brüske Äußerung Bischof Pauls hinsichtlich einer Exhumierung des toten Kaisers authentisch ist, mag bezweifelt werden. Insgesamt aber konnte sich der Bischof jetzt ein selbstbewußtes Auftreten gegenüber dem Herzog im Land leisten. Viel wichtiger erschien ein gutes Verhältnis zum Haus Habsburg, weil die Nutzung der österreichischen Güter weitgehend vom Wohlwollen der dort regierenden Herzöge abhing. Rudolf IV. (1358–1365) hatte sich zwar zusammen mit Bischof Paul von Freising um die Aussöhnung Ludwigs des Brandenburgers mit dem Papst Verdienste erworben, aber die Freisinger Kirche besaß an ihm keine Stütze. Bischof Paul sah sich wegen massiver Übergriffe Herzog Rudolfs IV. auf Freisinger Kirchengüter gezwungen, an den Papst zu appellieren. Urban V. sandte zum Ausgleich des Streites seinen Nuntius Agapitus Colonna, Bischof von Ascoli. Der verstand es in psychologisch kluger Verhandlungsführung, den Herzog zum Einlenken zu bewegen, indem er dem Freisinger Bischof riet, sich nicht zu verteidigen, sondern allen Vorwürfen Rudolfs gegenüber zu schweigen. So brachte man den zornigen österreichischen Herzog dazu, um des Papstes willen die Herausgabe Freisinger Eigentums zu versprechen. Bischof Paul bedankte sich überschwenglich dafür bei Urban V.[68]. Der baldige Tod Rudolfs IV. zu Mailand ließ die Verwirklichung des Versprechens zunächst noch offen. Auf dem Sterbebett überließ er sie seinen Brüdern Albrecht III. und Leopold III. als Bitte und Vermächtnis.

Mit ihnen schloß Bischof Paul 1365 einen Bündnisvertrag, demzufolge die Schäden wieder behoben werden sollten. Der Bischof versprach dafür, den österreichischen Herzögen mit all seinen Burgen und Städten beizustehen und sie ihnen im Fall der Not zu öffnen[69]. Nicht ganz so erfolgreich war der Kampf Bischof Pauls um die Rechte Freisings in der Hofmark Innichen. Hier hatten die Grafen von Görz ihre Vogteirechte in einem solchen Maße ausgebaut, daß sie sich längst nicht mehr als Dienstleute des Bischofs, sondern als die eigentlichen Herrn betrachteten und auch behaupteten. Wiederum schaltete Bischof Paul den Papst ein, diesmal Gregor XI.[70]. In einem Vertrag von 1374 konnte Bischof Paul dann zwar die Hofmark wieder an Freising bringen, aber nun war er gleichsam Lehensmann gegenüber den Görzern. Er mußte ihnen versprechen, keine Befestigungsanlage zu errichten und keinen Richter oder Amtmann ohne ihr Einverständnis einzusetzen[71]. Die Position Freisings in seinem ehemaligen Kultur- und Missionsland um Innichen schwand zusehends dahin[72].

Für die politische Einheit Bayerns

In Bayern selbst war Bischof Paul von Jägerndorf unabhängig genug, um sich Kaiser Karl IV. anschließen zu können, lange ehe es zur völligen Aussöhnung zwischen Wittelsbachern und Luxemburgern kam. Über einige Bestätigungen alter Privilegien hinaus ist das Verhältnis zum Kaiser freilich nicht weiter gediehen[73]. Das Haus Wittelsbach war in der Regierungszeit Bischof Pauls noch vollauf damit beschäftigt, das Erbe des verstorbenen Kaisers halbwegs zu halten. Tirol und Brandenburg gingen trotzdem verloren. In 18 Regierungsjahren hat Bischof Paul dreimal einen Wechsel in der politischen Führung Bayerns erlebt. Ludwig V., der Brandenburger, starb schon 1361 zu Zorneding. Sein Sohn Meinhard von Oberbayern und Tirol regierte nur 2 Jahre. Dann griff Herzog Stephan II. von Niederbayern zu, ohne auf die legalen Ansprüche seiner Brüder in Brandenburg Rücksicht zu nehmen und zog Oberbayern an sich. Tirol war verloren, aber die oberbayerischen Landstände waren mit dem Handstreich Stephans II. einverstanden. In der Bischofsstadt Freising, an der Nahtstelle zwischen den zwei Teilherzogtümern, huldigten sie am 26. Februar 1363 dem neuen Herzog, der in seiner Person wieder eine einheitliche Führung des ganzen Landes garantierte. Wenn der Bischof für diesen Huldigungsakt seine Stadt öffnete, so bedeutet dies ebenfalls ein Bekenntnis zu einem wiedervereinten Bayern in einer starken Hand[74]. Die Einheit des Landes blieb vorläufig auch nach dem Tod Stephans II. gewahrt, solange seine Söhne Stephan III., Friedrich und Johann II. 1375–1392 gemeinsam über ganz Bayern regierten.

Wirtschaftliche Krise

Wirtschaftlich stand es mit dem Bistum jetzt nicht zum besten. Hatte der Freisinger Bischof zu Beginn des Jahrhunderts noch beträchtliche Summen an die herzoglichen Kassen ausleihen können, so stand er jetzt selbst in Schulden. Die finanzielle Misere ist sowohl durch die allgemeine wirtschaftliche Lage des Landes als auch durch die schwierigen Verhältnisse Freisings gegenüber Österreich bedingt. In den Jahren Kaiser Ludwigs des Bayern, da sich im Streit um den Bischofsstuhl jeweils ein Kandidat des Papstes und des Domkapitels gegenüberstanden, mußte Freising auf weite Strecken hin ganz auf die Einnahmen aus den österreichischen Besitzungen verzichten. Nach Beendigung dieses Streites hatten die Habsburger Herzöge zugegriffen. Der Vertrag Bischof Pauls von 1365 mit den Brüdern Rudolfs IV. brachte zwar einiges wieder in Ordnung, doch die mittlerweile erlittenen Schäden wirkten nach. Zudem läßt sich für die Mitte des 14. Jahrhunderts eine enorme Krise in der Agrarwirtschaft nachweisen. Die Einnahmen aus landwirtschaftlichen Gütern gingen teilweise um mehr als die Hälfte zurück[75]. Infolge des Peststerbens, das in den Städten mehr Opfer forderte als auf dem Land, verfielen die Preise für landwirtschaftliche Produkte durch mangelnde Abnehmerschichten[76]. Da die bischöflichen Kassen zum Großteil aus den Erträgnissen der Gutshöfe gespeist wurden, traf sie die Agrarkrise schwer. Bischof Paul mußte 1361 seinen Anteil am Münchener Brückenzoll wegen hoher Schulden dem Bürger Heinrich Part in der oberbayerischen Hauptstadt auf Jahre hinaus abtreten[77]. Der Freisinger Domdekan klagte über seine geringen Einkünfte und ließ seinem Amt 1374 mit päpstlicher Bewilligung die Pfarrei Aufkirchen bei Erding einverleiben[78]. Ein Jahr später zog der Dompropst mit gleicher Begründung die Pfarrei Steinkirchen bei Wartenberg an sich[79]. Das Domkapitel insgesamt wachte mit Argusaugen über seine Rechte in der Freisinger Bürgerstadt und zwang 1361 Bischof Paul, Privilegien, die er selbst beim Amtsantritt oder seine Vorgänger ohne Zustimmung des Kapitels gewährt hatten, wieder zurückzunehmen. Herr über die Bürgerschaft ist das Domkapitel und es duldet auf seine Kosten keine Gunsterweise des Bischofs[80]. Die wirtschaftliche Bedrängnis hat einen harten Ton in den Umgang von Domkapitel und Bischof gebracht.

Kirchweihen

Trotz der wirtschaftlichen Engpässe konnte Bischof Paul zwei bedeutenden Kirchen der Diözese die Weihe erteilen. In München war der Neubau der Peterskirche nach dem verheerenden Stadtbrand von 1327 soweit fortgeschritten, daß 1365 die gotische Pfeilerkirche mit den ersten drei Altären zu Ehren des hl. Petrus, des hl. Leonhard und der Heiligen Drei Könige konsekriert werden konnten. Interessant ist ein Blick in das Verzeichnis der Reliquien, die bei der Weihe in den Hochaltar eingeschlossen wurden[81]:

„Vom Holz des heiligen Kreuzes; vom Felsen, über dem der Herr geboren wurde; von der Krippe des Herrn; von den Kleidern des Herrn; vom Stein, auf dem er saß, als er die fünf Brote verteilte; vom Brot, mit dem er die 5000 Menschen speiste; von der Stelle auf Kalvaria, da der Herr gelitten hat; vom Grab des Herrn; vom Felsen, von dem er zum Himmel fuhr; von der Geißelsäule. Ebenso Reliquien der heiligen Jungfrau Maria: von der Milch, von ihrem Bett und von ihrem Grab. Weiter Reliquien der Apostel, von Petrus, von Paulus, Andreas . . ."

Am 5. Mai 1370 weihte Bischof Paul die Klosterkirche zu Ettal. Sie dürfte in ihrer baulichen Substanz schon geraume Zeit fertig gewesen sein, aber dem Kloster haftete der Makel an, von einem schismatischen Kaiser gegründet worden zu sein. Von der romantischen Idee einer Verbindung von Mönchtum und Ritterschaft war freilich nichts mehr übrig geblieben. Das Ritterstift war längst erloschen und auch dem Kloster wäre es wohl nicht besser ergangen, hätte es sich nicht aus Tegernsee den tatkräftigen Konrad Kummersprugger als Abt geholt. Er erwirkte 1368 endlich bei Papst Urban V. die kirchliche Bestätigung des Klosters und konnte jetzt den Bischof zur Weihe der ungewöhnlichen Marienkirche rufen.

Zur Konsekration kleinerer Kapellen schickte Bischof Paul seinen Weihbischof und Generalvikar Dietrich aus, so etwa für die Weihe einer Dreifaltigkeitskapelle innerhalb der Klosterkirche Rott am Inn. Auf Bitten des Abtes ging Weihbischof Dietrich dann tags darauf, am 30. Oktober 1373, in die Gegend von Irschenberg, um auch noch „die Kapelle des heiligen Bekenners Anianus in der Alb zu weihen, die der Abt von Grund auf neu hatte errichten lassen"[82]. Es gab also schon früher zu Alb eine Gedächtnisstätte für den Begleiter des heiligen Marinus von Wilparting.

Als Bischof Paul von Jägerndorf am 23. Juli 1377 starb, war Papst Gregor XI. gerade von Avignon nach Rom zurückgekehrt.

X. Kapitel

DAS BISTUM ZWISCHEN SCHISMA, KONZILS-HOFFNUNG UND KONZILIARISMUS

36. Bischof Leopold von Sturmberg (1378–1381)

Die Rückkehr des Papstes von Avignon nach Rom hatte im Freisinger Domkapitel offenbar die Hoffnung geweckt, daß damit auch die bisher gewohnte Praxis kurialer Bischofseinsetzungen ein Ende haben könnte. In Freising wurde gewählt und man entschied sich für den Wittelsbacher Johann, einen unehelichen Sohn Herzog Stephans III. Ob dabei ein gewisser Druck seitens des Herzogshauses maßgebend war, läßt sich nicht sagen. Johann begegnet 1378/79 als Studierender an der Universität Bologna und bezeichnet sich als „Erwählter von Freising"[1]. Doch der unter Tumulten im April 1378 zu Rom gewählte Papst Urban VI. hatte andere Pläne. Er führte die Provisionspolitik seiner Vorgänger fort und ernannte noch im ersten Monat seiner päpstlichen Regierung Leopold von Sturmberg zum neuen Bischof von Freising. Der illegitime Wittelsbacher Johann konnte sich ihm gegenüber nicht durchsetzen. Er wurde sechs Jahre später Bischof von Regensburg. Die Diözese Freising scheint in ihm nicht viel verloren zu haben, denn er steht in der Regensburger Diözesangeschichte nicht gerade in bestem Andenken[2].
Als Bischof Leopold aus dem steirischen Rittergeschlecht der Sturmberger im April 1378 ernannt wurde[3], gab es nur einen Papst. Fünf Monate später begann mit der Wahl Clemens VII. das große abendländische Schisma (1378–1417). Freising stand mit Bayern zur römischen, ein großer Teil Österreichs unter Herzog Leopold III. zur französischen Seite. Die Verwirrung war so groß, daß weder Zeitgenossen noch Historiker bis auf den heutigen Tag eindeutig entscheiden konnten, wer von beiden nun wirklich der rechtmäßige Papst gewesen sei. Für den Papst in Rom kämpfte etwa die hl. Katharina von Siena, für den Papst zu Avignon trat der große Bußprediger Vinenz Ferrer ein.
Bischof Leopold hatte seine Diözese offenbar nicht mühelos in Besitz nehmen können. Erst im Juli 1379 begegnet er urkundlich als Bischof von Freising. Es ist die Rede von „vielen Trübsalen und ungebührlichen Mißhandlungen", die er vor Antritt seines Amtes zu ertragen hatte, ohne daß wir den Grund dafür erfahren[4]. Um endlich doch in der engeren Umgebung Zuneigung zu gewinnen, verbriefte er gleich zu Beginn seiner Regierungszeit den Freisinger Bürgern ihre althergebrachten Rechte, seien sie geschrieben oder durch Gewohnheit

überkommen[5]. Der Domkirche brachte er einen kostbaren Kelch und wertvolle Matutinalbücher mit, die von den Chronisten hoch gerühmt werden[6]. Auch den Würdenträgern und Dienstleuten am bischöflichen Hof habe Leopold seine Gunst erweisen wollen, wäre er daran nicht durch seinen frühen Tod gehindert worden[7].

Augustiner als Volksmissionare

Dem neuen, zunächst anscheinend ungeliebten Oberhirten, blieb tatsächlich nur eine ganz kurze Zeit des Wirkens. Trotzdem werden in der kurzen Spanne Zeit von etwa zwei Jahren Ansätze pastoralen und sozialen Denkens sichtbar. Schon im September 1379, also kurz nach seinem Eintreffen in Freising, gab Bischof Leopold 12 Augustinereremiten die Erlaubnis, im ganzen Bereich der Diözese zu predigen und Beichte zu hören[8]. Ein solches Privileg hatte ihnen 100 Jahre früher schon Bischof Emicho erteilt, aber immer noch müssen die Geistlichen in den Pfarreien ermahnt werden, den Predigern in Ausübung ihres Auftrags keine Hindernisse in den Weg zu legen.

Das Heilig Geist Spital in Freising

Auf sozialem Gebiet konnte Bischof Leopold die Errichtung eines neuen Heilig Geist Spitals in Freising zum Abschluß bringen. In der Gründungsurkunde vom 24. April 1380 wird die Lage der Kranken und Armen innerhalb der Freisinger Mauern in düstersten Farben geschildert. Sie leben in Ermangelung besserer Räume teilweise mit Gefangenen zusammen und nicht wenige von ihnen erfrieren einfach in den schlechten Unterkünften. Um dieser Not abzuhelfen, hatte der am 14. Januar 1376 verstorbene Domherr Konrad Gaymann mit Zustimmung des Bischofs und des Kapitels sein gesamtes Vermögen für die Errichtung eines neuen Spitals hinterlassen. Als Bischof Leopold in Freising eintraf, war der Neubau schon fast vollendet. Nun flossen für den Unterhalt auch bürgerliche Zustiftungen. Die bischöflichen Kassen waren leer. Leopold mußte seinen Anteil am Münchener Brückenzoll und alle sonstigen Rechte in der Stadt wieder einmal auf Jahre hinaus verpfänden[9]. Als Sachwalter für die Belange des neuen Heilig Geist Spitals wurden ein Spitalmeister aus den Reihen des Domkapitels und zwei Personen aus der Freisinger Bürgerschaft bestellt. Anders als in München erhielt das Spital in Freising keine pfarrlichen Rechte. Es blieb im Verband der Georgspfarrei, besaß zunächst keine Kirche, wohl aber die Erlaubnis, innerhalb der Krankenstuben auf beweglichem Altar Messe zu feiern[10].

Im Sommer 1381 reiste Bischof Leopold zu den Freisinger Hochstiftsgütern in Krain. Am 5. August stürzte er zu Bischoflack von der Brücke und ertrank im Fluß[11]. Ein merkwürdiger Unfall, denn der Bischof dürfte kaum auf der Brücke gespielt haben! Ob der Chronist hier alles sagt, was er wußte? Veit Arnpeck fügt dem Text später hinzu, es sei eine neue Brücke gewesen, die der Bischof selbst habe errichten lassen. So könnte man zur Not an einen Unfall auf einer Baustelle denken. Wiederum gegen alle sonstigen Gepflogenheiten überführte man den Leichnam nicht nach Freising. Bischof Leopold wurde in der Klosterkirche der Klarissen zu Lack beigesetzt.

37. Bischof Berthold von Wehingen (1381–1410)

„Berthold war von Gemüth ein stolzer finsterer Mann, den alle Welt als die Triebfeder der Härte Herzog Leopolds bezeichnete."[12] Diesen Ruf eines harten und gnadenlosen Bischofs hat sich Berthold in der älteren österreichischen Geschichtsschreibung durch seine Beteiligung am Krieg zwischen den Habsburger Herzogsbrüdern Leopold und Ernst in den Jahren 1407/1408 zugezogen. Das Urteil ist nicht frei von Parteilichkeit und übersieht völlig die lebenslangen und größtenteils erfolgreichen Bemühungen Bertholds um die Einheit der Domus Austriae und den Frieden in Österreich. Ein einziger Mißerfolg gegen Ende seines Lebens hat dem Freisinger Bischof und österreichischen Kanzler den guten Ruf gekostet.

Wehingen, die Stammburg der Familie Bertholds, liegt im Württembergischen, unweit von Rottweil, zwischen den Bergkuppen des Wandbühls und des Lembergs. Aber Berthold ist in Österreich geboren. Sein Vater Hugo von Wehingen stand im Dienst der Habsburger und hat die Familienburg an Herzog Albrecht II. verkauft. Da der Herzog aber nicht bezahlen konnte, verpfändete er seinem schwäbischen Ministerialen Klosterneuburg bei Wien[13]. Hier wuchs Berthold auf. Wie üblich verschaffte man dem jungen Adeligen erste kirchliche Pfründen, aus deren Ertrag er ein Studium finanzieren konnte. Beim Kauf der Burg Wehingen hatte der Herzog versprochen, sich auch um die Versorgung der Kinder seines Ministerialen kümmern zu wollen. Jetzt vermittelte er Berthold eine Domherrenstelle in Passau und die Pfründe der reichen landesfürstlichen Pfarrei Groß-Rußbach in Niederösterreich. Berthold begann sein Studium an der damals noch recht bescheidenen Universität zu Wien, schloß dort als „Magister artium" ab und ging anschließend für zwei Jahre an die Universität Prag, die für ihre kirchenrechtliche Ausbildung berühmt war. Das hohe Ansehen des Wehingers zeigt die Tatsache, daß er 1374/75 in Prag die Würde eines Rektors der Juristenfakultät trug.

Die Idee der Universität fesselte fortan Bertholds Interesse. Heimgekehrt nach Wien wurde er 1375 Kanoniker von St. Stephan und 1377 Propst dieses Kapitels. Mit diesem Amt war automatisch die Funktion als Kanzler der Wiener Hochschule verbunden. Die „Alma Mater Rudolfina" fristete zu dieser Zeit freilich ein recht kümmerliches Dasein. Eine Reform war dringend nötig und sie setzte unter dem neuen Kanzler bezeichnenderweise in der juristischen Fakultät ein. Es kamen neue Lehrer, größtenteils österreichischer Herkunft, die aber bisher in Paris doziert hatten, und auch die Zahl der Studierenden wuchs rasch an. Die Universität in Wien gewann zunehmend an Ansehen[14]. Diese Entwicklung schien gefährdet, als Papst Urban VI. mit Bulle vom 20. September 1381 den Propst von Allerheiligen-St. Stephan zum Bischof von Freising providierte[15].

Bei dieser Ernennung dürfte Herzog Albrecht III. von Österreich seine Hand im Spiel gehabt haben. König Ludwig von Ungarn hatte den Papst gebeten, das Bistum Freising Ludwig von Helfenstein, einem Verwandten seiner Frau, zu verleihen[16]. Doch die Entscheidung fiel zugunsten Bertholds. Der Amtswechsel in Freising scheint nicht ohne Schwierigkeiten verlaufen zu sein, denn Berthold erhielt zwar aus der Hand König Wenzels am 5. September 1382 zu Budweis die Regalien für das Hochstift[17], urkundet aber erst im Dezember 1383 als regierender Bischof. Um dieselbe Zeit gibt es dann auch einen neuen Propst im Allerheiligenkapitel von St. Stephan zu Wien. Bis dahin dürfte Berthold die Propstei behalten haben. Herzog Albrecht III. von Österreich band den neuen Freisinger Bischof als seinen Vertrauten noch stärker an sich, indem er ihn zu seinem Kanzler machte[18]. Damit war ein eminent politischer Pontifikat vorgezeichnet. Neben seiner bischöflichen Tätigkeit in der Diözese Freising galt Bertholds Bemühen in Österreich bei den sich rasch ablösenden Herzogsgenerationen der Wahrung des inneren Friedens und der Einheit der habsburgischen Lande. In Bayern versuchte er, sein Hochstift und die Bischofsstadt durch möglichst weitgehende Neutralität aus den Kriegen der herzoglichen Vettern herauszuhalten. In Wien aber galt Bertholds besondere Liebe zeitlebens der Universität.

Förderer der Wiener Universität

Die fürsorgliche Zuwendung zur Universität gehörte nicht notwendig zu den Amtsgeschäften des Kanzlers, sondern entsprang Bertholds ganz persönlichem Interesse. Er nützte die persönliche Nähe zu Herzog Albrecht III., um dessen Aufmerksamkeit der Hochschule zuzuwenden. In der Hauptsache waren drei Probleme zu lösen: es fehlte an der ausreichenden Zahl von Professoren, an den

Mitteln zur Besoldung qualifizierter Lehrer und vor allem an einer theologischen Fakultät, deren Errichtung einst Papst Urban V. Herzog Rudolf IV. nicht genehmigen wollte. Albrecht III. ließ seinem Kanzler in allen Universitätsfragen freie Hand und Bischof Berthold gelang es, sie erfolgreich durchzusetzen.

Die Verhandlungen an der Kurie um eine theologische Fakultät liefen gut an. Man konnte auf Entgegenkommen rechnen, weil Herzog Albrecht III. seit Ausbruch der Kirchenspaltung auf Seiten der römischen Obödienz stand, während sein Bruder Leopold, der die Steiermark, Kärnten, Krain, Tirol und die habsburgischen Vorlande regierte, es mit der französischen Partei hielt. Schon am 20. Februar 1384 genehmigte Papst Urban VI. die bisher vorenthaltene Fakultät und verlieh den Studierenden die auch an anderen Universitäten üblichen Vorrechte, wie etwa die Befreiung von der Residenzpflicht. Die Hochschule erhielt neue Statuten, von denen eine Abschrift auch in die Freisinger Dombibliothek gelangte (Clm 6749). Herzog Albrecht III. schuf für die Unterkunft der Lehrer ein eigenes Kolleg, für das er in Wien drei Häuser kaufte.

Bei der Berufung neuer Professoren kam Bischof Berthold sehr zustatten, daß eben um diese Zeit die Sorbonne zu Paris infolge des Schismas in zwei Lager gespalten war. Die römische Partei sah sich gezwungen, auszuziehen. Um diese Männer zu gewinnen, war allerdings Eile geboten, denn König Wenzel versuchte ebenfalls das ganze gelehrte Auswandererkontingent für die Universität Prag zu gewinnen. Es ist eindeutig das Verdienst Bertholds, einen guten Teil dieser Exilanten am attraktiven Prag vorbei nach Wien gelenkt zu haben, allen voraus den berühmten Theologen, Kirchen- und Staatstheoretiker Heinrich von Langenstein, dessen Beispiel ausschlaggebend wurde für viele andere Lehrer der Pariser Hochschule. Sogar in Prag gab eine ganze Reihe von Magistern den Lehrstuhl auf, um nach Wien zu gehen, wie etwa Heinrich Totting von Oyta. Berthold blieb diesen Männern der Wissenschaft freundlich verbunden. Sie widmeten ihm voll Dankbarkeit ihre Werke, wie Heinrich von Langenstein, Heinrich von Odendorf oder Hermann Lelle von Treysa, und hatten den Kanzler auch gern bei theologischen oder kirchenpolitischen Disputationen in ihrer Mitte. Der Freisinger Bischof ist zwar selbst nicht literarisch tätig geworden, aber seine Beiträge in der Diskussion erweisen ihn als hochgebildeten Theologen. Der Dominikaner Franz von Retz hat einen solchen Disput aufgezeichnet, bei dem es um den Streit zwischen Dominikanern und Franziskanern zur Lehre von der Unbefleckten Empfängnis Mariä ging. Der Bischof verfocht dabei im Anschluß an Johannes Duns Scotus die Meinung, Maria sei dadurch von der Erbsünde gereinigt worden, daß sie von ihr überhaupt verschont geblieben sei. Das sei ein schöner Gedanke, meint Franz von Retz, aber eben nicht mit der kirchlichen Lehre vereinbar. Ein anderes, kirchenpolitisch höchst bedeutsames Thema zog sich immer wieder durch die Disputationen der Universitätsgelehrten: Wie kann das Schisma behoben werden? Heinrich von Langenstein, der angesehenste deutsche Theologe seiner Zeit, trat mehrfach an seinen Freund Bischof Berthold heran und forderte entschiedenes Eingreifen in der Kirchenfrage. Hatte er in Paris noch an den Erfolg eines Konzils geglaubt, so sah er jetzt nur noch eine Hoffnung in der „via cessionis", dem Rücktritt beider Päpste und einer Neuwahl, an der alle Parteien beteiligt sind. Als Jahre später sich die Hoffnung der Christenheit doch auf ein Konzil von Pisa richtete, war Bischof Berthold von der Idee so begeistert, daß er schriftlich sein persönliches Erscheinen auf der Kirchenversammlung zusagte. Auch die habsburgischen Herzöge und die Universität sagten ihre Unterstützung zu. Dann aber geriet Berthold als österreichischer Kanzler in arge Verlegenheit, weil der verbündete König Sigismund von Ungarn eine gegenteilige Haltung einnahm. Berthold wollte diese Frage nicht ohne die Wiener Universität entscheiden. Darum ließ er am 22. Februar 1409 in der Universitätsversammlung von den Plänen des ungarischen Königs Mitteilung machen und gleichzeitig für sich und seinen Herzog um Ratschläge bitten:

„Von seiten des Freisinger Herren berichtete unser Rektor, daß der König von Ungarn einem Konzil der Herren Kardinäle nicht sehr freundlich gegenüberstehe, daß dabei kaum etwas herauskomme; er wolle aber trotzdem seinen Botschafter dorthaben, nicht um etwas zu beschließen, sondern um die Herren Kardinäle zu überreden, das Konzil zu einem anderen Zeitpunkt in Udine zu halten, wo der König von Ungarn und viele andere Fürsten dann selbst da sein wollten, ebenso der Papst und der Gegenpapst; und das, so meinte er, gefiele auch dem König von Frankreich und anderen."

Die Universität Wien schickte trotzdem Deputierte nach Pisa, wie auch Berthold in seiner Eigenschaft als Bischof von Freising Prokuratoren entsandte. Freilich war die Enttäuschung dann groß, als nach dem Konzil von Pisa 1409 statt der erhofften Einheit drei Päpste ihre Anhängerschaft hinter sich hatten. Für Berthold aber ist es bezeichnend, daß er wichtige kirchenpolitische Fragen nie ohne das Urteil seiner Universität in Wien entschied.

Es hat den Anschein, als sei die Hohe Schule zu Wien Bertholds liebstes Kind gewesen. In den vielfachen Streitigkeiten unter den Regenten Österreichs nach dem Tode Albrechts III. verstand er es immer wieder, ihren Bestand und ihre Freiheiten zu sichern. Noch im Testament vermachte er dem Kolleg der 12 Professoren finanzielle Zuwendungen und der Universität eine kostbare Handschrift von Augustinus' Gottesstaat[19].

Kanzler der österreichischen Herzöge

Um Bertholds politische Rolle als Kanzler in Österreich und Kirchenfürst in Bayern würdigen zu können, muß man sich die Spannungsfelder dieser Zeit vor Augen halten. Da sind einmal, in Bayern wie in Österreich, zwei bis drei Herzöge samt ihren Söhnen, die in jeder Generation sämtlich Anspruch auf Mitregierung oder Landesteilung erheben. Dann die größeren Städte, die sich gegenüber der Fürstenmacht zu behaupten suchen und Städtebündnisse schließen, innerhalb ihrer eigenen Mauern aber auch selbst Probleme haben, weil die Zünfte der Handwerker gegen die Vorherrschaft der alten Patrizier aufstehen und auf demokratisch orientierte Stadtverfassungen hinarbeiten.

Als Bischof Berthold 1382 Kanzler Herzog Albrechts III. wurde, regierte dieser nur über Nieder- und Oberösterreich. Das sollte sich rasch ändern, weil sein Bruder Leopold III. schon 1386 in der Schlacht bei Sempach den Tod fand. Leopold hatte zwar einen volljährigen Sohn Wilhelm, der auch sofort die Regierung über die Länder seines Vaters antrat, aber es gelang dem Kanzler, Wilhelm zur Unterordnung unter seinen Oheim überreden zu können. Damit war ein erstes Mal die Einheit der Domus Austriae wiederhergestellt. Kirchenpolitisch eröffnete dies die Möglichkeit, die vorderösterreichischen Länder von der avignonesischen zur römischen Obödienz zurückzuführen und damit den Klerus in den habsburgischen Ländern zu einigen. Es brauchte zwar seine Zeit, aber 1392 war das Unternehmen nach manchen Zugeständnissen geglückt und man feierte den Erfolg zu Salzburg mit großem Gepränge[20].

Herzog Albrecht III. trug sich, die unzufriedene Stimmung im Reich mit dem Regiment Wenzels ausnützend, mit dem Gedanken, deutscher König zu werden. Darum sandte er zu den deutschen Fürstentagen in Nürnberg und Frankfurt je eine österreichische Abordnung unter der Führung seines Kanzlers. Solche Pläne beendete allerdings sein unerwarteter Tod im Jahr 1395. Sterbend verpflichtete er noch seine Verwandten und den Kanzler, unter allen Umständen die Einheit des Landes zu wahren.

Nun stand vor Bischof Berthold ein zweites Mal diese fast unlösbare Aufgabe, denn der sterbende Herzog hinterließ einen volljährigen Sohn und auch Herzog Wilhelm pochte nun auf seine älteren Rechte. Der Kanzler verhandelte mit beiden Parteien auf seinem Freisinger Schloß zu Hollenburg und erzielte schließlich doch ein Übereinkommen, das die beiden Anwärter gleichstellte und gegenseitiges Mitspracherecht in der Regierung einräumte. Faktisch war Herzog Wilhelm der Stärkere, der zwar in Ober- und Niederösterreich mitsprach, seinem Vetter Albrecht IV. in den eigenen Ländern aber keinen Einfluß ausüben ließ. Herzog Wilhelm machte Bischof Berthold nun auch zu seinem Kanzler. 1396 waren wieder Schlichtungen nötig, weil der Bruder Wilhelms, Herzog

Leopold IV. auf seine Rechte drängte. Berthold vermittelte erneut und stellte Gleichberechtigung zwischen den Brüdern her. In den Jahren 1400 und 1401 ging Bischof Berthold für seinen Herrn sogar als Brautwerber zweimal nach Italien, um eine Heirat zwischen Herzog Wilhelm und der Schwester des neapolitanischen Königs zu vermitteln, die 1403 dann auch zustande kam[21].

Nun glaubte Herzog Wilhelm, auch seinerseits dem Freisinger Bischof einen Gefallen schuldig zu sein. Am 9. Mai 1403 war der Salzburger Erzbischof verstorben. Das Kapitel wählte trotz päpstlicher Reservierung rasch seinen Dompropst Eberhard von Neuhaus zum Metropoliten. Herzog Wilhelm aber schickte unter der Führung des gelehrten Magisters Markward von Randeck eine Gesandtschaft nach Rom, die Papst Bonifaz IX. einen Bittbrief zu überreichen hatte. Darin ersucht Herzog Wilhelm den Papst, das Erzbistum Salzburg gegen den Willen des dortigen Domkapitels dem Freisinger Bischof Berthold zu verleihen. Er sei ein aufrichtiger Freund des römischen Papstes und seiner Anhänger, er habe sich viel Mühe gegeben die treuen Anhänger des Papstes zu stärken und die Verführten vom Weg der Trennung zurückzuleiten, und er besitze große Erfahrung in geistlichen und weltlichen Geschäften[22]. Die Delegation hatte Erfolg. Mit Bulle vom 6. Februar 1404 transferierte der Papst den Freisinger Bischof auf den Stuhl von Salzburg. Das Bistum Freising sollte er zunächst als Administrator weiter betreuen[23]. Berthold bezahlte mit Hilfe der Bank Medici in Florenz sofort die Hälfte des hohen Sevitiums von 10 000 Gulden[24] und konnte seinen Anspruch auf Salzburg für zwei Jahre mühsam aufrechterhalten. Die Mühldorfer Annalen berichten darüber[25]:

„Anno domini 1404 ward erwählt Bischof Eberhard von Neuhaus zu Salzburg von dem Kapitel auf dem Chor. Dagegen war der Wehinger, Bischof zu Freising, und er kämpft mit demselben von Salzburg und kauft sich mit dem Papst und gab dem groß Gut, daß ihn der Papst bestätigt gegen den erwählten Herrn von Salzburg, und des half ihm Herzog Wilhelm von Österreich mit Bitt und Brief, daß ihn der Papst konfirmiert, und derselb Bischof von Freising ward zu Wien aufgeführt im St. Stephans Münster und war zu einem Bischof von Salzburg berufen und unterzog sich all das Geld, die das Gotteshaus zu Salzburg in Österreich hatt, und hatt das zwei Jahr, und es bannte der Papst und der Bischof den von Salzburg zwei ganze Jahr."

Der Widerstand in Salzburg war nicht zu brechen. Das Kapitel schöpfte neue Hoffnung, als Papst Innozenz VII. an die Regierung kam und auch König Ruprecht sich in seinem Sinne einsetzte. Am 13. Januar 1406 transferierte Innozenz VII. Berthold wieder nach Freising zurück, machte aber seinem Rivalen in Salzburg zur Auflage, dem Freisinger Bischof eine jährliche Pension von 2000 Gulden zu zahlen und auch die bereits gezahlten Servitien an das Bankhaus der Medici in Florenz zurückzugeben. Da Innozenz VII. noch vor Ausfertigung der Urkunde starb, hielt Berthold an seinem Salzburger Anspruch noch ein Jahr lang fest, bis auch Papst Gregor XII. endgültig die Verfügung seines Vorgängers bestätigte[26].

Mittlerweile war am 15. Juli 1406 Herzog Wilhelm gestorben, der kinderlos war. Sein Bruder Albrecht IV. war schon 1404 einer Seuche erlegen. Über dessen unmündigen Sohn hatte Wilhelm die Vormundschaft geführt. Nun rückten die Brüder Leopold IV. und Ernst aus den habsburgischen Vorlanden an, um sich des Erbes in Nieder- und Oberösterreich verbunden mit der Vormundschaft des jungen Abrecht V. zu bemächtigen. Da die Brüder aber untereinander im Streit lagen, drohte ein Bürgerkrieg. Da versammelte sich am 6. August 1406 unter dem Vorsitz Bischof Bertholds zum ersten Mal in der österreichischen Geschichte der Landtag, bestehend aus Prälaten, Adel, Ritterschaft und 22 Vertretern der österreichischen Städte. Ohne Zweifel ging die Initiative dazu von Kanzler Berthold aus. Der Versuch, über die Landstände in letzter Minute den Frieden zu retten, hat viel mit den Vorgängen um die bayerische Landesteilung von 1392 und späteren Schlichtungen gemeinsam. Geschlossen erkannte der Landtag den jungen Albrecht V. als künftigen Regenten an und bestellte einen Ausschuß zur Regelung der Vormundschaft. Die Herzogsbrüder Leopold und Ernst unterwarfen sich angesichts solcher Geschlossenheit dem Spruch und Leopold machte Bischof Berthold nun auch zu seinem Kanzler.

Doch der Kanzlerdienst für den neuen Herrn war keine dankbare Aufgabe. Der geborene Diplomat wurde nun auch als Befehlshaber der herzoglichen Truppen herangezogen, als es galt, im Frühjahr 1407 das Städtchen Laa an der Thaya von den Räuberbanden des Sokol vom Lamberg zu befreien. Das Unternehmen wurde militärisch ein Mißerfolg. Berthold führte Verhandlungen und brachte schließlich die Scharen Sokols in den Sold des Herzogs, wie auch noch einige andere Söldnerführer, die nicht eben im besten Ansehen standen. Das Heer Leopolds brauchte jedoch dringend Verstärkung, denn der lange verhinderte Bürgerkrieg begann sich deutlich abzuzeichnen, zumal in der Stadt Wien die Spannungen zwischen Patriziern und Handwerkern immer stärker wurden. Leopold IV. hatte es sich mit dem höheren Adel und mit den Patriziern durch unkluge Entscheidungen verdorben. Unter dem Vorwand, Leopold wolle über die Rechte des jungen Albrecht V. hinweg die Herrschaft in Ober- und Niederösterreich an sich reißen, riefen seine Gegner Herzog Ernst herbei. Wien stand unter der Führung der Patrizier zu Ernst, ebenso der höhere Adel und der Bischof von Passau. Herzog Leopold verschanzte sich in Wiener Neustadt, Kanzler Berthold im Freisingischen Städtchen Großenzersdorf. Zu ihnen hielten der niedere Adel, die Ritter sowie die Studenten und Handwerker in Wien. In den letzten Monaten des Jahres 1407 kam es zu schweren Kämpfen, in denen sich die Truppen des Kanzlers unter Führung des Ritters Albrecht von Enzersdorf durch besondere Grausamkeit hervorgetan haben sollen. Der

Bischof von Passau, Georg von Hohenlohe, verhängte über sie den Bann und jedermann wußte, daß damit Bischof Berthold gemeint war, auch wenn sein Name nicht fiel. Im strengen Winter 1408 kam es zu einem vorläufigen Friedensschluß. Ernst zog sich zurück und Leopold konnte wieder nach Wien zurückkehren. Jetzt aber rächte er sich am Rat der Stadt, der während seiner Abwesenheit fünf Wortführer der Handwerkerpartei, die auf seiner Seite gestanden waren, hatte hinrichten lassen. Am 11. Juli 1408 wurden der Wiener Bürgermeister und zwei weitere Ratsherren nach kurzem Prozeß enthauptet. Die Schuld dafür schob man kurzerhand dem Herzogskanzler Berthold zu, wie man ihn überhaupt zum Sündenbock für das brutale Vorgehen der leopoldinischen Truppen im vergangenen Bürgerkrieg machte. Selbst die Freisinger Bischofsgeschichte übernahm später dieses Urteil, verlagerte fälschlich die Hinrichtung am Wiener Schweinemarkt in die ersten Regierungsjahre Bertholds und interpretierte sie als Strafe für ungebührliches Verhalten dem Kanzler gegenüber[27]. Es ist kaum auszumachen, ob und wie weit der Rat des Kanzlers für dieses zumindest unkluge Vorgehen Leopolds IV. ausschlaggebend war. Jedenfalls flammte der Bürgerkrieg daraufhin von neuem auf, bis endlich der Bischof von Trient, Georg von Liechtenstein, im Oktober 1408 einen Frieden herbeiführen konnte. Dabei soll zur Bedingung gemacht worden sein, Bischof Berthold müsse aus dem Kanzleramt entfernt werden. Der österreichische Chronist Thomas Ebendorfer (1387–1464) berichtet: „Darüber wurden geeignete Schriftstücke ausgefertigt, in denen vorgesehen war, daß der Freisinger Bischof sowohl aus der Kanzlei als auch aus Wien entfernt werden müsse. Als dies geschehen war, kam Österreich bis zum heutigen Tag zu Ruhe."[28] Doch in den Vertragsurkunden steht nichts von einer Entlassung Bertholds. Hier ist die Überlieferung bereits in passauisch-feindlicher Haltung eingefärbt. Die gemeinsame Anfrage von Herzog und Bischof an die Universität bezüglich der Haltung zum Konzil von Pisa im Februar 1409 zeigt weiterhin ein enges Verhältnis der beiden zueinander. Trotzdem blieb Berthold in den letzten Lebensjahren ein Gezeichneter, so daß ausgerechnet seine Universität aus Angst vor einem Skandal es nicht wagte, sich an den Trauerfeierlichkeiten nach dem Tod des Freisinger Bischofs zu beteiligen. Nur die Mitglieder der artistischen Fakultät begleiteten den Leichenzug mit brennenden Kerzen[29].

Kämpfe in Bayern

In den bayerischen Landen waren die Verhältnisse keineswegs ruhiger als in Österreich. Auch hier regierten drei Herzöge: Friedrich in Niederbayern, Stephan III. und Johann II. in Oberbayern, dazu noch die Straubinger Linie. Nach außen bildete Bayern bis 1392 noch eine Einheit. Dann aber rissen die

Kämpfe der Brüder und Vettern nicht mehr ab. Dazu gesellten sich die Machtkämpfe zwischen Zünften und Patriziern in München. Mit der einen, fast verhängnisvollen Ausnahme von 1394 gelang es Berthold, sein Hochstift neutral zu halten. So wurde Freising wenigstens siebenmal zum Treffpunkt für Friedensverhandlungen und Schiedssprüche, vorab für den bayerischen Landtag, und Berthold selbst gelegentlich zum Schiedsrichter.

Als Berthold Bischof von Freising geworden war, gab es bald einen kurzen Krieg zwischen Bayern und Salzburg-Österreich im Jahr 1382. Ausgelöst hatte ihn die gewaltsame Absetzung des strengen Propstes Ulrich I. Wulp von Berchtesgaden, der sich hilfesuchend an Herzog Friedrich wandte. Für Bayern war das ein willkommener Anlaß, gegen den salzburgischen Einfluß im Stiftsländchen Berchtesgaden einschreiten zu können. Die bayerischen Truppen verjagten die Salzburger Besatzung, aber auch Chorherren und Nonnen und plünderten das Stift. Als sich Österreich hinter Salzburg stellte, unterstützten die Herzöge Stephan III. und Johann ihren Bruder. Das ganze Debakel endete mit einem recht kläglichen Rückzug der Bayern. Bischof Berthold bekam 1384 die Aufgabe, die geistliche Seite dieses Streites zu schlichten und die Frage der Propstei zu regeln. Er ließ sowohl den alten wie den neuen Propst mit Geld abfinden und betraute den Salzburger Domherrn Konrad Torer mit der Leitung des Berchtesgadener Stiftes[30].

Die folgenden Jahre waren erfüllt von sozialen Unruhen in der Stadt München und vom Krieg der Städtebünde gegen Bayern. In München hatte das Aufbegehren des handwerklichen Mittelstandes gegen die alten Patrizier dem Ratsherrn Hans Impler den Kopf gekostet und die Stadt mußte dafür von Seiten der Herzöge tiefe Demütigungen in Kauf nehmen. Es war wie ein Vorspiel zur großen Stadtrevolution von 1398. Die Münchener Herzöge bauten sich nun die Neuveste am Rand der neuen Stadtmauer, um eine Tür ins Freie zu haben. Sie wollten durchaus nicht mehr von allen Seiten von den Bürgern geschützt sein. Die kostspielige Politik der älteren Brüder veranlaßte den bescheideneren Johann II., auf eine förmliche Teilung des Landes hinzuarbeiten, die 1392 zustande kam. Niederbayern blieb bei Friedrich. Oberbayern wurde geteilt in die Herrschaftsbereiche München und Ingolstadt. Das Los brachte Johann II. München, Stephan III. Ingolstadt. Da der Ingolstädter Herrschaftsbezirk stark zersplittert über das ganze Land hin verstreut war, hatte es Bischof Berthold in seiner Freisinger Diözese mit allen drei Herzögen zu tun. Das Gebiet um Ebersberg (Gericht Falkenburg) bis Wasserburg hin etwa beherrschte Stephan III. von Bayern-Ingolstadt. Der mit der Landesteilung erhoffte Friede währte nur kurze Zeit; denn schon 1393 starb Herzog Friedrich von Niederbayern. Er hinterließ einen siebenjährigen Sohn Heinrich, um dessen Vormundschaft jetzt der Kampf entbrannte.

Bald wurde in Ingolstadt und München zum Krieg gerüstet. Stephan III. und sein Sohn Ludwig der Bärtige hielten sich an König Wenzel. Johann II. von München und sein Sohn Ernst schlossen 1394 ein Bündnis mit den österreichischen Herzögen Albrecht III. und Wilhelm. Bischof Berthold schloß sich an. Als österreichischer Kanzler konnte er sich aus dieser Allianz nicht heraushalten[31]. Freilich wurde von ihm nicht ein militärisches Kontingent erwartet. Nur die Stadt sollte er zur Verfügung stellen, wofür Johann II. versprach, keinen Schaden dort anzurichten. Als der Krieg im Dezember 1394 ausbrach, galt denn auch der erste Angriff Herzog Ludwigs des Gebarteten der Freisinger Bischofsstadt. In der Christnacht sollte der bestochene Freisinger Richter Weinmair den Ingolstädter Truppen die Tore der Stadt öffnen. Aber der Verrat kam rechtzeitig auf und fand schwere Strafe. Schon etwas von der Legende umrankt schildert Veit Arnpeck den Hergang[32]:

„Der Bischof ließ den Freisinger Richter N. Weinmair auf dem Stadtmarkt enthaupten und seinen Diener vierteilen, wegen des Verrats, den er zugunsten Herzog Ludwigs von Ingolstadt geplant hatte. Denn dieser Herzog wollte in der Nacht der Geburt Christi, von begierlicher Habsucht geleitet, die Kirche von Freising ihrer mit Gold, Silber und kostbaren Edelsteinen geschmückten Kleinodien berauben. Aber durch die Macht Gottes wurde das verhindert. Als er nämlich mit bewaffneter Hand gegen Freising anrannte, schien es seinen vier Feldführern, als brennten ihre Lanzen. Sie selbst rannten wie geblendet umher und fanden sich am frühen Morgen vor den Toren Ingolstadts. Darum ging besagter Herzog Ludwig von Bayern in sich und versprach Gott und der seligen Maria, seiner Lebtag lang nie mehr etwas gegen die Freisinger Kirche unternehmen zu wollen. Zum Zeichen dafür schenkte er nach Freising zur Kirche der seligen Maria und des heiligen Korbinian sein in Silber gefertigtes Bildnis.“

Herzog Johann II. legte auf diesen Zwischenfall hin Schutztruppen in die Stadt Freising, während der Bischof versprach, von sich aus den Domberg zu verteidigen und keinen Separatfrieden zu schließen. Auch die Münchener Bürgerschaft verbündete sich mit dem Bischof[33]. Der Krieg dauerte etwa sechs Wochen, in denen zahlreiche Dörfer in Flammen aufgingen. An Freising wagten sich die Ingolstädter nicht mehr heran, aber die Münchener Herzöge berannten im Gegenschlag die Ingolstädter Herrschaftszentren, darunter im Freisinger Diözesangebiet den Markt Schwaben, der bis auf das Schloß völlig niedergebrannt wurde. Erst eine Entfremdung zwischen Stephan III. und König Wenzel führte auf Vermittlung der Landschaft noch im Jahr 1395 zum Ausgleich zwischen den Münchener und Ingolstädter Herzögen. Dabei wurde sogar wieder eine gemeinsame Regierung über Oberbayern vereinbart. Die silberne Votivfigur des Ingolstädter Herzogssohnes im Dom zu Freising, die später in eine Sigismundsbüste umgearbeitet wurde, ist ein Zeichen dieses neuen Friedens[34].

Der nächste Kampf ließ nicht lange auf sich warten. Nach dem Tod Herzog Johanns II. von München am 16. Juni 1397 stritten wieder dessen Söhne Ernst und Wilhelm III. gegen den Onkel und Vetter in Ingolstadt. Berthold konnte sich diesmal aus dem Streit heraushalten und erhielt auch von der Ingolstädter Partei die Zusicherung schadlosen Verhaltens in Freising[35]. Beide Seiten rüsteten zum Krieg, wobei sich in München der Kampf der beiden Linien mit den sozialen Kämpfen zwischen Patriziern und Handwerkerzünften vermischte. Die alten Ratsherrengeschlechter standen zu Ernst und Wilhelm III., die aufbegehrenden Handwerker zu Stephan III. und seinem Sohn Ludwig. Am 14. April 1398 stürmten die Zunftmitglieder unter Führung unzufriedener Patrizier das Münchener Rathaus und übernahmen die Regierung der Stadt, während im Umland die Herzöge sich gegenseitig Dörfer und Märkte zerstörten. Das neutrale Bischofsstädtchen Freising wurde wiederholt Schauplatz von Verhandlungen zwischen den streitenden Parteien. Aber selbst als die Fürsten sich im November 1402 geeinigt hatten und zur alten Landesteilung von 1392 zurückkehren wollten, wehrte sich die neue Stadtregierung von München und rüstete zum Widerstand aus Angst, die Herzogsbrüder Ernst und Wilhelm III. würden sich wegen des Umsturzes grausam rächen wollen. München wurde daraufhin von Ernst, Wilhelm und dem jugen Landshuter Heinrich belagert. Es bedurfte eines neuen Entscheides, gefällt am 31. Mai 1403 zu Freising, vermittelt durch Burggraf Friedrich von Nürnberg, der den Münchenern volle Amnestie in Aussicht stellte und so den Einzug der Herzöge am 1. Juni 1403 ermöglichte[36]. Die Unruhen im Raum der Diözese rissen aber nicht ab. Hatten sich jetzt die Münchener und Ingolstädter Herzöge einigermaßen geeinigt, so stritt nun der Ingolstädter Ludwig VII., der Gebartete, mit Herzog Heinrich XVI., dem Reichen, von Landshut. Zusammen mit Burggraf Friedrich von Nürnberg fällte dazu Bischof Berthold am 14. Mai 1408 zu Freising einen Entscheid, der freilich auch keinen Frieden brachte[37]. Als Berthold sich 1410 zum Sterben niederlegte, hatte eben Heinrich der Reiche in Landshut unter den des Widerstands bezichtigten Bürgern ein blutiges Exempel statuiert, und die oberbayerischen Herzöge einen Krieg mit Österreich begonnen, um sich Tirol zu holen.

Sorge um die Hochstiftsgüter

Im Vergleich dazu verläuft das Leben im Freisinger Hochstiftsland ruhig. Nur zwischen Garmisch und Partenkirchen muß Bischof Berthold im Jahr 1408 lang hingezogenen Händeln durch obersten Richterspruch ein Ende setzen. Es ging um das Weiderecht auf den Almen und vor allem um ausgewogenen Anteil am einträglichen Rottwesen. Partenkirchen lag eben unmittelbar an der Handelsstraße und besaß deshalb seit 1361 auch Marktrechte. Garmisch war nur ein Dorf, dafür aber Pfarrdorf. Partenkirchen und Mittenwald bildeten kirchlich nur Filialen der alten Martinskirche in Garmisch, obwohl sie wirtschaftlich der Mutterpfarrei überlegen waren. Bischof Berthold entschied nun, daß auch das etwas abgelegene Garmisch am Rottwesen zu beteiligen sei und zwar in jährlichem Wechsel, einmal zur Hälfte und einmal zu einem Drittel[38]. Klagen kamen auch aus Oberwölz in der Steiermark und aus Innichen, weil Berthold seine Hochstiftsbesitzungen kräftig zur Kasse bitten mußte, um die Prozeßkosten im Streit um seinen Anspruch auf Salzburg zahlen zu können[39]. An Neuerwerbungen größeren Stils für das Hochstift war um diese Zeit längst nicht mehr zu denken; ein Lehen höchstens einmal oder ein Weinberg[40], eine günstige Abrundung des Besitzes in der Herrschaft Ulmerfelden[41], einige Rückkäufe verpfändeter Rechte[42] oder ein Versuch, das längst entfremdete Schloß Godego im Venetianischen durch Übertragung an einen Sekretär vielleicht doch noch zurückzugewinnen[43]. Bertholds Name steht in der Freisinger Hochstiftsgeschichte nicht so sehr für Neuerwerbungen, als für Befestigungsbauten, die viel Geld verschlangen, aber aus den unruhigen Zeitläufen heraus notwendig erschienen[44]:

„Er setzte Städte und Burgen instand, soweit sie zur Freisinger Kirche gehörten. Die Stadt Enzersdorf umgab er mit einer Mauer; in Hollenburg baute er einen großen Teil des Schlosses, das nun nach seinem Namen Bertholdstein genannt wird. In Waidhofen baute er in der Burg einen neungeschoßigen Turm und um die Stadt zog er einen Graben. Ähnlich erneuerte er in Oberwölz die Burg Rothenfels mit Mauern und vielen anderen Gebäuden. Auch in Lack gab er der Stadt Mauer und Graben und erneuerte das untere Schloß. In der Mark Krain befestigte er Klingenfels und Preiseck mit ganz starken Mauern, wie man es dort an seinen Wappensteinen sehen kann. Beim Schloß in Freising schuf er einen Brunnen und erneuerte den Burggraben."

Sicher wurden all diese Baumaßnahmen größtenteils durch Scharwerksdienste der Untergebenen geleistet, aber es bleibt dennoch erstaunlich, daß die Finanzen des Hochstiftes zur Zeit Bischof Bertholds als ausgeglichen erscheinen, so daß Käufe, wenn auch kleineren Stiles, möglich sind.

Kirchenstrafen

Geld spielte auch eine wichtige Rolle im Verhältnis zu Rom. Hohe Servitienzahlungen bei Übernahme des Bischofsamtes waren seit Avignon zwar üblich, aber es berührt doch eigenartig, daß Zahlungsverzögerungen auch kurzfristiger Art sofort mit höchsten Kirchenstrafen geahndet wurden. Bischof Berthold konnte die letzte Rate seiner Servitien erst 1388 leisten und wird bei dieser

Gelegenheit in aller Form von der dadurch zugezogenen Exkommunikation befreit[45]. In frecher Weise bedrohte auch der päpstliche Gesandte Hermann von Bielefeld, ein skrupelloser Pfründenjäger, dem Namen und Einkommen nach u. a. auch Propst von St. Andreas in Freising, Bischof Berthold im Jahre 1393 mit Kirchenstrafen, falls er nicht binnen vier Wochen 150 Goldgulden zur Bestreitung seines Unterhalts in päpstlicher Mission übergebe. Hermann von Bielefeld war nach Bayern entsandt worden, um Ablaßgelder in München zu kassieren, und da diese Stadt zum Bistum Freising gehörte, hatte sich der Bischof seinen Forderungen zu beugen[46].

Schulen in Freising

Die Existenz zweier rivalisierender Knabenschulen auf dem Freisinger Domberg erweist ein Schlichtungsspruch Bischof Bertholds vom Frühjahr 1390[47]. Sowohl das Domstift als auch das Kanonikerstift von St. Andreas hatte je seine eigenen Scholaren. Nun war es zu tätlichen und verbalen Injurien gekommen – ob zwischen Schülern oder Lehrern wird nicht gesagt–, weil der Rektor der Domschule, Franz von Preysing, oberste Gewalt auch über die Scholaren von St. Andreas beanspruchte. Bischof Berthold wies diesen Anspruch zurück, bestätigte jeder der beiden Schulen absolute Eigenständigkeit und verbot auch jegliche Abwerbungsversuche der einen Schule von der anderen. Eltern und Schülern soll völlig freie Wahl bleiben. Nur wenn bei entsprechend schwacher Besetzung der Domschule die Liturgie der Kathedralkirche beeinträchtigt sein sollte, hat der Bischof oder sein Generalvikar das Recht, die Scholaren von St. Andreas zu diesem Zweck heranzuziehen.

Statut für das Domkapitel

Ratgeber in dieser Streitfrage war für den Bischof Domdekan Eglolf Hornpeck, den Berthold schon von seiner Studienzeit in Prag her kannte, und der bald Dompropst in Freising wurde. In dieser Eigenschaft hat er dem Freisinger Domkapitel ein neues Statut gegeben, das im wesentlichen bis zum Untergang des alten Bistums Gültigkeit hatte[48]. Es handelt von der Aufnahme in das Domkapitel, von den Bedingungen, die ein Kandidat erfüllen mußte, von den Pflichten und Rechten der Kanoniker, von den verschiedenen Ämtern, die zum Kapitel gehörten und vor allem von den Pflichten der Kapitulare bei der Feier der Liturgie im Dom. Grundlage für diese Freisinger Statuten waren die etwas älteren aus Regensburg, in die Eglolf von Hornpeck Freisinger Sonderheiten und

Verordnungen hiesiger Bischöfe eingearbeitet hat; so etwa das Verbot des Waffentragens in der Stadt, das auf Bischof Albert II. zurückgeht, oder die Verwaltung des äußerst einträglichen Opferstocks von der Wallfahrt zum hl. Sigismund im Dom.

Feste und Liturgie

Für den gesamten Klerus der Freisinger Kirche ließ Bischof Berthold durch den Domkanoniker Johannes Gerold ein neues, einheitliches Brevier zusammenstellen, das er mit Urkunde vom 29. Januar 1386 allgemein verpflichtend einführte[49]. Überhaupt zeigt dieser als hartherzig und waffenklirrend verrufene Bischof Berthold eine auffallend große Neigung zu Liturgie und kirchlichen Festen. Er war es, der nach jahrhundertelanger Verehrung erstmals ganz offiziell ein Fest des hl. Lantbert einführte[50]. Den Münchenern genehmigte er ein neu komponiertes Reimoffizium zu Ehren der hl. Apollonia[51] und der ganzen Diözese gebot er, das Fest Mariä Geburt mit vorausgehender Vigil und gebotenem Fasten zu feiern[52]. Bei dieser ausgeprägten Art der Marienverehrung erinnert man sich daran, daß Bischof Berthold in Wiener Theologenkreisen die These vertreten hat, Maria sei von Anfang an von der Erbschuld bewahrt gewesen.

Angesichts solchen Sinnes für kirchliche Feste verwundert es auch nicht mehr, in Bischof Berthold den Initiator zur großen Freisinger Fonleichnamsprozession zu entdecken[53]. Umzüge zu Fronleichnam kleineren Stils hat es in Weihenstephan und auch beim Dom schon früher gegeben. Berthold machte daraus einen großen Zug durch die ganze Stadt unter Beteiligung aller Stifte und Klöster. Im Stift St. Andreas hat sich eine Prozessionsanweisung aus dem Jahr 1407 erhalten[54]:

„Wenn die Prim gebetet ist, soll sich die Prozession mit dem Leib (des Herrn) in Bewegung setzen und es sollen durch Kanoniker und Vikare alle Reliquien dieser Kirche mitgetragen werden. Auch wir Kanoniker von St. Andreas halten es so mit unseren Vikaren und Scholaren, mit all unseren Reliquien, mit Fahnen und sonstiger Zier. In derselben Weise müssen auch die Herren von St. Veit und die Mönche zu unserer Kirche kommen. Wenn sie alle in Ordnung aufgestellt sind, sollen brennende Kerzen, Kreuze und Fahnen vorausgehen. Dann folgen prozessionsweise die Scholaren mit Blumenkränzen. Dahinter gehen die Kleriker mit den Reliquien in so ehrfurchtsvoller Weise, wie sie sich ihren Lohn von Gott erhoffen. Gleich darauf folgt der Bischof, wenn er da ist, sonst der Ranghöchste von der Domkirche, und zwar zusammen mit dem Leib des Herrn unter einem dafür zubereiteten Himmel. Diesen Himmel tragen die besseren Bürger der Stadt. Die Prozession geht von unserer Kirche durch die Johanneskapelle und den Berg hinunter zur Stadt; dann von der Stadt bis zum St. Veits-Tor, von da durch die ganze Stadt bis zu jenem Tor, das nach Neustift führt, vorbei am Spital, den Berg hinauf in Richtung der Peterskirche und dann oben um den Berg herum. Das ist noch zu beachten, daß jeder Bürger, an dessen Haus der Herrenleib vorbeigeht, zur Ehre und zum Lob des Leibes Christi Blumen und Gräser (auf den Weg) streut, sowie Bäume oder grüne Zweige (vor seinem Haus) aufstellt. Die Bürger bilden auch eine Ehrenwache mit ihren Waffen."

Kirchliche Kunst um 1400

Die Zeit um 1400 ist in der Kunstgeschichte für Bayern ein wichtiger Markstein, an dem in der Phase der Spätgotik erst langsam, dann immer rascher und breiter ein gewaltiges Schaffen an religiösen Kunstwerken anhebt. In der Zeit Bischof Bertholds gewinnt die Diözese Freising in allen wichtigen Zweigen der bildenden Kunst bereits erste Zeugnisse von hoher Qualität. Sie stehen fast durchwegs noch im Bann der Parler-Kunst vom Hofe Karls IV., gehen aber ebenso einen deutlichen Schritt weiter in selbständigem Empfinden. Gerade beim Meister Hans aus Burghausen, genannt Stethaimer, hat sich ein Streit darüber entwickelt, ob sein Stil nun „parlerisch" oder „antiparlerisch" sei. Jedenfalls setzt beides eine Beziehung zu dieser Schule voraus. Seit etwa 1387 zieht er in Landshut das gewaltige Martinsmünster in die Höhe. 1398 ist der Chor vollendet, und während das Langhaus allmählich Gestalt gewinnt, baut Stethaimer schon seit 1407 an seinem zweiten großen Landshuter Projekt, an der Spitalkirche zum Heiligen Geist. Mag bei St. Martin der Grundriß noch konservativ von der alten Bettelordensarchitektur hergenommen sein, so ist die gewaltige Halle mit drei gleich hohen Schiffen, das überschlanke, in schwindelnde Höhen führende Pfeilersystem seine ganz persönliche Sprache. In den Werken Stethaimers „zeigt sich die straffe, mit Massen kühn spielende Lust seiner steilhohen Räume. Ein Raumgestalter, der mit Licht und Schwerkraft spielt, nicht aus Artistischem, sondern aus der ganzen Fülle des großen Künstlers, den es reizt, Naturgesetzen zu trotzen. Zu schwindelnder Höhe steigen seine rohrschwanken Schiffpfeiler in St. Martin." (H. Karlinger) Freilich war es letztlich nicht der Trotz gegen die Gesetze der Schwerkraft, sondern eben eine subtile Kenntnis der statischen Gesetze, die es Stethaimer gestattete, bis an die äußersten Grenzen des technisch Möglichen zu gehen.

Der Tafelmalerei, die gerade in München zu besonderer Blüte führen sollte, eröffnete der Flügelaltar ein breites Betätigungsfeld. Die ältesten Bilder dieser Art in München stammen aus der Augustinerkirche. Sie zeigen in deutlich böhmischer Manier eine Kreuzigung Christi und die legendäre Auferweckung der Drusiana durch den Apostel Johannes (Bayerisches Nationalmuseum). Auch in diesen Bildern aus der Zeit um 1400 geht vor allem in der Kreuzigungsszene die ausgeprägte Darstellung des Schmerzes über das böhmisch Höfische hinaus. Etwas breiter sind die Zeugnisse der Glasmalerei aus dieser Zeit. In der

Münchener Liebfrauenkirche wurde eine Reihe von Tafeln aus dem romanischen in den gotischen Bau übernommen, darunter ein Passionszyklus um 1390 und ein Marienleben, das sog. Astalerfenster von 1395, benannt nach dem Stifter. Der Meister dieses Fensters ist sowohl vom Parler-Stil, als auch von Nürnberger Einflüssen geprägt und hat auch in Freising ein großes Fenster mit Marienleben in der Benediktuskirche gestaltet. Gestiftet wurde es dort von Dompropst Eglolf Hornpeck. Das Maßwerk zeigt das Wappen des Stifters, darunter ein teppichartiges Muster in Blau-Weiß-Gelb mit vier großen Medaillons, von denen drei erhalten sind: Maria als Tempeljungfrau, Mariä Verkündigung und Christi Geburt. Für die Freskomalerei im Bistum um 1400 bietet die alte Pfarrkirche von Garmisch ein gutes Beispiel. Hier sind ganz eindeutig italienische Einflüsse am Passionszyklus der gut erhaltenen Nordwand spürbar. Von der Steinplastik her wäre besonders der Schrenckaltar von 1407 in einer Seitenkapelle der Münchener Peterskirche zu nennen. In drei Geschoßen zeigt er das Kreuz mit verschiedenen Heiligengestalten und darüber das Jüngste Gericht. Entwicklungsgeschichtlich führt er bereits hin zum später so beliebten Schreinaltar. Dieses Werk, von einer Münchener Patrizierfamilie gestiftet, ist zugleich das älteste, vollständig erhaltene Altarwerk der Diözese.

Tod und Begräbnis

Bischof Berthold starb am 7. September 1410 zu Wien oder, wie die Freisinger Chroniken meinen[55], zu Klosterneuburg. Es war der Tag vor Mariä Geburt, den er in seinem Bistum zur feierlichen Vigil gemacht hatte. In Wien wütete in diesen Wochen die Pest. Sein Grab fand Bischof Berthold in der Familienkapelle der Wehinger beim Kreuzgang von Klosterneuburg, die er selbst 1394 geweiht hatte. Heute heißt sie „Freisinger Kapelle" und birgt immer noch das Hochgrab des Bischofs mit dem prächtigen Marmordenkmal. Über den Beisetzungsfeierlichkeiten lag noch der Schatten des wenige Jahre zurückliegenden Bürgerkrieges in Wien, so daß sich die meisten Mitglieder der Universität vom Begräbnis fernhielten. Die Überlieferung kannte von da an Berthold fast nur noch als harten und finsteren Mann, der zur Strafe dafür nachts im Kreuzgang von Klosterneuburg umherirren muß[56]. Eine fromme Nonne im Münchener Angerkloster will den Bischof am 28. August 1689 durch ihr Gebet aus dem Fegfeuer erlöst haben[57].

38. Bischof Konrad V. von Hebenstreit (1411–1412)

Genau 90 Jahre nach dem nicht näher greifbaren Giftmord an Konrad III. hat das Bistum Freising 1412 einen weiteren Oberhirten durch Mord verloren. Nach allem, was man weiß, sind dabei keine politischen Verwicklungen im Spiele gewesen. Bischof Konrad V. scheint einem Raubmord zum Opfer gefallen zu sein.

Zunächst hat das Freisinger Domkapitel nach dem Tod Bertholds durch rasches Zusammentreten versucht, den neuen Bischof wieder einmal selber zu bestimmen. Schon am 30. September 1410 fiel die Wahl auf den Domherrn Degenhard von Weichs, der seit 1379 dem Kapitel angehörte. Das Stammhaus dieser Ritterfamilie liegt bei Indersdorf an der Glonn. Degenhard war Schulmeister und Kastner Bischof Bertholds, dazu Propst von Moosburg und Domherr zu Augsburg[58]. Aber der einheimische Kandidat fand nicht die Bestätigung des Papstes.

Statt seiner bestimmte Papst Johannes XXIII. am 23. März 1411 den bisherigen Bischof von Gurk, Konrad von Hebenstreit, zum Freisinger Oberhirten. Degenhard von Weichs scheint in friedlicher Weise seine Ansprüche aufgegeben zu haben und begnügte sich als Ersatz mit der Überlassung der Kastenamtsgefälle[59]. Die Autorität Papst Johannes XXIII. war in Bayern bei Herzögen und Bischöfen so gut wie unbestritten, obwohl es nur der Zuwendung zur römischen oder avignonesischen Obödienz bedurft hätte, um andere Urteile in der Bischofsfrage zu erzielen. In Bayern aber hielt man zu den aus der Entscheidung des Konzils von Pisa hervorgegangenen Päpsten.

Trotzdem hat Bischof Konrad V. aus dem untersteiermärkischen Geschlecht der Hebenstreit[60] sein Bistum nie betreten. Möglicherweise hat das Freisinger Domkapitel zunächst noch versucht, den Papst zu einer Revision seines Entscheids zu bewegen. In der ersten Jahreshälfte von 1412 begegnet Konrad V. dann auf dem bischöflich-freisingischen Schloß zu Lack in Krain, wo er freundlich zwei Freisinger Bürger empfing, die ihm die übliche Bischofssteuer überbringen wollten[61].

„Einer hieß Gertl, der andere Goltschmit. Bischof Konrad jedoch erließ ihnen die Steuer. Im Jahr 1412 aber wurde er von seinen eigenen Kämmerern getötet, weil er 5000 Dukaten mit sich führte. Um diese beraubten sie ihn und legten ihm das Mordmesser in die Hand. Und als es Morgen geworden war, verbreiteten sie bei den Leuten die Nachricht, daß er sich selbst getötet habe. Diese abscheulichen Mörder fanden Glauben bei Klerus und Volk. Und sie begruben ihn im oberen Garten beim Schloß Lack. Dort blieb er wie ein Selbstmörder solange bestattet, bis der Vizekanzler des Papstes im Jahr des Herrn 1433 dem Freisinger Bischof Nikodemus schrieb, er sei nicht durch eigene Hand, sondern durch andere getötet worden. So wurde er durch eben diesen Bischof Nikodemus in allen Ehren ausgegraben, feierlich in die Pfarrkirche von Lack überführt und dort bestattet."

Das reiche Grafengeschlecht derer von Cilli mit ihrer namengebenden Burg in der Windischen Mark, etwa auf halbem Weg zwischen Laibach und Maribor (heute Celje), erfreute sich höchster Gunst bei König Sigismund, der seit 1411 das deutsche Reich regierte. Barbara, eine Tochter Graf Hermanns II. von Cilli, nahm sich König Sigismund zur Frau. Als der Freisinger Bischofsstuhl infolge des Mordes zu Lack so rasch wieder frei war, erinnerte man sich eines unehelichen, aber nachträglich legitimierten Sohnes Graf Hermanns II. von Cilli, der zu dieser Zeit eben in Bologna studierte. Es war gewiß kein Zufall, sondern königlicher Intervention zu verdanken, daß Papst Johannes XXIII. am 26. Juli 1412 diesen Sproß der Familie zum Freisinger Bischof bestellte[62]. Der Günstling des Papstes war aber noch zu jung, um die Bischofsweihe empfangen zu können, also noch nicht 30 Jahre alt. So war mit der Ernennung zum Bischof die päpstliche Dispens von der Minderjährigkeit verbunden, welche zwar nicht den Empfang der Bischofsweihe, aber doch den Regierungsantritt ermöglichte. Ein Jahr später, am 8. September 1413, am Kirchweihfest der Kathedrale, handelte der Vater des jungen Bischofs in Freising die notwendigen Modalitäten für seinen Sohn mit dem Kapitel aus. Man einigte sich darauf, Bischof Hermann solle dem Kapitel den herkömmlichen Eid leisten, das Kapitel dem Bischof Gehorsam versprechen und die zustehenden Einkünfte überantworten; der Bischof hingegen verspricht, alle die Kirche betreffenden Entscheidungen bis zu seiner Volljährigkeit nur nach dem Rat des Kapitels zu treffen[63]. Auch später mußte der Vater seinem bischöflichen Sohn in Freising noch zu Hilfe kommen, als er in finazielle Schwierigkeiten geriet und seine Servitien an den Papst nicht zahlen konnte. In der Fastenzeit des Jahres 1417 lieh er ihm 10 000 Gulden, nahm dafür aber die Herrschaft Lack für vier Jahre als Pfand[64]. Überhaupt scheint es mit den Finanzen des Hochstifts nicht zum besten gestanden zu haben. Vielleicht trug dazu auch die Hofhaltung zu Konstanz ihren Teil mit dazu bei, die in aller Regel seitens der Bischöfe nicht gerade bescheiden war. Die Herrschaft Burgrain konnte zwar aus der Verpfändung wieder gelöst werden, aber dafür geriet die Grafschaft Werdenfels in fremde Hände[65].

Das Konzil von Konstanz

Bischof Hermann hat am Konzil von Konstanz (1414–1418) teilgenommen, wie der gesamte bayerische Episkopat. Auch das Domkapitel hat in der Person des Dompropstes Eglolf von Hornpeck seinen eigenen Vertreter entsandt. Eigene Initiativen seitens des Freisinger Bischofs oder Domkapitels auf dem Konzil sind nicht bekannt. Die Interessen der bayerischen Kirche deckten sich mit denen König Sigismunds und gingen auch, abgesehen von einem während der Konzilstage blutig ausgetragenen Zwist der Herzöge Ludwig VII. von Ingolstadt und Heinrich XVI. von Landshut, mit den Wünschen der bayerischen Herzöge konform. Das Problem des Schismas war 1417 mit der Wahl Papst Martins V. endlich gelöst, die Glaubensfrage in den Irrlehren Wyclifs mit der Verbrennung des Prager Magisters Jan Hus und seines Freundes Hieronymus von Prag aber keineswegs bereinigt.

Im großen Anliegen einer umfassenden Reform der Kirche schuf das Konzil zwar Ansätze, führte sie aber nicht mit der nötigen Entschiedenheit weiter.

Was Bischof Hermann und sein Dompropst vom Konstanzer Konzil mit nach Hause brachten, war einmal ein noch von Papst Johannes XXIII. 1415 ausgestelltes Privileg, demzufolge künftig alle Freisinger Kollegiatstifte in Bayern und in Österreich jeweils einen Freisinger Domherren zum Propst haben sollten, ebenso eine Reihe wichtiger Pfarreien, vor allem in den Hochstiftsgebieten, nur aus den Reihen des Domkapitels besetzt zu werden hatten[66]. Hier ist von einer Reform der Kirche, die ja gerade auch mit der leidigen Pfründenhäufung zu kämpfen hatte, noch nichts zu spüren. Der neue, nun allgemein anerkannte Papst Martin V., ließ wenige Wochen nach seiner Wahl am 23. Dezember 1417 für den Freisinger Klerus ein recht allgemein formuliertes Immunitätsprivileg ausstellen[67]. Doch den Bischöfen war es wichtig. Das zeigt in aller Deutlichkeit ein Bündnis zum Schutz der geistlichen Immunitätsrechte, das im Sommer 1419 alle Bischöfe der Salzburger Kirchenprovinz mit dem Versprechen gegenseitiger Unterstützung schlossen[68]. Da diesem Bündnis auch König Sigismund seine volle Unterstützung versprach, hatten die Bischöfe nun sowohl die oberste geistliche wie weltliche Macht hinter sich. Gerichtet war das Schutzbündnis gegen die Territorialfürsten und gegen die Magistrate in den Städten, die gelegentlich, wie etwa in Regensburg, die Gerichtshoheit über Personen im kirchlichen Dienst beanspruchten. Geistliche Immunität bedeutete territorial gesehen die absolute Gerichtsbarkeit des Bischofs über alle Untertanen im Hochstiftsbereich, aber auch personell Steuerfreiheit und eigene Gerichtshoheit für den gesamten Klerus und die Dienstleute der Kirche.

Die Salzburger Reformsynode

Auch das Konzil von Konstanz hatte die Frage der Kirchenreform arg schwerlastig als eine Verfassungsfrage betrachtet. Trotzdem fehlte der geistliche Erneuerungswille nicht völlig. Er setzte sich nun in den einzelnen Kirchenprovinzen und Bistümern fort, wenn auch mit recht unterschiedlichem Nachdruck.

Ein Großteil der bayerischen Bischöfe, darunter auch Hermann von Freising, traf sich noch im Jahr des Konzilsschlusses zu Salzburg, um über die Reform zu beraten. Es kamen dabei 34 Artikel heraus. Ein Großteil davon waren freilich nur wörtliche Wiederholungen alter Verordnungen oder Kleidervorschriften: Juden haben als Erkennungszeichen unbedingt ihre spitzen Hüte zu tragen; Kleriker müssen mit dem Verlust ihres Anzuges rechnen, wenn sie in weltlicher statt geistlicher Kleidung angetroffen werden; die Frauen sollen unter Androhung der Exkommunikation gehalten werden, keine allzu aufwendigen Kleider zu tragen. In einigen Punkten aber stößt die Provinzialsynode dann doch zum Kern der Reform vor, so etwa, wenn sie von den Pfründenträgern, die nicht selbst die Seelsorge ausüben, fordert, daß sie ihren Vikaren ein anständiges Einkommen sichern. Der niedere Klerus war weithin bettelarm und völlig von der Gunst jener „höheren" Kleriker abhängig, die Pfründe um Pfründe erwarben, um sie dann gegen einen Hungerlohn an Vikare weiterzuverpachten. Das generelle Problem der Pfründenhäufung auf oberer Ebene wagte man in Salzburg 1418 noch nicht anzugehen. Lediglich den Verwaltern einer Seelsorgsstelle wurde verboten, eine weitere Vikarie zur Verbesserung des Einkommens mithinzunehmen. Über bescheidene Ansätze ist die Salzburger Reformsynode nicht hinausgekommen. Entschieden reagierten die versammelten Bischöfe und Prälaten nur gegen die drohenden Irrlehren aus Böhmen. Art. 32 bestimmte: Da die wiklifitische und hussitische Ketzerei in die Provinz eindringen will, darf niemand einen Häretiker predigen lassen oder aufnehmen; solche Leute müssen vielmehr der Obrigkeit angezeigt werden. Die Herzöge und Grafen haben solche Leute verhaften zu lassen und solange festzuhalten, bis man von der Aufrichtigkeit ihrer Besserung überzeugt ist[69].

Im Lauf des Jahres 1419 fanden dann in den einzelnen Bistümern Diözesansynoden statt, auf denen die Reformgedanken von Konstanz und Salzburg konkreten Erfolg bringen sollten. Daß auch in Freising eine solche stattgefunden hat, ist sicher, inhaltlich ist sie nicht bekannt. Bischof Hermann erließ lediglich noch das ausdrückliche Verbot, daß Preister mehr als einmal täglich die Messe feiern.

Klosterreformen

Der Reformgedanke kam aber nicht nur vom Konzil und von den Bischöfen, sondern auch aus klösterlichen Bewegungen heraus. In einem immer mehr zunehmenden Privateigentum der Mönche, verbunden mit gegenläufiger Verarmung des Klosters als Gemeinschaftsgut, sahen Zeitgenossen die Hauptursache des Verfalls am geistlichen und sittlichen Leben. Die Sorge um die

Privatgüter gab den Mönchen allzu reichliche Gelegenheit, sich aus dem Kloster zu entfernen, und zerbrach das Gemeinschaftsleben. Die Visitationsprotokolle der folgenden Jahre zeichnen dafür ein düsteres Bild. Wenn die Klöster im Bistum Freising, von einzelnen Ausnahmen abgesehen, dabei in relativ günstigem Licht erscheinen, so ist das u. a. vor allem zwei Reformbewegungen zu verdanken, die schon um 1417/1418 auf augustinischer Seite in Indersdorf und auf benediktinischer Seite in Weihenstephan Fuß fassen konnten. Eine von Böhmen ausgehende Reformbewegung der Augustinerchorherrenstifte, die sog. „Raudnitzer Gewohnheiten", gelangte über Neunkirchen am Brand, zwischen Nürnberg und Forchheim, nach Indersdorf. Hier war es Propst Erhard Prunner, der die neuen Reformideen mit den Raudnitz-Neunkirchner Statuten einführte. Sie haben sich im Handschriftenbestand von Indersdorf erhalten (Clm 7720) und breiteten sich von da über viele bayerische Chorherrenstifte aus, so daß man geradezu von einer Indersdorfer Reformbewegung sprechen kann. Über die alte Regelbeobachtung hinaus fordern die Raudnitzer Statuten die Chorherren zu wissenschaftlicher Arbeit und tätiger Nächstenliebe auf. Das Totenbuch von Indersdorf bezeugt, daß unter Propst Erhard Prunner „die solange darniederliegende Regelbeobachtung ihren Ausgang genommen hat"[70]. Eine ähnliche Erneuerungsbewegung auf benediktinischer Ebene ging vom oberpfälzischen Reformkloster Kastl aus und kam mit Abt Eberhard II. nach Weihenstephan. Sie erreichte aber nicht eine ähnliche Streuweite wie Indersdorf, weil sie im Süden Bayerns bald von der Melker Reform überdeckt wurde. Der Grundgedanke der Kastler Reform war wiederum Rückkehr zur strengen Benediktinerregel, verbunden mit den alten Reformideen von Cluny und Hirsau. Abt Eberhard II. (1416–1448) stellte sein Kloster Weihenstephan sofort nach Amtsantritt unter den besonderen Schutz des niederbayerischen Herzogs und gab dann 1418 seinem Konvent die strengen Reformstatuten (Clm 1045). In der Einleitung dazu heißt es:

„Nach der Lehre des heiligen Meisters Benedikt wohl wissend, daß die Fehler der Schüler auf die Schuld des Abtes fallen, wünschen wir, Eberhard, durch Gottes Erbarmen Abt des Klosters zum heiligen Michael in Weihenstephan, im Jahre 1418 nach Absicht und Übereinstimmung der Brüder unserer Gemeinschaft und nach reiflicher und sorgsamer Überlegung und Erwägung, Gott allein vor Augen, den Zustand unseres heiligen Ordens zu erneuern und von Grund auf zu verbessern."

Der erste Teil der Statuten behandelt Liturgie und Stundengebet, der zweite Teil in aller Ausführlichkeit die Disziplin des Klosters und seine Hausordnung[71]. Sogar eine Neugründung kann das Bistum in den Jahren Hermanns von Cilli verzeichnen. Am 13. Mai 1414 stellte Georg der Fraunberger den Stiftungsbrief für ein kleines Kloster der Augustinereremiten zu Ramsau bei Haag aus[72]. So bescheiden dieses Klösterchen auch war, es hielt sich bis zur Säkularisation und konnte in seiner Kirche einmal sogar einen Papst begrüßen, als Pius VI. 1782 von Wien nach München reiste.

Einflußreiche Freunde Bischof Hermanns brachten es zuwege, daß Papst Martin V. ihn von Freising weg auf das Bistum Trient transferierte. Doch die Ernennung wurde wenig später zurückgenommen. Ausschlaggebend dafür war vermutlich ein körperliches Gebrechen, das Hermann schon mit nach Freising brachte und das die Trienter Domherren offenbar nicht hinnehmen wollten. Er war mit einem schweren Bruchleiden behaftet. Um davon loszukommen, begab sich Hermann von Freising auf das Stammschloß seines Vaters und unterzog sich einer Operation. Diese aber hat er nicht überlebt. Er starb zu Cilli am 13. Dezember 1421 und wurde in der dortigen Pfarrkirche St. Daniel bestattet[73].

40. Bischof Nikodemus della Scala (1422–1443)

Ein erster Schimmer von Renaissance und humanistischer Bildung gelangt mit Bischof Nikodemus della Scala nach Freising. Sein klangvoller Name verweist auf das mächtige Fürstenhaus der Scaliger, die in ihren besten Zeiten über Verona, Vicenza, Treviso und Padua herrschten. Ihre prunkvollen Grabmäler auf offenem Platz vor S. Maria Antica zu Verona zeugen vom stolzen Selbstbewußtsein einer mächtigen Familie, die ihre Ahnen hoch zu Roß, gepanzert und mit gezücktem Schwert der Öffentlichkeit präsentiert. Diese Machtfülle war freilich längst dahingeschmolzen, als Nikodemus della Scala den Freisinger Bischofsstuhl bestieg. Seit 1375 gab es keine legitimen Scaliger mehr. Die illegitimen Nachfahren konnten gegenüber der Republik Venedig die Veroneser Stadtherrschaft nicht mehr behaupten. Ein Zweig dieses Geschlechtes, die Familie des Guglielmo della Scala, wanderte nach Bayern aus und nannte sich nun die Herren „von der Leiter"[74]. Guglielmos ältester Sohn Brunorio wurde königlicher Statthalter im Ingolstädter Land und als er dieses Amt niederlegte, folgte ihm darin sein Bruder Paul. Zwei Schwestern heirateten bayerische Edelleute. Nikodemus lebte als Kleriker mit Subdiakonatsweihe in Landshut. Einige Jahre soll er Schatzmeister Herzog Heinrichs XVI., des Reichen, gewesen sein. Aventin erzählt, der Landshuter Herzog habe für die Zeit seines Kriegszuges nach Preußen die recht zerrüttete Finanzverwaltung des Landes in die Hände eines einfachen Weltpriesters gelegt und sie am Ende wohlgeordnet wieder übernommen. Obwohl er keinen Namen nennt, bezieht man diese Stelle mit gewissem Recht auf Nikodemus della Scala[75]. Die enge Bindung an den niederbayerischen Herzog wird jedenfalls deutlich in dem Augenblick, da Nikodemus um den Freisinger Bischofsstuhl kämpft.

Schon bei der Transferierung Hermanns von Cilli nach Trient am 29. März 1420 hatte Papst Martin V. auf Betreiben Herzog Heinrichs des Reichen Nikodemus für Freising providiert. Mit dem Widerruf der Transferierung wurde jedoch diese Berufung hinfällig. Nach dem Tod Hermanns von Cilli schalteten sich nun drei Interessengruppen für die Neubesetzung Freisings ein. Das Domkapitel entschied sich nach mehreren ergebnislosen Wahlgängen auf dem Weg des Kompromisses für Johannes Grünwalder, Doktor der Rechte und Pfarrer von St. Peter zu München, einen unehelichen Sohn Herzog Johanns II. von Bayern–München. Vom Hindernis der unehelichen Geburt war schon früher dispensiert worden. Der Papst verwarf die Postulation nun wegen mangelnden Alters. Der Münchener Herzogsfamilie wäre der Kandidat begreiflicherweise sehr gelegen gewesen und das Freisinger Kapitel versprach sich wohl Nutzen aus der engen Bindung an die Familie Wittelsbach. Aber der Papst entschied sich am 29. März 1422 für den schon einmal in Aussicht genommenen Nikodemus della Scala, den der Landshuter Herzog favorisierte[76]. Einen dritten Kandidaten führten die Habsburger ein. Herzog Albrecht V. wollte Albrecht von Pottendorf auf den Freisinger Bischofsstuhl bringen, da er mit der Familie derer von der Leiter kurz vorher in Fehde gelegen war. Albrecht versuchte dem Papst klarzumachen, wie vorteilhaft die Ernennung eines Österreichers sei, da sich ohnehin die meisten Freisinger Güter auf österreichischem Boden befänden. Doch der Papst blieb bei Nikodemus della Scala und forderte Herzog Albrecht V. auf, dem neuen Freisinger Bischof bei der Besitzergreifung in Österreich behilflich zu sein. Der Habsburger hat sich dem Entscheid offenbar als erster gebeugt. In der Folgezeit entwickelte sich ein gutes Verhältnis zwischen Nikodemus und Albrecht V. Auf dem Baseler Konzil war der Freisinger Bischof Vertreter des österreichischen Herzogs[77].

Viel schwerer war sein Stand in Bayern. Die Münchener Herzöge Ernst und Wilhelm III. winkten mit der Herrschaft Werdenfels, die sie als kostbares Pfand an sich gebracht hatten. Hermann von Cilli hatte sie an Heinrich und Barbara Adeltzhauser verpfänden müssen, und die hatten sie an die Münchener Herzöge weitergegeben. Nun erklärten sie sich bereit, aus Freundschaft gegenüber ihrem „lieben Brudern dem Postulaten" Johannes Grünwalder die Herrschaft Werdenfels sofort herauszugeben, auch wenn die Pfandsumme nicht sogleich bezahlt werden könnte[78]. Stillschweigende Voraussetzung dafür war natürlich die Anerkennung des unehelichen Wittelsbachers als Bischof von Freising. Dieser Brief ging am 30. April 1423 von München nach Freising, zu einem Zeitpunkt, da Nikodemus sich bereits über ein Jahr als rechtmäßiger Bischof betrachten konnte und durch Kaiser Sigismund auch schon die Regalien empfangen hatte (26. August 1422)⁷⁹. Drohbriefe des Papstes an das widersetzliche Kapitel in Freising und an die Münchener Herzöge blieben ohne Wirkung⁸⁰, ebenso dessen Ermächtigung an Nikodemus, gegen alle Widersacher mit strengen Strafen einschreiten zu dürfen⁸¹. Nochmals protestierten die Münchener Herzöge und das Freisinger Domkapitel am 28. Juni 1423 gegen Nikodemus als Bischof und hielten an ihrem Postulaten fest, bis endlich in der zweiten Jahreshälfte 1423 durch Vermittlung des Salzburger Erzbischofs ein Vergleich zustande kam. Johannes Grünwalder verzichtete in aller Form auf seine Ansprüche als Bischof von Freising, erhielt dafür eine jährliche Zahlung und die Position eines ständigen Generalvikars⁸².

Einzug in Freising und bischöflicher Alltag

Nikodemus della Scala hat sich doch durchsetzen können und am 7. Dezember 1423 zieht er endlich in Freising ein. Der Magistrat der Stadt geht ihm zum Murntor entgegen und begrüßt dort den aus Landshut anreisenden Bischof. Es werden ihm eine Anerkennungssteuer in Höhe von 20 ungarischen Gulden und Fische für 3 Gulden überreicht. Und plötzlich zeigt sich, daß die Münchener Front so geschlossen doch nicht war. Am 1. Februar 1424 zahlt Nikodemus 1000 von 2500 Gulden zurück, die ihm ausgerechnet Herzog Wilhelm III. von München im Streit mit Grünwalder um den Bischofsstuhl geliehen hatte⁸³. Auch die Werdenfelser Frage läßt sich jetzt lösen. Die Herzöge geben die Herrschaft im August 1425 an ihren „besonders lieben Freund Herrn Nikodemus Bischofen zu Freising" zurück und erlassen dabei sogar eine Gebühr in Höhe von 500 Gulden³⁴. Bald gelingt es Nikodemus auch, die Burgen Klingenfels und Preiseck in Krain wieder einzulösen⁸⁵. Schwieriger ist es mit Burgrain. Nikodemus erreicht zwar 1425 einen Schiedsspruch zu seinen Gunsten durch Herzog Heinrich von Landshut im Streit mit Georg von Fraunberg, sieht sich aber gezwungen, die Herrschaft weniger später wieder an den niederbayerischen Herzog zu verpfänden⁸⁶.
Als einen politischen Erfolg betrachtete man es in Freising, daß Herzog Heinrich der Reiche, der faktisch im Besitz von Moosburg war, diese Stadt als Lehen aus der Hand des Bischofs annahm und damit die Oberhoheit des Hochstifts über Moosburg anerkannte⁸⁷. Nikodemus ließ sich diesen Rechtstitel durch Kaiser Sigismund 1434 zu Ulm bestätigen⁸⁸, ohne freilich auf die Dauer Moosburg damit zu einem Bestandteil des Hochstifts machen zu können.
Sonst aber bleibt die Regierungstätigkeit des Bischofs Nikodemus recht farblos. Offenbar ist er längere Zeit nicht in Freising. Er ist päpstlicher Kämmerer und hat in dieser Eigenschaft Geschäftsreisen für Martin V. zu unternehmen⁸⁹. Auch

die hussitischen Wirren halten ihn mehrfach vom Bistum fern[90]. Regensburg hatte zwar wesentlich mehr unter den hussitischen Einfällen zu leiden als das Bistum Freising, aber für die meist ergebnislosen Gegenschläge mußte Nikodemus Krieger zur Verfügung stellen, 1431 etwa 100 gepanzerte Reiter[91]. Kleinere Streitigkeiten waren in München zu schlichten, bei denen es darum ging, ob dem Pfarrer von St. Peter ein Vorrang gegenüber dem von der Frauenkirche zustehe, wer von beiden als erster in der Frühe zur Messe läuten dürfe und wer bei der großen Fronleichnamsprozession das Allerheiligste tragen solle. Bischof Nikodemus stellte in einem Entscheid vom November 1428 weitgehende Gleichberechtigung her, nur in seiner Eigenschaft als Dekan steht dem Pfarrer von St. Peter ein gewisser Vorrang zu[92].

Die Visitation der Klöster

Die große Aufgabe dieser Jahre war eine gründliche Reform des Klerus und der Klöster nach den Dekreten des Konstanzer Konzils. Darin waren sich Nikodemus della Scala und sein Generalvikar Johannes Grünwalder einig. Die Hauptlast der Visitationen und Reformen trug dabei Johannes Grünwalder, wie es ihm als ständigem Vikar des Bischofs in geistlichen Angelegenheiten zukam. Zunächst wandte man sich an den Weltklerus der Diözese. Am 12. März 1424 erteilte Erzbischof Eberhard III. von Salzburg in seiner Eigenschaft als Apostolischer Delegat dem Freisinger Generalvikar unmittelbar die Vollmacht, den Klerus der Diözese von Kirchenstrafen zu lösen, wenn sie zur Besserung bereit wären[93]. Zwei Wochen später, am 26. März 1424, richtete Grünwalder, nun auch im Namen und Auftrag seines Bischofs, ein Schreiben an den gesamten Klerus des Bistums und an die Ordensoberen, in dem er seine Befugnis zur Absolution von Delikten gegen die Synodalstatuten mitteilt. Namentlich nennt er dabei die Vernachlässigung der Predigt, der Beichte und das Konkubinat. Er fordert alle Betroffenen auf, sich unverzüglich noch vor Ostern um die Absolution zu bemühen[94]. Der Erfolg dieser Aktion ist urkundlich nicht greifbar, doch läßt die Ernsthaftigkeit der folgenden Klosterreformen darauf schließen, daß es Johannes Grünwalder sehr ernst war um die innere Erneuerung des Bistums.

Am 11. April 1426 richtete Papst Martin V. ein Schreiben an die Bischöfe von Freising, Augsburg und Regensburg mit der Aufforderung, entweder persönlich oder durch einen Stellvertreter eine strenge Visitation der Klöster durchzuführen. Ausdrücklich werden auch die dem Hl. Stuhl direkt unterstellten Konvente in den Auftrag einbezogen. Bewährte Mitglieder des jeweiligen Ordens und Lehrmeister der Theologie oder des kirchlichen Rechtes sollen den Visitator begleiten. Wenn es notwendig ist, soll auch die Unterstützung des weltlichen Armes beigezogen werden[95]. Nikodemus empfing den Brief im Freisinger Hof zu Wien und gab am 24. Juli 1426 den Auftrag an seinen Generalvikar nach Freising weiter. Die Münchener Herzöge Ernst und Wilhelm III. sagten am 29. September 1426 dem Unternehmen von vornherein jede Unterstützung zu[96]:

„Und was die in den Sachen handeln und tun, das ist alles unser Wille und Meinung."

Kloster Tegernsee

Grünwalder begann sein Reformwerk unverzüglich im alten Kloster Tegernsee. Dabei begleitete ihn der Prior von Melk, Petrus von Rosenheim, der einst selbst in Tegernsee Mönch war, dann in Wien studierte und die strenge Benediktinerreform in Subiaco persönlich kennengelernt hatte. Petrus von Rosenheim war eine Schlüsselfigur der Melker Reformbewegung geworden[97]. Neben ihm standen Johann von Ochsenhausen, ebenfalls ein Melker Mönch und Dekan Johann Prunner vom Augustinerchorherrenstift Indersdorf. Die Kommission befand, das Kloster Tegernsee liege in geistlichen und weltlichen Dingen arg darnieder und bedürfe dringend einer Erneuerung an Haupt und Gliedern. Den bisherigen Abt Hildebrand Kastner zwang man zur Resignation und der Konvent wählte auf den Rat der Visitatoren hin, wenn auch nicht ohne Schwierigkeiten, den rangniedersten und erst 24 Jahre alten Mönch Kaspar Ayndorffer zum neuen Abt des Klosters. Das war eine der glücklichsten Entscheidungen im Reformwerk Grünwalders. Tegernsee wurde nun selbst zu einem Mittelpunkt der Melker Reform in Bayern und erlebte eine neue Blütezeit. Abt Ayndorffer verzichtete auf die alten Rechte eines Reichsklosters, gewährte auch nichtadeligen Männern Zutritt, führte die Regeln von Subiaco ein und hatte engen Kontakt mit Nikolaus von Cusa, für den im Kloster immer eine Zelle bereitstand[98].

Weitere Klöster und Stifte im Bistum

Noch im gleichen Jahr 1426 visitierte Johannes Grünwalder das Benediktinerkloster Weihenstephan bei Freising sowie die Augustinerchorherrenstifte Dietramszell, Rottenbuch und Beuerberg. Dann folgten Scheyern, Ebersberg und die Augustinerchorherren in Indersdorf, Beyharting und Weyarn. Weihenstephan, das erst vor kurzem die Kastler Reform eingeführt hatte, erwies sich in recht günstiger Verfassung. Indersdorf mit seinen Raudnitzer Statuten konnte gar als Musterbeispiel eines reformierten Augustinerstiftes gelten. Dekan Johann Prunner von Indersdorf reformierte persönlich 24 Augustinerstifte, und 31 Chorherren traten von Indersdorf in andere Konvente über, um die Erneuerung in diesen Häusern zu gewährleisten. Auch Dietramszell scheint den Ansprüchen der Visitatoren entsprochen zu haben. Dagegen mußte in Rottenbuch und in Beuerberg jeweils der Propst abgesetzt und durch einen anderen ersetzt werden. Nicht besser stand es bei den Benediktinern in Scheyern. Nur hatte hier bei der Neubesetzung des Abtstuhles Johannes Grünwalder keine auch nur entfernt so glückliche Hand, wie im Jahr zuvor in Tegernsee. Der neue Abt Konrad VI. war seiner Aufgabe nicht gewachsen, machte eine neuerliche Visitation erforderlich und mußte 1436 schließlich doch wieder abgesetzt werden[99].

Kloster Ebersberg

Am schlimmsten stand es mit der Klosterzucht in der Benediktinerabtei Ebersberg. Dabei ist die Schuld nicht so sehr den Mönchen, als nahezu ausschließlich deren skrupellosem Abt Simon Kastner zuzuweisen. Ebersberg gehörte zum Territorium Bayern–Ingolstadt. Mit Hilfe Herzog Stephans III. war 1412 der Konvent gezwungen worden, Simon Kastner als Abt zu wählen. Es war dabei viel Geld im Spiel und die Mönche ließen sich aus Angst vor Repressalien des Herzogs einschüchtern. Die Folgen waren verheerend. Der Abt lebte mit seiner Konkubine und den Kindern im Kloster, tafelte reichlich mit Freunden, riß gewaltsam die Klostersiegel an sich und verkaufte für seine Zwecke ein Klostergut nach dem anderen, ohne daß die Mönche auch nur erfuhren, was dem Kloster noch gehörte und was nicht mehr. Alle Mahnungen aus Freising, Salzburg und vom Münchener Herzogshof blieben ergebnislos. Johannes Grünwalder mußte sich schon den Vorwurf gefallen lassen, er visitiere alle möglichen Klöster, nur nicht Ebersberg, wo es am dringendsten sei. Am 4. Oktober 1427 begann eine Kommission von fünf Personen, unter ihnen auch Herzog Wilhelm III. von München, endlich die Befragungen in Ebersberg. In geschickter Ausnützung der Wittelsbacher Uneinigkeit unter den Vettern in München, Landshut und Ingolstadt wandte sich der Abt noch rasch an Heinrich den Reichen von Landshut. Der versuchte auch tatsächlich, die Arbeit Grünwalders massiv zu beeinflussen. Aber das Ergebnis der Untersuchung war derart katastrophal, daß Abt Simon Kastner am 8. Oktober 1427 von den Visitatoren abgesetzt wurde, nachdem er zu einem freiwilligen Rücktritt nicht zu bewegen war.
Der abgesetzte Simon Kastner wurde nach Freising gebracht und in einem Turm, der als Gefängnis für Priester diente, in Gewahrsam gehalten. Als bekannt

wurde, daß Herzog Heinrich ihn gewaltsam befreien wolle, übergab man den Gefangenen an die Münchener Herzöge. Nun drohte der Landshuter, alle Freisinger Güter in seinem Herrschaftsbezirk zu beschlagnahmen, falls der Abt nicht auf freien Fuß gesetzt würde. Bischof Nikodemus willigte schließlich in die Freilassung ein, nachdem er sich von Simon Kastner eidlich versprechen ließ, er werde weder gegen den neuen Abt Christian von Ebersberg noch gegen die Visitatoren etwas unternehmen, sondern das Absetzungsurteil anerkennen.

Nun wandte sich Simon Kastner am 19. November 1428 an ein römisches Gericht. Noch ehe ein Urteil ergangen war, erzwang er sich am 25. Juni 1429 mit Hilfe von Beamten und Soldaten Herzog Ludwigs VII. von Ingolstadt gewaltsam den Eintritt ins Kloster Ebersberg. Der Konvent war machtlos und konnte lediglich auf Protokollierung des Vorfalls bestehen. Wenigstens aber beeindruckte dieses Vorgehen Kastners das Römische Gericht, das die Klage Kastners zurückwies und Christian als rechtmäßigen Abt bestätigte. Kastner zog seinen Prozeß durch zwei weitere römische Instanzen, hatte aber keinen Erfolg. Ende 1430 wurde er exkommuniziert, am 31. Januar 1431, da er persönlich in Rom war, wieder losgesprochen. Nach dem Tod Martins V. bat Kastner den neuen Papst Eugen IV. um Annullierung der bisher ergangenen Urteile. Neue Zeugen wurden gehört, die zu seinen Gunsten aussagten, und im Schlußurteil wurde Simon Kastner wieder als Abt von Ebersberg eingesetzt. Nun traf auf sein Betreiben Johannes Grünwalder die Exkommunikation. Der Freisinger Generalvikar hat sich allerdings bald von ihr befreien können. Der Prozeß wurde nochmals vor dem Konzil in Basel aufgerollt und in mehreren Instanzen durchgefochten. Zuletzt stellte sich auch Kardinal Nikolaus von Cusa als Ankläger neben Johannes Grünwalder. Aber Simon Kastner mißachtete einfach die Urteile, appellierte an Papst Eugen IV., der ihm schon einmal geholfen hatte. Das wiederum wollte das Konzil nicht. Aus grundsätzlichen Erwägungen heraus wollte man ein Verfahren, das schon drei Konzilsinstanzen durchlaufen hatte, nicht noch einmal dem Papst überantworten. So blieb Simon Kastner bis zu seinem Tod 1442 als Abt von Ebersberg im Amt[100].

So beschämend der Mißerfolg in Ebersberg auch war, er blieb doch eine Ausnahme. Insgesamt ist das Reformwerk Grünwalders in den Klöstern gelungen und Bischof Nikodemus hat sich in allen Fällen hinter die Entscheidungen seines Generalvikars gestellt. Die neuen Äbte und Prioren ließ er durch seinen Weihbischof Albert in ihr Amt einführen.

Das Konzil von Basel

Die entschieden angegangene und im ganzen erfolgreiche Klosterreform prädestinierte Johannes Grünwalder geradezu zur wichtigen Schlüsselfigur auf dem 17. Allgemeinen Konzil von Basel. Papst Martin V., der Konzilspapst von Konstanz, hatte es noch einberufen. Sein Nachfolger Eugen IV. (1431–1447) ließ es im Juli 1431 eröffnen. Wie selten auf einem Konzil war die Diözese Freising diesmal mit zahlreichen Persönlichkeiten in gewichtigen Positionen vertreten. Herzog Wilhelm III. von München zog als Vertreter König Sigismunds nach Basel, der zwar größtes Interesse für die Kirchenversammlung hegte, sich zunächst aber doch die Kaiserkrone in Rom holen wollte[101]. Bischof Nikodemus war wenigstens acht Monate beim Konzil und vertrat zugleich Herzog Albrecht V. von Österreich. Der Generalvikar Johannes Grünwalder vertrat das Bistum. Propst Heinrich Fleckel von St. Andreas in Freising besaß eine wichtige Funktion im Ausschuß für allgemeine Angelegenheiten und hielt Reden für den Münchener Herzog, der der lateinischen Sprache nicht mächtig war. Aus dem Reformkloster Indersdorf erschien der Augustinerchorherr Peter Fries und aus Tegernsee der Mönch Ulrich Stöckl, der seinem Abt in 46 Briefen gewissenhaft Bericht erstattete über den Verlauf des Konzils[102]. Darüber hinaus begegnen auch wieder Petrus von Rosenheim und Johann von Ochsenhausen, die mit Johannes Grünwalder das Werk der Klostervisitation im Bistum geleitet hatten.
Die Konzilsteilnehmer kamen nur sehr zögernd angereist. Am 14. Dezember 1431 fand die erste feierliche Sitzung statt und schon am 18. Dezember löste Papst Eugen IV. aus Angst vor einer Überordnung des Konzils über die Gewalt des Papsttums die Kirchenversammlung wieder auf. Aber damit war jetzt die Synode nicht mehr zu sprengen. Viele Teilnehmer blieben trotz der Warnungen des päpstlichen Legaten Giuliano Cesarini in Basel und die bisher Säumigen, aber am Konzil Interessierten reisten nach. Seit Januar 1432 ist Grünwalder am Konzilsort nachzuweisen und noch im selben Jahr erschien auch sein Bischof Nikodemus, zu einem Zeitpunkt also, da die Versammlung offiziell aufgelöst war. Die Situation entspannte sich wieder, als Eugen IV. am 15. Dezember 1433 die Auflösung wieder zurücknahm. In der Zwischenzeit hatten sich vier große Ausschüsse gebildet, die ihre Arbeit nun mit Billigung der päpstlichen Legaten fortführen konnten. (Allgemeine Angelegenheiten, Glaubensfragen, Kirchenreform und Landfriede.)
Bischof Nikodemus von Freising wurde am 21. Mai 1432 von den Konzilsteilnehmern ausdrücklich gebeten, in Basel zu erscheinen. Am 5. Juli 1432 stellte er sich dort mit zwei Theologen der Wiener Universität als Vertreter Herzog Albrechts V. von Österreich vor. Noch im selben Monat erließ er von Basel aus eine Verordnung gegen die Konkubinarier unter den Priestern seiner Diözese.

Ende September 1432 regelte er in seiner Baseler Wohnung eine Angelegenheit mit dem Freisinger Domkapitel, das verlangte, man solle die Pflegschaftsurkunden für die verschiedenen bischöflichen Burgen künftig nicht mehr im Bischofsarchiv, sondern beim Domkapitel hinterlegen[103]. Bei der häufigen Abwesenheit des Bischofs hat die Unzugänglichkeit der Urkunden offenbar zu Schwierigkeiten geführt. Bald darauf ist Nikodemus mit einer Gesandtschaft zum Frankfurter Fürstentag gezogen, der am 4. Oktober 1432 stattfand. Dabei hat ihn Enea Silvio Piccolomini begleitet, der spätere Papst Pius II. Enea Silvio war mit Kardinal Domenico Capranica zum Baseler Konzil gekommen, hatte sich dann von ihm getrennt und arbeitete einige Monate für den Freisinger Bischof als Sekretär[104]. Lang trug ihn diese Beschäftigung freilich nicht. Der junge Piccolomini mußte sich wieder nach einem neuen Herrn umsehen, als Bischof Nikodemus Ende Januar 1433 nach Freising zurückkehrte und seinen Konzilssekretär in Basel zurückließ. Nikodemus hat sein Versprechen, wieder nach Basel zu gehen, nicht eingelöst. Er war offenbar krank[105].

Johannes Grünwalder auf dem Konzil von Basel

Ganz anders blieb sein Generalvikar Johannes Grünwalder eine tragende Figur des Baseler Konzils. Sein wichtigstes Arbeitsfeld lag im Ausschuß für die Reform der Kirche, doch war er auch Verbindungsdelegierter zum Ausschuß für allgemeine Fragen. Dazu übertrug man Grünwalder eine große Fülle von Sonderaufgaben, mit denen das Konzil beschäftigt war. Freising etwa führte 1433 vor dem Konzil einen Prozeß gegen Herzog Ludwig den Gebarteten wegen dessen Bedrückungen und Übergriffe auf bischöfliches Gut und bischöfliche Amtsleute[106]. Johannes Grünwalder wurde eingeschaltet in die Friedensverhandlungen zwischen den Königen von Frankreich und England (1433). Er hatte sich im Auftrag des Konzils mit der Prozeßführung der römischen Kurie zu befassen (1434), die Frage der Aufhebung aller Annaten und Taxen für Rom zu prüfen (1435), das herrschende Ablaßwesen theologisch zu untersuchen (1435) und im Auftrag einer deutschen Gesandtschaft die Frage des Verhandlungsortes mit den Griechen zu klären (1436). All das ist nur ein Ausschnitt aus der Vielfalt der Konzilsarbeit Grünwalders. Mit nur zwei kurzen Unterbrechungen war er bis Ende April 1437 ständig am Konzilsort anwesend[107].

Die Heimkehr nach Freising war sicher erforderlich wegen dringender Geschäfte im Bistum. Das Konzil dauerte immerhin schon sechs Jahre. Außerdem wollte Grünwalder die Reformgedanken so rasch als möglich an Ort und Stelle in die Tat umsetzen. Mindestens zwei Diözesansynoden sind für die Zeit nach seinem Weggang aus Basel nachzuweisen: eine im April 1438 und eine im Juli 1439[108].

In dieser Zeit kamen aus Basel bedrängende Briefe an Grünwalder, die ihn beschworen, er möge so schnell als möglich zum Konzil zurückkehren. Seine Anwesenheit sei dringend erforderlich[109]. Absender dieser Zeilen war Kardinal Ludwig, Erzbischof von Arles, der das Baseler Konzil mit der Mehrheit seiner Teilnehmer gegen Papst Eugen IV. und seine Verlegungsdekrete zu retten suchte. Die Lage hatte sich seit der Abreise Grünwalders zugespitzt. Die Rücksicht auf die Vertreter der griechischen Kirche, mit denen man in Unionsverhandlungen stand, waren für den Papst willkommener Anlaß, die längst suspekte Versammlung zu Basel am 18. September 1437 aufzulösen und das Konzil nach Ferrara zu verlegen. Die Mehrheit weigerte sich, diesem Erlaß Folge zu leisten. Am 25. Juni 1439 erklärte die Versammlung zu Basel Eugen IV. als abgesetzt und am 5. November 1439 wählte sie Herzog Amadeus von Savoyen zum neuen Papst, der sich Felix V. nannte. Es sollte der letzte Gegenpapst in der Geschichte der abendländischen Kirche sein. Johannes Grünwalder war während dieser stürmischen Monate nicht in Basel. Aber die Entscheidung war zweifellos in seinem Sinne. Wie viele andere glaubte er in der Taktik Eugens IV. ein Ausweichen vor der entscheidenden Reformfrage der Kirche erkennen zu können. Außerdem war er theologisch fest überzeugt von der Superiorität Allgemeiner Konzilien über die Gewalt des Papstes.

Grünwalders konziliaristische Gedanken

Johannes Grünwalder hat seine Position in dieser Frage der Kirchenverfassung eingehend dargelegt in einem „Traktat über die Autorität Allgemeiner Konzilien"[110]: Christus allein ist das Haupt der Kirche, die sich in den Allgemeinen Konzilien repräsentiert. Die Konzilien haben ihre Gewalt unmittelbar von Christus. Auch der Papst hat ihnen Gehorsam zu leisten. Er kann die Dekrete der Konzilien nicht aufheben, sondern lediglich nach Ort und Zeit interpretieren. Als oberster Gerichtshof der Kirche kann das Konzil die Befugnisse des Papstes einschränken, was seiner Würde keinen Eintrag tut. Von einem Gerichtsverfahren des Konzils ist eine Appellation an das päpstliche Gericht grundsätzlich nicht möglich. Das Konzil hat seine eigene, ihr von Christus übertragene Jurisdiktion.
Grünwalder argumentiert in seinem Traktat mit der Schrift, vornehmlich der Apostelgeschichte, mit vielen Zitaten der Kirchenväter und mit Beispielen aus der jüngsten Kirchengeschichte seiner Zeit, etwa dem Konzil von Konstanz. Seine Gedanken sind nicht neu, sondern eher eine Zusammenfassung dessen, was schon im Zusammenhang mit dem Konstanzer Konzil vorgetragen wurde. Zum eigentlichen Kernpunkt der Frage, zum Zueinander von Konzil und Papst

als integrierendem Faktor der Kirche, ist Grünwalder nicht vorgestoßen. Er konnte oder wollte diese Problematik nicht sehen.

Noch ein anderes Ereignis hat Johannes Grünwalder zur Feder greifen lassen. 1437 war Kaiser Sigismund gestorben. In Deutschland haben sich daraufhin die Kurfürsten auf dem Frankfurter Fürstentag zur „kurfürstlichen Neutralität" zusammengeschlossen. Sie verpflichteten sich, bis nach der Königswahl im Streit zwischen Papst und Baseler Konzil eine neutrale Haltung einzunehmen. Albrecht II., der neue König (1438–1439), hielt an dieser Neutralitätspolitik fest, auch noch sein Nachfolger König Friedrich III., bis er sich 1445 endlich doch für Eugen IV. entschied. In den Jahren 1438–1445 war die Neutralität den geistlichen und weltlichen Kurfürsten ein willkommenes Alibi, sich nicht entscheiden zu müssen. Grünwalder galt diese Politik der Neutralität als Verrat an der Kirche und als Häresie. Nochmals verfaßte er einen Traktat „Gegen die Neutralität"[111]. Theologisch geht er davon aus, daß das Allgemeine Konzil die Gesamtkirche darstellt, außerhalb derer es kein Heil gibt. Darum kann es keine Neutralität dem Konzil gegenüber geben. Sie ist Häresie. „Worin unterscheidet sich diese Neutralität von den Griechen und anderen Ungläubigen, welche die römische Kirche und die in den Generalsynoden dargestellte Gesamtkirche nicht anerkennen? Wenn schon einer in Häresie verfällt, der eine Privileg der römischen Kirche aufzuheben sucht, um wieviel mehr jener, der das auf dem Konstanzer Konzil festgelegte Privileg der Gesamtkriche ‚Über die höchste Gewalt' aufzuheben und zu leugnen sucht." Bitter bemerkt Grünwalder: „Hätte das Konzil nicht die Hand an die Reform gelegt, würde es nicht so viele Gegner gefunden haben." Seiner Meinung nach kann ohne eigene Zustimmung das Konzil auch vom Papst nicht aufgelöst werden. Und einem wahren Katholiken ist es nicht erlaubt, auf irgend einem Wege der Neutralität von der Einheit der Kirche abzugehen.

Noch einen anderen literarischen Mitstreiter zog Grünwalder 1441 nach Basel nach, den an der Wiener Universität ausgebildeten und jetzt an der Münchener Peterskirche angestellten Theologen Johannes Keck. Auch er hat einen Traktat über das Baseler Konzil mit Widmung an seinen Freund Johannes Grünwalder verfaßt[112], dazu weitere Abhandlungen über die Bedeutung und den Rang Allgemeiner Konzilien. Wie der Freisinger Generalvikar war er ein geschätzter Prediger auf dem Konzil zu Basel. Gegenpapst Felix V. holte ihn als Magister der Theologie an die von ihm gegründete Konzilsuniversität zu Basel. Johannes Keck ist dann schon 1442 als Mönch in Tegernsee eingetreten[113].

Seit Juli 1440 war Johannes Grünwalder wieder in Basel. Am 10. Juli 1440 hielt er eine große Predigt vor der ganzen Versammlung und Papst Felix V. über das Thema: „Überschreite nicht die alten Grenzen, die deine Väter gesetzt haben". Darin mahnt er den neuen Gegenpapst, anders als der abgesetzte Eugen IV. sich den Dekreten des Konzils unterzuordnen. Dazu überreichte er seinen Vollmachtsbrief, kraft dessen er sich als Vertreter Herzog Albrechts III. von Bayern–München auswies, der sich offen zum Baseler Konzil und zum Gegenpapst bekannte. Ein solch klares Bekenntnis war bei der sonst meist praktizierten Neutralität der Fürsten ein großer Erfolg für das Konzil. Nicht zu Unrecht schrieb man das Verdienst dafür dem Freisinger Generalvikar zu. Der Dank ließ auch nicht lange auf sich warten. Am 12. Oktober 1440 war Johannes Grünwalder unter jenen acht, denen Papst Felix V. den roten Kardinalshut überreichte. Er führte jetzt den Titel „Johannes vicarius Frisingensis presbiter et cardinalis tit. s. Martini in Montibus".

Johannes Grünwalder als Kardinal

Spätestens seit diesem Jahr 1440 gab es keine Gemeinsamkeit mehr zwischen Bischof Nikodemus della Scala und seinem Generalvikar. Schon in der ersten Konzilsperiode war es zu Spannungen zwischen den beiden gekommen, als Weihenstephan gegen den Bischof wegen zu hoher Konzilsabgaben klagte. Damals drohte man sogar mit Exkommunikation und Nikodemus mußte in seinem Generalvikar den eigentlichen Widersacher erkennen, der am 15. Oktober 1433 zum Kommissär gegen die Bedrückungen der Klöster bestellt wurde[114]. Jetzt, nachdem Grünwalder Kardinal des Gegenpapstes geworden war, gab es keine Gemeinsamkeit mehr. Nikodemus entzog ihm die Stellung des ständigen Generalvikars und gab sie Johann Symonis, während Grünwalder als seinen Vertreter Johannes Tulbeck eingesetzt hatte. Der Streit kam vor das Gericht Felix V. und der entschied natürlich für Kardinal Grünwalder. Aber alle Versuche, zwischen dem Freisinger Bischof und seinem Generalvikar zu vermitteln, schlugen fehl[115]. Geradezu peinlich wurde die Situation, als Grünwalder am 6. Dezember 1440 mit allen Würden als päpstlicher Legat und neuernannter Kardinal in Freising Einzug hielt, obwohl er wußte, daß Bischof Nikodemus eindeutig zu Eugen IV. stand. Nicht so Herzog Albrecht III. von München. Er gestaltete als Anhänger Felix' V. die Reise Grünwalders, der unterwegs war zum Nürnberger Reichstag, als kleinen Triumphzug durch Bayern, zog ihm entgegen und gab ihm feierliches Geleit. Auch beim Landshuter Herzog und beim Salzburger Erzbischof traf Grünwalder auf große Sympathien für den Gegenpapst. Der Kardinal machte bei dieser Reise reichlich Gebrauch von seinen geistlichen Vollmachten und verlieh zahlreichen Kloster- und Pfarrkirchen im Freisinger Bistum Ablässe[116].

Nikodemus als Reformbischof

Für Bischof Nikodemus della Scala galt die Befürchtung, die Grünwalder im Traktat gegen die Neutralität geäußert hat, nicht; daß nämlich lediglich Unlust und Angst vor der Reformarbeit viele Fürsten und Bischöfe zu Gegnern des Konzils gemacht habe. Nikodemus bekannte sich offen für den rechtmäßigen Papst Eugen IV. und lehnte das Baseler Konzil nach der Auflösungsbulle von 1437 ab. Aber er stand voll hinter den Reformdekreten der Allgemeinen Synode, solange sie in Einheit mit dem römischen Papst arbeitete. Das beweist die großangelegte Freisinger Diözesansynode vom 2. September 1440 in Gegenwart des Bischofs. Johannes Keck, zu diesem Zeitpunkt noch nicht in Basel, hielt die Predigt vor versammelten Äbten, Pröpsten, Doktoren und Pfarrern[117]. In 26 Kapiteln verabschiedete dann die Synode ein umfangreiches Reformprogramm in engem Anschluß an römische und Baseler Dekrete[118].

Nikodemus und Enea Silvio Piccolomini

„Einen in jeder Hinsicht verehrungswürdigen Mann" nennt Enea Silvio Piccolomini Bischof Nikodemus della Scala. Der bekannte Humanist und spätere Papst Pius II. hat dem Freisinger Bischof ein literarisches Denkmal gesetzt, indem er ihn zum Mitglied einer imaginären Gesprächsrunde machte, in der fünf Personen über die Lage von Kirche und Reich disputieren. Dieser „Pentalogus de rebus ecclesiae et imperii"[119] ist Anfang 1443 entstanden, also kurz vor dem Tod des Bischofs. Ziel dieser Schrift ist es, den König zu entschiedenem Eingreifen zu veranlassen, um die Sache des Reiches in Italien zu stärken und die Einheit der Kirche wiederherzustellen. Nur in einem neuen Konzil sieht Enea Silvio Piccolomini eine reale Möglichkeit, das Schisma zu beseitigen. Partner seiner Gesprächsrunde sind König Friedrich III., dessen Kanzler Kaspar Schlick, Bischof Silvester von Chiemsee und Bischof Nikodemus von Freising. Enea sucht zu dieser Zeit eine Stellung am Wiener Hof und da ihm dabei Kanzler Schlick, wie auch der Bischof von Chiemsee behilflich waren, wird man Ähnliches auch von Nikodemus vermuten dürfen. Er hatte den jungen Kleriker ja schon in Basel für kurze Zeit in seinen Diensten. Ob auch die Gedankenwelt des Humanismus die beiden verband, ist nicht sicher zu erweisen, aber wahrscheinlich. Nikodemus stammt aus Italien und an den Höfen seiner Vorfahren haben einst Dante und Petrarca verkehrt.

Pretiosen für den Freisinger Dom

Die Freisinger Chronisten rühmen vor allem die großzügigen Stiftungen ihres italienischen Bischofs für die Domkirche[120]. Er schenkte ihr ein beryllgeschmücktes Armreliquiar des hl. Korbinian, ein kostbares Pektorale mit Amethyst, mehrere Meßgewänder, einen großen Kelch, eine mit Edelsteinen und Perlen gezierte Mitra, vor allem aber den neuen Hochaltar von Jakob Kaschauer in Wien und ein Marienbild, das man dem hl. Lukas selbst zuschrieb. Diese Stücke waren es, die in Freising das Andenken an Nikodemus della Scala wach hielten. In ihnen dokumentieren sich, auf die bescheidenen Freisinger Verhältnisse zugeschnitten, Prunk und Mäzenatentum des italienischen Fürstensohnes.

Als „Humanist" ganz eigener Prägung erweist sich Bischof Nikodemus mit seinem Auftrag für einen neuen Freisinger Hochaltar in der Werkstatt des Jakob Kaschauer zu Wien. Leider sind von diesem Flügelaltar nur die drei Hauptfiguren des Mittelschreines und das Stifterbildnis erhalten[121]. Die Tafelbilder der Flügel sind verschollen. Aber schon in den drei lebensgroßen Heiligenfiguren wird das völlig Neue sichtbar, das mit dem Freisinger Altar von Wien in die bayerische Kunstlandschaft tritt. Es sind schwere, blockhafte Figuren. Zwar fehlt nicht die Majestät der Ausstrahlung, aber die Heiligen sind zu realen Menschen geworden. Das Madonnenbild hat sich von der verklärten Jungfrau zur irdischen Frau und Mutter gewandelt und dabei den Ernst und die Würde des individuellen Menschenbildes verstärkt. Auch in der Darstellung des spielenden Kindes kommt die Individualität des Kindlichen zum Ausdruck. Das Jesuskind kann nur mühsam von den Händen der Mutter gehalten werden. Es strebt, wie der Blick Marias, dem Betrachter zu und winkt ihm mit dem Kopftuch der Mutter.

Noch ein anderes, viel älteres Marienbild hat Nikodemus della Scala seiner Domkirche geschenkt, das sog. Freisinger Lukasbild, eine byzantinische Ikone des 12. Jahrhunderts. Sie kam als Geschenk des griechischen Kaisers in den Besitz des Mailänder Fürsten Galeazzo Visconti, gelangte dann nach England und schließlich zu Brunorio della Scala, der es dann seinem Bruder in Freising schenkte[122]. Nikodemus hat das hochverehrte Bild am 23. September 1440 der Domkirche übergeben und für die Marienfesttage, an denen es öffentlich gezeigt wurde, mit Ablässen ausgestattet.

Am 13. August 1443 ist Nikodemus della Scala in Wien gestorben. Er wurde dort in der Augustinerkirche vor dem Kreuzaltar begraben. Ein Grabmal gibt es heute nicht mehr.

41. Ernannter Bischof Heinrich II. Schlick (1443–1448)

Ein großer Teil der Freisinger Bischofschroniken zählt Heinrich Schlick nicht zu den rechtmäßigen Bischöfen auf dem Stuhl des hl. Korbinian. Sie betrachten ihn als Gegenbischof oder Eindringling und die fünf Jahre zwischen 1443 und 1448 lediglich als verlängerte Zeit des Kampfes um das Recht der Nachfolge nach dem Tod des Nikodemus della Scala[123].

Gründe dafür sind die mangelnde Bischofsweihe und das übergangene Recht des Freisinger Domkapitels. Wollte man aber diese Maßstäbe konsequent anlegen, dann müßte auch die von Avignon aus diktierte Bischofsliste des 14. Jahrhunderts anders aussehen und dürfte eine Reihe anderer Bischöfe nicht mitgezählt werden, die ebenfalls nicht zu den Weihen gekommen sind. Heinrich Schlick war über einige Jahre hin vom Papst ernannter Bischof, wenn er sich auch in Freising nicht behaupten konnte.

Freilich ist es ein trauriges Spiel von Protektion und Intrigen, das den Bruder des allmächtigen Königskanzlers in die Reihe der Freisinger Bischöfe gebracht hat. Am 13. September 1443 trat das Domkapitel zur Wahl zusammen und entschied sich einstimmig für den schon einmal 1422 gewählten Johannes Grünwalder, mittlerweile Kardinal des Gegenpapstes Felix V. Die Wahl wurde ordnungsgemäß beim Salzburger Metropoliten angezeigt und von Erzbischof Friedrich IV. auch bestätigt. Am 10. Oktober hielt Grünwalder Einzug in Freising. Die Domherren erwarteten ihn vor der Stiftskirche St. Johannes mit den Reliquien des hl. Korbinian. Der neuerwählte Bischof kniete nieder, küßte die Reliquien und leistete dem Kapitel den üblichen Eid. Dann zog man in die Domkirche ein und feierte eine Messe zu Ehren des hl. Korbinian. Anschließend wurde Johannes Grünwalder zur Bischofsresidenz geleitet, wo er die Schlüssel in Empfang nahm[124]. Doch anderwärts wurde mit Eifer daran gearbeitet, Grünwalder den Bischofsstuhl nicht zu lassen. Als er beim Salzburger Erzbischof um die Bischofsweihe und beim König um die Regalien nachsuchte, stieß er auf Widerstand.

Kaspar Schlick, der schon in der dritten Königsgeneration als mächtiger Kanzler in Diensten stand, setzte alles daran, seinen Bruder Heinrich zum Bischof von Freising zu machen. Heinrich Schlick stammte aus Eger in Böhmen und besaß Domherrnstellen in Prag, Regensburg und Freising[125]. Sein Bruder Kaspar bemühte sich für Heinrich an mindestens vier Stellen: bei König Friedrich III., bei Papst Eugen IV., beim Baseler Konzil und beim Salzburger Erzbischof. Die vorerst immer noch gültige Politik der Neutralität zwischen Eugen IV. und dem Baseler Restkonzil machte ihm solches Vorgehen möglich. Er konnte sie sogar weidlich ausnützen, weil es weder Papst Eugen IV. noch die Baseler Konzilspartei mit dem König verderben wollte und jedermann um den großen

Einfluß des Kanzlers auf seinen König wußte. Als sich auch Grünwalder auf die Neutralität berief und die Regalien vom König forderte, erntete er nur Spott und Hohn. Er, der so kämpferisch gegen die Neutralität aufgetreten war und solche Haltung als Häresie vom Konzil deklariert wissen wollte, habe kein Recht, sich nun auf sie zu berufen. Eine höchst unerfreuliche Rolle spielte dabei Enea Silvio Piccolomini, der als Sekretär des königlichen Kanzlers nun mit scharfer Feder Reden und Briefe aufsetzte, die weder vor Beleidigung noch vor Verleumdung halt machten. Der Freisinger Bischofsstreit wurde zu einem trüben, von Opportunismus gezeichnetem Kapitel in der Geschichte des bekannten Humanisten und späteren Papstes Pius II.[126].

Das Baseler Konzil hat sich nach anfänglichem Zögern, in der Hoffnung, doch noch den König zu gewinnen, schließlich für Johannes Grünwalder entschieden[127]. Auch Papst Eugen IV. ließ sich Zeit mit seiner Antwort. Erst im Januar 1444 hatte der Kanzler die Provisionsbriefe für seinen Bruder in der Hand. Dabei ist die Verleihungsurkunde mit Datum vom 12. September 1443 versehen[128]. Das ist genau ein Tag vor der Wahl des Domkapitels. Man kann sich des Eindrucks nicht erwehren, als sei hier künstlich zurückdatiert worden. Der Streit zog sich hin und es kam sogar zu Tätlichkeiten. Die Burg Rotenfels über Oberwölz in der Steiermark war in den Händen Grünwalders. Sie wurde 1444 erstürmt, und der Freisinger Hauptmann mußte mit seinen Leuten den Ort räumen[129]. Am 7. Mai 1445 beauftragte Papst Eugen IV. eine Kommission, Heinrich Schlick im Bistum und Hochstift Freising zu seinem Recht zu verhelfen[130]. Im Jahr darauf ermächtigte der Papst Heinrich Schlick, gegen Johannes Grünwalder, „den Sohn der Bosheit", und dessen Anhänger mit kirchlichen Strafen vorzugehen, über Stadt und Diözese Freising das Interdikt zu verhängen und nötigenfalls den weltlichen Arm der Gewalt zu Hilfe zu rufen[131]. Wenige Wochen später, am 5. Februar 1446, versicherte Eugen IV. Heinrich Schlick nochmals ausdrücklich, die Freisinger Frage fiele nicht unter seine Zugeständnisse an das Baseler Konzil und dessen Anhänger, soweit er diesen Amnestie gewährt habe[132]. Auch Papst Nikolaus V., der 1447 auf Eugen IV. folgte, bestätigte noch am 30. August dieses Jahres die Rechte Bischof Heinrichs und befahl, Grünwalder „öffentlich als Exkommunizierten, Gebannten, Schismatiker und Häretiker zu deklarieren, wenn er sich nicht Unseren Anordnungen beugt"[133]. Um so erstaunter war Papst Nikolaus V., als König Friedrich nun plötzlich den Bruder seines Kanzlers fallen ließ, offen Johannes Grünwalder favorisierte und den Papst bat, dem Heinrich Schlick „ewiges Stillschweigen" aufzuerlegen. Er könne das jetzt nicht mit Worten oder Briefen äußern, aber es gäbe viele Gründe, warum Heinrich als Bischof von Freising untragbar sei. Eine solche Kurskorrektur mußte der Römische Stuhl als Zumutung empfinden, nachdem schon so viele Briefe zur Unterstützung Heinrichs abgegangen waren.

Nikolaus V. aber willigte schließlich doch ein. Am 23. Mai 1448 verlieh König Friedrich Johannes Grünwalder die Regalien. Am 21. August 1448 verzichtete Heinrich Schlick auf seine Ansprüche und erhielt als Entschädigung 1000 ungarische Dukaten, dazu die lebenslängliche Nutzung der Herrschaft Oberwölz in der Steiermark mit der Burg Rotenfels. Der Papst genehmigte schließlich am 15. Januar 1449 diesen Verzicht Heinrichs II., nachdem Johannes Grünwalder vor dem päpstlichen Kardinallegaten Johann Carvajal dem römischen Stuhl Treue gelobt und seinen Kardinalstitel abgelegt hatte[134].

Heinrich II. Schlick ist es in all diesen Jahren seines Anspruchs auf Freising nicht gelungen, in die Bischofsstadt einzuziehen. Statt seiner regierte faktisch Johannes Grünwalder in diözesanen und landesherrlichen Fragen, freilich mit den Beschränkungen, die ihm die Nichtanerkennung des Königs bei den österreichischen Besitzungen auferlegte. Grünwalder vermittelte mehrfach bei Streitigkeiten zwischen dem Kapitel und dem Rat der Stadt Freising und bestätigte etwa den neugewählten Abt von Rott am Inn. Er hielt in diesen Jahren wenigstens einmal, am 17. November 1444, eine Diözesansynode ab[135].

42. Bischof Johann III. Grünwalder (1448–1452)

Als Johannes Grünwalder endlich doch noch allgemeine Anerkennung und päpstliche Bestätigung als Bischof von Freising gefunden hatte, waren seine besten Jahre schon vorbei. Sein großes Verdienst um die Diözese erwarb er sich als Generalvikar in den ersten Jahren des Bischofs Nikodemus della Scala, als er mit Eifer die Reform des Klerus und der Klöster betrieb. Dann folgte in den Jahren des Baseler Konzils eine zunehmende Entfremdung und schließlich der Bruch mit Nikodemus. Johannes Grünwalder war vom Erfolg des Konstanzer Konzils über das Schisma in der Kirche derart fasziniert, daß er sich fortan theologisch ganz dem Konziliarismus verschrieb, der Überordnung Allgemeiner Konzilien über die Gewalt des Papstes. Die Frage nach der konkreten Zuordnung beider Autoritäten blieb vorerst ungeklärt. Als Kardinal des Gegenpapstes Felix' V. wurde Grünwalder zu einer tragenden Gestalt des Baseler Restkonzils und zur Spottfigur bei geistlichen und weltlichen Fürsten Deutschlands, die sich der Neutralität verschrieben hatten. Bereits zweimal ordnungsgemäß zum Freisinger Bischof gewählt, erschien dem Kapitel nach dem Verzicht Heinrich Schlicks eine neuerliche Wahl jetzt nicht nötig. Die Freisinger Seite betrachtete die Jahre zwischen 1443 und 1448 lediglich als lange Zeit des Kampfes um Anerkennung des ordentlich gewählten Bischofs. Heinrich Schlick galt hier nicht als Bischof.

Johannes Grünwalder trug seinen Beinamen nach der herzoglichen Burg bei München, wo er als unehelicher Sohn Herzog Johanns II. zur Welt kam. Erste Ausbildung erfuhr er wahrscheinlich im Augustinerchorherrenstift Indersdorf. Als Minorist schrieb er bereits eine „Regel des heiligen Augustinus", die den Chorherren später als vorbildlich empfohlen wurde. Der uneheliche Prinz war zweifellos aus Versorgungsgründen für den geistlichen Stand bestimmt worden, aber er füllte seinen Beruf von seiner tief geistlichen Persönlichkeit her voll aus. Als erste Pfründe erhielt er eine Messe am Kreuzaltar der Münchener Frauenkirche, 1411 wurde er Domherr in Freising, 1414 Propst von Isen und 1416 Pfarrer zu St. Peter in München. Die Leitung der Pfarrei scheint er allerdings nie selbst übernommen zu haben. In den Jahren 1416–1418 studierte er in Padua, um als Doktor des Kirchenrechts wieder heimzukehren. Hier wurde er noch Propst des Stiftes Innichen[136].

Bischof Nikodemus gegenüber hatte sich Johannes Grünwalder in seinem Anspruch auf den Freisinger Bischofsstuhl gebeugt und sich mit der Rolle eines ständigen Generalvikars zufrieden gegeben. Dazu war er nach der Wiederwahl von 1443 nun nicht mehr bereit. Die königliche Kanzlei unter Kaspar Schlick und dessen Sekretär Enea Silvio Piccolomini ersparten ihm dafür keine Art der Demütigung. Trotzdem hat König Friedrich III. seinem Rivalen Heinrich die Regalien nicht übertragen. Es bleibt unklar, was schließlich den Kurswechsel des Königs ausgelöst hat, der zugleich eine Brüskierung der römischen Politik bedeutete. Friedrich III. hat entweder die Ränke seines Kanzlers durchschaut oder die totale Unfähigkeit Heinrich Schlicks erkannt. Er bat den Papst, mit der Bestätigung Johannes Grünwalders der Freisinger Kirche den Frieden wiederzuschenken. Außerdem gäbe es noch eine Reihe von anderen Gründen, weshalb Heinrich Schlick ihm als Bischof unerträglich sei. Der Papst möge Grünwalder verzeihen, der längst dem römischen Stuhl Treue gelobt und sein Kardinalsgewand abgelegt habe[137]. Nikolaus V. blieb kaum etwas anderes übrig, als sich nach der Verzichtleistung Heinrich Schlicks diesem Wunsch zu beugen.

Schon vor der päpstlichen Bestätigung der Verzichtleistung Heinrich Schlicks hatte König Friedrich III. Johannes Grünwalder am 23. Mai 1448 die Regalien erteilt und alle Besitzungen und Privilegien der Freisinger Kirche bestätigt[138]. Der nun allseits anerkannte Bischof von Freising stand in hohem Ansehen beim König. Er wurde zum Vorsitzenden im königlichen Gericht bestellt, bei dem es um Streitfragen des Magistrats der freien Reichsstadt Schweinfurt ging[139], und zum Vermittler im Streit um die ungarische Königskrone[140]. Im eigenen Bistum aber gab es keine großen Spielräume mehr. Die Finanzen waren zerrüttet, ein guter Teil der Güter verpfändet. Nachdem Oberwölz dem scheidenden Heinrich Schlick überlassen werden mußte, waren die österreichischen Besitzungen in ihren Erträgnissen arg zusammengeschmolzen. Um zu retten, was noch zu retten war, verkaufte Johannes Grünwalder 1451 die Herrschaft Ulmerfeld in Niederösterreich und löste mit der Verkaufssumme die verpfändeten Güter von Waidhofen, Innichen und Burgrain wieder ein. Aus den Erträgen der drei zurückgewonnenen Herrschaften sollten jährlich 1000 Gulden für den Rückkauf von Ulmerfeld zurückgelegt werden[141]. Ansonsten erschöpft sich die Regierungstätigkeit des Kirchenfürsten in kleinen Entscheidungen über den Erzbau zu Garmisch, über die Unterhaltung von Wegen im Werdenfelser Land, über Märkte zu Mittenwald und über den Floßverkehr auf der Isar[142].

In der geistlichen Regierung ist es für Grünwalder charakteristisch, daß er großen Wert auf die Abhaltung von Diözesansynoden legt[143]. Er war auch im Februar 1451 auf der Salzburger Provinzialsynode, die Kardinal Nikolaus von Cusa feierlich eröffnete. Dabei ging es um den Jubiläumsablaß, den Papst Nikolaus V. auch jenen zukommen lassen wollte, die das Jahr davor nicht nach Rom kommen konnten. Das Jubeljahr sollte einen Anstoß zur allgemeinen Besserung der Sitten im Volk geben. Wer den Ablaß gewinnen wollte, mußte eine Reihe von Kirchen besuchen und einen Beitrag für die Peterskirche in Rom leisten. Am 24. März 1451 war Nikolaus von Cusa persönlich in Freising, um mit Bischof und Kapitel die näheren Einzelheiten des Ablasses für das Bistum Freising zu besprechen[144]. Eine weitere Frucht dieser Salzburger Provinzialsynode war eine neuerliche Visitation der Klöster. Im Auftrag des Kardinals bereiste daraufhin der strenge, aus Schongau stammende Melker Professe Johann Schlitpacher an die 50 Klöster der Salzburger Kirchenprovinz, um nach dem Rechten zu sehen. Der Freisinger Bischof konnte stolz sein darauf, daß die Klöster seines Bistums bei dieser Visitation am günstigsten abschnitten. Mit dem besten Prädikat bedachte der strenge Aszet in ganz Bayern nur drei Klöster, und zu ihnen zählten Weihenstephan und Tegernsee. Selbst Ebersberg, das den berüchtigten Abt Simon Kastner erduldet hatte, stand in einem neuen monastischen Frühling. Nur in Rott am Inn gab es Anlaß zu Bedenken[145]. Die Klosterreform Grünwalders vor und während der Jahre des Baseler Konzils hatte ihre Früchte gebracht und war nicht vergessen.

Streit mit dem Domkapitel gab es nur, als der Bischof daran ging, sich schon zu Lebzeiten ein Hochgrab vor dem Kreuzaltar des Domes zu errichten. Die Domherren protestierten dagegen und erhoben Klage beim Salzburger Erzbischof. Als Grund geben sie an, sie fühlten sich dadurch auf dem Weg zum Altar behindert. In Wirklichkeit wollte man wohl einem Bischof nicht einen derart hervorragenden Ort des Begräbnisses mitten in der Kirche zugestehen. Auf Anraten des Erzbischofs verzichtete Grünwalder auf seinen Plan und ließ das Grabmal vor der Thomaskapelle aufstellen[146]. Den Auftrag erhielt Jakob Kaschauer in Wien, der schon den Hochaltar geliefert hatte[147].

Während der ungarischen Verhandlungen ist Johannes Grünwalder am 2. Dezember 1452 in Wien gestorben. Sein Leichnam wurde nach Freising überführt und vor der Thomaskapelle beigesetzt. Heute befindet sich der prächtige Grabstein Kaschauers an der Südwand der Domvorhalle.

XI. Kapitel

IM SPÄTHERBST DES MITTELALTERS

43. Bischof Johann IV. Tulbeck (1453–1473)

Einstimmige Ergebnisse bei der Bischofswahl des Domkapitels sind in Freising
nicht gerade häufig. Zuletzt war Johann Grünwalder einmütig zum Bischof
bestellt worden. Bei seinem Nachfolger Johann Tulbeck war die Absicht des
Kapitels so klar, daß man überhaupt auf einen Wahlgang verzichtete und den
Kandidaten „gleichsam durch Eingebung des Heiligen Geistes" zum Bischof
machte[1]. Dieses selten und im mittelalterlichen Freising nur einmal geübte
Verfahren entsprach den Richtlinien des Laterankonzils von 1215. Der Name
des Kandidaten wird in der Versammlung genannt und alle Wahlberechtigten
geben ihm offen und spontan ihre Zustimmung.
Johann Tulbeck war Sohn eines Münchner Goldschmieds. Die Tulbeck gehörten
seit langem zu den angesehensten Familien der Stadt. Sie bekleideten Ratsherrn-
posten und besaßen in der Frauenkirche eine eigene Kapelle. Johann Tulbeck
war Lizenziat des Kirchenrechtes, Domherr zu Freising, Probst von St. Veit und
seit 1436 Pfarrer an der Marienkirche zu München[2]. In den Jahren des Baseler
Konzils hatte ihn Johannes Grünwalder zu seinem persönlichen Vertreter als
Generalvikar bestellt, eine Rolle, die ihm Bischof Nikodemus allerdings entzog,
als Grünwalder sich offen zum Gegenpapst bekannte[3]. In den Bischofsjahren
Grünwalders festigte sich seine Position wieder und die Einmütigkeit der
Domherren bei seiner Wahl, wohl Januar 1453, erweist Johannes Tulbeck als
Persönlichkeit von überragendem Ansehen. Der Papst erteilte seine Zustim-
mung am 9. März, Kaiser Friedrich III. die Regalien im Oktober 1453[4].

Ein sparsamer und friedfertiger Bischof

Der zeitgenössische Geschichtsschreiber Veit Arnpeck rühmt den Freisinger
Bischof wegen seiner bescheidenen Hofhaltung und seines friedlichen Wesens.
Er habe deshalb die Gunst aller Landesfürsten besessen und so dem Besitzstand
seiner Kirche sehr nützlich sein können. Alle Schulden des Hochstifts habe er
voll und ganz bezahlt, dazu noch einiges hinzugekauft[5]. Tatsächlich ist es
Johannes Tulbeck durch sparsame Haushaltsführung gelungen, die 1451
verpfändete Herrschaft Ulmerfelden wieder einzulösen, allerdings erst 1472, ein

Jahr vor dem Ende seiner Regierung[6]. Zwischenzeitlich mußte auch er Burgrain als Pfand aus der Hand geben, um die geforderten 4000 Goldgulden für seine Bestätigung an die Kurie zahlen zu können[7]. Das friedliche Verhältnis zu den Landesfürsten hatte ebenfalls seinen Preis. So ist es ihm nicht gelungen, Herzog Ludwig den Reichen von Landshut dazu zu bewegen, die Stadt Moosburg in aller Form als Lehen des Freisinger Hochstifts anzuerkennen. Immer wieder darauf angesprochen wich der niederbayerische Herzog aus und vertröstete den Bischof „auf ein andermal"[8].

Gut organisierte Räuberbanden machten in Bayern und Österreich jetzt das Land unsicher. Wir hören von einem Räuberhauptmann Miltzl aus Erding, der im Freisinger Umland mit etwa 20 Kumpanen Priester, Kirchen und Güter plünderte, bis es den Bischofsleuten gelang, ihrer nach und nach habhaft zu werden. Sie wurden dem Herzog überantwortet und in München hingerichtet. Der Chronist vergißt aber auch nicht, die Gnade des Bischofs zu erwähnen. Einer dieser Räuber stellte sich freiwillig dem Gericht des Bischofs und kam bei langer Kerkerhaft immerhin mit dem Leben davon. In der Wachau fiel die Freisinger Feste Hollenburg „den Brüdern" zum Opfer, einer gut gerüsteten Schar von Raubrittern und Banditen, die den Verkehr auf der Donau kontrollierten und von den Reisenden Lösegelder verlangten. Um diesem Treiben ein Ende zu bereiten, zogen die Bürger von Stein und Krems bewaffnet gegen das Räubernest Hollenburg, hoben es aus und übergaben es Kaiser Friedrich III. Der aber behielt es in seiner Hand und erst Tulbecks Nachfolger brachte es wieder an Freising[9]. Dabei hatte Johannes Tulbeck gute Beziehungen zum Hof Friedrichs III. Der Freisinger Dompropst Ulrich Riederer war kaiserlicher Rat und dem Bischof selbst widerfuhr die vielleicht zweifelhafte Ehre, für 1464 im Auftrag des Kaisers ein großes Judengericht nach Freising einberufen zu müssen. Bis nach Straßburg gingen die Zitationsbriefe und Johannes Tulbeck hatte über Recht oder Unrecht zahlreicher Klagen zu entscheiden, die den Bankiers des Mittelalters vorwarfen, über die ohnehin schon hohen Zinssätze weitere ungerechte Belastungen zu fordern. Das Verfahren begann am Montag nach dem 4. Fastensonntag 1464. Über seinen Ausgang liegen keine Nachrichten vor[10].

Die Augustinerchorherren von Indersdorf

Die Reform der Klöster war zu Tulbecks Zeiten nicht mehr von der brennenden Aktualität, wie in jenen Jahren, da sein Vorgänger und Förderer Johannes Grünwalder noch Generalvikar der Diözese war. Das Reformwerk der zwanziger und dreißiger Jahre hatte sich gefestigt und erreicht von Indersdorf und Tegernsee aus große Strahlkraft. Nur mit den franziskanischen Gemeinschaften stand es nicht zum besten, wohl auch nicht mit dem Weltklerus. Trotzdem hat gerade Indersdorf von sich aus eine neuerliche Visitation gefordert, nicht weil die Disziplin gesunken war, sondern weil sich die Chorherren „in überängstlicher Gewissenhaftigkeit" um Fastenregeln und liturgische Fragen stritten. Gerade von der Raudnitzer Reform her wollte man alles bis ins letzte Detail hinein geregelt wissen. Bischof Johannes Tulbeck nahm in Begleitung der Äbte von Weihenstephan und Scheyern 1460 die gewünschte Visitation vor und bestätigte ein Statut von 61 Kapiteln[11]. Solche „Buchstabengerechtigkeit" im Konvent hatte schon früher (1446) den großen Bernhard von Waging abgestoßen und ihn von Indersdorf zu den Benediktinern in Tegernsee ziehen lassen. Aber diese genaue Reglementierung gibt doch auch Einblick in den Ernst pastoraler Praxis, wie sie am Ende des Mittelalters von einem reformierten Chorherrenstift ausging. Sie zeigt vor allem, daß in solchen Einflußbereichen der Predigt und der Einführung des Volkes in die Zeichen der Liturgie hoher Festtage ganz großer Wert beigemesen wurde[12].

Die Franziskaner

Weit weniger skrupelhaft als bei den Indersdorfer Chorherren ging es bei den Franziskanern in München und Landshut zu. Die Söhne des hl. Franz lebten längst nicht mehr von Almosen, sondern hatten persönlichen Besitz und feste Einkommen. Auch die Klarissen am Münchner Anger hatten den gemeinsamen Tisch verlassen und lebten nach Art adeliger Damenstifte. Herzog Albrecht III. von München reichte in Rom Klage gegen sie ein und Papst Pius II. untersagte ihnen 1458 bei Strafe der Exkommunikation jeglichen persönlichen Besitz. Aber die Mahnung blieb ohne Erfolg. Dabei hatte man 1454 in München erleben können, daß es einen neuen und ernsten Geist unter den Franziskanern gab, als Johannes von Capistran mit feuriger Rede auf dem Marktplatz predigte. Er wetterte gegen die Laster der Zeit und gegen den Luxus. Am Ende gab es dann immer ein großes Feuer, in dem die erschütterten Zuhörer als Zeichen ihrer Bekehrung Spielbretter und Karten, die Frauen ihre abgeschnittenen Zöpfe verbrannten. Der Rat der Stadt verzeichnete gewissenhaft in seinen Büchern alle Ausgaben für Verpflegung, „die man geschenkt hat Bruder Hansen Capistran, Franziskaner Ordens, und seinen Mitbrüdern, als die nach München kamen und daselbst auf dem Markt predigten und da man die Spielbretter und die Karten verbrannte und etlich gemeine Töchter bekehrte".
Seinen Geist hätten die Herzöge auch gern in den bayerischen Franziskanerklöstern gesehen, den Geist der neuen und strengen Richtung der Observanten, viel lieber als die Lebensart der herkömmlichen Konventualen, die sich recht

gemütlich eingerichtet hatten in dieser Welt. Aber vom Wunsch zur Verwirklichung war noch ein weiter Weg. Herzog Ludwig der Reiche von Landshut tat den ersten Schritt. Auf seine Bitte hin erteilte Papst Paul II. (1464–1471) Bischof Johannes Tulbeck die Vollmacht, alle Mendikantenklöster in seinem Bistum zu reformieren. Als aber sehr bald darauf eine Bulle desselben Papstes den Observanten verbot, mit Hilfe des Landesherrn und ohne Einwilligung des Provinzials, der immer ein Konventuale war, ein Kloster der strengeren Richtung zuzuführen, war die eben erst erteilte Vollmacht für Johannes Tulbeck praktisch aufgehoben. Nun reformierte der Landshuter Herzog seine beiden Franziskanerklöster in Landshut und Ingolstadt auf eigene Faust. In München wartete man vorläufig noch zu. In Landshut aber wurden die Konventualen 1466 kurzerhand aus ihrem Kloster vertrieben, weil die Zucht verfallen war und die Brüder nicht bereit waren, sich den strengeren Regeln der Observanten zu unterwerfen. Am Fest Pauli Bekehrung führte dann der Bischof die neuen Mönche in das Landshuter Kloster ein. Veit Arnpeck, der die Landshuter Szene in diesen Jahren genau kennt, bemerkt dazu allerdings, daß die neuen Observanten „mehr als andere gegenüber dem Klerus aufsässig gewesen" seien[13]. Auch der Klerus von Landshut hatte sich schon 1463 ein strenges herzogliches Mandat gegen den leichtfertigen Lebenswandel der Priester gefallen lassen müssen, das im Einvernehmen mit Bischof Johannes Tulbeck von den Kanzeln verlesen wurde[14]. Begreiflich, daß die Nachbarschaft zu den eifrigen und gelegentlich wohl auch übereifrigen Franziskanern das ohnehin immer gespannte Verhältnis von Ordens- und Weltklerus noch verschärfte.

Bernhard von Waging

Das Spannungsfeld von beschaulichem Leben und aktiver Seelsorge zum Heil der Menschen beschäftigte den bedeutendsten Theologen, den das Freisinger Bistum während dieser Zeit besaß, Bernhard von Waging († 1472). Sein ganzer Weg ist gekennzeichnet von dem inneren Konflikt, ob er nun in erster Linie Priester oder Mönch sein solle, was von beiden im Letzten wichtiger sei. Nach Studien an der Universität zu Wien trat Bernhard in das Augustinerchorherrenstift Indersdorf ein. Hier stand die seelsorgliche Verpflichtung im Vordergrund. Aber er war seinem Wesen nach zu sehr Mönch und Mystiker, als daß er hier hätte bleiben können. So ging er 1446 zu den Benediktinern in Tegernsee und war den Mönchen von 1452 bis 1465 ein guter Prior. Entscheidend wurde für ihn die Begegnung mit Nikolaus von Cusa, den er 1452 im Kloster traf und mit dem ihn fortan eine für beide unerhört fruchtbare Freundschaft verband. Ein umfangreicher Briefwechsel legt dafür Zeugnis ab. Der Gedanke des Cusaners

Grabmal des Bischofs Johannes Grünwalder von Jakob Kaschauer

Grabmal des Bischofs Johannes Tulbeck in der Münchener Frauenkirche

Porträtbüste des Baumeisters der Münchener Frauenkirche Jörg von Halsbach

Grabmal des Bischofs Sixtus von Tannberg im Freisinger Dom von Hans Peuerlein

Chorgestühl im Freisinger Dom mit den Bildnissen der ersten Bischöfe von Ulrich Glurer

Mariä Heimsuchung von Meister Sigmund (Dom zu Augsburg)

Jan Polack, Gnadenstuhl in Blutenburg

Hans Mair, Gündonnerstagstafel in der Sakristei des Freisinger Doms

vom Zusammenfallen aller Gegensätze in Gott half Bernhard, seine großen inneren Spannungen zu ertragen. Denn obwohl er mit ganzem Herzen Mönch war, beschäftigte ihn die Frage des unmittelbaren Seelsorgsdienstes ein Leben lang. Als ihm gar der Eichstätter Reformbischof Johann von Eyb schrieb, die Seelsorgsarbeit sei ganz allgemein wichtiger, erfolgreicher und heilsamer, die Gefahr für die Kirche bestünde gerade darin, daß die Guten die Seelsorge mieden und die Ruhe des Klosters suchten, verteidigte sich Bernhard mit seiner Schrift „Speculum pastorum et animarum rectorum". Darin trägt er alle Argumente zusammen, die für das beschauliche Leben sprechen können. Der Prälatenstand berge zu viele Gefahren für das eigene Heil, und hinter dem Mantel der Seelsorge versteckten sich oft genug Herrschsucht, Wichtigtuerei und Ehrgeiz. Zumindest müsse bei einem Seelsorger das Amt gegen die Neigung des Herzens stehen. Trotzdem verfaßte Bernhard dann doch wieder ein liturgisches Handbuch für den Eichstätter Klerus, das „Ordinarium missae practicum".

Nicht weniger bewegte ihn, wie alle Theologen des Mittelalters, die Frage der Gotteserkenntnis, die Frage des Vorranges von Intellekt oder mystischer Intuition, von Vernunft oder Wille, von aristotelischer oder platonischer Geisteshaltung. Auch darin wies Nikolaus von Cusa dem ringenden Mönch den Weg mit seiner These von der „gelehrten Unwissenheit" (docta ignorantia), jenem „ergreifenden und tiefsinnigen Ausdruck der Ehrfurcht eines ganz großen Geistes vor dem Unerforschlichen und Unergründlichen, vor dem Mysterium des göttlichen Wesens und Lebens" (Grabmann). Bernhard von Waging schrieb ein „Loblied auf die gelehrte Unwissenheit" und, als er angegriffen wurde, nochmals eine „Verteidigung der gelehrten Unwissenheit", schließlich als Summe allen Suchens seinen Traktat „Über die Gotteserkenntnis". An der Seite des Cusaners vermochte er über die herrschende Lehre der Spätscholastik mit ihrem absoluten Vorrang des Intellektes, aber auch über den in Wien gelehrten Nominalismus hinauszukommen. Die Gotteserkenntnis beginnt mit dem rationalen Ansatz des Eingeständnisses eigenen Unwissens und schreitet über die Mittlerrolle der Offenbarung durch Christus hin zur Bewegung der Liebe. Gewiß, Bernhards Schriften sind nicht originell. Sie entlehnen ihre Gedanken ohne jede Verschleierung bei Nikolaus von Cusa, tragen höchstens in der Erwiderung auf die Gegner eigene Elemente bei, aber in der kritischen Fragestellung und im Suchen ist Bernhard ebenso eigenständig wie Nikolaus von Cusa, in der Annahme dieses großen Geistes seiner Zeit weit voraus und in der Verbreitung seiner Gedanken der Wegbereiter eines neuen theologischen Denkens[15].

Die neue Universität zu Ingolstadt

Wissenschaftlich waren sowohl die Bistumsleitung wie auch die führenden Klöster der Diözese ganz und gar auf die Wiener Universität ausgerichtet. Tegernsee entsandte eine ganze Reihe von Lehrern dorthin. Johannes Grünwalder war früher Dekan der Juristenfakultät. Das änderte sich allmählich, als Bayern in Ingolstadt seine eigene Universität erhielt. Sie ist eine Stiftung Herzog Ludwigs des Reichen von Landshut. Seit 1447 war der größte Teil des Ingolstädter Territoriums in den Händen der Landshuter Herzöge, die in der zweiten Hälfte des 15. Jahrhunderts einen beachtlichen Reichtum ansammeln konnten und faktisch die führenden Regenten in Bayern waren. Die neue Universität zu Ingolstadt wurde zur Krönung ihres Ansehens und sollte eine Hohe Schule aus dem Geist des Humanismus werden. Herzog Ludwig IX. hatte auf der Trausnitz manches gelehrte Gespräch mit dem großen Enea Silvio Piccolomini geführt und als er mit dem Gründungsplan an seinen Freund und nunmehrigen Papst Pius II. herantrat, bewilligte dieser bereits 1459 die Errichtung der Ingolstädter Universität. Aber es sollte noch viele Jahre dauern, ehe der Vorlesungsbetrieb aufgenommen werden konnte. Am 2. Januar 1472 eröffnete Ludwig IX. die Hohe Schule und im März kamen die ersten Studenten. Die theologische Fakultät wurde erst provisorisch besetzt, bis im Februar 1473 Dr. Johannes Permeter von Adorf als erster Ordinarius mit den Vorlesungen begann. Permeter, wie auch der 1475 in Wien abgeworbene Dr. Georg Zingel lehrten noch ganz im alten Stil der Scholastik. Um aus Ingolstadt eine Schule des Humanismus zu machen, bedurfte es noch anderer Professoren[16].

Kirchliche Baukunst

Bauen ist im ausgehenden Mittelalter zu einer Leidenschaft geworden. Über die vielen Dorfkirchen, die in der zweiten Hälfte des 15. Jahrhunderts entstanden sind, gibt es nicht einmal einen rechten Überblick. Oftmals hat die nicht minder baufreudige Barockzeit von der alten Kirche wenigstens den Chor stehen lassen, wie umgekehrt auch die Spätgotik bei noch intakten Kirchen wenigstens einen Chor neu angebaut hat, um Raum für einen neuen Altar zu schaffen. Moosburg ist dafür ein gutes Beispiel, wo seit 1468 vor dem romanischen Münster der hohe Chor aufwuchs. Während sich in der Landshuter Martinskirche langsam das Gewölbe über dem Hauptraum schloß und endlich auch die Münchener eine große, für die Stadt repräsentative Kirche planten, gedachte auch Bischof Johannes Tulbeck den Glanz seiner Kathedrale zu erhöhen, damit auch künftig ihre Rolle als Mutterkirche und Königin aller anderen Kirchen in der Diözese sichtbar bleibe. Die Bürgerstädte hatten eben längst die Finanzkraft der kleinen Bischofsresidenz überflügelt. Es klingt recht deutlich die Angst des Zurückbleibens aus der bischöflichen Anweisung, die Tulbeck im ersten Jahr seiner Regierung dem obersten Domkustos Wiguläus von Rohrbach erteilte[17]:

„Johannes, von Gottes Gnaden Bischof der Freisinger Kirche, dem verehrungswürdigen und in Christus aufrichtig geliebten Wiguläus von Rohrbach, Kanoniker und Domkustos, Gruß im Herrn.
Da wir gemäß unseres Hirtenamtes mit beständigem Eifer und stetem Nachsinnen darnach zu streben verpflichtet sind, was der königliche Prophet mit den Worten ausgesprochen hat ‚Herr, ich habe geliebt den Glanz deines Hauses und den Ort deiner Wohnung‘, und da wir wünschen, daß unsere Kirche zu Freising nicht nur geistig, sondern auch materiell einen unseren Zeiten entsprechenden Zuwachs erhalte, an Bauten wie an Schmuckwerken, damit sie als die Königin aller Kirchen der Diözese mit reicherer Zier umkränzt und mit Glanz umgeben dastehe und durch hervorragenden Zustand sich auszeichne, da wir aber selbst durch andere Sorgen und Belastungen so gebunden sind, daß wir uns der Erneuerung der Gebäude und der damit verbundenen Mühe nicht unterziehen können und dennoch sehnlichst verlangen, den Glanz der Kirche zu erhöhen und zu erhalten, wie uns Gott dazu die Möglichkeit und die Verpflichtung auferlegt, so übergeben wir dir im Vertrauen auf den dir nach unserer Erfahrung von Gott geschenkten Eifer und auf deine Umsicht das Amt, in und bei dieser Kirche zu bauen, zu erneuern, auszubessern, zu zieren und zu verschönern, und erteilen dir die Vollmacht, jegliche Kirchenstrafe, von wem und wie immer sie zu tragen sei, umzuwandeln zugunsten des Domes, über herrenlose Güter zu verfügen, Almosen zu sammeln und in den einzelnen Bistumskirchen die Freigebigkeit der Gläubigen in Anspruch zu nehmen und die Mittel zum Nutzen des Domes zu verwenden. Das erlauben und tragen wir dir auf bis zum Widerruf. Was du hinsichtlich der kirchlichen Strafen und anderer guter Möglichkeiten verfügst, soll rechtskräftig sein. Gegeben auf unserem Freisinger Schloß am Sonntag, den 8. Juli 1453.“

Wie groß der Erfolg dieser Finanzierungsabsichten gewesen ist und wie weit die Pläne Bischof Tulbecks überhaupt gegangen sind, ob er schon eine Wölbung des Domes in Erwägung gezogen hat, wissen wir nicht. Bei der sparsamen Haushaltsführung dieses Bischofs waren allzu große Pläne nicht zu verwirklichen. Vom inneren Ausbau der Kathedrale sind lediglich einige Kapellenbauten belegt, eine Marienkapelle, eine Leonhards- und eine Pauluskapelle, die im Lauf der Zeit mit schon vorhandenen Anbauten zu den äußeren Seitenschiffen zusammenwuchsen[18]. Von der Kirchenzier ist vor allem die große Silbermonstranz zu erwähnen, die 1468 der Freisinger Goldschmied Sixt Schmuttermair schuf. Sie ist längst eingeschmolzen, aber wir kennen ihre Gestalt von einer in Holz ausgeführten Kopie des 17. Jahrhunderts her. Ein ganz ähnliches Original desselben Freisinger Meisters, entstanden zwischen 1469 und 1472, besitzt heute noch die Pfarrkirche von Waidhofen an der Ybbs[19].

Die Angst des Freisinger Bischofs, seiner Kathedrale könnte als vornehmster Kirche der Diözese der Rang abgelaufen werden, wenigstens was den künstlerischen Geschmack der Zeit anbelangt, ist verständlich angesichts der großen gotischen Kirchen, die in den Bürgerstädten des bayerischen Landes gebaut wurden. Die Münchener hatten in ihrer konservativen Art ohnehin lange zugewartet und sich mit ihrer romanischen Frauenkirche zufriedengegeben. Aber nun forderte schon die Konkurrenz zum Nachziehen heraus. Dazu war die Münchner Marienkirche auch Begräbnisstätte des Herzoghauses. Grund genug, daß Herzöge und Bürgertum sich zusammentaten, um eine moderne Kirche für München zu errichten, die sich sehen lassen konnte gegenüber Landshut, Straubing, Burghausen, Wasserburg oder Ingolstadt. Natürlich brauchte man Argumente, um die Niederlegung einer auch schon im 15. Jahrhundert ehrwürdigen Marienkirche zu begründen. Laufend anfallende Bauschäden und räumliche Unzulänglichkeit bei wachsender Bevölkerungszahl lieferten den Vorwand zum totalen Abriß der alten Kirche. Schon 1458, zehn Jahre vor der Grundsteinlegung, schrieb Abt Konrad Ayrenschmalz von Tegernsee nach München: „Wir haben vernumen, ir wellet unser frauen ainen merclichen pau tuen." Der Abt wollte Fürsprache einlegen für den ihm gut bekannten Baumeister und Steinmetzen Hans Haldner. Aber die Münchner entschieden sich nach Jahren des Überlegens und Planens für den Architekten Jörg von Halsbach, der bis dahin in Polling und Ettal gearbeitet hatte. Sein Familienname ist unbekannt, doch begegnet er in der Literatur meist als Jörg Ganghofer. Nachdem der Bischof und die Herzöge den Abbruch der Marienkirche, der Friedhofskapelle St. Michael und eines Pfründehauses am Frauenplatz genehmigt hatten, wurde der 9. Februar 1468 zum Tag der feierlichen Grundsteinlegung bestimmt[20]:

„Von unser frauen sontag nach Liechtmeß von Apolonia des 9 tags February Anno 1468. Intem an dem benanten tag hat unser genadiger Herr Hertzog Sigmund von Bairn gelegt den ersten stain des Loblichen paus unser Lieben frauen Pfarrkhirchen zu München den selben pau man Gott zu Lob und ehre und In den eren der Lobsamen Junkhfrauen Maria angefengt hat von neuem, und ain grossere kirchen von merung wegen des volks, dem die alt kirchen zu eng was, zu volbringen. Got der allmächtig verleiche und gebe manigklich die gnade, das der loblich und saligklich und an allermänigklich schaden des leibs volbracht werde, Amen.
Und waren ditzeit pfarrer der benanten pfarrkirchen maister Ernst Putrich und kirchpröbst Martein Katzmair von innderm Rat und Andre Sänftl von ausserm Rat und zu dem stain zu legen warde loblich geleutt und kam darzu vil des volks zwischen zwain und drein horn nachmittags.
Es kam auch darzu der pfarrer mit seiner briesterschaft loblich mit dem weychpronnen und rauch, zu sprengen und zu rauchen den grunt und gestain."

Die Münchener Frauenkirche. Holzschnitt aus Schedels Weltchronik von 1493 (Ausschnitt).

So wuchs nun in den Regierungsjahren Bischof Johannes Tulbecks, der selbst Pfarrer an der alten Marienkirche gewesen war, der letzte altbayerische Großbau der Spätgotik in die Höhe. In Länge und Breite wurde sie etwa ein Drittel größer als die alte Kirche, die nun nach den Erfordernissen des Neubaus Zug um Zug abgetragen wurde. Die Bevölkerung Münchens besorgte den Abtransport des Bauschutts. Im Jahr 1470 holte man sich den Zimmerermeister Heinrich aus Straubing, der den gewaltigen Dachstuhl besorgen sollte. Als 1473 Bischof Tulbeck freiwillig den Hirtenstab aus der Hand legte, um als alter Mann nach München zurückzugehen, begann man eben mit der Wölbung der Frauenkirche. Sie war zur letzten und zugleich größten gotischen Kirche im süddeutschen Raum geworden, die das Bürgertum in frommer, aber auch selbstbewußter Haltung gebaut hat. „Keine himmelstürmende Kathedrale, die in inbrünstigem Aufbruch zu Gott Materie und Diesseits abschütteln möchte, sondern ganz in sich ruhend und breit hingelagert, dabei nicht schwerfällig, ohne die flackernde Unruhe hochgotischer Dome, nicht elegant, aber von einer bäuerlichen Vornehmheit und umhüllt von einer Atmosphäre ruhigen Geborgenseins"[21].

Spätmittelalterliche Frömmigkeit

Will man die Ausdrucksformen der Frömmigkeit in breiten Schichten des Volkes dieses Spätmittelalters kurz umschreiben, so kann dies nur geschehen mit den Begriffen Bruderschaft, Heiligenverehrung und Wallfahrt. Im Bruderschaftswesen begegnen sich ständische, sozial-caritative und religiöse Interessen[22]. Auch die Zünfte sind weithin religiöse Bruderschaften. Sie haben ihre eigenen Patrone aus den Reihen der Heiligen, ihre Meßjahrtage, eine bestimmte Aufgabe in der Fronleichnamsprozession und oftmals auch ihre eigene Kapelle in einer der großen Kirchen. Noch während der Bauzeit der Münchner Frauenkirche sicherten sich etwa die Goldschmiede für ihre Zunft die Katharinenkapelle. Die Schuster feierten ihre Jahrtage in der Lorenzkirche des herzoglichen Hofes, die Bäcker in der Augustinerkirche. Ohne die Kerzen, Zunftstangen und Fahnen der Zünfte wäre das bunte Gepränge spätmittelalterlicher Prozessionen nicht denkbar, und auch bei Todesfällen ihrer Mitglieder waren die Meister im Trauerzug, wie bei den Gottesdiensten[23].

Zu Beginn des 16. Jahrhunderts, da der Geschichtsschreiber Aventinus mit ein paar ganz kanppen Strichen das Wesen des bayerischen Menschen umreißt, nennt er ihn „geistlich" und führt zur Begründung an, er „läuft gern kirchfahrten, hat auch viel Kirchfahrt". Dabei ist das Wallfahrtswesen großen Stils nicht weit über die Mitte des 15. Jahrhunderts hinauf zu verfolgen. Erst von da ab ist die Kirchfahrt in Gemeinschaft zu einem bedeutsamen religiösen Phänomen geworden. Wallfahrt ist ursprünglich Pilgerfahrt ins Heilige Land, zu den Apostelgräbern in Rom und nach Santiago de Compostela. Dann rückt mit den aus Palästina mitgebrachten Herrenreliquien das Ziel der Heiltumswallfahrt näher und wird für einen größeren Personenkreis erreichbar. Für den Raum der Diözese Freising wurde das gerade über der Bistumsgrenze gelegene Andechs zu einem beliebten Ziel der Wallfahrer. Andechser Grafen hatten einst Herrenreliquien aus dem Heiligen Land mitgebracht, Kreuzpartikel, Teile der Dornenkrone Christi, ein Stück vom Tischtuch des Letzten Abendmahles und viele weitere Erinnerungsstücke an Leben und Leiden Christi, wie man ihnen auch bei Altarkonsekrationen vornehmer Kirchen begegnet. Zu diesem Reliquienschatz kamen dann auch Stücke aus der Familientradition des eigenen Hauses, wie das Brautkleid der heiligen Elisabeth, und schließlich die Blut- oder Gregoriushostien. Mit dem Untergang des Hauses Andechs im 13. Jahrhundert verschwanden auch die ehrwürdigen Reliquien, bis sie 1388 wieder entdeckt wurden. Die Legende von der Andechser Maus, die einen Reliquienzettel neben dem Altar der Kirche zum Vorschein gebracht hat, mag man glauben oder nicht. Sicher ist die Auffindung der alten Reliquien, die der Abt von Ebersberg aus der ihm inkorporierten Burgkapelle in sein Kloster holte, bald aber an die herzogliche Hofkapelle St. Lorenz in München abgeben mußte. Hier zogen die Heiltümer, verbunden mit einem päpstlichen Ablaß 1392 unglaubliche Scharen von Pilgern an. Bis zu 60 000 Wallfahrer kamen pro Woche, und von Augsburg her sah man neidisch nach München wegen der Spenden, die hier eingingen. Als man dem Papst die Hälfte der Ablaßgelder nicht herausgeben wollte, belegte dieser 1393 die Stadt mit Bann und Interdikt. Wallfahrt und Ablaß bildeten ein wichtiges Gespann. In der Folgezeit kamen die hochverehrten Reliquien Stück um Stück wieder nach Andechs zurück, blieben dort aber unter der Schlüsselgewalt des Hauses Wittelsbach. In der zweiten Hälfte des 15. Jahrhunderts war Andechs neben Trier und Aachen eine der drei größten Wallfahrtsstätten in Deutschland. Im Pestjahr 1463 zogen nach dem Bericht des Münchner Stadtschreibers am Sonntag nach Michaeli an die 5000 Menschen zum heiligen Berg von Andechs „mit grosser andacht, weinaden augen und mit betrübten hertzen und doch mit sunder grossem froulocken". Dies zu einer Zeit, da die Stadt München etwas über 13 000 Bewohner zählte. Zwei Wochen später gingen die pestbedrängten Wallfahrer aus München zur Lieben Frau nach Freising[24].

Damit wird plötzlich in der Marienwallfahrt ein neues Phänomen des Spätmittelalters sichtbar. Ohne sonderliche Ausstattung mit Ablässen und ohne dingliche Reliquien nennenswerter Art beginnt die später so verbreitete Marienwallfahrt erst lange nach den Heiltumspilgerfahrten und nach den Bittgängen zu den Gräbern anderer Heiligen. Im Bistum Freising gehören Maria

Thalheim, Tuntenhausen und der Dom zu den ältesten bezeugten Marienwallfahrtsstätten. Bald folgen Ramersdorf und Thalkirchen, doch wird gerade in Ramersdorf Ziel der Wallfahrt zunächst die Kreuzreliquie gewesen sein, die Herzog Ludwig der Brandenburger der Kirche aus dem Besitz Kaiser Ludwigs des Bayern verschaffte[25]. Viele Marienkirchen haben später das Alter ihrer Wallfahrt weit zurückdatiert, in die Zeit des Kirchenbaues oder des Gnadenbildes, um dadurch an Ansehen und Gnadentradition zu gewinnen. Soweit erkennbar beginnen die Marienwallfahrten im strengen Sinn nicht viel früher als um die Mitte des 15. Jahrhunderts, und auch da ist in der Regel noch nicht ein Gnadenbild der eigentliche Mittelpunkt, sondern allein die Tatsache, daß auf das Gebet in einer Marienkirche hin wunderbare Heilung eines Menschen erfolgte. Die große Wallfahrt von Altötting begann erst 1491, von da ab freilich mit gewaltigem Andrang.

Viel älter sind die Bittgänge einzelner Personen und kleinerer Gruppen zu den Gräbern von Heiligen, deren Reliquien man im Bistum besaß. In Freising hat man schon im 12. Jahrhundert Kranke auf den Steinsarkophag des hl. Korbinian gelegt oder sie sich über andere Heiligengräber beugen lassen in der Hoffnung, so Heilung zu finden. Der hl. Quirinus in Tegernsee bekam Opfergaben von Wallfahrern. Den stärksten Zulauf innerhalb des Bistums hatten die Sigismundsreliquien im Freisinger Dom. Der hochverehrte hl. Wolfgang hatte sein Heiligtum in St. Wolfgang bei Dorfen, wo er auf einer Reise gerastet und eine heilbringende Quelle erweckt haben soll. Aber auch der Gräber weit weniger bekannter Heiliger hat man sich jetzt in der Zeit des aufblühenden Wallfahrtswesens wieder erinnert, wie etwa des hl. Eberhard in Tüntenhausen bei Freising. Der Bauernheilige hat 1456 eine urkundlich nachgewiesene Kirchfahrt. In Moosburg holte man 1469 die Gebeine des Martyrers Kastulus aus dem Grab unter dem Altar hervor und deponierte sie in einem neuen Schrein auf dem Hochaltar[26]. Ein besonders erschütterndes Zeugnis solcher Wallfahrten zum Heiligengrab stellt eine Bildtafel aus dem Kloster Neustift bei Freising dar, das sich heute im Germanischen Nationalmuseum Nürnberg befindet[27]. Der hl. Marinus, begleitet von seinem Diakon Theklanus, empfängt eine ganze Schar von Frauen, die sich in ihren Sorgen um ihre Kinder an ihn wenden. Aufgehängte Wachsvotive erzählen von Bitten und Erhörungen, die vor ihnen am Grab dieser „irischen Missionare" geschehen waren. Eine Mutter legt ihr krankes Kind dem Heiligen zu Füßen und fleht ihn mit erhobenen Händen um Hilfe an. Eine andere Frau führt ein offenbar geistesgestörtes Kind dem Bischof zu, wieder eine andere hält ihm zögernd ihr Totgeborenes entgegen. In ihrer Not um die ungetauft gestorbenen Kinder legten Mütter die Totgeborenen auf das Grab oder den Altar des Heiligen, in der Hoffnung, wenigstens ein ganz kurzes Lebenszeichen erflehen zu können, damit man ihnen noch die Taufe spende.

Die Türkengefahr aus dem Osten

Eine große Sorge anderer Art bewog 1473 den hoch in den Siebziger stehenden Bischof Johannes Tulbeck, den Hirtenstab aus der Hand zu legen. In der Windischen Mark waren die Türken eingefallen und hatten in dreimaligem Anrennen die Freisinger Stadt Gutenwörth erstürmt. Menschen aus 52 umliegenden Dörfern hatten in den Mauern von Gutenwörth Zuflucht vor den Feinden gesucht und waren nun ihrer Willkür ausgeliefert. Ein Teil wurde getötet, andere in die Sklaverei abgeführt. Und der Feind zog weiter durch Krain, nach Kärnten und in die Steiermark, wo überall die Freisinger Hochstiftsgüter schwer zu Schaden kamen. In solcher Stunde resignierte Tulbeck mit Zustimmung seines Domkapitels zugunsten seines Kanzlers Sixtus von Tannberg auf den Freisinger Bischofsstuhl. Bischof Johannes Tulbeck war seines Amtes ganz offensichtlich müde. Schon vier Jahre früher, im Jahr 1469, hat Herzog Albrecht IV. von München dies erkannt und vorgeschlagen, daß der Bischof von Freising zugunsten seines herzoglichen Bruders Wolfgang resigniere. Tulbeck war persönlich damit einverstanden. Aber das Domkapitel wehrte sich dagegen. Es erkannte klar die mangelnde Fähigkeit des nachgeborenen Münchner Herzogssohnes und befürchtete eine zu starke Abhängigkeit vom Münchner Hof. Zum Glück gefiel damals auch dem Papst dieser Plan nicht[28]. So blieb Johannes Tulbeck noch weitere vier Jahre im Amt. Jetzt aber, im Jahr 1473, da sich das Domkapitel mit dem Bischof einig war, wen sie als Nachfolger haben wollten, verzichtete Johannes Tulbeck auf sein Amt. Er zog sich nach München zurück, lebte dort noch drei Jahre und starb am 20. Mai 1476[29]. Die neue Münchner Frauenkirche war im Bau so weit fortgeschritten, daß man den Bischof, wohl auf eigenen Wunsch, dort beisetzen konnte. Sein prächtiger Grabstein hat sich erhalten.

44. Bischof Sixtus von Tannberg (1474–1495)

Im ausgehenden Mittelalter besaß das Bistum Freising eine ganze Reihe von hervorragenden Bischofsgestalten. Auch Johannes Tulbeck bewies eine glückliche Hand, als er mit Einverständnis des Kapitels 1473 zugunsten seines Kanzlers Sixtus von Tannberg resignierte. Die Tannberger waren Ministerialen des Hochstiftes Passau und bekleideten dort das Amt des Truchseß. Eine Linie dieses Geschlechtes erwarb sich Aurolzmünster im Innviertel, 30 Kilometer östlich von Braunau, als Stammsitz. Von da stammt Sixtus, der Sohn Hanns III. und seiner zweiten Gemahlin Ursula von Rohr, die eine Schwester des Salzburger Erzbischofs Bernhard (1446–1482) war. Sixtus von Tannberg, ritterlichen Standes, war schon seit 1442 für eine Freisinger Domherrenstelle in Aussicht genommen und erlangte diese Würde 1456. Nach langen Studien in Padua kehrte er als Doktor beider Rechte zurück. Zur Freisinger Propstei in Isen verschaffte ihm sein erzbischöflicher Onkel noch eine Pfarrstelle zu Lauffen bei Ischl und er hatte auch die Absicht, seinen Neffen auf den bischöflichen Stuhl von Gurk zu bringen. Trotz päpstlicher Bestätigung (25. August 1471) der Salzburger Ernennung zum Bischof von Gurk (23. April 1470) scheiterte jedoch diese Berufung am Widerstand Kaiser Friedrichs III. (2. Mai 1472). Gewiß waren bei dieser Berufung des Salzburger Erzbischofs nepotistische Familienrücksichten im Spiel, aber die Folgezeit sollte beweisen, daß es seinem Neffen keineswegs an den entsprechenden Fähigkeiten fehlte. Mit der Übernahme des Freisinger Bistums erledigte sich der Streit um die Ansprüche auf Gurk von selbst. Papst Sixtus IV. bestätigte die Entscheidung des Freisinger Kapitels am 12. Januar 1474. Am Ostersonntag 1474 (10. April) empfing Sixtus von Tannberg durch seinen erzbischöflichen Onkel Bernhard zu Salzburg die Bischofsweihe und am 30. Mai 1474 zu Augsburg aus der Hand des Kaisers die Regalien[30].

Veit Arnpeck

Die kleine Welt der Freisinger Bischöfe hat in dieser Zeit einen vortrefflichen Geschichtsschreiber in der Gestalt des Priesters Veit Arnpeck, der an der Martinskirche zu Landshut und am Andreasstift zu Freising bescheidene Pfründen besaß. Vermutlich in Freising geboren, ging Arnpeck in Amberg zur Schule und studierte dann 1454 bis 1457 an der Wiener Universität. Die Stationen seines Lebensweges spiegeln sich in drei historischen Werken, die er schrieb: in einer „Bayerischen Chronik" in lateinischer und deutscher Fassung, in einer „Österreichischen Chronik" und in einem „Buch über die Taten der Freisinger Bischöfe"[31]. Am Freisinger Hof hatte Veit Arnpeck keine Stelle, aber man eröffnete ihm dort für seinen „Liber de gestis episcoporum Frisingensium" doch den Zugang zu dem einst von Conradus Sacrista angelegten großen Traditionsbuch. Spätere Chronisten hatten darin in steter Folge Notizen über die einzelnen Bischöfe eingetragen, und diese übernahm Arnpeck getreulich, erweiterte sie da und dort um eigene Bemerkungen und schuf so seine Freisinger Bischofsgeschichte. Interessant wird sein Werk, wo er aus eigener zeitgenössischer Kenntnis berichten kann. Das sind vor allem die Pontifikate des Johannes Tulbeck und des Sixtus von Tannberg. Wie Arnpeck schon in der „Bayerischen Chronik" die Politik der einzelnen Fürstenhöfe mit typisch Freisinger Augen betrachtete, so galt seine tiefe Verehrung insbesondere Bischof Sixtus, dem er sein bayerisches Geschichtswerk widmete.

Bischof Sixtus von Tannberg wird von Arnpeck als hochangesehene Persönlichkeit unter den Fürsten in deutschen Landen geschildert. Besonders auf den Reichstagen zu Nürnberg (1480), Frankfurt (1489) und Worms (1495) habe er jedesmal großen Beifall gefunden wegen seiner Klugheit, seines natürlichen Eifers und seiner großen Fähigkeiten. Zuletzt, beim Reichstag von Worms, habe kein deutscher Fürst mehr Achtung und Verehrung besessen, als er. Nur eine Tugend rühmt ihm Arnpeck nicht nach, mit der er noch seinen Vorgänger charakterisierte: die friedvolle Art der Regierung. Dazu waren die Zeitumstände nicht angetan. Eine entscheidende und gemeinsame Abwehr der Türkengefahr scheiterte immer wieder an der Uneinigkeit der Fürsten. In Landshut und München kümmerten sich die Herzöge wenig um bischöfliche Rechte und auch dem Domkapitel gegenüber konnte Sixtus sehr zornig werden[32].

Die Türkengefahr

Die Einfälle und Verheerungen der Türken waren es vor allem, die Johannes Tulbeck bewogen hatten, den bischöflichen Hirtenstab aus der Hand zu legen. Die Gefahr war mittlerweile nicht geringer geworden. Zwar besetzten die Feinde das Land nicht für ständig, sie kamen, plünderten und zogen wieder ab, aber die Einfälle mehrten sich. Krain und Kärnten waren besonders bedroht. Mindestens sechsmal fielen die Türken vom Osten her in das Land ein: 1475, 1476, 1478, 1480, 1483 und 1493. Die Kärntner Bauern schlossen sich in ihrer Unzufriedenheit mit dem Adel, der das Land einfach seinem Schicksal überließ, zu einem Bund zusammen und bildeten eine eigene Abwehr. Als sie sich aber 1478 den Türken bei Goggau entgegenstellten, unterlagen sie kläglich der Übermacht. Bischof Sixtus hat gleich im ersten Jahr seiner Regierung alle österreichischen Güter seines Hochstifts besucht, dabei allerdings auf dringende Warnung hin das Krainer Gebiet ausgeklammert. Dort sollten die Pfleger an seiner Statt die Huldigung der Untergebenen entgegennehmen. Dabei wurden die Pfleger auch angewiesen, Burg- und Stadtbefestigungen auszubauen und sich nötigenfalls auf bischöfliche Kosten bewaffnete Soldaten zum Schutz vor den Türken anzuwerben. Ein eigener „Wochenpfennig" wurde eingeführt, den Bürger, Bauern, Knechte und Mägde zur Abwehr der Türkengefahr zu entrichten hatten. Dennoch brachten die Jahre 1475 und 1476 wieder schwere Verluste an Menschen und Baulichkeiten für das Land. Man trat an den Bischof um Geld heran zum Loskauf einzelner Gefangener. Die Leute konnten ihre Abgaben nicht mehr leisten, und der Bischof war auch bereit, Nachlaß zu gewähren. Nur wurde daraus rasch eine Gewohnheit und schon fast ein Anrecht. So wies Sixtus seine Pfleger an, sie müßten den Leuten sagen, die Abgabenfreiheit geschehe „aus genáden und nicht gerechtichait". Viel konnte der Bischof darüber hinaus für die Not seiner Untertanen nicht tun, aber es geht doch ein recht menschlicher Zug durch die ganze Art seiner Verwaltung. Die Pfleger waren gehalten, die Leute trotz aller Gefahren nicht allzu hart zu belasten. Wenn einer gar glaubte, eine neue Steuer auferlegen zu müssen, so erreichte ihn ein Brief aus Freising, wie etwa der an den Pfleger von Klingenfels in Krain: „Weil aber die armen leit in diesen kummerreichen Läuften leider durch die Türken, Kriegsleit und anderer sehr beschwert sein, begehren wir darob zu sein, daß sie güetlich gehalten und wider billigkeit nicht beschwert werden." Die noch erhaltenen Korrespondenzbücher geben Einblick in eine recht menschlich geführte Hochstiftsverwaltung und in die Sorgen und Nöte, die aus den schwer heimgesuchten Ländern an den Freisinger Bischof herangetragen wurden[33].

Längst hätte es einer breit angelegten politischen Aktion bedurft, um der Gefahr aus dem Osten zu begegnen. Aber die europäischen Mächte waren untereinander zerstritten. Als die Flüchtlinge aus den gefährdeten Gebieten 1478 schon bis Erding herankamen, zogen bayerische Truppen zur Sicherung der Landesgrenze nach Traunstein und Kitzbühel. Am 29. September 1478 gab es eine kleine Konferenz über die Türkenfrage zu Landshut, am 15. März 1479 eine größere zu Freising. Diesmal erschienen Herzog Albrecht III. von München, Herzog Georg von Landshut, der Salzburger Erzbischof, die Bischöfe von Eichstätt, Augsburg, Freising und Passau, Gesandte des Kaisers und des Erzherzogs Sigismund von Österreich, Gesandte weiterer Bischöfe und die Vertreter der bayerischen Landstände. Man einigte sich auf einen Appell an den Kaiser, er solle einen großen Reichstag mit der drängenden Frage befassen[34]. Diese Reichsversammlung kam kurz vor Allerheiligen 1480 zu Nürnberg zustande, aber der Kaiser erschien nicht persönlich. Man bestaunte Sixtus' von Freising kluge Reden, schickte einen Bischof zum Kaiser, daß er ihn mit König Mathias von Ungarn versöhne, einen anderen zum König von Frankreich, daß er eine Annäherung zu Herzog Maximilian von Burgund und Österreich zustande brächte. Aber letztlich blieb alles ohne Erfolg. „Sie gingen zwar, erreichten aber nichts" bemerkt Veit Arnpeck kurz und lakonisch[35]. So war angesichts der drohenden Gefahr wieder jeder auf sich selbst gestellt. Bischof Sixtus baute in den Jahren 1479 und 1480 vorsorglich seinen Freisinger Domberg mit Mauern und vielen Wehrtürmen aus. Nur der östliche Torturm auf halber Höhe des Berges ist davon übriggeblieben, aber die bekannte Tafel Jan Polacks vom ehemaligen Hochaltar zu Weihenstephan mit dem Tod des hl. Korbinian zeigt im Bild das Befestigungswerk, das sich um die Gebäude des Dombergs herumzieht und die Bergmauer mit der Stadtmauer verbindet[36].

Die österreichischen Güter

Nicht nur die Türken gefährdeten die Freisinger Einkünfte aus dem Osten, sondern auch die Ungarn, mit denen Kaiser Friedrich III. seit der Wahl ihres Königs Mathias Corvinus 1458 in Fehde lag. Der ungarische König residierte seit 1485 in Wien und hatte fast ganz Nieder- und Oberösterreich, Kärnten, Krain und die Steiermark in seiner Hand. Erzbischof Bernhard von Salzburg, der Onkel des Freisinger Bischofs, war zum Ärger des Kaisers mit den Ungarn verbündet. Sixtus von Tannberg wandte sich deshalb an ihn, um Schonung seiner Untertanen seitens der Ungarn zu erwirken. Aber es war vergeblich. Als Mathias Corvinus 1490 plötzlich starb, gelang es König Maximilian, die besetzten Gebiete in einem gewaltigen Handstreich zurückzuerobern und tief nach Ungarn vorzustoßen. Damit waren die östlichen Freisinger Herrschaften wieder frei. Noch im Jahr 1490 ging Bischof Sixtus nach Linz zu Verhandlungen mit dem Kaiser und erreichte die Übergabe einiger Besitzungen gegen gewisse Zugeständnisse in der Besetzung der Pflegerstellen[37]. Allerdings war dann im Sommer 1494 nochmals eine Reise nach Österreich nötig, um endgültig auch Hollenburg in der Wachau, Enzersdorf bei Wien, die Herrschaft Klingenfels in Krain und den Freisinger Hof in Wien von König Maximilian wieder zurückzubekommen[38].

Steuerstreit mit Herzog Ludwig dem Reichen

Einen Steuerstreit mit Herzog Ludwig IX. von Bayern-Landshut trug Sixtus von Tannberg gemeinsam mit seinen bischöflichen Nachbarn von Salzburg, Passau und Regensburg aus. Als Herzog Ludwig der Reiche seine Tochter Margarete bei Kurfürst Philipp von der Pfalz unter die Haube brachte, war er sich nicht zu gut und nicht zu reich, um nicht eine gewaltige Steuer im ganzen Land zu erheben, auch beim Klerus. Eine gesamte Jahresabgabe sollte für die Hochzeit der Landshuter Herzogstochter bezahlt werden. Die Beamten holten unerbittlich die Steuer ab. Die betroffenen vier Bischöfe wurden zunächst mit einer Gesandtschaft in Landshut vorstellig, und als dies nichts nützte, gingen sie 1475 selbst zum Herzog. Sie beriefen sich auf die geistliche Immunität und forderten unter Androhung kirchlicher Strafen energisch die Rückgabe der eingezogenen Steuern. Sixtus von Freising scheint dabei der Wortführer der geistlichen Partei gewesen zu sein, denn der Herzog ließ ihm zu Ostern 1475 die bereits bezahlten Steuern samt Eintreibungslisten zurückgeben. Nachdem der Herzog eingelenkt hatte, erklärten sich die vier Bischöfe bereit, von sich aus freiwillig einen Anteil an den Unkosten der Hochzeit zu übernehmen[39]. Als dann im November 1475 der herzogliche Prinz Georg seine aufwendige Hochzeit feierte, war Bischof Sixtus wieder in Landshut und brachte, wie alle Fürsten, eine Präsent mit. Nur der geizige Kaiser hatte nichts dabei.

Gemeinsame Reformen und Konflikte mit Herzog Albrecht IV.

In München regierte zur Zeit des Bischofs Sixtus Herzog Albrecht IV., genannt der Weise. Er war als drittältester Sohn Albrechts III. eigentlich für den geistlichen Beruf ausgebildet worden. Als aber sein ältester Bruder Johann IV. schon 1463 starb und Sigismund 1467 mehr oder minder freiwillig abdankte, war er alleiniger Herrscher über das Teilherzogtum Oberbayern geworden.
In Fragen der Klosterreform gab es durchaus gemeinsame Interessen zwischen Herzog und Bischof, die beide auch gemeinsam durchführten. Allerdings scheinen die Ansprüche des Herzogs wesentlich rigoroser gewesen zu sein, als die des Bischofs. Der Herzog ergriff auch nicht selten selbst die Initiative, ohne lange das Urteil des geistlichen Oberhirten einzuholen. Er berichtete nach Rom in düsteren Farben den Zustand des Klosterwesens und erhielt von Papst Sixtus IV. 1479 den Auftrag zur Visitation[40]. Herkömmliche Rechte der geistlichen Führung kümmerten den Herzog wenig. Oft genug stellte er den Bischof einfach vor vollendete Tatsachen. Sixtus von Tannberg nahm es noch hin, als ihm Albrecht IV. 1478 das Präsentationsrecht über die zwei großen Münchener Pfarreien St. Peter und St. Marien entzog und ihm kaltblütig dafür das Besetzungsrecht in zwei Pfarreien des Regensburger Bistums anbot, in Mainburg und in Lindkirchen[41]. Sixtus arbeitete auch Hand in Hand mit dem Herzog bei der Klosterreform[42]. Zu einem Vorgeplänkel kam es 1477, als im Werdenfelser Land eine Silberader im Gebirge auftauchte. Herzog Albrecht dachte wohl an eine ähnlich ergiebige Einnahmequelle, wie sie die reichen Herzöge von Landshut im Inntal besaßen, und bestritt dem Freisinger Bischof das Bergbaurecht im Werdenfelser Hochstiftsgebiet. Er war entschlossen, mit roher Gewalt das Werdenfelser Silber an sich zu ziehen. Aber die Ader versiegte rasch und machte weder den Bischof, noch den oberbayerischen Herzog reich[43].
Zum erbitterten Kampf kam es dann, als sich Herzog Albrecht IV. 1492 ohne Wissen des Bischofs in Rom bei Papst Innozenz VIII. die Genehmigung erwirkte, zwei seiner Ansicht nach überflüssige und geistlich nicht sehr hoch stehende Kollegiatstifte aufzulösen und sie als neues Stift an die Frauenkirche von München verlegen zu dürfen. Die kurz vor ihrer Vollendung stehende neue Kirche sollte Grablege für Kaiser Ludwig den Bayern und für den Münchener Zweig des Hauses Wittelsbach werden. Um die entsprechenden Gedenkgottesdienste zu gewährleisten und den Rang der Kirche zu erhöhen, wollte Al-

brecht IV. ein Stift mit 14 Kanonikern errichten. Damit die finanzielle Basis aber nicht auf die herzogliche Kasse fiel, mußten zwei Stifte im Land aufgelöst werden. Zunächst war an Ilmmünster und Habach bei Murnau gedacht. Beide betroffenen Bischöfe von Freising und Augsburg erhoben schärfsten Protest. Da verringerte der Herzog die Zahl seiner Gegner, indem er auf Habach verzichtete und beide Stifte aus dem Raum der Freisinger Diözese nahm. Papst Alexander VI. erlaubte ihm 1493 die Auflösung des Stiftes Schliersee. Wieder protestierte der Bischof und machte nun einen Prozeß gegen Albrecht IV. vor dem römischen Gerichtshof anhängig. In dieser Phase des Streites wurde die Münchener Frauenkirche geweiht, anscheinend nicht mit allzu großem Gepränge. Nur die kurze Notiz eines herzoglichen Hofbediensteten gibt uns Nachricht: „anno 1494 den 14. April am Montag ist allhie in München die kirch zu unser Frau geweiht worden." Der Konsekrator wird nicht genannt. Vermutlich ist Bischof Sixtus wegen seiner Verärgerung über die selbstherrlichen Maßnahmen des Herzogs nicht persönlich erschienen und hat seinen Weihbischof gesandt. Der Prozeß in Rom zog sich hin. Den Herzog hinderte das schwebende Gerichtsverfahren nicht, mit der Verwirklichung seiner Pläne fortzufahren. Die betroffenen Stiftsherren von Ilmmünster und Schliersee waren mit der Verlegung nach München schließlich einverstanden, und der Bischof mußte machtlos zusehen, wie eine herzogliche Kommission am 8. März 1495 auch die Reliquien des hl. Arsacius von Ilmmünster nach München holte. Der Prozeß in Rom ließ immer noch kein Ende absehen. In einem Testamentsnachtrag hat Sixtus noch einen Betrag für die Weiterführung des römischen Verfahrens ausgesetzt[44]. Bischof Sixtus ist schließlich über diesem Prozeß gestorben. Seine Nachfolger, die Administratoren Ruprecht und Philipp haben ihn zäh weitergeführt, doch letztlich ohne Erfolg. Zuletzt hatte sich noch 1502 König Ludwig XII. von Frankreich für die Freisinger Partei eingesetzt, der in enger Beziehung zum Pfälzer Kurhaus stand. Seine Bemühungen waren ebenfalls vergeblich. Es blieb bei dem päpstlichen Entscheid vom 30. November 1501, der dem Freisinger Administrator Philipp und seinem Domkapitel Schweigen in dieser Angelegenheit auferlegte[45].

Der tiefste Grund für dieses erbitterte Ringen von Freising aus kann nicht nur in der Verlegung und in der Vereinigung zweier Kollegiatstifte gelegen haben. Man befürchtete in Freising weitergehende Entwicklungen. Der Herzog von München war offensichtlich daran, in seiner Residenzstadt eine Art geistlicher Metropole zu errichten. Er besaß mittlerweile ein Visitationsrecht über die Klöster. Er konnte in den beiden Pfarreien Münchens Pfarrer ganz nach seinem Gutdünken einsetzen, auch über den Einspruch des Freisinger Bischofs hinweg, notfalls mit „apostolischer Vollmacht"[46]. Nun hatte er auch sein Stift, für das er ganz allein das Präsentationsrecht besaß. Man fürchtete in Freising ganz offenbar nicht ohne Grund, daß dies Vorstufen seien, die nach österreichischen Vorbildern die Schaffung eines neuen Bistums für den Bereich der Stadt München und seiner nächsten Umgebung zum Ziele hatten. Das neue Kollegiatstift in München erhielt 1498 seinen offiziellen Stiftungsbrief. Erster Propst wurde Dr. Johannes Neuhauser, der Kanzler des Herzogs. Mit Propst, Dekan und Pfarrer der Frauenkirche eingeschlossen besaß das Stift 14 Kanonikerstellen. Davon sollten 5 mit Doktoren oder Lizenziaten der Theologie, 5 mit Adeligen und 4 mit Söhnen aus den Münchener Patrizierfamilien besetzt werden. Für sämtliche Kanoniker hatte der Herzog das Präsentationsrecht. Er besaß damit faktisch ein geistliches Ratskollegium, eine Art Domkapitel für sich, mit dem er die geistlichen Angelegenheiten des Landes über die Bischöfe hinweg beraten konnte und das er nicht aus der Hofkammer zu bezahlen brauchte, weil die Dotation aus den Gütern der aufgelösten Stifte kam. Als später unter Herzog Albrecht V. ein eigener „Geistlicher Rat" als staatliches Zentralorgan für Kirchenangelegenheiten errichtet wurde, bildete das Stiftkapitel bei der Frauenkirche weiterhin den Kern dieses Gremiums[47].

Wie ein strenger Reformbischof war Herzog Albrecht IV. auf Zucht und genauer Regelbeachtung in seinen Münchener Klöstern bedacht. Darin stand ihm freilich der Freisinger Bischof voll zur Seite. Nur wenn der Herzog allzu rigoros alle Klosterinsassen zu vertreiben gedachte, mahnte Sixtus zur Mäßigung und bot ihnen die Möglichkeit zum Bleiben, wenn sie bereit waren, sich den Reformen zu beugen. Bei den Franziskanern in München nützte das nichts. Sie pochten auf ihr Existenzrecht in der herkömmlichen Form der Konventualen und wollten nicht die Gewohnheiten der strengeren Observanten annehmen. Da der Herzog bei der Visitation von 1480 darin aber keine Zugeständnisse machen wollte, verließen alle Franziskaner geschlossen das Kloster. Sie zogen in Privatquartiere, und der Herzog war großzügig genug, ihnen vorerst den nötigen Lebensunterhalt zu gewähren. Später schlossen sie sich anderen bayerischen Klöstern an, die die einfachere Konventualregel beibehielten. Nach Jahren kamen wenigstens drei Minderbrüder vom alten Konvent nach München zurück und beugten sich der strengen Observanz[48]. Der sympathische Seelsorger und Freisinger Chronist Veit Arnpeck hielt nicht allzu viel von den fanatischen Observanten, „die in ihren Predigten immer ein gewaltiges Geschrei machten", das den Zuhörern gar nicht gefiel[49]. Im weiblichen Zweig des Ordens, bei den Klarissen am Anger erschien 1481 der Herzog wieder selbst zur Visitation, begleitet vom Freisinger Weihbischof und den Äbten aus Tegernsee und Ebersberg. Hier wurde niemand vertrieben, aber es bedurfte einigen Nachdrucks, um die Schwestern zur strengeren Regel zurückzuführen. Es wurden einige Musterschwestern aus St. Klara in Nürnberg herbeigeholt, und die widerspenstigen Münchenerinnen nach Nürnberg verpflanzt.

Auch bei den Augustinereremiten gab es mittlerweile eine strenge Observanz. Der Herzog verlangte kurzerhand die Hinwendung seines Münchener Klosters zu dieser Richtung. Am Andreastag 1481 erschien er selbst mit dem Bischof von Freising und mit dem Abt von Tegernsee. Die Front war ebenso hart, wie bei den Franziskanern. Innerhalb von drei Tagen liefen alle Münchener Augustiner aus ihrem Kloster davon[50]. Das Haus mußte völlig neu besiedelt werden.

Nach den Klöstern im strengen Sinn folgte die Visitation der Seelnonnen in den Regelhäusern, 1483 das Riedlerhaus an der heutigen Theatinerstraße und 1484 das Pütrichhaus an der Perusastraße. Die Schwestern vom 3. Orden des hl. Franziskus, die man zu den Schwerkranken und Sterbenden holte, lebten bisher ohne Gelübde. Dabei hat gerade das recht unterschiedliche Privatvermögen der Seelnonnen zu einem Verfall des Gemeinschaftslebens und des ursprünglichen Geistes geführt. Nun verlangte man eine Straffung der Disziplin und die klösterlichen Gelübde. Wer sich nicht beugen wollte, wurde ausgewiesen. Im Riedlerhaus waren es fünf Schwestern, die sich mit der neuen Ordnung nicht abfinden wollten und die Gemeinschaft verließen. Im Pütrichkloster blieb überhaupt nur noch eine Schwester zurück. Alle übrigen hatten die Stadt zu verlassen. Doch Bischof Sixtus eröffnete ihnen einen Weg in seine Bischofsstadt Freising, wo sie auch ohne Gelübde Dienst an den Kranken und Sterbenden tun konnten. In Freising gab es bis dahin noch keinerlei franziskanische Gemeinschaft und es herrschte völliger Mangel an Menschen, die bereit waren, sich um die Sterbenden zu kümmern. So kaufte der Bischof 1485 den ausgewiesenen Schwestern ein Haus am Fuße des Dombergs, unweit des Münchener Tores im Pfarrbezirk von St. Andreas. Am 7. August 1485 stellte er ihnen den Stiftsbrief aus, der die Regel der Schwestern und ihren Aufgabenkreis umschreibt. Mindestens 7 Frauen sollten unter einer Meisterin hier leben und den Schwerkranken durch Gebet, Unterweisung und Zuspruch zu einem guten Tod beistehen[51]. Die Übernahme der Münchener Pütrichschwestern erweist Bischof Sixtus als Praktiker, dem es weniger um bestimmte Observanzen, dafür aber umso mehr um die tatsächlichen Nöte der Menschen und ihrer Hilfe ging.

Das Birgittenkloster Altomünster

Einen völlig neuen Akzent brachte die Neubesiedelung von Altomünster in die spätmittelalterliche Klosterlandschaft des Bistums Freising. Das alte Kloster der Benediktinerinnen war wirtschaftlich heruntergekommen und zuletzt nur noch von der Äbtissin bewohnt. Als auch sie starb, verwaltete Ritter Wolfgang von Sandizell die ausgestorbenen Klostergebäude samt noch vorhandenem Besitz. Er hatte ein Haus in Landshut und gute Beziehugnen zu Herzog Georg von

Der hl. Alto und die hl. Birgitta. Holzschnitt um 1497.
Gedenkblatt an die Neubesiedlung des Klosters Altomünster.

Niederbayern. Er war es zweifellos auch, der den Herzog auf das leerstehende Kloster aufmerksam machte; denn Georg trug sich auf Empfehlung seiner polnischen Gemahlin Hedwig mit dem Gedanken, dem Orden der hl. Birgitta von Schweden innerhalb seines Herrschaftsbereiches ein Haus zu errichten. Zunächst war an ein Kloster in Landshut selbst gedacht. Papst Innozenz VIII. genehmigte am 26. Mai 1485 diesen Plan, erteilte aber drei Jahre später ebenfalls sein Einverständnis, als ihn der niederbayerische Herzog bat, Altomünster aus der benediktinischen Obödienz herauszunehmen und die Güter für ein Birgittenkoster zur Verfügung zu stellen (29. Februar 1488). Bischof Sixtus als zuständiger Diözesanbischof veröffentlichte das Papstprivileg am 13. Juni 1488 und gewährte Ablässe zur Förderung des Klosterbaues[52]. Altomünster sollte den Gewohnheiten des Birgittenordens entsprechend ein Doppelkloster für Frauen, Priestermönche und Laienbrüder werden. Dazu bedurfte es eines zusätzlichen Konventbaues und einiger Umbauten in der Kirche. Es sollte noch bis 1497 dauern, ehe das Kloster bezogen werden konnte. In diesen Jahren des Aufbaus opferte Wolfgang von Sandizell sein gesamtes Vermögen und führte die Verhandlungen nach allen Seiten hin. Nachdem seine kinderlose Frau schon 1482 im Birgittenkloster von Maihingen eingetreten war, ließ er sich dasselbe Ordenskleid anläßlich einer seiner vielen Romreisen anlegen und leistete Profeß. Doch er unterstand keinem Oberen und berief sich immer wieder auf päpstliche Dispens, wonach er bis zur Fertigstellung von Altomünster außerhalb von Klostermauern leben dürfe. Aber sein unruhiges Leben führte zu Gerüchten und Vorwürfen, so daß sich Bischof Sixtus 1495 genötigt sah, in Altomünster selbst nach dem Rechten zu sehen. Die Visitation führte wegen Unregelmäßigkeiten zur Gefangennahme des Sandizellers, um ihn dem Orden zur Bestrafung zu übergeben. Doch Bruder Wolfgang konnte entfliehen[53]. Was immer sich hinter diesen Maßnahmen verbergen mag, die Verdienste des Wolfgang von Sandizell um Altomünster sind unbestreitbar. Nur die Unrast seiner Lebensführung brachte ihn immer wieder in Schwierigkeiten. Erst 1517, also 20 Jahre nach Beginn des Konventes in Altomünster, hat er sich hinter die Klausur zurückgezogen[54].

Reformversuche im Weltklerus

Wichtiger als alle Maßnahmen in den Klöstern war die Reform in den breiten Schichten des Weltklerus, weil nur so der christliche Geist im Leben des Volkes gestärkt werden konnte. Bischof Sixtus hat sich dieser Aufgabe in drei Diözesansynoden der Jahre 1475, 1480 und 1484 gewidmet. Sie fanden regelmäßig in der Freisinger Domkirche statt und wurden jeweils mit einer eindringlichen Predigt des Bischofs eröffnet[55]. Es fällt freilich auf, daß kaum nach den Ursachen des Verfalls gefragt wurde und der Reform auch kein großes geistliches Programm vorausging. Man begnügte sich im wesentlichen, festzustellen, ob die geltenden Vorschriften eingehalten würden, und dafür zu sorgen, daß wieder Ordnung in das Leben der Geistlichen und ihrer Pfarreien einkehre. Die erste dieser Diözesansynoden veranstaltete Bischof Sixtus noch im ersten Jahr seines Pontifikates, acht Tage nach dem Dreikönigsfest 1475. Hauptthemen dieser Versammlung waren, wie in dieser Zeit allgemein üblich, der Kampf gegen die klandestinen Eheschließungen, gegen Pfarrer, die ihre Aufgaben in der Seelsorge an ungebildete und schlecht bezahlte Hilfsgeistliche delegierten, gegen das Konkubinat der Kleriker und gegen eine mangelhafte Verwaltung des Bußsakramentes. Die Ehen sollen öffentlich vor versammeltem Kirchenvolk geschlossen und wenigstens an einem Sonntag vorher verkündet werden, damit man etwaige Hindernisse feststellen kann. Den Priestern wird eingeschärft, sich niemals für heimliche Eheschließungen im kleinsten Kreis herzugeben. Alle Gläubigen müssen sie anhalten, wenigstens einmal vor ihrem eigenen Pfarrer die Beichte abzulegen und zu Ostern die Eucharistie zu empfangen. Will einer bei einem anderen Priester beichten, muß er sich die Erlaubnis des zuständigen Pfarrers geben lassen.

Dann wurden von der Diözesansynode Visitationskommissare aufgestellt für alle Klöster, Kollegiatstifte und Pfarreien. Im benediktinischen Klosterbereich sollten die Äbte von Tegernsee und Scheyern, bei den Augustinerchorherren die Pröpste von Rottenbuch und Indersdorf visitieren. Die Kollegiatstifte behielt sich der Bischof selber vor. In den Pfarreien hatten zwischen dem Oster- und Pfingstfest die Landdekane mit je einem Synodalzeugen zu erscheinen. Für sie wurde ein detaillierter Fragebogen erstellt, der nach Anhörung des Pfarrers, seiner Kapläne und einiger angesehener Laien aus der Pfarrei beantwortet werden mußte[56]:

„Erstens: Über Lebenswandel und Bildung des Pfarrleiters.
Zweitens: Wie die Gemeinde mit den Sakramenten versorgt wird.
Drittens: Wie es um Bücher, Kelche und Paramente steht; ob sie sauber sind; ob im Beanstandungsfalle das Vermögen der Kirche zur Behebung der Mängel ausreicht; ob monatlich die Wegzehrung für die Kranken neu konsekriert wird.
Viertens: Ob die Kirche Schulden hat; welche Leute der Pfarrer in seinem Haushalt hat; ob er ein Wirtshausbesucher, Spieler oder sonst ein schlechtes Beispiel ist; ob er jeden Sonntag die Messe liest und predigt; ob er dazu die rechten Bücher hat; ob er Schulden hat; ob er die gestifteten Messen liest.
Weiter soll nach dem Buch gesehen werden, das er bei der Sakramentenspendung benützt, und er soll geprüft werden, ob er die sakramentalen Formeln auswendig weiß.
Weiter soll, wenn die Pfarrei durch einen Vikar versehen wird, gefragt werden, ob der Pfarrer den Kooperatoren und Kaplänen gebührenden Lohn zahlt . . .“

Auch die zweite Diözesansynode vom 18./19. April 1480 beschäftigte sich ausführlich mit der Disziplin im Welt- und Ordensklerus, wobei großenteils alte Bestimmungen wiederholt und präzisiert wurden. Die Canones reichen von Kleidervorschriften bis zur strengen Einschärfung des Zölibats und der Residenzpflicht[57]. Besondere Beachtung verdient dabei eine Anordnung des Bischofs, der seine Pfarrer zur äußersten Vorsicht gegenüber Neubauten von Kirchen und Kapellen mahnt. Jeder Kirchenneubau ist verboten, wenn nicht der Bischof den Grundstein dazu legt. Ausdrücklich werden in das Verbot Heiligenbilder einbezogen, die in Baumstämmen aufgestellt werden. Das Volk liebe solche neue Heiligtümer, aber oft genug seien dabei Schwindelgeschichten im Umlauf. Zwar dürften auf den Fluren nach gewohnter Art auch weiterhin steinerne oder hölzerne Bildnisse von Christus und den Heiligen errichtet werden, allerdings nicht im Verbund mit einer Kapelle, und sei sie auch noch so einfach, und vor allem nicht mit einem Opferstock. Es besteht kein Zweifel, daß Bischof Sixtus hier üble und ertragreiche Erscheinungen im Wallfahrtswesen im Auge hat[58].

Einsatz der Buchdruckerkunst

Damit die Statuten der Diözesansynode auch wirklich alle Adressaten erreichen konnten, ging Bischof Sixtus diesmal neue Wege mit Hilfe der noch relativ jungen Buchdruckerkunst. Er ließ die Beschlüsse bei Johann Bämler in Augsburg drucken. In diesem neuen Medium sah Sixtus überhaupt ein wirksames Hilfsmittel seiner Reformbestrebungen. Ließ er bei den Pfarrern nachfragen, aus welchen Büchern sie ihre Predigten schöpften, so kaufte er 1481 für den Dom selbst ein umfangreiches Druckwerk zu diesem Zweck, die vierbändige „Glossa ordinaria super Bibliam" mit Erklärungen des Reichenauer Mönches Walahfried Strabo, die sich gut für die Predigt verwenden ließen. Darüber hinaus erkannte er im Buchdruck eine ausgezeichnete Möglichkeit, die Liturgie im Bistum auf einen einheitlichen und von mancherlei Zusätzen bereinigten Stand zu bringen. Bischof Sixtus wandte sich an den Bamberger Drucker Johann Sensenschmidt und ließ von ihm innerhalb von 5 Jahren ein Brevier, ein Rituale und ein Meßbuch für die Freisinger Diözese herstellen. Das Brevier erschien in zwei Bänden 1482 und 1483. Das Rituale kam 1484 unter dem Titel „Obsequiale" heraus. Es enthält die Texte zur Sakramentenspendung, zum Begräbnis und verschiedene Segensformeln. Als der Bischof an die Herausgabe des Meßbuches ging, ließ er Johann Sensenschmidt mit seiner Druckpresse direkt nach Freising kommen, damit man an Ort und Stelle gleich die Korrekturen einbringen konnte. Am 31. August 1487 war das Freisinger Meßbuch fertig. Es enthält vier Bildholzschnitte: die Patrone der Domkirche mit dem Wappen des Bischofs, die Opferung des Isaak, das Lamm Gottes und ein Kreuzigungsbild vor dem Kanontext. Der Vertrieb dieser Bücher erfolgte von Freising aus. Der Bischof kaufte die gesamte Auflage und gab sie mit gewissem Gewinn an die Priester weiter. Vom Missale wurden 300 Pergament- und 100 Papierexemplare hergestellt. Über mangelnden Absatz hatte der Bischof offenbar nicht zu klagen, denn schon wenige Jahre später erschien von allen drei liturgischen Werken eine zweite Auflage bei Erhard Ratdolt in Augsburg: 1491 das Brevier, 1492 das Missale und 1493 das Rituale. Im Jahr 1495 kam dann noch einmal in Johann Schäffler ein wandernder Drucker nach Freising, diesmal, um ein lateinisches Lehr- und Übungsbuch für die Schüler herzustellen mit dem Titel „Es tu scolaris"[59].

Klerikerbildung und Predigt

Das Ziel einheitlicher liturgischer Texte im Bistum dürfte Sixtus von Tannberg weitgehend erreicht haben. Darauf deutet der gute Absatz seiner Druckwerke und die rasche Aufeinanderfolge von Neuauflagen. Ob dem Bischof auch im Bereich der Klerusreform ein nennenswerter Erfolg beschieden war, bleibt mehr als zweifelhaft. Die Vorhaltungen der bayerischen Herzöge am Beginn der Reformationszeit und die Visitationsprotokolle des 16. Jahrhunderts lassen eher das Gegenteil vermuten. Zwar ist seit den Tagen, da Johannes Grünwalder Generalvikar wurde, der Gedanke einer Reform bei Klerus und Klöstern nicht mehr verstummt. Es hat nicht an persönlich untadeligen Bischöfen und auch nicht an wirklich ernstgemeinten Reformsynoden zur sittlichen Hebung des Klerikerstandes gefehlt. Freilich, was nützten alle Visitationen und peinlichen Befragungen der Pfarrer, solange die Wurzel allen Übels, eine schlechte geistige und geistliche Bildung der Pfarrer im weiten Land, nicht behoben werden konnte. Die neue Ingolstädter Universität erreichte nur einen kleinen Kreis der Priester. So blieb eine theologisch gediegene Verkündigung auf verhältnismäßig wenige Kanzeln beschränkt. Die Augustinerchorherren von Indersdorf und die Benediktiner in Tegernsee ragten hier hervor[60]. Für die Freisinger Kathedrale errichtete Bischof Sixtus 1475 oder 1476 eine Dompredigerstelle, weil „das Volk unserer Stadt und unsere Braut, die Kathedralkirche von Freising bis jetzt einen Prediger entbehrte, der ihm dort das Wort Gottes verkündete". Schon sein Vorgänger, Bischof Johannes Tulbeck, hatte sich mit einem solchen Gedanken getragen und eine Geldsumme für die Stelle bereitgestellt. Erster Domprediger von Freising wurde der Ingolstädter Professor Heinrich Pfeilschmid[61]. In München stand die Predigt sogar unter Konkurrenzdruck zwischen den Pfarrkirchen einerseits und den Franzikanern andererseits. Mochte ein Gebildeter wie Veit Arnpeck auch angewidert sein von der wilden Art des Predigens, wie sie die strengen Franziskaner übten, dem Volk gefiel sie. Die Pfarrer von St. Peter und Unserer Lieben Frau sahen dem Zulauf der Leute bei den Mönchen weniger gern zu und brachten 1489 eine Übereinkunft zustande, nach der die Franziskaner, von einigen Ausnahmen abgesehen, bei den Vormittagsgottesdiensten nicht mehr predigen sollten. Nur am Nachmittag durften sie ihre Prediger noch auf die Kanzel schicken[62]. Alles spricht dafür, daß auch in den Landkirchen regelmäßig gepredigt wurde. Vernachlässigte ein Pfarrer diese Pflicht, so war es die Ausnahme. Allerdings dürfte es hinsichtlich der Qualität erhebliche Unterschiede gegeben haben. In München stand den Predigern eine gestiftete Bibliothek bei St. Peter allgemein zur Verfügung. Auf dem Land waren Bücher selten. Ganz unabhängig von rhetorischen und theologischen Kenntnissen aber stand bei allen Predigern offensichtlich der gerechte und zürnende Gott in der Mitte der Verkündigung, so daß fromme Ehrfurcht bis zur zitternden Angst erstarrte.

Spätmittelalterliche Volksfrömmigkeit

Sonst wäre es kaum verständlich, daß etwa in der Feier der Eucharistie der Kommunionempfang so weit in den Hintergrund treten konnte. Dies geschah ja nicht aus mangelnder Hochschätzung des Sakramentes, sondern im Gegenteil aus übergroßer Angst vor unwürdigem und damit wieder sündhaftem Empfang der Kommunion. Kirchliche Vorschriften setzten vor den Empfang der Eucharistie eine Menge von Hürden, so daß man sich lieber mit der „geistlichen Kommunion" und mit dem Schauen des Allerheiligsten bei der Elevation nach der Wandlung und in der Monstranz begnügte[63]. Da half es auch nichts, wenn Nikolaus von Cusa immer wieder betonte, die Eucharistie sei „als Speise und nicht als Schaumittel" eingesetzt, und wenn er sich gegen die Verehrung der wundersamen Bluthostien, wie gegen allzu häufige Sakramentsprozessionen wandte. Das Volk wollte sich den Segen der Eucharistie nicht entgehen lassen, fürchtete aber noch mehr den unwürdigen Empfang der Kommunion. So gab man lieber der Prozession mit vier Segensstationen den Vorzug, um der eucharistischen Gnade teilhaft zu werden. In der Münchener Liebfrauenkirche gab es seit 1432 jeden Donnerstag eine Sakramentenprozession, bei der an den vier Kirchentüren der Segen erteilt wurde. Für die Martinskirche zu Landshut wurde 1489 eine solche wöchentliche Donnerstagsprozession gestiftet, die mit großem Gepränge unter den Klängen der herzoglichen Hofmusik abgehalten wurde[64]. Solche Umgänge mit dem Allerheiligsten waren praktisch eine zahlenmäßig vervielfachte Fronleichnamsprozession, wie überhaupt die numerische Extension ein Kennzeichen spätmittelalterlicher Liturgie und Frömmigkeit darstellt. Die „Privatmesse" nahm immer mehr zu. Eine Patrizierfamilie, die etwas auf sich hielt, hatte jeden Tag ihre Messe, möglichst an einem dafür eigens gestifteten Altar. Die Münchener Frauenkirche besaß immerhin 26 Altäre. Einfache Leute bestellten eine oder mehrere Messen. Reiche Bürger leisteten sich eine eigene Meßstiftung, d. h. sie stellten einen Betrag zur Verfügung, von dem ein Priester notdürftig leben konnte und dafür täglich in der Intention der Stifter zu zelebrieren hatte. Das war keineswegs nur Prestigedenken, sondern entsprang einer echten Sorge um das Seelenheil der Verstorbenen, die man nicht anders vor dem zornigen Gericht Gottes retten zu können glaubte. Die herrschende theologische Lehre von den genau kalkulierbaren „Meßopferfrüchten" tat das ihre, um solche Entwicklungen zu fördern. Die Christen des Spätmittelalters waren fromm und auch opferbereit, aber eben in der Weise, wie es ihnen das Gottesbild der Theologen nahelegte.

Die Frage, wie ein sündiger Mensch vor dem strengen und gerechten Gott bestehen könne, beschäftigte die Christen in unvorstellbarem Maße. Ohne Todsünde sterben zu dürfen, d. h. auf dem Sterbebett noch beichten zu können, war das Höchstmaß an Gnade, das man sich vorstellen konnte. Aber dann blieben immer noch die gerechten Sündenstrafen, die ein Verstorbener im Fegfeuer durch langes Leiden abzubüßen hat. Hier boten sich den Lebenden nur zwei Möglichkeiten, um den Toten noch helfen zu können: die gestiftete Messe und der Ablaß. Nur so ist zu begreifen, welch zentrale Stellung in der Frömmigkeit des Spätmittelalters dem Ablaß zukam. Wir haben ein sprechendes Zeugnis dafür aus München, wo nach Erschöpfung aller Eigenmittel für den Neubau der Liebfrauenkirche 1479 bei Papst Sixtus IV. ein vollkommener Ablaß erbeten wurde, um aus dem finanziellen Erlös die Kirche fertigbauen zu können. Der Papst gewährte die Bitte, und der Zulauf war ungeheuer, obwohl die Gewinnung des Ablasses noch in tiefem religiösem Ernst verlief und nicht entfernt mit den Praktiken des Mönches Tetzel verglichen werden kann. Vorgeschrieben war für den Ablaß die persönliche Beichte, der Empfang der Kommunion und als Opfergabe soviel an Geld, als einer für seinen Lebensunterhalt während einer Woche verbrauchte. Drei Jahre hindurch (1480–1482) galt der Ablaß jeweils eine Woche in der Fastenzeit. Im ersten Jahr kamen 65 000 Menschen, im zweiten 24 000, im dritten Jahr 34 700 Personen nach München, um den Ablaß zu gewinnen, insgesamt das zehnfache der gesamten Münchener Bevölkerung[65]. Der Ablaß für die Verstorbenen erschien deshalb so wichtig, weil im Gottesbild der Zeit der zürnende Richter hoch über dem barmherzigen Vater stand.

Dasselbe Motiv erklärt auch die im Spätmittelalter immer mehr ausufernde Heiligenverehrung. Im Mittelpunkt des Interesses stand dabei eigentlich nicht das Leben eines Heiligen auf Erden, wie es einem Christen Vorbild sein kann, sondern vielmehr die jetzige Position des Heiligen im Himmel, der alle Prüfungen und Läuterungen durchschritten hat, der jetzt Gott ganz nahe ist und als Fürsprecher für die Nöte der Menschen eintreten kann. Eine Sonderform des marianischen Schutzmantelbildes beleuchtet diese Situation schlagartig. Das Bild Mariens, unter deren schützenden Mantel sich die Menschen flüchten, Päpste und Könige, Bürger und Bauern, ist allgemein bekannt. Daneben gibt es im Spätmittelalter aber auch Bilder, die über der Schutzmantelmadonna Gott-Vater zeigen. Er kann und darf nicht anders sein, als gerecht. Darum schleudert er für die Sünden der Menschen vom Himmel aus seine Zornesblitze, manchmal näher gekennzeichnet als Krankheit, Krieg, Pest und Tod. Diese Blitze aber zerbrechen am schützenden Mantel Marias. Gott steht für Gerechtigkeit, die Heilige aber für Barmherzigkeit. Will ein Mensch Gnade statt Gerechtigkeit erlangen, so muß er sich an den Heiligen wenden. Die in Christus erschienene Menschenfreundlichkeit Gottes scheint vergessen, ohne Zweifel ein Versagen der Theologie und Glaubensverkündigung. Nur so kann man die Heiligenverehrung des Spätmittelalters begreifen, wie auch ihre totale Ablehnung in der Theologie der Reformatoren. Jede Bruderschaft und jede Zunft hatte ihre eigenen „Schutzheiligen", jede Kirche ihren Patron. Die Mütter vertrauten sich in ihren Sorgen der hl. Anna, die Reisenden dem hl. Jakobus, die Bergleute der hl. Barbara, die Gefangenen dem hl. Leonhard an. Für jede Krankheit gab es spezielle Schutzpatrone, so vor allem gegen die gefürchtete Pest St. Sebastian und St. Rochus. Wollte man sich der besonderen Fürsprache eines Heiligen versichern, so mußte man Reliquien von ihm besitzen. Das Wallfahrtswesen des Spätmittelalters und die oftmals skurrile Sucht nach Reliquienbesitz müssen unter diesem Gesichtspunkt verstanden werden. Auch im Bistum Freising gab es eine Reihe von Heiligengräbern, die Ziel einer Wallfahrt waren. Man pilgerte zum hl. Quirinus nach Tegernsee, zum hl. Kastulus nach Moosburg, zum hl. Eberhard nach Tüntenhausen, zum hl. Nantwein nach Wolfratshausen und zur seligen Edigna nach Puch bei Fürstenfeldbruck. Im Freisinger Dom hat der Zulauf zu den Teilreliquien des hl. Sigismund die Wallfahrt zum hl. Korbinian ganz in den Hintergrund gedrängt. Prominentester Pilger zum hl. Sigismund war in dieser Zeit der römische König und spätere Kaiser Maximilian I., der am Donnerstag nach dem Aschermittwoch des Jahres 1491 nach einem feierlichen Amt unter den Klängen der Freisinger Domkantorei vor den Reliquien des Heiligen betete[66]. Die zahlreichen Wallfahrer zu den Reliquien des hl. Sigismund wollten, wie auch anderwärts, dem Heiligen rein körperlich so nahe wie möglich kommen. Dazu gab es Reliquiare, die man den Leuten auflegte oder zum Kusse bot. In Freising ließ der Domkustos 1493 für die Sigismundsfigur ein Szepter aus Messing anfertigen, das wohl eine Reliquie enthielt und bei Ankunft der

Pilger abgenommen wurde, um die Wallfahrer damit zu „bestreichen"[67]: „Item ich hab zu Landshut lassen machen ain messingeins scepter zu s. Sigmund pild in die hannd, damit sie die leit bestreichen." In Ebersberg florierte die Verehrung einer Sebastiansreliquie und in St. Wolfgang bei Dorfen verehrte man eine Stelle, an der Regensburgs großer Diözesanpatron gerastet und eine heilbringende Quelle erweckt haben soll. Die Marienwallfahrt besaß noch nicht den großen Stellenwert, wie sie ihn im 17. Jahrhundert erreicht hat, wahrscheinlich deshalb, weil es eben keine entsprechenden Reliquien gab und die Verehrung eines bestimmten Gnadenbildes erst mit der Altöttinger Wallfahrt ab 1489 einsetzte. Nur die Marienkirchen in Tuntenhausen und Maria Thalheim hatten aufgrund von Wunderberichten großen Zulauf. Beliebte Wallfahrtsziele außerhalb der Bistumsgrenzen waren St. Leonhard in Inchenhofen und Hohenwart, das seit 1485 eine ganz neue Wallfahrt zu den Heiligen Richildis, Wolfhold und Juliana besaß, nachdem ihre Gebeine erhoben und in einem Sarkophag beigesetzt waren. Immer wieder sind es Reliquien und Wunderberichte, die eine Wallfahrt entstehen lassen und am Leben erhalten. Der Heilige in seiner körperlichen Nähe gilt als ein „geistliches Kapital" und als Garant besonderer Fürsprache bei Gott. Darum ist es auch in Ilmmünster 1495 beinahe zu massiven Handgreiflichkeiten gekommen, als eine herzogliche Kommission die Gebeine des hl. Arsacius aus dem Grab holte, um sie an die neue Münchener Frauenkirche zu transportieren. Freilich ist hier der Kompetenzstreit zwischen Bischof und Herzog im Spiele gewesen, aber auch das Volk von Ilmmünster war außer sich, weil man ihm den Heiligen mit Gewalt wegnahm[68]: „als ward ein groß geschray von dem paurenvolckh umb dem heiligen".

Bischof Sixtus und die Liturgie im Freisinger Dom

Trotz der großen Wertschätzung von Heiligengräbern ist es im Bistum Freising aber nicht, wie andernorts, zu obskuren Neuentdeckungen von Reliquien gekommen. Das ist sicher auch der Wachsamkeit des Bischofs zu verdanken, der auf seinen Diözesansynoden zu äußerster Vorsicht gegenüber neuen Wallfahrtsbetrieben mahnte. Sixtus von Tannbergs Sorge galt viel mehr einer würdigen Feier des Gottesdienstes. Das bezeugen die strengen Fragen bei der Pfarrvisitation ebenso, wie seine eigenen Maßnahmen in der Freisinger Kathedralkirche. Die Errichtung einer Dompredigerstelle sollte die Qualität der Verkündigung fördern. Dies war ein Erbe, das er als Auftrag noch von seinem Vorgänger Johannes Tulbeck übernommen hatte. Für die Förderung des liturgischen Gesanges gründete Bischof Sixtus 1484 eine eigene Domkantorei, die aus einem ersten und zweiten Kapellmeister, 10 Choralisten und 2 Knaben bestand[69]. Bisher hatten die Zöglinge der Domschule diese Aufgabe wahrzunehmen. Offenbar war es aber zu Klagen gekommen, daß sie dafür ihr Studium zu sehr vernachlässigten. Nun bot die berufsmäßige Kantorei zudem die Möglichkeit, auch den Anschluß an die polyphone Kirchenmusik zu erreichen. Bei größeren Festen wurden die Domschüler und die Scolaren von St. Andreas nach wie vor beigezogen[70]. Eine wichtige Aufgabe der neuen Kantorei war die Gestaltung des Chorgebetes im Dom, und um die Bedeutung dieses gemeinschaftlichen Betens zu betonen, ließ Bischof Sixtus 1483 ein neues Chorgestühl in Auftrag geben, das dann 1488 fertiggestellt werden konnte. Die künstlerische Oberleitung lag in den Händen des Augsburger Bildhauers Ulrich Glurer, die handwerkliche Ausführung weitgehend bei einem Meister Bernhard von Freising[71]. Von einigen Verkürzungen abgesehen, ist dieses Chorgestühl mit einer Freisinger Bischofsgalerie erhalten.

Um eine würdige Feier der Privatmessen auch im Winter bei ausreichender Beleuchtung zu gewährleisten, machte Bischof Sixtus 1487 eine umfangreiche Wachsstiftung. Offenbar war es vorgekommen, daß der Kelch wegen mangelnden Lichtes umgestoßen und ausgeschüttet wurde. Dabei erfahren wir in der Stiftungsurkunde, daß der Dom neben Haupt- und Kreuzaltar noch 26 Seitenaltäre besaß. Das entspricht etwa der Anzahl von Altären in der neuen Münchener Liebfrauenkirche[72]. Mehr als diese Kerzenstiftung bedeutet aber die Errichtung eines neuen Sakramentshauses durch Bischof Sixtus auf dem Chor im Jahr 1489. Ein Vermächtnis des verstorbenen Domherren Konrad von Aichelstain bildete den finanziellen Grundstock zu diesem Werk, das Erasmus Grasser schuf. Leider ist von diesem Sakramentshaus nichts erhalten. Es muß aber von beträchtlichen Ausmaßen gewesen sein, wie es sich für eine Domkirche geziemte, denn man brauchte eine „groß eisein stang" für den davor hängenden Vorhang, auf den eine goldene Monstranz mit zwei Engeln gemalt war[73]. Monumental war auch die vor dem Sakramentshaus aufgestellte Beweinungsgruppe mit einem älteren Grabchristus (um 1440) und sieben Figuren, die Erasmus Grasser 1492 unentgeltlich gearbeitet hat. Dafür hat die Domkustodie nur die Materialkosten bezahlt, „aber umb die arbeit und was daraufgegangen ist, hat er nichtz genomen, hat bei 21 gulden gemacht"[74]. Sichtbar für das Volk war nur der Vorhang mit der gemalten Monstranz und die Gruppe der Trauernden, die den heiligen Fronleichnam verehrt; wieder ein Hinweis auf das Schauen des Allerheiligsten. Immerhin aber versucht Bischof Sixtus, über die Verehrung der Heiligen die Anbetung und Verehrung der Eucharistie zu betonen. Der gesamte gottesdienstliche Raum des Domes hat in seinen Tagen ein neues Gepräge erhalten. Sixtus baute zunächst den von seinem Vorgänger begonnenen Lettner (1470–1474) fertig, der allerdings schon einen spätromanischen Vorgänger gehabt haben dürfte. Dieser Querbau an der Westmauer der

Krypta trennte Chor- und Volksraum. Auf seiner Empore fanden die Sänger der Kantorei Platz, im hallenartigen Unterbau stand der Kreuzaltar für die Messen des Volkes[75]. Noch während die Arbeiten an der Münchener Liebfrauenkirche im Gange waren, holte sich Bischof Sixtus den dortigen Baumeister Jörg von Halsbach nach Freising, um mit ihm eine gotische Wölbung seines Domes zu besprechen. In den Jahren 1481/1482 erfolgte dann die Wölbung im Mittelschiff des Freisinger Domes nach den Plänen des Meisters Jörg[76]. Sie nahm der bis dahin noch immer flachgedeckten Domkirche ihre immense Steile im Mittelschiff, weil die neuen Gewölbe im Scheitel unterhalb der alten Flachdecke ansetzen und die Rippen ein gutes Stück über die Langhauswand herabzogen.

Spätmittelalterliche Kunst im Dienst der Kirche

Die bildenden Künste hatten im ausgehenden 15. Jahrhundert eine gute Zeit. Es wurde viel gebaut und gewölbt, geschnitzt und gemalt. Die spätgotische Kirche ist voller Farbenreichtum in Figuren, Bildern und bunt leuchtenden Glasfenstern. Als die Münchener Frauenkirche ihrer Vollendung entgegenging, baute man eine Reihe sorgsam gehüteter Farbfenster vom alten Bau wieder ein und ergänzte sie um so kostbare Werke wie das Speculumfenster (1480), das Herzogfenster (1485), das Legendenfenster (um 1486) und das Scharfzandtfenster (1493). Herzöge, Zünfte und reiche Patrizierfamilien finanzierten die teueren Unternehmungen[77]. Für Maler und Bildhauer eröffnete sich ein breites Betätigungsfeld auf dem Gebiet der Flügelaltäre, die sich im 15. Jahrhundert zunehmender Beliebtheit erfreuten. Für den Freisinger Dom hatte schon Nikodemus della Scala den großen Flügelaltar in Auftrag gegeben, von dem leider nur die großen Schreinfiguren erhalten sind. Noch etwas früher (um 1435) hat Gabriel Angler den leider ganz und gar verschollenen Hauptaltar für die Münchener Frauenkirche gemalt[78]. Kurz vor und kurz nach der Jahrhundertmitte erhielt Tegernsee großformatige Flügelaltäre für den Chor und für den Lettner, jeweils mit figurenreichen Szenen um die Kreuzigung Christi[79]. Nach der Jahrhundertmitte werden im Freisinger Dom und in größeren Klosterkirchen selbst die Seitenaltäre mit gemalten Retabeln ausgestattet. In Freising ist es vor allem Meister Sigmund (mit Familiennamen wahrscheinlich „Huetter"), der für den Dom, die Johanneskirche und die Klosterkirche Weihenstephan eine ganze Reihe von Altären malt. Der Großteil seiner Kunst ist heute verschollen, aber bezaubernde Werke seiner feinen und sensiblen Malkunst befinden sich heute noch im Augsburger Dom (Heimsuchung Mariens) und im Freisinger Diözesanmuseum (Kreuzigung Christi)[80]. Gabriel Mälesskircher hat in den

Jahren 1474–1478 über ein Dutzend Seitenaltäre für Tegernsee gestaltet. In den 80er Jahren des 15. Jahrhunderts greift diese Entwicklung auf das Land über (Pipping, Mörlbach – Verkündigungsaltar, Thalkirchen, Gelbersdorf, Ramersdorf, Jenkofen, St. Wolfgang, Pullach). In den 80er Jahren des 15. Jahrhunderts übernimmt Jan Polack die Führung. Noch bevor er 1588 Münchener Stadtmaler wurde, haben ihm die Benediktiner von Freising-Weihenstephan den Auftrag für ihren großen Hochaltar mit Szenen aus dem Leben des hl. Korbinian, des hl. Stephanus und des hl. Benedikt gegeben. Als Stadtmaler übernimmt er 1490 den Auftrag für einen großen Altar in St. Peter in Werkgemeinschaft mit dem Schnitzer Erasmus Grasser, 1491 für die Altäre in Blutenburg und im selben Jahr den Auftrag für den Passionsaltar bei den Münchener Franziskanern. Herzog Sigismund, mehr oder minder freiwillig zurückgetretener Regent zugunsten seines Bruders Herzog Albrechts IV., erwies sich als tatkräftiger Förderer Jan Polacks. Gerade in Blutenburg, wo einmal nicht auf dörfliche Heiligenpatronate Rücksicht genommen werden mußte, entwickelte Jan Polack ein großes theologisches Programm, das auf fünf Tafelbildern eine trinitarische und zugleich eucharistische Bilderfolge entwickelte. Man muß schon mit einem Theologen vom Rang eines Johannes Permeter, der in Ingolstadt lehrte, rechnen, der aus seiner tiefen Kenntnis thomistischer Theologie ein solch ausgeklügeltes Programm zu entwerfen vermochte[81]. Beim Altar für die Franziskanerkirche überwiegt dann wieder, wie schon vorher beim Petersaltar, die erzählerische Kunst des Malers. Jan Polack hat einen herben bis drastischen Stil mit kräftiger Farbgebung nach München gebracht. Er hat damit großen Anklang gefunden und die ältere Malergeneration mit ihrer feinen und sensibleren Malweise, wie etwa Sigmund von Freising oder den Meister von Mörlbach, aus dem Feld geschlagen. Der Maler Hans Mair, in Freising und Landshut nachweisbar, bindet die beiden Linien wieder zusammen. Er hat sowohl bei Meister Sigmund in Freising gelernt und in der Werkstatt Jan Polacks mitgearbeitet. Über ihn laufen Beziehungen auch zu Hans Holbein dem Älteren in Augsburg. Die Freisinger Domsakristei bewahrt bis heute ein kostbares Bild von Hans Mair (1495) mit Szenen des Gründonnerstags: Fußwaschung, Abendmahl und Gefangennahme Jesu am Ölberg. Dieses Bild ist zwar kein Flügelaltar, überspannt aber einen Altar, vor dem am Gründonnerstag die Fußwaschungszeremonie gefeiert wurde.

Die gotischen Flügelaltäre bringen einen völlig neuen Akzent in den Kirchenbau. Angefangen hat dies mit kleinen Retabeln über der Altarmensa, wie eine aus dem ausgehenden 14. Jahrhundert über die Peterskirche am Madron (heute Bayerisches Nationalmuseum) überliefert ist. Einen ersten Höhepunkt erreichte diese Entwicklung mit dem Flügelaltar der Münchener Augustinerkirche (sog. Drusiana-Meister um 1400) bis hin zu den zahlreichen Flügelaltären im späten

15. Jahrhundert. Neben den Wandfresken und Glasmalereien verdichtete sich nun die Darstellung der Heilsgeheimnisse und Heiligenleben in den einmal oder mehrfach wandelbaren Flügelaltären. Wie ein heiliges Buch konnte man den Altar aufschlagen, umblättern oder schließen für eine Werktagseite, eine Passionsseite und eine Festtagsseite. Das Gespränge leitet den blockartigen Teil der Gemälde, Reliefs und Schnitzwerkschreine in zarten Fialen über in den hohen Raum des Chores. Die eingezogene Predella steht auf der Mensa des Altares und bringt oft eucharistische Motive wie Grablegung (Gegenwart des gekreuzigten Herrn) und Verkündigung (Herabsteigen des Gottessohnes in die menschliche Gestalt und in die Gestalt des Brotes). So wird der spätgotische Altar zu einer Art Monstranz, der dem Bedürfnis des spätmittelalterlichen Menschen nach Schauen des Heiligen entgegenkommt[82]. Zugleich sind diese Altäre, wie überhaupt die reiche Kirchenzier der ausgehenden Gotik ein glänzendes Zeugnis für eine tiefe Frömmigkeit der Menschen am Ende des Mittelalters. Mag es auch Fehlentwicklungen und Einseitigkeiten gegeben haben, wie oben beschrieben, an einer tiefen religiösen Dimension der Menschen dieser „vorreformatorischen" Zeit hat es nicht gefehlt.

Manch einseitige Ausdrucksformen der Frömmigkeit waren durch ungenügende theologische Bildung des Klerus und der daraus resultierenden Verkündigung des Evangeliums so festgefahren, daß sie auch ein hervorragender Bischof nicht mit einem Federstrich oder einer Diözesansynode beseitigen konnte.

Eine außergewöhnliche Bischofsgestalt

Das Bistum Freising konnte sich glücklich schätzen, einen Mann wie Sixtus von Tannberg auf dem bischöflichen Stuhl zu haben. Er gilt zwar nicht als repräsentativ, schon eher als Ausnahme unter den Kirchenfürsten seiner Zeit[83]. Bischofsgestalten, wie er eine war, werden gern vergessen, wenn vom „finsteren Mittelalter" die Rede ist. Bischof Sixtus hat sich redlich bemüht, in das Zentrum christlicher Glaubenshaltung vorzudringen. Die durch ihn geschaffene Dompredigerstelle war ein wichtiger Vorstoß, dem Wort des Evangeliums Vorrang zu geben. Für die Gewährleistung würdiger Feier der Liturgie ging er für damalige Zeit ganz moderne Wege über das neue Medium der Buchdruckerkunst. In seiner Domkirche tat er alles, um der Feier der Liturgie, dem Chorgebet und der Verehrung der Eucharistie absoluten Vorrang einzuräumen. Dabei begleitet ein zutiefst menschlicher und sozialer Zug all seine Regierungsmaßnahmen, ob es sich nun um die von den Türken heimgesuchten Gebiete seiner Besitzungen handelt oder um die Not der Sterbenden in seiner Bischofsstadt. Klostervisitationen waren ihm nicht weniger wichtig, als dem eifernden Herzog von Oberbayern. Aber Bischof Sixtus dachte mehr als dieser an das eben Verwirklichbare. Wenn die Seelnonnen von München sich nicht den Vorstellungen ihres Herzogs beugen wollten, so gab es in Freising immer noch Platz für sie, um den Sterbenden Beistand leisten zu können. Sogar um die Bestallung einer Hebamme für Freising hat er sich gekümmert[84].

Im Sommer 1495 ist Bischof Sixtus noch zum Reichstag nach Worms gezogen. Von schwerer Krankheit heimgesucht, rieten ihm dort die Ärzte, sich auf das Land zu begeben. Er suchte sich das nahegelegene Kloster der Regularkanoniker in Großfrankenthal aus, empfing noch einige Bischöfe, die ihn vom Reichstag her besuchten, und starb dort am 14. Juli 1495. Der Leichnam des Bischofs wurde nach Freising überführt und am 21. Juli 1495 in der Domkirche bestattet[85].

45. Ernannter Bischof Ruprecht, Pfalzgraf bei Rhein und Herzog von Bayern (1495–1498)

Das letzte, wenn auch kurze Kapitel Freisinger Diözesangeschichte im Mittelalter ist eine Tragödie, in kirchenpolitischer wie menschlicher Hinsicht. Das Bistum konnte sich vor dem Zugriff auf den Bischofsstuhl durch die drei Wittelsbacher Familien in Landshut, München und Heidelberg nicht mehr erwehren. Offensichtlich hatte sich das Domkapitel mit dieser Tatsache abgefunden. Es hatte nun lediglich noch zu wählen zwischen dem Kandidaten, der von München her favorisiert wurde, und einem Heidelberger Prinzen, der zugleich von Landshut aus unterstützt wurde. Herzog Georg der Reiche hatte keinen eigenen Sohn, der das Kindesalter überlebt hätte. Kurfürst Philipp von der Pfalz dagegen besaß acht lebende Söhne, die zum Großteil in kirchlichen Stellen unterzubringen waren. Er präsentierte seinen drittgeborenen Sohn Ruprecht für das Amt eines Freisinger Bischofs.

Am 1. August 1495 trat das Domkapitel zusammen, um einen Nachfolger für Bischof Sixtus von Tannberg zu wählen. Die Kapitulare postulierten einmütig Prinz Ruprecht, Pfalzgraf bei Rhein und Herzog von Bayern. Ruprecht hatte schon seit 1492 eine Domkapitelsstelle in Freising inne. Wenige Tage vor dieser Ernennung (7. 2. 1492) hatten Bischof Sixtus und sein Domkapitel ihn als Bischofskoadjutor akzeptiert (1. 2. 1492)[86]. Dieser Entschluß hatte damals jedoch nicht die Bestätigung des Papstes gefunden. Ruprecht war zur damaligen Zeit 10 Jahre alt; jetzt, da er zum Bischof von Freising gewählt wurde, zählte er gerade 14 Jahre. Diesmal versagte der Papst seine Bestätigung nicht mehr und konfirmierte ihn am 8. Februar 1496 zum Administrator der Kirche von Freising[87]. Ruprecht zog in Freising ein und übernahm formell die Verwaltung des Hochstifts.

Im selben Jahr 1496 schrieb zu Landshut Herzog Georg der Reiche sein Testament. Da seine drei Söhne alle im Kindesalter gestorben waren, machte er den riskanten Versuch, sein niederbayerisches Herzogtum auf die Tochter Elisabeth zu übertragen. Das war gegen alles Herkommen wittelsbachischer Hausverträge, und Georg der Reiche wußte, daß der Münchener Herzog nur darauf wartete, daß ihm Niederbayern erblich zufallen sollte. Weibliche Erbfolge war in Bayern nie vorgesehen. Herzog Georg verfolgte dennoch seinen kühnen Plan und brauchte nun für seine Tochter einen geeigneten Gemahl. Dabei hatte er drei Söhne seines Schwagers Kurfürst Philipp von der Pfalz im Auge, unter ihnen auch den Freisinger Administrator Ruprecht. Da dieser nur die niederen Weihen besaß, war an eine Heirat durchaus noch zu denken. Auch Ruprecht erschien die ihm zugedachte Bischofsrolle nicht sehr erstrebenswert. Eine eheliche Verbindung mit seiner Cousine Elisabeth aus Landshut lag offenbar eher in seinem ganz persönlichen Interesse. So erklärte er am 19. Januar 1498 dem Domkapitel den Entschluß, all seinen kirchlichen Stellungen entsagen zu wollen. Die päpstliche Einwilligung erfolgte am 3. Dezember 1498, und schon am 10. Februar 1499 heiratete Ruprecht zu Heidelberg die niederbayerische Prinzessin Elisabeth. Die Weichen waren so gestellt, daß Ruprechts nur ein Jahr älterer Bruder Philipp die Nachfolge in Freising antreten konnte[88].

Als Herzog Georg der Reiche sein Ende herannahen fühlte, konnte er sich des Erfolgs seiner Pläne keineswegs sicher sen, denn seinem gewagten Testament fehlte die kaiserliche Zustimmung. Noch im Herbst 1503 ernannte er seinen Schwiegersohn Ruprecht zum Statthalter des niederbayerischen Herzogtums. Am 1. Dezember 1503 starb er. Herzog Albrecht IV. von München hatte längst Nachricht über das Testament erhalten und sich mit König Maximilian zusammengetan, dessen Schwester seine Frau war. In den Jahren 1504 und 1505 tobte ein äußerst blutiger Krieg über die bayerischen Lande, der sog. „Landshuter Erbfolgekrieg". Mitten in diesen Kämpfen starb Ruprecht am 20. August 1504 an der Ruhr, wenige Wochen später auch seine Frau. Sie wurden beide im Kloster Seligenthal zu Landshut bestattet. Nach Ende des Krieges konnte der Münchener Herzog Sieg verzeichnen.

Oberbayern und Niederbayern lagen in einer Regentenhand. Das „Primogeniturgesetz" Herzog Albrechts IV. von 1506 sollte ähnliche Kämpfe für alle Zeiten verhindern. Die Regierung Bayerns war und blieb in einer Hand, freilich um den Preis enormer Gebietsabtrennungen an König Maximilian.

In Freising regierte seit 1498 Bischof Philipp, der Bruder des glücklosen Ruprecht. Auch er verdankt seine Stellung familiendynastischen Unternehmungen. Aber er war im Gegensatz zu seinem Bruder in viel höherem Maß eine geistliche Persönlichkeit. Seinen Vermittlungsversuchen im Landshuter Erbfolgekrieg war wenig Erfolg beschieden. Später sollte es seine Hauptaufgabe werden, das Bistum Freising durch die Wirren der Reformationszeit zu führen. Er hat dies mit Entschiedenheit, aber auch mit Bedacht getan.

Die Bischofsstadt Freising. Holzschnitt aus Sebastian Münsters Kosmographie, Basel 1550.

Anmerkungen zum I. Kapitel

1 Kellner, Die Römer in Bayern, 13–26. – Fr. Wagner, Die Römer in Bayern, 4. Aufl., München 1928.
2 Führer zu vor- und frühgeschichtlichen Denkmälern 18, hrsg. v. Römisch-Germanischen Zentralmuseum Mainz, 2. Aufl., Mainz 1971, 258–283.
3 H. Dannheimer – R. Fink, Fundort Bayern, München-Zürich 1968, 118 f., 122 f.
4 Kellner, Die Römer in Bayern, 108–112.
5 ebd. Abb. 22, 49, 67.
6 ebd. 116 f.
7 R. Christlein (Hrsg.), Das archäologische Jahr in Bayern 1980, Stuttgart 1981, 130 f.
8 Fischer, Das Christentum zur Römerzeit, 36 f.
9 Müller-Karpe, Archäologische Zeugnisse, 30 f.
10 Spindler, Handbuch I, 73–92.
11 K. Reindel, Bayern im Mittelalter, München 1970, 28–37. – Spindler, Handbuch I, 101–105.
12 Störmer, Adelsgruppen.
13 Stockmeier, Aspekte zur Frühgeschichte, 16–18.
14 Stockmeier, Die spätantike Kirchenorganisation, 40–76.
15 Bauerreiß, Kirchengeschichte Bayerns I, 6–10. – Fr. Zöpfl, Das Bistum Augsburg und seine Bischöfe im Mittelalter, München-Augsburg 1955, 31–35.
16 Prinz, Frühes Mönchtum, 350 f.
17 Stockmeier, Aspekte zur Frühgeschichte, 33 f.
18 B. Sepp, Vita SS. Marini et Anniani. – Bauerreiß, Die „Vita SS. Marini et Anniani" und Bischof Arbeo. – Maier, Die „Vita SS. Marini et Anniani" in ihrer kürzeren Fassung. – Hausberger, Marinus und Anianus. – Prinz, Frühes Mönchtum, 347 f.
19 MGH SS XV, 843–846. – Huber, Der hl. Alto und seine Klosterstiftung. – Weittlauff, Der hl. Alto.
20 Bitterauf 12.
21 Bauerreiß, Kirchengeschichte Bayerns I, 46.
22 Müller-Karpe, Archäologische Zeugnisse, 27 f. – Dannheimer, Prähistorische Staatssammlung, Nr. 252.
23 Bayerische Frömmigkeit, Nr. 8 und Nr. 15.
24 Müller-Karpe, Archäologische Zeugnisse, 32–34.
25 ebd. 36 f.
26 ebd. 46 f.
27 Dannheimer, Ausgrabungen in der Kirche von Aschheim.
28 MGH Leges in fol. III, 451 f.
29 Krusch, Arbeonis Vitae. – Brunhölzl, Bischof Arbeo von Freising. Das Leben des heiligen Korbinian (Neuausgabe und deutsche Übersetzung). – Riezler, Arbeos Vita Corbiniani in der ursprünglichen Fassung. – Arnold, Zur Vita Corbiniani. – Arnold, Das Leben des heiligen Korbinian. – Löwe, Corbinians Romreisen. – Bosl, Der „Adelsheilige". – Prinz, Frühes Mönchtum, 388–394. – C. v. Braitenberg, Der heilige Korbinian und das Castrum Maiense, in: Der Schlern 42 (1968) 91–105. – Stockmeier, Der heilige Bischof Korbinian. – Stockmeier, Korbinian und Valentin. – Ziegler, der Name Korbinian.
30 Bitterauf 1.
31 Hartig, Die Errichtung des Bistums Freising im Jahr 739.
32 MGH Epist. sel. I, 72 f. Nr. 45.

355

Anmerkungen zum II. Kapitel

1 Brunhölzl, Bischof Arbeo von Freising. Das Leben des heiligen Korbinian, 141–143.
2 Bitterauf 50, 234a.
3 Sturz, Das Eigenkirchenvermögen. Ein Beitrag zur Geschichte des altdeutschen Sonderrechtes aufgrund der Freisinger Traditionen.
4 Störmer, Früher Adel, 358, 373.
5 Lindner, Vom mittelalterlichen Zehentwesen.
6 Bitterauf 4.
7 Bitterauf 1.
8 MGH SS XV, 104.
9 MGH Conc. II, 51–53.
10 Strzewitzek, Sippenbeziehungen 168 f.
11 MGH Conc. II, 56–58.
12 Bitterauf 4.
13 Störmer, Adelsgruppen 121–136.
14 Hemmerle, Benediktinerklöster 124 f. – Prinz, Frühes Mönchtum 366–369.
15 Störmer, Früher Adel, 358 f.
16 Hemmerle, Benediktinerklöster 272 f. – Prinz, Frühes Mönchtum, 118, 371 f. – Störmer, Früher Adel, 360–362.
17 Sage, Das frühmittelalterliche Kloster in der Scharnitz. Vorbericht über die Ausgrabungen, 87–101. – ders., Das frühmittelalterliche Kloster in der Scharnitz. Die Ausgrabungen, 11–133.
18 Hemmerle, Benediktinerklöster 297–304. – Bauerreiß, Die älteste Kirche von Tegernsee und ihre Stifter. – Prinz, Frühes Mönchtum, 342, 374–376. – Störmer, Früher Adel, 122–125, 439–441.
19 Hemmerle, Benediktinerklöster 119 f. – Prinz, Frühes Mönchtum, 377 f. – Bauerreiß, Die Stifter von Ilmmünster, 32–37. – Pfister, Das Kollegiatstift Ilmmünster, 23–28.
20 Hemmerle, Benediktinerklöster 270–272. – Prinz, Frühes Mönchtum, 369–372. – Störmer, Schäftlarn, Murrhardt und die Waltriche. – ders., Früher Adel, 119, 286 f., 325, 360 f.
21 Prinz, Herzog und Adel im agilolfingischen Bayern. – dagegen: Kraus, Zweiteilung des Herzogtums, 16–29. – ders., Das Herzogtum Bayern im 8. Jahrhundert, 33–43. – Glaser, Bischof Arbeo als Gegenstand der neueren Forschung, 73–76.
22 Hotzelt, Translationen von Martyrerreliquien aus Rom nach Bayern.
23 Strzewitzek, Sippenbeziehungen 196 f.
24 Glaser, Arbeo von Freising.
25 Glaser, Bischof Arbeo von Freising als Gegenstand der neueren Forschung, 28 f.
26 Sturm, Bischof Arbeos von Freising bayerische Verwandte. – Störmer, Früher Adel, 331.
27 Kanoldt, Studien zum Formular der ältesten Freisinger Schenkungsurkunden.
28 Bischoff, Schreibschulen 86 Nr. 24.
29 Bitterauf 7.
30 Bitterauf 19. – Vgl. Glaser, Bischof Arbeo als Gegenstand der neueren Forschung, 32 f.
31 Bosl, Die Gründung Innichens. – Prinz, Bayerische Klosterkultur. – Wolfsgruber, Die Beziehungen des Bistums Freising zu Innichen. – Zöllner, Der bayerische Adel und die Gründung von Innichen. – Störmer, Fernstraße und Kloster.

32 Bitterauf 34.
33 Hemmerle, Benediktinerklöster 281 f. – Sturm, Schlehdorfs Urgeschichte. – Prinz, Frühes Mönchtum, 371 f. – Störmer, Früher Adel, 361 f.
34 Bitterauf 53.
35 Hemmerle, Benediktinerklöster 282 f. – Prinz, Frühes Mönchtum, 376. – Störmer, Adelsgruppen 136–147.
36 Bitterauf 94.
37 Störmer, Früher Adel, 359 f.
38 Mitterer, Die bischöflichen Eigenklöster in den vom hl. Bonifazius 739 gegründeten bayerischen Diözesen.
39 Hemmerle, Tegernbach, ein frühbayerisches Kloster.
40 Bauerreiß, Studien zur Geschichte verschollener bayerischer Frühklöster, 254–260.
41 MGH Conc. II, 93–97. – Barion, Die Verfassung der bayerischen Synoden des 8. Jahrhunderts.
42 MGH Con. II, 98–105.
43 Löwe, Arbeo von Freising. Eine Studie zur Religiosität und Bildung im 8. Jahrhundert. – Fischer, Bischof Arbeo als Begründer des geistigen Freising.
44 Bischoff, Schreibschulen 60 ff. – Glaser, Bischof Arbeo als Gegenstand der neueren Forschung, 12–14.
45 Baesecke, Der deutsche Abrogans. – ders., Bischof Arbeo von Freising. – Glaser, Bischof Arbeo als Gegenstand der neueren Forschung, 15 f.
46 Krusch, Arbeonis Episcopi Frisingensis Vitae sanctorum Haimhrammi et Corbiniani (Scriptores Rerum Germanicarum in usum scholarum), Hannover 1920. – Bischoff, Vita et Passio Sancti Haimhrammi Martyris. Leben und Leiden des heiligen Emmeram. Lateinisch-Deutsch, München 1953. – Brunhölzl, Bischof Arbeo von Freising. Das Leben des heiligen Korbinian, 84–157.
47 Nach Dünninger, Arbeo von Freising.
48 Bosl, Der Adelsheilige. – Prinz, Frühes Mönchtum, 496–501.
49 Fischer, Die Translation des hl. Korbinian im Jahre 768.
50 Bitterauf 31.
51 Prinz, Arbeo von Freising und die Agilolfinger, 580–590.
52 Bitterauf 7.
53 Bitterauf 193b.
54 Bitterauf 108.
55 Strzewitzek, Sippenbeziehungen 157 f.

Anmerkungen zum III. Kapitel

1 Strzewitzek, Sippenbeziehungen 188 f.
2 Bitterauf 184–187.
3 Bitterauf 145, 147, 169, 176, 184–187, 189, 197, 223, 227, 231, 232, 235.
4 Spindler, Handbuch der bayerischen Geschichte I, 132 f.
5 Bitterauf 142, 143.
6 Bitterauf 232.
7 Bauerreiß, Die Anfänge der Metropolitanverfassung in Altbayern, 465–470.
8 MGH Epist. V, 58 f. Nr. 3.

9 MGH Conc. II, 197–201.
10 Stahleder, Hochstift Freising, 9–13.
11 MGH Conc. II, 205–219.
12 Werminghoff, Zu den bayerischen Synoden am Ausgang des 8. Jahrhunderts.
13 Clm 6244. – Bayerische Bibliothek I, 16 f.
14 Clm 6330. – Bayerische Bibliothek I, 14 f.
15 Strzewitzek, Sippenbeziehungen 189, 192.
16 Bitterauf 333 b.
17 Bitterauf 419.
18 Bitterauf 397 c.
19 Bitterauf 522.
20 Bitterauf 529.
21 MGH Poetae lat. aevi Carol. I/2, 120–124.
22 Störmer, Früher Adel, 414–424.
23 Schlamp, Studien zur älteren Geschichte der Stadt Freising. – Uhl, Die Traditionen des Klosters Weihenstephan, Einleitung 14–16.
24 Bitterauf 522.
25 Bitterauf 523.
26 Bitterauf I, Einleitung XVII–XXII.
27 Bitterauf I, Seite 1 f.
28 Bitterauf 449.
29 Wolfsgruber, Die Beziehungen des Bistums Freising zu Innichen, 468.
30 Bayerische Bibliothek I, 12 f.
31 Bischoff, Schreibschulen 65–118. – Das Gedicht Clm 6273 fol. 224 r.; Schmuckseite mit Kreuz Clm 6242 fol. 23 v.
32 Gamber, Älteste liturgische Bücher des Freisinger Domes.
33 Bitterauf I, Seite 1 f.
34 Bitterauf 522. – Strzewitzek, Sippenbeziehungen 189.
35 Bitterauf 661, 674.
36 K. Schmid, Religiöses und sippengebundenes Gemeinschaftsbewußtsein in frühmittelalterlichen Gedenkbucheinträgen, in: Deutsches Archiv 21 (1965) 18–81.
37 Clm 6214.
38 M. Manitius, Geschichte der lateinischen Literatur des Mittelalters I, München 1911, 490–493. – Bischoff, Schreibschulen 68.
39 Bitterauf 661.
40 Bitterauf 684.
41 MGH Dipl. Reg. Germ. ex stirpe Karol. I, 49 f. Nr. 38.
42 ebd. 46 f. Nr. 36.
43 MGH Epist. V, 388 Nr. 23. – Migne PL 116, 31 (aus Clm 6382).
44 Bitterauf 653, 671.
45 Bitterauf 671.
46 Busley, Die Geschichte des Freisinger Domkapitels. – ders., Bischof Otto und sein Domkapitel.
47 Bitterauf 634.
48 Bitterauf 646, 652, 654.
49 Bitterauf 738.
50 Bitterauf 9 a.
51 MGH DD Reg. Germ. ex stirpe Karol. I, 101 f. Nr. 72.

52 Störmer, Adelsgruppen 49–60.
53 ebd. 59.
54 Maß, Das Bistum Freising in der späten Karolingerzeit, 58–65.
55 Bischoff, Schreibschulen 118–127.
56 Clm 17011; Clm 6215.
57 MGH SS XXIV, 317 f. – MGH Poetae lat. II, 648. – Benker, Der Dom im ersten Jahrtausend.
58 Den Tedmons hat man irrtümlich seit dem 16. Jahrhundert für den Berg von Weihenstephan gehalten. Es kann sich aber nur um den Domberg handeln. Vgl. Benker, Der Dom im ersten Jahrtausend, 21–24.
59 Conversio Bagoariorum et Carantanorum: MGH SS XI, 1–14.
60 MGH Epist. VII, 283–285 Nr. 21.
61 ebd. 286 Nr. 23.
62 ebd. 287 Nr. 24.
63 Maß, Bischof Anno von Freising. Richter über Methodius in Regensburg, 31–44.
64 Strzewitzek, Sippenbeziehungen 188, 191.
65 Bitterauf 767.
66 Maß, Das Bistum Freising, 17 f.
67 Strzewitzek, Sippenbeziehungen 188, 191.
68 Maß, Das Bistum Freising, 20–57.
69 W. v. d. Steinen, Notkers des Dichters Formelbuch, in: Zeitschrift für schweizerische Geschichte 25 (1945) 449–490.
70 P. Kehr, Die Kanzlei Karls III., in: Abhandlungen der Preußischen Akademie der Wissenschaften. Phil.-Hist. Klasse 8 (1936) 1–49.
71 Kempten: MGH DD Reg. Germ. ex stirpe Karol. III, 66 f. Nr. 47. – Ottobeuren: ebd. 118 f. Nr. 79.
72 Fr. Pagitz, Die Geschichte des Kollegiatstiftes Maria Wörth (Archiv für vaterländische Geschichte 56, hrsg. v. Geschichtsverein für Kärnten) Klagenfurt 1960.
73 Bitterauf 1036.
74 MGH DD Reg. Germ. ex stirpe Karol. III, 133 f. Nr. 91. – K. Torggler, Zur Geschichte des Kärntner Besitzes des Hochstiftes Freising, in: Carinthia I 123 (1933) 179–182.
75 MGH DD Reg. Germ. ex stirpe Karol. III, 203–205 Nr. 136.
76 MGH DD Reg. Germ. ex stirpe Karol. IV, 138–140 Nr. 28.
77 Cgm 14. – J. Kelle, Otfrids von Weißenburg Evangelienbuch. Text und Einleitung, Regensburg 1856. – P. Piper, Otfrids Evangelienbuch I. Einleitung und Text (Bibliothek der ältesten deutschen Literaturdenkmäler IX), Paderborn 1878.
78 Bayerische Bibliothek I, 18.
79 O. Ursprung, Das Freisinger Petruslied, in: Die Musikforschung 5 (1952) 17–21.
80 O. Ludwig, Der althochdeutsche und der biblische Psalm 138, in: Euphorion. Zeitschrift für Lituraturgeschichte 56 (1962) 402–409.
81 Wien Hs. Nr. 1609.
82 Störmer, Früher Adel, 462–507.

Anmerkungen zum IV. Kapitel

1 G. Th. v. Rudhart, Auszüge aus einer lateinischen Pergament-Handschrift der Freisinger Domkirche vom Ende des X. Jahrhunderts, in: Quellen und Erörterungen zur bayerischen und deutschen Geschichte 7 (1858) 445, 473.

2 Fischer, Bischof Uto von Freising. – ders., Die Freisinger Bischöfe von 906 bis 957, 11–23. – Reindel, Die bayerischen Luitpoldinger.

3 Benker, Der Dom im ersten Jahrtausend, 35 f.

4 Fischer, Bischof Dracholf von Freising. – ders., Die Freisinger Bischöfe, 25–58.

5 Clm 27305 saec. X/XI: MGH Necr. III, 82.

6 MGH SS XXIV, 317 Z. 31 f.

7 ebd. 320.

8 Reindel, Bischof Drakolf von Freising. – ders., Ein Franke auf dem Stuhl des hl. Korbinian.

9 MGH SS XVII, 583.

10 Fischer, Bischof Wolfram von Freising. – ders., Die Freisinger Bischöfe, 59–77.

11 Bitterauf 1058, 1064, 1065, 1074, 1079.

12 MGH DD reg. et imp. Germ. I, 63 f. Nr. 28.

13 Reindel, Luitpoldinger 158 f.

14 Fischer, Lantbert von Freising. Der Bischof und Heilige. – ders., Der heilige Lantbert, in: Bavaria Sancta I, 186–198. – ders., Die Freisinger Bischöfe, 79–156.

15 MGH DD reg. et imp. Germ. I, 115–117 Nr. 29 f.

16 MGH Const. I, 18–20 Nr. 9.

17 MGH SS XX, 12 Z. 4–13; MGH SS XXV, 869 f. – R. Bauerreiß, Das Chronicon Eberspergense posterius, in: Studien und Mitteilungen zur Geschichte des Benediktinerordens 49 (1931) 392–395.

18 MGH Const. I, 19 f. Nr. 9.

19 Bitterauf 1476, 1653. – Maß, Das Grab Bischof Lantberts von Freising.

20 Clm 6264. – Fischer, Lantbert von Freising. Der Bischof und Heilige, 41.

21 Schlecht, Deutsche Freisinger Bischofs-Chronik, 25.

Anmerkungen zum V. Kapitel

1 Bitterauf 1153.

2 Reindel, Luitpoldinger 192 f. Nr. 95. – Strzewitzek, Sippenbeziehungen 155 f.

3 MGH SS XXIV, 320, 322. – Benker, Der Dom im ersten Jahrtausend, 26 f.

4 Clm 6285; Bitterauf 1322.

5 Bitterauf 1230, 1244.

6 Reindel, Luitpoldinger 221–225, 234 f.

7 MGH SS III, 63; MGH SS XX, 787 f.

8 MGH DD Heinrich II., Nr. 136.

9 MGH DD Otto I., Nr. 452; MGH DD Otto II., Nr. 80; MGH DD Otto III., Nr. 109.

10 MGH DD Otto II., Nr. 47 u. Nr. 66; MGH DD Otto III., Nr. 58.

11 Blaznik, Das Hochstift Freising und die Kolonisation der Herrschaft Lack.

12 FRA 36 (1871) 7 f. Nr. II.

13 MGH SS XXIV, 320 f.

14 Clm 6426.
15 ebd. fol. 152 f.
16 Freisinger Denkmäler, München 1968. – Fr. Zagiba, Das Geistesleben der Slaven im frühen Mittelalter (Annales Instituti Slavici VII), Wien-Köln-Graz 1971, 121–144.
17 Clm 6266, 6285, 6311, 6313, 6388, 6294.
18 Clm 6421.
19 E. Dümmler, Das Glaubensbekenntnis des Schulmeisters Rihkarius, in: Neues Archiv der Gesellschaft für ältere deutsche Geschichtskunde 27 (1902) 503–508.
20 Redlich, Kulturwege zwischen Freising und Tegernsee, 33–48. – K. A. v. Müller, Tegernsees erste kulturelle Blütezeit, in: ders., Unterm weißblauen Himmel, Stuttgart 1952, 61–95.
21 Clm 6372, Clm 6256, Clm 6403.
22 Die Tegernseer Briefsammlung, ed. K. Strecker: MGH Epist. sel. III. – B. Schmeidler, Die Briefsammlung Froumunds von Tegernsee, in: Historisches Jahrbuch der Görresgesellschaft 62 (1949) 220 ff. – Bayerische Bibliothek I, 44–48.
23 MGH Epist. sel. III, 23 Nr. 23.
24 MGH Epist. sel. III, 88 Nr. 81.
25 L. Tabor, Die Kultur des Klosters Tegernsee im Frühmittelalter, Diss. Göttingen 1935.
26 MGH Epist. sel. III, 73 Nr. 65.
27 ebd. 61 f. Nr. 52.
28 ebd. 18 f. Nr. 18.
29 MGH DD Otto III., Nr. 197.
30 MGH SS IV, 685 Z. 12 ff.
31 MGH DD Otto III., Nr. 197.
32 ebd. Nr. 170 u. Nr. 232.
33 MGH DD Heinrich II., Nr. 32.
34 Thietmari Chronicon: MGH SS III, 808 f.
35 Strzewitzek, Sippenbeziehungen 165 f.
36 Riezler, Geschichte Baierns I/2, 8.
37 MGH DD Heinrich II., Nr. 136.
38 ebd. Nr. 137.
39 MGH Const. I, 59 ff. Nr. 29.
40 MGH DD Heinrich II., Nr. 112, Nr. 113, Nr. 313 a, Nr. 328, Nr. 335 b, Nr. 422.
41 MGH DD Kunigunde Nr. 2.
42 MGH SS XI, 256 f.
43 MGH SS XXI, 460.
44 MGH DD Konrad II., Nr. 136.
45 Wiponis Gesta Chuonradi Imperatoris c. 26.
46 Spindler, Handbuch I, 242 f.
47 MGH DD Konrad II., Nr. 195 u. Nr. 196.
48 B. Schmeidler, Abt Ellinger von Tegernsee (Schriftenreihe zur bayerischen Landesgeschichte 32), München 1938.
49 MGH Epist. sel. III, 107 f. Nr. 105.
50 Bauerreiß, Kirchengeschichte Bayerns II, 30–35.
51 MGH SS IX, 222 Z. 21 ff.
52 Bitterauf 1420.
53 MGH DD Heinrich II., Nr. 56.

54 MGH DD Heinrich II., Nr. 459. – Uhl, Die Tradition des Klosters Weihenstephan, Einleitung 99–105.

55 Annales sancti Stephani zum Jahr 1021: MGH SS XIII, 51.

56 Uhl, Die Traditionen des Klosters Weihenstephan, Nr. 15; dazu Einleitung 54.

57 ebd. Nr. 1 bis Nr. 35.

58 ebd., Einleitung 105–107.

59 Chronicon Eberspergense: MGH SS XX, 15.

60 Bitterauf 1422.

61 MGH DD Kunigunde, Nr. 2.

62 Bange, Eine bayerische Malerschule, 11–38 m. Abb.

63 Bayerische Literaturgeschichte I, hrsg. v. E. Dünninger u. D. Kiesselbach, München 1965, 87–98; Lit. S. 415 f. – Bayerische Bibliothek I, 104–118.

64 Fellerer, Beiträge zur Musikgeschichte Freisings, 44.

65 Schlecht, Deutsche Freisinger Bischofs-Chronik, 29.

66 MGH SS XXX/2, 769 Z. 13–24.

67 H. Schnitzler, Der Goldaltar von Aachen, Mönchengladbach 1965.

68 Conradus Sacrista: MGH SS XXIV, 321.

69 Riezler, Geschichte Baierns I/2, 56 f.

70 Uhl, Die Tradition des Klosters Weihenstephan, Nr. 36.

71 MGH DD Heinrich III., Nr. 230.

72 Chronicon monasterii Tgernseensis, c. 5.

73 Abbildung nach Mabillon bei C. Meichelbeck, Hist. Fris. I/1, zu S. 244.

74 Staber, Conradus Sacrista über die Heiligtümer Freisings, 17.

75 MGH Const. I, 97 ff. Nr. 51.

76 Meichelbeck, Hist. Fris. I/2, 510 Nr. 1217.

77 MGH SS V, 131.

78 H. Tritz, Die hagiographischen Quellen zur Geschichte Papst Leos IX., in: Stud. Greg. IV (1952) 191–353.

79 Acta Sanctorum April II, 661.

80 MGH SS IX, 221.

81 MGH SS IX, 234.

82 MGH DD Heinrich IV., Nr. 93.

83 Meichelbeck, Hist. Fris. I/1, 254 f. – J. B. Prechtl, Das Kanonikatstift St. Andrä auf dem Domberge, Freising 1888.

84 Eberhards Traktat „De mensura fistularum" gedruckt bei M. Gerbert, Script. eccl. de musica sacra potissimum II, St. Blasien 1784, 279–282; dazu K. Fellerer, Beiträge zur Musikgeschichte Freisings 22–26. – Aribos Traktat „De musica": Neuausgabe: J. Smits van Waesberghe, Corpus Scriptorum de musica II, 1951; dazu Fellerer, Beiträge zur Musikgeschichte Freisings 26–43; Ursprung, Freisings mittelalterliche Musikgeschichte 553.

85 Bange, Eine bayerische Malerschule, 57–69.

86 Staatsbibliothek Bamberg Lit 2 Ed. III, 11.

87 Bange, Eine bayerische Malerschule, 70–87.

88 ebd. 88–92.

89 MGH DD Heinrich IV., Nr. 164.

90 MGH SS IX, 234 f.

91 Clm 7804; veröffentlicht von Holder-Egger, in: Neues Archiv 13 (1887) 571.

92 Chucnradi Chronicon Schirense: MGH SS XVII, 616 f.

93 Mois, Das Stift Rottenbuch 17–45.
94 Willirami „Expositio in Cantica Canticorum", hrsg. v. J. Seemüller, Straßburg 1878. – M. L. Dittrich, Willirams von Ebersberg Bearbeitung d. Cantica Canticorum, in: Zeitschrift für deutsches Altertum und deutsche Literatur 82 (1948/50) 47–93. – M. L. Dittrich, Die literarische Form von Willirams Expositio in Cantica Canticorum, in: Zeitschrift für deutsches Altertum und deutsche Literatur 84 (1952/53) 179–197. – F. Ohly, Geist und Formen der Hoheliedauslegungen im 12. Jahrhundert, in: Zeitschrift für deutsches Altertum u. dt. Lit. 85 (1954/55) 181–197. – Bayerische Bibliothek I, 68–74.
95 MGH DD Heinrich IV., Nr. 187 vom 5. 3. 1067.
96 ebd. Nr. 276 vom 26. 11. 1074.
97 MGH SS XXX/2, 778.
98 MGH Const. I, 106 ff. Nr. 58.
99 MGH SS V, 286.

Anmerkungen zum VI. Kapitel

1 Strzewitzek, Sippenbeziehungen 204 f.
2 Bauerreiß, Kirchengeschichte Bayerns II, 63. – C. Erdmann, Studien zur Briefliteratur Deutschlands im 11. Jahrhundert (Schriften des Reichsinstituts für ältere deutsche Geschichtskunde I), Leipzig 1938.
3 MGH Const. I, 118 ff. Nr. 70
4 W. Meyer, Ein Gedicht und ein Brief aus Freising von den Jahren 1084 und 1085 aus Clm 6394, in: Sitzungsberichte der königl. bayer. Akademie der Wissenschaften. Phil.-Hist. Classe 1882/II, 257 f.
5 ebd. 253–266.
6 Riezler, Geschichte Baierns I/2, 165 f.
7 Annales Augustani: MGH SS III, 131 f.
8 MGH SS XI, 39.
9 Bitterauf 1473.
10 MGH SS XI, 39.
11 MGH SS XIII, 52; MGH SS XXIV, 321; Strzewitzek, Sippenbeziehungen 162 f.
12 MGH SS XIII, 52.
13 MGH DD Heinrich IV., Nr. 431.
14 MGH SS XIII, 53.
15 Schlecht, Deutsche Freisinger Bischofs-Chronik, 37 f.
16 K. Young, The Drama of the Medieval Church II, 1933, 93–97. – ebd. 117–120. – Bayerische Bibliothek I, 726–741. – Fellerer, Beiträge zur Musikgeschichte Freisings, 48–50. – M. Pfaff, Das geistliche Spiel des Mittelalters, in: Musik in Bayern I, hrsg. v. R. Münster u. H. Schmid, Tutzing 1972, 85–90.
17 Strzewitzek, Sippenbeziehungen 227.
18 Annales Gradicenses: MGH SS XVII, 648. – Meichelbeck, Hist. Fris. I/1, 294.
19 MGH Const. I, 131 Nr. 79.
20 Riezler, Geschichte Baierns I/2, 190 f.
21 Gesta Archiepiscoporum Salisburgensium: MGH SS XI, 76 f.
22 Meichelbeck, Hist. Fris. I/1, 309.
23 MGH SS XVII, 618.

24 Meichelbeck, Hist. Fris. I/1, 309.
25 ebd. 309 f.
26 Linz Oberösterreichisches Landesarchiv, Cod. 275 fol. 163.
27 Mois, Stift Rottenbuch, 98–114.
28 Meichelbeck, Hist. Fris. I/1, 292 f. – Monumenta Boica VI (1766) 163 f. Nr. 10.
29 Mois, Stift Rottenbuch, 211 f. – Bauerreiß, Kirchengeschichte Bayerns III, 33 f.
30 Backmund, Chorherrenorden 75–77.
31 Mois, Stift Rottenbuch, 213 f. – Backmund, Chorherrenorden 93 f.
32 Mois, Stift Rottenbuch, 210 f. – Backmund, Chorherrenorden 64–66.
33 Backmund, Chorherrenorden 67–69.
34 MGH SS XVII, 618.

Anmerkungen zum VII. Kapitel

1 J. Hashagen, Otto von Freising als Geschichtsphilosoph und Kirchenpolitiker, Leipzig 1900. – J. Schmidlin, Die Philosophie Ottos von Freising, in: Philosophisches Jahrbuch der Görresgesellschaft 18 (1905) 156–175, 312–323, 407–423. – J. Schmidlin, Bischof Otto von Freising als Theologe, in: Der Katholik 85 (1905) 81 ff., 161 ff. – J. Schmidlin, Die geschichtsphilosophische und kirchenpolitische Weltanschauung Ottos von Freising, Freiburg 1906. – A. Hofmeister, Studien über Otto von Freising, in: Neues Archiv 37 (1912) 99–161, 633–768. – K. Haid, Otto von Freising, in: Cistercienser-Chronik 44 (1932) und 45 (1933). – J. Koch, Die Grundlagen der Geschichtsphilosophie Ottos von Freising, in: Münchener Theologische Zeitschrift 4 (1953) 79 ff. –
Analecta Sacri Ordinis Cisterciensis 14 (1958) mit Beiträgen von: A. Weißthanner, Regesten des Freisinger Bischofs Otto I., 151–222; H. Watzl, Fragen um einen Kult Ottos von Freising, 223–279; L. Grill, Bildung und Wissenschaft im Leben Ottos von Freising, 281–333; E. Krausen, Morimund, die Mutterabtei der bayerischen Zisterzen, 334–345. –
Otto von Freising. Gedenkgabe zu seinem 800. Todesjahr, hrsg. v. J. A. Fischer (Sammelblatt des Historischen Vereins Freising 23 (1958) mit Beiträgen von: J. Spörl, Vom Weltbild Ottos von Freising, 1–13; H. Glaser, Versuch über die Lebensgeschichte, 14–38; E. Krausen, Bischof Otto I. von Freising. Der Zisterzienser auf dem Stuhl des hl. Korbinian, 39–48; H. J. Busley, Zur Frühgeschichte des von Bischof Otto I. gegründeten Prämonstratenserklosters Neustift bei Freising, 49–64; H. J. Busley, Bischof Otto und sein Domkapitel, 65–82; R. Bauerreiß, Otto von Freising und die Stadtgründung Münchens, 83–93; L. Grill, Eine Volkspredigt Bischof Ottos, 94–105; J. Staber, Eschatologie und Geschichte bei Otto von Freising, 106–126; S. Benker, Die ältesten Drucke Ottos von Freising, 127–145. –
Geschichtsdenken und Geschichtsbild im Mittelalter, hrsg. v. W. Lammers (Wege der Forschung 21), Darmstadt 1965 mit Beiträgen von: E. F. Otto, Otto von Freising und Friedrich Barbarossa, 247–277; J. Spörl, Die „Civitas Dei" im Geschichtsdenken Ottos von Freising, 298–320; J. Koch, Die Grundlagen der Geschichtsphilosophie Ottos von Freising, 321–349. –
W. Mohr, Zum Geschichtsbild Ottos von Freising, in: Perennitas, Festschrift Th. Michels, 1963, 274 ff.

Die Werke Ottos: MGH SS XX, Hannover 1868, 83–493. – A. Hofmeister, Ottonis episcopi Frisingensis Chronica sive Historia de duabus civitatibus, Editio altera (MGH SS rer. germ. in usum scholarum), Hannover und Leipzig 1912. – B. v. Simson, Ottonis et Rahewini Gesta Friderici I. Imperatoris, Editio tertia (MGH SS rer. germ. in usum scholarum), Hannover u. Leipzig, 1912. – Zweisprachige Ausgabe: Otto von Freising, Chronik oder die Geschichte der zwei Staaten, übersetzt von A. Schmidt, hrsg. v. W. Lammers (Ausgewählte Quellen zur deutschen Geschichte des Mittelalters 16), Darmstadt 1960 (mit weiterer Lit.). – Otto von Freising und Rahewin, Die Taten Friedrichs, übersetzt v. A. Schmidt, hrsg. v. F. J. Schmale (Ausgewählte Quellen 17), Darmstadt 1965.

2 Gesta I 48.
3 Chronica IV 18.
4 Gesta I 47, 48.
5 MGH SS IX, 610 f.
6 E. Zöllner, Urkundenbuch zur Geschichte der Babenberger in Österreich I, Wien 1950, 6 Nr. 5.
7 Weißthanner, Regesten Otto I., 152 Nr. 1.
8 Gesta IV, 14.
9 Weißthanner, Regesten Otto I., Nr. 38, Nr. 25, Nr. 5.
10 Weißthanner, Regesten Otto I., Nr. 2. – Uhl, Die Traditionen des Klosters Weihenstephan, Einleitung 108–110, 118 f.
11 Weißthanner, Regesten Otto I., Nr. 64. – Nach anderer Ansicht wollte Bischof Otto mit den „modernae institutiones et consuetudines Claustralium" nicht die Hirsauer Reform einführen, sondern das Kloster in ein reguliertes Augustinerstift umwandeln. Vgl. H. Plechl, Studien zur Tegernseer Briefsammlung des 12. Jahrhunderts IV, in: Deutsches Archiv 13 (1957) 52 ff.
12 Weißthanner, Regesten Otto I., Nr. 53.
13 ebd. Nr. 169.
14 ebd. Nr. 59, Nr. 60, Nr. 64.
15 ebd. Nr. 20.
16 ebd. Nr. 24.
17 Weißthanner, Die Urkunden und Urbare des Klosters Schäftlarn, Nr. 1.
18 Busley, Zur Frühgeschichte Neustift, 53–55.
19 Busley, Die Traditionen des Klosters Neustift.
20 Weißthanner, Regesten Otto I., Nr. 172.
21 Busley, Bischof Otto und sein Domkapitel, 65–82.
22 Vgl. Gesta IV 14, 15.
23 Gesta IV 14.
24 H. Weisweiler, Das wiedergefundene Gutachten des Magisters Petrus über die Verherrlichung des Gottessohnes gegen Gerhoh von Reichersberg, in: Scholastik 13 (1938) 225 ff. – H. Fichtenau, Magister Petrus von Wien, in: MIÖG 63 (1955) 283 ff.
25 Gesta I 49, 53–62.
26 Boeckler, Zur Freisinger Buchmalerei, 1–16.
27 P. Ruf, Die Handschriften des Klosters Schäftlarn, in: S. Mitterer, 1200 Jahre Kloster Schäftlarn, Schäftlarn 1962, 21–122, bes. 64 ff.
28 Vgl. Chronica I, Prolog an Isingrim.
29 Chronica VII, 21, 34.

30 Vgl. J. Ratzinger, Herkunft und Sinn der Civitas-Lehre Augustins, in: Geschichts-denken und Geschichtsbild im Mittelalter, hrsg. v. W. Lammers (Wege der Forschung 31), Darmstadt 1965, 55–75. – J. Spörl, Die „Civitas Dei" im Geschichtsdenken Ottos von Freising, ebd. 298–320.

31 Chronica IV, 4.

32 Chronica III, Prolog.

33 Chronica IV, 3.

34 Chronica V, Prolog.

35 Chronica VII, Prolog.

36 Chronica IV, Prolog.

37 Chronica VI, 35.

38 Chronica VII, 35.

39 Chronica II, Prolog; VII, 23. 25. 26.

40 Weißthanner, Regesten Otto I., Nr. 9.

41 ebd. Nr. 21.

42 Stahleder, Hochstift Freising 57 f. – Fastlinger, Die Ahnherren der Wittelsbacher, 140–160.

43 Weißthanner, Regesten Otto I., Nr. 37.

44 ebd. Nr. 105, Nr. 106 vom Jahr 1150.

45 Chronica VI, 20.

46 Weißthanner, Regesten Otto I., Nr. 54. – Chronica VII, 29. 31–34.

47 Gesta I, 42.

48 Weißthanner, Regesten Otto I., Nr. 71.

49 ebd. Nr. 96 u. Nr. 97.

50 Gesta I, 65.

51 Weißthanner, Regesten Otto I., Nr. 100.

52 ebd. Nr. 116. u. Nr. 117.

53 ebd. Nr. 144.

54 Ottos eigene Bezeichnung für die „Chronik oder die Geschichte der zwei Staaten".

55 Weißthanner, Regesten Otto I., Nr. 153.

56 Gesta II, 42; Weißthanner, Regesten Otto I., Nr. 141.

57 Gesta II, 27.

58 Weißthanner, Regesten Otto I., Nr. 146.

59 Gesta III, 14. Weißthanner, Regesten Otto I., Nr. 161.

60 Weißthanner Regesten Otto I., Nr. 165. – R. Bauerreiß, Otto von Freising und die Stadtgründung Münchens, in: Sammelblatt des Historischen Vereins Freising 23 (1958) 83–93.

61 Weißthanner, Regesten Otto I., Nr. 167.

62 ebd. Nr. 166; Gesta III, 22 u. 24.

63 Weißthanner, Regesten Otto I., Nr. 186.

64 Gesta IV, 14.

65 H. Glaser, Versuch über die Lebensgeschichte, 38.

66 Strzewitzek, Sippenbeziehungen 176–179. – Flohrschütz, Die Freisinger Dienst-mannen.

67 Gesta IV, 25. 26.

68 Fischer, Die zeitgenössischen Berichte über den großen Brand, 65–97.

69 Bericht des Conradus Sacrista: MGH SS XXIV, 322.

70 MGH SS XXIV, 323.

71 „quibusdam tamen dissuadentibus".
72 Benker, Der Dom im ersten Jahrtausend, 32 f. – W. Haas, Der romanische Bau des Domes in Freising, in: Jahrbuch der bayerischen Denkmalpflege 29 (1975) 18–34.
73 A. Elsen, Die Bestiensäule in der Freisinger Domgruft, in: Festschrift Kardinal Faulhaber zum 80. Geburtstag, dargebracht vom Professorenkollegium der Phil.-Theol. Hochschule Freising, München 1949, 249–274. – ders., Die Freisinger Bestiensäule, in: Der Zwiebelturm 5 (1950) Heft 11. – S. Benker, Barbarossabild und Bestiensäule, in: Der Zwiebelturm 6 (1951) 255–257. – W. Stammler, Die Freisinger Bestiensäule und Bischof Otto II., in: Festschrift Panzer, Heidelberg 1950. – ders., Wort und Bild. Studien zu den Wechselbeziehungen zwischen Schrifttum und Bildkunst im Mittelalter, Berlin 1962, 86 ff. – Fr. Dietheuer, Die Bestiensäule in der Freisinger Domkrypta, in: Oberbayerisches Archiv 100 (1976) 339–380.
74 Abb. bei Meichelbeck, Hist. Fris. I/1, 356. – Vgl. E. Abele, Der Dom zu Freising, 2. Aufl., Freising 1922, 120.
75 Meichelbeck, Hist. Fris. I/1, 353 f. – FRA 31 Nr. 108 u. Nr. 109. – Engel, Das Schisma Barbarossas 43 f.
76 Nach Ausweis der Bleitafel, die 1708 im Sarkophag entdeckt wurde: J. Schlecht, Monumentale Inschriften im Freisinger Dom II, in: Sammelblatt des Hist. Vereins Freising 6 (1902) 56. – Engel, Das Schisma Barbarossas 39.
77 Staber, Conradus Sacrista über die Heiligtümer Freisings, 19. – Benker, Der Dom im ersten Jahrtausend, 29.
78 Meichelbeck, Hist. Fris. I/1, 367 f.
79 ebd. 353 f. – FRA 31 Nr. 108 u. Nr. 109.
80 FRA 36.
81 J. Boegl, Das älteste Urbar der bayerischen Besitzungen des Hochstifts Freising, in: Oberbayerisches Archiv 75 (1949) 85–96.
82 Meichelbeck, Hist. Fris. I/1, 372. – FRA 31 Nr. 107.
83 Engel, Schisma 39–55.
84 MGH Const. I, 257.
85 Gesta IV, 51. – Meichelbeck, Hist. Fris. I/1, 353.
86 Engel, Schisma 61–63.
87 Gesta IV, 79. – MGH Const. I, 263.
88 „Si sacro concilio Papiae interfuissetis . . ."
89 Engel, Schisma 77 f.
90 ebd. 67–72.
91 Meichelbeck, Hist. Fris. I/1, 360 f.
92 Engel, Schisma 72–78.
93 ebd. 78–80.
94 Meichelbeck, Hist. Fris. I/1, 362.
95 H. Sudendorf, Registrum oder merkwürdige Urkunden für die deutsche Geschichte I, Jena 1849, 66 f. Nr. 24. – Engel, Schisma 92–98.
96 Engel, Schisma 68.
97 Vgl. Regensburger Annalen: „episcoporum multitudinem nihil sinistri suspicantem" MGH SS XVII, 588.
98 Gesta Friderici, Anhang.
99 ebd.
100 Engel, Schisma 129–131.
101 MGH Const. I, 325. – Engel, Schisma 126.

102 Meichelbeck, Hist. Fris. I/1, 375; I/2, 559 Nr. 1342. – Engel, Schisma 135–138.
103 Engel, Schisma 164 f.
104 R. Schaffer, An der Wiege Münchens (Neue Schriftenreihe des Stadtarchivs München 2), München 1950, 84 ff. Nr. 11
105 Freundliche Mitteilung von Herrn Dr. Michael Schattenhofer.
106 Die entsprechende Verordnung bei Engel, Schisma 190.
107 Kunstmann, Eine Freisinger Synode unter Bischof Albert I.
108 Gesta Friderici III, 8. 16; IV, 59. 75.
109 „Dialogus de pontificatu sanctae Romanae ecclesiae": MGH Lib. de lite III, 528–546.
110 Spindler, Handbuch der bayerischen Geschichte I, 502.
111 W. Meyer, Rahewins Gedicht über Theophilus, in: Sitzungsberichte der Phil.-Hist. Klasse der Bayer. Akademie der Wissenschaften (1873).
112 „Carmen ad gratiam dilectae dilecti", eine Auslegung Wilhelms von Weyarn zum Hohen Lied in Anlehnung an Rupert von Deutz. Spindler, Handbuch I, 503.
113 Spindler, Handbuch I, 525.
114 P. C. Jacobsen, Die Quirinalien des Metellus von Tegernsee, 1965. – Bauerreiß, Kirchengeschichte Bayerns III, 164 f.
115 K. Langosch, Geistliche Spiele, Darmstadt 1961, 249–256; 267–284 (Text mit Übersetzung). – R. Bauerreiß, Zur Verfasserschaft des „Spiels vom Antichrist", in: Studien und Mitteilungen zur Geschichte des Benediktinerordens 62 (1950) 222–236. – Bayerische Bibliothek I, 742–803.
116 F. Dölger, Der griechische Barlaam-Roman, Ettal 1953. – B. Studer, Die theologische Arbeitsweise des Johannes von Damaskus, Ettal 1956.
117 A. Perdisch, Der Laubacher Barlaam. Vorstudien zu einer Ausgabe. Phil. Diss. Göttingen 1903. – A. Perdisch, Der Laubacher Barlaam, eine Dichtung des Bischofs Otto II. von Freising (Bibliothek des literarischen Vereins in Stuttgart 260), Tübingen 1913. Nachdruck Hildesheim 1978. – R. Birkner, Bischof Otto II. von Freising, 285–298.
118 Strzewitzek, Sippenbeziehungen 159 f.
119 „Factum est autem hoc pridie quam episcopus legationem regis peracturus Ungariam proficisceretur". Weißthanner, Die Traditionen des Klosters Schäftlarn, 290 f.
120 MGH SS XXIV, 324.
121 Schwertl, Die Beziehungen 127.
122 ebd. 128.
123 Meichelbeck, Hist. Fris. I/1, 379 f.
124 Meichelbeck, Hist. Fris. I/2, 572 f.
125 Meichelbeck, Hist. Fris. I/2, 572. – FRA 31, 126.
126 Meichelbeck, Hist. Fris. I/2, 573 Nr. 1373 f.
127 ebd. 573 Nr. 1371.
128 MGH SS XIII, 55.
129 MGH SS XVII, 631.
130 A. Lechner, Mittelalterliche Kirchenfeste und Kalendarien in Bayern, Freiburg 1891, 85.
131 Meichelbeck, Hist. Fris. I/2, 575.
132 Bitterauf 1287.
133 Meichelbeck, Hist. Fris. I/1, 368.
134 Bitterauf 1566a, 1573a, 1575a.
135 Bitterauf 1562b, 1566c, 1568b, 1569, 1571a, 1571b, 1571c, 1572a, 1573b, 1576, 1581d.

136 Bitterauf 1575b, 1581d.
137 Bitterauf 1574, 1575b.
138 MGH SS XXIV, 318–331.
139 Böckler, Zur Freisinger Buchmalerei, 7 f.
140 Staber, Conradus Sacrista über die Heiligtümer Freisings, 9–27 (Text und Kommentar).
141 E. Wallner, Das Bistum Chiemsee im Mittelalter (Quellen und Darstellungen zur Geschichte der Stadt und des Landkreises Rosenheim V), Rosenheim 1967, 5–13.

Anmerkungen zum VIII. Kapitel

1. Fr. H. v. Hundt, Das Edelgeschlecht der Waldecker, in: Oberbayerisches Archiv 31 (1871) 99–140. – Strzewitzek, Sippenbeziehungen 236 f.
2 Meichelbeck II/1, 7.
3 Schlecht-Arnold, Deutsche Freisinger Bischofs-Chronik II, 16. – Meichelbeck I/1, 399; I/2, 576; II/2, 1 f. – Busley, Traditionen des Klosters Neustift, 105 f.
4 Meichelbeck II/1, 11 f.
5 Meichelbeck II/1, 2 f.
6 Deutinger, Päpstliche Urkunden 9 f.
7 MGH SS IX, 783.
8 Meichelbeck II/1, 3.
9 ebd. 7.
10 Meichelbeck II/1, 7. – Schwertl, Beziehungen 129 f.
11 MGH Const. II, 184 f. Nr. 150.
12 Allerdings nicht erhalten; das Datum nennt Meichelbeck II/1, 8.
13 Meichelbeck II/1, 9. – A. Angerpointner, Die schönsten Sagen aus dem Freisinger und Dachauer Land, Aßling-München 1971, 41–43.
14 MGH Const. II, 184 f. Nr. 150
15 MGH SS IX, 785.
16 Meichelbeck I/2, 574 Nr. 1378 (hier fälschlich Heinrich III. zugeordnet). – MGH Const. II, 421 Nr. 306.
17 Monumenta Boica X (1768) 431.
18 Brief Gregors IX. vom 26. 11. 1231: Meichelbeck II/1, 11.
19 Meichelbeck II/1, 12.
20 MGH SS XIII, 56. – MGH SS XVII, 340.
21 MGH Const. II, 269 ff.
22 MGH SS IX, 786.
23 MGH Const. II, 493 ff. Nr. 329.
24 Wittmann, Monumenta Wittelsbacensia, 60–64 Nr. 26.
25 Höfler, Albert von Beham, 4–6, 22.
26 Bauerreiß, Kirchengeschichte Bayerns IV, 109–115.
27 Höfler, Albert von Beham, 22.
28 A. Potthast, Regesta Pontificium Romanorum, Berlin 1874/75, 10699.
29 Ratzinger, Forschungen zur Bayerischen Geschichte, 87.
30 Höfler, Albert von Beham, 4.
31 MGH Const. II, 290 ff. Nr. 215.
32 Deutinger, Päpstliche Urkunden, 12–14 Nr. 4.

33 Ratzinger, Forschungen zur Bayerischen Geschichte, 106.

34 Höfler, Albert von Beham, 16–18.

35 Meichelbeck II/1, 17 f.

36 Wittmann, Monumenta Wittelsbacensia, 69.

37 Meichelbeck II/1, 18.

38 Schwertl, Beziehungen 28 f.

39 Meichelbeck II/1, 19–24.

40 Ratzinger, Forschungen zur Bayerischen Geschichte, 179 f.

41 Meichelbeck II/1, 26.

42 Ratzinger, Forschungen zur Bayerischen Geschichte, 180 f.

43 Schwertl, Beziehungen 33–39.

44 Meichelbeck II/1, 27. – Spindler, Handbuch II, 45.

45 Meichelbeck II/1, 33. – Prechtl, Chronik der Grafschaft Werdenfels. – Albrecht, Grafschaft Werdenfels.

46 Spindler, Handbuch II, 48.

47 MGH Epist. saec. XIII, Bd. II, 322.

48 Meichelbeck II/1, 31.

49 Schwertl, Beziehungen 42.

50 ebd. 39 f.

51 ebd. 34–36.

52 MGH SS IX, 799. – Schwertl, Beziehungen 44 f.

53 A. Potthast, Regesta Pontificium Romanorum, Nr. 13940. – Schwertl, Beziehungen 45 f.

54 Schwertl, Beziehungen 48–50.

55 Wittmann, Monumenta Wittelsbacensia, 124–128 Nr. 53.

56 Briefe Papst Innozenz' IV. vom 4. und 22. Juni 1253: MGH Epist. saec. XIII, Bd. III, 170 Nr. 204; 184 Nr. 212.

57 Meichelbeck II/1, 44. – Wittmann, Monumenta Wittelsbacensia, 152 f. Nr. 152.

58 Schwertl, Beziehungen 55. – Spindler, Handbuch II, 72.

59 Schwertl, Beziehungen 50. – Schlecht, Zwei Urkunden des Bischofs Konrad I., 39–42. – Vogel, Die Urkunden des Heiliggeistspitals in München, 1–4 Nr. 1.

60 Meichelbeck II/1, 50 f.

61 ebd. 38.

62 Deutinger, Die älteren Matrikel I, 78 f.

63 Bavaria Franciscana III, 9–16.

64 A. Mitterwieser, Das Dominikanerinnenkloster Altenhohenau a. Inn, in: Germania Sacra II, hrsg. v. Baum-Hartig, 1926. – A. Mitterwieser, Die Regesten des Frauenklosters Altenhohenau, in: Oberbayerisches Archiv 54 (1909) 399 ff.

65 Bauerreiß, Kirchengeschichte Bayerns IV, 98.

66 Ruf, Studien zum Urkundenwesen der Bischöfe von Freising, 59 f.

67 Vogel, Die Urkunden des Heiliggeistspitals, Einleitung 12–20.

68 ebd. 1–4 Nr. 1

69 Meichelbeck II/1, 49.

70 Strzewitzek, Sippenbeziehungen 244–248.

71 Über die Beziehungen Ludwigs II. zu Konradin und dem daraus resultierenden Konflikt mit dem Papst siehe: Schwertl, Beziehungen 57–63.

72 Schwertl, Beziehungen 138–140.

73 Von der Wittelsbacher Dynastie her gerechnet: Heinrich I.

74 Meichelbeck II/1, 52.
75 ebd. 53.
76 Meichelbeck II/2, 53 f. Nr. 83.
77 Meichelbeck II/1, 62; II/2, 70 f. Nr. 114.
78 z. B. Meichelbeck II/1, 56 f., 57, 63, 68, 72 f.
79 Meichelbeck II/2, 57 Nr. 89.
80 ebd. 48–51 Nr. 77 u. Nr. 78.
81 Riezler, Geschichte Baierns II, 134. – Spindler, Handbuch II, 83.
82 Spindler, Handbuch II, 83 f.
83 MGH Leges II, 407 ff. – Riezler, Geschichte Baierns II, 147. – Spindler, Handbuch II, 89 f.
84 Meichelbeck II/1, 84 f.; II/2, 80–102.
85 Meichelbeck II/2, 83 f. Nr. 138; 84 f. Nr. 140; 85 Nr. 141; 94 f. Nr. 161. – Vgl. A. Gerlich, Studien zur Landfriedenspolitik König Rudolf von Habsburg (Institut für geschichtliche Landeskunde an d. Univ. Mainz, Jahresgabe 1962), 1963, 22 f.
86 Riezler, Geschichte Baierns II, 119–121. – Spindler, Handbuch II, 81 f.
87 Meichelbeck II/1, 68.
88 Schwertl, Beziehungen, 97 f.
89 A. Horn, Die Ausgrabungen in der Frauenkirche zu München, in: Deutsche Kunst und Denkmalpflege 1952, 53–72; 1954, 114–116.
90 M. Schattenhofer, Aus der Geschichte der Dompfarrei, in: 700 Jahre Dompfarrei, hrsg. v. H. Vogel, München 1972, 6–39. Neudruck in: M. Schattenhofer, Von Kirchen, Kurfürsten und Kaffeesiedern, München 1974, 121–138. – Lieb-Sauermost, Münchens Kirchen, 304 (mit weit. Lit.).
91 Meichelbeck II/1, 77.
92 Vogel, Die Urkunden des Heiliggeistspitals.
93 Meichelbeck II/1, 74.
94 R. Hoffmann, Die ehemalige Dominikanerkirche St. Blasius in Landshut, in: Beiträge zur Geschichte, Topographie und Statistik des Erzbistums München und Freising 10 (1907) 161–194.
95 Wittmann, Monumenta Wittelsbacensia 214.
96 Schwertl, Beziehungen 384–387.
97 MGH SS XIII, 57.
98 Fr. Huter, Die Herren von Montalban, in: Zeitschrift für bayerische Landesgeschichte 11 (1938) 341–361.
99 Strzewitzek, Sippenbeziehungen 206 f.
100 Deutinger, Päpstliche Urkunden 21–26.
101 Meichelbeck II/2, 103–105.
102 Die Schreibweise seines Namens schwankt: Emcho, Emicho, Enicho.
103 Strzewitzek, Sippenbeziehungen 245–247.
104 Fried, Die Landgerichte Dachau und Kranzberg.
105 Urkunde vom 2. 10. 1300; vgl. Schwertl, Beziehungen 129.
106 Wittmann, Monumenta Wittelsbacensia Nr. 151. – Stahleder, Hochstift Freising 336 f.; dazu Kommentar 279–284.
107 Text des Kaufvertrages bei Stahleder, Hochstift Freising, 266 f. – Dazu: Albrecht, Grafschaft Werdenfels, 2 f. – Prechtl, Chronik der Grafschaft Werdenfels.
108 Schwertl, Beziehungen 142.
109 Schwertl, Beziehungen 142.

110 Meichelbeck II/2, 131 f. Nr. 206.
111 Spindler, Handbuch II, 124 f.
112 FRA 31, 396–469; FRA 35, 1–60.
113 Schlecht-Arnold, Deutsche Freisinger Bischofs-Chronik, 22.
114 Meichelbeck II/1, 105 f.
115 Meichelbeck II/1, 106. – Fried, Die Landgerichte Dachau und Kranzberg, 19.
116 Meichelbeck II/1, 107.
117 Spindler, Handbuch II, 125–131.
118 Spindler, Handbuch II, 125, 126, 130. – Meichelbeck II/2, 144 f. Nr. 228.
119 Schattenhofer, Die geistliche Stadt, 7–77. – Schattenhofer, Stiftungen und Stifter in
    Münchens Vergangenheit, 11–30.
120 Meichelbeck II/2, 130 Nr. 202.
121 Bavaria Franciscana Antiqua III, 195–202.
122 Schattenhofer, Stiftungen und Stifter, 21.
123 Bavaria Franciscana Antiqua III, 273–307; 309–351.
124 Meichelbeck II/2, 130 Nr. 203.
125 Meichelbeck II/2, 131 Nr. 205.
126 W. Kücker, Das alte Franziskanerkloster in München, in: Oberbayerisches Archiv
    86 (1963) 18.
127 J. Hemmerle, Die Geschichte des Augustinerklosters in München, München-Pasing
    1956, 7 f.
128 MGH SS IX, 810.
129 MGH SS XIII, 57.
130 Über die verschiedenen Schilderungen der Judenverfolgung von 1285 in München
    vgl. Bauerreiß, Kirchengeschichte Bayerns IV, 158.
131 Christen durften einander Geld nicht auf Zins leihen. So blieben für Kapitalaufnahme
    nur die Juden. Ein jährlicher Zinsfuß von etwa 40 Prozent scheint die Regel gewesen
    zu sein. Es kam aber zu Forderungen um über 100 Prozent. Vgl. Riezler, Geschichte
    Baierns II, 191 f.
132 Siferlinger, Die Siegel der Bischöfe von Freising, 76.
133 Strzewitzek, Sippenbeziehungen 246 f. – Über die Öffnung des Grabes 1701 unter
    Bischof Eckher: Meichelbeck II/1, 114.
134 Meichelbeck II/1, 115.
135 Meichelbeck II/2, 143 f. Nr. 226.
136 Strzewitzek, Sippenbeziehungen 181–183.
137 Fastlinger, Der Freisinger Turmschatz unter Bischof Konrad dem Sentlinger, 62.
138 Schlecht-Arnold, Deutsche Freisinger Bischofs-Chronik, 23.
139 Schlecht, Die Altäre des Freisinger Doms, 50 f. – Fr. Hoheneicher, Spicilegium
    anecdotorum et diplomatarium Frisingense, in: Oberbayerisches Archiv 3 (1841)
    278.
140 Meichelbeck II/1, 117.
141 Spindler, Handbuch II, 131–137.
142 Strzewitzek, Sippenbeziehungen 182 m. Anm. 6.
143 J. Schlecht, Monumentale Inschriften im Freisinger Dome I, in: Sammelblatt des
    Hist. Vereins Freising 5 (1900) 13 f. m. Abb. 1.
144 E. Geiß, Geschichte der Stadtpfarrei St. Peter in München, München 1867, 8.
145 Strzewitzek, Sippenbeziehungen 71, 217–219.
146 Riezler, Geschichte Baierns II, 313.

147 Meichelbeck II/2, 154 f. Nr. 242 u. Nr. 243.
148 Meichelbeck II/2, 153 f. Nr. 241.
149 Meichelbeck II/1, 126.
150 Stahleder, Hochstift Freising, 262 f.
151 M. Schlamp, Ortskundliche Streifzüge durch das alte Freisinger Stiftsland, in: Sammelblatt des Hist. Vereins Freising 18 (1933) 45–65.
152 Meichelbeck II/1, 129–132.
153 Meichelbeck II/2, 159–161 Nr. 249.
154 J. Zahn, Die Freisingischen Sal-, Copial- und Urbarbücher in ihren Beziehungen zu Österreich, in: Archiv für Kunde österreichischer Geschichtsquellen 27 (1861) 51 ff. – FRA 36, 51–168.
155 Deutinger, Die älteren Matrikel III, 207–235. – H. Stahleder, Bischöfliche und adelige Eigenkirchen des Bistums Freising im frühen Mittelalter und die Kirchenorganisation im Jahr 1315, in: Oberbayerisches Archiv 104 (1979) 117–188 (1. Teil); und: Oberbayerisches Archiv 105 (1980) 7–69 (2. Teil).
156 Fastlinger, Der Freisinger Turmschatz, 57–70.
157 Meichelbeck II/1, 119, II/2, 148 f. – FRA 36, 109. 143–145.
158 FRA 36, 143 u. 145: „Waffenröck cum capitibus Ethiopum" (inventarisiert im Jahr 1318).
159 Ordinariatsarchiv München.
160 A. W. Ziegler, Der Freisinger Mohr. Eine heimatgeschichtliche Untersuchung zum Freisinger Bischofswappen, 2. Aufl., München 1976.
161 Siferlinger, Die Siegel der Bischöfe von Freising, 76.
162 M. Schlamp, Der Mohrenkopf im Wappen der Bischöfe von Freising, in: Frigisinga 7 (1930) 115–187. – Ziegler, Der Freisinger Mohr.
163 Vgl. Otto von Freising, Chronica VII, 35; VIII, 12.
164 Die Bezeichnung „Eunuch" kann entweder wörtlich oder im übertragenen Sinn als Titel für einen hohen Beamten verstanden werden, meist übersetzt als „Kämmerer".

Anmerkungen zum IX. Kapitel

1 Strzewitzek, Sippenbeziehungen 167 f.
2 Deutinger, Päpstliche Urkunden, 26–30.
3 Strzewitzek, Sippenbeziehungen 249 f. – Sparber, Die Brixner Fürstbischöfe im Mittelalter, 107–110. – J. Lenzenweger, Konzilsbestimmungen und Praxis der Kurie von Avignon, 144 f.
4 Sparber, Die Brixner Fürstbischöfe im Mittelalter, 112–115.
5 Seinen Familiennamen erschließt man aufgrund eines Bruders, der Domherr in Brixen war. Strzewitzek, Sippenbeziehungen 249 f. – Sparber, Die Brixner Fürstbischöfe im Mittelalter, 107.
6 J. Schlecht, Monumentale Inschriften im Freisinger Dom II, in: Sammelblatt des Hist. Vereins Freising 6 (1902) 21 f.
7 Meichelbeck II/1, 141 (allerdings mit falscher Datierung).
8 Deutinger, Päpstliche Urkunden, 30–34 Nr. 9.
9 Sparber, Die Brixner Fürstbischöfe im Mittelalter, 111 f. – Strzewitzek, Sippenbeziehungen 198–202.
10 Deutinger, Päpstliche Urkunden, 34 f. Nr. 10.

11 Dormann, Die Stellung des Bistums Freising, 14 f.
12 C. Höfler, Urkundliche Beiträge zur Geschichte Kaiser Ludwigs IV. und anderer bayerischer Fürsten, in: Oberbayerisches Archiv 1 (1839) 81.
13 F. Martin, Die Regesten der Erzbischöfe und des Domkapitels von Salzburg III, Salzburg 1934, 46 Nr. 455.
14 Dormann, Die Stellung des Bistums Freising, 16 f.
15 ebd. 17.
16 Deutinger, Päpstliche Urkunden, 39–45 Nrr. 14, 15, 17, 18.
17 J. Zahn, Codex dipl. austr. fris. II (FRA 35) 145–279.
18 Vgl. die Darlegung seiner Finanznot in einer Appellation an den Salzburger Erzbischof vom 20. 1. 1327: Dormann, Die Stellung des Bistums, Anhang I f.
19 Dormann, Die Stellung des Bistums, 23.
20 Meichelbeck II/2, 166 Nr. 256.
21 Dormann, Die Stellung des Bistums, 24.
22 ebd. 25.
23 ebd. 26.
24 Meichelbeck II/2, 167 f. Nr. 258.
25 P. Fischer, Die Gründungsidee, in: Festschrift zum 600jährigen Weihejubiläum der Klosterkirche Ettal, Ettal 1970, 5–63. – G. Schüßler, Zum gotischen Zwölfeckbau, ebd. 65–80. – Fr. Bock, Die Gründung des Klosters Ettal, in: Oberbayerisches Archiv 66 (1929) 1–116. – R. Hoffmann, Das Marienmünster zu Ettal im Wandel der Jahrhunderte, Augsburg 1927. – Bauerreiß, Kirchengeschichte Bayerns IV, 133–136. – Hemmerle, Die Benediktinerklöster in Bayern, 94–100 (mit weiterer Literatur).
26 D. Albrecht, Die Klostergerichte Benediktbeuern und Ettal (Historischer Atlas von Bayern. Teil Altbayern. Heft 6), München 1953, 28–32.
27 Riezler, Geschichte Baierns II, 561.
28 K. Bosl, Die „geistliche Hofakademie" Kaiser Ludwigs des Bayern im alten Franziskanerkloster zu München, in: Der Mönch im Wappen, München 1960, 97–129. – Spindler, Handbuch der bayerischen Geschichte II, 732–740.
29 Deutinger, Päpstliche Urkunden, 43–45 Nrr., 17, 18.
30 Dormann, Die Stellung des Bistums Freising, 34.
31 ebd. 29.
32 MGH SS XIII, 59.
33 ebd.
34 Deutinger, Päpstliche Urkunden, 45–50 Nr. 19.
35 Deutinger, Päpstliche Urkunden, 50 f. Nr. 20.
36 ebd. 50–52 Nrr. 20, 21.
37 Strzewitzek, Sippenbeziehungen 197 f. – Dormann, Die Stellung des Bistums Freising, 44. In einer früheren Publikation: Das Hochstift Freising zur Zeit des Kampfes zwischen Ludwig dem Bayern und der römischen Curie (Programm des Kgl. Hum. Gymnasiums zu Freising 1897/98), Freising 1899, vertritt Dormann die Ansicht, Ludwig von Kamerstein sei schon 1322 zum Gegenbischof erhoben worden, revidiert aber diese These in seiner Dissertation von 1907.
38 Deutinger, Päpstliche Urkunden, 52–56 Nr. 22. – Lenzenweger, Konzilsbestimmungen und Praxis, 148.
39 Strzewitzek, Sippenbeziehungen 173–176.
40 Spindler, Handbuch der bayerischen Geschichte II, 179.

41 Strzewitzek, Sippenbeziehungen 198. – Dormann, Die Stellung des Bistums Freising, 47.
42 Strzewitzek, Sippenbeziehungen 219–221. – Lenzenweger, Konzilsbestimmungen und Praxis, 148–150.
43 Deutinger, Päpstliche Urkunden, 56–61 Nr. 23.
44 ebd. 61–71 Nr. 24.
45 Dormann, Die Stellung des Bistums Freising, 49–51.
46 In deutschen Urkunden nennt er sich Albrecht, in lateinischen Albert.
47 Strzewitzek, Sippenbeziehungen 183–187. – J. Boegl, Neues zur Lebensgeschichte des Freisinger Bischofs Albert II. (von Hohenberg), in: Alt Freising, Januar 1935, 5–7. – Lenzenweger, Konzilsbestimmungen und Praxis, 150–154. – S. Benker, Das Bistum Freising, in: Die Zeit der frühen Habsburger. Dome und Klöster 1279–1379. Niederösterreichische Landesausstellung in Wiener Neustadt (Katalog), Wien 1979, 200.
48 Deutinger, Päpstliche Urkunden, 72–76 Nr. 25.
49 Strzewitzek, Sippenbeziehungen 186 f.
50 ebd. 221.
51 H. Hantsch, Die Geschichte Österreichs I, Graz-Wien-Köln 1959, 127 f.
52 Meichelbeck II/2, 173 f. Nrr. 267 u. 268.
53 Stahleder, Hochstift Freising, 240. 252 f.
54 Deutinger, Päpstliche Urkunden, 76–79 Nr. 26.
55 Regesta Boica VIII, München 1839, 232.
56 Deutinger, Päpstliche Urkunden, 79–81 Nr. 27.
57 Riezler, Geschichte Baierns II, 525.
58 Riezler, Geschichte Baierns III, 23.
59 Sammelblatt des Hist. Vereins Freising 16 (1929) 30.
60 Meichelbeck II/2, 174–176 Nr. 271. – Zahn, Codex dipl. austr. fris. II (FRA 35) 325 Nr. 734.
61 St. Randlinger, Die Verehrung des heiligen Sigismund, in: Wissenschaftliche Festgabe zum zwölfhundertjährigen Jubiläum des hl. Korbinian, hrsg. v. J. Schlecht, München 1924, 351–362. – A. Bauer, Der Dom als Wallfahrtskirche, in: Der Freisinger Dom. Sammelblatt des Hist. Vereins Freising 26 (1967) 265–276. – J. Maß, Zeugen des Glaubens, München 1976, 22 f.
62 Strzewitzek, Sippenbeziehungen 186 f. – L. Schmid, Geschichte der Grafen von Zollern-Hohenberg und ihrer Grafschaft, Stuttgart 1862.
63 Deutinger, Päpstliche Urkunden, 87–91 Nr. 30.
64 Strzewitzek, Sippenbeziehungen 193–196.
65 Strzewitzek, Sippenbeziehungen 196 Anm. 15. – Deutinger, Päpstliche Urkunden, 84–87 Nr. 29.
66 Meichelbeck II/2, 178–185 Nr. 274.
67 Meichelbeck II/1, 157. – Riezler, Geschichte Baierns III, 45.
68 Deutinger, Päpstliche Urkunden, 91–93 Nr. 31.
69 Meichelbeck II/1, 158–160.
70 Deutinger, Päpstliche Urkunden, 93 f. Nr. 32.
71 Meichelbeck II/2, 193–195 Nr. 284.
72 Wolfsgruber, Die Beziehungen des Bistums Freising zu Innichen, 472.
73 Meichelbeck II/2, 186–189 Nrr. 275 u. 276.
74 Spindler, Handbuch der bayerischen Geschichte II, 198.

75 Riezler, Geschichte Baierns III, 779.
76 Spindler, Handbuch der bayerischen Geschichte II, 669 f.
77 Meichelbeck II/2, 189 f. Nr. 278.
78 Meichelbeck II/2, 192 f. Nr. 282.
79 Meichelbeck II/1, 163.
80 Stahleder, Hochstift Freising, 103. 108. 122.
81 Meichelbeck II/2, 190 f. Nr. 280.
82 Meichelbeck II/2, 191 f. Nr. 281.

Anmerkungen zum X. Kapitel

1 Strzewitzek, Sippenbeziehungen 158 f.
2 J. Staber, Kirchengeschichte des Bistums Regensburg, Regensburg 1966, 75–77.
3 Strzewitzek, Sippenbeziehungen 223–225.
4 MGH SS XXIV, 327.
5 Urkunde vom 12. 9. 1379: Meichelbeck II/1, 165 f.
6 MGH SS XXIV, 327.
7 ebd.
8 Meichelbeck II/1, 166.
9 Meichelbeck II/2, 196 Nr. 286. – Stahleder, Hochstift Freising, 96.
10 Meichelbeck II/1, 167 f. – M. Schlamp, Studien zur älteren Geschichte der Stadt Freising, in: Sammelblatt des Hist. Vereins Freising 19 (1935) 42–44.
11 MGH SS XXIV, 327.
12 M. v. Deutinger, Beyträge zur Geschichte, Topographie und Statistik des Erzbisthums München und Freysing 6 (1854) 525.
13 Strnad, Kanzler und Kirchenfürst, 79–81.
14 ebd. 82–86.
15 Strzewitzek, Sippenbeziehungen 240.
16 Strnad, Kanzler und Kirchenfürst, 87.
17 Meichelbeck II/1, 171 f.
18 Als solcher erstmals 19. 1. 1383. – Strnad, Kanzler und Kirchenfürst, 87.
19 Zu den Beziehungen Bertholds zur Wiener Universität: K. Schrauf, Studien zur Geschichte der Wiener Universität im Mittelalter, Wien 1904. – H. Rupprich, Berthold von Wehingen. Ein geistiger Bauherr der Wiener Universität, in: Die Warte. Blätter für Literatur, Kunst und Wissenschaft. Beilage zur Furche vom 8. Mai 1948. – Strnad, Kanzler und Kirchenfürst, 88–95, 105 f. (mit weiterer Literatur).
20 Strnad, Kanzler und Kirchenfürst, 96 f.
21 ebd. 96–100.
22 J. Schlecht, Analecta zur Geschichte der Freisinger Bischöfe, in: Sammelblatt des Hist. Vereins Freising 10 (1916) 34–37.
23 Strzewitzek, Sippenbeziehungen 241.
24 M. Jansen, Papst Bonifatius IX. (1389–1404) und seine Beziehungen zur deutschen Kirche, Freiburg 1904, 97 f.
25 Chroniken der deutschen Städte XV, Leipzig 1878, 387.
26 Strnad, Kanzler und Kirchenfürst, 101–103.
27 Leidinger, Veit Arnpeck, 893.

28 Strnad, Kanzler und Kirchenfürst, 105 Anm. 170. – Zum Bürgerkrieg: ebd. 103–105.
– L. Winkler, Berthold von Wehingen, Bischof von Freising, 5–19.
29 Strnad, Kanzler und Kirchenfürst, 107.
30 Riezler, Geschichte Baierns III, 124–127.
31 Meichelbeck II/2, 205 f. Nr. 296.
32 Leidinger, Veit Arnpeck, 893.
33 Meichelbeck II/2, 206 Nr. 297. – Riezler, Geschichte Baierns III, 176.
34 Leidinger, Veit Arnpeck, 893.
35 Meichelbeck II/2, 213 Nr. 304.
36 Riezler, Geschichte Baierns, 181–201.
37 ebd. 227.
38 Albrecht, Grafschaft Werdenfels, 25. – J. B. Prechtl, Chronik der Grafschaft
Werdenfels, Augsburg 1850, 139 f. – E. Rock, Werdenfelser Land in früherer Zeit,
Garmisch-Partenkirchen 1951, 286.
39 MGH SS XXIV, 329.
40 Meichelbeck II/2, 201 Nr. 291.
41 Meichelbeck II/2, 204 f. Nr. 295.
42 Meichelbeck II/2, 201 f. Nr. 292; 203 f. Nr. 294.
43 Meichelbeck II/1, 180.
44 MGH SS XXIV, 328.
45 Meichelbeck II/1, 174 f.
46 J. Schlecht, Analecta zur Geschichte der Freisinger Bischöfe, in: Sammelblatt des Hist.
Vereins Freising 10 (1916) 37–39.
47 Meichelbeck II/1, 175 f.
48 J. Boegl, Die Statuten des Freisinger Domkapitels von ca. 1400, in: Sammelblatt des
Hist. Vereins Freising 18 (1933) 75–102. – H. J. Busley, Die Geschichte des Freisinger
Domkapitels von den Anfängen bis zur Wende des 14./15. Jahrhunderts, Phil. Diss.
München 1956 (ungedruckt).
49 Fischer, Über die Anfänge der Fronleichnamsfeier im Bistum Freising, 83.
50 Fischer, Lantbert von Freising. Der Bischof und Heilige, 46–48.
51 J. Schlecht, Analecta zur Geschichte der Freisinger Bischöfe, in: Sammelblatt des Hist.
Vereins Freising 10 (1916) 31 f.
52 Meichelbeck II/1, 174.
53 Fischer, Über die Anfänge der Fronleichnamsfeier im Bistum Freising, 80–93.
54 ebd. 91 f.
55 MGH SS XXIV, 329.
56 A. Starzer, Geschichte der landesfürstlichen Stadt Klosterneuburg, Klosterneuburg
1900, 419 f.
57 M. v. Deutinger, Beiträge zur Geschichte, Topographie und Statistik des Erzbisthums
München und Freysing 6 (1854) 552–555.
58 Strzewitzek, Sippenbeziehungen 242–244. – M. v. Deutinger, Zur Geschichte des
Schulwesens in der Stadt Freysing, in: Beiträge zur Geschichte, Topographie und
Statistik des Erzbisthums München und Freysing 5 (1854) 499–502.
59 MGH SS XXIV, 329. – Leidinger, Veit Arnpeck, 894.
60 Strzewitzek, Sippenbeziehungen 179–181.
61 MGH SS XXIV, 329. – Schon etwas ausgeschmückt: Leidinger, Veit Arnpeck,
894 f.
62 Strzewitzek, Sippenbeziehungen 163 f.

63 ebd. 164.

64 Meichelbeck II/2, 222 f. Nr. 316.

65 Albrecht, Grafschaft Werdenfels, 5.

66 Meichelbeck II/1, 188 f.

67 Meichelbeck II/1, 190 f.

68 Meichelbeck II/1, 192 f.

69 J. Staber, Kirchengeschichte des Bistums Regensburg, Regensburg 1966, 78–80.

70 MGH Necr. III, 183.

71 H. Gentner, Geschichte des Benedictinerklosters Weihenstephan bey Freysing, in: Beyträge zur Geschichte, Topographie und Statistik des Erzbisthums München und Freysing 6 (1854) 70–74.

72 Meichelbeck II/2, 219–221 Nr. 313.

73 Strzewitzek, Sippenbeziehungen 164. – Königer, Johann III. Grünwalder, 8.

74 W. Gumppenberg, Die letzten Scaliger von Verona als oberbayerische Edelleute, in: Oberbayerisches Archiv 7 (1846) 3–44. – Riezler, Geschichte Baierns III, 264 f.

75 Riezler, Geschichte Baierns III, 364 f. – Strzewitzek, Sippenbeziehungen 216.

76 Königer, Johann III. Grünwalder, 8–11.

77 G. Koller, Princeps in Ecclesia. Untersuchungen zur Kirchenpolitik Herzog Albrechts V. von Österreich, in: Archiv für österreichische Geschichte 124 (1964) 121–124.

78 Meichelbeck II/1, 197.

79 Meichelbeck II/1, 196.

80 K. Fink, Die politische Korrespondenz Martins V. nach den Breveregistern, in: Quellen und Forschungen aus italienischen Archiven und Bibliotheken 26 (1935/36) 191–195.

81 Deutinger, Päpstliche Urkunden, 96–99 Nr. 35.

82 Königer, Johann III. Grünwalder, 12 f.

83 Stahleder, Hochstift Freising, 112. 149.

84 Meichelbeck II/2, 228 f. Nr. 323.

85 MGH SS XXIV, 329.

86 Meichelbeck II/2, 228 Nr. 322. – Stahleder, Hochstift Freising, 278 f.

87 Leidinger, Veit Arnpeck, 896.

88 Meichelbeck II/2, 242 Nr. 333.

89 Deutinger, Päpstliche Urkunden, 95 f. Nr. 34.

90 Königer, Johann III. Grünwalder, 17 Anm. 1.

91 Bauerreiß, Kirchengeschichte Bayerns V, 3–17.

92 Meichelbeck II/1, 207.

93 Meichelbeck II/1, 198 f.

94 Meichelbeck II/1, 199 f.

95 Deutinger, Päpstliche Urkunden, 99–101 Nr. 36.

96 Königer, Johann III. Grünwalder, 16 f.

97 F. Thoma, Petrus von Rosenheim und die Melker Benediktiner-Reformbewegung, in: Studien und Mitteilungen zur Geschichte des Benediktinerordens 44 (1927) 94 ff. – F. Thoma, Die Briefe des Petrus von Rosenheim an Abt Kaspar Ayndorffer während der Klosterreform in Südbayern 1426–1431, in: Oberbayerisches Archiv 67 (1930) 1 ff. – F. Thoma, Petrus von Rosenheim, eine Zusammenfassung der bisherigen Ergebnisse, in: Bayerisches Inn-Oberland 32 (1962) 97 ff.

98 J. Angerer, Die Bräuche der Abtei Tegernsee unter Abt Kaspar Ayndorffer (Studien und Mitteilungen zur Geschichte des Benediktinerordens, 18. Ergänzungsband), Ottobeuren 1968.

99 Königer, Johann III. Grünwalder, 17–22.

100 Königer, Johann III. Grünwalder, 22–26. – Bauerreiß, Kirchengeschichte Bayerns V, 33 f.

101 A. Kluckhohn, Herzog Wilhelm III. von Bayern, der Protektor des Basler Konzils und Statthalter des Kaisers, in: Forschungen zur deutschen Geschichte 2 (1862) 519 ff.

102 J. Haller, Concilium Basiliense I, Basel 1896, 54–106.

103 Meichelbeck II/1, 210–213.

104 Th. Buyken, Enea Silvio Piccolomini. Sein Leben und Werden bis zum Episkopat, Bonn-Köln 1931, 22.

105 Königer, Johann III. Grünwalder, 28 m. Anm. 3.

106 Meichelbeck II/1, 213–217.

107 Königer, Johann III. Grünwalder, 30–33.

108 ebd. 40 f. – Meichelbeck II/1, 223.

109 Meichelbeck II/1, 219–221.

110 Clm 6503 fol. 260 ff. – Königer, Johann III. Grünwalder, 34–39.

111 Clm 6606 fol. 303–332. – Königer, Johann III. Grünwalder, 43–47.

112 Clm 3076 und Cod. Vindob. 4957.

113 V. Redlich, Eine Universität auf dem Konzil in Basel, in: Historisches Jahrbuch 49 (1929) 93 ff. – ders., Die Baseler Konzilsuniversität, in: Festschrift J. Lortz, hrsg. v. E. Iserloh u. P. Manns, II, 356 ff.

114 Königer, Johann III. Grünwalder, 29.

115 ebd. 51 f.

116 ebd. 53–55.

117 Meichelbeck II/2, 246–253 Nr. 338 a.

118 Meichelbeck II/2, 253–270 Nr. 338 b.

119 B. Pez, Thesaurus anecdotorum novissimus IV, 1723, 639–744. – M. Nejedly, Enea Silvio Piccolomini. Pentalogus de rebus ecclesiae et imperii, Phil. Diss. Wien 1952.

120 MGH SS XXIV, 330. – Leidinger, Veit Arnpeck, 896 f.

121 Madonna, St. Korbinian und der kniende Bischof Nikodemus im Bayerischen Nationalmuseum München; St. Sigismund im Württembergischen Landesmuseum Stuttgart. – Fr. Wolter, Jakob Kaschauer, der Meister des im Jahr 1443 errichteten Hochaltares im Dom zu Freising, in: Jahrbuch des Vereins für christliche Kunst 1 (1912) 1–26. – Th. Müller, Kunst und Kunsthandwerk. Meisterwerke im Bayerischen Nationalmuseum, München 1955, 42 f.

122 Leidinger, Veit Arnpeck, 896 f. – Kalligas Marinos, Byzantine phorete eikon en Freising, in: Archaiologike ephemeris 100 (1937) 501–506.

123 MGH SS XXIV, 327. 330. – M. v. Deutinger, Beyträge I, 53. 193. – Leidinger, Veit Arnpeck, 897. – Schlecht-Arnold, Die deutsche Freisinger Bischofschronik II, 41 f. – Strzewitzek, Sippenbeziehungen 154.

124 Meichelbeck II/1, 232 f. – Königer, Johann III. Grünwalder, 60.

125 Strzewitzek, Sippenbeziehungen 222 f.

126 Th. Buyken, Enea Silvio Piccolomini, Bonn-Köln 1931, 51 f.

127 Königer, Johann III. Grünwalder, 61–69.

128 Deutinger, Päpstliche Urkunden, 101–104 Nr. 37.

129 Königer, Johann III. Grünwalder, 68.
130 Deutinger, Päpstliche Urkunden, 106–109 Nr. 40.
131 Deutinger, Päpstliche Urkunden, 109–113 Nr. 41 vom 18. 1. 1446.
132 Deutinger, Päpstliche Urkunden, 113 f. Nr. 42.
133 Deutinger, Päpstliche Urkunden, 118–120 Nr. 44.
134 Königer, Johann III. Grünwalder, 71 f. – Strzewitzek, Sippenbeziehungen 173. 223.
    – Deutinger, Päpstliche Urkunden, 120–122 Nr. 45.
135 Königer, Johann III. Grünwalder, 73 f.
136 Königer, Johann III. Grünwalder, 4–8. – Strzewitzek, Sippenbeziehungen 170–173.
137 Brief vom 1. Juni 1448: Königer, Johann III. Grünwalder, 71 f.
138 Meichelbeck II/2, 281–283 Nr. 346 u. 348.
139 Meichelbeck II/1, 240 f.
140 Königer, Johann III. Grünwalder, 78.
141 Meichelbeck II/2, 286–289 Nr. 351.
142 Königer, Johann III. Grünwalder, 75.
143 ebd. 73.
144 Riezler, Geschichte Baierns III, 832. – Königer, Johann III. Grünwalder, 73.
145 J. Zibermayr, Die Legation des Kardinals Nikolaus Cusanus und die Ordensreform
    in der Kirchenprovinz Salzburg (Reformationsgeschichtliche Studien und Texte 29),
    Münster 1914. – ders., Johann Schlitpachers Aufzeichnungen als Visitator der
    Benediktinerklöster der Salzburger Kirchenprovinz, in: Mitteilungen des Instituts
    für österreichische Geschichtsforschung 30 (1909) 274. – Spindler, Handbuch der
    bayerischen Geschichte II, 744.
146 Königer, Johann III. Grünwalder, 76.
147 S. Benker, Zum Werk Jakob Kaschauers, in: Aufsätze zur Kunstgeschichte und
    Prinzipienlehre. Herrn Prof. Hans Sedlmayr gewidmet zum Geburtstag am 18.
    Januar 1956, Ms. (Kunsthistorisches Seminar der Universität München).

Anmerkungen zum XI. Kapitel

 1 MGH SS XXIV, 327.
 2 Strzewitzek, Sippenbeziehungen 232–234.
 3 Königer, Johann III. Grünwalder, 51.
 4 Meichelbeck II/2, 289 Nr. 352.
 5 Leidinger, Veit Arnpeck, 898 f.
 6 Meichelbeck II/1, 260.
 7 Meichelbeck II/1, 244. – Schlecht-Arnold, Die deutsche Freisinger Bischofschronik
   II, 44.
 8 Meichelbeck II/1, 261. – Leidinger, Veit Arnpeck, 241 und 520.
 9 Leidinger, Veit Arnpeck, 899.
10 Meichelbeck II/1, 258.
11 Meichelbeck II/1, 249–251.
12 Staber, Die Seelsorge in der Diözese Freising, 207–225. – ders., Volksfrömmigkeit
   und Wallfahrtswesen, 10–35. – ders., Die Teilnahme des Volkes an der Karwochenliturgie im Bistum Freising während des 15. und 16. Jahrhunderts, in: Beiträge zur
   altbayerischen Kirchengeschichte 23/3 (1964) 48–85.

13 Leidinger, Veit Arnpeck, 899 f. – Bauerreiß, Kirchengeschichte Bayerns V, 70. – Schattenhofer, Die geistliche Stadt, 32 u. 37 f. – Bavaria Franciscana Antiqua I, 50.

14 Riezler, Geschichte Baierns III, 715 f., 839.

15 V. Redlich, Tegernsee und die deutsche Geistesgeschichte im 15. Jahrhundert, in: Schriftenreihe der Kommission für bayerische Landesgeschichte 9 (1931) 91 ff. – M. Grabmann, Bernhard von Waging. Ein bayerischer Benediktinermystiker des 15. Jahrhunderts, in: Studien und Mitteilungen zur Geschichte des Benediktiner-Ordens 60 (1946) 82 ff. – P. Wilpert, Bernhard von Waging. Reformer vor der Reformation, in: Festgabe für Kronprinz Rupprecht v. Bayern, hrsg. v. W. Goetz, München 1953, 260–276. – P. Wilpert, Vita contemplativa und vita activa, in: Festschrift Bischof Landersdorfer, Passau 1953, 209–226. – Bauerreiß, Kirchengeschichte Bayerns V, 90–92. – Spindler, Handbuch der bayerischen Geschichte II, 746–748.

16 G. Schwaiger, Die Theologische Fakultät der Universität Ingolstadt (1472–1800), in: Die Ludwig-Maximilians-Universität in ihren Fakultäten I, hrsg. v. L. Boehm u. J. Spörl, Berlin 1972, 13–126.

17 Meichelbeck II/1, 244.

18 Mitterwieser, Der Dom zu Freising und sein Zubehör zu Ausgang des Mittelalters, 47 f.

19 Benker, Freising. Dom und Domberg, 78. – Gotik in Österreich. Ausstellungskatalog Krems 1967, 230 Nr. 202.

20 Schattenhofer, Die geistliche Stadt, 11.

21 M. Schattenhofer, Aus der Geschichte der Dompfarrei, in: 700 Jahre Dompfarrei München, hrsg. v. H. Vogel, München 1972, 31. – P. Pfister-H. Ramisch, Die Frauenkirche in München, München 1983.

22 Bauerreiß, Kirchengeschichte Bayerns V, 86–88.

23 H. Vogel, Geschichte der St. Isidor- und St. Notburga-Bruderschaft in München, in: Beiträge zur altbayerischen Kirchengeschichte 28 (1974) 31–60. – Schattenhofer, Die geistliche Stadt, 32–34.

24 Der Schatz vom heiligen Berg Andechs. Ausstellungskatalog Bayerisches National-museum München 1967. – Schattenhofer, Die geistliche Stadt, 35–37.

25 P. Steiner, Altmünchner Gnadenstätten (Große Kunstführer 73), München-Zürich 1977, 68.

26 Staber, Volksfrömmigkeit und Wallfahrtswesen, 36–52.

27 Bayerische Staatsgemäldesammlungen 1385/5603 (datiert 1483). – L. Kriss-Rettenbeck, Ex Voto, Zürich 1972, 84 f. Abb. 6.

28 Rankl, Kirchenregiment 100–102.

29 Leidinger, Veit Arnpeck, 900–902. – Schlecht-Arnold, Deutsche Freisinger Bischofs-chronik, 45. – Strzewitzek, Sippenbeziehungen 233 f.

30 Leidinger, Veit Arnpeck, 900 f. – Meichelbeck II/2, 290–292 Nr. 353. – Mayer, Ueber die Correspondenzbücher des Bischofs Sixtus von Freising, 418. – Strzewitzek, Sippenbeziehungen 225–227.

31 Leidinger, Veit Arnpeck. Sämtliche Chroniken. – Spindler, Handbuch der bayerischen Geschichte II, 761–763.

32 Stahleder, Hochstift Freising, 140 f.

33 F. M. Mayer, Die Correspondenzbücher des Bischofs Sixtus von Freising und ihr Werth für die Geschichte von Steiermark, 39–66. – ders., Ueber die Correspodenz-bücher des Sixtus von Freising, 411–501. – Mitterwieser, Die spätmittelalterlichen Auslaufsbücher der Freisinger Bischöfe, 363–372.

34 Meichelbeck II/1, 264–266. – Riezler, Geschichte Baierns III, 453.

35 Leidinger, Veit Arnpeck, 903 f.

36 J. Maß-S. Benker, Freising in alten Ansichten, Freising 1976, 3–6.

37 F. M. Mayer, Ueber die Correspondenzbücher, 433 f.

38 Leidinger, Veit Arnpeck, 911.

39 Leidinger, Veit Arnpeck, 372 f. u. 901 f.

40 Rankl, Kirchenregiment 61 u. 207 f.

41 ebd. 70 u. 234.

42 ebd. 213 f.

43 Leidinger, Veit Arnpeck, 903. – Meichelbeck II/1, 264.

44 E. Uttendorfer, Ein Freisinger Formelbuch, in: Beiträge zur Geschichte, Topographie und Statistik des Erzbistums München und Freising 7 (1901) 146 f.

45 Rankl, Kirchenregiment 104–107.

46 ebd. 234 f.

47 Leidinger, Veit Arnpeck, 910 f. – Meichelbeck II/1, 277–279. – A. Mayer, Die Domkirche zu unserer Lieben Frau in München, München 1868, 95–103. – M. Schattenhofer, Aus der Geschichte der Dompfarrei, in: 700 Jahre Dompfarrei München, hrsg. v. H. Vogel, München 1972, 33–37.

48 Bauerreiß, Kirchengeschichte Bayerns V, 70 f.

49 Leidinger, Veit Arnpeck, 904.

50 Leidinger, Veit Arnpeck, 904.

51 S. Benker, Freising – Terziarinnen, in: Bavaria Franciscana Antiqua V, München 1961, 605–623.

52 T. Nyberg, Dokumente und Untersuchungen zur inneren Geschichte der drei Birgittenklöster Bayerns. 1420–1570 (Quellen und Erörterungen zur bayerischen Geschichte. Neue Folge 20/1), München 1972, 11–56 Nrr. 3, 4, 12, 15 u. Einleitung 58–74.

53 Leidinger, Veit Arnpeck, 911.

54 T. Nyberg, Wolfgang von Sandizell, der Gründer des Birgittenklosters Altomünster, in: Festschrift Altomünster 1973, hrsg. v. T. Grad, Aichach 1973, 59–80. – G. Schwaiger, Das Birgittenkloster Altomünster in den Stürmen der Reformationszeit, ebd. 165 f.

55 Leidinger, Veit Arnpeck, 902, 903, 905.

56 Meichelbeck II/2, 292–296 Nr. 354.

57 J. F. Schannat-J. Hartzheim, Concilia Germaniae V, Köln 1763, 510–525.

58 ebd. 524.

59 E. W. Saltzwedel-S. Benker, Geschichte des Buchdrucks in Freising, Freising 1952, 14–31, 107–109, 150–152. – B. Mattes, Die Spendung der Sakramente nach den Freisinger Ritualien (Münchener Theologische Studien. Syst. Abt. 34) München 1967, 25–36.

60 J. Staber, Die Teilnahme des Volkes an der Karwochenliturgie im Bistum Freising während des 15. und 16. Jahrhunderts, in: Beiträge zur altbayerischen Kirchengeschichte 23/3 (1964) 48–85.

61 Leidinger, Veit Arnpeck, 902. – Meichelbeck II/1, 264. – J. Staber, Die Domprediger im 15. und 16. Jahrhundert, in: Sammelblatt des Hist. Vereins Freising 26 (1967) 119–139.

62 E. Geiß, Geschichte der Stadtpfarrei St. Peter in München, München 1868, 70. – Meichelbeck II/2, 301 f.

63 Staber, Die Seelsorge in der Diözese Freising, 216.
64 Bauerreiß, Kirchengeschichte Bayerns V, 188.
65 G. Schwaiger, Am Beispiel München: Seelsorge und Frömmigkeit im Wandel der Zeiten, in: Ortskirche – Weltkirche. Festgabe für Julius Kardinal Döpfner, Würzburg 1973, 129 f.
66 R. Birkner, Des römischen Königs Maximilian I. Besuch in Freising, in: Frigisinga 3 (1926) 328 ff.
67 Mitterwieser, Der Dom zu Freising und sein Zubehör zu Ausgang des Mittelalters, 43.
68 Staber, Volksfrömmigkeit und Wallfahrtswesen, 21 f.
69 Leidinger, Veit Arnpeck, 905.
70 Fellerer, Beiträge zur Musikgeschichte Freisings, 60.
71 Oesterhelt, Der Chorraum des Freisinger Domes, 4–42. – B. Oesterhelt, Das Chorgestühl von 1488, in: Sammelblatt des Hist. Vereins Freising 26 (1967) 99–118.
72 Meichelbeck II/1, 273 f.
73 Mitterwieser, Der Freisinger Dom und sein Zubehör zu Ausgang des Mittelalters, 29 f.
74 Mitterwieser, ebd. 30 Anm. 1.
75 Oesterhelt, Der Chorraum des Freisinger Domes, 43–77.
76 Mitterwieser, Der Dom zu Freising und sein Zubehör, 15–18.
77 E. Witzleben, Die Frauenkirche in München. Glasmalereien einer bedeutenden Kirche, Augsburg 1969, 31–49.
78 Chr. Karnehm, Die Münchner Frauenkirche. Erstausstattung und barocke Umgestaltung (Miscellanea Bavarica Monacensia 113), München 1984, 36–41.
79 K. Oettinger, Die Blütezeit der Münchner gotischen Malerei, in: Zeitschrift des Deutschen Vereins für Kunstwissenschaft VIII (Berlin 1941) 17–30.
80 P. Steiner, Diözesanmuseum Freising. Geschenke, Leihgaben, Erwerbungen 1979–1982 (Große Kunstführer 96), München-Zürich 1982, 20–22.
81 Für das trinitarische Programm: S. Burger, Die Schloßkapelle zu Blutenburg bei München. Struktur eines spätgotischen Raumes (Miscellanea Bavarica Monacensia 77), München 1978, 39–166.
82 H. Schindler, Der Schnitzaltar. Meisterwerke und Meister in Süddeutschland, Österreich und Südtirol, Regensburg 1978.
83 Hausberger-Hubensteiner, Bayerische Kirchengeschichte, 169.
84 J. Birkner, Zwei wohltätige Stiftungen des Bischofs Sixtus von Tannberg, in: Frigisinga 4 (1927) 508 f.
85 Leidinger, Veit Arnpeck, 912 f.
86 Rankl, Kirchenregiment 108.
87 Strzewitzek, Sippenbeziehungen 212.
88 H. Glaser, „Unser Pfarr". Die Wittelsbacher und das Hochstift Freising, Freising 1980, 15–19.

D. Albrecht, Grafschaft Werdenfels (Historischer Atlas von Bayern. Teil Altbayern. Heft 9), München 1955.

B. Arnold, Zur Vita Corbiniani, in: Wissenschaftliche Festgabe zum zwölfhundertjährigen Jubiläum des hl. Korbinian, hrsg. v. J. Schlecht, München 1924, 61–68.

B. Arnold, Das Leben des heiligen Korbinian, Freising 1924.

N. Backmund, Die Chorherrenorden und ihre Stifte in Bayern, Passau 1966.

G. Baesecke, Der deutsche Abrogans und die Herkunft des deutschen Schrifttums, Halle 1930.

G. Baesecke, Bischof Arbeo von Freising, in: Beiträge zur deutschen Sprache und Literatur 68 (1945) 75–134.

E. Bange, Eine bayerische Malerschule des XI. und XII. Jahrhunderts, München 1923.

H. Barion, Die Verfassung der bayerischen Synoden des 8. Jahrhunderts, in: Römische Quartalschrift 38 (1930) 90–94.

R. Bauerreiß, Die „Vita SS. Marini et Anniani" und Bischof Arbeo von Freising, in: Studien und Mitteilungen zur Geschichte des Benediktinerordens 51 (1933) 37 ff.

R. Bauerreiß, Studien zur Geschichte verschollener bayerischer Frühklöster, in: Studien und Mitteilungen zur Geschichte des Benediktinerordens 52 (1934) 254–260.

R. Bauerreiß, Die Stifter von Ilmmünster, in: Studien und Mitteilungen zur Geschichte des Benediktinerordens 60 (1946) 32–37.

R. Bauerreiß, Die älteste Kirche von Tegernsee und ihre Stifter, in: Studien und Mitteilungen zur Geschichte des Benediktinerordens 60 (1946) 9–26.

R. Bauerreiß, Die Anfänge der Metropolitanverfassung in Altbayern, in: St. Bonifatius. Gedenkausgabe, Fulda 1954, 465–470.

R. Bauerreiß, Kirchengeschichte Bayerns I–V, St. Ottilien 1950–1958.

Bavaria Franciscana Antiqua I–V, München o. J.–1961.

Bayerische Bibliothek I, hrsg. v. H. Pörnbacher u. B. Hubensteiner, München 1978.

Bayerische Frömmigkeit. Ausstellungskatalog Stadtmuseum München, München 1960.

S. Benker, Der Dom im ersten Jahrtausend, in: Sammelblatt des Hist. Vereins Freising 26 (1967) 1–43.

S. Benker, Freising. Dom und Domberg, Königstein i. T. 1975.

S. Benker, Bistum Freising, in: Die Zeit der frühen Habsburger. Dome und Klöster 1279–1379. Niederösterreichische Landesausstellung in Wiener Neustadt (Katalog), Wien 1979, 197–202.

R. Birkner, Bischof Otto II. von Freising, der erste deutsche Barlaamdichter, in: Wissenschaftliche Festgabe zum zwölfhundertjährigen Jubiläum des hl. Korbinian, hrsg. v. J. Schlecht, München 1924, 285–298.

B. Bischoff, Die südostdeutschen Schreibschulen und Bibliotheken in der Karolingerzeit I, 2. Aufl., Wiesbaden 1960.

Th. Bitterauf, Die Traditionen des Hochstiftes Freising, 2 Bde., (Quellen und Erörterungen zur bayerischen und deutschen Geschichte NF 4 u. 5), München 1905/1909 (Neudruck Aalen 1967).

P. Blaznik, Das Hochstift Freising und die Kolonisation der Herrschaft Lack im Mittelalter (Litterae Slovenicae V), München 1968.

A. Boeckler, Zur Freisinger Buchmalerei des 12. Jahrhunderts, in: Zeitschrift des Deutschen Vereins für Kunstwissenschaft 8 (1941) 1–16.

J. Boegl, Neues zur Lebensgeschichte des Freisinger Bischofs Albert II. (von Hohenberg), in: Alt Freising. Januar 1935, 5–7.

K. Bosl, Der „Adelsheilige" – Idealtypus und Wirklichkeit, in: Speculum historiale. Festschrift J. Spörl, Freiburg 1965, 167–187.

K. Bosl, Die Gründung Innichens und die Überlieferung, in: Der Schlern 45 (1971) 407–417.

Fr. Brunhölzl, Bischof Arbeo von Freising: Das Leben des heiligen Korbinian, in: Glaser–Brunhölzl–Benker, Vita Corbiniani. Bischof Arbeo von Freising und die Lebensgeschichte des hl. Korbinian (30. Sammelblatt des Hist. Vereins Freising), München-Zürich 1983, 77–157.

H. J. Busley, Zur Frühgeschichte des von Bischof Otto I. gegründeten Prämonstratenserklosters Neustift bei Freising, in: Sammelblatt des Hist. Vereins Freising 23 (1958) 49–64.

H. J. Busley, Bischof Otto und sein Domkapitel, in: Sammelblatt des Hist. Vereins Freising 23 (1958) 65–82.

H. J. Busley, Die Geschichte des Freisinger Domkapitels von den Anfängen bis zur Wende des 14./15. Jahrhunderts. Phil. Diss. (Masch. Schrift), München 1956.

H. J. Busley, Die Traditionen, Urkunden und Urbare des Klosters Neustift bei Freising (Quellen und Erörterungen zur bayerischen Geschichte NF 19), München 1961.

Th. Buyken, Enea Silvio Piccolomini. Sein Leben und Werden bis zum Episkopat, Bonn-Köln 1931.

R. Christlein (Hrsg.), Das archäologische Jahr in Bayern 1980, Stuttgart 1981.

H. Dannheimer, Ausgrabungen in der Kirche von Aschheim, in: Archäologisches Korrespondenzblatt 1 (1971) 57–59.

H. Dannheimer, Prähistorische Staatssammlung München. Die Funde aus Bayern (Große Kunstführer 67/68), München-Zürich 1976.

M. v. Deutinger, Die älteren Matrikeln des Bisthums Freysing I–III, München 1849/1850.

M. v. Deutinger, Päpstliche Urkunden zur Geschichte des Bisthums Freysing, in: Beyträge zur Geschichte, Topographie und Statistik des Erzbisthums München und Freysing 2 (1851) 1–159.

H. Dormann, Die Stellung des Bistums Freising im Kampf zwischen Ludwig dem Bayern und der römischen Curie, Wiesbaden 1907.

E. Dünninger, Arbeo von Freising, in: Bayerische Literaturgeschichte I, hrsg. v. E. Dünninger u. D. Kiesselbach, München 1965, 64–73.

J. Engel, Das Schisma Barbarossas im Bistum und Hochstift Freising, München 1930.

M. Fastlinger, Der Freisinger Turmschatz unter Bischof Konrad dem Sentlinger, in: Beiträge zur Geschichte, Topographie und Statistik des Erzbistums München und Freising 8 (1903) 57–70.

M. Fastlinger, Die Ahnherren der Wittelsbacher als Vögte des Freisinger Domstifts, in: Beiträge zur Geschichte, Topographie und Statistik des Erzbistums München und Freising 10 (1907) 140–160.

K. G. Fellerer, Beiträge zur Musikgeschichte Freisings, Freising 1926.

J. A. Fischer, Bischof Arbeo als Begründer des geistigen Freising, in: Frigisinga 39 (1956) Nr. 10 u. 11.

J. A. Fischer, Lantbert von Freising, 937–957. Der Bischof und Heilige (Beiträge zur altbayerischen Kirchengeschichte 21/1), München 1959.

J. A. Fischer, Über die Anfänge der Fronleichnamsfeier im alten Bistum Freising, in: Beiträge zur altbayerischen Kirchengeschichte 21/3 (1960) 72–93.

J. A. Fischer, Bischof Dracholf von Freising (907–926), in: Zeitschrift für bayerische Kirchengeschichte 30 (1961) 1–32.

J. A. Fischer, Bischof Wolfram von Freising 926–937, in: Sammelblatt des Hist. Vereins Freising 24 (1961) 36–53.

J. A. Fischer, Bischof Uto von Freising, in: Beiträge zur altbayerischen Kirchengeschichte 22/2 (1962) 51–63.

J. A. Fischer, Das Christentum zur Römerzeit im nachmaligen Bistum Freising, in: Beiträge zur altbayerischen Kirchengeschichte 23/1 (1963) 11–39.

J. A. Fischer, Die zeitgenössischen Berichte über den großen Brand von 1159, in: Sammelblatt des Hist. Vereins Freising 26 (1967) 65–97.

J. A. Fischer, Der heilige Lantbert, Bischof von Freising, in: Bavaria Sancta I, hrsg. v. G. Schwaiger, Regensburg 1970, 186–198.

J. A. Fischer, Die Translation des hl. Korbinian im Jahre 768, in: Beiträge zur altbayerischen Kirchengeschichte 27 (1973) 53–75.

J. A. Fischer, Die Freisinger Bischöfe von 906 bis 957 (Studien zur altbayerischen Kirchengeschichte 6), München 1980.

G. Flohrschütz, Die Freisinger Dienstmannen im 10. und 11. Jahrhundert, in: Beiträge zur altbayerischen Kirchengeschichte 25 (1967) 9–79.

Fontes Rerum Austriacarum (FRA), II. Abt. 31, 35, 36 (Codex diplomaticus Austriaco-Frisingensis), hrsg. v. J. Zahn, Wien 1870/71.

Freisinger Denkmäler (Geschichte, Kultur und Geisteswelt der Slowenen II), München 1968.

P. Fried, Die Landgerichte Dachau und Kranzberg (Historischer Atlas von Bayern. Teil Altbayern. Heft 11/12), München 1958.

K. Gamber, Älteste liturgische Bücher des Freisinger Domes, in: Sammelblatt des Hist. Vereins Freising 26 (1967) 45–64.

H. Glaser, Bischof Otto von Freising. Versuch über die Lebensgeschichte, in: Sammelblatt des Hist. Vereins Freising 23 (1958) 14–38.

H. Glaser, Arbeo von Freising, in: Bayerische Kirchenfürsten, hrsg. v. L. Schrott, München 1964, 15–26.

H. Glaser, „Unser Pfarr". Die Wittelsbacher und das Hochstift Freising, Freising 1980.

H. Glaser, Bischof Arbeo von Freising als Gegenstand der neueren Forschung, in: Glaser–Brunhölzl–Benker, Vita Corbiniani. Bischof Arbeo von Freising und die Lebensgeschichte des hl. Korbinian (30. Sammelblatt des Hist. Vereins Freising), München-Zürich 1983, 11–76.

L. Grill, Bildung und Wissenschaft im Leben Ottos von Freising, in: Analecta Sacri Ordinis Cisterciensis 14 (1958) 281–333.

K. Haid, Otto von Freising, in: Cistercienser-Chronik 44 (1932) u. 45 (1933).

M. Hartig, Die Errichtung des Bistums Freising im Jahr 739, München 1939.

J. Hashagen, Otto von Freising als Geschichtsphilosoph und Kirchenpolitiker, Leipzig 1900.

K. Hausberger, Marinus und Anianus, in: Bavaria Sancta III, hrsg. v. G. Schweiger, Regensburg 1973, 21–32.

K. Hausberger–B. Hubensteiner, Bayerische Kirchengeschichte, München 1985.

J. Hemmerle, Tegernbach, ein frühbayerisches Kloster, in: Zwischen Sempt und Isen 12 (1968) 8–17.

J. Hemmerle, Die Benediktinerklöster in Bayern (Germania Benedictina II), Augsburg 1970.

C. Höfler, Albert von Beham und Regesten Papst Innocenz IV. (Bibliothek des literarischen Vereins in Stuttgart 16), Stuttgart 1847.

A. Hofmeister, Studien über Otto von Freising, in: Neues Archiv 37 (1912) 99–161; 633–768.

W. Hotzelt, Translationen von Martyrerreliquien aus Rom nach Bayern, in: Studien und Mitteilungen zur Geschichte des Benediktinerordens 52 (1935) 286–343.

M. Huber, Der hl. Alto und seine Klosterstiftung Altomünster, in: Wissenschaftliche Festgabe zum zwölfhundertjährigen Jubiläum des hl. Korbinian, hrsg. v. J. Schlecht, München 1924, 209–244.

P. Chr. Jacobsen, Die Quirinalien des Metellus von Tegernsee. Untersuchungen zur Dichtkunst und kritische Textausgabe (Mittellateinische Studien und Texte 1), Leiden-Köln 1965.

A. Kanoldt, Studien zum Formular der ältesten Freisinger Schenkungsurkunden 743–782. Phil. Diss. (Masch. Schrift), Würzburg 1950.

H. J. Kellner, Die Römer in Bayern, München 1971.

A. Königer, Johann III. Grünwalder, Bischof von Freising (Programm des K. Wittelsbacher-Gymnasiums in München für das Schuljahr 1913/14), München 1914.

A. Kraus, Zweiteilung des Herzogtums der Agilolfinger, in: Blätter für deutsche Landesgeschichte 112 (1976) 16–29.

A. Kraus, Das Herzogtum Bayern im 8. Jahrhundert. Die Grenzen der kartographischen Methode, in: Blätter für deutsche Landesgeschichte 113 (1977) 33–43.

B. Krusch, Arbeonis Episcopi Frisingensis Vitae Sanctorum Haimhramni et Corbiniani, Hannover 1920.

Fr. Kunstmann, Eine Freisinger Synode unter Bischof Albert I., in: Oberbayerisches Archiv 14 (1852) 321–324.

G. Leidinger, Veit Arnpeck. Sämtliche Chroniken (Quellen und Erörterungen zur bayerischen und deutschen Geschichte NF 3), München 1915.

J. Lenzenweger, Konzilsbestimmungen und Praxis der Kurie von Avignon. Die Vergabe von Pfründen im Bistum Freising während der Auseinandersetzungen mit Ludwig von Bayern, in: Annuarium historiae conciliorum 8 (1976) 143–175.

N. Lieb–H. J. Sauermost, Münchens Kirchen, München 1973.

D. Lindner, Vom mittelalterlichen Zehentwesen in der Salzburger Kirchenprovinz, in: Zeitschrift der Savigny-Stiftung für Rechtsgeschichte 77 (1960) 277–302.

H. Löwe, Arbeo von Freising. Eine Studie zu Religiosität und Bildung im 8. Jahrhundert, in: Rheinische Vierteljahresblätter 15/16 (1950/51) 87–120.

H. Löwe, Corbinians Romreisen, in: Zeitschrift für bayerische Landesgeschichte 16 (1951/52) 409–420.

M. Maier, Die „Vita SS. Marini et Anniani" in ihrer kürzeren Fassung, in: Beiträge zur altbayerischen Kirchengeschichte 23/1 (1963) 87–100.

J. Maß, Das Bistum Freising in der späten Karolingerzeit (Studien zur altbayerischen Kirchengeschichte 2), München 1969.

J. Maß, Das Grab Bischof Lantberts von Freising, in: Beiträge zur altbayerischen Kirchengeschichte 28 (1974) 73–80.

J. Maß, Bischof Anno von Freising. Richter über Methodius in Regensburg, in: Methodiana (Annales Instituti Slavici 9), Wien-Köln-Graz 1976, 31–44.

F. M. Mayer, Die Correspodenzbücher des Bischofs Sixtus von Freising und ihr Werth für die Geschichte von Steiermark, in: Beiträge zur Kunde steiermärkischer Geschichtsquellen 15 (1878) 39–66.

F. M. Mayer, Über die Correspodenzbücher des Bischofs Sixtus von Freising 1474–1495, in: Archiv für österreichische Geschichte 68 (1886) 411–501.

C. Meichelbeck, Historia Frisingensis, Tomus I (Augsburg 1724), Tomus II (Augsburg 1729).

S. Mitterer, Die bischöflichen Eigenklöster in den vom hl. Bonifazius 739 gegründeten bayerischen Diözesen, München 1929.

A. Mitterwieser, Der Dom zu Freising und sein Zubehör zu Ausgang des Mittelalters, in: Sammelblatt des Hist. Vereins Freising 11 (1918) 1–98.

A. Mitterwieser, Die spätmittelalterlichen Auslaufsbücher der Freisinger Bischöfe, in: Wissenschaftliche Festgabe zum zwölfhundertjährigen Jubiläum des hl. Korbinian, hrsg. v. J. Schlecht, München 1924, 363–372.

J. Mois, Das Stift Rottenbuch in der Kirchenreform des XI.–XII. Jahrhunderts (Beiträge zur altbayerischen Kirchengeschichte 19), München 1953.

Monumenta Germaniae Historica (Concilia, Constitutiones, Diplomata, Epistolae, Leges, Necrologia, Poetae, Scriptores).

H. Müller-Karpe, Archäologische Zeugnisse des frühen Christentums in der Münchener Gegend, in: Monachium, hrsg. v. A. W. Ziegler, München 1958, 11–52.

B. Oesterhelt, Der Chorraum des Freisinger Domes im Mittelalter, München 1966.

P. Pfister, Das Kollegiatstift Ilmmünster, Pfaffenhofen 1981.

J. Prechtl, Chronik der ehemals bischöflich freisingischen Grafschaft Werdenfels, Augsburg 1850 (Neudruck Garmisch 1931).

Fr. Prinz, Herzog und Adel im agilolfingischen Bayern, in: Zeitschrift für bayerische Landesgeschichte 25 (1962) 283–311.

Fr. Prinz, Frühes Mönchtum im Frankenreich, München-Wien 1965.

Fr. Prinz, Arbeo von Freising und die Agilolfinger, in: Zeitschrift für bayerische Landesgeschichte 29 (1966) 580–590.

Fr. Prinz, Bayerische Klosterkultur des 8. Jahrhunderts, in: Der Schlern 45 (1971) 437–446.

H. Rankl, Das vorreformatorische Kirchenregiment in Bayern 1378–1526 (Miscellanea Bavarica Monacensia 34), München 1971.

G. Ratzinger, Forschungen zur Bayrischen Geschichte, Kempten 1898.

V. Redlich, Kulturwege zwischen Freising und Tegernsee im Mittelalter, in: Sammelblatt des Hist. Vereins Freising 17 (1931) 33–48.

K. Reindel, die bayerischen Luitpoldinger 893–989 (Quellen und Erörterungen zur bayerischen Geschichte NF 16), München 1953.

K. Reindel, Bischof Drakolf von Freising, in: Fränkische Blätter 9 (Bamberg 1957) 77–79.

K. Reindel, Ein Franke auf dem Stuhl des hl. Korbinian, in: Frigisinga 41/3 (1958) 1–3.

S. Riezler, Arbeos Vita Corbiniani in der ursprünglichen Fassung, in: Abhandlungen der Bayerischen Akademie der Wissenschaften III. Classe, Bd. 18 Abt. I, München 1888.

S. Riezler, Geschichte Baierns, Band I (2. Aufl.) Stuttgart 1927 (Neudruck Aalen 1964); Band II Gotha 1880 (Neudruck Aalen 1964); Band III Gotha 1889 (Neudruck Aalen 1964).

P. Ruf, Studien zum Urkundenwesen der Bischöfe von Freising im 12. und 13. Jahrhundert, in: Beiträge zur Geschichte, Topographie und Statistik des Erzbistums München und Freising 12 (1915) 1–101.

W. Sage, Das frühmittelalterliche Kloster in der Scharnitz. Vorbericht über die Ausgrabungen auf dem Kirchfeld zu Klais, in: Beiträge zur altbayerischen Kirchengeschichte 27 (1973) 87–101.

W. Sage, Das frühmittelalterliche Kloster in der Scharnitz. Die Ausgrabungen auf dem „Kirchfeld" zu Klais in den Jahren 1968–1972, in: Beiträge zur altbayerischen Kirchengeschichte 31 (1977) 11–133.

M. Schattenhofer, Die geistliche Stadt, in: Der Mönch im Wappen, München 1960, 7–77.

M. Schattenhofer, Stiftungen und Stifter in Münchens Vergangenheit, in: Beiträge zur altbayerischen Kirchengeschichte 28 (1974) 11–30.

M. Schlamp, Studien zur älteren Geschichte der Stadt Freising, in: Sammelblatt des Hist. Vereins Freising 19 (1935) 3–64.

J. Schlecht, Die Altäre des Freisinger Doms, in: Beiträge zur Geschichte, Topographie und Statistik des Erzbistums München und Freising 8 (1903) 14–56.

J. Schlecht, Zwei Urkunden des Bischofs Konrad I. vn Freising aus den Jahren 1248–1249, in: Sammelblatt des Hist. Vereins Freising 9 (1912) 39–42.

J. Schlecht, Analecta zur Geschichte der Freisinger Bischöfe, in: Sammelblatt des Hist. Vereins Freising 10 (1916) 30–50.

J. Schlecht, Die deutsche Freisinger Bischofs-Chronik, in: Sammelblatt des Hist. Vereins Freising 14 (1925) 4–49.

J. Schlecht–B. Arnold, Die deutsche Freisinger Bischofs-Chronik II, in: Sammelblatt des Hist. Vereins Freising 16 (1929) 5–68.

G. Schwaiger, Am Beispiel München: Seelsorge und Frömmigkeit im Wandel der Zeiten, in: Ortskirche – Weltkirche. Festgabe für Julius Kardinal Döpfner, Würzburg 1973, 124–140.

G. Schwertl, Die Beziehungen der Herzöge von Bayern und Pfalzgrafen bei Rhein zur Kirche 1180–1294 (Miscellanea Bavarica Monacensia 9), München 1968.

B. Sepp, Vita SS. Marini et Anniani, Regensburg 1895.

C. Siferlinger, Die Siegel der Bischöfe von Freising, in: Jahrbuch des Vereins für christliche Kunst in München 6 (1926) 49–87.

A. Sparber, Die Brixner Fürstbischöfe im Mittelalter, Bozen 1968.

M. Spindler, Handbuch der bayerischen Geschichte I/II, München 1967/1969.

J. Staber, Die Seelsorge in der Diözese Freising unter den Bischöfen Johannes Tulbeck, Sixtus von Tannberg und Pfalzgraf Philipp, in: Episcopus. Festschrift Michael Kardinal Faulhaber zum 80. Geburtstag, Regensburg 1949, 207–225.

J. Staber, Volksfrömmigkeit und Wallfahrtswesen des Spätmittelalters im Bistum Freising (Beiträge zur altbayerischen Kirchengeschichte 20/1), München 1955.

J. Staber, Conradus Sacrista über die Heiligtümer Freisings. Eine Geschichtsquelle des XII. Jahrhunderts, in: Sammelblatt des Hist. Vereins Freising 27 (1970) 9–27.

H. Stahleder, Hochstift Freising. Freising, Ismaning, Burgrain (Historischer Atlas von Bayern. Teil Altbayern. Heft 33), München 1974.

P. Stockmeier, Die spätantike Kirchenorganisation des Alpen-Donauraumes im Licht der literarischen und archäologischen Zeugnisse, in: Beiträge zur altbayerischen Kirchengeschichte 23/1 (1963) 40–76.

P. Stockmeier, Der heilige Bischof Korbinian, in: Bavaria Sancta I, hrsg. v. G. Schwaiger, Regensburg 1970, 121–135.

P. Stockmeier, Korbinian und Valentin, in: Beiträge zur altbayerischen Kirchengeschichte 26 (1971) 9–20.

P. Stockmeier, Aspekte zur Frühgeschichte des Christentums in Bayern, in: Beiträge zur altbayerischen Kirchengeschichte 27 (1973) 11–35.

W. Störmer, Schäftlarn, Murrhardt und die Waltriche des 8. und 9. Jahrhunderts, in: Zeitschrift für bayerische Landesgeschichte 28 (1965) 47–81.

W. Störmer, Fernstraße und Kloster, in: Zeitschrift für bayerische Landesgeschichte 29 (1966) 299–356.

W. Störmer, Adelsgruppen im früh- und hochmittelalterlichen Bayern (Studien zur bayerischen Verfassungs- und Sozialgeschichte IV), München 1972.

W. Störmer, Früher Adel. Studien zur politischen Führungsschicht im fränkisch deutschen Reich vom 8. bis 11. Jahrhundert (Monographien zur Geschichte des Mittelalters VI), Stuttgart 1973.

A. Strnad, Kanzler und Kirchenfürst. Streiflichter zu einem Lebensbilde Bertholds von Wehingen, in: Jahrbuch des Stiftes Klosterneuburg 12 (1963) 79–107.

H. Strzewitzek, Die Sippenbeziehungen der Freisinger Bischöfe im Mittelalter (Beiträge zur altbayerischen Kirchengeschichte 16), München 1938.

J. Sturm, Bischof Arbeos von Freising bayerische Verwandte, in: Zeitschrift für bayerische Landesgeschichte 19 (1956) 568–572.

J. Sturm, Schlehdorfs Urgeschichte, in: Beiträge zur altbayerischen Kirchengeschichte 23/3 (1964) 11–26.

U. Stutz, Das Eigenkirchenvermögen. Ein Beitrag zur Geschichte des altdeutschen Sonderrechtes aufgrund der Freisinger Traditionen, in: Festschrift Otto Gierke, Weimar 1911, 1187–1268.

B. Uhl, Die Traditionen des Klosters Weihenstephan (Quellen und Erörterungen zur bayerischen Geschichte NF 27/1), München 1972.

O. Ursprung, Freisings mittelalterliche Musikgeschichte, in: Wissenschaftlicher Festgabe zum zwölfhundertjährigen Jubiläum des hl. Korbinian, hrsg. v. J. Schlecht, München 1924, 245–278.

H. Vogel, Die Urkunden des Heiliggeistspitals in München (Quellen und Erörterungen zur bayerischen Geschichte NF 16/1), München 1960.

A. Weißthanner, Regesten des Freisinger Bischofs Otto I., in: Analecta Sacri Ordinis Cisterciensis 14 (1958) 223–279.

A. Weißthanner, Die Urkunden und Urbare des Klosters Schäftlarn (Quellen und Erörterungen zur bayerischen Geschichte NF 10/2), München 1957.

M. Weitlauff, Der heilige Alto, in: Altomünster. Ein bayerisches Kloster in europäischer Sicht (Ausstellungskatalog Stadtmuseum München), München 1973, 17–21.

A. Werminghoff, Zu den bayerischen Synoden am Ausgang des 8. Jahrhunderts, in: Festschrift Heinrich Brunner zum 70. Geburtstag, Weimar 1910, 39–55.

L. Winkler, Berthold von Wehingen. Bischof von Freising, österreichischer Kanzler und Groß-Enzersdorfs erster Stadtherr, in: Stadt Groß-Enzersdorf. Beiträge zu ihrer Geschichte 1, Wien 1960, 5–19.

F. Wittmann, Monumenta Wittelsbacensia (Quellen und Erörterungen zur bayerischen und deutschen Geschichte V), München 1857.

K. Wolfsgruber, Die Beziehungen des Bistums Freising zu Innichen, in: Der Schlern 45 (1971) 467–473.

A. W. Ziegler, Der Name Korbinian, in: Ortskirche – Weltkirche. Festgabe für Julius Kardinal Döpfner, Würzburg 1973, 87–97.

E. Zöllner, Der bayerische Adel und die Gründung von Innichen, in: Zur Geschichte der Bayern, hrsg. v. K. Bosl (Wege der Forschung 60), Darmstadt 1965, 135–171.

Photonachweis

Archiv der Benediktinerabtei Ettal: Tafel 15
Artothek Blauel/Gnamm (Alte Pinakothek München Iv. 1402; Ausschnitt aus Jan Polack,
  Der Tod des hl. Korbinian): Umschlag
Bayerische Staatsbibliothek München: Tafel 4, 5
Bayerische Verwaltung der staatl. Schlösser, Gärten und Seen: Tafel 31
Bayerisches Nationalmuseum München: Tafel 3, 19, 21, 22, 23
Diözesanmuseum Freising: Tafel 24
Erzb. Ordinariat München – Archiv: Tafel 13
Erzb. Ordinariat München – Kunstreferat: Tafel 26, 27
Foto Werner Faiss Rottenburg/N.: Tafel 16
Foto R. Schmid Moosburg: Tafel 11
Foto Werkmeister Freising: Tafel 1, 9
Kunsttopographie des Erzbistums München und Freising: Tafel 10, 12, 14, 20, 25, 28,
  29, 32
Staatsbibliothek Bamberg: Tafel 6
Verfasser: Tafel 2, 17
Verlag Schnell & Steiner: Tafel 7, 8, 18, 30

Orts- und Namensregister

Abkürzungen: A. = Abt; B. = Bischof; EB. = Erzbischof; Gf. = Graf; Hl. = Heilige(r); Hg. = Herzog; Kg. = König; Ks. = Kaiser; Mgf. = Markgraf; Pfgf. = Pfalzgraf; Pp. = Propst

Aachen 74 f., 78 f., 82, 85, 130, 173, 327
Abraham, B. v. Freising 89, 94, 113–119, 125, 129, 155, 177
Adalbero, B. v. Augsburg 95, 146
Adalbero v. Eppenstein, Mgf. 126
Adalbert, EB. v. Salzburg 193
Adalbert, EB. v. Bremen 138
Adalbert, A. v. Tegernsee 53
Adalbert v. Eurasburg, Gf. 154
Adalbert 36
Adalgar, Pp. in Freising 85
Adalrich, Bronzegießer 122
Adalunc von Schliersee 60
Adeltzhauser, Heinrich u. Barbara 297
Adolf von Nassau, Kg. 233
Afra, Hl. 18, 20, 22
Agapitus Colonna, B. v. Ascoli 269
Agilolfinger 17, 28 f., 32, 71–73
Agilus, A. 22
Agnes, Kgin. v. Ungarn 263
Agobard, EB. v. Lyon 79
Agrestius 22
Agunt 20
Aibling 68
Aindling 127, 131
Aistulf 25
Akkon 172
Alaunen 11, 13
Alb b. Wilparting 23, 272
Albert I., B. v. Freising 175–191, 198 f.
Albert II. von Hohenberg, B. v. Freising 262–267, 288
Albert von Enn, B. v. Brixen u. Bamberg 250
Albert, Gf. v. Görz 238
Albert Behaim, s. Behaim
Albin, A. v. Tegernsee 127
Albinus von Moosburg 53
Albrecht I., Kg. 233
Albrecht II., Kg. 222, 281, 297, 303, 306
Albrecht I., Hg. v. Ndby.-Straubing 267

Albrecht III., Hg. v. Oberbayern 307, 319, 332
Albrecht IV., Hg. v. Oberbayern 329, 334–336, 349, 352
Albrecht V., Hg. v. Bayern 336
Albrecht II., Hg. v. Österreich 263 f., 275
Albrecht III., Hg. v. Österreich 270, 276–279, 284
Albrecht IV., Hg. v. Österreich 279, 281
Albrecht V., Hg. v. Österreich (= Albrecht II., Kg.)
Albrecht von Pottendorf 297
Albrecht von Enzersdorf 281
Aldersbach 196, 203, 226
Alexander I., P., Hl. 80, 199
Alexander III., P. 182–187, 190
Alexander IV., P. 215–217, 223, 225, 236
Alexander VI., P. 335
Alexius, Hl. 162
Alim, B. v. Säben 73
Alkuin 63, 74, 83
Allach 12
Allershausen 162, 202
Alounae 13
Altenhohenau 218
Altmann, B. v. Passau 139, 142–146
Alto, Hl. 26, 129
Altomünster 26, 61, 209, 337, 339
Altötting 328, 346
Amberg 330
Anagni 204
Andechs 327
Andreas, Hl. 135, 137
Andreas, B. v. Vicenza 63, 87
Angler Gabriel, Maler 348
Anianus, Hl. 23, 25, 272
Anniona 17
Anno, B. v. Freising 87–92, 97
Anselm, A. v. Fürstenfeld 226
Ansprand 32

Antoni von Schliersee 60
Antonius, Hl. 217
Antricus, Domschulmeister 120
Aquileja 22, 73
Arbeo, B. v. Freising 18, 25, 27, 31–34,
   38 f., 41 f., 45, 47, 51, 54, 56, 57–69, 72,
   162, 175
Ardagger 131, 141, 149, 228
Aribo, Domschullehrer 135 f.
Aristoteles 158
Arius 118
Arn, EB. v. Salzburg 63, 73 f., 82, 87
Arnold, B. v. Freising 92
Arnold, A. v. Weihenstephan 128
Arnpeck Veit 317, 320, 330–332, 336, 343
Arnulf v. Kärnten, Ks. 93–95, 101
Arnulf d. Böse, Hg. v. Bayern 103–108
Arpajon 34
Arrisium 25
Arsatius, Hl. 55, 335, 346
Arubianus 13
Aschheim b. München 30–32, 50, 55, 66
Assisi 217
Athanasius, Hl. 34
Attel 209, 214
Atto, B. v. Freising 58 f., 61, 69, 71–78
Au am Inn 153
Aubing 15, 29, 30 f.
Aufkirchen b. Erding 271
Augsburg 13 f., 18, 20, 22, 109, 128, 130,
   133, 174, 185, 198, 207, 217, 291, 299,
   330, 335, 341, 348, 349
Augustinus, Hl. 139, 278
Augustiner-Chorherren 139, 152–155, 161
Augustiner-Eremiten 235 f., 274, 295, 337
Augustus, Ks. 11
Aurolzmünster 329
Avignon 249–251, 259–264, 267 f., 272 f.,
   286, 310
Awaren 72, 78
Azecho, B. v. Worms 126

Babenberger 171, 173
Bacchus 13
Bajuwaren 16, 19
Bamberg 123, 125, 143, 195, 229, 249 f., 264
Bämler Johann, Buchdrucker 341
Barbara v. Cilli 292

Bartholomäus, Hl. 84
Basel 264, 302–314
Baumburg 13, 152
Baumkirchen 131
Bayrischzell 138, 146, 155, 160
Beatrix v. Burgund, Ksin. 173, 180
Beda Venerabilis 88
Bedaius 12
Behaim Albert, Archidiakon 208–211
Bela, Kg. v. Ungarn 222
Benedikt, Hl. 60, 80, 84, 122, 295,
   349
Benedikt VIII., P. 125
Benedikt XII., P. 259 f.
Benediktbeuern 51, 59, 63, 109, 127, 132,
   134, 138
Benignus, Mönch 43, 48
Berchtesgaden 152, 196, 283
Berg 192
Bergamo 94
Bergkirchen b. Dachau 86
Bernhard v. Clairvaux, Hl. 158 f., 164,
   172 f.
Bernhard II. v. Rohr, EB. von Salzburg
   329 f., 333
Bernhard v. Waging, Mönch 319–321
Bernulf von Regensburg 131
Berthold, EB. v. Salzburg 144 f.
Berthold von Wehingen, B. v. Freising
   275–291
Berthold I., B. v. Straßburg 209
Berthold, Hg. v. Bayern 107 f.
Berthold II., Gf. v. Andechs 192
Berthold II., Hg. v. Kärnten 197
Berthold III., Gf. v. Eschenlohe 231
Berthold v. Hohenberg 220
Bertrand, Patriarch v. Aquileja 261
Beuerberg 153 f., 209, 266, 300 f.
Beyharting 153 f., 201, 209 f.
Biberbach 46
Birgitta, Hl. 339
Birkeneck 243
Bischoflack 115, 149, 197, 229, 246, 265,
   275, 286, 291 f.
Blasius, Hl. 225
Bobbio 57
Boethius 88, 120, 140
Bogenhausen 245, 264

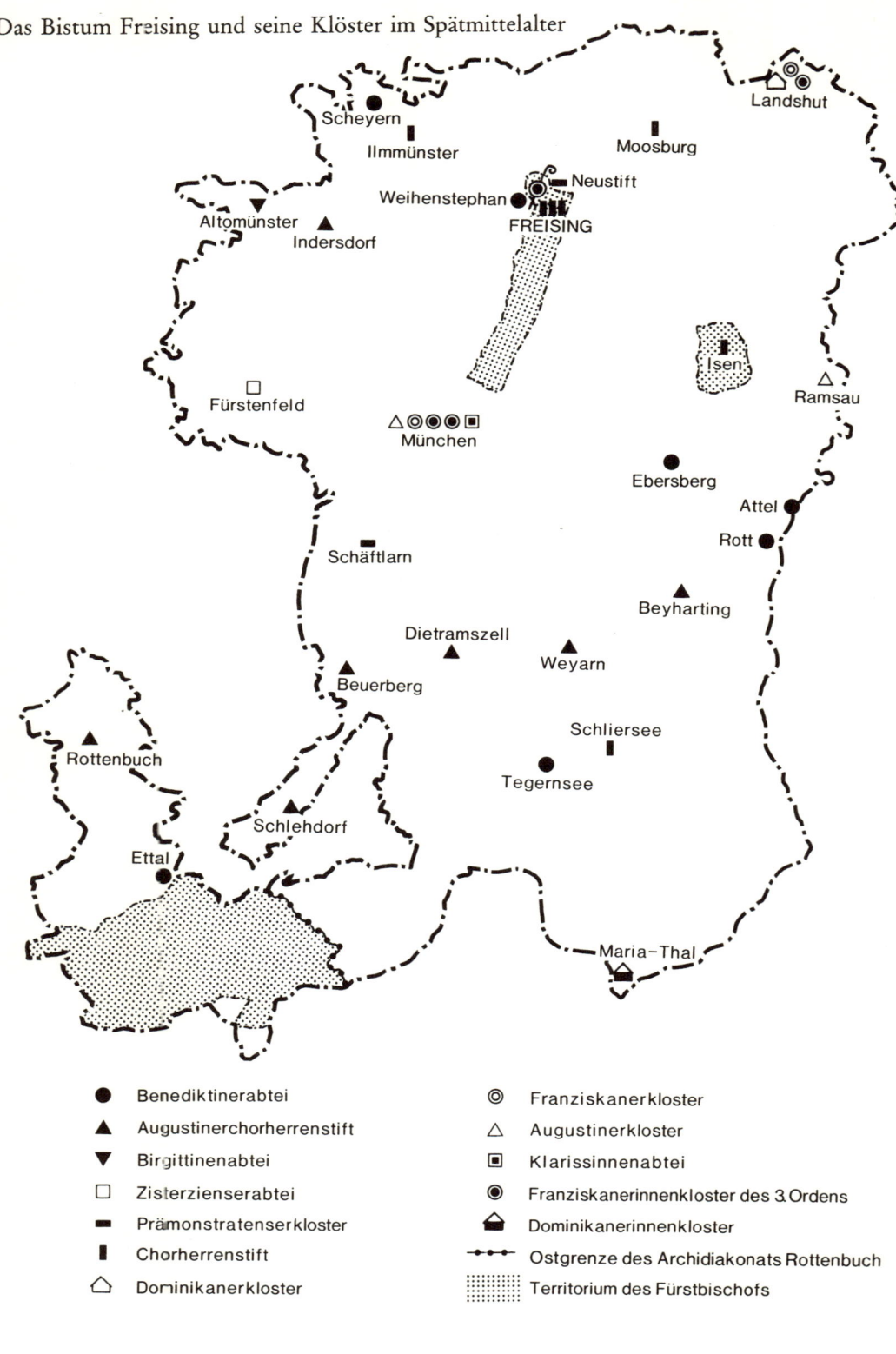

Das Bistum Freising und seine Klöster im Spätmittelalter

	Benediktinerabtei		Franziskanerkloster
	Augustinerchorherrenstift		Augustinerkloster
	Birgittinenabtei		Klarissinnenabtei
	Zisterzienserabtei		Franziskanerinnenkloster des 3. Ordens
	Prämonstratenserkloster		Dominikanerinnenkloster
	Chorherrenstift		Ostgrenze des Archidiakonats Rottenbuch
	Dominikanerkloster		Territorium des Fürstbischofs